Paramahansa Jogananda
(1893 m. sausio 5 d. – 1952 m. kovo 7 d.)
Premavatara, „Meilės įsikūnijimas" (žr. p. 315)

Jogo autobiografija

Paramahansa Jogananda

Pratarmės autorius
dr. W. Y. Evans-Wentz

„Kol nepamatysite ženklų ir stebuklų, jūs netikėsite."
(Jn 4, 48)

Originaliu pavadinimu anglų kalba išleista
Self-Realization Fellowship Los Andžele (Kalifornijoje):
Autobiography of a Yogi

ISBN-13: 978-0-87612-083-5
ISBN-10: 0-87612-083-4

Vertimas į lietuvių kalbą *Self-Realization Fellowship*
Copyright © 2016 *Self-Realization Fellowship*

Visos teisės saugomos. Išskyrus trumpas citatas knygų recenzijose, jokios „Jogo autobiografija" lietuvių kalba (*Autobiography of a Yogi*) dalies negalima atgaminti, saugoti, perduoti ar rodyti jokiu pavidalu ar jokiais dabar žinomais ar vėliau atsirasiančiais būdais (elektroniniu, mechaniniu ar kitais), tarp jų fotokopijavimo, įrašymo ar bet kokiu kitu informacijos saugojimo ir atgaminimo būdu ar sistemomis, negavus raštiško Self-Realization Fellowship, 3880 San Rafael Avenue, Los Angeles, California 90065-3219, U.S.A. sutikimo.

Jogo autobiografija yra išleista albanų, arabų, armėnų, bengalų, bulgarų, kinų, kroatų, danų, olandų, anglų, estų, filipinų, suomių, prancūzų, vokiečių, graikų, gudžaratų, ivrito, hindi, vengrų, islandų, indoneziečių, italų, japonų, kanadų, kazachų, latvių, lietuvių, malajalių, maratų, nepaliečių, norvegų, orijų, tamilų, lenkų, portugalų, rumunų, rusų, sanskrito, ispanų, švedų, tajų, telugų, turkų, ukrainiečių, urdų ir vietnamiečių kalbomis.

Knyga išleista *Self-Realization Fellowship*
tarptautinės leidybos tarybai leidus

Self-Realization Fellowship pavadinimas ir emblema (parodyta aukščiau) yra nurodomi visose SRF knygose, įrašuose ir kituose leidiniuose ir užtikrina skaitytoją, kad leidinys parengtas Paramahansos Joganandos įkurtos organizacijos ir tiksliai perteikia jo mokymą.

Pirmasis leidimas lietuvių kalba *Self-Realization Fellowship*, 2016
First edition in Lithuanian from *Self-Realization Fellowship*, 2016

Atspausdinta 2016
This printing 2016

ISBN-13: 978-0-87612-709-4
ISBN-10: 0-87612-709-X

1089-J3856

PARAMAHANSOS JOGANANDOS DVASINIS PAVELDAS

Visi jo raštai, paskaitos ir neformalūs pokalbiai

Norėdamas visame pasaulyje skleisti savo mokymą ir išsaugoti jį gryną ateities kartoms, 1920 m. Paramahansa Jogananda įkūrė organizaciją pavadinimu *Self-Realization Fellowship*[1]. Nuo pat pirmųjų gyvenimo Amerikoje metų jis pagarsėjo kaip produktyvus rašytojas bei paskaitininkas ir paskelbė nemažai garsių darbų apie jogos meditacijos mokslą, subalansuoto gyvenimo meną ir esminę visų pasaulio religijų vienybę. Šiandien šis unikalus, gilus dvasinis palikimas tebėra gyvas ir įkvepia milijonus viso pasaulio tiesos ieškotojų.

Vykdydama aiškiai išsakytus Paramahansos Joganandos pageidavimus, *Self-Realization Fellowship* toliau perleidžia didžiojo mokytojo raštus (*The Complete Works of Paramahansa Yogananda*). Tai ne tik visų mokytojo knygų galutinių variantų leidimai, pasirodę dar jam gyvam esant, bet ir daug naujų pavadinimų knygų: darbai, neišleisti iki jo mirties 1952 m., arba skelbti dalimis draugijos *Self-Realization Fellowship* žurnale; taip pat tai šimtai nepaskelbtų įkvepiančių paskaitų bei neoficialių mokytojo pokalbių.

Paramahansa Jogananda pats pasirinko ir išugdė tuos artimus savo mokinius, kurie vadovauja draugijos *Self-Realization Fellowship* leidybos tarybai (Publications Council), taip pat konkrečiai jiems nurodė, kaip rengti ir skelbti jo mokymą. SRF leidybos tarybos nariai (vienuoliai ir vienuolės, visam gyvenimui davę atsižadėjimo ir nesavanaudiškos tarnystės įžadus) šventai laikosi šių nurodymų, kad visuotinė jų mylimo

---

[1] Pažodžiui – „Savęs realizavimo draugija". Paramahansa Jogananda aiškino, kad šis pavadinimas reiškia „žmogaus draugystę su Dievu, kai žmogus suvokia Savąjį Aš; taip pat – draugystę su visomis tiesos ieškančiomis sielomis". Dar žr. skyrių „Draugijos *Self-Realization Fellowship* tikslai ir idealai".

pasaulio mokytojo žinia išsaugotų savo pirminę galią ir autentiškumą.

    Draugijos *Self-Realization Fellowship* emblemą (kurią matote virš šio skyriaus pavadinimo) sukūrė pats Paramahansa Jogananda. Emblema identifikuoja jo sukurtą ne pelno organizaciją, kurią jis įgaliojo skleisti savo mokymą. SRF pavadinimas ir emblema nurodyti visuose *Self-Realization Fellowship* leidiniuose bei įrašuose ir užtikrina skaitytoją, kad konkretų leidinį parengė Paramahansos Joganandos įkurta organizacija ir kad leidinys perteikia jo mokymą taip, kaip pats autorius ketino jį skelbti.

                                          – *Self-Realization Fellowship*

LIUTERIO BERBANKO,

„Amerikos šventojo",

atminimui

AUTORIAUS PADĖKA

Esu labai skolingas panelei L. V. Pratt (Tarai Matai) už jos ilgą triūsą, kurį ji įdėjo redaguodama šios knygos rankraštį. Taip pat dėkoju ponui C. Richardui Wrightui už leidimą cituoti jo kelionės po Indiją dienoraščio ištraukas. Dr. W. Y. Evans-Wentzui esu dėkingas ne tik už pratarmę, bet ir už pasiūlymus bei padrąsinimą.

PARAMAHANSA JOGANANDA

1945 m. spalio 28 d.

TURINYS

Iliustracijų sąrašas.. xi
W. Y. Evand-Wentzo pratarmė xv
Įvadas xvii

Skyriai

1. Mano tėvai ir vaikystė... 1
2. Motinos mirtis ir paslaptingasis amuletas 13
3. Šventasis su dviem kūnais 20
4. Sukliudytas pabėgimas į Himalajus 27
5. „Kvapų šventasis" rodo stebuklus.......................... 40
6. Tigrų svamis 48
7. Levituojantis šventasis... 56
8. Didysis Indijos mokslininkas Dž. Č. Bosas........... 62
9. Palaimingasis maldininkas ir jo kosminė romantika 71
10. Sutinku savo Mokytoją Šri Juktešvarą 80
11. Du jaunuoliai be skatiko Vrindavane 93
12. Metai Mokytojo vienuolyne.................................... 102
13. Nemiegantis šventasis 129
14. Kosminės sąmonės patyrimas 137
15. Žiedinių kopūstų vagis 145
16. Kaip pergudrauti žvaigždes..................................... 155
17. Sasis ir trys safyrai 165
18. Musulmonas stebukladarys 172
19. Mano Mokytojas, būdamas Kalkutoje, pasirodo Šryrampure 177
20. Mes neišvykstame į Kašmyrą 181
21. Mes aplankome Kašmyrą 187
22. Akmeninės statulos širdis 198

23.	Gaunu universiteto diplomą	204
24.	Tampu svamių ordino vienuoliu	212
25.	Brolis Ananta ir sesuo Nalinė	221
26.	*Krijajogos* mokslas	227
27.	Rančyje įkuriama jogos mokykla	237
28.	Kašis, atgimęs ir atrastas	245
29.	Su Rabindranathu Tagore kalbame apie savo mokyklas	250
30.	Stebuklų dėsnis	255
31.	Pokalbis su Šventąja Motina	266
32.	Rama prikeliamas iš mirusiųjų	276
33.	Babadži, Kristui prilygstantis šiuolaikinės Indijos jogas	284
34.	Materializuoti rūmai Himalajuose	293
35.	Į Kristaus panašus Lahirio Mahasajos gyvenimas	305
36.	Babadži domesys Vakarais	318
37.	Vykstu į Ameriką	327
38.	Liuteris Berbankas – šventasis tarp rožių	342
39.	Teresė Noiman, katalikų stigmatikė	348
40.	Grįžtu į Indiją	357
41.	Pietų Indijos idilė	371
42.	Paskutinės dienos su guru	385
43.	Šri Juktešvaro prisikėlimas	402
44.	Su Mahatma Gandžiu Vardoje	420
45.	Džiaugsmo Persmelktoji Motina iš Bengalijos	438
46.	Nieko nevalganti jogė	445
47.	Grįžtu į Vakarus	456
48.	Ensinitase, Kalifornijoje	460
49.	1940–1951 metai	466

Paramahansa Jogananda: jogas ir gyvas, ir miręs 487
Paramahansos Joganandos garbei Indijos vyriausybės
    išleistas atminimo pašto ženklas 488
Self-Realization Fellowship guru perdavimo linija 496
Draugijos *Self-Realization Fellowship* tikslai ir idealai 497

ILIUSTRACIJOS

Autorius (*priešlapis*)

Šri Joganandos motina Guru (Gjana Prabha) Ghoš 6
Šri Joganandos tėvas Bhagabatis Čaranas Ghošas 7
Jogananda šešerių metų 11
Šri Joganandos seserys: Uma, Roma ir Nalinė 17
Ananta, Joganandos vyresnysis brolis 17
Svamis Pranabananda, Benareso „šventasis su dviem kūnais" ... 25
Svamis Kebalananda, Joganandos sanskrito mokytojas 39
Šri Joganandos šeimos namai Kalkutoje 39
Nagendra Nathas Bhaduris, „levituojantis šventasis" 59
Džagadišas Čandra Bosas, didis Indijos mokslininkas 68
Mokytojas Mahasaja (Mahendra Nathas Gupta) 75
Dieviškoji Motina 77
Svamis Gjanananda ir Šri Jogananda 87
Šri Juktešvaras, Joganandos guru 90
Šri Juktešvaro meditavimo šventykla Šryrampure 91
Šri Jogananda 1915 m. 91
Viešpats Krišna, didžiausias Indijos pranašas 99
Džitendra Mazumdaras, bičiulis iš Vrindavano 100
Ramas Gopalas Muzumdaras, „nemiegantis šventasis" 130
Šri Juktešvaro ašramas prie jūros Puryje, Orisos valst. 143
Šri Juktešvaras lotoso poza 144
Joganandadži šešiolikos metų 170
Viešpats kaip Šiva, „Jogų karalius" 186
Draugijų *Self-Realization Fellowship* / Indijos
    Yogoda Satsanga Society tarptautinė būstinė 190

Jogo autobiografija

Šri Radžarišis Džanakananda, buvęs (1952–1955)
SRF/YSS prezidentas 192
Šri Daja Mata, buvusi (1955–2010) SRF/YSS prezidentė 192
Šri Mrinalini Mata, draugijų *Self-Realization Fellowship* /
Indijos *Yogoda Satsanga Society* prezidentė 192
Jogananda ir jo pusbrolis Prabhasas Čandra Ghošas 207
Šri Džagadguru Šankaračarja SRF/YSS būstinėje 1958 m. 216
Šri Daja Mata vienovėje su Dievu 226
Samadhį pasiekęs vakarietis Šri Radžarišis Džanakananda
(J. J. Lynn) 236
Indijos YSS filialas ir ašramas Rančyje 244
Kašis, Rančio mokyklos mokinys 248
Rabindranathas Tagorė 252
Šankari Mai Džiu, svamio Trailangos mokinė 274
Lahiris Mahasaja 281
Mahavatara Babadži, Lahirio Mahasajos guru 292
Ola, kurioje kartais gyvendavo Mahavatara Babadži 297
Lahiris Mahasaja, Šri Juktešvaro guru 309
Pančanonas Bhatačarja, Lahirio Mahasajos mokinys 316
Šri Joganandos paso fotografija 1920 m. 331
1920 m. Bostono religijų kongreso delegatai 332
Šri Jogananda pakeliui į Aliaską 1924 m. vasarą 333
Jogos pamoka Denveryje 334
Jogos mokiniai Los Andžele 335
Velykų aušros ceremonija SRF/YSS tarptautinėje
būstinėje 1925 m. 336
Šri Jogananda prie Džordžo Vašingtono palaikų rūsio 1927 m. 337
Šri Jogananda Baltuosiuose rūmuose 338
Jogananda prie Čočimilko ežero Meksikoje 1929 m. 340
Meksikos prezidentas Emiljas Portesas Čilis su Šri Jogananda 340
Liuteris Berbankas ir Jogananda Santa Rozoje 1924 m. 347
Teresė Noiman, C. R. Raitas ir Jogananda 354
Šri Juktešvaras ir Šri Jogananda Kalkutoje 1935 m. 358

Iliustracijos

Grupė žmonių pietavimui skirtame balkone
    Šryrampuro ašrame 1935 m. 361
Šri Jogananda Damodare, Indijoje, 1935 m. 362
YSS mokyklos Rančyje 363
Šri Jogananda vietinėms mergaitėms skirtoje mokykloje
    1936 m. 364
YSS berniukų mokykla Rančyje 364
Jogodos vienuolynas Dakšinešvare, Indijoje 367
Šri Jogananda su bendrakeleiviais plaukia Jamunos
    upe pro Maturą 1935 m. 368
Ramana Maharšis ir Jogananda 382
Šri Juktešvaras ir Jogananda religinėje procesijoje 1935 m. 384
Grupė žmonių Šryrampuro ašramo vidiniame kieme 1935 m. ...386
Jogos pamoka Kalkutoje 1935 m. 387
Krišnananda su prijaukinta liūte *kumbhameloje* 392
Šri Jogananda ir jo sekretorius Ričardas Raitas su svamiu
    Kešabananda Vrindavane 1936 m. 397
Šri Juktešvaro atminimo šventykla Puryje 400
Mahatma Gandis ir Šri Jogananda Vardos ašrame 1935 m. 422
Ananda Moji Ma, Džiaugsmo Persmelktoji Motina,
    ir Paramahansa Jogananda 440
Šri Jogananda prie Tadž Mahalo, Agra, 1936 m. 443
Giri Bala, nevalganti Bengalijos šventoji 453
Paramahansa Jogananda ir Šri Radžarišis Džanakananda
    1933 m. 461
Paramahansa Jogananda ir Šri Daja Mata 1939 m. 461
Self-Realization Fellowship vienuolynas Ensinitase,
    Kalifornijoje 463
Šri Jogananda SRF Ensinitaso vienuolyno sklype 1940 m. 464
Paramahansa Jogananda SRF Ežero šventyklos
    pašventinime 1950 m. 467
Self-Realization Fellowship Ežero šventykla ir
    Gandžio pasaulio taikos memorialas 468

Gudvinas Dž. Naitas, Kalifornijos vicegubernatorius,
  su Jogananda Indijos centro atidaryme 1951 m. 470
Self-Realization Fellowship šventykla Holivude, Kalifornijoje 470
Šri Jogananda Ensinitase, Kalifornijoje, 1950 m. 475
Indijos ambasadorius B. R. Senas SRF tarptautinėje būstinėje 480
Šri Jogananda likus valandai iki jo *mahasamadhio*
  1952 m. kovo 7 d. 484

PRATARMĖ

Dr. Evansas-Vencas (Evans-Wentz)
Oksfordo Jėzaus koledžas

Daugelio klasikinių veikalų apie jogą ir Rytų išminties tradicijas autorius bei vertėjas, be kitų, išvertęs ir tokias knygas kaip „Tibeto joga ir slaptosios doktrinos" (*Tibetan Yoga and Secret Doctrines*), „Milarepa, didysis Tibeto jogas" (*Tibet's Great Yogi Milarepa*) ir „Tibeto mirusiųjų knyga".

Joganandos „Autobiografija" yra nepaprastai vertingas kūrinys, nes tai viena iš nedaugelio knygų anglų kalba apie Indijos išminčius, parašyta ne žurnalisto ar užsieniečio, bet tokio paties išminčiaus, priklausančio tai pačiai padermei ir mokyklai – trumpai tariant, tai *jogo* knyga apie jogus. Tai liudytojo pasakojimas apie ypatingus šiuolaikinių hinduistų šventųjų gyvenimus ir jų galias, tad ši knyga svarbi ir mūsų, ir visiems ateinantiems laikams. Garsųjį jos autorių turėjau malonumo pažinti ir Indijoje, ir Amerikoje, ir tegu kiekvienas skaitytojas deramai įvertina ir išreiškia jam dėkingumą. Šis neįprastas jo gyvenimo dokumentas iš tiesų labiau nei kiti Vakaruose pasirodę leidiniai atskleidžia hinduistų proto ir širdies gelmes bei dvasinius Indijos lobius.

Man buvo garbė sutikti vieną išminčių, kurio gyvenimo istorija pasakojama šioje knygoje – Šri Juktešvarą Girį. Mano išverstos knygos „Tibeto joga ir slaptosios doktrinos"[1] priešlapyje įdėtas šio garbaus šventojo portretas. Su Šri Juktešvaru susipažinau Puryje, Orisos valstijoje, prie Bengalijos įlankos. Tada jis vadovavo tyliam ašramui ant jūros kranto ir beveik visą laiką skyrė dvasiniam jaunųjų mokinių ugdymui. Jis labai domėjosi Jungtinių Valstijų ir Šiaurės bei Pietų Amerikos, taip pat Anglijos žmonių gerove ir klausinėjo apie savo pagrindinio mokinio Paramahansos Joganandos veiklą tolimojoje Kalifornijoje. Šri Juktešvaras Joganandą labai mylėjo ir 1920 m. kaip savo pasiuntinį išsiuntė į Vakarus.

---

[1] *Tibetan Yoga and Secret Doctrines*, Oxford University Press, 1958.

Šri Juktešvaro veido išraiška buvo švelni, balsas tykus, išvaizda maloni. Jis tikrai buvo vertas tos didžios pagarbos, kurią jam spontaniškai rodydavo sekėjai. Visi, kas Šri Juktešvarą pažinojo – ir bendruomenės nariai, ir svetimi žmonės – labai jį gerbė. Puikiai prisimenu jo aukštą, tiesią asketo figūrą, apsisiautusią pasaulio atsižadėjusio žmogaus šafrano spalvos apdaru: jis stovėjo prie vienuolyno įėjimo, norėdamas mane pasveikinti. Plaukai ilgi, šiek tiek banguoti, veidas apžėlęs barzda. Kūnas raumeningas ir tvirtas, bet lieknas, puikiai sudėtas, eisena energinga. Žemėje gyventi jis pasirinko šventą Purio miestą, į kur kasdien iš visų Indijos provincijų atkeliauja daugybė pamaldžių hinduistų piligrimų aplankyti Džaganato, „Pasaulio Viešpačio", šventyklos. Puryje Šri Juktešvaras 1936 metais užmerkė savo mirtingas akis, baigė laikinąjį gyvenimą ir iškeliavo toliau, žinodamas, kad pergalingai užbaigė savo įsikūnijimą.

Esu iš tiesų laimingas, kad galiu užrašyti šį Šri Juktešvaro taurumo ir šventumo liudijimą. Nutolęs nuo minios ir tuo patenkintas, Šri Juktešvaras paniro į ramybę ir visiškai atsidavė savo gyvenimo idealui, kurį aprašė jo mokinys Paramahansa Jogananda. Šis darbas išliks per amžius.

ĮVADAS

"Susitikimas su Paramahansa Jogananda įsirėžė mano atmintyje kaip vienas nepamirštamų gyvenimo įvykių... Kai pažvelgiau į jo veidą, akys beveik apžilpo nuo spindesio – dvasingumo šviesos, sklindančios nuo jo tiesiogine prasme. Begalinis švelnumas, maloningas gerumas apgaubė mane lyg šilta saulėkaita... Mačiau, kad jis supranta ir įžvelgia net pačias kasdieniškiausias problemas, nors buvo Dvasios žmogus. Man jis buvo tikras Indijos ambasadorius, nešantis ir skleidžiantis visam pasauliui senovinę Indijos išmintį".

Dr. Binajus R. Senas (Binay R. Sen),
buvęs Indijos ambasadorius JAV

Asmeniškai pažinojusiems Paramahansą Joganandą jo gyvenimas ir pati esybė įtikinamai liudijo perduodamos pasauliui senovinės išminties galią ir autentiškumą. Nesuskaičiuojama daugybė šios autobiografijos skaitytojų tvirtina jos puslapiuose radę tą pačią dvasinio autoriteto šviesą, kuri sklido ir nuo paties autoriaus. Daugiau nei prieš šešiasdešimt metų pirmą kartą pasirodžiusi knyga buvo pripažinta šedevru; joje ne tik pasakojama neabejotinai didinga gyvenimo istorija, bet ir patraukliai pristatoma dvasinė Rytų filosofija, ypač unikalus tiesioginės ir asmeniškos bendrystės su Dievu mokslas. Vakarų skaitytojams atveriami žinių klodai, lig tol buvę prieinami tik nedaugeliui.

Šiandien „Jogo autobiografija" yra visame pasaulyje pripažinta dvasinės literatūros klasika. Šiame įvade norėtume trumpai papasakoti nepaprastą šios knygos istoriją.

Kad šis darbas atsiras, buvo išpranašauta seniai. Gerbiamas XIX amžiaus mokytojas Lahiris Mahasaja, viena iš svarbių asmenybių, prikėlusių jogą šiems laikams, numatė štai ką: „Praėjus apytikriai penkiasdešimčiai metų po mano mirties, bus aprašyta mano gyvenimo istorija, nes Vakaruose kils didžiulis susidomėjimas joga. Apie jogą sužinos visas pasaulis, joga padės stiprinti žmonių brolybę ir vienybę,

Jogo autobiografija

nes žmonija suvoks, kad yra Vienintelis Tėvas."

Po daugelio metų garbusis Lahirio Mahasajos mokinys svamis Šri Juktešvaras persakė šią pranašystę Šri Joganandai. „Tu irgi privalai prisidėti ir toliau skleisti šią žinią, – pareiškė jis, – tad parašyk šio švento žmogaus gyvenimo istoriją."

Taigi 1945-aisiais, praėjus beveik penkiasdešimčiai metų nuo Lahirio Mahasajos mirties, Paramahansa Jogananda baigė rašyti „Jogo autobiografiją" ir taip su kaupu įvykdė savo guru priesakus: pirmą kartą anglų kalba išsamiai pateikė nepaprastą Lahirio Mahasajos gyvenimo aprašymą ir supažindino pasaulio skaitytojus su labai senu Indijos sielos mokslu.

„Jogo autobiografija" – tai projektas, prie kurio Paramahansa Jogananda dirbo daug metų. Šri Daja Mata, viena iš pirmųjų ir artimiausių jo mokinių[1], prisimena:

„Kai 1931 metais atvykau į Vašingtono kalną, garbusis Paramahansa jau buvo pradėjęs rašyti „Autobiografiją". Kartą, kai jo darbo kabinete tvarkiau dokumentus, pamačiau vieną iš pirmųjų parašytų skyrių – apie „Tigrų svamį". Man tai buvo nepaprastai malonu. Jis manęs paprašė pasaugoti rankraštį ir paaiškino, kad skyrius bus įtrauktas į rašomą knygą. Didžioji knygos dalis buvo parašyta vėliau, laikotarpiu nuo 1937 iki 1945 metų."

Nuo 1935 m. birželio iki 1936 m. spalio Šri Jogananda viešėjo Indijoje, buvo ten grįžęs (per Europą ir Palestiną) paskutinį kartą aplankyti savo guru svamio Šri Juktešvaro. Indijoje jis surinko daug faktinės medžiagos savo autobiografijai, taip pat ir istorijų apie šventuosius bei išminčius, kuriuos pažinojo ir kurių gyvenimus ketino taip įsimintinai aprašyti knygoje. „Nepamiršau Šri Juktešvaro prašymo parašyti knygą apie Lahirio Mahasajos gyvenimą, – vėliau rašė jis. – Viešėdamas Indijoje kiekviena proga stengiausi susitikti su Jogavataros mokiniais ir giminėmis. Sukaupiau daug šių pokalbių užrašų, tikrinau faktus ir datas, rinkau nuotraukas, senus laiškus ir dokumentus."

1936 metų pabaigoje grįžęs į Ameriką, Pramahansa Jogananda ėmė daugiau laiko leisti vienuolyne, jam nesant pastatytame Ensinitase, pietų Kalifornijos pakrantėje. Paaiškėjo, jog tai ideali vieta užbaigti knygą,

---

[1] Į Paramahansos Joganandos įkurtą vienuolių bendruomenę ant Vašingtono kalno prie Los Andželo Šri Daja Mata įsijungė 1931 m. Nuo 1955-ųjų iki savo mirties 2010 m. ji buvo draugijos prezidentė.

pradėtą prieš kelerius metus.

„Mano atmintyje dar gyvos dienos, praleistos tame ramiame pajūrio vienuolyne, – prisimena Daja Mata. – Jis turėjo daug kitų pareigų ir darbų, tad negalėjo kasdien sėsti prie „Autobiografijos"; bet apskritai vakarus skirdavo šiam darbui, taip pat ir visą laisvalaikį, kiek tik jo turėjo. Gal nuo 1939 ar 1940 metų knygai jau galėjo atiduoti visą savo laiką. „Visą laiką" būtent tai ir reiškė – nuo ankstyvo ryto iki paryčių! Mes, keli mokiniai – Tara Mata, mano sesuo Ananda Mata, Šradha Mata ir aš – jam padėjome. Kai būdavo atspausdinta kuri nors dalis, jis įteikdavo ją Tarai Matai – ji buvo knygos redaktorė.

Kokie brangūs atsiminimai! Rašydamas Paramahansa Jogananda vėl išgyvendavo šventus potyrius, apie kuriuos pasakojo. Jo dieviškas tikslas buvo pasidalyti džiaugsmu ir atradimais, kuriuos jis patyrė asmeniškai suvokęs Dievą ir būdamas šventųjų bei didžiųjų mokytojų draugijoje. Dažnai sustodavo valandėlei aukštyn nukreiptu žvilgsniu ir nejudėdamas nugrimzdavo į *samadhį*, gilią bendrystę su Dievu. Visas kambarys prisipildydavo nepaprastai galingos dieviškos meilės auros. Mes, mokiniai, vien būdami šalia pajusdavome aukštesnę sąmonės būseną.

Pagaliau 1945-aisiais atėjo džiugi diena – knyga baigta. Paramahansa parašė paskutinius žodžius: „Viešpatie, šiam vienuoliui Tu dovanojai didelę šeimą!" Tada padėjo rašiklį ir džiugiai sušuko: „Štai ir viskas, baigta. Ši knyga pakeis milijonų gyvenimus. Kai manęs nebebus, ji skleis mano žinią."

Paskui Tarai Matai teko pareiga surasti leidėją. Su Tara Mata Paramahansa Jogananda susipažino 1924 metais San Fransiske, skaitydamas paskaitas ir vadovaudamas praktiniams užsiėmimams. Apdovanota reta dvasine įžvalga, ji įsiliejo į nedidelį būrelį toliausiai dvasiniu keliu nužengusių jo mokinių. Paramahansa Jogananda labai vertino jos gebėjimus redaguoti ir dažnai kartodavo, kad ji – vienas šviesiausių jo sutiktų protų. Jis pripažino jos plačias žinias ir Indijos šventraščių išminties supratimą; kartą net pasakė: „Išskyrus mano didijį guru Šri Juktešvarą, daugiau su niekuo man nėra taip malonu kalbėtis apie Indijos filosofiją."

Tara Mata nusivežė rankraštį į Niujorką. Bet rasti leidėją buvo nelengva. Dažnai atsitinka taip, kad didieji veikalai ne iškart sulaukia tradiciškai mąstančių žmonių pripažinimo. Nors ką tik prasidėjęs atomo amžius atskleidė subtilią materijos, energijos ir minties vienovę ir taip praplėtė bendrą žmonijos sąmonę, to meto leidėjai vargu ar buvo pasirengę tokiems skyriams kaip „Materializuoti rūmai Himalajuose" arba „Šventasis su dviem kūnais"!

Visus metus Tara Mata gyveno menkai apstatytame, nešildomame bute be karšto vandens ir visą tą laiką ji nepaliovė mynusi leidyklų slenksčius. Galiausiai atsiuntė telegramą, kurioje pranešė apie sėkmę. „Autobiografiją" apsiėmė išleisti „Filosofijos biblioteka" (*The Philosophical Library*), rimtas Niujorko leidėjas. „Negaliu nė apsakyti, kiek daug [ji] padarė dėl šios knygos... – kalbėjo Šri Jogananda. – Jei ne ji, knyga niekaip nebūtų prasiskynusi kelio."

Prieš pat 1946 metų Kalėdas ilgai lauktos knygos pasiekė Vašingtono kalną.

Skaitytojai ir pasaulio spauda šią knygą sutiko pagyrimais. „Tokio jogos pristatymo nėra buvę nei anglų, nei jokia kita kalba, rašė leidykla *Columbia University Press* leidinyje „Religijų apžvalga" (*Review of Religions*). Laikraštis *The New York Times* skelbė, jog tai „nuostabus pasakojimas". *Newsweek* parašė: „Joganandos knyga – veikiau sielos nei kūno biografija... Tai nuostabi religinio gyvenimo studija su aiškiais komentarais, parašyta sodriu rytietišku stiliumi."

Toliau pateikiamos kitų recenzijų ištraukos.

San Francisco Chronicle: „Skaityti labai lengva... Jogananda įtikinamai supažindina su joga, ir gali būti, kad atėję pasišaipyti lankytojai vėliau pasiliks melstis."

United Press: „Jogananda nepaprastai atvirai ir geranoriškai aiškina vadinamąsias ezoterines Rytų doktrinas. Tai vertinga knyga, pasakojanti apie dvasinių nuotykių kupiną gyvenimą."

The Times of India: „Šio išminčiaus autobiografiją skaityti nepaprastai įdomu."

Saturday Review: „...negali nesudominti Vakarų skaitytojo ir nepadaryti jam įspūdžio."

Grandy's Syndicated Book Reviews: „Ši knyga įtraukia ir įkvepia – literatūrinė retenybė!"

West Coast Review of Books: „Kad ir kokie būtų jūsų religiniai įsitikinimai, „Jogo autobiografija" jums džiugiai patvirtins žmogaus sielos tvirtybę."

News-Sentinel, Fort Veinas, Indiana: „Tikras atradimas... sodrus žmogiškas pasakojimas... turėtų padėti žmonijai geriau suprasti save... geriausia, kokia tik gali būti autobiografija... gniaužianti kvapą... parašyta su žaviu humoru ir įtikinamu nuoširdumu... užburianti kaip romanas."

Sheffield Telegraph, Anglija: „...monumentalus veikalas."

Išvertus šią knygą į kitas kalbas, viso pasaulio laikraščiuose ir žurnaluose pasirodė dar daugiau recenzijų.

Ill Tempo del Lunedì, Roma: „Šie puslapiai pakerės skaitytojus, nes jie žadina troškimą ir ilgesį, slypintį kiekvieno žmogaus širdyje."

China Weekly Review, Šanchajus: „Šios knygos turinys neįprastas... ypač šiuolaikiniam krikščioniui, kuris linkęs stebuklus patogiai priskirti praeičiai, buvusiems šimtmečiams... Nepaprastai įdomūs filosofiniai intarpai. Jogananda dvasinėje plotmėje iškyla virš religinių skirtumų... Knygą tikrai verta perskaityti."

Haagsche Post, Nyderlandai: „...tokios gilios išminties fragmentai, jie pakeri ir pakeičia visiems laikams."

Welt und Wort, Vokietijos literatūrinis mėnraštis: „Nepaprastai įspūdinga... „Jogo autobiografija" ypač vertinga tuo, kad čia jogas pirmą kartą nutraukia tylą ir pasakoja savo dvasinius išgyvenimus. Anksčiau tokius pasakojimus skaitytojas būtų vertinęs skeptiškai. Bet šiandien pasaulio padėtis tokia, kad mes tiesiog priversti pripažinti šios knygos vertę... Autorius siekia parodyti Indijos jogą ne kaip priešingą krikščioniškam mokymui, bet kaip jam giminingą. Jogai ir krikščionys yra lyg bendrakeleiviai, traukiantys to paties didelio tikslo link."

Eleftheria, Graikija: „Tai knyga, kuri... skaitytojo mąstymo horizontą praplės iki begalybės ir jis suvoks, kad širdis pajėgi plakti už visus žmones, nepriklausomai nuo jų odos spalvos ir rasės. Tai knyga, kurią galima pavadinti įkvėpta."

Neue Telta Zeitung, Austrija: „Viena giliausių ir svarbiausių šį šimtmetį perduotų žinių."

La Paz, Bolivija: „Mūsų laikais skaitytojai retai randa tokią gražią, gilią ir teisingą knygą, kokia yra „Jogo autobiografija"... Kupina žinių ir turtingos asmeninės patirties... Vienas iš labiausiai stulbinamų knygos skyrių – tai pasakojimas apie gyvenimo paslaptis po fizinio kūno mirties."

Schleswig-Holsteinische Tagespost, Vokietija: „Šiuose puslapiuose neprilygstamai aiškiai ir tvirtai parodomas įdomus gyvenimas, tokio negirdėto didingumo asmenybė, kad skaitytojas nuo pradžios iki pabaigos skaito užgniaužęs kvapą... Reikia pripažinti, kad ši svarbi biografija turi galios pradėti dvasinę revoliuciją."

Netrukus buvo parengtas antrasis leidimas, o 1951 metais – trečiasis.

Paramahansa Jogananda peržiūrėjo ir papildė kai kuriuos skyrius, atsisakė pasakojimų apie nebeaktualius organizacijos darbus ir pridėjo paskutinį – vieną ilgiausių knygoje – skyrių, kuriame aprašoma, kas vyko 1945–1951 metais. Naujojo skyriaus išnašoje jis parašė: „Rengiant trečiąjį šios knygos leidimą (1951 m.) į 49 skyrių buvo įtraukta daug naujos medžiagos. Atsiliepdamas į pirmųjų dviejų leidimų skaitytojų pageidavimus, šiame skyriuje atsakiau į įvairius klausimus apie Indiją, jogą ir vedų filosofiją."[2]

„Mane nepaprastai sujaudino, – rašė Šri Jogananda 1951 m. leidimo autoriaus pastabose, – laiškai, kuriuos gavau iš tūkstančių skaitytojų. Jų komentarai ir pats faktas, kad knyga buvo išversta į daugelį kalbų, drąsina mane tikėti, kad Vakarai šiuose puslapiuose rado teigiamą atsakymą į klausimą: Ar senoviniam jogos mokslui yra nors kokia verta vieta šiuolaikinio žmogaus gyvenime?"

Metams bėgant, skaitytojų „tūkstančiai" virto milijonais, vis aiškiau ryškėjo ilgalaikis ir visuotinis „Jogo autobiografijos" patrauklumas.

---

[2] Į septintąjį leidimą (1956) buvo įtraukti papildomi Paramahansos Joganandos pakeitimai. Šio leidinio leidėjo pastaboje rašoma:

„Į šį 1956 m. JAV leidimą įtrauktos pataisos, kurias Paramahansa Jogananda parengė 1949 m. angliškajam Londono leidimui; taip pat ir papildomi autoriaus pakeitimai, parengti 1951 m. „Londono leidimo pastaboje" (1949 m. spalio 25 d.) Paramahansa Jogananda rašė: „Rengdamas šios knygos leidimą Londone turėjau progą peržiūrėti ir šiek tiek papildyti tekstą. Be naujos medžiagos, pateikiamos paskutiniame skyriuje, pridėjau keletą išnašų, kuriose atsakiau į klausimus, atsiųstus amerikiečių skaitytojų."

Vėlesni 1951 m. autoriaus pakeitimai skirti ketvirtajam (1952 m.) amerikietiškajam leidimui. Tuo metu „Jogo autobiografijos" autoriaus teisės priklausė Niujorko leidyklai. 1946 m. Niujorke kiekvienas knygos puslapis buvo perkeltas ant spaudos plokštės. Vadinasi, norint pridėti prie teksto bent vieną kablelį, būtų reikėję perpjauti viso puslapio metalinę plokštę ir paskui ją sulituoti. Kadangi daugybės plokščių litavimas būtų pareikalavęs didelių išlaidų, Niujorko leidėjai į ketvirtąjį leidimą 1951 m. darytų autoriaus pataisų neįtraukė.

1953 m. pabaigoje *Self-Realization Fellowship* (SRF) nupirko iš Niujorko leidyklos visas „Jogo autobiografijos" teises. 1954 ir 1955 m. SRF iš naujo išleido šią knygą (penktasis ir šeštasis leidimai), bet per tuos dvejus metus dėl kitų darbų SRF leidybos skyrius neturėjo galimybės imtis didžiulės užduoties – perkelti autoriaus pataisų ant spaudos plokščių. Šis darbas buvo atliktas rengiant septintąjį leidimą.

Po 1956 m., laikantis nurodymų, kuriuos Tara Mata buvo gavusi iš Paramahansos Joganandos prieš jo mirtį, buvo atlikti dar keli redakciniai taisymai.

Ankstyvuosiuose „Jogo autobiografijos" leidimuose, laikantis bengalų kalbai įprastos praktikos nerašyti netariamų ar labai trumpai tariamų balsių, autorius vadinamas „Paramhansa". Siekiant atskleisti šventą šio vedomis pagrįsto vardo reikšmę, vėlesniuose leidimuose pateikiama standartinė sanskrito transliteracija: „Paramahansa" yra sudarytas iš žodžių *parama* („aukščiausias") ir *hansa* („gulbė"), kitaip tariant, tai tas, kuris pasiekė aukščiausią savo tikrojo dieviškojo Aš suvokimą ir šio Savojo Aš vienovę su Dvasia.

Įvadas

Praėjus šešiasdešimčiai metų nuo pirmojo knygos leidimo, ji tebėra paklausiausių metafizinių ir įkvepiančių knygų sąraše. Retas dalykas! Dabar ši knyga, išversta į daugelį kalbų, naudojama viso pasaulio koledžuose ir universitetuose mokantis įvairių dalykų – nuo Rytų filosofijos ir religijos iki anglų literatūros, psichologijos, sociologijos, antropologijos, istorijos ir net verslo vadybos. Išsipildė daugiau kaip prieš šimtą metų ištarta Lahirio Mahasajos pranašystė: jogos žinia ir senovinė meditacijos tradicija iš tiesų apskriejo visą Žemės rutulį.

Metafizikos žurnalas *New Frontier* 1986 metų spalio mėnesio numeryje parašė: „Paramahansa Jogananda, turbūt geriausiai žinomas kaip milijonus viso pasaulio skaitytojų įkvėpusios „Jogo autobiografijos" autorius, kaip ir Gandis, įtraukė dvasingumą į visuomenės gyvenimą. Galima sakyti, Jogananda nuveikė daugiau nei kas kitas, kad mūsų žodyne atsirastų žodis *joga*."

Gerbiamas mokslininkas dr. Deividas Frolis (David Frawley), Amerikos vedų studijų instituto direktorius, kas du mėnesius leidžiamame žurnale *Yoga International* (1996 m. spalis/lapkritis) parašė: „Joganandą galima vadinti Vakarų jogos tėvu. Tai ne tik išpopuliarėjusi fizinė joga, bet ir dvasinė joga, Savojo Aš suvokimo mokslas, kuris ir yra tikroji jogos prasmė."

Daktaras Ašutošas Dasas (Ashutosh Das), Kalkutos universiteto profesorius, teigia: „Jogo autobiografija" laikoma naujųjų laikų upanišadomis... Ji numalšino viso pasaulio tiesos ieškotojų dvasinį troškulį. Būdami Indijoje, mes su nuostaba ir susižavėjimu regėjome, kaip fenomenaliai ši knyga apie Indijos šventuosius ir filosofiją plinta pasaulyje. Esame labai patenkinti ir didžiuojamės, kad nemirtingas Indijos *Sanatana Dharma*, amžinųjų tiesos dėsnių, nektaras saugomas auksinėje „Jogo autobiografijos" taurėje."

Atrodo, „Jogo autobiografija" paliko gilų įspūdį net tiems palyginti negausiems buvusios Sovietų Sąjungos skaitytojams, kuriems pavyko ją perskaityti komunistinio režimo sąlygomis. V. R. Krišna Aijeras (Krishna Iyer), buvęs Indijos Aukščiausiojo Teismo teisėjas, pasakoja, kad lankydamasis mieste netoli Sankt Peterburgo (tuometinio Leningrado) jis paklausė vietos dėstytojų, „ar jie kada nors buvo susimąstę, kas atsitinka žmogui mirus..." Vienas iš dėstytojų tyliai nuėjo į savo kabinetą ir atsinešė knygą – „Jogo autobiografiją". Nustebau. Šalyje, kurią valdo materialistinė Markso ir Lenino filosofija, valstybinės įstaigos tarnautojas man rodo Paramahansos Joganandos knygą! „Prašau suprasti, kad Indijos dvasia mums nesvetima, – pasakė jis. – Viską, kas aprašyta šioje knygoje, mes priimame kaip tikrą dalyką."

„Tarp tūkstančių kiekvienais metais išleidžiamų knygų, – daroma išvada žurnale *India Journal* (1951 m. balandžio 21 d.), – būna pramogai skirtų leidinių, pasitaiko pamokomų knygų, taip pat ir tokių, kurios sutvirtina tikėjimą. Skaitytojui labai pasiseka, jei jam į rankas pakliūva knyga, kurioje dera visi šie dalykai. „Jogo autobiografija" yra dar retesnis reiškinys – tai knyga, kuri atveria proto ir dvasios langus."

Pastaraisiais metais knygų pardavėjai, kritikai ir skaitytojai vienbalsiai pripažino, kad „Jogo autobiografija" yra viena iš didžiausią įtaką padariusių naujųjų laikų dvasinių knygų. 1999 m. leidyklos *HarperCollins* suburta rašytojų ir mokslininkų komisija pripažino „Jogo autobiografiją" viena iš šimto geriausių dvasinių šio amžiaus knygų (*100 Best Spiritual Books of the Century*), o Tomas Batleris Boudonas (Butler-Bowdon) savo 2005 m. leidinyje „50 klasikinių dvasinių veikalų" (*50 Spiritual Classics*) parašė, jog ši knyga „pelnytai šlovinama kaip viena iš įdomiausių ir šviesiausių visų laikų dvasinių knygų".

Paskutiniame knygos skyriuje Paramahansa Jogananda rašo apie tvirtą tikėjimą, per amžius skelbtą visų pasaulio religijų šventųjų ir išminčių:

„Dievas yra Meilė. Ir tik meilė gali palaikyti Jo kūrinijos planą. Ar ši paprasta mintis neguodžia žmogaus širdies labiau nei moksliniai samprotavimai? Kiekvienas šventasis, prasiskverbęs iki Tikrovės šerdies, liudijo, kad egzistuoja dieviškasis visuotinis planas, kad jis gražus ir kupinas džiaugsmo."

„Jogo autobiografija" gyvuoja jau antrą pusšimtį metų, ir mes tikimės, kad visi šio įkvepiančio veikalo skaitytojai, – ir susidūrę su juo pirmą kartą, ir tie, kuriems jis seniai tapo brangiu gyvenimo kelio palydovu, – pajus, kaip jų sielos atsiveria gilesniam tikėjimui transcendentine tiesa, kuri sudaro pačią menamų gyvenimo paslapčių esmę.

SELF-REALIZATION FELLOWSHIP

Los Andželas, Kalifornija
2007 m. liepa

AMŽINASIS TEISINGUMO DĖSNIS

Nepriklausomybę atgavusios (1947 m.) Indijos vėliavą puošia sodrių šafrano, baltos ir tamsiai žalios spalvų juostos. Tamsiai mėlyna *Dharma čakra* („Dėsnio ratas") – tai ant Sarnato akmeninės kolonos esančio piešinio reprodukcija; koloną trečiame amžiuje prieš Kristų pastatė imperatorius Ašoka.

Ratas pasirinktas kaip amžinojo teisingumo dėsnio simbolis; beje, juo pagerbiamas ir garsiausio pasaulio monarcho atminimas. Anglų istorikas H. G. Rolinsonas (Rawlinson) rašo: „Keturiasdešimt metų trukęs jo viešpatavimas neturi lygių istorijoje. Įvairiais laikais jis lygintas su Markumi Aurelijumi, šv. Pauliumi ir Konstantinu... 250 metų prieš Kristų Ašoka išdrįso pasibaisėti sėkmingai pasibaigusiu karo žygiu, jis gailėjosi ir sąmoningai atsisakė karo kaip politikos priemonės."

Ašokos paveldėtoms valdoms priklausė Indija, Nepalas, Afganistanas ir Beludžistanas. Imperatorius Ašoka pirmasis ėmė puoselėti tarptautinius ryšius – jo religinės ir kultūrinės delegacijos su gausiomis dovanomis bei linkėjimais keliavo į Birmą, Ceiloną, Egiptą, Siriją ir Makedoniją.

Prancūzų orientalistas P. Masonas Urselis (Masson-Oursel) rašė: „Ašoka, trečiasis Maurijų dinastijos karalius, buvo... vienas didžiausių istorijai žinomų valdovų filosofų. Niekam nepavyko taip suderinti energijos ir geranoriškumo, teisingumo ir dosnumo, kaip tai padarė jis. Ašoka buvo gyvas savo epochos įsikūnijimas, bet dabar jis mums atrodo kaip visiškai šiuolaikiškas žmogus. Per ilgus viešpatavimo metus imperatorius Ašoka pasiekė tikslą, apie kokį šiandieną mes galime tik pasvajoti – turėdamas didžiulę pasaulietinę valdžią, jis įtvirtino taiką. Peržengęs savo didžiulių įgaliojimų ribas jis suprato nuo seno puoselėjamą daugelio religijų viziją – tai visuotinė tvarka, aprėpianti visą žmoniją."

„*Dharma* (kosminis dėsnis) siekia užtikrinti visos kūrinijos laimę." Akmenyse iškaltuose ediktuose ir iki šių dienų išlikusiose akmeninėse kolonose Ašoka su meile pataria visiems neaprėpiamos imperijos valdiniams, kad laimę lemia dorovė ir pamaldumas.

Šiuolaikinė Indija, siekianti susigrąžinti tūkstantmetę šlovę ir klestėjimą, savo naujojoje vėliavoje pagerbė „dievams brangaus" valdovo Ašokos atminimą.

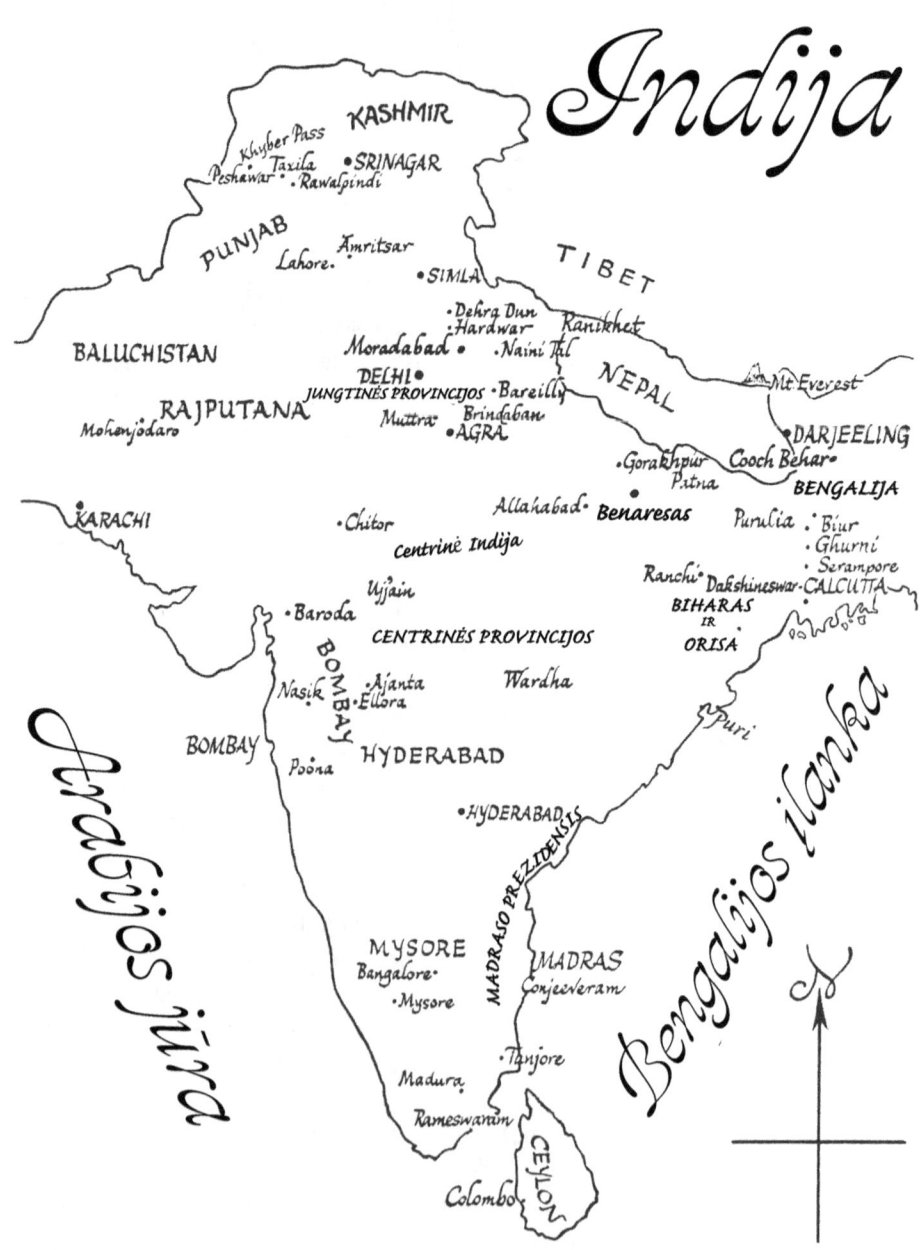

(Iki 1947 m. Dabar teritorijos šiaurės vakaruose priklauso Pakistanui, šiaurės rytuose – Bangladešui.)

JOGO AUTOBIOGRAFIJA

1 SKYRIUS

Mano tėvai ir vaikystė

Indijos kultūrai nuo seno būdinga ieškoti aukščiausių tiesų, su tuo susijęs ir mokinio bei mokytojo (guru)[1] santykis.

Mane kelias atvedė pas Kristų primenantį pranašą; gražus jo gyvenimas buvo dailinamas amžiais. Tai buvo vienas iš didžiųjų mokytojų, kurie yra tikrasis Indijos turtas. Jie gimsta kiekvienoje kartoje ir saugo savo šalį nuo lemties, ištikusios senovės Egiptą ir Babiloną.

Ankstyvoje vaikystėje mane lankydavo praeito įsikūnijimo prisiminimai. Su šiuo gyvenimu jie neturėjo nieko bendra. Aiškiai prisimindavau, kad kitados buvau jogas[2] ir gyvenau Himalajų sniegynuose. Mįslingu būdu šie praeities blyksniai leido man žvilgtelėti ir į ateitį.

Lig šiol prisimenu, koks bejėgis ir pažemintas jaučiausi kūdikystėje. Su apmaudu suvokiau, kad negaliu vaikščioti nei laisvai pareikšti apie save. Dėl tokios kūno bejėgystės užplūsdavo noras melstis. Kunkuliuojantys jausmai galvoje reiškėsi daugelio kalbų žodžiais. Ir tarp jų palengva įpratau girdėti bengališką savo tautiečių kalbą. Kokia kerinti kūdikio sąmonės platybė, suaugusiųjų manymu, apsiribojanti tik žaisliukais ir pirštukais!

Sielos sumaištis ir neklusnus kūnas mane dažnai pravirkdydavo, ir niekas neįstengdavo manęs nuraminti. Atsimenu, kaip mano sielvartas trikdė šeimą. Bet užplūsta ir laimingesni prisiminimai: motinos glamonės, pirmieji švepli mėginimai tarti kokią frazę, netvirti žingsneliai. Šios ankstyvos pergalės dažniausiai greit pamirštamos, bet jos kloja natūralų pasitikėjimo savimi pagrindą.

Mano tolimos praeities prisiminimai nėra unikalūs. Yra žinoma,

---

[1] Dvasinis mokytojas. Knygoje *Guru Gyta* (17 posme) guru labai tinkamai vadinamas „išsklaidančiu tamsą" (nuo žodžių *gu*, „tamsa", ir *ru*, „tas, kuris išsklaido"). [Ne anglų kalbos žodžiai (sanskrito ir pan.) lietuviškame leidime pateikiami pagal lietuviškus leksikografinius šaltinius arba pagal tarimą. – *Vert. past.*]

[2] Tas, kuris praktikuoja jogą, „vienovę", senovinį Dievo meditavimo būdą. (Žr. 26 skyrių: „Krijajogos mokslas".)

kad daugelio jogų, dramatiškai pereinančių iš gyvenimo į mirtį ir atvirkščiai, savimonė nenutrūksta. Jei žmogus būtų tik kūnas, jo netekęs netektų ir savo tapatybės. Bet jei pranašai tūkstančius metų kalbėjo tiesą, žmogus pirmiausia yra siela – bekūnė, visur esanti.

Nors tai ir keista, aiškių kūdikystės prisiminimų pasitaiko ne taip jau retai. Keliaudamas po daugybę šalių, girdėjau vyrus ir moteris pasakojant apie labai ankstyvą vaikystę, ir tie pasakojimai buvo visiškai patikimi.

Gimiau 1893 metų sausio 5 dieną Gorakpure, šiaurės rytų Indijoje, netoli Himalajų kalnų. Ten praėjo pirmieji aštuoneri mano gyvenimo metai. Šeimoje buvome aštuoni vaikai: keturi berniukai ir keturios mergaitės. Aš, Mukunda Lalas Ghošas (Mukunda Lal Ghosh)[3], buvau antrasis sūnus ir ketvirtasis vaikas šeimoje.

Mano tėvas ir motina buvo bengalai, jie priklausė kšatrijų[4] kastai. Abu apdovanoti šventųjų prigimtimi. Rami ir iškilni jų abipusė meilė niekada nesireiškė lengvabūdiškai. Tobula tėvų tarpusavio darna buvo ramus centras, aplink kurį verpetais sukosi aštuonių jaunų žmonių gyvenimai.

Tėvas Bhagabatis Čaranas Ghošas (Bhagabati Charan Ghosh) buvo geraširdis, rimtas, kartais griežtas. Mes, vaikai, jį labai mylėjome, bet laikydavomės tam tikro pagarbaus atstumo nuo jo. Jis buvo neeilinis matematikas ir logikas ir gyvenime daugiausia vadovavosi intelektu. O motina buvo mūsų širdžių karalienė ir visko mus mokė tik per meilę. Jai mirus, tėvas tapo švelnesnis. Pastebėdavau, kad jo žvilgsnis kartais pasikeisdavo ir tapdavo toks pat kaip mamos.

Motinos dėka mes anksti susipažinome su šventraščiais. Tai būdavo ir malonios, ir karčios akimirkos. Kai prasikalsdavome, motina sumaniai parinkdavo tinkamų „Mahabharatos" ir „Ramajanos"[5] istorijų – taip ji mus ir bausdavo, ir mokydavo.

Iš pagarbos tėvui pavakariais motina mus rūpestingai aprengdavo, kad pasitiktume jį grįžtantį iš darbo namo. Jis dirbo vienoje iš didžiųjų Indijos bendrovių „Bengalijos – Nagpuro geležinkeliai". Jo postas buvo panašus į viceprezidento. Darbo reikalais jam tekdavo daug keliauti, o kai buvau dar vaikas, mūsų šeima kelis kartus kraustėsi iš miesto į miestą.

---

[3] Mano vardas buvo pakeistas į Jogananda (*Yogananda*) 1915 m., kai įstojau į senąjį vienuolių svamių ordiną. 1935 m. mano guru suteikė man dar vieną religinį titulą – *Paramahansa* (žr. p. 213 ir 388).

[4] Antroji – valdovų ir karių – kasta.

[5] Šie senovės epai – tikras Indijos istorijos, mitologijos ir filosofijos lobynas.

Motina nuoširdžiai padėdavo skurstantiems. Tėvas irgi buvo geros širdies, bet jo pagarba įstatymams ir tvarkai aprėpė ir šeimos biudžeto reikalus. Sykį motina vargšams maitinti per dvi savaites išleido daugiau, negu tėvas uždirbdavo per mėnesį.

– Teprašau vieno, – tarė tada tėvas. – Dalydama išmaldą neperženk sveiko proto ribų.

Nors ir švelnus, vyro priekaištas motiną papiktino. Nė neužsiminusi vaikams apie nesutarimą, ji liepė iškviesti vežiką.

– Sudie, grįžtu pas motiną! – pateikė ji amžių patikrintą ultimatumą.

Priblokšti mes pratrūkome raudoti. Laimė, kaip tik atvyko dėdė iš motinos pusės. Jis šnipštelėjo tėvui keletą išmintingų patarimų, taip pat neabejotinai patikrintų laiko. Tėvas ištarė susitaikymo žodžius, ir motina mielai paleido vežiką. Taip baigėsi vienintelis mano matytas rimtas tėvų kivirčas. Bet šiaip jie pasiginčydavo. Kartą motina tarė tėvui:

– Prašyčiau duoti dešimt rupijų vargšei moteriai sušelpti, ji ką tik atėjo prie mūsų namų, – motinos šypsena galėjo įtikinti kiekvieną.

– Kodėl dešimt? Vienos pakaks, – paprieštaravo tėvas ir paaiškino: – Kai staiga mirė mano tėvas ir seneliai, pirmą kartą patyriau skurdą. Prieš išeidamas į mokyklą, iki kurios buvo kelios mylios, pusryčiams suvalgydavau tik mažą bananą. Vėliau, mokydamasis universitete, taip skurdau, kad kreipiausi į turtingą teisėją prašydamas vienos rupijos pašalpos per mėnesį. Bet jis atsisakė, pareiškė, kad net viena rupija yra svarbi.

– Kaip karčiai prisimeni negavęs tos rupijos! – motinos širdis akimirksniu padiktavo logišką atsakymą. – Nejau nori, kad ir ši moteris skausmingai prisimintų negavusi taip reikalingų dešimties rupijų?

– Tavo viršus! – tėvas mostelėjo ranka, kaip nuo neatmenamų laikų daro nugalėti vyrai, ir atvėrė piniginę. – Štai dešimties rupijų banknotas. Perduok jį moteriškei su geriausiais mano linkėjimais.

Tėvas buvo linkęs iš pradžių atsisakyti bet kokio naujo pasiūlymo. Jo požiūris į nepažįstamąją, kuri taip lengvai pelnė motinos atjautą, buvo įprasto atsargumo pavyzdys. Nenoras iškart su viskuo sutikti iš tiesų tebuvo pagarba principui, jog viską reikia „gerai apmąstyti". Man visad atrodė, kad tėvas elgiasi protingai ir kad jo sprendimai pasverti. Jei man pavykdavo savo gausius prašymus pagrįsti vienu ar dviem tvirtais argumentais, jis visada padėdavo pasiekti trokštamą tikslą – nesvarbu, atostogų kelionę ar naują motociklą.

Iš vaikų tėvas reikalavo griežtos drausmės, bet ir pats buvo tikras spartietis. Pavyzdžiui, jis niekada nesilankydavo teatre, jėgas atgaudavo tik įvairiomis dvasinėmis praktikomis ir skaitydamas „Bhagavadgytą"[6]. Vengdamas prabangos, batus avėdavo tol, kol šie visai suplyšdavo. Kai ėmė plisti automobiliai, jų įsigijo ir jo sūnūs, bet tėvas kasdien į darbą važinėdavo tramvajumi.

Tėvui nerūpėjo kaupti pinigų, kad įgytų daugiau valdžios. Įkūręs Kalkutos miesto banką, jis atsisakė tapti jo akcininku ir iš to pasipelnyti. Tiesiog tuo metu turėdamas laisvo laiko nusprendė atlikti savo pilietinę pareigą.

Tėvui išėjus į pensiją, po kelerių metų iš Anglijos į Indiją atvyko finansininkas tikrinti „Bengalijos – Nagpuro" buhalterijos. Apstulbęs tikrintojas pamatė, kad tėvas nė karto nebuvo paprašęs laiku nesumokėtų premijų.

„Jis dirbo už tris! – pasakė finansininkas bendrovės vadovams. – Jam priklauso 125 000 rupijų (41 250 JAV dolerių) kompensacija." Iždininkas tėvui atsiuntė čekį šiai sumai. Tėvui tai pasirodė toks menkniekis, kad jis apie tai net neprasitarė šeimai. Gerokai vėliau, banko ataskaitoje pastebėjęs didelį indėlį, apie tai pasiteiravo mano jauniausiasis brolis Bišnus (Bishnu).

– Kam džiaugtis dėl materialios naudos? – atsakė tėvas. – Kas nori visada būti ramus, nedžiūgauja gavęs pelno ir neliūdi patyręs nuostolių. Jis žino, kad į šį pasaulį žmogus ateina neturėdamas nė skatiko ir palieka jį tuščiomis kišenėmis.

Netrukus po vestuvių mano tėvai tapo didžio mokytojo Lahirio Mahasajos (Lahiri Mahasaya) iš Benareso mokiniais. Bendravimas su mokytoju dar labiau sustiprino iš prigimties asketišką tėvo būdą. Kartą motina mano vyriausiajai seseriai Romai prisipažino nepaprastą dalyką: „Mudu su tavo tėvu kaip vyras ir žmona kartu miegame tik kartą per metus, kad susilauktume vaikų."

Su Lahiriu Mahasaja tėvas susipažino per Abinašą Babu (Abinash Babu)[7], „Bengalijos – Nagpuro geležinkelių" filialo darbuotoją. Gorakpure Abinašas Babu man, dar vaikui, papasakojo daugybę įdomių istorijų apie įvairius Indijos šventuosius. Visus pasakojimus jis būtinai

---

[6] Ši didinga sanskrito poema, „Mahabharatos" epo dalis, yra hinduistų Biblija. Mahatma Gandis (*Gandhi*) rašė: „Tie, kurie medituos „Gytą", kas dieną semsis iš jos naujo džiaugsmo ir naujos prasmės. Nėra nė vieno dvasinio galvosūkio, kurio „Gyta" negalėtų išnarplioti."

[7] *Babu* (ponas) bengalų kalboje vartojamas po pavardės.

baigdavo pagarbindamas neprilygstamą savojo guru šlovę.

– Ar esi girdėjęs, kokiomis nepaprastomis aplinkybėmis tavo tėvas tapo Lahirio Mahasajos mokiniu? – šį intriguojantį klausimą Abinašas uždavė tingią vasaros popietę, mudviem sėdint mūsų kieme.

Lūkestingai šypsodamasis papurčiau galvą.

– Prieš daug metų, kai dar nebuvai gimęs, paprašiau savo viršininko, tavo tėvo, duoti man savaitę atostogų, kad galėčiau Benarese aplankyti savo guru. Tavo tėvas iš mano plano pasišaipė. „Ketini tapti religiniu fanatiku? – pasiteiravo jis. – Jei nori ką nors pasiekti, verčiau rūpinkis darbu." O paskui tą pačią dieną, kai medžiais apaugusiu takeliu liūdnai kėblinau namo, dar sykį sutikau tavo tėvą, nešamą palankinu. Jis atleido tarnus su neštuvais ir patraukė pėsčias su manimi. Stengdamasis mane paguosti, ėmė vardyti žemiškos sėkmės pranašumus. Bet aš klausiausi abejingai. Mano širdis kartojo: „Lahiri Mahasaja! Negaliu gyventi, nepamatęs tavęs!"

Takelis mus nuvedė į ramią palaukę, kur vėlyvos popietės saulės spindulių nutviekstai aukšti, vilnijantys žolynai atrodė it karūnuoti. Susižavėję sustojome. Staiga lauke vos už kelių metrų nuo mūsų pasirodė mano didžiojo mokytojo pavidalas![8] „Bhagabati, tu per griežtas savo darbuotojui!" – išgirdome jo balsą ir apstulbome. Tada pavidalas išnyko taip pat paslaptingai, kaip buvo atsiradęs. Aš klūpojau ant kelių kartodamas: „Lahiri Mahasaja! Lahiri Mahasaja!" Kelias akimirkas tavo tėvas nustėręs nejudėjo. „Abinašai, aš ne tik tau rytoj leidžiu keliauti į Benaresą, bet ir pats išvykstu. Privalau pamatyti didįjį Lahirį Mahasają, kuris panorėjęs gali materializuotis, kad užsistotų tave! Pasiimsiu žmoną ir paprašysiu šio mokytojo inicijuoti mus į savo dvasinį kelią. Ar nuvesi mus pas jį?" – „Žinoma."

Džiaugiausi, kad taip stebuklingai buvo atsiliepta į mano maldą ir įvykiai pakrypo palankia linkme.

Kitą vakarą su tavo tėvais iškeliavome į Benaresą. Rytojaus dieną, atvykę į vietą, dar kiek pavažiavome arklio traukiamu vežimu, paskui pėsti patraukėme siauromis gatvelėmis į nuošalius guru namus. Įėję į nedidelę svetainę, nusilenkėme mokytojui, sėdinčiam įprasta lotoso poza. Jis sumirksėjo veriančiomis akimis ir nukreipė žvilgsnį į tavo tėvą. „Bhagabati, tu per griežtas savo darbuotojui! – ištarė tuos pačius žodžius kaip ir prieš dvi dienas aname lauke. Ir pridūrė: – Džiaugiuosi,

---

[8] Fenomenalios didžiųjų mokytojai galios paaiškintos 30 skyriuje „Stebuklų dėsnis".

GURU (Gjana Prabha) GHOŠ
(1868–1904)
Joganandos motina, Lahirio Mahasajos mokinė

kad leidai Abinašui mane aplankyti ir kad pats su žmona jį atlydėjai."

Jis supažindino tėvus su dvasinėmis *krijajogos*[9] praktikomis ir šie dėl to labai apsidžiaugė. Mudu su tavo tėvu nuo anos atmintinos dienos, kai išvydome regėjimą, esame artimi draugai, broliai ir mokiniai. Lahiris Mahasaja neabejotinai domėjosi ir tavo gimimu. Tavo gyvenimas tikrai bus susietas su jo – mokytojo palaiminimas niekada nenustoja galios.

Lahiris Mahasaja šį pasaulį paliko vos man gimus. Visuose miestuose, į kuriuos tėvą perkeldavo dirbti, mūsų šeimos altorių puošė jo nuotrauka puikiais rėmais. Auštantis rytas ir blėstantis vakaras mane ir motiną dažnai užklupdavo priešais pačių įrengtą šventyklėlę. Ten meditavome ir aukodavome gėlių žiedus, išmirkytus kvapnioje santalo tyrėje. Smilkalais ir mira, taip pat bendromis maldomis šlovinome dievybę, visiškai atsiskleidusią per Lahirį Mahasają.

Jo paveikslas nepaprastai paveikė mano gyvenimą. Augdamas vis dažniau pagalvodavau apie mokytoją. Meditavo matydavau, kaip

---

[9] Jogos metodika, kurios mokė Lahiris Mahasaja; ja nuramdomas juslių verpetas ir žmogus gali vis labiau tapatintis su kosmine sąmone (žr. 26 skyrių).

Mano tėvai ir vaikystė

BHAGABATIS ČARANAS GHOŠAS
(1853–1942)
Joganandos tėvas, Lahirio Mahasajos mokinys

jo atvaizdas iškyla iš nedidelės nuotraukos ir atgijęs atsisėda priešais mane. Pamėginus paliesti jo švytinčio kūno pėdas, jis vėl pasikeisdavo ir virsdavo nuotrauka. Iš vaiko tapdamas paaugliu jutau, kaip Lahiris Mahasaja mano galvoje iš mažutės į rėmelius įspraustos nuotraukos virsta gyva, švytinčia, nežemiška esybe. Išbandymų ar sumaišties akimirkomis dažnai jam melsdavausi ir savyje išgirsdavau raminamus jo nurodymus.

Iš pradžių sielojausi, kad jo nebėra gyvo. Bet pamažu visur ėmęs suvokti jo slaptingą buvimą, lioviausi sielotis. Tiems savo mokiniams, kurie pernelyg troško jį regėti, jis ne kartą rašė: „Kodėl ateinate pažiūrėti į mano kūną ir kaulus, juk aš visada matomas jūsų *kūtastha* (dvasios akimis)?"

Sulaukęs maždaug aštuonerių, Lahirio Mahasajos nuotraukos padedamas patyriau stebuklingo išgijimo palaimą. Šis potyris dar labiau sustiprino mano meilę. Mūsų šeimos vasarnamyje Ičapure, Bengalijoje, užsikrėčiau cholera. Gydytojai nuleido rankas, vilčių išgyti nebuvo. Tada prie mano lovos rymojusi paklaikusi motina mostu paragino mane pažvelgti į Lahirio Mahasajos nuotrauką, kabėjusią ant sienos man virš galvos.

– Nusilenk jam mintyse!

Ji žinojo, kad esu per daug nusilpęs ir kad neįstengiu net pakelti rankų jį pasveikinti.

– Jei tikrai parodysi savo atsidavimą ir viduje suklupsi prieš jį, liksi gyvas ir sveikas!

Pažvelgiau į nuotrauką ir pamačiau joje akinamą šviesą, paskui šviesa apgaubė mano kūną ir visą kambarį. Pykinimas ir kiti nevaldomi simptomai dingo. Aš pasveikau. Išskart įgijau jėgų nusilenkti ir paliesti motinos pėdas – taip padėkojau jai už neišmatuojamą tikėjimą savuoju guru. Motina kelis kartus prisiglaudė kakta prie nuotraukos.

– O visur esantis Mokytojau, dėkoju tau, kad savo šviesa išgydei mano sūnų!

Supratau, kad ir ji matė akinamą švytėjimą, kuris mane akimirksniu išgydė nuo dažniausiai mirtimi pasibaigiančios ligos.

Toji nuotrauka yra viena didžiausių mano brangenybių. Tėvui ją dovanojo pats Lahiris Mahasaja, tad ji skleidžia šventas vibracijas. Nuotrauka atsirado stebuklingai. Jos istoriją išgirdau iš kito mokinio, kurį tėvas laikė savo broliu, Kalio Kumaro Rojaus (Kali Kumar Roy).

Atrodo, mokytojas labai nemėgo būti fotografuojamas. Bet vieną kartą, nors ir protestavo, buvo nufotografuotas su grupe sekėjų, tarp kurių buvo ir Kalis Kumaras Rojus. Netrukus fotografas apstulbo: nors fotoplokštelėje aiškiai matėsi visų mokinių atvaizdai, centre, kur jis tikėjosi išvysti Lahirį Mahasają, buvo tuščia. Šis įvykis dar ilgai buvo aptarinėjamas.

Mokinys ir profesionalus fotografas Ganga Dharas Babu (Ganga Dhar Babu) tada pareiškė, kad šis nesugaunamasis tikrai nuo jo nepaspruks. Kitą rytą, kai guru sėdėjo lotoso poza ant medinio suolelio, su savo įranga pasirodė Ganga Dharas Babu. Už mokytojo stovėjo medinė širma. Ėmęsis visų atsargumo priemonių, fotografas negailėdamas išpleškino net dvylika plokštelių. Netrukus paaiškėjo, kad visose yra suolelis ir širma, bet paties mokytojo nematyti.

Apsiašarojęs, praradęs paskutinius puikybės likučius, Ganga Dharas Babu susirado mokytoją. Kelias valandas tylėjęs, Lahiris Mahasaja pagaliau prasmingai prabilo:

– Aš esu Dvasia. Ar gali tavo fotoaparatas atspindėti visur esančią Neregimybę?

– Matau, kad ne! Bet, šventasis pone, aš iš meilės trokštu jūsų kūno šventovės nuotraukos. Man trūko įžvalgumo, aš lig šios dienos nesupratau, kad jumyse gyvena visiškai atsiskleidusi Dvasia.

Mano tėvai ir vaikystė

– Tada ateik rytoj rytą. Aš tau papozuosiu.

Fotografas vėl nustatė aparatą. Šį kartą plokštelėje aiškiai matėsi šventojo figūra, jos nebedengė paslaptingas šydas. Daugiau mokytojas niekada nepozavo nuotraukoms, bent aš kitų nemačiau.

Tą nuotrauką rasite šioje knygoje[10]. Iš šviesios Lahirio Mahasajos odos ir universalių veido bruožų sunku nuspėti, kokiai rasei jis priklauso. Mįslinga šypsena šiek tiek atskleidžia jo bendrystės su Dievu džiaugsmą. Akys sykiu ir pusiau atmerktos – tai rodo minimalų domėjimąsi išoriniu pasauliu, ir pusiau užmerktos – tai reiškia pasinėrimą į vidinę palaimą. Abejingas nieko nevertoms žemiškoms vilionėms, jis buvo visad pasiryžęs spręsti dvasinių ieškotojų problemas, kai šie kreipdavosi patarimo.

Kai guru nuotraukos padedamas išgijau, netrukus išvydau lemtingą viziją. Vieną rytą sėdėdamas lovoje giliai užsisvajojau. „Kai užsimerkiame, kas slypi už tos tamsos?" – garsiai suskambo galvoje klausimas.

Vidinį regėjimą iškart nutvieskė akinamas šviesos blyksnis. Mano galvoje tarsi didžiuliame švytinčiame ekrane ėmė ryškėti miniatiūriniai kino vaizdai – dieviški kalnų olose medituojančių šventųjų pavidalai.

– Kas jūs? – garsiai paklausiau.

– Himalajų jogai.

Sunku aprašyti dangiškąjį atsaką. Man suvirpėjo širdis.

– Ak, kaip trokštu nukeliauti į Himalajus ir tapti kaip jūs!

Regėjimas išnyko, bet sidabro spinduliai didėjančiais ratilais išplito iki begalybės.

– Kas šis stebuklingas švytėjimas?

– Aš esu Yšvara[11]. Esu Šviesa.

Balsas priminė murmantį debesį.

– Aš noriu tapti vîena su Tavimi.

Lėtai slopstanti dieviškoji ekstazė paliko neblėstančią dovaną – įkvėpimą ieškoti Dievo. „Jis yra amžinas, visad naujas Džiaugsmas!" – štai toks

---

[10] P. 281. Nuotraukos reprodukcijų galima gauti draugijoje *Self-Realization Fellowship*. Žr. taip pat Lahirio Mahasajos portretą p. 309. Lankydamasis Indijoje 1935–1936 metais, Šri Paramahansa Jogananda pamokė bengalų dailininką iš originalios fotografijos nutapyti šį portretą ir vėliau nurodė visuose SRF leidiniuose naudoti jį kaip oficialų Lahirio Mahasajos portretą. (Šis paveikslas kabo Paramahansos Joganandos namų Vašingtono kalne svetainėje.) (*Leidėjo pastaba.*)

[11] Sanskrito kalba tai Viešpaties, kaip kosmoso valdovo, vardas, kilęs iš šaknies *īš*, „valdyti". Hinduizmo raštuose yra tūkstantis Dievo vardų ir kiekvienas iš jų turi savitą filosofinės prasmės atspalvį. Viešpats kaip Yšvara yra Tas, kurio valia tvarkingais ciklais sukuriamos ir išskaidomos visatos.

prisiminimas dar ilgai neblėso mano atmintyje, kai išsisklaidė ekstazė.

Kitas ankstyvas prisiminimas irgi iškilus. Jis toks netgi tiesiogine prasme, nes jo paliktą randą tebeturiu iki šiol. Su vyresniąja seserimi Uma tą ankstyvą rytą sėdėjome mūsų Gorakpuro namų kieme po nimbamedžiu. Ji padėjo man studijuoti bengalų kalbos pradžiamokslį, jei tik įstengdavau atplėšti akis nuo papūgų, netoliese lesiojančių prinokusius medžio vaisius.

Paskui Uma pasiskundė ant kojos iškilusia votimi ir atsinešė indelį tepalo. Aš irgi pasitepiau dilbį.

– Kam tepiesi vaistais sveiką ranką?

– Supranti, sese, jaučiu, kad rytoj man iškils votis. Todėl nutariau išmėginti tavo tepalą toje vietoje, kur votis pasirodys.

– Melagėlis!

– Sese, nevadink manęs melagiu, kol nepamatei, kas nutiks rytoj, – pasipiktinau.

Umai tai nepadarė įspūdžio ir ji dar tris kartus man įgėlė. Lėtai, bet ryžtingai atsakiau:

– Savo valios galia tvirtinu, kad rytoj man ant rankos kaip tik šitoje vietoje iškils nemaža votis, o tavoji pritvinks dar labiau ir taps dvigubai didesnė!

Kitą rytą man ant rankos tikrai atsirado stambi votis, o Umos votis atrodė padvigubėjusi. Sesuo šaukdama puolė pas motiną: „Mukunda virto burtininku!" Motina rimtai mane pamokė niekada nesinaudoti žodžių galia daryti pikta. Iki šiol atsimenu jos patarimą ir visad jo laikausi.

Man votį išoperavo. Ligi šiol toje vietoje matyti chirurgo skalpelio paliktas randas. Ant dešinio dilbio visada nešioju priminimą, ką gali žodis.

Paprasti ir iš pirmo žvilgsnio nepavojingi žodžiai, kuriuos labai susikaupęs ištariau Umai, turėjo tiek slaptos galios, kad sprogo it bomba ir sukėlė neabejotiną, nors ir žalingą poveikį. Vėliau supratau, kad sprogstamąja kalbos vibracijų galią įmanoma protingai nukreipti taip, kad ji padėtų išsivaduoti iš gyvenimo sunkumų ir drauge nepaliktų randų ir neverstų klausytis priekaištų[12].

---

[12] Begalinės garso galios kyla iš Kuriančiojo Žodžio *Aum*, kosminės vibracijos, esančios anapus visos atominės energijos. Kiekvienas žodis, ištartas aiškiai jį suvokiant ir didžiai susikaupus, gali materializuotis. Emilio Kua (Coué) ir panašios psichoterapijos sistemos veiksmingai taiko metodą garsiai ar tyliai kartoti įkvepiančius žodžius; šio metodo paslaptis – sustiprinti psichikos vibracijų dažnį.

Mano tėvai ir vaikystė

Šri Jogananda šešerių

Mūsų šeima persikėlė į Lahorą Pandžabe. Ten įsigijau Dieviškosios Motinos paveikslą deivės Kalės[13] pavidalu. Nedidelei namų balkone įsirengtai šventyklėlei jis suteikė šventumo. Nedvejodamas tikėjau, kad visos maldos, sukalbėtos toje šventoje vietoje, būtinai išsipildys. Vieną dieną stovėdamas ten su Uma žiūrėjau, kaip du berniukai laido aitvarus virš namų stogų. Pastatus nuo mūsų namo skyrė tik siaurutėlis skersgatvis.

– Ko tu toks tylus? – žaismingai stumtelėjo mane Uma.

– Tik galvoju, kaip nuostabu, kad Dieviškoji Motina man duoda viską, ko paprašau.

– Tikriausiai Ji padovanos tau ir tuos du aitvarus! – pašaipiai nusijuokė sesuo.

– Kodėl gi ne?

---

[13] Kalė – Dievo kaip amžinosios Motinos Gamtos simbolis.

Ir pradėjau tyliai melsti tų aitvarų.

Indijoje dažnai vyksta aitvarų varžybos. Aitvarų virvelės būna išteptos klijais ir aplipdytos grūsto stiklo šukelėmis. Kiekvienas žaidėjas stengiasi savo aitvaro virvele perpjauti priešininko aitvaro virvelę. Nutrūkęs aitvaras nuskrieja virš stogų ir būna labai smagu jį gaudyti. Bet mudu su Uma stovėjome namo nišoje įrengtame balkone su stogeliu, tad atrodė, kad jei nutrūkęs aitvaras atskris mūsų pusėn, mes jo nepagausime – jis su savo virvele praskris virš mūsų namo stogo.

Žaidėjai kitapus skersgatvio pradėjo rungtis. Staiga vienas žaidėjas nupjovė kito žaidėjo aitvaro virvelę ir aitvaras ėmė sklęsti mūsų link, bet tada vėjas nurimo, aitvaras pakibo ore ir laisvas virvelės galas įsipainiojo į kaktusą, augantį ant priešais stovinčio namo stogo. Aitvaro virvelė išlinko. Pačiupau ją ir įteikiau aitvarą Umai.

– Tai tik keistas atsitiktinumas, o ne atsakas į tavo maldą. Jei pas tave atskris ir kitas aitvaras, tada patikėsiu, – tarė ji.

Vis dėlto sesuo buvo nustebusi ir jos nuostabą labiau išdavė tamsios akys nei žodžiai. O aš toliau karštai meldžiausi. Tada antras žaidėjas smarkiai timptelėjo savo aitvaro virvelę, ši nutrūko ir aitvaras, šokdamas vėjyje, ėmė skrieti manęs link. Paslaugusis mano pagalbininkas kaktusas vėl sulaikė virvelę, ji išlinko ir galėjau aitvarą nutverti. Įteikiau Umai ir šį antrąjį trofėjų.

– Dieviškoji Motina tave tikrai išklauso! Man jau darosi baisu!

Sesuo lyg išgąsdintas elniukas spruko iš balkono.

2 SKYRIUS

Motinos mirtis ir paslaptingasis amuletas

Motina labai troško apvesdinti mano vyresnįjį brolį. „Ak, kai išvysiu Anantos žmonos veidą, ši žemė man taps rojumi!" – dažnai girdėdavau, kaip motina tokiais žodžiais išsakydavo karštą indų norą pratęsti giminę.

Kai Ananta susižadėjo, man buvo apie vienuolika metų. Motina viešėjo Kalkutoje ir džiugiai prižiūrėjo, kaip ruošiamos vestuvės. Mudu su tėvu likome vieni namie Barelyje, šiaurės Indijoje – ten tėvą perkėlė, kai jis Lahore atidirbo dvejus metus.

Jau buvau regėjęs prašmatnias dviejų vyresniųjų seserų Romos ir Umos jungtuvių apeigas, bet Anantos, vyriausiojo sūnaus, vestuvės turėjo vykti itin iškilmingai. Motina priiminėjo gausius giminaičius, kasdien iš tolimų vietovių atvykstančius į Kalkutą. Jie visi patogiai įsikūrė mūsų naujame dideliame name Amhersto gatvėje 50. Viskas buvo paruošta: puotai skirti gardumynai, spindintis sostas, kuriame brolis turėjo būti nešamas į nuotakos namus, spalvotų lempelių girliandos, milžiniški kartoniniai drambliai ir kupranugariai, sukviesti anglų, škotų ir indų orkestrai, profesionalūs linksmintojai, dvasininkai senovinėms apeigoms atlikti.

Mudu su tėvu šventiškai nusiteikę ketinome prisidėti prie šeimos prieš pat vestuvių ceremoniją. Bet prieš išauštant didžiajai dienai mane aplankė nelaimę pranašaujantis regėjimas.

Barelyje buvo vidurnaktis. Miegojau šalia tėvo mūsų namelio (bungalo) verandoje ir mane pažadino keistas lovą gaubiančio moskitų tinklelio plastėjimas. Plonos užuolaidos prasiskyrė ir išvydau mylimos motinos pavidalą. „Pažadink tėvą! – jos balsas buvo vos girdimas. – Sėskite į pirmą traukinį ketvirtą ryto. Skubėkite į Kalkutą, jei dar norite mane pamatyti!"

Tada vaiduokliška figūra išnyko.

– Tėve, tėve! Mama miršta!

Siaubas mano balse iškart jį pažadino. Kūkčiodamas persakiau jam lemtingą žinią.

– Neimk į galvą to savo kliedesio, – tėvas, kaip jam buvo būdinga, iškart paneigė naujieną. – Tavo mama sveikut sveikutėlė. Jei gausime blogų žinių, išvažiuosime dieną.

– Jei dabar pat neišvažiuosi, niekada sau nedovanosi! – tariau ir širdgėlos apimtas karčiai pridūriau: – Ir aš tau niekada neatleisiu!

O iš ryto gavome liūdną žinią: „Motina sunkiai serga, vestuvės atidedamos, tuoj pat atvažiuokite."

Mudu su tėvu išvykome labai sutrikę. Pakeliui išlipome persėsti į kitą traukinį. Ten taip pat turėjome susitikti su vienu iš mano dėdžių. Stovėdamas perone, žiūrėjau į atvažiuojantį traukinį. Artėdamas jis darėsi vis didesnis. Vidinės sumaišties apimtas, staiga panorau pulti ant bėgių. Jaučiausi netekęs motinos ir nebegalėjau ištverti staiga ištuštėjusio pasaulio. Motiną mylėjau kaip brangiausią draugę žemėje. Prisiminiau, kokią paguodą man teikdavo jos atjaučiančios juodos akys, ištikus kokiai nors smulkiai vaikystės tragedijai.

– Ar ji dar gyva? – uždaviau dėdei vienintelį klausimą.

Jis tuoj pat įžvelgė neviltį mano veide.

– Žinoma, gyva!

Bet aš juo nepatikėjau.

Įžengę į namus Kalkutoje, iš karto pajutome mirties slėpinį. Jaučiausi priblokštas. Susmukau beveik be gyvybės ženklų. Tik po daug metų mano širdyje užgimė susitaikymas. Beldžiausi į dangaus vartus ir mano šauksmai galiausiai pasiekė Dieviškąją Motiną. Jos žodžiai pagaliau užgydė mano pūliuojančią žaizdą: „Tai Aš, kaip daugelio motinų švelnumas, sergėjau tave gyvenimas po gyvenimo. Tas juodas akis, prarastąsias gražias akis, kurių taip ieškai, regėk Mano žvilgsnyje!"

Netrukus po mylimos motinos kremavimo apeigų mudu su tėvu grįžome į Barelį. Kiekvieną ankstų rytą tarsi nuliūdęs piligrimas eidavau prie didelio *šeoli* medžio, metančio šešėlį ant lygios, žalsvai auksinės vejos prieš mūsų namą. Akimirkomis, kai apimdavo poetiška nuotaika, atrodydavo, kad balti *šeoli* žiedai tyčia byra ant žolės tarsi ant altoriaus. Mano ašaros dažnai susiliedavo su rasa, tada išvysdavau nežemišką priešaušrio šviesą ir mane skaudžiai perverdavo Dievo ilgesys. Pajusdavau, kaip smarkiai traukia Himalajai.

Kartą Barelyje mus aplankė pusbrolis, ką tik grįžęs iš kelionės po šventuosius kalnus. Godžiai klausiausi jo pasakojimų apie aukštikalnėse gyvenančius jogus ir svamius[1].

– Pabėkime į Himalajus, – pasiūliau vieną dieną Dvarkai Prasadui (Dwarka Prasad), mūsų namo Barelyje šeimininko sūnui, bet jo pritarimo nesulaukiau.

Tuos planus jis atskleidė mano vyresniajam broliui, kaip tik atvykusiam aplankyti tėvo. Užuot linksmai pasijuokęs iš nepraktiškų vaiko fantazijų, Ananta pabrėžtinai ėmė iš manęs šaipytis:

– O kur tavo oranžinis drabužis? Be jo juk nebūsi svamis!

Tačiau jo kalba mane nežinia kodėl sužavėjo. Prieš akis iškilo aiškus vaizdas, kaip aš, vienuolis, klajoju po Indiją. Gal brolio žodžiai pažadino ankstesnio gyvenimo prisiminimus? Šiaip ar taip, suvokiau, kaip lengvai ir paprastai apsivilkčiau senovėje įkurto vienuolių ordino apdarą.

Vieną rytą šnekučiuodamasis su Dvarka staiga pajutau, kaip mane galingai tarsi lavina užplūdo meilė Dievui. Ėmiau apie tai kalbėti. Pašnekovas mano žodžius beveik praleido pro ausis, bet aš pats savęs klausiausi labai įdėmiai.

Tą popietę pabandžiau pabėgti iš namų. Norėjau nukeliauti į Naini Talo miestą Himalajų priešakalnėse. Tačiau Ananta ryžtingai mane pasivijo, tad teko liūdnam grįžti į Barelį. Vienintelė šventa vieta, į kurią man leisdavo nukeliauti, buvo pieva prie *šeoli* medžio. Eidavau ten kiekvieną rytą. Mano širdis raudodavo, gedėdama dviejų prarastų motinų: žemiškosios ir dangiškosios.

Po motinos mirties šeimos gyvenime atsivėrė tuštuma ir jos užpildyti negalėjo niekas. Tėvas per beveik keturiasdešimt dar likusių savo gyvenimo metų taip ir nevedė antrą kartą. Savo vaikų pulkeliui jis dabar buvo ir tėvas, ir motina. Tas vaidmuo buvo nelengvas, bet tėvas tapo pastebimai švelnesnis ir prieinamesnis, įvairias šeimos problemas spręsdavo ramiai ir supratingai. O po darbo tarsi atsiskyrėlis užsidarydavo savo kambaryje – tai buvo jo celė, kur jis ramiai ir kantriai užsiimdavo *krijajoga*. Jau gerokai po motinos mirties kartą pabandžiau nusamdyti slaugę anglę, kad ši bent kiek palengvintų tėvui gyvenimą, bet jis tik papurtė galvą.

– Patarnavimai man baigėsi, kai nebeliko tavo motinos.

Jo akys žvelgė į tolį, ir žvilgsnyje perskaičiau, kad liks atsidavęs žmonai visą savo gyvenimą.

---

[1] Žodžio „svamis" šaknis sanskrito kalba reiškia „tas, kuris yra viena su Savuoju Aš (*sva*)" (žr. 24 skyrių).

– Nepriimsiu jokios kitos moters pagalbos, – pridūrė.

Praėjus keturiolikai mėnesių po motinos mirties sužinojau, kad ji man paliko svarbią žinią. Ananta buvo prie motinos mirties patalo ir užrašė jos žodžius. Motina prašė, kad jie man būtų perduoti po metų, bet brolis vis atidėliojo. Netrukus jis turėjo išvykti iš Barelio į Kalkutą vesti merginos, kurią jam buvo išrinkusi motina[2]. Vieną vakarą jis mane pasikvietė.

– Mukunda, labai nenoromis tau perduodu keistą žinią, – iš brolio balso supratau, kad jis su tuo susitaikė. – Baiminausi, kad ji dar labiau pakurstys tavo troškimą palikti namus. Bet tu ir taip kupinas dieviško įkaršcio. Neseniai pagavęs tave pakeliui į Himalajus galutinai apsisprendžiau. Nebegaliu atidėlioti, turiu tesėti iškilmingai duotą pažadą.

Brolis įteikė man dėžutę su užrašyta motinos žinia.

„Tegu šie žodžiai būna tau paskutinis mano palaiminimas, mylimasis sūnau Mukunda! – pasakiusi motina. – Atėjo laikas, kai privalau tau papasakoti apie nepaprastus įvykius, nutikusius tau gimus. Tau nulemtą likimą pirmąsyk sužinojau, kai dar buvai kūdikis ant mano rankų. Nusinešiau tave į Benaresą, į savo guru namus. Stovėdama už daugybės mokinių, vos įžiūrėjau giliai medituojantį Lahirį Mahasają. Glostydama tave meldžiausi, kad didysis guru tave pastebėtų ir palaimintų. Kai mano tyli malda sustiprėjo, jis atsimerkė ir pamojo, kviesdamas prieiti. Kiti mokiniai prasiskyrė, duodami man kelią, ir aš nusilenkiau šventoms jo pėdoms. Lahiris Mahasaja pasisodino tave ant kelių, uždėjo delną tau ant kaktos ir taip suteikė dvasinį krikštą.

'Motinėle, tavo sūnus bus jogas. Kaip dvasinis garvežys, jis daug sielų nugabens į Dievo karalystę.'

Supratau, kad visažinis guru išklausė mano slaptą maldą. Širdis suspurdėjo iš džiaugsmo. Prieš pat tau gimstant, jis man pasakė, kad seksi jo pėdomis.

Vėliau, mano sūnau, mudvi su tavo seserimi Roma išvydome, kaip tave aplankė Didžiosios Šviesos regėjimas. Stebėjome tave iš kito kambario, matėme, kaip nejudėdamas guli lovoje. Tavo veidelis tada nušvito ir tu pasakei, kad keliausi į Himalajus ieškoti Dievo. Tavo balse nuskardėjo geležinis ryžtas.

Iš viso to, brangusis sūnau, supratau, kad tau svetimi žemiški

---

[2] Indų paprotys, kai tėvai savo vaikams parenka gyvenimo partnerį, atlaikė sunkius laiko išbandymus. Indijoje laimingų santuokų procentas labai didelis.

(Viršuje kairėje) Jogananda *(stovi)* – vidurinės mokyklos moksleivis su vyresniuoju broliu Ananta

(Viršuje dešinėje) Vyriausioji sesuo Roma *(kairėje)* ir jaunesnioji sesuo Nalinė su Paramahansa Jogananda vaikystės namuose Kalkutoje 1935 m.

(Dešinėje) Joganandos vyresnioji sesuo Uma vaikystėje Gorakpure

siekiai, tavo kelias kitoks. Dar aiškiau tai patvirtino vienas itin nepaprastas mano gyvenimo įvykis – jis ir paskatino mane mirties patale tau perduoti šią žinią.

Tas įvykis buvo pokalbis su Pendžabo išminčiumi. Kai gyvenome Lahore, vieną rytą į mano kambarį įėjo tarnas. 'Šeimininke, atėjo keistas sadhu[3]. Jis atkakliai reikalauja „susitikti su Mukundos motina".' Šie paprasti žodžiai užgavo giliausią mano sielos stygą. Tuoj pat išėjau pasveikinti svečio. Lenkdamasi prie jo kojų pajutau, kad prieš mane stovi tikras Dievo tarnas.

'Motina, – tarė jis, – didieji mokytojai nori tau pranešti, kad nebeilgai viešėsi šioje žemėje. Kita tavo liga bus paskutinė.'[4]

Stojo tyla, bet aš nejutau išgąsčio, tik neapsakomos ramybės vibracijas.

Galiausiai jis vėl prakalbo: 'Tau bus pavesta saugoti vieną sidabrinį amuletą, bet šiandien jo tau neduosiu, o kad įsitikintum mano žodžių tiesa, amuletas materializuosis tavo rankose rytoj, kai medituosi. Gulėdama mirties patale, liepsi vyriausiajam sūnui Anantai vienus metus palaikyti amuletą, o tada jis jį turės perduoti antrajam sūnui. Amuleto prasmę jis supras iš didžiųjų Mokytojų. Mukunda turėtų gauti amuletą apytikriai tada, kai bus pasirengęs atsižadėti visų žemiškų vilčių ir leistis į svarbiausias Dievo paieškas. Amuletą jis turės kelerius metus ir kai tas daiktas atliks, kas jam skirta, – išnyks. Net jei laikysite jį slapčiausioje vietoje, jis vis tiek sugrįš ten, iš kur atėjęs.'

Pasiūliau sadhu išmaldos[5] ir labai pagarbiai jam nusilenkiau. Bet jis nieko nepaėmė, palaimino mane ir išėjo. Kitą vakarą, kai sėdėjau ir suglaudusi rankas meditavau, mano delnuose materializavosi sidabrinis amuletas, kaip ir buvo žadėjęs sadhu. Pajutau jo vėsų, glotnų prisilietimą. Stropiai saugojau jį daugiau nei dvejus metus, o dabar palieku Anantai. Nesielvartauk dėl manęs, nes mano didysis guru bus nulydėjęs mane į Dievo glėbį. Sudie, mano vaike, tave apsaugos Kosminė Motina."

Paėmiau į rankas amuletą ir mane užliejo nušvitimo liepsna, pabudo daug iki tol snaudusių prisiminimų. Amulete – apskritame, neįprastame, senoviniame – buvo išraižyti sanskrito rašmenys. Supratau,

---

[3] Atsiskyrėlis, žmogus, atsidavęs askezei ir dvasinei drausmei.

[4] Išgirdęs šiuos žodžius, kad motina slapta žinojo neilgai gyvensianti, pirmąkart supratau, kodėl ji taip atkakliai skubino Anantos vedybas. Nors mirė prieš vestuves, ji, kaip motina, troško pamatyti apeigas.

[5] Įprastas pagarbos sadhu ženklas.

Motinos mirtis ir paslaptingasis amuletas

kad jį atsiuntė praėjusių gyvenimų mokytojai, neregimai vadovaujantys mano žingsniams. Iš tiesų jis turėjo dar ir kitą prasmę, bet aš jums visko atskleisti negaliu[6].

Šiame skyriuje nepasakosiu, kaip talismanas itin nelaimingomis mano gyvenimo aplinkybėmis galiausiai išnyko ir kaip jo netektis man išpranašavo apie būsimą guru.

Bet mažas berniukas, kuriam nepavyko pasiekti Himalajų, ant šio amuleto sparnų kasdien nukeliaudavo labai toli.

---

[6] Amuletas priklausė astraliniu būdu atsiradusių objektų kategorijai. Tokių objektų sandara yra netvari, todėl jie galiausiai turi išnykti iš mūsų žemės (žr. 43 skyrių).

Amulete buvo įrašyta *mantra*, šventi kartoti skirti žodžiai. Garso ir *vač* (žmogaus balso) galios niekur nebuvo taip išsamiai tyrinėtos kaip Indijoje. *Aum* vibracija, sklindanti visoje visatoje (Biblijoje tai „Žodis" arba „didelių vandenų šniokštimas", minimas Apreiškimo knygoje), reiškiasi trimis būdais, arba *gunomis*. Tai yra kūrimas, saugojimas ir naikinimas (Taitiryja upanišada 1.8.1). Kiekvieną kartą, kai žmogus ištaria žodį, jis paskatina veikti vieną iš trijų *Aum* aspektų. Dėl šios priežasties visi šventieji raštai teisėtai prisako visada sakyti tiesą.

Šiame amulete iškalta sanskrito mantra, jeigu taisyklingai tariama, skleidžia dvasiai palankias vibracijas. Sanskrito abėcėlė sudaryta idealiai: tai penkiasdešimt raidžių, kiekviena iš jų tariama visada vienodai. Džordžas Bernardas Šo (*George Bernard Shaw*) yra parašęs išmintingą – ir, žinoma, sąmojingą – esė apie fonetinius lotyniška abėcėle pagrįstos anglų abėcėlės trūkumus: dvidešimt šešioms jos raidėms nesėkmingai stengiamasi suversti visų garsų naštą. Negailestingai, kaip jam įprasta („Jei angliškai abėcėlei įvesti į anglų kalbą prireiktų pilietinio karo... aš to visai nesigailėsiu"), ponas Šo reikalauja įvesti naują keturiasdešimt dviejų raidžių abėcėlę (žr. jo pratarmę Vilsono knygai „Stebuklingas kalbos gimimas" (Wilson, *The Miraculous Birth of Language*, Philosophical Library, N. Y.) Tokia abėcėlė fonetikos požiūriu būtų tobulesnė ir artimesnė sanskritui, kurio penkiasdešimt raidžių apsaugo nuo netaisyklingo tarimo.

Antspaudai, rasti Indo slėnyje, ne vieną mokslininką paskatino atsisakyti dabartinės teorijos, kad Indija sanskrito abėcėlę „pasiskolino" iš semitų šaltinių. Neseniai atradus didžių Indijos miestų Mohendžo Daro ir Harapos liekanas gauta įrodymų apie iškilią kultūrą, kuri „tikriausiai turėjo senas ir gilias šaknis Indijos žemėje, tos šaknys siekė laikus, kuriuos galime tik labai miglotai įsivaizduoti" (seras Džonas Maršalas, „Mohendžo Daro ir Indo civilizacija" (Sir John Marshall, *Mohenjo-Daro and the Indus Civilization*, 1931).

Jei hinduizmo teorija apie nepaprastai senas žmonių civilizacijos šaknis šioje planetoje pasirodys teisinga, bus galima paaiškinti, kodėl *seniausia* pasaulio kalba – sanskritas – yra sykiu ir *tobuliausia* (žr. išnašą p. 81) „Sanskrito kalba, – rašė seras Viljamas Džounsas (*William Jones*), Azijos draugijos įkūrėjas, – kad ir kokia būtų sena, turi stebuklingą struktūrą; ji tobulesnė už graikų kalbą, žodingesnė už lotynų, subtilesnė ir rafinuotesnė už jas abi."

„Nuo klasikos studijų atgimimo, – rašoma *Encyclopedia Americana*, – kultūros istorijoje nebuvo reikšmingesnio įvykio už sanskrito atradimą [jį atrado Vakarų mokslininkai] XVIII amžiaus antroje pusėje. Lingvistikos mokslas, lyginamoji gramatika, lyginamoji mitologija, religijotyra... visi šie mokslai arba atsirado dėl sanskrito atradimo, arba patyrė esminį jo tyrinėjimų poveikį."

3 SKYRIUS
Šventasis su dviem kūnais

– Tėve, jei pažadėsiu grįžti namo neraginamas, ar galėsiu važiuoti apžiūrėti Benareso?

Tėvas retai prieštaraudavo dideliam mano troškimui keliauti. Jis leido man, dar visai berniukui, aplankyti daug miestų ir piligrimystės vietų. Paprastai mane lydėdavo vienas ar keli draugai. Keliaudavome patogiai pirmąja klase su tėvo parūpintais nemokamais bilietais – geležinkelių kompanija padengdavo savo aukštų pareigūnų šeimų narių kelionių išlaidas.

Tėvas pažadėjo mano prašymą gerai apgalvoti. O kitą dieną pasikvietęs mane ištiesė nemokamą bilietą iš Barelio į Benaresą ir atgal, pluoštą rupijų ir du laiškus.

– Turiu verslo pasiūlymą Benarese gyvenančiam draugui Kedarui Nathui Babu (Kedar Nath Babu). Deja, pamečiau jo adresą. Bet, manau, šį laišką tau pavyks perduoti per mūsų bendrą bičiulį svamį Pranabanandą. Šis svamis, mano dvasios brolis, yra pakilęs į dideles dvasines aukštumas. Tau bus naudinga pabūti šalia jo, taigi antruoju laišku pristatysiu jam tave. Ir kad daugiau man iš namų nebėgtum! – pridūrė blykčiodamas akimis tėvas.

Su visu dvylikamečio įkarščiu leidausi į kelią (nors laikas niekada neatvėsino mano polinkio žavėtis naujais vaizdais ir nepažįstamais veidais). Pasiekęs Benaresą, išmkart patraukiau į svamio namus. Durys buvo atviros, tad įėjau ir pakilau į pailgą, koridorių primenantį kambarį trečiame aukšte. Ant nedidelės pakylos lotoso poza sėdėjo stambokas vyras, apsivyniojęs tik strėnjuoste. Jo galva ir lygus be raukšlių veidas buvo švariai nuskusti, lūpose švytėjo palaiminga šypsena. Kad nepamanyčiau, jog sutrukdžiau, jis pasisveikino su manimi lyg senas draugas.

– *Baba anand* (būk palaimintas, brangusis), – tarė nuoširdžiai it vaikas.

Priklaupiau ir paliečiau jo pėdas.

– Ar jūs – svamis Pranabananda?

Jis linktelėjo.

Šventasis su dviem kūnais

– O tu Bhagabačio sūnus?
Šie žodžiai nuskambėjo man nespėjus iš kišenės išsitraukti tėvo laiško. Nustebau, bet laišką jam vis tiek padaviau, nors dabar jis atrodė nebereikalingas.
– Žinoma, surasiu tau Kedarą Nathą Babu, – ir vėl savo aiškiaregyste nustebino šventasis.
Paskui žvilgtelėjo į laišką ir meiliai paminėjo mano tėvą:
– Žinai, gaunu dvi pensijas. Vieną pensiją man moka todėl, kad taip rekomendavo tavo tėvas, kurio vadovaujamas kadaise dirbau geležinkelių valdyboje. O kitą rekomendavo Dangiškasis Tėvas, kurio paskatintas aš sąžiningai baigiau vykdyti savo žemiškąsias priedermes.
Man ši pastaba pasirodė labai neaiški.
– Kaip jūs, pone, tą pensiją iš Dangiškojo Tėvo gaunate? Ar jis numeta pinigų jums į sterblę?
Svamis nusijuokė.
– Ta pensija yra begalinė ramybė, tai atlygis už daugybę uolios meditacijos metų. Dabar jau nebetrokštu pinigų. Kuklūs mano pragyvenimo poreikiai patenkinami su kaupu. Antrosios pensijos prasmę tu suprasi vėliau.
Staiga šventasis nutraukė pokalbį ir suakmenėjo. Jis tapo panašus į sfinksą. Iš pradžių jo akys spindėjo, lyg būtų stebėjusios ką nors įdomaus, paskui apsiblausė. Mane toks trumpas pokalbis suglumino, nes jis dar nepasakė, kaip galėčiau susitikti su tėvo draugu. Kiek sunerimęs ėmiau dairytis po tuščią kambarį, kuriame buvome tik mudu. Žvilgsnis užkliuvo už medinių sandalų, gulinčių po pakyla.
– Nereikia nerimauti, ponaiti[1]. Žmogų, kurį nori pamatyti, sutiksi po pusvalandžio, – vėl perskaitė mano mintis jogas, bet šią akimirką tam nereikėjo didelio sumanumo!
Jis vėl mįslingai nutilo. O kai laikrodis parodė, kad praėjo trisdešimt minučių, svamis nubudo.
– Manau, Kedaras Nathas Babu jau prie durų, – tarė jis.
Išgirdau kažką lipant laiptais. Staiga apstulbau nieko nesuprasdamas, mintys ėmė lakstyti kaip pašėlusios: „Kaip jis pakvietė tėvo draugą ateiti, nieko nepasiutęs pranešti šios žinios? Man atvykus, svamis su niekuo nesikalbėjo!"

---

[1] *Čoto Mahasaja* – taip į mane kreipdavosi ne vienas Indijos šventasis. Šie žodžiai reiškia „ponaitis".

Neatsisveikinęs išėjau iš kambario ir ėmiau leistis laiptais. Pusiaukelėje sutikau liesą, šviesiaodį, vidutinio ūgio vyrą. Regis, jis skubėjo.

– Ar jūs Kedaras Nathas Babu? – mano balse suskambo jaudulys.

– Taip. O tu gal Bhagabačio sūnus ir lauki manęs? – draugiškai nusišypsojo jis.

– Pone, kaip jūs čia atsidūrėte? – nepaaiškinamas jo atsiradimas mane suglumino ir netgi įžeidė.

– Šiandien tiek paslapčių! Mažiau nei prieš valandą nusimaudžiau Gangoje ir tada prie manęs priėjo svamis Pranabananda. Nė nenutuokiu, kaip jis sužinojo, kur tuo metu buvau. „Mano bute tavęs laukia Bhagabačio sūnus, – tarė jis. – Ar eisi su manimi?" Mielai sutikau. Iš pradžių mudu žengėme koja kojon, bet paskui svamiui su savo mediniais sandalais nežinia kaip pavyko mane aplenkti, nors aš avėjau šiuos tvirtus kelioninius batus. „Per kiek laiko pasieksi mano namus?" – staiga sustojęs paklausė garbusis Pranabananda. „Maždaug per pusvalandį." – „Man reikia dar kai ką nuveikti, – mįslingai dirstelėjo į mane jis. – Turiu skubėti. Susitiksime mano namuose, ten lauksiu tavęs su Bhagabačio sūnumi." Man nespėjus paprieštarauti, jis skubiai dingo minioje. Kiek įmanydamas greičiau atžingsniavau čia.

Toks paaiškinimas tik dar labiau mane suglumino. Pasiteiravau, ar seniai jis pažįsta svamį.

– Pernai buvome kelis kartus susitikę, bet pastaruoju metu jo nemačiau. Labai apsidžiaugiau šiandien vėl jį išvydęs prie *ghato* (maudymosi aikštelės).

– Negaliu patikėti savo ausimis! O gal kraustausi iš proto? Matėte jį regėjime ar iš tikrųjų palietėte jo ranką, girdėjote žingsnius?

– Nežinau, kur suki! – Kedaras Nathas Babu paraudo iš pykčio. – Aš nemeluoju. Nejau nesupranti, kad tik iš svamio galėjau sužinoti, kad čia manęs lauki?

– Bet juk šio žmogaus, svamio Pranabanandos, aš nė akimirkai neišleidau iš akių nuo tada, kai maždaug prieš valandą čia atėjau.

Išklojau visą istoriją ir pakartojau, ką mudu su svamiu kalbėjome.

Kedaras Nathas Babu išpūtė akis.

– Ar mes gyvename šiame materijos amžiuje, ar sapne? Niekada nesitikėjau būti tokio stebuklo liudytojas! Maniau, šis svamis – tiesiog paprastas žmogus, o dabar paaiškėjo, kad jis gali materializuoti dar vieną kūną ir juo naudotis!

Mudu kartu įžengėme į šventojo kambarį. Kedaras Nathas Babu

parodė į apavą po pakyla.

– Žiūrėk, čia tie patys sandalai, kuriuos jis avėjo prie *ghato*, – sušnibždėjo man. – Ir buvo susijuosęs tik strėnjuoste kaip dabar.

Naujas svečias nusilenkė svamiui, o šis atlaidžiai šypsodamas pasisuko į mane.

– Ko tu toks apstulbęs? Tikriems jogams subtilusis reiškinių pasaulio ryšys – ne paslaptis. Aš per akimirką susisiekiu su savo mokiniais tolimojoje Kalkutoje ir su jais pasikalbu. Panašiai ir jie panorėję gali įveikti visas tankiosios materijos kliūtis.

Matyt, svamis taip mielai pasakojo apie savo astralines radijo ir televizines[2] galias todėl, kad norėjo jaunoje mano krūtinėje įžiebti dvasinį įkarštį. Bet užuot susižavėjęs pajutau tik pagarbią baimę. Kadangi man buvo lemta Dievo ieškoti su vieno konkretaus guru pagalba (su Šri Juktešvaru, kurio tuomet dar nebuvau sutikęs), neturėjau jokio noro pasirinkti Pranabanandos kaip mokytojo. Dvejodamas dirstelėjau į jį ir ėmiau svarstyti, ką prieš save matau – jį ar jo antrininką.

Bet mokytojas pasistengė išsklaidyti mano nerimą. Jis įsmeigė į mane sielą budinantį žvilgsnį ir tarė kelis įkvepiančius žodžius apie savo guru:

– Lahiris Mahasaja buvo didžiausias iš visų mano sutiktų jogų. Jis buvo pats Dievas, gimęs žmogumi.

Jei mokinys kada panorėjęs gali materializuoti dar vieną savo kūną, pagalvojau aš, ar apskritai esama stebuklų, kurių būtų negalėjęs parodyti jo mokytojas?

– Papasakosiu, kokia neįkainuojama yra guru pagalba. Tada dirbau geležinkelių valdyboje, bet kadangi su kitu mokiniu kasnakt po aštuonias valandas medituodavau, darbo pareigas man vykdyti buvo sunku. O taip troškau visą savo laiką skirti Dievui! Aštuonerius metus išsilaikiau medituodamas po pusę nakties. Pasiekiau nuostabių rezultatų,

---

[2] Tam tikra prasme fizikos mokslas patvirtina dėsnius, kuriuos dvasios pastangomis yra atradę jogai. Pavyzdžiui, faktas, kad žmogus turi televizinių galių, buvo pademonstruotas 1934 m. lapkričio 26 d. Romos karališkajame universitete. „Dr. Džiuzepė Kaligaris (Giuseppe Calligaris), neuropsichologijos profesorius, spaudė tam tikrus tiriamojo kūno taškus, o tiriamasis, į tai reaguodamas, su visomis smulkmenomis apibūdino asmenis ir objektus, esančius kitapus sienos. Dr. Kaligaris kitiems profesoriams papasakojo, kad, sudirginus tam tikras odos vietas, subjektas patiria supersensorinių pojūčių, leidžiančių jam matyti objektus, kurių šiaip matyti jis negalėtų. Norėdamas, kad tiriamasis pamatytų, kas yra už sienos, profesorius Kaligaris penkiolika minučių spaudė tašką dešinėje krūtinės ląstos pusėje. Daktaras Kaligaris pridūrė, kad, sudirginus tam tikrus kūno taškus, tiriamieji gali pamatyti labai toli esančius objektus netgi tada, jei niekada anksčiau tų objektų nebuvo matę."

mano protas nušvito. Deja, nuo Begalybės mane tebeskyrė plonas šydas. Nors nežmoniškai stengiausi, galutinai ir negrįžtamai su ja susilieti negalėjau. Vieną vakarą aplankiau Lahirį Mahasają ir ėmiau maldauti jo dieviškojo užtarimo. Savo prašymais kamavau jį visą naktį: „Angeliškasis mokytojau, kenčiu tokį dvasinį skausmą, kad nebegaliu ilgiau gyventi nesusitikęs akis į akį su Numylėtuoju!" – „Kuo aš čia dėtas? Reikia uoliau medituoti." – „Maldauju tavęs, o dieviškasis Mokytojau! Regiu tave, turintį fizinį kūną, bet palaimink mane, kad suvokčiau tavo begalinį pavidalą."

Lahiris Mahasaja laimindamas ištiesė ranką. „Dabar gali eiti ir medituoti. Užtariau tave prieš Brahmą³."

Neapsakomai palengvėjusia širdimi grįžau namo. Tą naktį medituodamas pasiekiau trokštamiausią savo gyvenimo Tikslą. Dabar be paliovos džiaugiuosi dvasine pensija. Nuo to laiko dar nebuvo dienos, kad Palaimingasis Kūrėjas nuo manęs būtų pasislėpęs už kokios nors iliuzijos širmos.

Pranabanandos veidą nutvieskė dieviška šviesa. Mano širdį užplūdo kito pasaulio ramybė, visa baimė išgaravo. Šventasis atviravo toliau:

– Po kelių mėnesių grįžau pas Lahirį Mahasają ir pamėginau padėkoti jam už šią begalinę dovaną. Paskui užsiminiau apie kitą reikalą: „Dieviškasis guru, nebegaliu dirbti valdyboje. Meldžiu mane išlaisvinti. Nuo Brahmos aš nuolat apsvaigęs." – „Prašyk savo kompanijos, kad skirtų tau pensiją." – „Kokią nurodyti priežastį, juk man dar anksti?" – „Pasakyk jiems, ką jauti."

Rytojaus dieną parašiau prašymą. Gydytojas paklausė, kokiu pagrindu taip anksti prašau pensijos. „Darbe mano stuburu aukštyn ima kilti itin stiprus pojūtis. Jis persmelkia visą kūną ir aš negaliu atlikti savo pareigų⁴."

---

[3] Dievo, kaip Kūrėjo, aspektas; nuo sanskrito kalbos šaknies *brih* – „plėstis". Kai 1857 m. žurnale *Atlantic Monthly* pasirodė Emersono poema „Brahma", daugelis skaitytojų suglumo. Emersonas tik nusijuokė. „Pasakykite jiems, – paliepė jis, – kad vietoj „Brahma" skaitytų „Jehova", ir visas keblumas dings."

[4] Giliai medituojant Dvasia pirmiausia pajuntama nugaros altoriuje ir tik paskui – smegenyse. Užplūstanti palaima yra neapsakomai stipri, bet jogai išmoksta valdyti išorines jos apraiškas.
Kai mes susitikome, Pranabananda iš tiesų jau buvo visiškai nušvitęs mokytojas. Tarnautojo karjerą jis buvo baigęs prieš daugelį metų, bet tomis dienomis dar nebuvo neatšaukiamai patyręs *nirkalpa samadhį* (žr. p. 229 ir išnašą p. 403). Šios tobulos ir nesutrikdomos sąmonės būsenos apimtam jogui nesunku atlikti bet kokias pasaulietiškas pareigas.

Šventasis su dviem kūnais

SVAMIS PRANABANANDA
Benareso „Šventasis su dviem kūnais"

Nieko daugiau neklausinėjęs, gydytojas primygtinai rekomendavo man skirti pensiją ir aš ją netrukus gavau. Žinau, kad gydytoją ir kompanijos pareigūnus, tarp kurių buvo ir tavo tėvas, veikė dieviškoji

---

Išėjęs į pensiją, Pranabananda parašė „Pranabgytą" (*Pranab Gita*), nuodugnius „Bhagavadgytos" komentarus, jie išleisti hindi ir bengalų kalbomis.

Galia, leidžianti pasirodyti ne vienu kūnu, yra *sidhis* (jogo galia). Ji minima Patandžalio veikale „Jogasūtra" (Patanjali, *Yoga Sutras*) (žr. išnašą p. 220). Bilokacijos fenomeną ne kartą yra demonstravę įvairiais amžiais gyvenę šventieji. Knygoje „Teresės Noiman istorija" (*The Story of Therese Neumann*, Bruce Pub. Co.) A. P. Šimbergas (*Schimberg*) aprašo kelis atvejus, kai ši krikščionių šventoji apsireiškė toli esantiems žmonėms, prašiusiems jos pagalbos, ir kalbėjosi su jais.

Lahirio Mahasajos valia. Jie nevalingai pakluso didžiojo guru dvasiniams nurodymams ir suteikė man laisvę gyventi taip, kad aš be pertrūkio galėčiau bendrauti su Numylėtuoju.

Baigęs šį nepaprastą pasakojimą, Svamis Pranabananda vėl nugrimzdo į ilgą tylą. Kai susiruošiau eiti ir pagarbiai paliečiau jo pėdas, jis mane palaimino:

– Tau gyvenime skirta eiti atsižadėjimo ir jogos keliu. Vėliau dar susitiksiu su tavimi ir su tavo tėvu.

Ilgainiui abi šios pranašystės išsipildė[5].

Su Kedaru Nathu Babu ėjome tirštėjančiomis sutemomis. Perdaviau jam tėvo laišką ir jis perskaitė jį po gatvės žibintu.

– Tavo tėvas man siūlo vietą geležinkelių kompanijos Kalkutos skyriuje. Kaip malonu tikėtis bent vienos tų pensijų, kurias gauna Svamis Pranabananda! Bet tai neįmanoma, negaliu išvykti iš Benareso. Deja, dviejų kūnų turėti dar negaliu!

---

[5] Žr. 27 skyrių.

4 SKYRIUS

Sukliudytas pabėgimas į Himalajus

– Kokia nors menka dingstimi išeik iš klasės ir sėsk į vežiko karietą. Sustok skersgatvyje prie mano namų, kur niekas tavęs nepastebėtų.

Tokie buvo mano paskutiniai nurodymai Amarui Miterui (Amar Mitter), mokyklos draugui, ketinusiam drauge su manimi keliauti į Himalajus. Pabėgti planavome rytojaus dieną. Reikėjo būti atsargiems, nes brolis Ananta akylai mane sekė. Jis įtarė, kad aš uoliai kuriu pabėgimo planus, ir buvo pasiryžęs juos sugriauti. Amuletas tarsi dvasios mielės tyliai dirbo savo darbą. Himalajų sniegynuose tikėjausi atrasti mokytoją, kurio veidas dažnai iškildavo vizijose.

Mūsų šeima jau gyveno Kalkutoje – ten tėvas buvo perkeltas visam laikui. Ananta laikėsi patriarchalinio indų papročio ir vedęs žmoną parsivedė į mūsų namus. O aš glaudžiausi mažame palėpės kambarėlyje ir kasdien medituodamas rengiausi ieškoti Dievo.

Išaušo atmintinas rytas. Lijo ir lietus pranašavo nesėkmę. Išgirdęs lauke Amaro vežiko ratų bildesį, paskubomis surišau į mazgą antklodę, porą sandalų, dvi strėnjuostes, maldos karoliukus, Lahirio Mahasajos nuotrauką ir „Bhagavadgytą". Ryšulį išmečiau pro savo kambario langą ketvirtame aukšte. Nubėgau laiptais žemyn ir sutikau dėdę – jis prie mūsų namo durų pirko žuvį.

– Ko toks įsiaudrinęs? – įtariai permetė mane akimis.

Išsisukinėdamas jam nusišypsojau ir moviau į skersgatvį. Susiradęs ryšulį, atsargiai, kaip tikras sąmokslininkas, prisidėjau prie Amaro. Nuvažiavome į prekybos centrą *Chandni Chauk*. Ne vieną mėnesį taupėme priešpiečiams skirtus pinigus, kad už juos nusipirktume angliškų drabužių. Žinodami, kad mano sumanusis brolis gali nesunkiai imtis detektyvo vaidmens, nutarėme jį pergudrauti – apsirengti europietiškais apdarais.

Pakeliui į stotį stabtelėjome paimti mano pusbrolio Džotino Ghošo (Jotin Ghosh), kurį vadinau Džatinda. Jis neseniai pasuko dvasiniu keliu ir troško Himalajuose susirasti guru. Džatinda persirengė jam paruoštu nauju kostiumu. Vylėmės, kad puikiai užsimaskavome! Širdis užplūdo pakilus džiaugsmas.

– Dabar mums tereikia drobinių batų, – tariau ir nusivedžiau bendrakeleivius į parduotuvę, kuri prekiavo avalyne guminiais padais. – Šioje šventoje kelionėje turėsime apsieiti be gaminių iš odos, gaunamos žudant gyvūnus.

Stabtelėjęs gatvėje nuvilkau nuo savo „Bhagavadgytos" odinį aplankalą, o nuo Anglijoje pagaminto *sola topee* (tropikų šalmo) nurišau odinius raištelius.

Stotyje nusipirkome bilietus į Burdvaną, ten ketinome persėsti ir toliau važiuoti į Hardvarą Himalajų prieškalnėse. Vos mūsų traukinys pajudėjo tikslo link, garsiai išsakiau keletą didingiausių savo lūkesčių.

– Tik įsivaizduokite! – šūktelėjau. – Mokytojai mus inicijuos ir mes patirsime kosminės sąmonės ekstazę! Mūsų kūnai taip prisipildys magnetizmo, kad prie mūsų kaip prijaukinti eis laukiniai Himalajų žvėrys. Tigrai tebus romios naminės katytės, laukiančios, kada juos paglostysime!

Šiais žodžiais nupiešiau mūsų ateitį, kuri man atrodė žavinga tiek perkeltine, tiek ir tiesiogine prasme. Amaras entuziastingai šypsojosi. Bet Džatinda nusuko žvilgsnį ir įsmeigė akis į už lango bėgantį kraštovaizdį.

– Padalykime pinigus į tris dalis, – nutraukė ilgą tylą jis. – Burdvane kiekvienas nusipirksime po bilietą. Tada niekam stotyje nešaus į galvą, kad bėgame drauge.

Nieko neįtardamas, sutikau. Temstant mūsų traukinys sustojo Burdvane. Džatinda nudrožė į bilietų kasą, o mudu su Amaru susėdome perone. Palaukėme penkiolika minučių, paskui puolėme ieškoti Džatindos, bet veltui. Visur apėjome, atkakliai jį šaukdami, bet jis buvo ištirpęs mažą stotį gaubiančioje tamsioje nežinomybėje.

Mane visai apleido jėgos, jaučiausi sukrėstas, kūną apėmė keistas stingulys. Kaip Dievas galėjo leisti tokį slogų nutikimą! Mano pirma rūpestingai suplanuota romantiška Dievo paieškų kelionė buvo žiauriai sugadinta.

– Amarai, reikia grįžti namo, – tariau raudodamas kaip vaikas. – Šis beširdiškas Džatindos pabėgimas yra blogas ženklas. Mūsų kelionė nepavyks.

– Ar tokia tėra tavo meilė Viešpačiui? Nejau tau nepakeliamas toks menkas išmėginimas kaip bendrakeleivio išdavystė?

Išgirdus Amaro žodžius apie Dievo išmėginimą, mano širdis

nurimo. Mudu pasistiprinome – užkandome garsiųjų Burdvano saldumynų *sitabhog* (deivei skirto maisto) ir *motičur* (saldžiųjų rutuliukų). Po kelių valandų jau važiavome į Hardvarą per Barelį. O rytojaus dieną, prieš persėsdami į kitą traukinį Mugal Sarajuje, perone aptarėme vieną gyvybiškai svarbų klausimą.

– Amarai, gali būti, kad netrukus mus pradės atidžiai klausinėti geležinkelių pareigūnai. Mano brolis – labai išradingas, negaliu to neįvertinti! Kad ir kuo viskas baigtųsi, neketinu sakyti netiesos.

– Mukunda, nieko tavęs neprašau, tik patylėk. Nepradėk juoktis ar šaipytis, kai kalbėsiu.

Sulig tais žodžiais prie manęs priėjo europietis stoties pareigūnas. Jis mojavo telegrama; iškart supratau, kokia ji svarbi.

– Ar čia jūs pykčio pagauti pasprukote iš namų?

– Ne! – nudžiaugau aš, nes taip suformuluotas klausimas leido man tvirtai į jį atsakyti. Žinojau, kad mano neįprastą poelgį paskatino ne pyktis, bet „dieviškiausias liūdesys".

Tada pareigūnas pasisuko į Amarą ir tarp jūdviejų užvirė protų mūšis. Vos įstengiau išlaikyti stojišką rimtumą, kaip buvau prašytas.

– O kur trečiasis berniukas? – valdingai paklausė pareigūnas. – Nagi, sakyk tiesą!

– Pone, matau, jūs su akiniais. Nejau neįžiūrite, kad mes tik dviese? – Amaras įžūliai nusišypsojo. – Aš ne fokusininkas, negaliu iš kur nors ištraukti trečio berniuko.

Aiškiai sutrikęs dėl tokio įžūlumo, pareigūnas pasirinko naują puolimo kryptį.

– Kuo tu vardu?

– Mano vardas Tomas. Aš esu anglės motinos ir į krikščionybę atsivertusio indo sūnus.

– Koks tavo draugo vardas?

– Aš jį vadinu Tompsonu.

O man tuo metu tapo be galo linksma ir aš nieko nepaisydamas puoliau į traukinį, kuris, laimė, kaip tik sušvilpė ir pranešė apie išvykimą. Iš paskos atskubėjo Amaras su pareigūnu – šis pasirodė toks patiklus ir paslaugus, kad pasodino mus europiečiams skirtoje kupė. Matyt, jam buvo skaudu net pagalvoti, jog du pusiau anglų kilmės berniukai keliaus kartu su vietiniais. Kai jis mandagiai atsisveikinęs išėjo, išsitiesiau ant sėdynės ir prapliupau kvatoti. Amaro veide irgi švytėjo džiugus pasitenkinimas – juk pavyko pergudrauti šilto ir šalto mačiusį europietį.

Aš perone įsigudrinau perskaityti telegramą. Ją atsiuntė mano brolis Ananta; joje buvo parašyta štai kas: „Trys bengalai berniukai angliškais drabužiais pabėgo iš namų ir keliauja į Hardvarą per Mugal Sarajų. Prašom juos sulaikyti ir laukti, kol aš atvyksiu. Už jūsų pagalbą bus dosniai atlyginta."

– Amarai, juk prašiau nepalikti namie traukinių tvarkaraščio su pažymėtomis stotimis, – nužvelgiau jį priekaištingai. – Tikriausiai brolis jį rado.

Draugas suglumęs pripažino, kad aš teisus.

Traukinys trumpam stabtelėjo Barelyje, ten mūsų laukė Dvarka Prasadas[1], gavęs telegramą iš Anantos. Dvarka narsiai mėgino mus sulaikyti, bet aš jį įtikinau, kad mūsų pabėgimas anaiptol nėra lengvabūdiškas poelgis. Kaip ir anąkart, Dvarka atsisakė drauge keliauti į Himalajus.

Tą naktį, kol traukinys stovėjo stotyje ir aš snūduriavau, Amarą pažadino ir apklausė dar vienas pareigūnas. Jį taip pat pakerėjo maišyto kraujo „Tomo" ir „Tompsono" žavesys. Traukinys pergalingai nešė mus į Hardvarą – ten turėjome atvykti auštant. Tolumoje mus viliojo didingi kalnai. Greitai perbėgome stotį ir įsimaišėme į miestiečių minią. Pirmiausia persirengėme indiškais drabužiais, nes Anantai kažin kaip pavyko nuspėti mūsų europietišką maskuotę. Nors buvome laisvi, mane slėgė bloga nuojauta, kad mus pagaus.

Nutarę, kad protingiausia bus kuo greičiau išvykti iš Hardvaro, nusipirkome bilietus tolyn į šiaurę, iki Rišikešo, į šventąją žemę, seniai palaimintą daugelio mokytojų. Aš įlipau į traukinį, o Amaras atsiliko perone. Staiga jį sustabdė policininko šūksnis. Policininkas, tas visiškai mums nereikalingas tvarkos sergėtojas, nuvedė mane ir Amarą į nuovadą ir konfiskavo mūsų pinigus. Tada mandagiai paaiškino, kad jo pareiga mus sulaikyti, iki atvyks mano vyresnysis brolis.

Išgirdęs, kad keliaujame į Himalajus, policininkas papasakojo keistą istoriją:

– Matau, jūs pametę galvas dėl šventųjų! Niekad nesutiksite šventesnio Dievo žmogaus negu tas, kurį mačiau vakar. Mudu su kitu pareigūnu pirmą kartą jį sutikome prieš penkias dienas. Patruliavome prie Gangos, atidžiai dairydamiesi vieno žmogžudžio. Mums buvo įsakyta jį suimti gyvą arba mirusį. Žinojome, kad jis dedasi sadhu ir apiplėšinėja

---

[1] Paminėtas p. 15

piligrimus. Priekyje, vos už kelių žingsnių, pastebėjome žmogų, atitinkantį nusikaltėlio apibūdinimą. Jis nepakluso įsakymui sustoti, tad puolėme vytis ketindami jį sučiupti. Prisiartinęs iš nugaros, iš visų jėgų užsimojau kardu ir beveik nukirtau jam dešinę ranką. Bet nepažįstamasis nė nešūktelėjęs ir nežvilgtelėjęs į siaubingą žaizdą toliau žingsniavo sau sparčiu žingsniu. Apstulbau. Su kitu pareigūnu iššokome jam prieš akis, o jis tyliai prakalbo: „Aš nesu žudikas, kurio ieškote."

Labai susikrimtau pamatęs, kad sužalojau žmogų, panašų į dievišką išminčių. Sukniubau prie jo kojų ir ėmiau melsti atleidimo, paskui pasiūliau savo turbano audeklą, kad jis apsirištų žaizdą ir sustabdytų gausiai trykštantį kraują. Šventasis geraširdiškai pažvelgė į mane ir tarė: „Sūnau, tavo klaida visiškai suprantama. Bėk ir nebepriekaištauk sau. Numylėtoji Motina manimi pasirūpins." Jis prispaudė kybančią ranką prie kūno ir ji beregint prisitvirtino, nepaaiškinamai liovėsi plūdęs kraujas. „Po trijų dienų ateik štai prie to medžio manęs aplankyti ir pamatysi – būsiu visiškai sveikas. Tada nebesikrimsi."

Vakar mudu su tuo pareigūnu nekantraudami patraukėme į nurodytą vietą. Radome ten sadhu, jis leido apžiūrėti savo ranką. Nebuvo matyti nei rando, nei jokių sužalojimo žymių! Jis tarė: „Aš keliauju per Rišikešą į atokias Himalajų vietas." Tada mus palaimino ir skubiai nuėjo savo keliais. Jaučiu, jo šventumas pakylėjo mano gyvenimą.

Pasakojimą pareigūnas užbaigė maldingu šūktelėjimu. Buvo aišku, kad šis įvykis sujaudino jį iki širdies gelmių. Įspūdingu mostu jis įteikė man laikraščio iškarpą apie šį stebuklą. Kaip įprasta sensacijų besivaikantiems laikraščiams (deja, tokių netrūksta net Indijoje), reporteris pateikė šiek tiek iškreiptą šio epizodo versiją: esą sadhu buvo beveik nukirsta galva!

Mudu su Amaru susisielojome, kad prasilenkėme su didžiu jogu, kuris taip krikščioniškai atleido savo skriaudėjui. Indija, pastaruosius du šimtmečius skurstanti materialiai, tebeturi neišsemiamų dieviškų turtų išteklių ir kartais net tokiems pasaulietiškiems žmonėms kaip policininkai pavyksta pakelėje sutikti dvasios „dangoraižių".

Padėkojome pareigūnui – jo stebuklingas pasakojimas išvaikė mūsų nuobodulį. Jis veikiausiai norėjo pasakyti, kad jam pasisekė labiau nei mums: nė kiek nesistengdamas sutiko nušvitusį šventąjį, o mūsų uolios paieškos baigėsi ne prie mokytojo kojų, bet palaikėje policijos nuovadoje!

Buvau taip arti Himalajų, bet nelaisvėje, taigi ir toli nuo jų. Ir vis dėlto pasakiau Amarui, kad dabar esu dvigubai karščiau pasiryžęs išsivaduoti.

— Pasprukime nepastebėti, kai pasitaikys proga. Į šventąjį Rišikešą nueisime pėsčiomis, — tariau drąsinamai nusišypsojęs.

Bet vos iš mūsų buvo atimtas tvirtas ramstis – pinigai, mano bendražygį apėmė pesimizmas.

— Jei pėsti keliausime per džiungles, galiausiai atsidursime ne šventųjų mieste, bet tigro pilve!

Ananta ir Amaro brolis atvyko po trijų dienų. Amaras giminaitį sutiko su meile ir palengvėjimu. Aš susitaikyti negalėjau. Ananta iš manęs sulaukė tik griežtų priekaištų.

— Suprantu, kaip jautiesi, — stengėsi nuraminti mane brolis. — Prašau tik tiek: važiuojam kartu į Benaresą aplankyti vieno išminčiaus, paskui kelioms dienoms nuvažiuokime į Kalkutą pas sielvartaujantį tėvą. O tada galėsi toliau ieškotis mokytojo.

Čia į pokalbį įsiterpė Amaras ir pareiškė neketinąs kada nors ateityje grįžti su manimi į Hardvarą. Jis džiaugėsi šeimos šiluma. Bet aš žinojau, kad niekada nesiliausiu ieškojęs savojo guru.

Sėdome į traukinį ir išvykome į Benaresą. Ten mano malda buvo nepaprastai ir greitai išklausyta.

Ananta buvo sukūręs gudrų planą. Prieš susitikdamas su manimi Hardvare, jis užsuko į Benaresą ir paprašė vieno šventraščių žinovo susitikti su manimi. Panditas, taip pat ir jo sūnus, pažadėjo Anantai, kad pamėgins mane atkalbėti nuo ketinimo tapti *sanjasiu*[2].

Ananta nuvežė mane į jų namus. Sūnus, jaunas šnekus vyras, pasitiko mane kieme. Jis užmezgė su manimi ilgą filosofinį pokalbį. Pareiškęs, kad yra aiškiaregys ir kad matąs mano ateitį, jis ėmė atkalbinėti mane nuo sumanymo tapti vienuoliu.

— Tave nuolatos lydės nelaimės, be to, neįstengsi surasti Dievo, jei atkakliai vengsi savo kasdienių pareigų! Nesukaupęs žemiškos patirties, neatidirbsi savo praeities karmos[3].

Atsakiau į galvą atėjusiais nemirtingais „Bhagavadgytos"[4] žodžiais:

— „Net jei viso gyvenimo purvu susitepęs žmogus atsigręš į Mane visiškai atsidavęs, jis Man ne nusidėjėlis. Tapęs didžios sielos būtybe, jis netrukus įgis amžiną ramybę. Tikrai žinok, kad nė vienas, Man

---

[2] Pažodžiui – „atsižadėjęs", žodis kilęs iš sanskrito veiksmažodžio, reiškiančio „atmesti", šaknies.

[3] Šio ar praėjusio gyvenimo veiksmų padariniai; iš sanskrito žodžio *kri* – „daryti".

[4] IX, 30–31.

atsidavęs, niekad nežūva!"
Vis dėlto įtaigios jaunuolio pranašystės šiek tiek pakirto mano pasitikėjimą. Iš visos širdies tylomis karštai kreipiausi į Dievą: „Padėk išspręsti šią painiavą ir atsakyk čia ir dabar: nori, kad gyvenčiau kaip atsiskyrėlis ar kaip pasaulietis?"

Visai šalia pandito namų pastebėjau stovintį kilnaus veido sadhu. Matyt, jis nugirdo gyvą mano ir apsišaukėlio aiškiaregio pokalbį, nes pakvietė mane prieiti arčiau. Iš jo ramių akių plūdo didžiulė galia.

– Sūnau, neklausyk to neišmanėlio. Atsakydamas į tavo maldą, Viešpats man liepia tave patikinti, kad vienintelis tavo gyvenimo kelias – atsižadėjimas.

Apstulbęs, bet kupinas dėkingumo džiugiai nusišypsojau, kad išgirdau tokią aiškią žinią.

– Pasitrauk nuo to žmogaus, – iš kiemo man sušuko „neišmanėlis". Mano šventasis vadovas laimindamas pakėlė ranką ir lėtai pasitraukė.

– Tas sadhu toks pats pakvaišėlis kaip ir tu, – šią žavią pastabą ištarė žilagalvis panditas. Juodu su sūnumi niūriai žvelgė į mane. – Girdėjau, jis taip pat paliko namus ir leidosi nežinia kur ieškoti Dievo.

Aš nusisukau. Burbtelėjau Anantai, kad neketinu daugiau diskutuoti su šeimininkais. Nusivylęs brolis sutiko tuoj pat išvykti ir mudu netrukus sėdome į Kalkutos traukinį.

– Pone sekly, kaip susekei, kad aš pabėgau su dviem bendražygiais? – gyvai pasmalsavau pakeliui į namus.

Ananta šelmiškai nusišypsojo.

– Mokykloje sužinojau, kad Amaras išėjo iš pamokos ir nebegrįžo. Kitą rytą nuėjau į jo namus ir aptikau pažymėtą traukinių tvarkaraštį. Amaro tėvas kaip tik ruošėsi išvažiuoti karieta ir kalbėjosi su vežiku. „Mano sūnus šį rytą nevažiuos su manimi į mokyklą. Jis dingo!" – aimanavo tėvas. „Iš kito vežiko girdėjau, kad jūsų sūnus ir dar du jaunuoliai, apsirengę europietiškais drabužiais, įlipo į traukinį Hauros stotyje, – pareiškė vežikas. – Tam vežikui jie padovanojo savo odinius batus."

Taigi turėjau tris įkalčius – tvarkaraštį, tris berniukus ir angliškus drabužius.

Anantos pasakojimas ir pralinksmino, ir sukėlė apmaudą. Vežikas pasirodė nevertas mūsų dosnumo!

– Be abejo, skubiai išsiuntinėjau telegramas geležinkelio stočių pareigūnams į visus miestus, kuriuos Amaras buvo pabraukęs tvarkaraštyje. Jis buvo pažymėjęs Barelį, tad pasiunčiau telegramą ten gyvenančiam tavo draugui Dvarkai. Pasiklausinėjęs kaimynų Kalkutoje sužinojau, kad pusbrolis Džatinda vieną naktį buvo dingęs, bet kitą rytą grįžo namo, vilkėdamas europietiškus drabužius. Aš jį susiradau ir pakviečiau pietų. Jis sutiko, užliūliuotas mano draugiško elgesio. Bet aš jį, nieko neįtariantį, nusivedžiau į policijos nuovadą. Džatindą apsupo keli ypač nuožmios išvaizdos policininkai – juos aš buvau parinkęs iš anksto. Varstomas jų grėsmingų žvilgsnių, Džatinda sutiko paaiškinti savo paslaptingą elgesį. „Į Himalajus išvykau pakilios dvasinės būsenos, – dėstė jis. – Viltis susitikti su mokytojais mane įkvėpė. Bet kai tik Mukunda pasakė 'Himalajų urvuose sėdėsime apimti ekstazės, o pakerėti tigrai sutūps aplink mus tarsi prijaukintos katytės', mane sukaustė šiurpas, kaktą išmušė prakaitas. O kas bus, – ėmiau svarstyti, – jei mūsų dvasinės ekstazės galia nepakeis žiaurios tigrų prigimties? Ar jie elgsis su mumis taip meiliai kaip naminės katės? Vidiniu žvilgsniu netgi pamačiau, kaip prieš savo valią atsiduriu tigro pilve – ir ne visas iškart, bet dalimis, po truputį!"

Nusijuokiau. Lioviausi pykti ant Džatindos, kad šis pabėgo. Jis taip juokingai paaiškino, kas nutiko traukinyje, kad atpirko visą širdgėlą, kurią man buvo sukėlęs. Be to, turiu prisipažinti, jog jutau šiokį tokį pasitenkinimą, kad ir jam nepavyko išvengti susidūrimo su policija!

– Ananta[5], tu apsigimęs seklys! – linksmai pažvelgiau į jį, bet kartu buvau ir pyktelėjęs. – Pasakysiu Džatindai, kad džiaugiuosi, jog jis taip pasielgė skatinamas ne išdavikiško būdo, kaip kad atrodė iš pradžių, o tik iš apdairumo ir genamas savisaugos instinkto!

Kai grįžome namo į Kalkutą, tėvas labai nuoširdžiai paprašė manęs aptramdyti keliautojo aistrą bent iki baigsiu vidurinę mokyklą. Kol manęs nebuvo, jis sutarė su šventuoju panditu Svamiu Kebalananda, kad šis nuolat lankysis mūsų namuose. Tėvas tai padarė iš meilės man.

– Šis išminčius mokys tave sanskrito, – tvirtai pareiškė jis.

Tėvas vylėsi, kad mano religinį troškulį numalšins mokyto filosofo pamokos. Bet nejučia viskas apsivertė aukštyn kojomis: naujasis mokytojas ne tik nekimšo man į galvą sausos medžiagos, bet dar labiau pakurstė troškimą ieškoti Dievo. Tėvas nežinojo, kad Svamis Kebalananda yra iškilus Lahirio Mahasajos mokinys. Neprilygstamasis guru turėjo

---

[5] Aš į jį visad kreipdavausi Anantada. *Da* – tai pagarbą reiškiantis žodelis, kurį broliai ir seserys prideda prie vyresniojo brolio vardo.

tūkstančius mokinių, kurie tyliai prie jo artėjo, neatsispirdami dieviškai traukai. Vėliau sužinojau, kad Lahiris Mahasaja ne kartą apibūdino Kebalanandą kaip rišį, arba nušvitusį išminčių[6].

Ant dailaus mano mokytojo veido krito vešlios garbanos. Tamsios akys buvo atviros, perregimos tarsi vaiko. Liekno kūno judesiai skleidė mąslią ramybę. Visada romus ir kupinas meilės, jis buvo nepajudinamai įsitvirtinęs begalinėje sąmonėje. Daugel laimingų valandų mudu paskyrėme gilioms *krijos* meditacijoms.

Kebalananda buvo garsus senovinių šastrų, arba šventųjų knygų, mokovas ir dėl savo išsilavinimo turėjo pelnęs Šastrio Mahasajos (Shastri Mahasaya) vardą – paprastai į jį taip ir buvo kreipiamasi. Bet aš, mokydamasis sanskrito, nieko doro nepasiekiau. Kiekviena proga stengdavaus numesti į šalį nuobodžią gramatiką, kad galėčiau pasikalbėti su mokytoju apie jogą bei Lahirį Mahasają. Kartą mokytojas malonėjo šiek tiek papasakoti apie savo gyvenimą su mokytoju.

– Man teko reta laimė dešimt metų praleisti šalia Lahirio Mahasajos. Jo namai Benarese kas vakarą tapdavo piligrimų traukos vieta. Guru visada būdavo nedidelėje antro aukšto svetainėje. Jis sėdėdavo lotoso poza ant medinės kėdės be atkaltės, o mokiniai jį supdavo pusračiu. Jo akys kibirkščiuodavo ir žiburiuodavo dieviškąjį džiaugsmą. Jos visada būdavo primerktos, vidiniu regėjimu žvelgiančios į amžinosios palaimos sritis. Guru retai kalbėdavo daug. O kartais jo žvilgsnis sustodavo ties pagalbos laukiančiu mokiniu ir tada tarsi šviesos lavina pasipildavo jo gydantys žodžiai.

Mokytojui pažvelgus, manyje pražysdavo neapsakoma ramybė, persmelkdavo jo aromatas, tarytum sklindantis iš begalybės lotoso. Buvimas šalia jo, net jei ištisas dienas nepersimesdavome nė žodeliu, pakeitė visą mano esybę. Jei kokia nors neregima kliūtis trukdydavo susikaupti, imdavau medituoti prie guru kojų. Čia lengvai pasiekdavau net subtiliausias būsenas, o menkesnių mokytojų akivaizdoje man tai nepavykdavo. Mokytojas buvo tarsi gyva Dievo šventovė, kurios slaptos durys atvertos visiems atsidavusiems mokiniams.

---

[6] Kai mes susipažinome, Kebalananda dar nebuvo įstojęs į svamių ordiną ir buvo vadinamas Šastriu Mahasaja. Norėdamas nepainioti Lahirio Mahasajos su mokytoju Mahasaja (žr. 9 skyrių), savo sanskrito mokytoją vadinsiu tik jo vėlesniu vienuolišku vardu – Svamiu Kebalananda. Neseniai bengalų kalba išleista jo biografija. Kebalananda gimė 1863 m. Bengalijoje, Kulnos apskrityje, o savo kūną paliko Benarese, sulaukęs šešiasdešimt aštuonerių. Šeimoje jo vardas buvo Ašutošas Čaterdžis (Ashutosh Chatterji).

Lahiris Mahasaja nebuvo knyginis šventraščių aiškintojas. Po „dieviškąją biblioteką" jis nardė be jokių pastangų. Iš jo visažinystės fontano tryško žodžių purslai ir minčių srovės. Jis turėjo stebuklingą raktą prieš šimtmečius vedose[7] paslėptai giliausiai filosofijai suprasti. Paprašytas paaiškinti senovės tekstuose minimus įvairius sąmonės lygmenis, jis šypsodamasis sutikdavo: „Dabar aš patirsiu tuos sąmonės lygmenis ir netrukus papasakosiu, ką jutau." Taigi jis iš esmės skyrėsi nuo mokytojų, kurie atmintinai išmoksta šventraštį ir šneka gerai nesuvoktomis bendromis frazėmis.

„Prašau aiškinti šventuosius posmus taip, kaip tau atrodo, – dažnai tokią užduotį duodavo nekalbusis guru greta sėdinčiam mokiniui. – Aš vadovausiu tavo mintims, kad aiškintum teisingai." Taip pavyko užrašyti daug Lahirio Mahasajos įžvalgų drauge su gausiais įvairių mokinių komentarais.

Mokytojas niekada neskatino vergiškai tikėti. „Žodžiai yra tik lukštas, – sakydavo jis. – Patikėkite Dievą esant, kai patys medituodami pajuntate džiugų ryšį su Juo."

Kad ir kokie sunkumai kamuodavo mokinį, jiems įveikti guru visad siūlydavo *krijajogą*.

„Joga bus veiksminga ir tada, kai nebeturėsiu kūno ir nebegalėsiu jums vadovauti. Šios metodikos neįmanoma įrišti, įdėti į aplanką ir pamiršti, kaip nutinka su teorinėmis idėjomis. Nenuilsdami siekite išsilaisvinimo per *kriją*. Jos galia atsiskleidžia tada, kai ją praktikuojate."

– Aš pats *kriją* laikau geriausia priemone išsigelbėti savo pastangomis. Žmogui, ieškančiam Begalybės, nepavyko sukurti nieko veiksmingesnio, – baigė Kebalananda savo nuoširdų liudijimą ir dar pridūrė: – *Krijajoga* padėjo Lahiriui Mahasajai ir daugybei jo mokinių per savo kūnus regimai išreikšti visagalį Dievą, kuris slypi kiekviename žmoguje.

Kebalanandos akivaizdoje Lahiris Mahasaja padarė stebuklą, panašų į tuos, kuriuos darė Kristaus. Vieną dieną mano šventasis

---

[7] Išliko daugiau negu šimtas kanoninių keturių vedų tomų. Savo „Dienoraštyje" Emersonas taip pagerbė vedų filosofinę mintį: „Ji neprilygstama kaip kaitra, naktis ir bežadis vandenynas. Joje telpa visi religiniai jausmai, visa didžioji etika, apsireiškianti visiems iš eilės kilniems poetams... Neverta padėti knygos į šalį; jei atsiduriu miškuose ar valtimi plaukioju tvenkinyje, Gamta tuoj pat mane paverčia *Brahmanu*: amžinąja būtinybe, amžinąja pusiausvyra, beribe jėga, nesuardoma tyla... Toks jos tikėjimas. Ramybė, sako ji man, ir tyrumas, ir absoliutus atsižadėjimas – šios panacėjos atperka visas nuodėmes ir suteikia Aštuonių Dievų palaimą."

mokytojas papasakojo šią istoriją. Jo žvilgsnis nutolo nuo priešais mus ant stalo gulinčių sanskrito tekstų.

– Aš labai gailėjausi vieno aklo mokinio, vardu Ramu. Kodėl jo akys nemato šviesos, kai jis taip ištikimai tarnauja mūsų mokytojui, kuriame visu ryškumu spindi Dieviškumas? Vieną rytą norėjau pasikalbėti su Ramu, bet jis kantriai valandų valandas sėdėjo vėduodamas guru paties pagaminta palmių lapų vėduokle (vadinamąja *punkha*). Kai pagaliau išėjo iš kambario, nusekiau jam iš paskos.

„Ramu, ar seniai esi aklas?" – paklausiau. „Nuo gimimo, pone! Mano akių niekada nelaimino saulės šviesa." – „Mūsų visagalis guru gali tau padėti. Maldauk."

Rytojaus dieną Ramu nedrąsiai prisiartino prie Lahirio Mahasajos. Mokinys beveik drovėjosi prašyti prie turimo dvasinio turto pridėti dar ir fizinę gerovę.

„Mokytojau, tavyje gyvena Tas, kuris suteikė kosmosui Šviesą. Meldžiu duoti Jo Šviesos ir mano akims, kad galėčiau regėti menkesnę saulės šviesą." – „Ramu, kažkas tave primokė įstumti mane į keblią padėtį. Aš neturiu gydomųjų galių." – „Pone, jumyse esanti Begalybė tikrai gali gydyti." – „Tai visai kas kita, Ramu. Dievui nėra jokių ribų! Tas, kuris įžiebia žvaigždes ir suteikia kūno ląstelėms paslaptingą gyvybės spindesį, tikrai gali tavo akims dovanoti regėjimo šviesą." Mokytojas palietė Ramu kaktą tarp antakių[8]. „Sutelk protą į šį tašką ir septynias dienas kuo dažniau kartok pranašo Ramos[9] vardą. Saulės didybė paruoš tau ypatingą aušrą."

Ir štai – po savaitės tai įvyko! Ramu pirmą kartą išvydo nuostabų gamtos veidą. Visažinis neklysdamas paliepė savo mokiniui kartoti vardą Ramos, kurį garbino labiau už kitus šventuosius. Ramu tikėjimas buvo pamaldumu išpurenta dirva, kurioje sudygo guru pasėta visiško išgijimo sėkla.

Kebalananda truputį patylėjo, paskui dar pagarbino savo guru:

– Visi Lahirio Mahasajos stebuklai aiškiai bylojo, kad šis guru niekada nemanė, jog priežastinė jėga yra ego principas[10]. Mokytojas buvo

---

[8] Vieta, kurioje yra „trečioji", arba dvasinė, akis. Mirties akimirką žmogaus sąmonė dažniausiai susitelkia šiame šventame taške; tuo galima paaiškinti, kodėl mirusiųjų akys dažniausiai žvelgia į viršų.

[9] Sanskrito epo „Ramajana" pagrindinis šventasis veikėjas.

[10] Ego principas *ahamkara* (pažodžiui „aš darau") yra pagrindinė dualizmo, arba tariamo žmogaus ir jo Kūrėjo atsiskyrimo, priežastis. *Ahamkara* paveikia žmones iliuzija, kuri

visiškai atsidavęs Pirminei Gydančiajai Galiai, jis leido Jai per jį laisvai tekėti. Daugybė kūnų, kuriuos stebuklingai pagydė Lahiris Mahasaja, galiausiai atsidūrė laidojimo laužų liepsnose. Bet jo sužadinti nebylūs dvasios pabudimai ir mokiniai, kuriuos jis išugdė kaip Kristus, yra nepamirštami stebuklai.

Aš taip ir netapau sanskrito žinovu, bet Kebalananda išmokė mane dieviškesnės sintaksės.

---

vadinama *maja* (kosmine apgaule); tada subjektas (ego) klaidingai atrodo esąs objektas; kūriniai įsivaizduoja esą kūrėjai (žr. išnašą p. 41, p. 256–257 ir išnašą p. 264)

Tegu esmę suvokęs jogas –
„Neveikiu aš nieko" – vis mąsto...
Tegu teigia: „Tai mano juslės
su pasaulio daiktais sąveikauja." (V, 8–9)
Tas, kas regi, jog veiksmą kiekvieną
čia atlieka Prakritė, Partha,
ir kas Atmaną vien tik neveiklų
visad regi, tas regi iš tikro. (XIII, 29)
Pastovus, negimdytas, vienodas.
Aš – visų būtybių valdovas,
bet kūrimo galia paveikęs
savo prigimtį, gimstu iš naujo. (IV, 6)
Slėpininga maja – iš gunų,
nugalėti ją žmogui nelengva;
bet kas ieško Manęs atsidėjęs,
tas įveiks ir majos žabangas. (VII, 14)

– „Bhagavadgyta" (Alfonso Bukonto vertimas)

SVAMIS KEBALANANDA
Joganandos mylimas sanskrito mokytojas

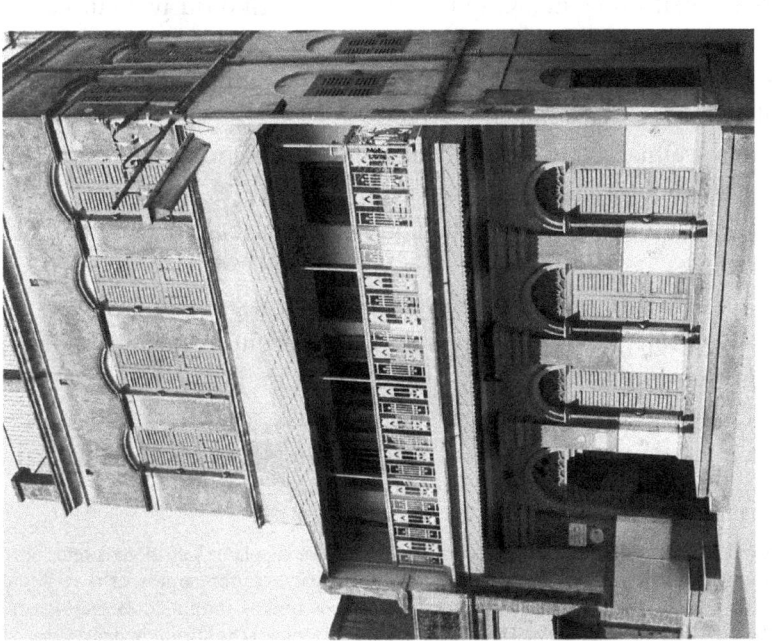

Paramahansos Joganandos namai Kalkutoje, prieš jam priimant senovinio svamių ordino *sanjasio* (vienuolio) atsižadėjimo įžadą 1915 m. liepą

5 SKYRIUS

„Kvapų šventasis" rodo stebuklus

„Viskam yra metas, ir kiekvienam reikalui tinkamas laikas po dangumi."[1]

Jei būčiau turėjęs Saliamono išmintį, ji būtų mane paguodusi, bet aš jos neturėjau. Kas kartą išvykęs iš namų atidžiai žvalgydavausi – gal pamatysiu man skirto guru veidą, bet mūsų keliai susikirto tik tada, kai baigiau vidurinę mokyklą.

Nuo mudviejų su Amaru pabėgimo į Himalajus iki didžiosios dienos, kai mano gyvenime pasirodė Šri Juktešvaras (Sri Yukteswar), praėjo dveji metai. Per tą laiką sutikau daug išminčių – „Kvapų šventąjį", „Tigrų svamį", Nagendrą Nathą Bhadurį (Nagendra Nath Bhaduri), Mokytoją Mahasają (Mahasaya) ir garsųjį bengalų mokslininką Džagadišą Čandrą Bosą (Jagadish Chandra Bose).

Prieš susitikimą su „Kvapų šventuoju" nutiko du įvykiai, vienas buvo harmoningas, kitas – komiškas.

– Dievas paprastas. Visa kita – sudėtinga. Santykiniame gamtos pasaulyje neieškok absoliučių vertybių.

Šiuos švelniai ištartus filosofinius teiginius išgirdau tyliai stovėdamas šventykloje priešais Kalės atvaizdą[2]. Atsigręžęs pamačiau aukštą vyrą, kurio drabužiai, arba, tiksliau, jų trūkumas, bylojo, kad tai klajojantis sadhu.

– Jūs iš tiesų įžvelgėte painiavą mano galvoje! – dėkingas nusišypsojau. – Gamtoje, kurią simbolizuoja Kalė, gerųjų ir baisiųjų aspektų maišatis glumino išmintingesnes galvas nei manoji!

– Tik nedaugeliui pavyko perprasti jos paslaptį! Gėris ir blogis – sudėtinga mįslė, kurią gyvenimas nelyginant sfinksas užmena kiekvienam

---

[1] Koh 3, 1.
[2] Kalė simbolizuoja amžinąjį gamtos principą. Tradiciškai ji vaizduojama kaip moteris keturiomis rankomis, stovinti ant gulinčio Dievo Šivos, arba Begalybės, nes gamtos, arba reiškinių pasaulio, veikla kyla iš nematomos Dvasios. Keturios rankos simbolizuoja svarbiausias savybes: dvi geradariškas, dvi naikinančias – esminį materijos, arba kūrinijos, dvilypumą.

protui. Daugelis nesiima ieškoti jos įminimo ir užmoka savo gyvenimu, kaip buvo Tėbų laikais. Bet šen bei ten iškyla vieniša neraudanti ir nenugalėta figūra. Iš dvilypumo *majos*³ ji išlukštena nedalomo vienio tiesą.

– Jūs, pone, kalbate labai įsitikinęs, – tariau.

– Seniai nuoširdžiai užsiimu savityra. Tai nepaprastai skausmingas būdas artėti prie išminties. Autoanalizė, nepaliaujamas savo minčių stebėjimas, sukrečia iki sielos gelmių. Sumala į miltus net atkakliausią ego. Bet tikra savianalizė matematiškai tiksliai leidžia žmogui tapti pranašu, aiškiaregiu. Kita vertus, pelnę pripažinimą tokie žmonės ima perdėtai save vertinti, jie pamano, kad turi teisę savaip aiškinti Dievą ir visatą.

– Be abejo, tiesa kukliai pasitraukia, išvydusi tokį arogantišką originalumą, – su malonumu įsitraukiau į pokalbį aš.

– Žmogus nesuvoks amžinosios tiesos, jei neatsikratys puikybės. Apnuogintame žmogaus prote atsiveria šimtmečiais kauptas dumblas, kuriame knibždėte knibžda šlykščios gyvastics – daugybė iliuzijų apie šį pasaulį. Pirmą kartą susidūręs su vidiniais priešais žmogus pamato, kad grumtynės žemiškų mūšių laukuose yra visai nereikšmingos! Viduje nesama mirtingų priešų, kuriuos galėtų įveikti galinga kariuomenė! Visur esantys, niekad nenuilstantys, persekiojantys žmogų net sapne, ginkluoti subtiliais visur prasiskverbiančiais ginklais, šie vidiniai neišmanėliškų geidulių kariai siekia išguldyti mus visus. Neapgalvotai elgiasi tas, kuris palaidoja savo idealus ir atsiduoda bendram likimui. Jis bejėgis, negyvas, negarbingas – ar gali toks žmogus būti kitoks?

– Gerbiamasis pone, ar jūs nė kiek neatjaučiate susipainiojusių žmonių?

Išminčius patylėjo, paskui miglotai atsakė:

– Mylėti ir neregimą Dievą, visų dorybių šaltinį, ir regimą žmogų, kuris tarsi neturi nė vienos iš jų, dažnai sunku, bet, patekus į labirintą, atsiskleidžia sumanumas! Vidiniai tyrinėjimai greitai atskleidžia visų žmonių vienovę, tvirtą savanaudiškumu grįstą giminystę. Bent vienu

---

³ Kosminės iliuzijos, pažodžiui – „matuotojo". *Maja* – magiška kūrinijos galia, dėl kurios Neišmatuojamoje ir Neatskiriamoje Būtyje gali tariamai egzistuoti ribos ir priešybės.
Emersonas apie *mają* (jis rašė *maia*) sukūrė eilėraštį:
Mes nesuprantame iliuzijos darbų,
Nematome voratinklių nesuskaičiuojamų,
Ir neišnykstančių pavidalų margų,
Kurie pasaulį aplink mus nukloja.
Iliuzija – kerėtoja, beieškanti žmonių,
Kuriuos troškimai veda apgaulės keliu.

aspektu iškyla aikštėn žmonių brolybė. Šis visus sulyginantis atradimas stulbina ir žadina nuolankumą. Tie pojūčiai bręsta ir virsta atjauta artimui, kuris nemato, kokios yra tyrinėjimų laukiančios sielos gydomosios galios.

– Visų laikų šventieji, pone, panašiai kaip jūs jautė pasaulio sielvartą.

– Tik lėkštas žmogus praranda gebėjimą suprasti kitų gyvenimo vargus ir murkdosi vien savo kančioje, – griežtas sadhu veidas pastebimai sušvelnėjo. – Tas, kuris save tyrinėdamas skrodžia it skalpeliu, žino, kaip plečiasi atjauta visiems ir viskam. Liaujasi kurtinami ego reikalavimai. Tokioje dirvoje pražysta Dievo meilė. Galiausiai kūrinys atsigręžia į savo Kūrėją, jeigu ne dėl kitų priežasčių, tai bent jau norėdamas sielvartingai paklausti: „Kodėl, Viešpatie, kodėl?" Gėdingais skausmo kirčiais žmogus galiausiai atgenamas Amžinybės akivaizdon, nors jį turėtų privilioti vien jos grožis.

Mudu su išminčiumi stovėjome Kalkutos Kalighato šventykloje, kur atsidūriau atėjęs pasižiūrėti jos garsiosios didybės. Mano atsitiktinis draugas plačiu rankos mostu išvaikė mintis apie puošnią jos prabangą.

– Iš plytų ir skiedinio nesklinda jokia girdima melodija. Širdis atsiveria tik tada, kai žmogus apgieda būtį.

Mudu patraukėme į viliojančią saulės šviesą prie durų, pro kurias į šventyklą ir iš jos plaukė minios maldininkų.

– Jūs jaunas, – mąsliai nužvelgė mane išminčius. – Indija taip pat jauna. Senovės rišiai[4] sukūrė nesunaikinamus dvasinio gyvenimo modelius. Jų senovinių aforizmų pakanka šaliai iki mūsų dienų. Šie drausminamieji priesakai nepaseno, jų nesuteršė materializmo klasta ir jie iki šiol formuoja Indiją. Tūkstančius metų – o tai yra daugiau, nei drįsta suskaičiuoti sutrikę mokslininkai! – viskuo abejojantis Laikas pripažįsta vedų vertę. Laikykite jas savo paveldu.

Aš pagarbiai atsisveikinau su iškalbiuoju sadhu, o jis pranašiškai perspėjo:

– Šiandien, kai iš čia išeisite, jūsų laukia nepaprastas išgyvenimas.

Išėjau iš šventyklos ir ėmiau be tikslo slampinėti šen bei ten. Pasukęs už kampo, sutikau seną pažįstamą – vieną tų, kurie dėl savo šnekumo nepaiso laiko ir gali kalbėti visą amžinybę.

– Jau tuoj galėsi eiti, – pažadėjo jis, – bet pirmiausia papasakok man viską, kas tau nutiko per tuos metus, kai nesimatėme.

---

[4] Rišiai, pažodžiui – „aiškiaregiai", buvo neapibrėžiamoje senovėje sukurtų vedų autoriai.

– Koks paradoksas! Man reikia eiti jau dabar.

Bet jis laikė mane už rankos ir bandė išpešti visokių įdomių smulkmenų. Alkanas kaip vilkas, pamaniau pralinksmėjęs. Juo ilgiau pasakojau, juo godžiau jis siurbė naujienas. Galiausiai mintimis kreipiausi į deivę Kalę ir praprašiau, kad ji padėtų man mandagiai pasprukti.

Pašnekovas staiga kažin kur dingo. Su palengvėjimu atsidusęs, pradėjau žingsniuoti ir aš, paskui net paspartinau žingsnį, baimindamasis, kad mano plepusis draugas ir vėl pasirodys. Ir iš tikrųjų – už nugaros išgirdau žingsnius! Nedrįsau atsigręžti. Bet vyrukas vienu šuoliu mane pasivijo ir draugiškai suspaudė petį.

– Pamiršau tau papasakoti apie Gandhą Babą (Gandha Baba), „Kvapų šventąjį", kuris malonėjo apsigyventi aname name, – jis parodė į pastatą netoliese. – Verta su juo susitikti, jis įdomus. Gal patirsi ką nors nepaprasta. Lik sveikas, – ir jis tada iš tiesų nuėjo.

Prisiminiau panašiai išsakytą Kalighato šventyklos sadhu pranašystę. Susidomėjau. Įėjau į nurodytą namą ir tarnas mane palydėjo į erdvią svetainę. Ant storo oranžinio kilimo rytietiškai sėdėjo daugybė žmonių. Mano ausis pasiekė pagarbios baimės kupinas šnabždesys:

– Žiūrėk, štai Gandha Baba ant leopardo kailio. Jis gali kiekvienai bekvapei gėlei suteikti natūralų bet kokios gėlės kvapą, gali atgaivinti nuvytusius žiedus arba padaryti taip, kad žmogaus oda imtų skleisti malonų aromatą.

Pažvelgiau tiesiai į šventąjį, o jo žvitrios akys žiūrėjo į mane. Šventasis buvo apkūnus ir barzdotas, tamsios odos ir didelių švytinčių akių.

– Džiaugiuosi tave matydamas, sūnau. Sakyk, ko nori. Gal pageidautum kokio nors kvapo?

– Kam? – man jo žodžiai pasirodė gana vaikiški.

– Kad patirtum, kaip stebuklingai galima mėgautis kvapais.

– Pajungiate Dievą gaminti kvapus?

– Na, ir kas? Dievas kvapus kuria vis tiek.

– Taip, bet Jis kuria gležnus žiedlapių buteliukus, kuriuos mes panaudotus išmetame. Ar galite materializuoti gėlę?

– Taip. Bet dažniausiai, mažasis drauge, kuriu kvapus.

– Tada bankrutuos kvepalų fabrikai.

– Aš leisiu jiems išsaugoti verslą! Mano tikslas – parodyti Dievo galią.

– Pone, ar būtina įrodyti Dievą? Juk Jis ir taip visą laiką visur daro stebuklus.

– Taip, bet ir mes turėtume šį tą apreikšti iš beribės Jo kūrybos įvairovės.
– Kiek laiko jums prireikė išmokti šio meno?
– Dvylikos metų.
– Kad išmoktumėte gaminti kvapus astralinėmis priemonėmis! Vadinasi, gerbiamasis išminčiau, iššvaistėte dvylika metų aromatams, kurie gėlininko krautuvėje kainuoja keletą rupijų.
– Kvapai nuvysta kartu su gėlėms.
– Aromatai dingsta su mirtimi. Kam turėčiau trokšti to, kas džiugina tik kūną?
– Pone Filosofe, jūs džiuginate mano protą. Dabar ištieskite dešinę ranką, – ir jis gestu mane palaimino.

Aš buvau už kelių pėdų nuo Gandhos Babos; šalia nebuvo nieko, kas būtų galėjęs mane paliesti. Ištiesiau ranką. Jogas prie jos net neprisilietė.

– Kokio kvapo norėtumėte?
– Rožių.
– Tebūnie taip.

Ir iš mano delno vidurio ėmė sklisti stiprus rožių aromatas. Iš vazos netoliese šypsodamasis paėmiau didelę baltą bekvapę gėlę.

– Ar gali šis bekvapis žiedas kvepėti jazminais?
– Tebūnie taip.

Žiedlapiai iškart pakvipo jazminais. Padėkojau stebukladariui ir atsisėdau šalia vieno iš jo mokinių. Šis man pasakė, kad Gandha Baba, kurio tikrasis vardas yra Višudhananda (Vishudhananda), Tibete iš mokytojo išmoko daug stulbinamų jogos paslapčių. Tibetietis jogas, patikino mane mokinys, buvo perkopęs per tūkstantį metų.

– Jo mokinys Gandha Baba ne visada daro stebuklus taip paprastai, žodžiais, kaip ką tik matėte, – mokinys aiškiai didžiavosi savo mokytoju. – Jo veikimo būdai labai įvairūs, jie priklauso nuo žmonių ir jų temperamento. Jis stebukladarys! Tarp jo sekėjų daug Kalkutos inteligentų.

Nusprendžiau prie jų neprisidėti. Man šis guru nepatiko, jo stebuklai buvo pernelyg tiesmuki. Mandagiai padėkojau Gandhai Babai ir atsisveikinau. Neskubiai žingsniuodamas namo mąsčiau apie tris skirtingus susitikimus, kuriuos man netikėtai suteikė ši diena.

Įžengiau pro namų duris ir mane pasitiko sesuo Uma.

– Daraisi elegantiškas, pradėjai kvepintis!

Netaręs nė žodžio, ištiesiau jai pauostyti delną.
- Koks malonus rožių aromatas! Ir nepaprastai stiprus!

Taip, aromatas netgi „labai nepaprastas", pamaniau sau ir tyliai pakišau jai po nosimi astraliniu būdu pakvepintą gėlę.
- Ak, kaip mėgstu jazminus! - tarė sesuo, užuodusi jazminų kvapą.

Ji pačiupo gėlę, kelis kartus įtraukė jos aromato ir sutriko. Absurdas – žiedas kvepėjo jazminais, nors sesuo puikiai žinojo, kad ši gėlė bekvapė. Sesers elgesys išsklaidė mano įtarimus, kad Gandha Baba gėlės kvapą man galbūt įteigė ir kad jį jaučiu tik aš vienas.

Vėliau iš draugo Alakanandos sužinojau, kad „Kvapų šventasis" turi galių, kurių aš panorau palinkėti milijonams badaujančių pasaulio žmonių.

- Kartą drauge su šimtu kitų svečių buvau pakviestas pas Gandhą Babą į svečius Burdvane, – ėmė pasakoti man Alakananda. – Tai buvo iškilminga proga. Kadangi sklido kalbos, esą šis jogas galįs iš nieko materializuoti daiktus, juokais pasiūliau jam materializuoti mandarinų, kurių sezonas dar buvo neprasidėjęs. Akimirksniu visi ant bananų lapų pateikti *lučiai*[5] išsipūtė. Pasirodė, kad kiekviename iš jų tarsi apvalkale įdėtas nuluptas mandarinas. Šiek tiek nerimaudamas atsikandau savojo, bet jis buvo skanus.

Po daugelio metų supratau, kaip Gandha Baba atlikdavo savo stebuklus. Deja, šis metodas nepasiekiamas pasaulio alkanųjų minioms.

Įvairius jutiminius dirgiklius, į kuriuos reaguoja žmogus – lytėjimo, regos, skonio, klausos ir uoslės – sukelia skirtingos elektronų ir protonų vibracijos. Vibracijas savo ruožtu reguliuoja *prana*, „gyvybės dalelės", subtili gyvybinė jėga, dar subtilesnė už atominę energiją. Ir ta jėga turi savyje įkrovų, kurios gali paveikti penkias jusles ar materializuoti norimus objektus.

Gandha Baba specialiomis jogos praktikomis išmoko valdyti pranos energiją. Jo sukurti kvapai, vaisiai ir kiti stebuklai iš tiesų buvo žemiškų vibracijų materializavimas, ne hipnozės sukelti vidiniai pojūčiai.

Hipnozę gydytojai naudoja kaip savotišką psichologinį chloroformą nesudėtingai operuodami tuos ligonius, kuriems anestetikai gali pakenkti. Bet dažnai taikoma hipnozė tampa kenksminga. Neigiamas psichologinis jos poveikis laikui bėgant ima ardyti smegenų ląsteles.

[5] Plokšti, apskriti indiškos duonos paplotėliai.

Jogo autobiografija

Hipnozė – tai brovimasis į kito žmogaus sąmonę[6]. Laikinas jos veikimas neturi nieko bendra su stebuklais, kuriuos daro Dievą patyrę žmonės. Įsileidę į save Dievą, tikri šventieji keičia šį sapnų pasaulį savo valia, harmoningai priderinta prie Kuriančiojo Kosminio Sapnuotojo[7].

Stebuklai, panašūs į tuos, kuriuos darė „Kvapų šventasis", labai įspūdingi, bet dvasiniu požiūriu beprasmiai. Jie skirti tik žmonėms linksminti ir todėl trukdo rimtai ieškoti Dievo.

Mokytojai smerkia viešą neįprastų galių demonstravimą. Persų mistikas Abu Saidas kartą pasijuokė iš fakyrų (musulmonų asketų), kurie didžiavosi galį stebuklingai paveikti vandenį, orą ir erdvę.

„Varlė irgi vandenyje jaučiasi kaip namie! – švelniai pasišaipė iš jų Abu Saidas. – Varna ir maitvanagis lengvai skraido ore. Velnias tuo pačiu metu gali būti ir Rytuose, ir Vakaruose! Tikras žmogus yra tas, kuris teisingai gyvena tarp savo gentainių. Net jei jis perka ar parduoda, vis tiek nė akimirkos nepamiršta Dievo!"[8]

---

[6] Vakarų psichologų atliekami sąmonės tyrinėjimai dažniausiai apsiriboja psichiatrijos ir psichoanalizės metodais gydomų pasąmonės ir psichikos ligų studijomis. Menkai tyrinėta normalių psichikos būsenų kilmė ir formavimasis, taip pat emocinės ir valingos išraiškos – iš tiesų esminis dalykas, nelikęs nepastebėtas indų filosofijos. *Sankhjos* ir *jogos* sistemose pateikiamos tikslios normalių psichikos pokyčių ryšių klasifikacijos, taip pat būdingos *budhio* (skirti gebančio intelekto), *ahamkaros* (ego principo) ir *manaso* (proto, arba juslinio suvokimo) funkcijos.

[7] „Visata yra kiekvienoje savo dalelėje. Viskas yra sukurta iš vientisos slaptos medžiagos. Pasaulis telpa rasos lašelyje... Tikroji visur esančio Dievo doktrina reiškia, kad Dievas visais savo aspektais yra kiekviename samanų kupste ir kiekviename voratinklyje." (Emersonas, esė „Kompensacija" (*Compensation*).

[8] „Pirkti ir parduoti, bet nė akimirkos nepamiršti Dievo!" Idealu, jei rankos ir širdis darniai darbuojasi drauge. Kai kurie Vakarų rašytojai teigia, kad hinduizmo tikslas – bailiai „pabėgti", nieko neveikti ir pasitraukti iš visuomenės. Bet keturlypis vedų žmogaus gyvenimo planas yra gerai subalansuotas; pusę gyvenimo dera skirti mokslui ir namų bei šeimos reikalams, antrąją pusę – kontempliavimui ir meditacijai (žr. išnašą p. 238)

Kad galėtume įsitvirtinti Savajame Aš, būtina vienatvė, bet vėliau mokytojai grįžta į pasaulį ir ima jam tarnauti. Net šventieji, kurie iš pažiūros nedaro nieko, savo mintimis ir šventomis vibracijomis teikia pasauliui daugiau naudos nei uoliausia nenušvitusių žmonių veikla žmonijos labui. Didieji mokytojai kiekvienas savaip ir dažnai susidurdami su aršiu pasipriešinimu nesavanaudiškai siekia įkvėpti ir pakylėti kitus. Hinduizme nėra nė vieno absoliučiai negatyvaus religinio ar socialinio idealo. *Ahimsa*, „nekenkimo" principas, „Mahabharatoje" vadinamas „absoliučia dorybe" (*sakalo dharma*), yra pozityvus draudimas, nes jis grindžiamas samprata, kad tas, kuris kitiems nepadeda, vienaip ar kitaip daro jiems žalą.

„Bhagavadgytoje" (III, 4–8) nurodyta, kad veiklumas neatskiriamas nuo pačios žmogaus prigimties. Dykinėjimas yra tiesiog „neteisinga veikla".

Jei žmogus atsisako veiksmo,
jis neveikiantis nepasidaro,

„Kvapų šventasis" rodo stebuklus

Kita proga didysis persų mokytojas taip išdėstė savo požiūrį į religinį gyvenimą: „Atsiribokite nuo to, kas jūsų galvose (savanaudiškų siekių ir troškimų), laisvai dalykite, kas jūsų rankose, ir niekada nekrūpčiokite nuo likimo smūgių!"

Nei teisingasis išminčius Kalighato šventykloje, nei Tibete mokęsis jogas nenumalšino mano troškimo turėti guru. Mano širdžiai nereikėjo jokio žemiškų dalykų mokytojo, ji pati mokėjo daryti atradimus ir kartais pašaukta iš tylos garsiau ne įprastai sušukdavo „Bravo!" Kai pagaliau sutikau sau skirtą mokytoją, vien neprilygstamu savo pavyzdžiu jis mane išmokė, koks turi būti tikras žmogus.

---

nes pati neveikla savaime
nesuteikia jam tobulumo.
Neatlikdamas jokio veiksmo,
nieks negali išbūti nė mirksnio:
pagimdytos gamtos trys gunos
verčia veikti kiekvieną būtybę.
... Kas jusles širdimi suvaldo
ir nukreipia jas karmos jogai,
iš veiksmų nelaukdamas vaisių,
tas aukščiau, tas puikus, Ardžuna.
Tai daryki, kas reikia daryti.

(A. Bukonto vertimas)

6 SKYRIUS

Tigrų svamis

– Sužinojau Tigrų svamio adresą. Eime rytoj jo aplankyti.

Šį viliojantį pasiūlymą išgirdau iš savo mokyklos draugo Čandžio (Chandi). Nekantravau pamatyti šventąjį, kuris prieš tapdamas vienuoliu gaudė tigrus ir grūmėsi su jais plikomis rankomis. Tokie nepaprasti žygdarbiai stipriai kurstė mano berniokišką susidomėjimą.

Rytojaus diena išaušo žiemiškai žvarbi, bet mudu su Čandžiu žvaliai leidomės į kelią. Ilgokai paklaidžioję po Kalkutos priemiestį Bhovanipurą, pagaliau suradome ieškomą namą. Duryse buvo įtaisyti du geležiniai žiedai – aš jais šaižiai sužvanginau. Nors beldėmės garsiai, tarnas prie mūsų priėjo vos vilkdamas koją už kojos. Jo ironiška šypsena bylojo, kad triukšmingiems lankytojams nepavyks sudrumsti šventojo namų ramybės.

Jausdami jo nebylų priekaištą, mudu su draugu džiaugėmės pakviesti į svetainę. Ten ilgai laukėme ir mus apėmė negera nuojauta. Bet pagal nerašytą Indijos įstatymą tiesos ieškotojai privalo būti kantrūs, o kartais mokytojas tyčia tikrina, ar mokinys iš tiesų nori su juo susitikti. Šią psichologinę gudrybę Vakaruose labai mėgsta gydytojai ir odontologai!

Pagaliau tarno pakviesti mudu su Čandžiu įėjome į miegamąjį. Garsusis svamis Sohongas[1] sėdėjo ant lovos. Išvydę milžinišką jo kūną, pasijutome keistai. Sustojome be žado, išsproginę akis. Dar niekada nebuvome matę tokios krūtinės nei futbolo kamuolio dydžio bicepsų. Svamio kaklas buvo galingas, veidas – nuožmus, bet ramus, jį puošė gražiai krintančios garbanos, barzda ir ūsai. Tamsiose akyse spindėjo šiek tiek ir tigro, ir balandžio savybių. Svamis buvo nuogas, tik raumeningą juosmenį apsijuosęs tigro kailiu.

Galiausiai atgavę žadą mudu su draugu pasveikinome vienuolį ir išsakėme susižavėjimą jo nepaprastais laimėjimais kovose su didžiosiomis katėmis.

---

[1] *Sohong* – jo vienuoliškasis vardas, o žmonės jį vadino Tigrų svamiu.

– Gal galėtumėte papasakoti, kaip įmanoma plikomis rankomis sutramdyti pačius nuožmiausius džiunglių žvėris – karališkuosius bengalinius tigrus?

– Sūneliai, kovoti su tigrais man visiškas niekis. Jei prireiktų, galėčiau tai padaryti net šiandien, – jis nusijuokė kaip vaikas. – Jūs žiūrite į tigrus kaip į tigrus, o man jie – katytės.

– Garbusis svami, manau, man pavyktų savo pasąmonei įteigti, kad tigrai yra katytės, bet ar pavyktų tuo įtikinti tigrus?

– Be abejo, reikia ir jėgos! Nemanykite, kad tigrą įveiks kūdikis, įsivaizduodamas, kad šis žvėris – tai naminis kačiukas! Stiprios rankos yra ginklas ir man jo pakanka.

Jis pakvietė sekti paskui jį į kiemelį, o kai ėjome, smogė kumščiu į lauko sienos kraštą. Ant grindų nukrito ir sudužo plyta, pro skylę lyg pro išmušto danties plyšį sušvito dangus. Net susverdėjau iš nuostabos – žmogus, kuris vienu smūgiu iš sienos išmuša įmūrytą plytą, tikrai įstengs išmušti dantis ir tigrui!

– Nemažai žmonių turi tiek pat fizinės jėgos kiek ir aš, bet jiems trūksta šaltakraujiškumo ir pasitikėjimo savimi. Tie, kurių stiprus kūnas, bet ne dvasia, gali nualpti vien pamatę džiunglėse laisvai šuoliuojantį laukinį žvėrį. Nuožmus tigras savo natūralioje aplinkoje visiškai kitoks negu opijaus prišertas cirko žvėris! Todėl ne vienas herakliška jėgą turintis vyras, užpultas karališkojo bengalinio tigro, iš siaubo tapo apgailėtinas ir bejėgis. Tokį jį padarė tigras – žvėris privertė žmogų pamanyti, kad šis yra bailus lyg kačiukas. Bet žmogus, jei yra ryžtingas ir turi ganėtinai stiprų kūną, gali įveikti tigrą jo paties ginklu – jis privers žvėrį jaustis taip, kaip jaučiasi kačiukai. Kiek kartų esu tai padaręs!

Tikrai buvau linkęs patikėti, kad prieš mane stovintis titanas gali tigrą paversti kačiuku. Be to, atrodė, kad jis nusiteikęs mokyti, tad mudu su Čandžiu jo pagarbiai klausėmės.

– Raumenis valdo protas. Kūjo smūgio stiprumas priklauso nuo to, kaip stipriai užsimota. Galia, pasireiškianti per žmogaus kūną, priklauso nuo jo karingumo ir narsos. Kūną tiesiogine prasme sukuria ir palaiko protas. Į žmogaus sąmonę instinktų spaudžiamos pamažu įsiskverbia ankstesnių gyvenimų stiprybės ir silpnybės. Jos reiškiasi kaip įpročiai, o šie savo ruožtu tampa pageidaujamu ar nepageidaujamu kūnu. Išorinis trapumas yra psichinės kilmės; įpročių varžomas kūnas trukdo protui ir susidaro ydingas užburtas ratas. Jei šeimininkas leidžia tarnui įsakinėti, pastarasis tampa despotu; pasidavęs kūno diktatui, į

panašią vergiją patenka ir protas.
Tada ėmėme maldauti, kad įspūdingasis svamis šiek tiek papasakotų apie savo gyvenimą. Jis sutiko.
– Nuo vaikystės svajojau kovoti su tigrais. Turėjau tvirtą valią, bet silpną kūną.
Iš nuostabos šūktelėjau. Atrodė neįtikėtina, kad šis žmogus, dabar turintis Atlanto pečius, kada nors žinojo, ką reiškia būti silpnam.
– Tik be paliovos atkakliai mąstydamas apie sveikatą ir stiprybę įveikiau savo negalią. Galiu visiškai pagrįstai šlovinti mentalinę jėgą, kuri, kaip patyriau, iš tiesų tramdo karališkuosius bengalinius tigrus.
– Ar manote, garbusis svami, kad ir aš kada nors galėčiau grumtis su tigrais?
Tai buvo pirmas ir paskutinis kartas, kai man į galvą toptelėjo tokia keista svajonė!
– Taip, – nusišypsojo jis. – Bet tigrų būna įvairių ir kai kurie iš jų bastosi žmonių troškimų džiunglėse. Patiesęs žvėrį, negausi jokios dvasinės naudos. Verčiau įveik vidinius plėšrūnus.
– Ar galėtume išgirsti, pone, kaip iš laukinių tigrų tramdytojo virtote žmogumi, nuramdžiusiu laukines aistras?
Tigrų svamis nutilo. Jo žvilgsnis nutolo, nuklydo į praeitį. Mačiau, kad jam sunku apsispręsti – patenkinti mano prašymą ar ne. Pagaliau jis nusišypsojo ir nenoriai sutiko.
– Kai mano šlovė pasiekė viršūnę, drauge ji atnešė ir puikybės svaigulį. Nutariau ne tik kovoti su tigrais, bet ir rodyti su jais įvairius triukus. Svajojau priversti laukinius žvėris elgtis kaip prijaukintus. Pradėjau rodyti savo numerius viešai ir jų sėkmė džiugino. Vieną vakarą į mano kambarį įėjo susimąstęs tėvas. „Sūnau, noriu tave perspėti, apsaugoti nuo artėjančių nelaimių, kurias sukelia negailestingi priežasčių ir pasekmių ratai." – „Nejau tiki lemtimi, tėve? Ar galiu leisti, kad prietarai sužlugdytų tokią sėkmingą mano veiklą?" – „Sūnau, lemtimi netikiu. Bet tikiu teisingu atpildo dėsniu, kurio moko šventraščiai. Džiunglių gyventojai ant tavęs pyksta ir kada nors tau galbūt teks už savo poelgius sumokėti." – „Tėve, tu mane stulbini! Juk puikiai žinai, kokie yra tigrai – gražūs, bet negailestingi! Kas žino, gal smūgiais man pavyks įmušti į jų bukas galvas bent šiek tiek proto ir atodairos? Vadovauju džiunglių mokyklai, kurioje mokoma gerų manierų! Tad meldžiu, tėve – galvok apie mane kaip apie tigrų tramdytoją, ne kaip apie jų žudiką. Kaip gali mano geri darbai atsigręžti prieš mane? Maldauju

Tigrų svamis

nereikalauti, kad pakeisčiau savo gyvenimą."

Mudu su Čandžiu susidomėję klausėmės svamio, puikiai suprasdami anuomet jam kilusią dilemą. Indijoje vaikas negali imti ir šiaip sau nepaklusti tėvų valiai. Tigrų svamis pasakojo toliau:

– Tėvas, kantriai tylėdamas, išklausė mano aiškinimą. Ir tada labai rimtai išpažino vieną dalyką: „Sūnau, tu privertei mane atskleisti pikta lemiančią pranašystę, ištartą vieno šventojo lūpomis. Vakar, kai sėdėjau verandoje, kaip ir kasdien, medituodamas, jis priėjo prie manęs ir tarė: 'Brangus drauge, atnešiau žinią tavo karingam sūnui. Tegu jis nutraukia savo žiaurią veiklą. Antraip per kitą susirėmimą su tigru bus sunkiai sužeistas ir šešis mėnesius gulės mirties patale. Paskui atsižadės buvusio gyvenimo ir taps vienuoliu.'" Šis pasakojimas man nepadarė įspūdžio. Pamaniau, kad patiklus tėvas tapo suklaidinto fanatiko auka.

Tai pasakęs, „Tigrų svamis" nekantriai mostelėjo ranka, lyg pripažindamas savo kvailumą. Tada ilgai ir niūriai tylėjo, tarsi būtų mus pamiršęs, bet paskui vis dėlto pratęsė nutrauktą pasakojimą, tik jau kur kas duslesniu balsu.

– Neilgai trukus po tėvo perspėjimo nuvykau į Koč Biharą, apskrities sostinę. Vaizdingos jo apylinkės man buvo nematytos; tikėjausi naujoje vietoje pailsėti. Kaip ir visur, gatvėmis paskui mane sekiojo minios smalsuolių. Nugirsdavau jų pašnibždomis ištartų pokalbių nuotrupas: „Tai tas žmogus, kuris grumiasi su laukiniais tigrais", „Čia žmogaus kojos ar medžių kamienai?", „Pažvelkite į jo veidą! Tikriausiai jis yra tigrų karaliaus inkarnacija!"

Juk žinote, kad kaimo vaikigaliai – tai lyg naujausias laikraščio numeris! O kokiu greičiu moterys geba perduoti karščiausias žinias iš vienų namų į kitus! Po kelių valandų jau visas miestas virė iš susijaudinimo, kad aš esu čia.

Vakare ramiai sau ilsėdamasis išgirdau atšuoliuojančių arklių kanopų bildesį. Jie sustojo prieš namą, kuriame buvau prisiglaudęs. Į vidų įėjo keli aukštaūgiai policininkai su turbanais.

Aš apstulbau. „Šiems žmonių įstatymų sergėtojams viskas galima, – pamaniau. – Nejaugi mane kuo nors apkaltins, nors ničnieko nepadariau." Bet pareigūnai neįprastai mandagiai man nusilenkė. „Gerbiamas pone, mus pasiuntė Koč Biharo kunigaikštis. Jis sveikina jus ir maloniai kviečia rytoj rytą atvykti į jo rūmus." Kurį laiką svarsčiau. Nežinia kodėl man staiga pagailo, kad rami kelionė bus sutrikdyta. Bet nuolankus policininkų prašymas mane sujaudino – sutikau ateiti.

Kitą rytą prie mano durų sustojo didinga keturiais žirgais kinkyta karieta ir mane su didžiausia pagarba į ją palydėjo. Jaučiausi sutrikęs. Tarnas virš manęs laikė puošnų skėtį, saugantį nuo svilinančios saulės. Man patiko važiuoti per miestą ir medžiais apaugusius jo priemiesčius. Prie rūmų durų mane pasitiko pats karališkosios šeimos palikuonis. Jis pasiūlė man savo auksu siuvinėto brokato krėslą, o pats šypsodamasis įsitaisė paprastesniame.

„Toks pagarbus priėmimas man brangiai kainuos!" – pamaniau vis labiau stebėdamasis. Kunigaikščio motyvai paaiškėjo po kelių nerūpestingai ištartų pastabų. „Mano mieste sklinda gandai, esą galite įveikti laukinį tigrą vien plikomis rankomis. Ar tai tiesa?" Atsakiau jam, kad tiesa. „Negaliu tuo patikėti! Jūs bengalas iš Kalkutos, augote maitinamas miestiečių pamėgtais baltaisiais ryžiais. Prašom pasakyti atvirai: juk iki šiol grūmėtės tik su palaužtais, opijaus prišertais žvėrimis?" Jo balsas skambėjo garsiai ir sarkastiškai, kalboje buvo girdėti provincijos akcentas. Nieko neatsakiau į tokį įžeidžiamą klausimą. O jis tęsė: „Siūlau jums susigrumti su neseniai sugautu mano tigru Radža Begum[2]. Jei pavyks prieš jį atsilaikyti, sukaustyti grandine, neprarasti sąmonės ir išeiti iš narvo, šį karališkąjį bengalinį tigrą jums dovanosiu! Dar gausite keletą tūkstančių rupijų ir daug kitų dovanų. Jei atsisakysite grumtis, visoje valstijoje paskelbsiu, kad esate apsišaukėlis!"

Jo užgaulūs žodžiai kirto tarsi kulkos. Supykęs iškart sutikau. Kunigaikštis, kuris susijaudinęs buvo pakilęs iš krėslo, vėl susmuko į jį sadistiškai šypsodamasis. Man jis priminė romėnų imperatorius, kurie džiaugdavosi siųsdami krikščionis į arenas grumtis su žvėrimis. Dar jis pasakė: „Taigi kova įvyks po savaitės. Gaila, bet negaliu jums duoti leidimo iš anksto apžiūrėti tigro."

Nežinau, gal kunigaikštis bijojo, kad mėginsiu tigrą užhipnotizuoti arba slapta sušerti jam opijaus.

Išėjau iš rūmų ir pralinksmėjau pamatęs, kad manęs nebelaukia nei kaustyta karieta, nei karališkas skėtis.

Visą savaitę dvasią ir kūną kruopščiai ruošiau artėjančiam išbandymui. Iš tarno išgirdau neįtikėtinų istorijų. Grėsminga šventojo pranašystė, išsakyta mano tėvui, kažin kaip pasklido ir apaugo gandais. Daug paprastų kaimiečių įtikėjo, kad tas tigras yra dievų prakeikta piktoji

---

[2] Princas Princesė; šis vardas rodo, kad žvėris pasižymi dvigubu nuožmumu – kaip tigras ir kaip tigrė.

Tigrų svamis

dvasia, kuri naktimis įgyja įvairių demoniškų pavidalų, o dieną virsta dryžuotu žvėrimi. Šis demonas tigras neva siųstas manęs nuramdyti.

Pasak kitos vaizdžios versijos, žvėrių maldos pasiekė tigrų dangų ir šis atsiuntė man Radžą Begum. Jo tikslas esąs nubausti mane – įžūlų dvikojį, kuris skaudina visą tigrų giminę! Žmogus be kailio ir be ilčių drįso mesti iššūkį aštriais nagais ginkluotam tvirtų kojų tigrui! Sukauptas visų pažemintų tigrų įtūžis – taip skelbė kaimiečiai – įgijo tokią galią, kad jos pakaks paveikti slaptiesiems dėsniams ir sužlugdyti išdidų tigrų tramdytoją.

Dar tarnas papasakojo, kad kunigaikštis pats vadovauja paruošiamiesiems žmogaus ir žvėries dvikovos darbams ir prižiūri, kaip statomas audroms atsparus paviljonas, talpinsiantis tūkstančius žiūrovų. Radža Begum laikomas jo centre milžiniškame geležiniame narve, aplink narvą kyla dar vienas apsauginis aptvaras. Nesiliaujantis uždaryto tigro riaumojimas stingdąs kraują. Jis šykščiai šeriamas, kad kuo baisiau išalktų. Matyt, kunigaikštis tikėjosi, kad būsiu jam geras užkandis!

Išgirdę būgnus, skelbiančius apie nepakartojamą kovą, minios miestiečių ir priemiesčių gyventojų noriai pirko bilietus. Dvikovos dieną šimtams žmonių teko grįžti namo, nes pritrūko vietų. Daugybė norinčiųjų prasiveržė pro palapinės plyšius ir radę bent lopinėlį vietos susigrūdo šalia tribūnų.

Tigrų svamio istorija artėjo prie kulminacijos ir aš vis labiau jaudinausi; Čandis taip pat klausėsi, užkandęs žadą. Svamis tęsė:

– Aš ramiai išėjau į areną. Radža Begum baisiai riaumojo, šurmuliavo įsibauginusi minia. Buvau apsirišęs tik strėnjuoste, daugiau manęs nedengė jokie drabužiai. Atšoviau apsauginio aptvaro durų skląstį ir ramiai vėl užšoviau jį sau už nugaros. Tigras užuodė kraują. Su griaustinio trenksmu jis puolė ant narvo virbų ir nirtulingai mane pasveikino. Gailėdamiesi manęs ir baimindamiesi žiūrovai nuščiuvo – prieš siautėjantį žvėrį atrodžiau it romus ėriukas. Po akimirkos jau buvau narve. O kai tik užtrenkiau duris, Radža Begum staiga šoko ant manęs ir smarkiai perdrėskė dešinę ranką. Baisiu upeliu ėmė srūti žmogaus kraujas – didžiausias tigrų skanėstas. Atrodė, tuojau išsipildys šventojo pranašystė.

Tačiau aš akimirksniu atsipeikėjau nuo sukrėtimo, nors taip sunkiai susižalotas buvau pirmą kartą. Krauju pasruvusius dešinės rankos pirštus paslėpiau po strėnjuoste, o kaire ranka smogiau tigrui triuškinamą smūgį į kaulus. Žvėris atšoko, apsisuko narvo gale ir vėl puolė į priekį. Ant jo galvos pasipylė mano garsiųjų kumščių kruša.

Bet kraujo skonis paveikė Radžą Begum kaip seniai negėrusį alkoholiką svaigus pirmas gurkšnis vyno. Retkarčiais griausmingai suriaumodamas, jis ėmė pulti dar įnirtingiau. Gintis įstengiau tik viena ranka, tad mane lengvai pasiekdavo jo nagai ir iltys. Bet ir aš negailėjau smūgių. Abu pasruvę krauju, susiėmėme žūtbūtinėje kovoje. Pritaškytas kraujo narvas virto tikru pragaru, iš žvėries gerklės veržėsi skausmo ir mirtino įsiūčio kupinas kriokimas. „Nušaukite jį! Pribaikite tigrą!" – ėmė šaukti žiūrovai. Bet aš ir žvėris judėjome taip greitai, kad sargybinis prašovė pro šalį. Sukaupiau visą valios jėgą, nuožmiai suriaumojau ir trenkiau paskutinį triuškinamą smūgį. Tigras sudribo ir liko gulėti.

– Kaip kačiukas! – įsiterpiau aš.

Svamis nusijuokė, nuoširdžiai įvertinęs mano žodžius, ir tęsė įdomų pasakojimą:

– Radža Begum pagaliau buvo įveiktas. Sudraskytomis rankomis ryžtingai pražiodžiau jam nasrus ir dar labiau pažeminau jo karališką puikybę. O paskui į pražiodintus žvėries nasrus įkišau savo galvą. Tai buvo dramatiška akimirka! Apsidairiau grandinės. Ištraukiau vieną iš krūvos, gulinčios ant grindų, ir prirakinau tigrą už kaklo prie narvo virbų. Pergalingai pasukau prie durų.

Bet ta piktosios dvasios inkarnacija Radža Begum pasirodė esąs ištvermingas, kaip ir derėjo neva demoniškai jo prigimčiai. Netikėtai galingu šuoliu jis nutraukė grandinę, puolė mane iš nugaros ir tvirtai suleido dantis man į petį. Pargriuvau. Tačiau beregint prispaudžiau jį prie žemės. Nuo negailestingų smūgių pasalūnas žvėris beveik prarado sąmonę. Dabar prirakinau jį tvirčiau. Lėtai išėjau iš narvo.

Mane vėl pasitiko triukšmas, šįkart – pasigėrėjimo šūksniai. Minia prapliupo sveikinti lyg viena didžiulė gerklė. Net pražūtingai sudraskytas įvykdžiau visus tris dvikovos reikalavimus: partrenkiau tigrą, surakinau jį grandine ir išėjau iš narvo pats, be niekieno pagalbos. Negana to, taip smarkiai sužalojau ir išgąsdinau nuožmųjį žvėrį, kad jis praleido progą, kai mano galva buvo atsidūrusi jo nasruose!

Man sutvarkė žaizdas, paskui mane pagerbė ir apvainikavo gėlėmis, po kojomis pažėrė daug auksinių monetų. Visas miestas ėmė švęsti. Visur buvo girdėti nesibaigiantys pokalbiai, kaip aš įveikiau vieną iš didžiausių ir nuožmiausių kada nors matytų tigrų. Radža Begum, kaip ir žadėta, buvo dovanotas man, bet aš nejutau jokio džiaugsmo. Mano širdis dvasiškai pasikeitė. Lyg po kovos išeidamas iš narvo būčiau palikęs jame ir savo žemiškus siekius.

Tigrų svamis

Paskui stojo slogus laikotarpis. Šešis mėnesius išgulėjau mirties patale, gaivelėdamasis nuo kraujo užkrėtimo. Kai sustiprėjau tiek, kad jau galėjau išvykti iš Koč Biharo, grįžau į gimtąjį miestą. Ir nuolankiai prisipažinau tėvui: „Dabar žinau, kad anas šventasis perspėjo mane labai išmintingai. Jis – mano mokytojas. O, jei galėčiau jį susirasti!"

Mano troškimas buvo nuoširdus, nes vieną gražią dieną šventasis netikėtai pasirodė. „Pakaks tramdyti tigrus, – ramiai ir pasitikėdamas savimi tarė jis. – Eime su manimi, išmokysiu tave tramdyti neišmanymo žvėris, klajojančius žmogaus proto džiunglėse. Tu pratęs prie žiūrovų, taigi dabar visi visatos angelai galės gėrėtis tavo įspūdingais jogos pasiekimais!"

Šventasis guru inicijavo mane į dvasios kelią. Jis atvėrė mano sielos duris, seniai nevarstytas, todėl aprūdijusias ir girgždančias. Netrukus mes drauge iškeliavome į Himalajus ir ten aš mokiausi toliau.

Mudu su Čandžiu nusilenkėme prie svamio kojų ir padėkojome jam už šį pasakojimą apie audringą gyvenimą. Abu su draugu jautėmės su kaupu atlyginti už ilgą išbandymą – laukimą šaltoje svetainėje!

7 SKYRIUS

Levituojantis šventasis

– Vakar vakare grupės susirinkime mačiau, kaip jogas kybojo ore, pakilęs kelias pėdas virš grindų, – kupinas įspūdžių pasakojo mano draugas Upendra Mohunas Čaudhuris (Upendra Mohun Chowdhury). Džiugiai jam nusišypsojau.
– Tikriausiai atspėsiu, kuo jis vardu. Ar tai Bhaduris Mahasaja (Bhaduri Mahasaya), gyvenantis Aukštutiniame žiediniame kelyje?
Upendra linktelėjo, šiek tiek nusiminęs, kad nepasakė nieko naujo. Visi mano draugai puikiai žinojo, kaip smalsiai renku žinias apie šventuosius, tad džiaugdavosi, jei tik galėdavo man pranešti kokią naujieną apie tai.
– Šis jogas gyvena arti mano namų, todėl dažnai jį aplankau, – kalbėjau toliau, pamatęs Upendros veide didelį susidomėjimą. – Mačiau jį darant neįtikėtinų dalykų. Jis puikiai įvaldęs įvairias *pranajamas*[1], minimas senovinėje Patandžalio[2] aštuonių pakopų jogoje. Kartą Bhaduris Mahasaja mano akivaizdoje atliko *bhastrika pranajamą* su tokia stulbinama jėga, kad atrodė, jog kambaryje kilo tikra audra! Paskui jo griausmingas alsavimas nuslopo ir jis liko sėdėti nejudėdamas, apimtas pakilios viršsąmonės būsenos[3]. Niekada nepamiršiu, kaip po audros

---

[1] Gyvybinės galios (*pranos*) valdymo būdai kvėpavimo pratimais. Bhastrika („dumplių") *pranajama* ramina protą.

[2] Svarbiausias senovės jogos aiškintojas.

[3] Sorbonos universiteto profesorius Žiulis-Bua (Jules-Bois) 1928 m. pasakė, kad prancūzų psichologai ištyrinėjo ir pripažino viršsąmonės būseną (*superconsciousness*), kuri didingiausiu savo pavidalu „yra visiška priešingybė pasąmonei, kaip ją apibrėžė Freudas, ir turi savybių, dėl kurių žmogus iš tiesų yra žmogus, o ne tiesiog labiausiai išsivystęs gyvūnas". Prancūzų mokslininkas aiškino, kad aukštesniosios sąmonės pabudimo „negalima painioti su Emilio Kua sistema ar hipnoze. Viršsąmonės egzistavimą seniai pripažįsta filosofai; iš tiesų tai Aukštesnioji siela (*Over-Soul*), apie kurią kalba Emersonas, bet mokslas ją pripažino tik visai neseniai." (Žr. išnašą p. 119.)

Esė „Aukštesnioji siela" (*The Over-Soul*) Emersonas rašė: „Žmogus – tai fasadas šventyklos, kurioje slypi visa išmintis ir visas gėris. Tai, ką mes pratę vadinti žmogumi – valgantis, geriantis, sodinantis, skaičiuojantis žmogus – iš tiesų, kiek jį pažįstame, neatskleidžia savęs,

Levituojantis šventasis

viską apgaubė ramybės aura – tokia ji buvo ryški.
— Girdėjau, kad šis šventasis niekada neišeina iš namų, – nepatikliai tarė Upendra.
— Taip, tai tiesa! Jis jau dvidešimt metų gyvena užsidaręs. Per mūsų religines šventes jis šiek tiek atlaidžiau paiso šios nusibrėžtos taisyklės, bet vis tiek išeina tik ant šaligatvio priešais namus! Ten renkasi elgetos, nes visi žino, kokia jautri šventojo Bhadurio širdis.
— Kaip jis išsilaiko ore, nepaklusdamas visuotiniam traukos dėsniui?
— Po specialių *pranajamos* pratimų jogo kūnas praranda svorį. Tada jis gali levituoti arba šokčioti kaip varlė. Yra žinoma, kad apimti gilaus atsidavimo Dievui ima levituoti net tradicinės jogos nepraktikuojantys šventieji.
— Norėčiau daugiau sužinoti apie šį išminčių. Ar lankaisi vakarais jo susirinkimuose? – Upendros akys net žibėjo iš smalsumo.
— Taip, dažnai ten nueinu. Man labai patinka jo sąmojaus kupina išmintis. Kartais suima juokas ir tada juokiuosi ilgai, net sutrikdau susirinkimų rimtį. Šventasis nepyksta, bet jo mokiniai ima varstyti mane akimis!

Tą popietę traukdamas iš mokyklos namo ėjau pro Bhadurio Mahasajos vienuolišką būstą ir nutariau jį aplankyti. Šiaip smalsuoliai pas jogą nebuvo įleidžiami. Mokytojo privatumą sergėjo vienas apatiniame aukšte gyvenantis mokinys. Jis buvo gana griežtas ir oficialiu balsu pasiteiravo, ar esu „susitaręs". Bet tada pasirodė mokytojas ir išgelbėjo mane, kad nebūčiau išmestas už durų.

— Leisk Mukundai ateiti, kada tik jis nori, – išminčiaus akys spindėjo. – Taisyklės gyventi vienas laikausi ne dėl savo, bet dėl kitų žmonių patogumo. Pasauliečiams nepatinka jų iliuzijas griaunantis tiesumas. Šventųjų ne tik reta – jie dar ir trikdo kitus. Net šventraščiuose rašoma, kad jie dažnai pridaro keblumų!

Nusekiau paskui Bhadurį Mahasają į viršutinį aukštą, į jo asketišką būstą, iš kurio jis retai išeidavo. Mokytojams paprastai nerūpi pasaulio sumaištis, juos domina amžinybė. Išminčiaus amžininkų ratas neapsiriboja vien tais, kurie gyvena siaurame esamojo laiko tarpsnyje.

---

netgi klaidingai save pateikia. Mes jo negerbiame; bet siela, kuriai jis tarnauja kaip įrankis, jei tik leistų jai pasireikšti savo veiksmais, priverstų mus parklupti... Vienu savo aspektu esame atsivėrę dvasinės prigimties gelmėms, visoms Dievo savybėms."

– Mahariši[4], jūs pirmas mano pažįstamas jogas, kuris niekada neišeina iš namų.

– Dievas Savo šventiesiems kartais sukuria netikėtas sąlygas, kad mes nemanytume, jog galime įsprausti Jį į taisykles!

Išminčius energingai įsitaisė lotoso poza. Jis jau buvo įkopęs į aštuntą dešimtį, bet jo kūnas neturėjo jokių požymių, būdingų nejudriems tokio amžiaus žmonėms. Tvirtas ir tiesus, jis visais atžvilgiais atrodė tobulas. Vešlia barzda apaugęs didingas veidas buvo tikro rišio, kaip aprašyta senoviniuose tekstuose. Jis visada sėdėjo labai tiesiai, ramių akių žvilgsnį įsmeigęs į Visur Esantįjį.

Mudu su šventuoju ėmėme medituoti. Po valandos mane išjudino jo švelnus balsas.

– Tu dažnai pasineri į tylą, bet ar esi išsiugdęs *anubhavą*[5]? – jis priminė, kad Dievą mylėti reikia labiau nei meditaciją. – Nesupainiok metodo su Tikslu.

Šventasis pasiūlė man mangų, o paskui juokaudamas (man pasirodė, kad humoras puikiai dera prie jo rimtumo) pridūrė:

– Žmonės apskritai labiau mėgsta *džalajogą* (vienybę su maistu) negu *dhjanajogą* (vienybę su Dievu).

Išgirdęs tokį žavingą kalambūrą apie jogą, prapliupau garsiai kvatotis.

– Tai bent juokas! – tarė jis ir jo akyse sužibo švelnumo kibirkštėlė.

Paties jogo veidas visada būdavo rimtas, bet nutvieкстаs pakilią sielos būseną atspindinčios šypsenos. Didelės, lotosus primenančios akys juokėsi, lyg jose slypėtų pats Dievas.

– Šie laiškai atėjo iš tolimosios Amerikos, – išminčius parodė į krūvelę storų vokų ant stalo. – Susirašinėju su keliomis tenykštėmis draugijomis, kurių nariai domisi joga. Jie iš naujo atranda Indiją, tik orientuojasi geriau negu Kolumbas! Džiaugiuosi galėdamas jiems padėti. Joga, kaip ir dienos šviesa, skirta visiems, kurie nori jos mokytis. Rišiai suvokė esminius dalykus, kurie būtini, kad žmogus išsilaisvintų, bet tos pačios tiesos galioja ir Vakarams, nereikia stengtis jų kaip nors adaptuoti. Nors išorinė Rytų ir Vakarų patirtis skiriasi, siela visur tokia pati, tad jei nebus skiepijama drausmę ugdanti joga, žmonės nesuklestės niekur.

---

[4] „Didysis išminčiau".

[5] Tikras Dievo suvokimas.

Levituojantis šventasis

NAGENDRA NATHAS BHADURIS
„Levituojantis šventasis"

Šventasis atidžiai žvelgė į mane ramiomis akimis. Tada nė nenutuokiau, kad taip kalbėdamas jis pranašiškai nurodė kai kurias mano kelio gaires. Tik dabar, rašydamas šiuos žodžius, galų gale suvokiau, ką reiškė jo lyg tarp kitko anuomet daromos užuominos, kad vieną dieną aš nuvešiu Indijos mokymus į Ameriką.

– Mahariši, norėčiau, kad parašytumėte knygą apie jogą pasaulio labui.

– Aš perduodu žinias mokiniams. Jie ir jų mokiniai taps gyvomis knygomis, kurių nesunaikins laikas ir neiškraipys netinkamos kritikų interpretacijos.

Su jogu dviese išbuvome iki vakaro, paskui pradėjo rinktis mokiniai. Bhaduris Mahasaja pradėjo vieną iš savo nepakartojamų pokalbių.

Lyg taiki potvynio banga jis šlavė klausytojų minčių šiukšles, plukdydamas juos Dievop. Jo nepaprastos alegorijos liejosi nepriekaištinga bengalų kalba.

Tą vakarą Bhaduris aiškino įvairius filosofinius klausimus, susijusius su viduramžių radžputų luomo kunigaikštienės Myros Bay gyvenimu (ji gyvenimą rūmuose iškeitė į šventųjų draugiją). Vienas didis *sanjasis* Sanatana Gosvamis (Sanatana Goswami) atsisakė ją priimti, nes ji buvo moteris, bet išgirdęs jos atsakymą nuolankiai suklupo prie jos kojų.

„Pasakykite mokytojui, – tarė ji, – kad nežinojau, jog, be Dievo, visatoje yra ir kitų vyrų; argi ne visos esame moterys Jo akivaizdoje?" (Pagal šventraščių sampratą Viešpats yra vienintelis teigiamas Kūrybos Principas, Jo kūrinija – viso labo pasyvi *maja*.)

Myra Bay sukūrė daug meilės Dievui persmelktų giesmių, jos iki šiol labai vertinamos Indijoje. Vienos jų vertimą pateikiu čia:

> Jei Dievą būtų galima suvokti kasdien maudantis,
> Verčiau būčiau gelmių banginis;
> Jei Jį būtų galima pažinti mintant vaisiais ir šaknelėmis,
> Mielai rinkčiausi būti ožka;
> Jei Jį atskleistų rožinio varstymas,
> Kalbėčiau maldas su ilgiausiais karoliais;
> Jei Jo veidą atidengtų akmeninių statulų garbinimas,
> Nuolankiai lenkčiausi titnago kalnui;
> Jei Viešpatį būtų galima įsiurbti su pienu,
> Jį pažintų daugybė kūdikių ir veršelių;
> Jei Dievą būtų galima prisišaukti atsižadėjus žmonos,
> Argi tūkstančiai nesutiktų tapti eunuchais?
> Myra Bay žino, kad norint atrasti Viešpatį
> Užvis svarbiausia Mylėti.

Keli mokiniai įdėjo rupijų į Bhadurio šlepetes, kurios gulėjo šalia lotoso poza sėdinčio jogo. Toks Indijoje įprastas pagarbus aukojimas rodo, kad mokinys savo materialius turtus deda prie guru kojų. Dėkingi draugai tėra išvaizdą pakeitęs Viešpats, besirūpinantis savaisiais.

– Mokytojau, jūs nuostabus! – žvelgdamas į išminčių patriarchą entuziastingai tarė vienas išeiti susirengęs mokinys. – Atsižadėjote turtų ir patogumų, kad galėtumėte ieškoti Dievo ir mokyti mus išminties!

Visi gerai žinojo, kad Bhaduris Mahasaja dar ankstyvoje vaikystėje pasirinkęs jogo kelią atsisakė didžiulių šeimos turtų.

Levituojantis šventasis

– Tu viską apverti aukštyn kojomis! – švelniai papriekaištavo šventasis. – Dėl kosminės begalinės palaimos karalystės atsisakiau kelių niekingų rupijų, kelių nereikšmingų malonumų. Tad ar ko nors atsižadėjau? Žinau, koks džiaugsmas dalytis lobiu. Ar tai auka? Tiesą sakant, tikrieji atsižadėjėliai yra pasauliečiai. Kokie trumparegiai! Už varganą saują žemiškų žaisliukų jie atsižada su niekuo nepalyginamų dieviškų turtų!

Džiugiai sukikenau, išgirdęs tokį paradoksalų požiūrį į atsižadėjimą: pasak išminčiaus, bet koks dievobaimingas elgeta yra nesuskaičiuojamų turtų savininkas, o visi pasipūtę turčiai – to nesuvokiantys kankiniai.

– Dieviškoji tvarka mūsų ateitimi rūpinasi išmintingiau nei visos draudimo bendrovės, – baigdamas patvirtino savo tikėjimą mokytojas. – Pasaulyje pilna žmonių, baugiai tikinčių, kad juos apsaugos išorinės priemonės. Jų karčios mintys – tarsi randai ant kaktų. Tas, kuris nuo pirmo atodūsio davė mums oro ir pieno, žino, kaip kasdien pasirūpinti Jam atsidavusiaisiais.

Ir toliau po pamokų lyg piligrimas keliaudavau prie šventojo durų. Tyliai, bet uoliai jis padėjo man siekti *anubhavos*. Vieną dieną Bhaduris Mahasaja persikraustė į Ramo Mohano Rojaus gatvę, toliau nuo mano namų. Mylintys mokiniai pastatė jam naują atsiskyrėlio buveinę, žinomą kaip Nagendra Mathas (Nagendra Math)[6].

Dabar užbėgsiu daug metų į priekį ir pasakysiu, kokie buvo paskutiniai man ištarti Bhadurio Mahasajos žodžiai. Prieš pat iškeliaudamas į Vakarus susiradau jį ir nuolankiai atsiklaupiau, prašydamas, kad jis mane atsisveikindamas palaimintų.

– Sūnau, keliauk į Ameriką. Kaip skydą pasiimk senosios Indijos orumą. Tavo kaktoje įrašyta pergalė; kilnūs svetimšaliai tave puikiai priims.

---

[6] Visas jogo vardas buvo Nagendra Nathas Bhaduris (Nagendra Nath Bhaduri). *Math* iš esmės reiškia „vienuolyną", bet dažnai šiuo žodžiu vadinamas ir ašramas arba atsiskyrėlio būstas.
Iš levituojančių krikščioniškojo pasaulio šventųjų paminėtinas XVII a. šventasis Juozapas iš Kopertino. Apie jo stebuklus išliko daug amžininkų liudijimų. Šv. Juozapas gyveno atitrūkęs nuo pasaulio, bet iš tiesų sutelkęs protą į Dievą. Vienuolyno broliai neleisdavo jam patarnauti prie bendro stalo, kad jis su visais indais nepakiltų prie lubų. Iš tikrųjų šis šventasis buvo itin netinkamas žemiškiems darbams, nes neįstengdavo ilgesnį laiką išstovėti ant žemės! Dažnai šv. Juozapui pakakdavo pamatyti šventojo statulą ir jis jau kildavo aukštyn; būdavo matyti, kaip ore sukasi du šventieji – vienas iš akmens, kitas iš kūno ir kraujo.
Šv. Teresę Avilietę, didžiai pakilios sielos šventąją, fizinė levitacija labai trikdė. Ji turėjo daug atsakingų organizacinių pareigų, todėl „pakylėjimo" epizodų stengėsi išvengti, tačiau veltui. „Bet menkos atsargumo priemonės nepadeda, – rašė ji, – jei Viešpats panori kitaip."
Šv. Teresės palaikai, gulintys Ispanijoje Albos bažnyčioje, jau keturis šimtus metų neyra ir skleidžia gėlių aromatą. Toje vietoje yra įvykę labai daug stebuklų.

8 SKYRIUS

Didysis Indijos mokslininkas Dž. Č. Bosas

„Džagadišas Čandra Bosas (Jagadish Chandra Bose) radiją išrado anksčiau už Markonį (Marconi)."

Išgirdęs šią provokuojamą pastabą, prisiartinau prie sustojusių ant šaligatvio ir į mokslinę diskusiją įsitraukusių profesorių grupės. Jei taip pasielgti mane paskatino tautinis išdidumas, apgailestauju. Kita vertus, neneigiu, kad smalsiai domiuosi faktais, įrodančiais, jog Indija gali pirmauti ne tik metafizikos, bet ir fizikos srityje.

– Pone, ką turite omenyje? – paklausiau vieno diskusijos dalyvio.

Profesorius paslaugiai paaiškino:

– Bosas pirmasis išrado į radijo bangas reaguojantį kohererį ir prietaisą, fiksuojantį elektros bangų refrakciją. Bet Indijos mokslininkas nepanaudojo savo išradimų komerciniais tikslais. Netrukus jo dėmesys nuo neorganinio pasaulio nukrypo į organinį. Revoliuciniai Boso, kaip augalų fiziologo, atradimai pranoksta net radikaliuosius jo pasiekimus fizikos srityje.

Mandagiai padėkojau šiam žmogui, kad jis man suteikė tiek žinių. O jis pridūrė:

– Didysis mokslininkas yra vienas mano kolegų Prezidensio koledže.

Rytojaus dieną aplankiau išminčių jo namuose, kurie buvo netoli manųjų. Jau seniai iš tolo pagarbiai juo domėjausi. Orus ir santūrus botanikas maloniai mane pasveikino. Tai buvo išvaizdus, tvirtas penktą dešimtį perkopęs vyras vešliais plaukais, plačia kakta ir išsiblaškiusiomis svajotojo akimis. Tiksliai reiškiamos mintys bylojo apie įprotį, išsiugdytą per ilgus mokslinės veiklos metus.

– Neseniai grįžau iš kelionės, lankiausi Vakarų mokslo draugijose. Jų nariai labai domisi mano išrastais jautriais prietaisais, įrodančiais nedalomą visų gyvybės apraiškų vienovę[1]. Mano sukurto kreskografo

---

[1] „Mokslas gali būti tik transcendentalus, kitaip jis išnyks. Botanikoje dabar pradeda rastis

Didysis Indijos mokslininkas Dž. Č. Bosas

didinamoji geba milžiniška, prietaisas gali didinti dešimt milijonų kartų. Mikroskopas didina vos kelis tūkstančius kartų, bet jis visam biologijos mokslui davė gyvybiškai svarbų postūmį. Kreskografas atveria neišmatuojamų galimybių.

– Pone, jūs savo objektyviu mokslu suartinote Rytus ir Vakarus.

– Aš studijavau Kembridže. Koks pasigėrėtinas yra Vakarų metodas – skrupulingais eksperimentais tikrinti visas teorijas! Šie eksperimentai puikiai dera su savistabos dovana, mano rytietiškuoju paveldu. Abu šie metodai leido man prakalbinti ilgai tylėjusias gamtos mokslų sritis. Mano kreskografu[2] atliktos kontrolinės diagramos net didžiausiems skeptikams įrodo, kad augalai turi jautrią nervų sistemą ir įvairialypį emocinį gyvenimą. Meilė, neapykanta, džiaugsmas, baimė, malonumas, skausmas, susijaudinimas, stingulys ir begalė kitų atitinkamų reakcijų į įvairius dirgiklius augalams būdingos lygiai taip pat kaip ir gyvūnams.

– Iki jūsų, profesoriau, unikalus visos kūrinijos gyvybės pulsavimas atrodė tik poetiškas įvaizdis! Pažinojau vieną šventąjį, kuris niekada neskynė gėlių. „Kam atimti iš rožių kero jo pasididžiavimą ir grožį? Kam taip šiurkščiai žeisti jo orumą?" Jūsų atradimai tiesiogiai patvirtina šiuos atjautos kupinus žodžius.

– Poeto santykiai su tiesa labai artimi, o mokslininkas prie jos artinasi lėtais žingsniais. Kada nors užeikite į mano laboratoriją ir pamatysite neabejotinus kreskografo liudijimus.

Dėkingas priėmiau kvietimą ir išėjau. Vėliau išgirdau, kad botanikas paliko Prezidensio koledžą ir ketina įkurti tyrimų centrą Kalkutoje.

Dalyvavau Boso instituto atidarymo iškilmėse. Šimtai entuziazmo apimtų žmonių vaikštinėjo po kabinetus. Mane pakerėjo šis naujas meniškai įrengtas mokslo židinys ir čia vyraujanti dvasinė simbolika. Paradinės instituto durys buvo panašios į senovinės šventyklos vartus. Už lotosų[3] tvenkinio stovinti moters su deglu rankoje skulptūra priminė indų pagarbą moteriai kaip amžinai šviesos nešėjai. Nedidelė

---

kaip tik ta teorija, kurios reikia, tad neilgai trukus Brahmos avataros bus minimi visuose gamtos mokslo vadovėliuose." (Emersonas)

[2] Nuo lotyniško žodžio *crescere* – „didinti". Už kreskografą ir kitus išradimus Bosui 1917 m. buvo suteiktas riterio titulas.

[3] Lotoso žiedas Indijoje nuo seno yra dieviškumo simbolis: besiskleidžiantys jo žiedlapiai simbolizuoja sielos augimą, o tyras iš dumblo išaugęs grožis byloja apie mielą sielos augimo perspektyvą.

šventykla sode buvo skirta *noumenui* – nuo reiškinio nepriklausomai daikto esmei. Ant altoriaus nebuvo jokio paveikslo – tai užuomina, kad Dievas nematerialus.

Kalbą, Boso pasakytą šia didinga proga, būtų galėjusios ištarti kurio nors įkvėpto senovės rišio lūpos:

„Šį institutą šiandien šventinu ne tik kaip laboratoriją, bet ir kaip šventyklą, – perpildytą auditoriją lyg nematomas šydas apgaubė pagarbi ir iškilminga nuotaika. – Mano tyrimai nejučiomis atvedė mane į sritį, egzistuojančią tarp fizikos ir fiziologijos. Savo nuostabai, pamačiau, kaip nyksta šias sritis skiriančios ribos ir aiškėja gyvų ir negyvų organizmų sąlyčio taškai. Suvokiau, kad neorganinė materija visai ne inertiška ir kad ji visa virpa veikiama daugybės jėgų. Atrodo, kad egzistuoja dėsnis, kurio veikiami metalai, augalai ir gyvūnai į tam tikrus reiškinius reaguoja vienodai. Tos reakcijos yra nuovargis ir depresija, taip pat siekis atsigauti ir sustiprėti, o kai įvyksta mirtis, šios reakcijos visam laikui liaujasi. Mane išties apstulbino minėtų reakcijų bendrumas ir savo eksperimentinių tyrimų rezultatus aš pranešiau Karališkajai draugijai. Bet Draugijos fiziologai pasiūlė man apsiriboti fizikos tyrinėjimais – šioje srityje jau buvau užsitikrinęs sėkmę ir į jų monopolinę sritį esą brautis neturėjau. Taigi visai netyčia užklydau į man nežinomos kastų sistemos valdas ir pažeidžiau jos etiketą.

Egzistuoja ir nesąmoningas teologinis polinkis painioti neišprusimą su tikėjimu. Žmonės dažnai pamiršta, kad Tas, kuris apgaubė mus nuolat besiplėtojančia kūrinijos paslaptimi, sykiu įdiegė mums troškimą klausinėti ir suprasti. Daugelį metų kitų klaidingai suprastas, patyriau, kad mokslui atsidavusio žmogaus gyvenimas yra neišvengiama ir nesibaigianti kova. Ar jam pasiseks, ar jį lydės nesėkmės – jis bet kokiu atveju deda savo gyvenimą ant aukuro.

Laikui bėgant, svarbiausios pasaulio mokslo draugijos pritarė mano teorijoms ir rezultatams, pripažino svarbų Indijos indėlį į mokslą[4]. Ar gali Indijos protą patenkinti kas nors smulkaus ir riboto? Nenutrūkstama gyvoji tradicija ir gyvybinė atsinaujinimo galia padėjo šiai šaliai

---

[4] „Mes manome... kad joks studijų, ypač humanitarinių mokslų, fakultetas jokiame stambesniame universitete nebus sukomplektuotas, jei jame nebus indologijos specialisto. Dar manome, kad kiekviename koledže, rengiančiame studentus intelektiniam darbui pasaulyje, kuriame jie gyvens, privalo būti specialistas, gerai išmanantis Indijos civilizaciją." Tai yra ištrauka iš Pensilvanijos universiteto profesoriaus V. Normano Brauno (W. Norman Brown) straipsnio, kuris buvo paskelbtas Amerikos mokslo draugijų tarybos „Biuletenyje" (1939 m. gegužės mėnesio numeris).

Didysis Indijos mokslininkas Dž. Č. Bosas

prisitaikyti prie nesuskaitomos daugybės permainų. Visada atsirasdavo indų, kurie atsisakę greitų ir viliojamų trumpalaikių pergalių siekė įgyvendinti aukščiausius gyvenimo idealus – ne pasyviai aukodamiesi, bet aktyviai kovodami. Silpnieji, vengdami susidūrimų, neįgijo nieko, tad neturėjo ir ko atsižadėti. Tik tas, kuris stengėsi ir laimėjo, gali pasidalyti savo pergalingos patirties vaisiais ir praturtinti pasaulį.

Materijos reakcijų tyrimai, jau atlikti Boso laboratorijoje, ir netikėti augalų gyvenimo dėsnių atradimai atvėrė labai plačias fizikos, fiziologijos, medicinos, žemės ūkio ir net psichologijos tyrimų sritis. Ligi tol neišsprendžiamos problemos dabar atsidūrė eksperimentinių tyrimų lauke.

Bet didelės sėkmės neįmanoma pasiekti be griežto tikslumo. Tam reikalingi gausūs mano sukurti ypač jautrūs instrumentai ir prietaisai, kurie šiandien guli prieš jus dėžėse vestibiulyje. Jie byloja apie ilgai trukusias pastangas prasiskverbti pro apgaulingą regimybę į tikrovę, kuri lieka neregima; apie nepaliaujamą triūsą, atkaklumą ir išradingumą, apie savybes, kurių reikia, jei norime peržengti žmogaus ribotumą. Visi kūrybingi mokslininkai žino, kad tikroji laboratorija – tai protas, kuriame anapus iliuzijų jie atranda tiesos dėsnius.

Paskaitose, kurios čia bus skaitomos, niekas neketina tik kartoti iš antrų lūpų išgirstas žinias. Jose bus skelbiama apie naujus atradimus, pirmą kartą pademonstruotus tarp šių sienų. Reguliariai publikuosime instituto veiklos ataskaitas, ir apie Indijos mokslininkų indėlį sužinos visas pasaulis. Jis taps vieša nuosavybe. Niekada nieko nepatentuosime. Mūsų šalies kultūros dvasia reikalauja visiems laikams atsisakyti žinių kaip priemonės asmeninei naudai gauti. Tai yra šventvagystė.

Be to, norėčiau, kad šio instituto paslaugomis kiek įmanoma naudotųsi visų šalių tyrinėtojai. Čia ir vėl stengiuosi laikytis savo šalies tradicijų. Dar prieš dvidešimt penkis šimtmečius Indija į savo senuosius Nalandos ir Taksilos universitetus kvietė mokslininkus iš viso pasaulio.

Mokslas nepriklauso nei Rytams, nei Vakarams, jis visuotinis ir tarptautinis, tačiau Indijos indėlis gali būti ypač didelis[5]. Neišsenkamą

---

[5] Senovės hinduistai puikiai išmanė atominę materijos struktūrą. Viena iš šešių Indijos filosofijos sistemų yra *vaišešika*, nuo sanskrito kalbos žodžio *višeša* („atomo individualumas"). Vienas žymiausių *vaišešikos* propaguotojų buvo Aulukija (Aulukya), dar vadinamas Kanada („atomų ėdiku"), gimęs apytikriai prieš 2800 metų. Straipsnyje, paskelbtame žurnale *East-West* 1934 m. balandžio mėnesį, Tara Mata taip apibendrina *vaišešikos* mokslines žinias: „Nors šiuolaikinė „atomų teorija" paprastai laikoma nauju mokslo pažangos etapu, ją jau seniai puikiai išaiškino Kanada („atomų ėdikas"). Sanskrito kalbos žodį *anu* iš tiesų galima versti kaip „atomas" pastarojo graikiška tiesiogine prasme, t. y. „neperkertamas", arba „nedalus". Kiti prieš Kristaus

indų vaizduotę, leidžiančią iš pirmo žvilgsnio prieštaringų faktų gausoje rasti naujų dėsnių, valdo įprotis susikaupti ir atsiriboti nuo pasaulio – tai leidžia kantriai išlaikyti protą tiesos paieškų kelyje."

Išgirdęs paskutinius mokslininko žodžius akyse pajutau ašaras. Juk iš tiesų argi „kantrybė" nėra Indijos sinonimas, gluminantis ir Laiką, ir mokslininkus?

Kai šis mokslo centras pradėjo veiklą, aš čia netrukus apsilankiau dar kartą. Didysis botanikas, tesėdamas duotą žodį, nusivedė mane į savo tykią laboratoriją.

– Pritvirtinsiu kreskografą prie šio paparčio – prietaisas didina neįtikėtinai. Jei tiek kartų padidintume šliaužiančią sraigę, atrodytų, kad pro šalį važiuoja greitasis traukinys!

Įsmeigiau smalsų žvilgsnį į ekraną, rodantį padidintą paparčio šešėlį. Aiškiai mačiau net menkiausius gyvybės judesius – augalas labai lėtai stiebėsi tiesiai man prieš akis. Tai buvo žavinga. Paskui mokslininkas metaliniu strypeliu palietė paparčio viršūnę. Bežadis vyksmas staiga liovėsi ir išraiškingi ritmai atsinaujino tik patraukus lazdelę.

– Matote, kaip jautriems audiniams kenkia bet koks net menkiausias išorinis trukdys, – tarė Bosas. – Žiūrėkite, dabar duosiu augalui chloroformo, paskui – priešnuodžio.

Chloroformas sustabdė augalo augimą, priešnuodis jį vėl paskatino. Ekrane besikeičiantys vaizdai mane kerėjo labiau nei kokio filmo siužetas. Tada Džagadišas Bosas tarsi koks piktadarys aštriu instrumentu perdūrė paparčio lapą – ir mėšlungiški augalo judesiai parodė, kad jam skauda. Kai mokslininkas skustuvu įpjovė stiebą, augalo šešėlis staiga sujudo, paskui nurimo ir galiausiai tašką padėjo mirtis.

---

gimimą sukurti *vaišešikos* traktatai aiškina šiuos reiškinius: (1) adatos judėjimą magneto link; (2) vandens apytaką augaluose; (3) *akāšą*, arba eterį – inertišką ir bestruktūrę aplinką, kurioje veikia subtiliosios jėgos; (4) Saulės ugnį kaip visų kitų šilumos formų priežastį; (5) šilumą kaip molekulinių pokyčių priežastį; (6) visuotinės traukos dėsnį, kurį lemia Žemės atomų savybė traukti viską į save, arba žemyn; (7) kinetinę bet kokios energijos prigimtį, kurios priežastis – energijos eikvojimas, arba judėjimo perskirstymas; (8) visuotinį irimą dėl atomų dezintegracijos; (9) šilumos ir šviesos spindulių – be galo smulkių dalelių, nesuvokiamu greičiu lekiančių įvairiomis kryptimis – sklidimą (šiuolaikinė „kosminių spindulių" teorija); (10) laiko ir erdvės reliatyvumą.

Vaišešika pasaulio kilmę aiškino amžiną prigimtį, t. y. pirmines savybes turinčiais atomais. Manyta, kad atomams būdinga nesiliaujanti vibracija... Neseniai atskleistas faktas, kad atomas yra miniatiūrinė Saulės sistema, visai nebūtų nustebinęs senovės *vaišešikos* filosofų, kurie laiką taip pat pavertė matematine sąvoka – apibrėžė smulkiausią laiko dalelytę (*kala*) kaip laikotarpį, per kurį atomas perskrodžia savo paties judėjimo erdvę (orbitą)."

Didysis Indijos mokslininkas Dž. Č. Bosas

– Kai pirmą kartą chloroformu užmigdžiau didžiulį medį, man paskui pavyko sėkmingai jį persodinti. Dažniausiai tokie miško monarchai, perkelti į kitą vietą, labai greitai žūva, – linksmai nusišypsojo Bosas, prisiminęs, kaip išgelbėjo medžiui gyvybę. – Mano jautrūs prietaisai leido nustatyti, kad medžiai turi apykaitos sistemą; jų syvai teka taip pat kaip kraujas gyvūnų kūnuose. Syvų kilimo viršun neįmanoma paaiškinti vien mechaninėmis priežastimis, pavyzdžiui, kapiliarų trauka. Kreskografas atskleidė gyvų ląstelių veiklą. Cilindro formos vamzdelis, einantis per visą medžio kamieną ir atliekantis širdies funkciją, kelia peristaltikos bangas! Juo giliau pažvelgiame, juo daugiau gauname stulbinamų įrodymų, kad visas daugialypės gamtos apraiškas sieja vienas planas.

Didysis mokslininkas parodė dar vieną savo prietaisą.

– Pademonstruosiu jums eksperimentą su gabalėliu alavo. Metaluose glūdinti gyvybinė jėga į dirgiklius reaguoja teigiamai arba neigiamai. Reakcijas užfiksuos rašalo žymės.

Labai susidomėjęs sutelkiau dėmesį į prietaisą, kuris fiksavo atomų struktūrai būdingą bangavimą. Kai profesorius ant alavo užlašino chloroformo, prietaisas liovėsi fiksavęs vibraciją. Metalui palengva atgaunant įprastą būvį, ji vėl prasidėjo. Paskui Bosas ant metalo užlašino nuodingo chemikalo. Alavas virptelėjo ir prietaiso rodyklė dramatiškai užfiksavo pranešimą apie jo mirtį. Mokslininkas tarė:

– Mano prietaisai parodė, kad metalai, pavyzdžiui, plienas, naudojamas žirklėms ir įvairioms mašinoms gaminti, taip pat pavargsta, o reguliariai ilsėdamiesi jie atgauna jėgas. Paleidus per metalus elektros srovę arba smarkiai slegiant, jų gyvybės pulsavimas rimtai nukenčia arba net išnyksta.

Apžvelgiau patalpoje esančius prietaisus, iškalbingai liudijančius nepailstamą jų kūrėjo išradingumą.

– Pone, labai gaila, kad jūsų nuostabūs prietaisai nenaudojami plačiau. Jie paskatintų masinę žemės ūkio plėtrą. Juk jais laboratorijoje būtų galima lengvai nustatyti, kaip įvairios trąšos skatina augalus augti, taip?

– Jūs teisus. Ateities kartos šiuos prietaisus galės panaudoti tūkstančiais būdų. Mokslininkas retai sulaukia atlygio savo gyvenamuoju laiku. Bet jam gana džiaugsmo, kuris aplanko, kai jis kūrybiškai pasitarnauja žmonėms.

Nuoširdžiai padėkojau nenuilstančiam išminčiui ir išėjau. „Jo stulbinamas genialumas tikrai neišsenkamas", – pamaniau.

Jogo autobiografija

DŽAGDIŠAS ČANDRA BOSAS
Didis Indijos fizikas, botanikas ir kreskografo išradėjas

Metai nenuslopino jo energijos. Išradęs sudėtingą prietaisą „rezonansinį kardiografą", Bosas detaliai ištyrė daugybę Indijoje augančių augalų ir atrado iki tol nežinotų jų gydomųjų savybių. Kardiografas – labai tikslus prietaisas, jis kiekvieną šimtąją sekundės užregistruoja augalų, gyvūnų ir žmonių organizmuose vykstančius net menkiausius pokyčius. Didysis botanikas numatė, kad jo kardiografas leis vivisekcijos bandymams naudoti ne gyvūnus, o augalus.

„Paraleliniai tuo pačiu metu ir augalams, ir gyvūnams skirtų medikamentų poveikio tyrimai parodė stulbinamai panašius rezultatus, – teigė jis. – Visa, kas yra žmoguje, jau turi augalai. Bandymai su augalais leis sumažinti gyvūnų ir žmonių kančias."

Po kelerių metų Boso augalų tyrinėjimo išvadas patvirtino ir kiti mokslininkai. Štai kaip laikraštyje *New York Times* pranešama apie 1938 metais Kolumbijos universitete atliktus tyrimus:

„Per pastaruosius kelerius metus nustatyta, kad nervai, perduodami informaciją tarp smegenų ir kitų kūno dalių, generuoja silpnus elektros impulsus. Šie impulsai buvo išmatuoti jautriais galvanometrais ir

Didysis Indijos mokslininkas Dž. Č. Bosas

šiuolaikiniais stiprinimo prietaisais sustiprinti milijonus kartų. Iki šiol nebuvo patikimo metodo, kaip ištirti gyvūnų ar žmonių nervų skaidulomis sklindančius impulsus, nes šie impulsai sklinda itin greitai. Dr. K. S. Koulas (Cole) ir dr. H. Dž. Kertis (Curtis) praneša atradę, kad ilgos gėlavandenio augalo menturdumblio (šis augalas auginamas dekoratyvinių žuvyčių akvariumuose) ląstelės iš esmės identiškos atskiroms nervų skaiduloms. Be to, nustatyta, kad sudirgintos menturdumblio skaidulos skleidžia elektros bangas, kurių visi parametrai, išskyrus greitį, panašūs į gyvūnų ir žmonių nervinėmis skaidulomis sklindančių bangų parametrus. Taip pat nustatyta, kad augalų nervų impulsai sklinda daug lėčiau negu gyvūnų. Šis atradimas leido Kolumbijos universiteto mokslininkams užfiksuoti sulėtintą žmogaus nervais sklindančių elektrinių impulsų vaizdą.

Tad menturdumblis gali tapti savotišku Rozetės akmeniu, padėsiančiu iššifruoti stropiai saugomas paslaptis, glūdinčias ties psichikos ir materijos skirties riba."

Ištikimas Indijos mokslininko idealisto draugas buvo poetas Rabindranathas Tagorė (Rabindranath Tagore). Jam didysis bengalų dainius skyrė šias eilutes:

> O atsiskyrėli, kreipiuosi į tave tikraisiais žodžiais
> Iš tos senos giesmės, vadintos Sama: „Pabusk! Jau kelkis!"
> Pakvieski tą, kurs giriasi išmanąs šastras.
> Užuot bergždžiai, beprasmiai ir priekabiai ginčijęsis,
> Verčiau pakviesk tą kvailą pagyrūną stoti priešais,
> Pažvelgti į gamtos-motulės veidą, visą plačią žemę;
> Nusiųsk šį raginimą bičiuliams mokslininkams.
> Tegu jie susirinks visi kartu
> Prie tavo apeiginio aukuro. Kad mūsų Indija,
> Senoji mūsų žemė, galėtų būti savimi,
> Ak, vėl galėtų stropiai dirbti,
> Atlikti pareigas ir melstis, patirt ekstazę
> Panirusi į gilią meditaciją; tesėdi ji
> Vėl nesutrikdoma, tyra, pamiršus godulį ir kovą,
> Ak, lai sėdi ji didingam savo soste
> Kaip visų šalių mokytoja ant pakylos.[6]

---

[6] Rabindranatho Tagorės eiles iš bengalų kalbos į anglų kalbą išvertė Manmohanas Ghošas (*Manmohan Ghosh*), jos išspausdintos *The Visvabharati Quarterly* Santiniketane, Indijoje.
   Tagorės eilėse minima „giesmė, vadinta Sama," yra viena iš keturių vedų. Kitos trys yra Rigveda, Jadžurveda ir Atharvaveda. Šiuose šventuosiuose tekstuose smulkiai aiškinama Brahmos, Dievo Kūrėjo, prigimtis; jo raiška atskirame žmoguje vadinama *atma*, arba siela. Vardas „Brahma" kilęs iš šaknies *brih*, „plėstis"; jis atskleidžia vedose aiškinamą dieviškos spontaniško augimo galios, kūrybiškumo protrūkio sąvoką. Teigiama, kad kosmosas plėtojasi (*vikurute*) kaip voratinklis iš Jo būties. Galima sakyti, kad svarbiausia vedų

perteikiama žinia – būtinybė *atmai* sąmoningai susilieti su Brahma, sielai su Dvasia.

Vedanta, vedų apibendrinimas, įkvėpė ne vieną didį Vakarų mąstytoją. Prancūzų istorikas Viktoras Kuzenas (Victor Cousin) rašė: „Įdėmiai perskaitę Rytų šalių – o labiausiai Indijos – filosofijos paminklus, atrasime juose tiek daug gilių tiesų... kad būsime priversti priklaupti prieš Rytų filosofiją ir suvokti, jog šis žmonijos lopšys yra iškiliausios filosofijos gimtinė." Šlėgelis (Schlegel) pareiškė: „Net didingiausia europiečių filosofija, graikų filosofų išdėstytas proto idealizmas, palyginti su Rytų idealizmo gyvybingumu ir veržlumu, atrodo tarsi blanki Prometėjo kibirkštis, nutvieksta vidudienio saulės."

Visoje nepaprastai gausioje Indijos literatūroje vedos (šaknis *vid* reiškia „pažinti") yra vieninteliai tekstai, kurie nepriskiriami jokiam autoriui. Rigvedoje (X: 90, 9) sakoma, kad giesmių autorystė dieviška, ir aiškinama (III:39, 2), kad jos pasiekė mus iš „senų laikų", tik yra pervilktos nauja kalba. Tikima, kad vedos, dievišku būdu įvairiais amžiais apreikštos rišiams („aiškiaregiams"), pasižymi *nitjatva* – „nekintamumu".

Vedos rišiams buvo atskleistos garsu, „tiesiogiai išgirstos" (*šruti*). Iš esmės tai giedama ir deklamuojama literatūra. Todėl ištisus tūkstantmečius 100 000 vedų eilučių nebuvo niekur užrašytos, jas sakytiniu būdu perduodavo *brahmanai* dvasininkai. Laikas vienodai naikina ir popierių, ir akmenį. Vedos tiek amžių išliko dėl to, kad rišiai suvokė atminties pranašumą prieš materiją, kai reikia perduoti paveldą. Kas gali pranokti „širdyje įrėžtas lenteles"?

Laikydamiesi ypatingos vedų žodžių tvarkos (*anupūrvi*), fonologiškai suderinę garsus (*sandhi*) bei pagal tam tikras taisykles susieję (*sanatana*) ir matematiškai įrodę įsimintų tekstų tikslumą, *brahmanai* unikaliai išsaugojo žilą senovę siekiančių vedų grynumą. Kiekvienas vedų skiemuo (*akšara*) turi prasmę ir savitą poveikį (žr. p. 313–314).

9 SKYRIUS

Palaimingasis maldininkas ir jo kosminė romantika

– Prašom sėsti, ponaiti. Aš kalbuosi su Dieviškąja Motina.

Tylėdamas labai pagarbiai įėjau į kambarį. Angeliška Mokytojo Mahasajos išvaizda mane tiesiog apakino. Su šilkine balta barzda, didžiulėmis spindinčiomis akimis jis atrodė tyrumo įsikūnijimas. Iš pakelto smakro ir sudėtų rankų supratau, kad pirmuoju savo apsilankymu sutrikdžiau jo maldas.

Paprasti jo sveikinimo žodžiai mane labai smarkiai paveikė – to dar nebuvau patyręs. Lig tol maniau, kad žemiškajai motinai mirus išsiskyrimo su ja sielvarto nepranoks niekas. Dabar, kai pajutau, kad esu atsiskyręs nuo Dieviškosios Motinos, mane persmelkė neapsakoma sielos kančia. Vaitodamas susmukau ant grindų.

– Nurimkite, ponaiti! – iš didelės atjautos šventasis net nuliūdo.

Paliktas vienatvės vandenyne, sugriebiau jo kojas kaip vienintelį gelbėjimosi plaustą.

– Šventasis pone, meldžiu užtarimo! Paklauskite Dieviškosios Motinos, ar, Jos akimis, esu vertas kokios nors malonės!

Šventieji lengvai nepažada užtarti, tad ir šis sėdėjo tylėdamas.

Nė kiek neabejojau, kad Mokytojas Mahasaja artimai bendrauja su Visatos Motina. Skaudžiai suvokiau, kad nors pats Jos nematau, šią akimirką Ją regi tyras šventojo žvilgsnis. Be jokios gėdos spausdamas jam kojas, kurčias jo švelniems prieštaravimams, nepaliaujamai maldavau užtarimo malonės.

– Perduosiu Numylėtajai tavo prašymą, – atjaučiai šypsodamas lėtai tarė mokytojas.

Kokie galingi buvo šie keli žodžiai – kai juos išgirdau, visa mano esybė pasijuto išgelbėta nuo audrotos tremties!

– Nepamirškite savo pažado, pone! Greit grįšiu, kad išgirsčiau Jos žinią, – mano balse, kurį vos prieš akimirką gniaužė rauda, suskambo džiugus nekantravimas.

Lipdamas žemyn ilgais laiptais panirau į atsiminimus. Šiame name Kalkutoje, Amhersto gatvėje 50, kuriame dabar glaudėsi Mokytojas Mahasaja, kadaise gyvenome mes; mirus motinai, tada iš sielvarto čia sudužo mano žmogiška širdis. O šiandien čia, negalėdamas išvysti Dieviškosios Motinos, pasijutau taip, lyg kas būtų nukryžiavęs mano sielą. Ak, šventosios sienos, tylios mano sielvartingų žaizdų ir galutinio išgijimo liudytojos!

Sparčiai žingsniavau namo. Parėjęs užsidariau vienas savo palėpėje ir meditavau iki dešimtos valandos. Staiga šiltą Indijos naktį nutvieskė nuostabus regėjimas.

Pricšais mane didingai spindėdama stovėjo Dieviškoji Motina! Jos švelniai besišypsantis veidas buvo neapsakomai gražus.

„Aš visada tave mylėjau! Aš visada tave mylėsiu!"

Ji išnyko. Ore tebeskambėjo dangiški garsai.

Kitą rytą, vos saulė pakilo tiek, kad neatrodytų nemandagu veržtis į svečius, antrą kartą aplankiau Mokytoją Mahasają. Varstomas skausmingų prisiminimų, užlipau laiptais į Mokytojo kambarį ketvirtame aukšte. Uždarytų durų rankena buvo apvyniota skepeta; supratau, kad tai ženklas, jog šventasis trokšta privatumo. Truputį pastypčiojau laiptinėje, ir svetinga mokytojo ranka atidarė duris. Priklaupiau prie šventojo kojų. Žaismingai nutaisiau rimtą veidą, slėpdamas dievišką džiugesį.

– Pone, atėjau – prisipažįstu, labai anksti – norėdamas išgirsti jūsų žinią. Ar Mylimoji Motina pasakė ką nors apie mane?

– Na, ir šelmis ponaitis!

Daugiau jis neištarė nieko. Matyt, mano apsimestinis rimtumas jam nepadarė įspūdžio.

– Kodėl jūs toks paslaptingas, kodėl išsisukinėjate? Nejau šventieji niekada nekalba tiesiai? – pasijutau šiek tiek suirzęs.

– Būtinai nori mane išmėginti? – supratingai žvelgė jo ramios akys. – Ar galėčiau dabar pridurti bent vieną žodį prie to patikinimo, kurį vakar dešimtą valandą išgirdai iš Pačios Gražiosios Motinos?

Mokytojas Mahasaja buvo mano sielos vartų valdovas. Aš ir vėl kniūbsčias puoliau jam po kojomis. Bet šį kartą ašaros plūdo iš palaimos, o ne iš skausmo.

– Argi manai, kad tavo atsidavimas nesujaudino Begalinio Gailestingumo? Dievo Motina, kurią tu garbinai ir žmogišku, ir dievišku pavidalu, negalėjo neatsiliepti į tavo nevilties šauksmą.

Palaimingasis maldininkas ir jo kosminė romantika

Kas šis nuoširdus šventasis, kurio menkiausią prašymą meiliai ir tyliai priima Visatos Dvasia? Jo vaidmuo pasaulyje buvo kuklus, kaip ir priderėjo nuolankiausiam iš visų mano pažinotų žmonių. Šiame name Amhersto gatvėje Mokytojas Mahasaja[1] vadovavo nedidelei berniukų vidurinei mokyklai. Nė karto iš jo lūpų nenuskambėjo griežti žodžiai; drausmei palaikyti jam nereikėjo nei taisyklių, nei bausmių. Iš tiesų šiose kukliose klasėse buvo mokoma aukštosios matematikos ir meilės chemijos, kuri neaprašyta jokiuose vadovėliuose.

Išmintį jis skleidė veikiau per savo dvasinę įtaką, o ne sausai dėstydamas. Sklidinas neįmantrios meilės Dieviškajai Motinai, išorinės pagarbos ženklų šventasis reikalavo ne daugiau negu vaikas.

– Aš nesu tavo guru, jis atsiras kiek vėliau, – pasakė jis man. – Jo vadovaujamas, patirsi Dievą kaip meilę ir atsidavimą, o paskui ta patirtis virs neaprėpiama išmintimi.

Kasdien pavakare eidavau į Amhersto gatvę. Siekiau Mokytojo Mahasajos dieviškosios taurės, kuri buvo tokia sklidina, kad jos lašai kasdien liedavosi per kraštus ant mano esybės. Dar niekada niekam nesilenkdavau apimtas tokios pagarbos. O dabar vaikščioti žeme, kurią buvo pašventinusios Mokytojo Mahasajos pėdos, man buvo nepaprasta privilegija.

– Pone, prašom priimti šią šilkmedinės michelijos žiedų girliandą, kurią suvėriau specialiai jums, – vieną vakarą atvykau nešinas gėlių girlianda.

Bet jis droviai pasitraukė ir keliskart parodė atsisakąs šios garbės. Pamatęs, kad man skaudu, galiausiai nusišypsojo ir sutiko.

– Kadangi mudu abu atsidavę Motinai, gali girlianda papuošti šią kūno šventyklą, paaukoti ją Tai, kuri gyvena viduje.

Mokytojo prigimties platybėse nebuvo vietos nė menkiausiai egotizmo apraiškai.

– Keliaukime rytoj į Dakšinešvarą, į Kalės šventyklą, kurią amžiams pašventino mano guru, – tarė kartą Mokytojas, kuris pats buvo Kristų primenančio šventojo Šri Ramakrišnos Paramahamsos (Sri Ramakrishna Paramahansa) mokinys.

Kitą rytą nuėjome prie Gangos ir sėdome į valtelę. Mūsų laukė keturių mylių kelionė. Dakšinešvare įžengėme į devynių kupolų Kalės

---

[1] Tai pagarbūs titulai, kuriais paprastai į jį visi kreipdavosi. Jo vardas buvo Mahendra Nathas Gupta; savo literatūros kūrinius jis pasirašydavo tiesiog M.

šventyklą. Viduje ant sidabrinio lotoso su tūkstančiu kruopščiai iškaltų žiedlapių ilsėjosi Dieviškosios Motinos ir Šivos figūros. Mokytojas Mahasaja spindėte spindėjo iš susižavėjimo. Jis buvo apimtas neišsenkamos meilės savo Numylėtajai. Kartojo Jos vardą, o mano pakerėta širdis, regis, suskilo kaip lotoso žiedlapiai į tūkstantį gabalėlių.

Paskui pasivaikščiojome aplink šventyklą ir stabtelėjome eglūnų giraitėje. *Mana*, eglūnų išskiriami sakai, simbolizavo Mokytojo Mahasajos dovanojamą dangišką maistą. Jo dieviškos maldos nesiliovė. Sėdėjau nejudėdamas ant žolės tarp rausvų plunksnuotų eglūno žiedų. Laikinai atitrūkęs nuo kūno, sklandžiau aukštai danguje.

Tai buvo pirmoji iš daugybės kelionių į Dakšinešvarą su šventuoju Mokytoju. Jo padedamas patyriau saldybę Dievo, apsireiškiančio Motinos, arba Dieviškojo Gailestingumo, pavidalu. Vaiką primenančiam šventajam Tėvo, arba Dieviškojo Teisėjo, aspektas nebuvo itin patrauklus. Griežtas, reiklus, matematiškai apskaičiuotas teisingumas švelniai Mokytojo Mahasajos prigimčiai buvo svetimas.

„Jis pats gali būti dangaus angelas Žemėje!" – meiliai pamaniau vieną dieną regėdamas, kaip jis meldžiasi. Į pasaulį jis žvelgė akimis, seniai pažįstančiomis Pirmapradį Tyrumą, be menkiausio priekaišto ar kritikos šešėlio. Jo kūnas, protas, kalba ir elgesys be jokių pastangų derėjo prie sielos paprastumo.

„Taip man sakė mano mokytojas", – vengdamas asmeniškumo, savo išmintingą patarimą šventasis dažniausiai užbaigdavo šiais pagarbiais žodžiais. Mokytojas Mahasaja buvo taip susitapatinęs su Šri Ramakrišna, kad liovėsi savintis net savo mintis.

Vieną vakarą mudu su šventuoju vaikštinėjome po kvartalą prie jo mokyklos. Mano džiaugsmą aptemdė sutiktas vienas pažįstamas pasipūtėlis. Jis išvargino mus ilgu pokalbiu.

– Matau, šis žmogus tau nepatinka, – sukuždėjo man šventasis.

Savimyla, pakerėtas savo paties monologo, neišgirdo šių žodžių, o Mokytojas Mahasaja pridūrė, kad girdėčiau tik aš:

– Pasikalbėjau su Dieviškąja Motina apie tai, ir Ji žino mūsų keblią padėtį. Kai tik prieisime aną raudoną namą, Ji pažadėjo priminti jam apie labai svarbų reikalą.

Mano akys lipte prilipo prie išsigelbėjimo vietos. Priėjęs raudono namo vartus, įkyrusis pašnekovas nei iš šio, nei iš to apsigręžė ir nuėjo nebaigęs sakinio ir net neatsisveikinęs. Įtampa ore atlėgo.

Kitą dieną vienas vaikštinėjau netoli Hauros geležinkelio stoties.

MOKYTOJAS MAHASAJA
„Palaimingasis mokinys"

Pastovėjau prie šventyklos, tylomis kritikuodamas grupelę žmonių, įnirtingai kartojančių maldą ir pritariančių sau būgnais bei lėkštėmis. „Kaip nepamaldžiai, mechaniškai jie kartoja dievišką Viešpaties vardą", – pamaniau. Staiga apstulbęs pamačiau, kad prie manęs sparčiai artėja Mokytojas Mahasaja.

– Pone, iš kur jūs čia?

Nepaisydamas klausimo, šventasis atsakė į mano mintį.

– Ar ne tiesa, ponaiti, kad Numylėtosios vardas maloniai skamba kiekvieno žmogaus lūpose – tiek neišmanėlio, tiek ir išminčiaus?

Jis meiliai mane apkabino ir stebuklingas jo kilimas nunešė mane

Gailestingumo akivaizdon.

– Gal norėtum pamatyti keletą bioskopų? – išgirdau iš jo vieną popietę.

Šis atsiskyrėlio Mokytojo Mahasajos klausimas man pasirodė mįslingas; tais laikais Indijoje taip buvo vadinami kino filmai. Džiugiai sutikau, nes norėjau būti kartu su juo bet kokiomis aplinkybėmis. Sparčiai nudrožėme į sodą priešais Kalkutos universitetą. Mano bendrakeleivis parodė suolelį prie tvenkinio.

– Pasėdėkime čia kelias minutes. Mano Mokytojas prisakė man visada pamedituoti prie vandens. Tykus vanduo mums primena beribę Dievo ramybę. Kaip viskas atsispindi vandenyje, taip ir visata atsispindi Kosminio Proto ežere. Taip dažnai sakydavo mano gurudeva[2].

Netrukus įžengėme į universiteto auditoriją, kur vyko paskaita. Paaiškėjo, kad ji baisiausiai nuobodi, tik retkarčiais paįvairinama rodomų skaidrių, bet ir jos buvo neįdomios.

„Tai štai kokį bioskopą man norėjo parodyti mokytojas!" – pagalvojau nekantraudamas, bet nuoboduliu veide nenorėjau įžeisti šventojo. O jis palinko prie manęs ir tyliai tarė:

– Matau, ponaiti, šis bioskopas tau nepatinka. Užsiminiau apie tai Dieviškajai Motinai; Ji mudu labai atjaučia. Sakė, netrukus užges elektros šviesa ir įsižiebs tik tada, kai mudu išeisime iš auditorijos.

Vos jam baigus šnibždėti, auditorija paskendo tamsoje. Profesorius, kurio šaižus balsas iš nuostabos buvo trumpam nutilęs, tarė:

– Atrodo, sugedo auditorijos apšvietimas.

Bet mudu su Mokytoju Mahasaja jau buvome peržengę slenkstį. Koridoriuje atsisukęs pamačiau, kad šviesa auditorijoje vėl įsižiebė.

– Ponaiti, šis bioskopas tave nuvylė, bet, manau, kitas tau patiks.

Mudu su šventuoju sustojome ant šaligatvio priešais universiteto pastatą. Mokytojas švelniai sudavė man į krūtinę ties širdimi.

Nuo to smūgio panirau į tylą. Jaučiau, kad tuoj kažkas įvyks. Kaip sugedus garso aparatūrai šiuolaikiniai garsiniai filmai tampa begarsiai, taip Dieviškoji Ranka keistai ir stebuklingai nutildė kasdienį bruzdesį. Pėstieji, tramvajai, automobiliai, jaučių traukiami vežimai ir samdomos karietos geležiniais ratais judėjo pro mus be jokio garso. Lyg koks visaregis lengvai regėjau ne tik tai, kas vyksta priešais, bet ir už manęs bei

---

[2] „Dieviškasis mokytojas", įprastas sanskrito žodis dvasiniam mokytojui ir auklėtojui pavadinti. Žodžių *deva* („Dievas") ir *guru* („nušvitęs mokytojas") junginys rodo didžiulę pagarbą ir nuolankumą. Į anglų kalbą šį žodį išverčiau paprastu terminu *Master* („mokytojas").

Palaimingasis maldininkas ir jo kosminė romantika

DIEVIŠKOJI MOTINA
Dieviškoji motina – tai kūrinijoje veikiantis Dievo aspektas, *šaktė*, arba transcendentinio Viešpaties energija. Ji vadinama įvairiais vardais pagal Savo išreiškiamas savybes. Čia Jos pakelta ranka reiškia visuotinį laiminimą; kitos simboliškai laiko maldos karoliukus (atsidavimas), šventraščio lapus (mokytumas ir išmintis) ir indą su švęstu vandeniu (apvalymas).

abipus manęs. Man prieš akis be garso klostėsi nedidelio Kalkutos rajono gyvenimo spektaklis. Šis panoraminis vaizdas buvo apšviestas švelnios šviesos, panašios į tą, kokią pro pelenus skleidžia žioruojančios žarijos.

Mano kūnas atrodė kaip vienas iš daugybės šešėlių, tik jis stovėjo nejudėdamas, o kiti nebyliai pleveno tai šen, tai ten. Prisiartino keli vaikinai, mano draugai, ir praėjo pro šalį – nors žvelgė tiesiai į mane, manęs nepastebėjo.

Ši nuostabi pantomima sukėlė man neapsakomą ekstazę. Godžiai gėriau iš palaimos šaltinio. Staiga pajutau, kaip Mokytojas Mahasaja dar kartą nesmarkiai sudavė man į krūtinę, ir mano ausis užplūdo garsų kakofonija. Visai nenorėjau jos girdėti. Susverdėjau lyg šiurkščiai pažadintas iš lengvučio sapno. Man iš rankų išplėšė taurę anapusinės būties.

– Ponaiti, matau, kad antrasis bioskopas[3] tau patiko. Šventasis šypsojosi. Dėkingas puoliau prieš jį klauptis.

– Negali dabar taip elgtis, – sudraudė jis. – Juk žinai, Dievas gyvena ir tavo šventykloje! Neleisiu Dieviškajai Motinai liesti savo kojų tavo rankomis!

Jei kas nors tada matė, kaip mano paprastas mokytojas ir aš lėtai tolome nuo žmonių minios, neabejotinai pamanė, kad esame apsvaigę. Atrodė, kad tirštėjančios vakaro sutemos taip pat buvo apgirtusios nuo Dievo.

Varganais žodžiais stengdamasis kuo tiksliau aprašyti Mokytojo Mahasajos geraširdiškumą, svarstau, ar jis ir kiti šventieji, kurių keliai susikirto su manuoju, nutuokė, kad po daugelio metų Vakarų šalyje rašysiu apie jų Dievui paaukotus gyvenimus. Nenustebčiau, jei jie tai žinojo iš anksto; tikiuosi, nenustebtų ir mano skaitytojai, kurie lig šiol keliavo drauge su manimi.

Visose religijose esama šventųjų, suvokusių Dievą per paprastą Kosminės Numylėtosios sampratą. Kadangi Absoliutas yra *nirguna*, „neturintis savybių", ir *ačintja*, „nesuvokiamas", žmonių mintys ir troškimai nuo seno suasmenino Jį kaip Visatos Motiną. Asmeniško teizmo ir Absoliuto filosofijos derinys, kurį seniai suvokė hinduistų mąstytojai, išdėstytas tiek vedose, tiek „Bhagavadgytoje". Šis „priešybių sutaikymas" tenkina ir širdį, ir protą; *bhaktis* (atsidavimas) ir *džnana* (išmintis) iš esmės yra tas pats. *Prapatė* („prieglobsčio radimas" Dieve) ir *šaranagatė* („atsidavimas Dieviškajam Gailestingumui") iš tiesų yra aukščiausio pažinimo keliai.

Mokytojo Mahasajos ir visų kitų šventųjų nuolankumas kyla iš to, kad jie pripažįsta visišką savo priklausomybę (*sešatva*) nuo Viešpaties, vienintelio Gyvenimo ir Teisėjo. Kadangi Dievo prigimtis yra Palaima, žmogus, pasiekęs darną su Juo, patiria beribį prigimtinį džiaugsmą. „Pirmoji iš visų sielos ir valios aistrų yra džiaugsmas[4]."

---

[3] „Naujajame tarptautiniame Vebsterio žodyne" (*Webster's New International Dictionary*), išleistame 1934 m., pateikiamas toks šio žodžio, pavadinto „retu", apibrėžimas: „Gyvenimo vaizdas; tai, kas tokį vaizdą suteikia." Taigi Mokytojas Mahasaja ypač tailiai parinko žodį.

[4] Taip kalbėjo šv. Kryžiaus Jonas. Daugelio mylimo krikščionių šventojo, mirusio 1591 m., kūnas buvo ekshumuotas 1859 m; paaiškėjo, kad jis negenda.

Palaimingasis maldininkas ir jo kosminė romantika

Visų laikų maldininkai, lyg vaikai besikreipiantys į Motiną, liudija, kad Ji visada su jais žaidžia. Mokytojo Mahasajos gyvenime dieviškoji žaismė pasireikšdavo ir svarbiomis, ir nesvarbiomis aplinkybėmis. Dievo akyse niekas nėra nei didu, nei menka. Jei Jis nebūtų taip tobulai sukūręs smulkiausių atomų, ar dangus galėtų išdidžiai puoštis Vega ar Arktūru? Viešpats tikrai nieko neskirsto į „svarbius" ir „nesvarbius" dalykus, todėl pritrūkus smeigtuko gali sugriūti visas kosmosas!

Seras Fransis Janghasbendas (Francis Younghusband) žurnalo *Atlantic Monthly* 1936 m. gruodžio numeryje taip papasakojo apie savo patirtą kosminį džiaugsmą: „Mane apėmė jausmas, didesnis už pakilumą ar ekstazę. Iš staiga užplūdusio labai stipraus džiaugsmo negalėjau sau rasti vietos, o drauge su šiuo neaprašomu, beveik nepakeliamu džiaugsmu atėjo suvokimas apie esminį pasaulio gerumą. Buvau absoliučiai, nepajudinamai įsitikinęs, kad širdyje visi žmonės geri, o blogis yra tik jų paviršiuje."

10 SKYRIUS
Sutinku savo Mokytoją Šri Juktešvarą

„Dievo tikėjimas gali padaryti bet kokį stebuklą, išskyrus vieną – nesimokę egzamino neišlaikysite." Perskaičiau ir su pasidygėjimu užverčiau „įkvepiančią" knygą, kurią buvau nutvėręs laisvą minutėlę.

„Darydamas tokią išimtį, autorius tik parodo visai neturįs tikėjimo, – pamaniau. – Vargšelis, jis labai gerbia tuos, kurie kala per naktis!"

Buvau tėvui pažadėjęs baigti vidurinę mokyklą. Bet stropumu pasigirti negalėjau. Pastaraisiais mėnesiais mane dažniau buvo galima sutikti ne mokyklos klasėje, bet nuošaliose vietose prie Kalkutos maudymosi *ghatų*. Šalia jų plytinčios kremavimo aikštelės, ypač šiurpios naktimis, labai traukė jogus. Tas, kas yra atradęs Nemirtingąją Esmę, neturėtų išsigąsti kelių plikų kaukolių. Žvelgdami į kaulų krūvą matome, koks menkas yra žmogus. Todėl naktimis nemiegodavau ne dėl mokslo, bet dėl visai kitų dalykų.

Sparčiai artėjo baigiamųjų egzaminų savaitė hinduistų vidurinėje mokykloje. Šis apklausų metas, kaip ir kapavietės, kelia pažįstamą baimę. Bet aš jaučiausi ramus. Nepabūgęs kapinių vampyrų, ieškojau slaptų žinių, kurių mokyklos klasėse niekas neskelbia. Bet nebuvau įvaldęs svamio Pranabanandos meno, negalėjau būti dviejose vietose vienu metu. Maniau (daug kam tai, deja, atrodys nelogiška), kad Viešpats pastebės mano dilemą ir kaip nors mane iš jos išvaduos. Maldininko neracionalumą kursto tūkstančiai nepaaiškinamų smulkmenų, kuriomis Dievas rodo, kad nelaimės valandą Jis neapleis.

– Labas, Mukunda! Šiomis dienomis tavęs beveik nematyti! – taip vieną popietę Garparo plente mane pasveikino klasės draugas.

– Labas, Nantu! Atrodo, išties prisiviriau košės, ilgai nesirodęs mokykloje, – atsivėriau jo draugiško žvilgsnio paskatintas.

Nantu, gabus mokinys, nuoširdžiai nusijuokė; mano kebli padėtis turėjo ir juokingų aspektų.

– Tu visiškai nepasirengęs baigiamiesiems egzaminams! – pasakė jis. – Turbūt teks tau padėti.

Sutinku savo Mokytoją Šri Juktešvarą

Šie paprasti žodžiai mano ausyse nuskambėjo tarsi dieviškas pažadas, ir aš noriai nudrožiau pas draugą į svečius. Jis geraširdiškai paaiškino man, kaip spręsti įvairias užduotis, kurias tikriausiai paskirs mokytojai.

– Šie klausimai yra jaukas, jis suklaidins daug patiklių berniukų ir jie paklius į egzaminų spąstus. Prisimink mano atsakymus ir išlipsi sausas.

Namo grįžau tik vėlai vakare. Sprogte sprogdamas nuo neseniai įgytų žinių, atkakliai meldžiausi, kad jos mano galvoje išliktų dar kelias lemiamas dienas. Nantu primokė mane įvairių dalykų, bet dėl laiko stokos pamiršo sanskrito kursą. Iš visos širdies priminiau Dievui, kad neapsižiūrėjome.

Kitą rytą išėjau pasivaikščioti ir plačiai žengdamas kartojausi įgytas žinias. Kai trumpindamas kelią kirtau piktžolėmis apžėlusį kampinį sklypą, akį patraukė keli numesti spausdinto teksto lapai. Pergalingas šuolis – ir štai mano rankoje sanskritu parašytos eilės! Susiradau vieną panditą, kad šis padėtų jas išversti, mat man pačiam sunkiai sekėsi. Jo sodrus balsas pripildė erdvę nugludinto, mielo senovinės kalbos grožio[1], bet netrukus jis skeptiškai pareiškė:

– Šie išskirtiniai posmai tau niekaip nepadės išlaikyti sanskrito egzamino.

Tačiau rytojaus dieną sanskrito egzaminą išlaikiau kaip tik dėl to, kad buvau susipažinęs su šiuo eilėraščiu. Protingi Nantu patarimai man taip pat padėjo gauti mažiausius teigiamus kitų dalykų įvertinimus ir išlaikyti visus egzaminus.

Tėvas buvo patenkintas, kad tesėjau žodį ir baigiau vidurinę. Suskubau padėkoti Viešpačiui, nes tik Jo vedamas apsilankiau pas Nantu ir paskui netikėtai nusprendžiau pasukti neįprastu keliu per šiukšliną dykvietę. Viešpats žaismingai dukart įvykius sudėliojo taip, kad atėjus laikui būčiau išgelbėtas.

Vėl susiradau knygą, kurios autorius tvirtino, esą laikant egzaminą Dievo pagalba nėra svarbiausia. Nesusilaikiau ir sukikenęs tyliai tariau: „Šis tipas tik dar labiau susipainiotų, jei pasakyčiau, kad brandos

---

[1] *Sanskrita* – „nugludintas, baigtas". Sanskritas – seniausia iš visų indoeuropiečių kalbų. Jos raštas vadinamas *devanagari*, pažodžiui – „Dievo būstas". „Kas išmano mano gramatiką, tas pažįsta Dievą!" – šiais žodžiais Paninis (Panini), didis senovės Indijos filologas, pagerbė matematinį ir psichologinį sanskrito tobulumą. Žmogus, kuriam pavyktų pasiekti pačias kalbos ištakas, iš tiesų turėtų žinoti viską.

atestatą gauti geriausiai padeda Dievo meditavimas tarp palaikų!"

Pajutau savo vertę kaip niekada anksčiau ir ėmiau atvirai kalbėti, kad ketinu palikti namus. Su jaunu draugu Džitendra Mazumdaru (Jitendra Mazumdar)[2] nutarėme stoti į Benareso[3] atsiskyrėlių vienuolyną *Šri Bharat Dharma Mahamandal* ir mokytis jame dvasinių dalykų.

Bet vieną dieną pagalvojęs apie išsiskyrimą su šeima, puoliau į neviltį. Mirus motinai ypač prisirišau prie dviejų jaunesniųjų brolių Sanandos ir Bišnaus bei jauniausios sesers Thamu (Thamu). Paskubomis puoliau į savo prieglobstį, mažą palėpės kambarėlį, daugybės mano audringos *sadhanos*[4] epizodų liudytoją. Dvi valandas liejau ašaras, paskui pasijutau savotiškai perkeistas, lyg kokios alchemijos apvalytas. Visos prieraišos[5] dingo ir aš tvirtai pasiryžau siekti Dievo kaip Draugų Draugo.

Tada paprašiau tėvo, kad šis mane palaimintų.

– Paskutinį kartą maldauju, – atsakė susikrimtęs, kai stojau priešais jį: – Nepalik manęs ir sielvartaujančių brolių bei seserų.

– Garbusis tėve, kaip galėčiau apsakyti savo meilę tau? Bet dar labiau myliu savo Dangiškąjį Tėvą, kuris man dovanojo tobuliausią tėvą žemėje. Išleisk mane, kad kada nors sugrįžčiau turėdamas daugiau dieviškojo supratimo.

Tėvas nenoriai sutiko, ir aš iškeliavau prisidėti prie Džitendros, kuris jau buvo Benarese. Atvykusį mane širdingai pasveikino jaunas svamių vyresnysis Dajananda (Dayananda). Jis buvo aukštas, liesas, mąslaus, šviesaus veido ir atrodė susikaupęs lyg Buda. Dajananda padarė man gerą įspūdį.

Apsidžiaugiau pamatęs, kad naujuose namuose yra palėpė – joje man pavykdavo leisti priešaušrio ir ryto valandas. Ašramo nariai, menkai išmanantys apie meditaciją, manė, kad visą laiką turėčiau skirti

---

[2] Tai ne tas Džatinda, arba Džotinas Ghošas (Jatinda, Jotin Ghosh), kurį prisiminsime dėl laiku pasireiškusios antipatijos tigrams.

[3] Indijai atgavus nepriklausomybę, daugeliui vietovardžių, kurie britams valdant buvo priderinti prie anglų kalbos taisyklių, grąžinta senoji indiška rašyba. Todėl Benaresas dabar dažniausiai vadinamas Varanasiu arba vartojamas seniausias jo pavadinimas – Kašis.

[4] Kelias arba pasiruošimas keliui į Dievą.

[5] Hinduizmo šventraščiuose mokoma, kad prieraiša prie šeimos narių yra iliuzija, jei trukdo maldininkui siekti To, Kuris teikia visas malones. Taip taip negerai prisirišti ir prie mylinčių giminaičių, o ką jau kalbėti apie patį gyvenimą. Panašiai mokė ir Jėzus: "Kas myli tėvą ar motiną labiau negu mane – nevertas manęs. Kas myli sūnų ar dukterį labiau negu mane – nevertas manęs."(Mt 10, 37)

organizacinėms pareigoms. Jie mane girdavo už tai, ką popietėmis nuveikdavau raštinėje.

– Nesistenk per greitai pagauti Dievo! – tokia pašaipėle vienas iš gyventojų palydėjo mane, anksti rytą traukiantį į palėpę. Nuėjau pas Dajanandą. Jis plušo savo mažame kambarėlyje, kurio langai vėrėsi į Gangą.

– Svamidži[6], nesuprantu, ko iš manęs čia reikalaujama. Aš stengiuosi tiesiogiai suvokti Dievą. Be Jo nebūsiu patenkintas nei priklausydamas bendruomenei, nei tikėdamas, nei darydamas gerus darbus.

Dvasininkas oranžiniu drabužiu meiliai paplekšnojo man per petį. Dėdamasis griežtas, sudraudė keletą greta esančių mokinių:

– Palikite Mukundą ramybėje. Jis išmoks mūsų tvarkos.

Mandagiai apsimečiau tuo patikėjęs. Mokiniai išėjo iš kambario. Dajanandos įspėjimas, regis, jų nesutrikdė. O Dajananda kalbėjo toliau:

– Mukunda, matau, kad tėvas tau nuolat siunčia pinigų. Prašau juos jam grąžinti – čia tau pinigų nereikia. Ir dar turiu perspėti tave dėl maisto. Net jei jautiesi išalkęs, apie tai nekalbėk.

Nežinau, ar mano akyse tikrai švietė alkis, bet puikiai žinojau, kad esu alkanas. Vienuolyne buvo įprasta pirmą kartą valgyti dvyliktą valandą dienos. Namie buvau pratęs devintą sočiai papusryčiauti.

Šis trijų valandų laukimas su kiekviena diena man atrodė vis ilgesnis. Baigėsi laikai, kai Kalkutoje galėdavau subarti virėją, jei šis vėluodavo bent dešimt minučių. Dabar pamėginau suvaldyti apetitą ir visą parą pasninkavau, bet kitos dienos vidudienio laukiau su dvigubu nekantrumu.

Deja, Džitendra man pranešė sielvartingą žinią.

– Garbiojo Dajanandos traukinys vėluoja, taigi valgysime tik jam parvykus.

Ruošiantis pasitikti svamį, kuris buvo išvykęs dviem savaitėms, buvo prigaminta daug skanumynų ir ore sklandė gardūs kvapai. O man beliko praryti pasididžiavimą vakarykščiu pasninku – jokio kito maisto niekas nepasiūlė.

„Viešpatie, paskubink traukinį!" – paprašiau mintyse. Veikiausiai Dangiškasis Aprūpintojas čia niekuo dėtas – tai Dajananda uždraudė kalbėti apie maistą, bet Dievo dėmesys buvo nukreiptas kitur. Laikrodis

---

[6] .Priesaga -*dži* įprasta reikšti pagarbą, ypač tiesiogiai kreipiantis į žmogų: svamidži, gurudži, Šri Juktešvardži.

kantriai skaičiavo valandas. Mūsų vadovas įėjo pro duris tik temstant. Džiaugsmingai jį pasveikinau.

– Dajanandadži pirmiausia nusipraus ir pameditupos, tada pateiksime maistą, – vėl su bloga žinia priėjo prie manęs Džitendra.

Aš vos laikiausi ant kojų. Jaunas, alkti nepratęs mano skrandis protestavo mausdamas vis smarkiau. Prieš akis it šmėklos plaukė matyti bado aukų vaizdai.

„Netrukus Benarese, šiame vienuolyne, iš bado mirs dar vienas žmogus", – pamaniau. Bet devintą valandą pragaišties buvo išvengta. Palaimingas kvietimas prie stalo! Mano atmintyje ta vakarienė išliko kaip vienas puikiausių gyvenimo įvykių.

Nors mane dabar domino tik maistas, pastebėjau, kad Dajananda valgo labai išsiblaškęs. Matyt, primityvūs mano malonumai jam nerūpėjo.

– Svamidži, ar jūs nealkanas? – paklausiau, kai stotus ir laimingas likau su juo vienas jo kabinete.

– Oi, alkanas! – atsakė šis. – Pastarąsias keturias dienas nieko nevalgiau ir negėriau. Niekada nevalgau traukiniuose, pilnuose įvairių pasaulietinių vibracijų. Griežtai laikausi *šastrų*[7] taisyklių mūsų ordino vienuoliams. Man dabar rūpi tam tikri mūsų organizaciniai dalykai. Šiandien, parvykęs namo, nekreipiau dėmesio į vakarienę. Kur skubėti? Rytoj pasistengsiu pavalgyti kaip dera, – ir jis linksmai nusijuokė.

Vos neuždusau iš gėdos. Buvo sunku pamiršti pastarosios dienos kankynę, tad išdrįsau prasižioti.

– Svamidži, ne visai suprantu, kaip laikytis jūsų nurodymo. Kas bus, jei neprašysiu maisto ir man niekas jo nepasiūlys? Juk mirsiu iš bado.

– Tai ir mirk! – perskrodė orą grėsmingas nurodymas. – Jei reikia, Mukunda, tai ir mirk! Niekada netikėk, kad gyvybę tau teikia maistas, o ne Dievas! Tas, kuris sukūrė visokiausią peną, kuris dovanojo apetitą, būtinai pasirūpins Jam atsidavusiuoju. Nemanyk, kad tave palaiko

---

[7] *Šastros*, pažodžiui – „šventosios knygos"; joms priklauso keturių rūšių raštai: *šručiai, smričiai, puranos* ir *tantros*. Šiuose visapusiškuose traktatuose aptariami visi religinio ir visuomeninio gyvenimo aspektai, teisės, medicinos, architektūros, meno ir kt. sritys. *Šručiai* – tai „tiesiogiai išgirsti", arba „apreikšti", šventieji raštai, vedos. *Smričiai* – „atmintyje išsaugota" išmintis, galiausiai užrašyta žiloje senovėje kaip ilgiausios pasaulyje epinės poemos „Mahabharata" ir „Ramajana". *Puranos*, kurių yra aštuoniolika, tiesiogine prasme yra „senovinės" alegorijos; *tantros* pažodžiui reiškia „apeigos", arba „ritualai": šiuose veikaluose atskleidžiamos gilios tiesos, pridengtos simbolizmo šydu.

Sutinku savo Mokytoją Šri Juktešvarą

ryžiai, kad tave išlaiko pinigai ar žmonės. Ar galėtų jie pagelbėti, jei Viešpats atimtų tau gyvybę? Jie tik Jo įrankiai. Ar tu pats išmokai skrandyje virškinti maistą? Kirsk savo įžvalgos kalaviju, Mukunda! Sutrupink tarpines grandis ir įžvelk Vienintelę Priežastį!

Jutau, kaip jo skvarbūs žodžiai smelkia mane iki pat kaulų smegenų. Išsisklaidė sena iliuzija, neva kūno poreikiai svarbesni nei sielos. Tą akimirką perpratau, kad Dvasiai visko pakanka. Vėliau gyvenime be perstojo keliaudamas po nepažįstamus miestus gavau daugybę progų įsitikinti, kad pamoka, gauta Benareso vienuolyne, buvo išties vertinga!

Vienintelis turtas, atlydėjęs mane iš Kalkutos, buvo motinos perduotas sidabrinis sadhu amuletas. Daug metų saugojęs, dabar ašrame rūpestingai paslėpiau jį savo kambaryje. Vieną rytą, norėdamas vėl pasidžiaugti talismano liudijimu, atidariau rakinamą dėžutę. Voko antspaudas buvo nepaliestas, bet amuleto neberadau. Sielvartaudamas perplėšiau voką ir dar kartą tuo įsitikinau. Jis išnyko, kaip ir buvo pranašavęs sadhu, išsisklaidė eteryje, iš kurio buvo atsiradęs.

Mano santykiai su Dajanandos sekėjais nuolat blogėjo. Visi šeimynykščiai atitolo nuo manęs, įskaudinti mano ryžto laikytis nuošaliai. Griežta nuostata medituoti Idealą, dėl kurio palikau namus ir atsižadėjau žemiškų siekių, čia sukėlė lėkštą visų kritiką.

Dvasinių kančių draskomas, vieną rytą auštant nuėjau į savo palėpę. Buvau pasiryžęs melstis, iki sulauksiu tikro atsakymo. „Gailestingoji Visatos Motina, mokyk mane Pati per regėjimus arba atsiųsk man guru!"

Slinko valandos, bet mano graudūs maldavimai nesulaukė atsako. Tik staiga pasijutau taip, lyg kas mane su visu kūnu būtų perkėlęs į kažkokią neapibrėžtą sferą.

„Šiandien ateis tavo Mokytojas!" – iš visur ir iš niekur atsklido dieviškas moters balsas.

Antgamtinį potyrį išsklaidė šūksnis, pasigirdęs iš aiškiai žinomos vietos. Jaunas dvasininkas, pramintas Habu, šaukė mane iš virtuvės pirmame aukšte.

– Mukunda, užteks medituoti! Ateik, turiu tau darbo.

Kokią kitą dieną būčiau jam nekantriai ką nors atšovęs, bet dabar nusišluosčiau nuo veido ašaras ir klusniai padariau, ką man liepė. Mudu su Habu leidomės į turgų tolimame bengalų gyvenamame Benareso kvartale. Mums apsipirkinėjant turguje, negailestinga Indijos saulė dar nebuvo pasiekusi zenito. Spraudėmės per spalvingą minią – namų šeimininkes, gidus, dvasininkus, kukliai vilkinčias našles, orius brahmanus ir visur sutinkamas šventas karves. Staiga pasukau galvą ir pažvelgiau į siaurą niekuo neišsiskiriantį skersgatvį.

Skersgatvio gale nejudėdamas stovėjo Kristų primenantis žmogus oranžiniais svamio drabužiais. Jis man iškart pasirodė seniai pažįstamas; kelias akimirkas godžiai rijau jį akimis. Bet paskui suabejojau ir pamaniau: „Tikriausiai šį klajojantį vienuolį painioju su kokiu nors pažįstamu. Svajotojau, drožk tolyn."

Po dešimties minučių pajutau, kaip apsunko kojos. Jos tarsi suakmenėjo ir atsisakė mane nešti. Sunkiai atsigręžiau ir kojos atsigavo. Nusisukau į priešingą pusę – ir vėl mane prislėgė keista našta.

„Šventasis traukia mane prie savęs!" Taip pamanęs, perdaviau savo ryšulius Habu. Šis apstulbęs žiūrėjo, kaip aš blaškausi, paskui prapliupo kvatoti.

– Kas tau? Susirgai? Ar pakvaišai?

Jausmų audra neleido nieko jam atsakyti ir aš tylėdamas nuskubėjau šalin.

Lyg ant sparnų grįžau į siaurąjį skersgatvį. Greitai dirstelėjęs, pamačiau tylų siluetą, atidžiai žvelgiantį mano pusėn. Keletas sparčių žingsnių, ir aš jau buvau prie jo kojų.

– Gurudeva!

Šį dievišką veidą buvau regėjęs tūkstančiuose vizijų. Ramios akys liūto veide su smailia barzdele ir besiplaikstančiomis garbanomis daug kartų naktimis skrodė mano svajų tamsą ir teikė miglotą viltį.

– Ak, mano vaike, atėjai pas mane! – kelis kartus bengališkai pakartojo guru, o jo balsas virpėjo iš džiaugsmo. – Kiek metų tavęs laukiau!

Tylėjome ir ši tyla mudu suvienijo. Visi žodžiai atrodė banalūs ir visiškai nereikalingi. Nebyli giesmė iškalbingai liejosi iš mokytojo širdies į mokinio širdį. Nepaneigiama nuojauta man pranešė, kad mano guru pažįsta Dievą ir nuves mane pas Jį. Šio gyvenimo miglos išsisklaidė trapioje ankstesnių gyvenimų prisiminimų aušroje. Stulbinantis laikas! Praeitis, dabartis ir ateitis tėra besikeičiantys jo epizodai. Ne pirmą kartą po saule aš klūpėjau prie šio šventojo kojų!

Paėmęs už rankos, guru nusivedė mane į savo laikiną būstą miesto kvartale, vadinamame Rana Mahalu. Sportiškai sudėtas, jis žengė tvirtu žingsniu. Aukštas, tiesus, tada kokių penkiasdešimt penkerių, jis buvo energingas ir žvalus it jaunuolis. Didžiulėse tamsiose akyse švytėjo begalinė išmintis. Šiek tiek banguoti plaukai švelnino stulbinamą galią

Sutinku savo Mokytoją Šri Juktešvarą

Šri Jogananda ir Svamis Gjanananda, Svamio Dajanandos guru, Mahamandalo vienuolyne Benarese 1936 m. vasario 7 d. Tradiciškai reikšdamas pagarbą, Jogananda sėdi šalia Gjananandos, vienuolyno dvasinio vadovo, kojų. Šiame vienuolyne jaunuolis Jogananda siekė dvasinių mokslų, iki 1910 m. sutiko savo guru Svamį Šri Juktešvarą.

spinduliuojantį veidą. Jo jėga subtiliai derėjo su švelnumu.

Įėjome į akmeninį namo balkoną. Iš čia vėrėsi vaizdas į Gangą.

– Dovanosiu tau savo vienuolynus ir viską, ką turiu, – meiliai tarė jis.

– Pone, atėjau pasisemti išminties ir suvokti Dievo. Man labiausiai reikia šių lobių!

Mus gaubė greitai besileidžianti Indijos prieblanda. Tada mano mokytojas vėl prabilo. Iš jo akių sklido neapsakomas švelnumas.

– Aš tau dovanosiu savo besąlygišką meilę.

Kokie brangūs žodžiai! Tik po ketvirčio amžiaus dar kartą išgirdau jo meilės įrodymą. Jis retai kalbėdavo ugningai. Vandenynui prilygstančiai jo širdžiai labiau tiko tyla.

– Ar atlyginsi man tokia pat besąlygiška meile? – jis žvelgė patikliai kaip vaikas.

– Gurudeva, mylėsiu jus amžinai!

– Paprasta meilė yra savanaudiška, dėl neišmanymo ji suleidusi šaknis į troškimus ir tik stengiasi juos patenkinti. O dieviška meilė nekelia sąlygų, neturi ribų ir nesikeičia. Kai tyra meilė paliečia žmogaus širdį, jos nepastovumas dingsta visiems laikams, – paskui jis nuolankiai pridūrė: – Jei kada pamatysi, kad tolstu nuo Dievo, pažadėk priglausti mano galvą sau ant kelių ir pagelbėti man grįžti pas Kosminę Numylėtąją, kurią abu garbiname.

Sutemoms tirštėjant, jis pakilo ir nusivedė mane į vidinį kambarį. Pasiūlė mangų ir migdolų saldumynų. Ėmėme kalbėtis. Nepastebimai į pokalbį jis įpindavo žinių apie mano prigimtį – jis ją puikiai pažinojo. Buvau sukrėstas jo išminties didybės, subtiliai derančios su įgimtu kuklumu.

– Nesigailėk amuleto. Jis atliko savo užduotį, – atrodė, kad guru it dieviškas veidrodis atspindi visą mano gyvenimą.

– Mokytojau, būti jūsų akivaizdoje, gyvai ją patirti – tai džiaugsmas, kurio niekaip neįmanoma išreikšti.

– Atėjo permainų laikas, todėl vienuolyne jautiesi nelaimingas.

Nieko neminėjau jam apie savo gyvenimą, tačiau pasirodė, kad to visai ir nereikia! Iš jo paprastos, nepretenzingos elgsenos supratau, kad jis nelaukia nustebimo šūksnių, liaupsinančių jo aiškiaregystę.

– Turi grįžti į Kalkutą, – tarė. – Jei myli visą žmoniją, kodėl iš mylimųjų rato išbraukei šeimos narius?

Jo pasiūlymas mane nuliūdino. Šeima tikėjosi, kad grįšiu, nors neatsakinėjau į jų maldaujamus laiškų. „Tegu paukštelis paskrajoja metafizikos padangėje, – pasakė Ananta. – Tokioje sunkioje atmosferoje jo sparnai greit pavargs. Dar pamatysime, kaip jis parplasnos namo, suglaus sparnus ir nuolankiai įsitaisys šeimos lizde." Prisiminęs šį į neviltį varantį palyginimą, pasiryžau jokiu būdu į Kalkutą „neparplasnoti".

– Pone, namo aš negrįšiu. Bet paskui jus eisiu bet kur. Pasakykite man savo adresą ir vardą.

– Svamis Šri Juktešvaras Giris (Sri Yukteswar Giri). Pagrindinė mano buveinė yra Šryrampure, Rai Ghato skersgatvyje. Čia atvykau kelioms dienoms aplankyti motinos.

Nusistebėjau, kaip sudėtingai Dievas žaidžia su Jam atsidavusiais žmonėmis. Šryrampuras tėra vos už dvylikos mylių nuo Kalkutos, bet tose vietovėse aš nė karto nebuvau matęs savo guru. Kad susitiktume, abiem reikėjo nukeliauti į senąjį Kašio miestą (Benaresą), tebesaugantį

Sutinku savo Mokytoją Šri Juktešvarą

šventą Lahirio Mahasajos atminimą. Ši žemė palaiminta Budos, Šankaračarjos (Shankaracharya) [8] ir daugybės kitų jogų-mesijų pėdų.

– Ateisi pas mane po keturių savaičių, – pirmą kartą Šri Juktešvaro balsas nuskambėjo griežtai. – Dabar, kai parodžiau tau beribę savo meilę ir kaip džiaugiuosi tave suradęs, gali nepaisyti mano pageidavimo grįžti namo. Bet kai kitą kartą susitiksime, turėsi iš naujo sukelti mano susidomėjimą. Ne taip lengvai priimsiu tave mokytis – privalėsi visiškai paklusti mano griežtiems reikalavimams.

Užsispyręs tylėjau. Guru netruko įžvelgti, kas mane slegia.

– Manai, giminaičiai iš tavęs pasijuoks?

– Aš negrįšiu.

– Grįši po trisdešimties dienų.

---

[8] Šankaračarja, arba Šankara (Shankara), didžiausias Indijos filosofas, buvo Govindos Džačio (Govinda Jati) ir pastarojo guru Gaudapados mokinys. Šankara parašė garsųjį Gaudapados traktato „Mandūkja karika" komentarą. Neatremiamai logišku, žavesio ir elegancijos kupinu stiliumi Šankara išaiškino *vedantos* filosofiją gryniausia *advaitos* (nedualistine, monistine) dvasia. Didysis monistas taip pat kūrė pamaldžios meilės eiles. Jo „Dieviškajai Motinai skirtoje nuodėmių atleidimo maldoje" yra toks refrenas: „Nors blogų sūnų yra daug, bet blogos motinos dar nebuvo."
Šankaros mokinys Sanandana parašė „Brahmasūtrų" (*vedantos* filosofijos) komentarą. Rankraštis sudegė, bet Šankara (kuris buvo tik kartą jį peržvelgęs) mokiniui pakartojo jį taip, kaip buvo parašytas, kiekvieną žodį. Šį tekstą, vadinamą *Pančapadika*, mokslininkai tyrinėja iki šiol.
Po vieno įsimintino įvykio *čela* Sanandana gavo naują vardą. Kartą, sėdėdamas ant upės kranto, jis išgirdo, kaip nuo priešingo kranto jį šaukia Šankara. Sanandana tuoj pat įbrido į upę. Jo tikėjimui ir kojoms Šankara suteikė atramą, sūkuriuojančioje upėje materializavęs virtinę lotoso žiedų. Nuo to laiko mokinys buvo pramintas *Padmapada* – „lotoso pėda".
Pančapadikos traktate Padmapada daug kartų meiliai pagerbia savo guru. Pats Šankara parašė tokias gražias eilutes: „Visuose trijuose pasauliuose niekas neprilygsta tikram guru. Jei tikėsime filosofiniu akmeniu, vis tiek jis gali geležį paversti tik auksu, ne tokiu pat filosofiniu akmeniu. Bet didžiai gerbiamas mokytojas mokinį, radusį prieglobstį prie jo kojų, padaro sau lygų. Todėl guru yra neprilygstamas – ne, jis transcendentalus" („Eilių šimtmetis" (*Century of Verses*, 1).
Viešpats Šankara buvo retas šventojo, mokslininko ir veiklos žmogaus derinys. Nors gyveno tik trisdešimt dvejus metus, daugiausia laiko praleido nenuilstamai keliaudamas po Indiją ir skleisdamas savąjį advaitos mokymą. Milijonai žmonių noriai rinkdavosi pasiklausyti ramios išminties, besiliejančios iš baso jauno vienuolio lūpų.
Šankaros reformatoriaus įkarštis nulėmė ir senojo vienuolių svamių ordino reorganizaciją (žr. išnašą p. 214 ir p. 215). Be to, įkūrė vienuolių ugdymo centrus (*math*) keturiose vietovėse: Šringerį pietuose, Purį rytuose, Dvarką vakaruose ir Badrinatą Himalajų šiaurėje.
Keturiuose didžiojo monisto centruose, gausiai remiamuose kunigaikščių ir paprastų žmonių aukomis, be jokio mokesčio buvo mokoma sanskrito gramatikos, logikos ir *vedantos* filosofijos. Keturiuose Indijos pakraščiuose įkūręs centrus, Šankara siekė skatinti religinę ir tautinę milžiniškos šalies vienybę. Dabar, kaip ir anksčiau, piligrimų kelyje įkurtose ir geradarių išlaikomose poilsio vietose (*choultry* ir *sattram*) pamaldūs hinduistai gauna nemokamą pastogę ir maisto.

ŠRI JUKTEŠVARAS (1855–1936)
Džnanavatara, „Išminties įsikūnijimas"
Lahirio Mahasajos mokinys, Šri Joganandos guru
Visų SRF-YSS *krijajogų* paramguru

Svamio Šri Juktešvaro meditavimo šventykla, pašventinta 1977 m. jo ašrame Šryrampure. Ją statant įmūrytos kelios jo pirmojo ašramo plytos. Šventyklos architektūra suprojektuota pagal Paramahansos Joganandos eskizą.

Jogananda 1915 m. ant užpakalinės tėvo padovanoto motociklo sėdynės. „Važinėjau su juo visur, – pasakojo jis, – ypač norėdamas aplankyti savo mokytoją Šri Juktešvarą jo Šryrampuro vienuolyne."

– Niekada.

Ginčo įtampai neatlėgus, pagarbiai nusilenkiau jam ir išėjau. Vidurnakčio tamsoje žingsniuodamas į vienuolyną svarsčiau, kodėl stebuklingasis susitikimas baigėsi tokia nedarnia gaida. Tokios yra dvilypės *majos* svarstyklės, kuriose kiekvieną džiaugsmą atsveria sielvartas! Mano jauna širdis dar nepasidavė guru pirštams, siekiantiems ją pakeisti.

Kitą rytą pastebėjau, kad vienuolyno gyventojai su manimi elgiasi dar priešiškiau. Kiauras dienas jie mane įžeidinėjo. Praėjo trys savaitės. Dajananda išvažiavo į konferenciją Bombėjuje. Virš mano nelaimingos galvos pratrūko audra. Kartą nugirdau tokią pastabą: „Mukunda yra parazitas, jis naudojasi vienuolyno svetingumu, bet pats nieko jam neduoda." Pirmąkart pasigailėjau paklusęs nurodymui grąžinti pinigus tėvui. Sunkia širdimi susiradau savo vienintelį draugą Džitendrą.

– Aš išvykstu. Kai Dajanandadži grįš, kuo pagarbiausiai perduok, kad labai apgailestauju.

– Ir aš išvyksiu! Mano pastangos medituoti čia priimamos nė kiek ne palankiau, – ryžtingai tarė Džitendra.

– Susipažinau su Kristų primenančiu šventuoju. Aplankykime jį Šryrampure.

Taigi „paukštelis" pasiryžo „parplasnoti" į vietą, kuri buvo pavojingai arti Kalkutos!

11 SKYRIUS

Du jaunuoliai be skatiko Vrindavane

– Būtų visiškai teisinga, Mukunda, jei tėvas atimtų iš tavęs palikimą! Kaip kvailai tu švaistai savo gyvenimą! – mano klausą žeidė vyresniojo brolio pamokslas.

Mudu su Džitendra tiesiai iš traukinio dar nuo galvos iki kojų aplipę dulkėmis ką tik atvykome pas Anantą, neseniai iš Kalkutos persikėlusį į senovinį Agros miestą. Brolis dirbo vyriausybės Viešųjų darbų departamente vyriausiuoju buhalteriu.

Juk puikiai žinai, Ananta, kad siekiu Dangiškojo Tėvo palikimo.

– Svarbiausia – pinigai, o Dievo galėsi ieškoti paskui! Kas žino – gal dar ilgai gyvensi?

– Svarbiausia – Dievas. Juk pinigai Jo valioje. Kas žino – gyvenimo dar gali ir pritrūkti?

Mano atsakymą nulėmė akimirkos įkarštis, nieko bloga nenujaučiau. (Deja, Anantos gyvenimas iš tiesų baigėsi per anksti.[1])

– Vienuolyno išmintis, ne kitaip! Bet žiūriu, kad išvykai iš Benareso.

Anantos akys blykstelėjo. Mačiau, kad jis patenkintas ir kad vis dar tikisi pririšti mane prie šeimos lizdo.

– Mano viešnagė Benarese praėjo ne veltui! Ten radau viską, ko troško širdis. Ir gali neabejoti: tai nebuvo tavasis panditas ar jo sūnus!

Prisiminęs panditą, Ananta nusijuokė drauge su manimi. Turėjo pripažinti, kad jo pasirinktas Benareso „aiškiaregys" pasirodė gana trumparegis.

– Ką planuoji, klajokli broleli?

– Džitendra įkalbėjo mane atvažiuoti į Agrą. Čia apžiūrėsime Tadž Mahalo[2] grožybes, – paaiškinau. – Tada važiuosime pas neseniai mano surastą guru, kuris Šryrampure turi vienuolyną.

---

[1] Žr. 25 skyrių.
[2] Visame pasaulyje garsus mauzoliejus.

Ananta svetingai pasirūpino, kad mums būtų patogu. Vakare kelis kartus pastebėjau į save įsmeigtą jo mąslų žvilgsnį. „Atpažįstu šitą žvilgsnį, – pamaniau. – Jis kažką rezga."

Atomazgos sulaukėme rytą, per pusryčius.

– Vadinasi, jautiesi visai nepriklausomas nuo tėvo pinigų, – nekaltomis akimis Ananta vėl prisiminė vakarykštį mūsų susikirtimą.

– Aš suvokiu, kad priklausau nuo Dievo.

– Tušti žodžiai! Lig šiol gyvenimas tave lepino. Kas būtų, jei turėtum melsti Neregimosios Rankos maisto ir pastogės? Netrukus pradėtum elgetauti gatvėse.

– Niekada! Pasitikiu ne praeiviais, tik Dievu! Atsidavusiam žmogui Jis randa tūkstančius būdų pragyventi, ne tik elgetos dubenėlį.

– Vėl tušti žodžiai! O jei pasiūlyčiau išmėginti savo liaupsinamą filosofiją šiame apčiuopiamame pasaulyje?

– Kodėl gi ne! Ar manai, kad Dievas veikia tik abstrakčiame pasaulyje?

– Pamatysime. Šiandien gausi progą arba praplėsti mano akiratį, arba pasirodys, kad aš buvau teisus, – Ananta dramatiškai nutilo, paskui lėtai, rimtai kalbėjo toliau: – Siūlau tau ir tavo draugeliui vienuoliui Džitendrai šįryt nuvažiuoti į netolimą Vrindavano miestą. Negalite pasiimti nė rupijos, negalite iš nieko prašyti nei maisto, nei pinigų, negalite niekam atskleisti savo padėties, negalite likti nevalgę ir negalite likti Vrindavane. Jei iki vidurnakčio grįšite į mano namus nesulaužę nė vienos išbandymo taisyklės, būsiu visoje Agroje labiausiai nustebintas žmogus!

– Iššūkį priimu, – atsakiau.

Nei mano žodžiuose, nei širdyje nebuvo nė mažiausios dvejonės. Dėkingas staiga prisiminiau akimirksniu anksčiau įvykusias malones: kreipęsis į Lahirio Mahasajos nuotrauką, pagijau nuo sunkios choleros; Lahore gavau žaismingą dovaną – du aitvarus ant stogo; Barelyje, kai buvau prislėgtas, pačiu laiku gavau amuletą; Benarese prie pandito namo kiemo sulaukiau abejonių nekeliančios sadhu žinios; regėjau Dieviškąją Motiną ir girdėjau didingus jos meilės žodžius, – kaip greitai per Mokytoją Mahasają ji pasirūpino mano nereikšmingais sunkumais; paskutinę minutę sulaukiau pagalbos, kuri leido man gauti brandos atestatą; galų gale didžiausia dovana – gyvasis mano Mokytojas, išsipildžiusi viso gyvenimo svajonė. Tad jokiu būdu nepripažinčiau, kad mano „filosofija" per silpna grumtis atšiauriose šio pasaulio bandymų aikštelėse!

– Gerbiu tave už ryžtą. Tuoj pat palydėsiu tave į traukinį, – tarė Ananta.

Jis atsisuko į Džitendrą. Šis sėdėjo pravira burna.

– Tau teks vykti drauge – kaip liudytojui ir veikiausiai kaip dar vienai aukai!

Po pusvalandžio mudu su Džitendra turėjome bilietus į vieną pusę. Nuošaliame stoties kampelyje leidomės kruopščiai apieškomi. Ananta greitai įsitikino, kad neturime pasislėpę jokių atsargų – mūsų paprasti *dhočiai*[3] dengė tik tai, kas būtina.

Tačiau mano draugas ėmė prieštarauti. Jis suabejojo, ar tikėjimas padės mums kaip nors prasimanyti pinigų.

– Ananta, duok man atsargai bent porą rupijų. Jei ištiktų kokia nelaimė, pasiųsiu tau telegramą, – paprašė jis.

– Džitendra, – šūktelėjau griežtai ir priekaištingai, – nedalyvausiu išbandyme, jei atsargai paimsi pinigų!

– Kai žvanga monetos, jaučiuosi kažkaip ramiau, – atsakė jis.

Rūsčiai jį nužvelgiau ir Džitendra nieko nebesakė.

– Mukunda, aš ne beširdis, – tarė Ananta ir jo balse pasigirdo nuolankumo gaidelė.

Turbūt jį pradėjo graužti sąžinė: gal dėl to, kad siunčia į svetimą miestą du jaunuolius be skatiko kišenėje, o gal dėl savo paties religinio skepsio. Jis pridūrė:

– Jei dėl kokio nors atsitiktinumo ar malonės jums pavyktų sėkmingai atlaikyti Vrindavano išbandymą, prašysiu, kad tu inicijuotum mane į savo mokinius.

Šis pažadas buvo gan neįprastas, bet tokiai nekasdienei progai pritiko. Mat indų šeimose vyriausiasis brolis retai nusilenkia jaunesniesiems; vyresniajam rodoma beveik tokia pat pagarba ir klusnumas kaip tėvui. Bet man neliko laiko atsakyti. Traukinys pajudėjo.

Traukiniui dundant tolyn, Džitendra niūriai tylėjo. Pagaliau krustelėjo, pasilenkė prie manęs ir skaudžiai įgnybo į jautrią vietą.

– Nematau jokių ženklų, kad Dievas parūpintų mums maisto!

– Tylėk, nepatiklusis Tomai, Viešpats su mumis.

– O gal gali Jį paskubinti? Mirštu iš bado vien pagalvojęs, kas mūsų laukia. Iš Benareso atvažiavau apžiūrėti Tadž Mahalo mauzoliejaus, ne pats atsidurti kape!

– Pralinksmėk, Džitendra! Juk netrukus pirmą kartą išvysime

---

[3] Indų drabužis, – audeklo skiautė, aprišta aplink juosmenį ir dengianti kojas.

šventuosius Vrindavano stebuklus [4]. Džiaugiuosi vien pagalvojęs, kad žengsiu žeme, kurią palaimino Viešpaties Krišnos pėdos.
Atsidarė mūsų kupė durys, vidun įėjo ir atsisėdo du vyrai. Kita traukinio stotelė bus paskutinė.
– Jaunuoliai, ar turite draugų Vrindavane? – kažin kodėl susidomėjo prieš mane sėdintis nepažįstamasis.
– Ne jūsų reikalas! – nemandagiai nusukau akis.
– Tikriausiai bėgate iš namų, pakerėti Širdžių Užkariautojo [5] apžavų. Aš pats esu linkęs į pamaldumą. Tikrai pasirūpinsiu, kad šioje alinančioje kaitroje gautumėte maisto ir pastogę.
– Ne, pone, palikite mus ramybėje. Jūs labai malonus, bet suklydote palaikęs mus bėgliais.
Tuo pokalbis ir baigėsi; traukinys sustojo. Bet kai mudu su Džitendra išlipome į peroną, mūsų atsitiktiniai bendrakeleiviai įsikibo mums į parankes ir pakvietė vežiką.
Atvažiavome prie didingo vienuolyno, įkurto gerai prižiūrimame sklype tarp visžalių medžių. Buvo aišku, kad mūsų geradarius čia pažįsta, nes prie mūsų priėjo vyrukas ir šypsodamasis nuvedė į svetainę. Netrukus pasirodė pagyvenusi orios laikysenos ponia.
– Gauri Ma, kunigaikščiai negalėjo atvykti, – kreipėsi vienas vyrų į ašramo šeimininkę. – Paskutinę akimirką jų planai pasikeitė, tad jie nuoširdžiai atsiprašo. Bet mes atvedėme kitus du svečius. Vos sutikęs juos traukinyje pajutau, kad mane traukia prie jų kaip prie Viešpaties Krišnos garbintojų.
– Sudie, jaunieji draugai, – mūsų pažįstamieji atsistojo ir nuėjo prie durų. – Dar susitiksime, jei tokia bus Dievo valia.
– Sveiki atvykę pas mus, – motiniškai nusišypsojo Gauri Ma. – Atvykote pačią tinkamiausią dieną. Laukiau dviejų karališkosios šeimos narių, vienuolyno globėjų. Būtų apmaudu, jei niekas neįvertintų mano valgių!
Šie malonūs žodžiai Džitendrą paveikė keistai – jis prapliupo verkti. Iš pradžių kelionė į Vrindavaną jį gąsdino, o dabar ji staiga virto karališka pramoga ir mano draugui buvo per sunku taip greit prie visko prisitaikyti. Šeimininkė smalsiai į jį pažvelgė, bet nieko nepasakė; gal paauglių keistybės jai nebuvo naujiena.

---

[4] Vrindavanas, įsikūręs prie Jamunos upės, laikomas hinduistų Jeruzale. Čia Viešpaties avatara Krišna atskleidė savo šlovę žmonijai.

[5] *Haris* – maloninis vardas, kuriuo Šri Krišną vadina jo garbintojai.

Du jaunuoliai be skatiko Vrindavane

Buvo paskelbti pietūs. Gauri Ma nuvedė mus į valgomąjį kiemelį, prakvipusį prieskoniais. Paskui dingo greta įrengtoje virtuvėje.

Atėjo ilgai laukta akimirka. Prisitaikęs įgnybau Džitendrai taip pat skaudžiai, kaip jis man buvo įžnybęs traukinyje.

– Nepatiklusis Tomai, Viešpats veikia – ir nedelsdamas!

Grįžo šeimininkė, nešina vėduokle (*punkha*). Sutūpėme ant puošnių paklotų, o ji ėmė mus vėduoti, kaip įprasta Rytuose. Ašramo gyventojai zujo pirmyn atgal, jie atnešė gal trisdešimt patiekalų. Tai buvo jau ne pietūs, o prabangi puota. Nuo tada, kai atsiradome šioje planetoje, nei Džitendra, nei aš nebuvome ragavę tokių skanėstų.

– Gerbiamoji Motina, šie valgiai tikrai pritinka kunigaikščiams! Neįsivaizduoju, kas jūsų karališkiesiems globėjams pasirodė svarbiau, nei dalyvauti tokioje puotoje. Mes ją prisiminsime visą gyvenimą!

Anantai buvome pasižadėję tylėti, tad negalėjome šiai maloningai poniai paaiškinti, kad mūsų padėka turi dvigubą prasmę. Bet mūsų nuoširdumas buvo akivaizdus. Kai susiruošėme išeiti, Gauri Ma mus palaimino ir maloniai pakvietė dar apsilankyti vienuolyne.

Lauke negailestingai kepino. Mudu su draugu pasislėpėme nuo saulės po vešliu gurgulio medžiu prie ašramo vartų. Čia Džitendrą vėl apniko būgštavimai ir jis aštriai tarė:

– Į kokią kebeknę mane įtraukei! Papietauti pavyko tik atsitiktinai! Kaip apžiūrėsime miestą, jei neturime nė *paisos*? Ir kaip, po galais, ketini pargabenti mane pas Anantą?

– Prisikimšęs pilvą greitai pamiršti Dievą, – tariau be kartėlio, bet mano žodžiai nuskambėjo smerkiamai. Kaip trumpai žmonės prisimena Dievo dovanas! Nėra pasaulyje žmogaus, kurio bent kai kurios maldos būtų likusios neatsakytos.

– Tikrai nepamiršiu, koks buvau kvailys, kad susidėjau su tokiu pakvaišėliu kaip tu!

– Patylėk, Džitendra! Tas pats Viešpats, kuris mus pamaitino, aprodys mums ir Vrindavaną, o paskui sugrąžins į Agrą.

Prie mūsų sparčiai artinosi lieknas, malonaus veido jaunuolis. Po medžiu jis sustojo ir man nusilenkė.

– Brangus drauge, tu ir tavo bendrakeleivis tikriausiai esate atvykėliai? Būkite mano svečiai ir leiskite jums aprodyti apylinkes.

Vargu ar įmanoma, kad indas išblykštų, bet Džitendros veidas staiga pasidarė liguistai baltas. Aš mandagiai atsisakiau.

– Juk nevarote manęs šalin? – paklausė jaunuolis.

Bet kokiomis kitomis aplinkybėmis nepažįstamojo nerimas būtų pasirodęs komiškas.

– Kodėl gi ne? – paklausiau.

– Esi mano guru, – patikliai žvelgė man į akis jaunuolis. – Kai vidudienį meldžiausi, man pasirodė palaimintasis Viešpats Krišna. Jis parodė du apleistus žmones, sėdinčius štai po šituo medžiu. Vieno veidas buvo kaip tavo, mokytojau! Dažnai jį regėjau medituodamas. Koks būtų džiaugsmas, jei priimtumėte mano kuklias paslaugas!

– Aš taip pat džiaugiuosi, kad mane radai. Mūsų neapleido nei Dievas, nei žmonės!

Nors nekrutėjau ir šypsodamasis žvelgiau į nekantraujančio žmogaus veidą priešais, viduje suklupau prie Dievo kojų.

– Brangūs draugai, ar pagerbsite apsilankymu mano namus?

– Tu labai malonus, bet toks planas netinkamas. Mes jau svečiuojamės pas mano brolį Agroje, – atsakiau.

– Tada leiskite drauge su jumis apžiūrėti Vrindavaną, man liks bent prisiminimai.

Mielai sutikau. Jaunuolis pasisakė esąs Pratapas Čaterdžis (Pratap Chatterji) ir pakvietė vežiką. Aplankėme Madanamohanos šventyklą ir kitas Krišnos šventoves. Sutemos nusileido mums dar nebaigus šventyklose melstis.

– Atleiskite, aš tuoj, tik atnešiu *sandešų*[6], – tarė Pratapas ir nuėjo į parduotuvę netoli geležinkelio stoties.

Mudu su Džitendra vaikštinėjome plačia gatve, kuri orui šiek tiek atvėsus buvo pilnutėlė žmonių. Mūsų draugas valandėlę užtruko, bet pagaliau grįžo nešinas įvairiais saldumynais.

– Leiskite užsitarnauti bent kiek religinių nuopelnų, – maldaujamai nusišypsojo Pratapas ir ištiesė mums pluoštą rupijų bei du ką tik nupirktus bilietus į Agrą.

Priimdamas nusilenkiau Neregimajai Rankai. Ananta iš Jos šaipėsi, bet argi Ji nedovanojo daugiau, nei mums reikėjo?

Susiradome nuošalią vietelę prie stoties.

– Pratapai, aš tave pamokysiu Lahirio Mahasajos, didžiausio šių laikų jogo, *krijos* metodikos. Ši metodika ir bus tau guru.

Iniciacija truko pusę valandos.

---

[6] Indiški saldėsiai.

Du jaunuoliai be skatiko Vrindavane

BHAGAVANAS (VIEŠPATS) KRIŠNA
Indijos mylimas avatara

– *Krija* yra tavo *čintamanis*⁷, – tariau naujajam mokiniui. – Kaip matai, metodika paprasta, tai menas pagreitinti žmogaus dvasinę raidą. Hinduizmo šventraščiuose mokoma, kad įsikūnijančiam ego reikia milijono metų išsivaduoti iš *majos*. *Krijajoga* gali smarkiai sutrumpinti šį laikotarpį. Lygiai kaip augalo augimą galima keliskart paspartinti, kaip parodė Džagadišas Čandra Bosas, taip mokslo priemonėmis įmanoma pagreitinti ir žmogaus psichologinę raidą. Ištikimai laikykis šios praktikos ir priartėsi prie visų didžiausio Guru.

– Nesitveriu iš džiaugsmo, kad radau jogos raktą, kurio taip seniai ieškojau! – susimąstęs prabilo Pratapas. – Jis išvaduos mane iš juslių pančių ir leis pakilti į aukštesnes sferas. Šiandien pasirodęs Viešpats

---
⁷ Mitologinis brangakmenis, turintis galią pildyti norus; taip pat Dievo vardas.

Krišna reiškia tik patį didžiausią gėrį.

Pasėdėjome tylūs, suprasdami vienas kitą, paskui lėtai nuėjome į stotį. Aš į traukinį lipau kupinas džiaugsmo, o Džitendrai ši diena buvo paženklinta ašarų. Širdingą atsisveikinimą su Pratapu lydėjo mano abiejų bičiulių kūkčiojimas. Kelionėje Džitendra vėl apniuko. Ne dėl to, kad būtų dėl savęs bijojęs – dabar mano draugas graužėsi.

– Koks paviršutiniškas mano tikėjimas, turėjau ne širdį, bet akmenį! Daugiau niekada neabejosiu Dievo globa.

Artėjo vidurnaktis. Mes, du „peleniai", visai be pinigų išsiųsti iš namų, įžengėme į Anantos miegamąjį. Kaip ir buvo juokais numatęs prieš kelionės pradžią, jis nepaprastai nustebo. Aš tylėdamas paskleidžiau ant stalo banknotus.

– Džitendra, sakyk tiesą! – bandė pajuokauti Ananta. – Ar šis jaunuolis ko nors neapiplėšė?

Bet kai pradėjome pasakoti, mano brolis surimtėjo, paskui ėmė

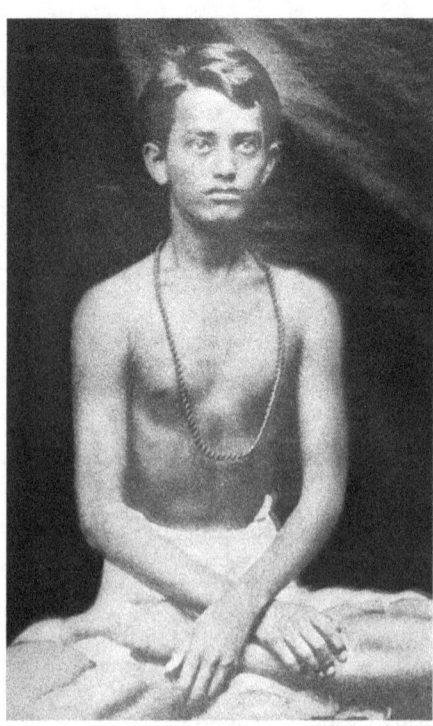

Džitendra Mazumdaras, Joganandos draugas, lydėjęs jį „be skatiko kišenėje" keliaujant į Vrindavaną

atidžiai klausytis.
- Paklausos ir pasiūlos dėsnis veikia subtilesnėse sferose, nei buvau manęs, - įkvėptai prabilo Ananta.
Tokio brolio dvasios įkarščio anksčiau nebuvau pastebėjęs. O jis pridūrė:
- Tik dabar supratau, kodėl esi abejingas bankų saugykloms ir primityviam žemiškam kaupimui.
Nors buvo vėlu, brolis primygtinai norėjo, kad suteikčiau jam *dykšą*[8] *į krijajogą*. Per vieną vakarą „guru" Mukundai teko prisiimti atsakomybę už du nelauktus „mokinius".
Rytojaus dieną per pusryčius tarp mūsų vyravo harmonija, nors vakar to nebuvo.
Nusišypsojau Džitendrai.
- Negalima neparodyti tau Tadž Mahalo. Apžiūrėkime jį prieš vykdami į Šryrampurą.
Atsisveikinę su Ananta, mudu su draugu netrukus atsidūrėme priešais Agros pasididžiavimą Tadž Mahalą. Akinamai spindėdamas saulėje baltu marmuru, jis įkūnija tobulą simetriją. Tamsūs kiparisai, žvilganti veja ir ramus užutėkis tobulai dera prie pastato. Vidus išpuoštas nėrinius primenančiais raižiniais, inkrustuotais pusbrangiais akmenimis. Rudame ir violetiniame marmure sudėtingai iškalti trapūs vainikai ir įvijos. Pro kupolą besiskverbianti šviesa krinta ant imperatoriaus Džahanšacho (Shah Jehan) ir jo širdies ir šalies karalienės Mumtaz Mahal kenotafų.
Gana apžiūrinėti įžymybes! Ilgėjausi savo guru. Netrukus mudu su Džitendra traukiniu keliavome į pietus, į Bengaliją.
- Mukunda, jau daug mėnesių nemačiau savo šeimos. Apsigalvojau - gal vėliau aplankysiu tavo mokytoją Šryrampure.
Draugas, kurio charakteris, švelniai tariant, buvo nepastovus, Kalkutoje mane paliko. Priemiestiniu traukiniu pavažiavęs dvylika mylių į šiaurę, netrukus pasiekiau Šryrampurą.
Susivokiau, kad nuo mano susitikimo su guru Benarese praėjo dvidešimt aštuonios dienos, ir iš nuostabos kūnu perbėgo virpulys. „Ateisi pas mane po keturių savaičių!" Ir štai besidaužančia širdimi stovėjau jo kieme tyliame Rai Ghato skersgatvyje. Pirmą kartą įžengiau į vienuolyną, kuriame su Indijos *Džnanavatara* - „išminties įsikūnijimu" - paskui praleidau beveik dešimt metų

---

[8] Dvasinis įšventinimas, nuo sanskrito kalbos žodžio *dykš* - „atsiduoti".

12 SKYRIUS
Metai Mokytojo vienuolyne

– Atvykai, – pasveikino mane Šri Juktešvaras, sėdėdamas ant tigro kailio, patiesto svetainėje su balkonu. Jo balsas nuskambėjo šaltai, jausmų neparodė.

– Taip, brangusis Mokytojau, esu čia, kad sekčiau paskui jus, – atsiklaupęs paliečiau jo pėdas.

– Kaip tai įvyks? Juk nepaisai mano norų.

– Tai buvo anksčiau, Gurudži! Nuo šiol jūsų noras bus man įsakymas.

– Jau geriau! Dabar galiu imtis atsakomybės už tavo gyvenimą.

– Mielai perduosiu jums šią naštą, Mokytojau.

– Tada pirmiausia paprašysiu grįžti namo, į savo šeimą. Noriu, kad Kalkutoje įstotum į koledžą. Turi lavintis toliau.

– Gerai, pone, – nuslėpiau savo siaubą. Nejau tos nelemtos knygos persekios mane visą gyvenimą? Iš pradžių tėvas, dabar Šri Juktešvaras!

– Ateis laikas, ir tu išvyksi į Vakarus. Tenykščiai žmonės noriau klausys senovinės Indijos išminties, jei nežinomas hinduizmo mokytojas bus baigęs universitetą.

– Jūs geriau žinote, Gurudži, – mano niūrumas išsisklaidė.

Užuomina apie Vakarus man pasirodė nesuprantama ir tolima, bet, svarbiausia, gavau galimybę nieko nelaukdamas klusnumu įtikti Mokytojui.

– Būsi visai netoli, Kalkutoje, tad atvažiuok, kai tik turėsi laiko.

– Jei galima, Mokytojau, atvažiuosiu kasdien! Būsiu dėkingas, jei vadovausite visam mano gyvenimui ir visoms jo smulkmenoms, bet tik su viena sąlyga.

– Kokia?

– Kad pažadėsite man atskleisti Dievą!

Dar gerą valandą stengiausi jį įtikinti. Mokytojas negali neįvykdyti savo pažado, tad nelengvai jį duoda. Gavęs tokį pažadą, mokinys taip pat gauna didžiules metafizines galimybes. Guru turi būti tikrai labai artimas Kūrėjui, kad galėtų įpareigoti Jį pasirodyti! Jutau Šri Juktešvaro vienovę su Dievu ir pasiryžau, kaip jo mokinys, pasinaudoti šia palankia aplinkybe.

– Tu reiklus, – galiausiai nusileido Mokytojas ir atjaučiai pridūrė: – Tegu tavo troškimas bus mano troškimas.

Man nuo širdies nuslinko šešėlis, temdęs ją visą gyvenimą. Ėjimas apgraibomis ir nesėkmingos paieškos baigėsi. Sutikęs tikrą guru, atradau amžinąjį prieglobstį.

– Eime, aprodysiu tau šį vienuolyną, – pakilo nuo tigro kailio Mokytojas.

Apsidairiau ir ant sienos pamačiau paveikslą, papuoštą jazminų girlianda.

– Lahiris Mahasaja! – apstulbęs šūktelėjau.

– Taip, mano dieviškasis guru, – pagarbiai tarė Šri Juktešvaras. – Jis, kaip žmogus ir kaip jogas, pranoko visus kitus mokytojus, su kuriais man teko gyvenime susidurti.

Tylomis nusilenkiau pažįstamam paveikslui. Siela pagerbė neprilygstamąjį mokytoją, palaiminusį mano kūdikystę ir lig šios valandos vadovavusį mano žingsniams.

Guru vedamas apėjau namą iš vidaus ir iš lauko. Didelis, senas, gerai pastatytas nuošalus pastatas masyviomis kolonomis supo vidinį kiemą. Išorinės sienos buvo apželusios samanomis, virš plokščio pilko stogo plasnojo balandžiai – jie nesivaržydami naudojosi ašramo teritorija. Užpakaliniame kieme akį džiugino duonmedžiai, mangai ir bananai. Dviaukščio namo kiemą iš trijų pusių supo viršutinių kambarių balkonai su baliustradomis. Erdvi pirmo aukšto salė, kurios aukštas lubas laikė kolonos, pasak mokytojo, dažniausiai naudojama kasmetinėms *Durgapūdžos*[1] šventėms. Siauri laiptai vedė į Šri Juktešvaro svetainę su mažu balkonu, atsiveriančiu į gatvę. Ašramas buvo apstatytas labai paprastai – viskas kuklu, švaru, praktiška. Pamačiau keletą vakarietiško stiliaus kėdžių, suoliukų ir stalų.

Mokytojas pakvietė mane pernakvoti. Du jauni vienuolyno mokiniai patiekė mums daržovių karį.

– Gurudži, papasakokite ką nors apie savo gyvenimą, – paprašiau.

---

[1] „Durgos garbinimas" – tai svarbiausia bengalų kalendorinė šventė, daug kur trunkanti devynias ašvinos mėnesio (rugsėjo–spalio) dienas. Durga (pažodžiui „Nepasiekiamoji") yra Dieviškosios Motinos, Šaktės, moteriškųjų kūrybinių galių aspektas. Pagal tradiciją ji naikina visą blogį.

Sėdėjau sukryžiavęs kojas ant šiaudinio demblio, patiesto greta jo tigro kailio. Žvaigždės atrodė labai draugiškos ir visai čia pat, už balkono baliustrados.

– Šeima mane pavadino Prija Nathu Kararu (Priya Nath Karar). Gimiau[2] čia, Šryrampure, tėvas buvo turtingas verslininkas. Jis paliko man šį protėvių dvarą, o dabar čia mano vienuolynas. Mokykloje beveik nesimokiau, nes mokymas ten man atrodė paviršutiniškas ir lėtas. Subrendęs anksti tapau šeimos galva, turiu vieną dukterį, dabar ištekėjusią. Sulaukęs vidutinio amžiaus, buvau palaimintas – patyriau Lahirio Mahasajos vadovavimą. Po žmonos mirties įstojau į svamių ordiną ir gavau naują vardą – Šri Juktešvaras Giris[3]. Tokie paprasti mano gyvenimo faktai.

Mokytojas šypsodamas žvelgė man į veidą. Jo žodžiai, kaip ir visos trumpai papasakotos biografijos, pateikė faktus, bet neatskleidė žmogaus vidaus. Nekantravau sužinoti daugiau.

– Gurudži, norėčiau išgirsti kokių nors istorijų iš jūsų vaikystės.

– Papasakosiu kelias ir kiekviena bus pamokoma! – Šri Juktešvaro akys perspėjamai žybtelėjo. – Kartą motina pamėgino mane įbauginti baisiu pasakojimu apie vaiduoklį tamsiame kambaryje. Aš tuoj pat nubėgau į tą kambarį ir neradęs vaiduoklio nusivyliau. Daugiau motina baisių dalykų man nepasakojo. Pamokymas toks: pažvelk baimei tiesiai į akis ir ji tavęs nebetrikdys.

Kitas vaikystės prisiminimas – kaip smarkiai užsimaniau bjauraus kaimyno šuns. Kelias savaites dėl to nedaviau namiškiams ramybės. Nė girdėti nenorėjau apie kitus patrauklesnės išvaizdos gyvūnus. Pamokymas toks: prieraiša apakina ir trokštamam objektui suteikia įsivaizduojamą patrauklumo aureolę.

Trečia istorija yra apie jauno proto imlumą. Kartais motina man sakydavo: „Žmogus, kuris sutinka dirbti kieno nors vadovaujamas, yra vergas." Šių žodžių įspūdis taip neišdildomai įsirėžė mano atmintin, kad net vedęs atsisakydavau visų siūlomų darbų. Pajamų gaudavau investavęs šeimos turtus į žemę. Pamokymas toks: jautrios vaikų ausys turi girdėti tik gerus patarimus. Anksti išgirstos idėjos ilgam įsirėžia atmintyje.

---

[2] Šri Juktešvaras gimė 1855 m. gegužės 10 d.
[3] *Yukteshwar* reiškia „susivienijęs su Yšvara" (Dievo vardas). *Giri* – tam tikra vienos iš dešimties senųjų svamių mokyklų atšakų klasė. *Šri* reiškia „šventasis"; tai ne vardas, o pagarbus titulas.

Metai Mokytojo vienuolyne

Mokytojas nugrimzdo į ramią tylą. O apie vidurnaktį nuvedė mane prie siauros lovos. Pirmą naktį po savo Mokytojo stogu miegojau kietai ir saldžiai.

Kitos dienos rytą Šri Juktešvaras supažindino mane su *krijajoga*. Šios metodikos mane jau buvo mokę du Lahirio Mahasajos mokiniai – tėvas ir mokytojas svamis Kebalananda. Bet Mokytojas Šri Juktešvaras turėjo transformuojamųjų galių ir kai jis prie manęs prisilietė, mano esybę nutvieskė didinga šviesa, lyg būčiau išvydęs nesuskaičiuojamą daugybę saulių. Iki širdies gelmių užliejo neapsakomos palaimos srautas.

Tik vėlyvą kitos dienos popietę pagaliau prisiverčiau išvykti iš vienuolyno.

„Grįši po trisdešimties dienų." Kalkutoje žengdamas per savo namų slenkstį, suvokiau, kad ši Mokytojo pranašystė išsipildė. Nė vienas iš namiškių neištarė jokios kandžios pastabos apie grįžusį „paukštį klajūną", o kaip tik šito aš baiminausi.

Užlipau į savo palėpės kambarėlį ir apžvelgiau jį su meile kaip gyvą būtybę. „Tu buvai mano meditacijų, mano *sadhanos* ašarų ir audrų liudytojas. Dabar pasiekiau saugų uostą – turiu dieviškąjį mokytoją."

Vieną ramų vakarą sėdėjome kartu su tėvu, ir šis tarė:

– Sūnau, džiaugiuosi dėl mudviejų abiejų. Radai savo guru, kaip ir aš kitados stebuklingai susiradau savąjį. Šventa Lahirio Mahasajos ranka globoja mūsų gyvenimą. Tavo mokytojas pasirodė esąs ne koks nors nepasiekiamas Himalajų šventasis – jis netoliese. Mano maldos išklausytos ir Dievo paieškos nenutolino tavęs nuo manęs visiems laikams.

Tėvas taip pat džiaugėsi, kad nusprendžiau tęsti mokslus, ir padėjo man tą reikalą sutvarkyti. Kitą dieną buvau priimtas į netoliese esantį Škotų bažnyčios koledžą.

Greitai bėgo laimingi mėnesiai. Mano skaitytojai veikiausiai jau atspėjo, kad koledžo auditorijose rodydavausi retai. Pernelyg traukė Šryrampuro vienuolynas. Mokytojas be žodžių pritarė mano nuolatiniam buvimui šalia. Laimė, jis beveik niekada neužsimindavo apie mokslus. Nors visi seniai suprato, kad man nebuvo skirta tapti mokslininku, laikui atėjus egzaminus minimaliu pažymiu išlaikydavau.

Kasdienis gyvenimas ašrame slinko sklandžiai ir beveik nesikeisdamas. Mano guru pabusdavo prieš aušrą. Gulėdamas, kartais sėdėdamas lovoje, jis pasiekdavo *samadhį*⁴. Buvo nepaprastai lengva suprasti, ar mokytojas jau pabudo: staiga liaudavosi kurtinamas knarkimas⁵. Vienas kitas atodūsis, gal koks krustelėjimas. Paskui stodavo absoliuti tyla – nekvėpuodamas jis panirdavo į gilią jogo palaimą.

Pusryčiaudavome ne iš karto – pirmiausia ilgai vaikštinėdavome palei Gangą. Anie rytiniai pasivaikščiojimai su guru – kokie jie lig šiol tikri ir gyvi! Lengvai atgaivinęs atmintį, dažnai vėl atsiduriu šalia jo. Ryto saulė šildo upę, aidi jo balsas, sodriai dėstantis autentišką išmintį.

Prausdavomės, paskui vidurdienį pietaudavome. Pietus rūpestingai pagamindavo jauni mokiniai pagal kasdienius Mokytojo nurodymus. Mano guru buvo vegetaras. Bet prieš tapdamas vienuoliu jis valgė kiaušinius ir žuvį. Mokiniams patardavo valgyti paprastą maistą, geriausiai tinkamą pagal kiekvieno kūno konstituciją.

Mokytojas valgė mažai: dažniausiai ryžių, paspalvintų ciberžolėmis ir burokėlių arba špinatų syvais ir apšlakstytų trupučiu buivolės pieno *ghi* (lydyto sviesto). Dar jis mėgo lęšių *dalą* arba *čennos*⁶ karį su daržovėmis. Neatsisakydavo ir deserto: mangų ar apelsinų su ryžių pudingu, arba duonvaisių sulčių.

Lankytojai imdavo rinktis po pietų. Iš pasaulio į ramų vienuolyną plūsdavo nenutrūkstamas jų srautas. Mano guru su visais svečiais elgdavosi mandagiai ir geranoriškai. Mokytojas – žmogus, suvokęs save kaip visur esančią sielą, o ne kaip kūną ir ne ego – visus žmones mato stulbinamai panašius.

Šventųjų nešališkumo pagrindas – jų išmintis. Jų nebeveikia besimainanti *majos* išorė, jie nepasiduoda simpatijoms ir antipatijoms, kurios nenušvitusiems žmonėms trukdo vertinti teisingai. Turtingiesiems, galingiesiems ar daug pasiekusiesiems Šri Juktešvaras nerodė ypatingo dėmesio, varguolių ar beraščių neniekino, pagarbiai išklausydavo net vaiką, jei šis kalbėdavo tiesą, o kokio pasipūtusio pandito kartais tyčia nepastebėdavo.

Aštuntą valandą valgydavome vakarienę. Tuo metu dažnai tebeturėdavome svečių. Mano guru nevalgydavo vienas ir iš jo ašramo niekas neišeidavo alkanas ar nepatenkintas. Šri Juktešvaras niekada nesutrikdavo,

---

⁴ Pažodžiui – „nukreipti kartu". *Samadhis* yra palaiminga aukštesniosios sąmonės būsena, kurios apimtas jogas suvokia individualios sielos ir Kosminės Dvasios vienybę.

⁵ Knarkimas, pasak fiziologų, rodo visišką atsipalaidavimą.

⁶ *Dalas* – tiršta skaldytų žirnių ar kitų ankštinių sriuba. *Čenna* – šviežio pieno varškė, dažniausiai supjaustyta kubeliais ir drauge su bulvėmis paruošta su kariu.

jo nesuglumindavo ir netikėti svečiai. Jei reikėdavo – keli išradingi nurodymai mokiniams, ir skurdus valgis virsdavo puota. Jis buvo taupus, kuklių jo pajamų užtekdavo ilgam. „Gyvenk pagal kišenę, – dažnai sakydavo jis. – Išlaidumas kelia nepatogumų." Rūpindamasis tiek svečių vaišėmis, tiek vienuolyno statybomis ir remonto darbais ar kitais praktiniais dalykais, Mokytojas atskleisdavo savo kūrybinės dvasios originalumą.

Tyliomis vakaro valandomis Mokytojas dažnai ką nors pasakodavo ir tai buvo laiko nesunaikinami lobiai. Kiekvienas jo ištartas sakinys buvo nugludintas išminties, jis pasitikėjo savimi, buvo taurus, minčių raiška – visiškai unikali. Nesutikau nė vieno žmogaus, kuris būtų kalbėjęs taip, kaip kalbėjo Mokytojas. Prieš įvilkdamas mintis į išorinį žodžių apdarą, jis subtiliai jas pasverdavo ir apmąstydavo. Nuo jo sklido tiesos esmė, visa persmelkianti netgi fiziologiniu aspektu – lyg sielos skleidžiamas aromatas. Nuolatos jutau, kad esu šalia gyvai apsireiškusio Dievo. Galva pati nulinkdavo prieš jo dievišką didybę.

Jei svečiams pasirodydavo, kad Šri Juktešvaras pernelyg paniręs į Begalybę, jis greitai įtraukdavo juos į pokalbį. Jis nemokėjo pozuoti ar puikuotis savo užsisklendimu. Visada būdavo neperskiriamas su Viešpačiu, tad jam nereikėjo ieškoti progų su Juo pabendrauti. Savąjį Aš suvokusiam mokytojui jau nebereikia pasilypėti ant meditacijos pakopos. „Užsimezgus vaisiui, žiedlapiai nukrinta." Bet šventieji dažnai laikosi dvasinių taisyklių, norėdami rodyti pavyzdį mokiniams.

Artėjant vidurnakčiui, Mokytojas kartais nejučia, kaip vaikas, užsnūsdavo. Dėl patalo nesijaudindavo. Dažnai net be pagalvės priguldavo ant siauros kušetės, stovinčios už jo įprastos vietos ant tigro kailio.

Neretai pasitaikydavo ir visą naktį trunkančių filosofinių diskusijų – jas paprastai sukeldavo rimtas kurio nors mokinio susidomėjimas. Tada nejausdavau nei nuovargio, nei noro miegoti; man pakakdavo gyvų Mokytojo žodžių. „O, jau išaušo! Eime pasivaikščioti prie Gangos", – taip baigdavosi ne viena naktinė pamoka.

Pirmus mano mėnesius su Šri Juktešvaru vainikavo naudinga pamoka „Kaip pergudrauti uodą". Šeimos namuose Kalkutoje naktį nuo uodų gindavomės specialiais tinkleliais, bet čia, Šryrampuro vienuolyne, šio išmoningo papročio negerbė ir aš dėl to nusiminiau, nes vabzdžių buvo gausybė ir jie mane sugeldavo nuo galvos iki kojų. Bet guru manęs pasigailėjo.

– Nupirk tinklelį sau ir man, – kartą tarė jis ir nusijuokęs pridūrė: – Jei nupirksi tik vieną, sau, visi uodai sulėks pas mane!

Didžiai jam dėkingas paklusau. Kai tik likdavau nakvoti Šryrampure, kaskart prieš naktį guru paprašydavo išskleisti apsauginius tinklelius.

Vieną vakarą, nors mus apniko uodų debesis, Mokytojas nedavė įprastų nurodymų. Suirzęs klausiausi įkyraus vabzdžių zyzimo. Atsigulęs į lovą pasimeldžiau, tikėdamasis nuo jų apsiginti. Po pusvalandžio apsimestinai atsikosėjau, norėdamas atkreipti guru dėmesį. Maniau, išprotėsiu nuo įkandimų, o labiausiai – nuo zyzimo, lydinčio kraugeriškas uodų apeigas.

Bet Mokytojas nė nekrustelėjo, tad aš atsargiai prie jo priėjau. Jis nekvėpavo. Tąsyk pirmąkart pamačiau jį panirusį į jogos transą. Nepaprastai išsigandau. „Tikriausiai jam sustojo širdis!" Pakišau jam po nosimi veidrodėlį – šis neaprasojo. Norėdamas įsitikinti, pirštais užspaudžiau nosį ir burną. Jo kūnas buvo šaltas ir nejudrus. Apkvaitęs pasukau prie durų, ketindamas šauktis pagalbos.

– Nagi, jaunasis eksperimentuotojau! Vargšė mano nosis! – Mokytojo balsas iš juoko virpėjo. – Ko neini miegoti? Ar dėl tavęs turi pasikeisti visas pasaulis? Keiskis pats: sąmoningai atsikratyk uodų baimės.

Nuolankiai grįžau į lovą. Ir prie manęs nebeprisiartino nė vienas vabzdys! Supratau, kad anksčiau guru tik dėl manęs sutiko pakabinti tinklelius, o jo paties uodai nė kiek negąsdino. Pasitelkęs jogišką galią, jis neleisdavo, kad jie jį geltų. Arba panorėjęs galėdavo užsisklęsti savo viduje ir tapti nepažeidžiamas.

„Jis man specialiai tai parodė, – pamaniau. – Štai toji jogos būsena, kurios turiu siekti." Tikras jogas gali pasiekti aukštesniosios sąmonės būseną ir ją išsaugoti, nepaisydamas daugybės dirgiklių, kurių visada pilna šioje žemėje, pavyzdžiui, vabzdžių zyzimo ar visur prasiskverbiančios akinamos dienos šviesos. Pirmame *samadhio* etape (*savikalpa*) Dievui atsidavęs žmogus užsisklendžia nuo visos išorinio pasaulio juslinės informacijos. Ir tada būna apdovanojamas vidinio pasaulio garsais ir vaizdais, puikesniais už pirmapradį Rojų[7].

Kartą mokytojai uodai ašrame mane dar kai ko pamokė. Palengva temo. Mano guru neprilygstamai aiškino senuosius tekstus. Sėdėdamas prie jo kojų jaučiau visišką ramybę. Bet šią idilę sutrikdė uodas ir mano dėmesys nukrypo į jį. Kai jis dūrė man į šlaunį savo nuodingo „švirkšto

---

[7] Visur esanti jogų galia regėti, justi skonį bei kvapus, lytėti ir girdėti nesinaudojant jutimo organais „Taitiryja aranjakoje" (*Taittiriya Aranyaka*) aprašyta taip: „Aklasis pervėrė perlą, bepirštis įvėrė į jį giją, bekaklis jį užsikabino, o beliežuvis pagyrė."

adata", nejučia užsimojau, norėdamas atkeršyti. Bet bausmę teko atidėti! Laiku prisiminiau Patandžalio aforizmą apie *ahimsą* (nekenkimą) [8].
– Kodėl nebaigei, ką pradėjęs? – paklausė Mokytojas.
– Mokytojau! Nejaugi kurstote mane atimti gyvybę?
– Ne, bet mintyse tu jau smogei mirtiną smūgį.
– Nesuprantu.
– Kalbėdamas apie *ahimsą*, Patandžalis turėjo omenyje, kad reikia panaikinti *troškimą* žudyti, – Šri Juktešvarui mano mintys buvo tarsi atversta knyga. – Šis pasaulis sukurtas taip, kad jame sunku tiesiogine prasme taikyti *ahimsą*. Žmogus kartais būna priverstas naikinti nekaltus padarus. Bet niekas jo neverčia jausti pykčio ar priešiškumo. Visos gyvybės formos turi lygias teises kvėpuoti *majos* orą. Kūrinijos paslaptį atskleidęs šventasis darniai sugyvens su nesuskaičiuojamomis Gamtos apraiškomis. Įveikę aistrą naikinti, šią tiesą gali suprasti visi žmonės.
– Gurudži, nejaugi verčiau paaukoti savo gyvybę, nei nudobti laukinį žvėrį?
– Ne, nes žmogaus kūnas labai vertingas. Dėl unikalių smegenų ir stuburo centrų jis turi didžiausią evoliucinę vertę. Šie centrai leidžia Dievui atsidavusiam žmogui visiškai suvokti ir išreikšti didingiausius dieviškumo aspektus. Nė viena žemesnė gyvybės forma tuo neapdovanota. Tiesa, jei žmogui tenka atimti gyvybę gyvuliui ar kitam gyvam padarui, jis užsitraukia nesunkią nuodėmę. Bet šventosios *šastros* moko, kad beprasmiškai praradus žmogaus kūną sunkiai pažeidžiamas karmos dėsnis.
Atsidusau su palengvėjimu – šventraščiai ne visada patvirtina tai, ką kužda prigimtis.
Kiek žinau, Mokytojui niekada neteko akis į akį susidurti su leopardu ar tigru. Bet kartą jis susidūrė su mirtinai nuodinga kobra ir įveikė ją meile. Tai nutiko Puryje, prie jūros, kur mano guru turėjo vienuolyną. Tąsyk su Mokytoju buvo Prafula (Prafulla), vėlesniais metais pas Šri Juktešvarą mokęsis jaunuolis.
– Sėdėjome lauke prie ašramo, – papasakojo man Prafula. – Netoliese pasirodė kobra, tikras keturių pėdų ilgio siaubas. Piktai išskleidusi gobtuvą, ji puolė prie mūsų. Mokytojas tyliai nusijuokė, lyg sveikindamas vaiką.

---

[8] „*Ahimsą* (neprievartą) tobulai įvaldžiusio žmogaus akivaizdoje [jokia būtybė] nejaučia priešiškumo." („Jogasūtra", II, 35).

Nustėrau matydamas, kaip Šri Juktešvaras ritmingai ploja rankomis[9]. Jis linksmino baisiąją viešnią! Sėdėjau nejudėdamas ir mintyse karštai meldžiausi. Gyvatė, dabar atsidūrusi visai arti Mokytojo, nebejudėjo, buvo lyg užhipnotizuota jo malonaus elgesio. Pamažu baisusis gobtuvas subliūško, gyvatė prašliaužė tarp Šri Juktešvaro pėdų ir dingo krūmynuose. Tada nesupratau, kodėl Mokytojas judino rankas ir kodėl gyvatė jam nekirto, – baigė pasakojimą Prafula. – Bet paskui man paaiškėjo: mūsų dieviškasis guru nejaučia baimės, kad koks nors gyvis padarys jam pikta.

Bėgo pirmieji mano mėnesiai ašrame ir vieną popietę aš pamačiau į save įsmeigtą skvarbų Šri Juktešvaro žvilgsnį.

– Tu per liesas, Mukunda, – tarė.

Ši pastaba pataikė į jautrią vietą – man ir pačiam nepatiko mano įdubusios akys ir išsekęs kūnas. Nuo vaikystės mane kamavo sutrikęs virškinimas. Namuose ant lentynos stovėjo daugybė vaistų buteliukų, bet nė vieni nepadėjo. Kartais net liūdnai savęs klausdavau, ar verta gyventi, jei kūnas toks nesveikas.

– Vaistai nevisagaliai, bet dieviškoji kūrybinė gyvybės energija beribė. Patikėk: tu pasveiksi ir sustiprėsi.

Mokytojo žodžiai akimirksniu mane įtikino, kad šią tiesą galiu sėkmingai pritaikyti savo gyvenime. Joks kitas gydytojas (o jų buvau išbandęs ne vieną) neįstengė įkvėpti man tokio tvirto tikėjimo.

Kasdien mano sveikata stiprėjo, jėgų gausėjo. Slapta Šri Juktešvaro palaimintas per dvi savaites priaugau svorio – jau seniai veltui stengiausi tai pasiekti. Skrandžio negalavimai išnyko visiems laikams.

Vėliau kelis kartus turėjau laimės matyti, kaip mano guru dieviškai išgydė žmones nuo diabeto, epilepsijos, tuberkuliozės ir paralyžiaus.

– Prieš daug metų ir aš labai norėjau priaugti svorio, – mane išgydęs netrukus papasakojo Mokytojas. – Sveikdamas po sunkios ligos, Benarese aplankiau Lahirį Mahasają. „Pone, – tariau jam, – aš sunkiai sirgau ir netekau daug svorio." – „Matau, Juktešvarai[10], iš tiesų pasiligojai ir dabar manai esąs per liesas." Tiesą sakant, tikėjausi kitokio atsakymo, bet guru drąsinamai pridūrė: „Palauk, pažiūrėsime; neabejoju,

---

[9] Kobra staiga puola visus jai pasiekiamus judančius objektus. Dažniausiai vienintelis būdas išsigelbėti – visiškai nejudėti. Kobrų Indijoje labai bijoma, kasmet nuo jų įkandimo žūva apie penki tūkstančiai žmonių.

[10] Iš tiesų Lahiris Mahasaja kreipėsi „Prija" (Mokytojo vardu), ne „Juktešvarai" (tai vienuolio vardas, kurio mano Mokytojas neturėjo, Lahiriui Mahasajai esant gyvam) (žr. p. 104). Čia ir dar keliose vietose tyčia įdėtas vardas „Juktešvaras", kad šie du vardai nebūtų painiojami.

kad rytoj turėtum jaustis geriau."

Mano pagaulus protas šiuos žodžius priėmė kaip užuominą, kad jis slapta mane gydo. Kitą rytą susiradau jį ir džiūgaudamas sušukau: „Pone, šiandien jaučiuosi daug geriau!" – „Tikrai! Šiandien suteikei sau žvalumo." – „Ne, Mokytojau, – paprieštaravau aš. – Tai jūs man padėjote; po daugybės savaičių pirmąkart atsirado jėgų." – „Na, taip! Bet tavo liga buvo gana sunki. Kūnas dar silpnas ir kas žino, kaip bus rytoj."

Vien pamanęs, kad vėl galiu nusilpti, pajutau, kaip nugara perbėgo šiurpuliai. Kitą rytą vos įstengiau nusikapstyti iki Lahirio Mahasajos namų. „Pone, aš vėl sergu." Guru klausiamai pažvelgė į mane. „Štai kaip! Ir vėl įsivarei sau ligą." Mano kantrybė išseko. „Gurudeva, – tariau, – matau, kad jūs kasdien iš manęs juokiatės. Nesuprantu, kodėl netikite mano žodžiais, juk sakau teisybę." – „Iš tiesų tave silpną ar stiprų daro tavo mintys, – maloniai žvelgė į mane guru. – Matai, kaip sveikata paklūsta tavo pasąmonės lūkesčiams. Mintis – tai jėga, tokia pat kaip elektra ar visuotinė trauka. Žmogaus protas – visagalės Dievo sąmonės kibirkštis. Galėčiau tau parodyti, kad viskas, kuo tvirtai tiki tavo galingas protas, būtinai išsipildys."

Žinodamas, kad Lahiris Mahasaja niekada veltui neaušina burnos, labai pagarbiai ir didžiai dėkingas kreipiausi: „Mokytojau, jei manysiu, kad pasveikau ir atgavau buvusį svorį, taip iš tiesų ir įvyks?" – „Taip yra jau šią akimirką", – labai rimtai atsakė guru, įsmeigęs žvilgsnį man į akis.

Iškart pajutau, kaip ne tik grįžta jėgos, bet ir auga svoris. Lahiris Mahasaja vėl nutilo. Praleidęs prie jo kojų keletą valandų, grįžau į motinos namus, kuriuose apsistodavau atvykęs į Benaresą.

„Sūnau! Kas nutiko! Gal brinksti nuo vandenės?" – negalėjo patikėti savo akimis motina. Dabar mano kūnas buvo toks pat sveikas ir tvirtas kaip prieš ligą. Pasisvėriau ir pamačiau, kad per dieną priaugau penkiasdešimt svarų; jie liko visam laikui. Draugai ir pažįstami, anksčiau matę mane liesą, apstulbo. Kai kurie pakeitė savo gyvenseną ir po šio stebuklo tapo Lahirio Mahasajos mokiniais.

Mano Dieve atbudęs guru žinojo, kad šis pasaulis – tik sudaiktintas Kūrėjo sapnas. Visiškai suvokdamas savo vienovę su Dieviškuoju Sapnuotoju, Lahiris Mahasaja galėjo materializuoti, dematerializuoti ar kitaip paveikti sapnuojamus reiškinių pasaulio atomus[11].

---

[11] „Todėl sakau jums: ko tik melsdamiesi prašote, tikėkite gausią, ir tikrai taip bus" (Mk 11, 24). Su Dievu susiliejusę mokytojai gali savo Dievo suvokimą perteikti pažengusiems mokiniams, kaip Lahiris Mahasaja perdavė Šri Juktešvarui.

Visą kūriniją valdo dėsniai, – baigė kalbą Šri Juktešvaras. – Išorinėje visatoje veikiantys ir mokslininkų atrandami principai vadinami gamtos dėsniais. Bet yra subtilesnių dėsnių, valdančių nematomas dvasines sritis ir vidinį sąmonės pasaulį; šiuos principus įmanoma pažinti tik studijuojant jogą. Tikrąją materijos prigimtį supras ne fizikas, bet Savąjį Aš suvokęs mokytojas. Tai pažinęs Kristus prigydė tarnui ausį, nukirstą vieno jo mokinių[12].

Mano guru buvo neprilygstamas šventraščių aiškintojas. Iš pokalbių su juo yra likę daugybė laimingiausių prisiminimų. Bet jo minčių brangakmeniai nebuvo barstomi į neatidumo ar kvailumo pelenus. Pakakdavo man neramiai sukrutėti ar bent trumpam išsiblaškyti, ir Mokytojas iškart nutildavo.

– Tu ne čia, – vieną popietę pertraukė savo kalbą Šri Juktešvaras. Kaip paprastai, jis nepaliaujamai stebėjo, ar klausau dėmesingai.

– Gurudži! – paprieštaravau. – Nė nesukrutėjau, net nemirktelėjau; galiu pakartoti kiekvieną jūsų ištartą žodį.

– Vis tiek ne visai buvai čia su manimi. Jei prieštarauji, pridursiu, kad mintyse kūrei tris įstaigas. Vieną – miškingą prieglobstį lygumose, kitą – kalvos viršūnėje, trečią – prie vandenyno.

Išties beveik nesąmoningai turėjau tokių miglotų minčių. Pažvelgiau į jį atsiprašydamas.

– Ką gi man daryti su tokiu Mokytoju, kuris skaito atsitiktines mano mintis?

– Šią teisę man suteikei tu. Mano aiškinamų subtilių tiesų nesuvoksi, jei nebūsi absoliučiai susikaupęs. Aš nesibraunu į kitų žmonių protus, jei nėra būtina. Žmogus turi prigimtinę teisę slapta klajoti po savo mintis. Viešpats neprašytas ten nepatenka, aš irgi nedrįstu ten brautis.

– Jūs visad laukiamas, Mokytojau!

– Savo architektūrines svajas įgyvendinsi vėliau. Dabar metas mokytis!

Taip visai paprastai, tarsi tarp kitko, guru atskleidė žinąs apie tris būsimus svarbius mano gyvenimo įvykius. Nuo ankstyvos jaunystės mįslingai regėdavau tris pastatus, kiekvieną vis kitoje aplinkoje. Lygiai tokia seka, kokią nurodė Šri Juktešvaras, galiausiai šie regėjimai įgijo pavidalą. Pirmiausia Rančio lygumoje įkūriau berniukų jogos mokyklą,

---

[12] „Vienas iš jų puolė vyriausiojo kunigo tarną ir nukirto jam dešinę ausį. Bet Jėzus sudraudė: „Liaukitės! Gana!" Ir, palietęs tarno ausį, išgydė jį." (Lk 22, 50–51)

Metai Mokytojo vienuolyne

paskui – centrą Amerikoje, Los Andžele ant kalvos, ir galiausiai – Ensinitaso vienuolyną Kalifornijoje, nuo kurio vėrėsi neaprėpiamo Ramiojo vandenyno vaizdas.

Mokytojas nė karto pasipūtęs nepareiškė: „Pranašauju, kad įvyks tas ir tas!" Veikiau užsimindavo: „Ar nemanai, kad taip gali įvykti?" Bet jo paprastuose žodžiuose slypėjo pranašiška galia ir nė vienas jų nebuvo pasakytas veltui, nė viena jo kiek miglotų pranašysčių nepasirodė klaidinga.

Šri Juktešvaras elgėsi santūriai ir dalykiškai. Jis nė iš tolo nepriminė migloje paskendusio ar kvaištelėjusio mistiko. Kojomis tvirtai stovėjo ant žemės, o galva buvo radusi prieglobstį dangaus karalystėje. Praktiški žmonės jam kėlė susižavėjimą. „Šventumas – tai ne bukumas! Dievo suvokimas nesuluošina žmogaus! – sakydavo jis. – Veikliai pasireiškianti dorybė suteikia protui įžvalgumo."

Mano guru nenoriai kalbėdavo apie antgamtės sritį. „Stebuklinga" jo aura buvo neįtikėtinai paprasta. Pokalbiuose jis vengdavo minėti keistybes, elgdavosi laisvai ir išraiškingai. Daug mokytojų kalba apie stebuklus, bet negali nieko parodyti, o Šri Juktešvaras retai minėdavo subtilius dėsnius, bet panorėjęs slapta juos valdydavo.

– Savąjį Aš suvokęs žmogus daro stebuklą tik gavęs vidinį leidimą, – paaiškino Mokytojas. – Dievas nenori, kad Jo kūrinijos paslaptys būtų atskleidžiamos bet kam [13]. Be to, kiekvienas pasaulio individas turi neatimamą teisę į laisvą valią. Šventasis negali kėsintis į šią teisę.

Įprastą Šri Juktešvaro tylėjimą lėmė gilus Begalybės suvokimas. Nebelikdavo laiko nepabaigiamiems „apreiškimams", kurie Savojo Aš nesuvokusiems mokytojams atima kiauras dienas. Hinduistų šventraščiuose sakoma: „Lėkštų žmonių prote smulkių minčių žuvys kelia didelį sambrūzdį. O jei protas neaprėpiamas it vandenynas, įkvėpimo banginiai jo net nesujudina."

Kadangi mano guru iš išorės atrodė neimpozantiškai, tik keli amžininkai pripažino jį esant ypatingą. Posakis „Kvailys yra tas, kuris nemoka slėpti savo išminties" niekaip nebūtų tikęs mano išmintingam ir ramiam Mokytojui.

Nors buvo mirtingasis kaip visi kiti, Šri Juktešvaras tapatinosi su laiko ir erdvės Valdovu. Mokytojas nematė jokios neįveikiamos kliūties žmogui susilieti su dieviškumu. Aš ir pats supratau, kad kliūčių nėra,

---

[13] „Neduokite šventenybių šunims ir nebarstykite savo perlų kiaulėms, kad kartais jų nesutryptų ir apsigręžusios jūsų pačių nesudraskytų." (Mt 7, 6)

tik žmogui trūksta drąsos tyrinėti savo dvasią.

Visada jaudindavausi, liesdamas šventas Šri Juktešvaro pėdas. Pagarbus prisilietimas prie mokytojo dvasiškai įmagnetina mokinį, sukelia subtilią srovę. Mokinio galvoje tada dažnai tarsi išjungiami nepageidaujamų įpročių mechanizmai, jo paties labui sutrikdoma žemiškų polinkių rutina. Bent akimirką jis gali pajusti, kaip pakyla slaptingas *majos* šydas, ir žvilgtelėti į palaimingą tikrovę. Kai aš, kaip Indijoje įprasta, priklaupdavau prieš savo guru, mano visą kūną užliedavo švytėjimas, aš pasijusdavau laisvas.

– Net kai Lahiris Mahasaja tylėdavo, – pasakojo man Mokytojas, – ar kai kalbėdavo kitomis, ne vien griežtai religinėmis temomis, suvokdavau, kad jis vis tiek perteikia žodžiais neišreiškiamą išmintį.

Mane panašiai veikė Šri Juktešvaras. Jei ateidavau į vienuolyną susirūpinęs ar abejingas, mano nuotaika nepastebimai pasikeisdavo. Vos išvysdavau guru, mane apgaubdavo gydanti ramybė. Kasdien su juo patirdavau naujų džiaugsmo, ramybės ir išminties išgyvenimų. Nė karto nemačiau, kad jo protą arba jausmus būtų sudrumstę godulys, pyktis ar prieraiša prie kokio nors žmogaus.

– Tyliai artėja *majos* tamsa. Skubėkime namo, į save, – šiais perspėjamais žodžiais Mokytojas nuolat primindavo mokiniams, kad jiems reikalinga *krijajoga*.

Kartais naujas mokinys suabejodavo, ar yra vertas šios praktikos.

– Pamiršk praeitį, – guosdavo jį Šri Juktešvaras. – Visų žmonių praėjusius gyvenimus temdo apmaudas. Tik įsitvirtinęs Dieve žmogus elgsis patikimai. Jei dabar imsies dvasinio darbo, ateityje viskas pagerės.

Vienuolyne visada gyvendavo jaunų *čelų* (mokinių). Jų intelekto ir dvasios ugdymui Mokytojas paskyrė visą gyvenimą. Net prieš pat mirtį priėmė į vienuolyną du šešiamečius berniukus ir šešiolikmetį jaunuolį. Visi jo globotiniai būdavo rūpestingai mokomi; žodžiai „mokinys" (angl. *disciple*) ir „drausmė" (angl. *discipline*) yra etimologiškai ir praktiškai susiję.

Ašramo gyventojai mylėjo ir gerbė savo guru – pakakdavo jam negarsiai suploti rankomis ir jie iškart susirinkdavo aplink. Kai jis būdavo nusiteikęs tylėti ir užsisklęsti, niekas nedrįsdavo prabilti, o kai linksmai juokdavosi, vaikai žvelgdavo į jį kaip į labai artimą žmogų.

Šri Juktešvaras retai prašydavo kitų padaryti jam asmenišką paslaugą, nepriimdavo ir *čelų* pagalbos, jei ši nebūdavo pasiūlyta džiugiai. Mokytojas pats skalbdavosi drabužius, jei mokiniai pamiršdavo atlikti šią garbingą užduotį.

Dažniausiai jis vilkėdavo tradicinį oranžinį svamio apdarą. Kambariuose avėdavo batus be raištelių, pasiūtus pagal jogų paprotį iš tigro arba elnio odos.

Šri Juktešvaras laisvai kalbėjo anglų, prancūzų, bengalų ir hindi kalbomis, neblogai mokėjo sanskritą. Jis kantriai mokė jaunuosius mokinius tam tikrų paties sugalvotų gudrybių, kaip lengviau mokytis anglų kalbos ir sanskrito.

Mokytojas per daug nesirūpino savo kūnu, bet paisė jo. Dieviškumas, aiškino jis, deramai atsiskleidžia tada, kai tiek fizinė, tiek protinė žmogaus būklė gera. Jis nepritarė kraštutinumams. Vienam mokiniui, norėjusiam ilgai pasninkauti, mano guru juokdamasis tarė: „Kodėl nenumesti kaulo šuniui?"[14]

Šri Juktešvaro sveikata buvo puiki ir aš nė sykio nemačiau jo negaluojančio[15]. Bet savo mokiniams, jei šie norėdavo, jis leisdavo kreiptis į gydytojus ir taip parodydavo, kad gerbia pasaulietišką gyvenimo būdą. „Gydytojai, – sakydavo jis, – turėtų gydyti remdamiesi Dievo įstatymais, taikomais materijai." Mokytojas liaupsino mentalinės terapijos pranašumą ir dažnai kartodavo: „Išmintis – geriausias apsivalymas." Savo *čeloms* jis kalbėdavo: „Kūnas – nepatikimas draugas. Duokite jam tiek, kiek reikia, ir ne daugiau. Skausmas ir malonumas yra laikini; ramiai ištverkite visus dvilypumus, sykiu stengdamiesi pasitraukti už jų veikimo ribų. Vaizduotė – tai durys, pro kurias įeina ir liga, ir išgijimas. Net kai sergate, netikėkite ligos tikrumu. Nepripažintas svečias greit pabėgs!"

Tarp Mokytojo mokinių buvo nemažai gydytojų. „Tie, kurie studijavo fiziologiją, turėtų žengti toliau ir išstudijuoti sielos mokslus, – sakydavo jiems jis. – Čia pat už organizmo procesų slypi subtili dvasinė struktūra[16]."

---

[14] Mano guru pritarė, kad badavimas yra tinkamiausias natūralus apsivalymo būdas, bet šis konkretus mokinys savo kūnu rūpinosi pernelyg.

[15] Kartą jis susirgo Kašmyre, kai manęs su juo nebuvo (žr. p. 194).

[16] Drąsus medikas Šarlis Roberas Rišė (Charles Robert Richet), apdovanotas Nobelio fiziologijos ir medicinos premija, rašė: „Metafizika dar nėra oficialiai laikoma mokslu, nepripažinta. Bet ji bus pripažinta... Edinburge man pavyko 100 fiziologų akivaizdoje patvirtinti, kad penkios mūsų juslės nėra vienintelis pažinimo įrankis ir kad kartais tikrovės fragmentai protą pasiekia kitokiais būdais... Jei faktas pasitaiko retai, tai dar nereiškia, kad jis neegzistuoja. Jei ką nors studijuoti sunku, ar tai priežastis to nesuprasti?.. Tie, kurie niekino metafiziką ir vadino ją okultiniu mokslu, susigės taip pat kaip tie, kurie niekino chemiją dėl to, kad filosofinio akmens paieškos buvo iliuzija... Kalbant apie principus, pripažįstami tik tie, kuriuos suformulavo Lavuazjė (Lavoisier), Klodas Bernaras (Claude Bernard) ir Pasteras (Pasteur) – visur ir visada pagrįsti *bandymais*. Taigi sveikinimai naujam mokslui, kuris pakeis žmonių mąstymo kryptį."

Šri Juktešvaras skatino savo mokinius sujungti Rytų ir Vakarų teigiamybes. Pats išoriškai primindamas veiklų vakarietį, viduje buvo dvasingas rytietis. Jis gėrėjosi Vakarų pažanga, sumanumu ir pagarba higienai, taip pat gyrė religinius idealus, kuriais šimtmečiais šlovingai garsėjo Rytai.

Drausmė man nebuvo naujiena – griežtas buvo mano tėvas, Ananta dažnai dar griežtesnis. Bet Šri Juktešvaro ugdymo niekaip kitaip pavadinti negaliu – tik drastišku. Mano guru, tikras perfekcionistas, nuolat kritikuodavo savo mokinius ir darydavo tai iškart arba subtiliai išreikšdavo kritiką kasdieniu elgesiu.

– Geros manieros be nuoširdumo yra tarsi graži, bet negyva moteris, – kartą tinkama proga pareiškė jis. – Tiesumas be mandagumo primena chirurgo skalpelį – veiksmingą, bet nemalonų. Mandagumo lydimas atvirumas yra naudingas ir pasigėrėtinas.

Matyt, Mokytojas buvo patenkintas mano dvasine pažanga, nes retai apie ją kalbėjo, bet man tekdavo išgirsti kitokių priekaištų. Pagrindiniai mano nusižengimai buvo išsiblaškymas, retkarčiais apimanti liūdna nuotaika, kai kurių etiketo taisyklių nepaisymas ir kartais pasitaikantys nenuoseklūs poelgiai.

– Atkreipk dėmesį, kaip gerai organizuota ir subalansuota tavo tėvo Bhagabačio veikla, – nurodė man guru.

Šie du Lahirio Mahasajos mokiniai susitiko netrukus po mano pirmo apsilankymo Šryrampuro vienuolyne. Tėvas ir Mokytojas jautė vienas kitam didžią pagarbą. Abu ant dvasinio granito pamatų, neišjudinamų per amžius, buvo susikūrę gražų vidinį gyvenimą.

Anksčiau trumpai mane mokęs mokytojas buvo man įskiepijęs kelis netinkamus dalykus. Man buvo sakoma, kad *čela* neturi itin uoliai rūpintis žemiškomis pareigomis, tad jei kartais apleisdavau ar nerūpestingai atlikdavau man patikėtas užduotis, niekas dėl to manęs nebardavo. Žmogaus prigimčiai labai lengva priimti tokius nurodymus. Bet Mokytojo griežtai prispaustas netrukus pasitaisiau, ir maloni neatsakingumo iliuzija išsisklaidė.

– Jei žmonės šiam pasauliui per geri, jie puošia kurį nors kitą, – vieną dieną pasakė Šri Juktešvaras. – Kol laisvai alsuoji šios žemės oru, tavo pareiga jai tarnauti. Tik tobulai išmokęs liautis alsuoti[17] yra atleidžiamas nuo pareigų kosmosui, – ir sausai pridūrė: – Tikrai tau

---
[17] Kalbama apie *samadhį* (aukštesniosios sąmonės būseną).

pranešiu, kai pasieksi tą tobulą būseną.

Mano guru buvo nepaperkamas net meile. Jis niekam nenuolaidžiavo, net jei žmogus (kaip padariau aš) pats noriai pasisiūlydavo tapti jo mokiniu. Bet kokiomis aplinkybėmis – ar kitų mokinių, ar nepažįstamųjų akivaizdoje, ar likęs su mokiniu akis į akį – Mokytojas visad kalbėdavo tiesiai ir priekaištaudavo griežtai. Net menkiausiai pasireiškęs paviršutiniškumas ar nenuoseklumas sulaukdavo jo priekaištų. Mokytojo elgesį buvo sunku ištverti, nes jis gniuždė mokinio ego, bet aš tvirtai pasiryžau leisti Šri Juktešvarui ištaisyti visus mano psichologinius trūkumus. Kol jis dirbo šį titanišką darbą, ne kartą drebėjau nuo jo galingo drausmės kūjo.

– Jei tau nepatinka, ką sakau, bet kada gali iš čia išeiti, – patikino mane Mokytojas. – Man iš tavęs nieko nereikia, noriu tik kad tobulėtum. Pasilik tik tuo atveju, jei manai, kad tau tai duos naudos.

Esu neapsakomai dėkingas už ramdomuosius smūgius, kuriais jis dorojo mano tuštybę. Kartais atrodydavo, tarsi jis – perkeltine prasme – tikrintų mano dantis ir atkakliai rautų sugedusius. Kietą egotizmo šaknį sunku išjudinti kitaip nei šiurkštumu. Kai jos nelieka, pagaliau atsiveria kanalas, kuriuo į žmogų gali įeiti Dievas. O šiaip Jis veltui stengiasi prasismelkti į titnaginę savanaudišką širdį.

Šri Juktešvaras turėjo skvarbią intuiciją; replikų nepaisydavo, bet dažnai atsakydavo į neišreikštas mintis. Žmogaus ištarti žodžiai ir už tų žodžių slypinčios mintys kartais būna visiškai skirtingi dalykai. „Nurimk, – sakydavo guru, – ir stenkis pajusti mintis, slypinčias už žmonių žodžių painiavos."

Dieviškosios įžvalgos dažnai žeidžia pasauliečių ausis, todėl paviršutiniški mokiniai Mokytoją ne itin mėgo. O išmintingieji, kurių visad mažiau, labai jį gerbė.

Manyčiau, Šri Juktešvaras būtų buvęs geidžiamiausias guru visoje Indijoje, jei ne jo aštrus liežuvis ir griežtumas.

– Aš reiklus tiems, kurie ateina pas mane mokytis, – prisipažino jis man. – Toks jau esu. Kaip sau norite, bet aš niekada nedarau kompromisų. Tačiau tu su savo mokiniais elgsies maloniau – tu kitoks. Aš stengiuosi juos apvalyti tik griežtumo ugnimi, o ji taip degina, kad ne visi ištveria. Švelnus elgesys ir meilė taip pat padeda keistis. Kietumas ir lankstumas – vienodai veiksmingi metodai, jei taikomi išmintingai, – tarė jis ir pridūrė: – Tu keliausi į užsienio šalis, kuriose tiesmukas ego puolimas nepripažįstamas. Vakaruose joks mokytojas negalės skleisti Indijos žinios, jei neturės daug ištvermės, gebėjimo prisitaikyti ir kantrybės. (Nutylėsiu, kaip dažnai Amerikoje prisimindavau šiuos Mokytojo žodžius!)

Nors dėl tiesmukos kalbėjimo manieros gyvas būdamas mano guru neturėjo daug sekėjų, nuoširdžių jo mokinių gausėja ir jo dvasia pasaulyje per juos gyva ligi šiol. Tokie karžygiai kaip Aleksandras Makedonietis siekia valdyti žemes, o mokytojai kaip Šri Juktešvaras užkariauja kitą erdvę – žmonių sielas.

Mokytojas turėjo įprotį labai rimtai ir oriai nurodyti paprastus, nereikšmingus savo mokinių trūkumus. Vieną dieną į Šryrampurą atvyko mano tėvas išreikšti pagarbos Šri Juktešvarui. Tikriausiai tėvas tikėjosi išgirsti apie mane bent keletą pagiriamųjų žodžių. Deja, buvo sukrėstas, nes turėjo išklausyti ilgą paskaitą apie mano trūkumus. Skubiai atbėgo pas mane.

– Iš tavo guru žodžių nusprendžiau, kad esi visiškai žlugęs! – tėvas nė pats nežinojo, juoktis jam ar verkti.

Tuokart vienintelis dalykas, kėlęs Šri Juktešvaro nepasitenkinimą, buvo mano pastangos atvesti vieną žmogų į dvasingumo kelią, nors Mokytojas buvo mandagiai užsiminęs to nedaryti.

Pasipiktinęs nuskubėjau ieškoti guru. Jis sutiko mane nuleidęs akis, lyg suvokdamas savo kaltę. Tada vienintelį kartą prieš save mačiau romų dieviškąjį liūtą. Visapusiškai mėgavausi šia nepakartojama akimirka.

– Pone, kodėl taip negailestingai pasmerkėte mane tėvo akivaizdoje ir jį priblokškėte? Ar tai teisinga?

– Daugiau taip nedarysiu, – Šri Juktešvaro balse nuskambėjo atsiprašymas.

Mane tai tučtuojau nuginklavo. Kaip lengvai didis žmogus pripažino padaręs klaidą! Daugiau Mokytojas nebetrikdė mano tėvo dvasios ramybės, bet mane ir toliau negailestingai kritikavo, kada ir kur sugalvojęs.

Nauji Šri Juktešvaro mokiniai dažnai ir patys imdavo iš peties kritikuoti kitus. Atseit ne kvailesni už savo Mokytoją! Nepriekaištingos įžvalgos pavyzdžiai! Bet tie, kas puola, turi mokėti ir apsiginti. Šie priekabiautojai patys sprukdavo lyg vėjas, kai Mokytojas iš savo analitinės strėlinės viešai paleisdavo į juos vieną kitą strėlę.

– Jautrios vidinės silpnybės, kurios maištauja ir prieš nedidelę kritiką, yra tarsi nesveikos kūno dalys, bijančios net švelnaus prisilietimo, – taip ironiškai kalbėjo Šri Juktešvaras apie tokius bėglius.

Dažnai mokiniai turi iš anksto susikurtą guru paveikslą, pagal kurį vertina jo žodžius ir poelgius. Tokie žmonės dažnai skųsdavosi

nesuprantą Šri Juktešvaro.
– Jūs ir Dievo nesuprantate! – kartą atrėžiau aš. – Jei šventasis būtų jums visiškai aiškus, tai jūs patys būtumėte šventieji!

Supamas milijonų paslapčių, kiekvieną sekundę alsuodamas nepaaiškinama atmosfera, ar gali kas nors drįsti reikalauti, kad jam iškart atsiskleistų nesuvokiama mokytojo prigimtis?

Mokiniai atvykdavo ir dažniausiai vėl išvykdavo. Trokštantys lengvo kelio – kad Mokytojas juos akimirksniu atjaustų, paguostų ir pripažintų jų dorybes – vienuolyne to nerasdavo. Mokytojas suteikdavo mokiniams pastogę ir pasisiūlydavo vesti juos per amžinybę, bet daugelis it šykštuoliai dar reikalaudavo ir balzamo saviesiems ego. Jie išvykdavo; pasirinkdavo ne nuolankumą, bet nesuskaičiuojamus gyvenimo pažeminimus. Ryškūs Šri Juktešvaro spinduliai ir visur prasismelkianti jo išminties šviesa buvo per stiprūs jų ligotai dvasiai. Jie ieškojo menkesnio mokytojo, kad šis pridengtų juos meilikavimo pavėsiu ir leistų priešokiais nugrimzti į neišmanymo miegą.

Atvykęs pas Mokytoją pirmaisiais mėnesiais į jo priekaištus reaguodavau jautriai, mane jie baugino. Bet netrukus pamačiau, kad jo žodžių ašmenys skirti tik tiems, kurie, kaip aš pats, buvo prašę juos drausminti. Jei kuris nors mokinys neištvėręs imdavo protestuoti, Šri Juktešvaras, nė kiek neįsižeidęs, nutildavo. Jo žodžiai niekada nebūdavo rūstūs, tik bylodavo bešališką išmintį.

Mokytojo priekaištai nebūdavo skirti atsitiktiniams lankytojams; jis retai užsimindavo apie jų trūkumus, net jei šie aiškiai krisdavo į akis. Bet už mokinius, laukiančius jo patarimo, Šri Juktešvaras jautėsi rimtai atsakingas. Išties drąsus yra guru, kuris imasi perdirbti tokią žaliavą – savimeilės persmelktą žmogų! Šventojo narsa kyla iš atjautos, kurią jis jaučia *majos* supainiotiems žmonėms, klupinėjantiems šio pasaulio neregiams.

Kai atsikračiau giliai tūnančio apmaudo, mane Mokytojas kritikuoti ėmė kur kas rečiau. Jis labai subtiliai perėjo prie kitokių santykių ir tapo palyginti atlaidesnis. Laikui bėgant, aš sugrioviau visas racionalumo ir nesąmoningų[18] abejonių sienas, kuriomis paprastai užsiveria

---

[18] „Mūsų sąmoningą ir nesąmoningą esybę vainikuoja aukštesnioji sąmonė, – Niujorke skaitytoje paskaitoje pasakė rabinas Izraelis H. Levintalis (Israel H. Levinthal). – Prieš daug metų anglų psichologas Majersas (F. W. H. Myers) užsiminė, kad „mūsų esybės gelmėse slypi ir šiukšlių krūva, ir lobynas". Kitaip nei psichologai, tyrinėjantys tik nesąmoningąją žmogaus prigimties dalį, naujos aukštesniąją sąmonę tyrinėjančios psichologijos atstovai domisi būtent lobynais – ta jos sritimi, kuri vienintelė gali paaiškinti didingus, nesavanaudiškus, didvyriškus žmonių poelgius."

žmogaus asmenybė. Už tai buvau apdovanotas tarp mudviejų su guru be jokių pastangų įsigalėjusia darna. Tada pamačiau, kaip jis pasitiki, koks yra atidus ir kupinas tylios meilės. Bet kadangi buvo santūrus, švelnių žodžių man neskirdavo.

Mano paties charakteriui iš esmės būdingas atsidavimas. Iš pradžių sutrikau pamatęs, kaip mano guru, sklidinas *džnanos*, bet iš pažiūros neturintis *bhakčio*[19], viską aiškina šaltais dvasinės matematikos terminais. Tačiau pripratęs prie jo būdo pajutau, kad mano paties atsidavimas Dievui ne sumažėjo, o gerokai išaugo. Savąjį Aš suvokęs mokytojas sugeba visiškai vadovauti įvairiems mokiniams, kad ir kur kryptų jų prigimtis.

Mano santykis su Šri Juktešvaru buvo nedaugiažodis, bet kupinas slaptos iškalbos. Dažnai patirdavau jo tylų poveikį savo mintims ir kalbėti nebereikėdavo. Tylomis sėdėdamas šalia jo jusdavau, kaip mano esybę ramiai užlieja jo dosnumas.

Nešališkas Mokytojo teisingumas itin išryškėjo per vasaros atostogas po mano pirmųjų metų koledže. Laukiau, kada galėsiu nepertraukiamai kelis mėnesius praleisti Šryrampure su savo guru.

– Galėsi vadovauti vienuolynui, – Šri Juktešvarui patiko, kad atvykau kupinas ryžto. – Tavo pareigos bus priimti svečius ir prižiūrėti kitų mokinių darbą.

Po dviejų savaičių į ašramą mokytis buvo priimtas Kumaras, jaunas kaimietis iš rytų Bengalijos. Jis pasirodė neapsakomai sumanus ir greitai pelnė Mokytojo simpatiją. Dėl kažin kokios nesuprantamos priežasties Šri Juktešvaro požiūris į naująjį gyventoją buvo visai nekritiškas.

– Mukunda, perduok savo pareigas Kumarui. O pats imkis virti ir šluoti, – liepė Mokytojas, kai naujasis gyventojas buvo praleidęs pas mus vos mėnesį.

Pakeltas į vadovus, Kumaras virto niekingu namų tironu. Tyliai maištaudami kiti mokiniai kasdien ateidavo pas mane pasitarti. Tokia padėtis truko tris savaites, paskui nugirdau Kumaro ir Mokytojo pokalbį.

– Mukunda tiesiog nepakenčiamas! – pasiskundė Kumaras. – Jūs paskyrėte mane vyresniuoju, bet kiti vis tiek eina pas jį ir jo klauso.

– Todėl ir paskyriau jį į virtuvę, o tave – į priimamąjį, kad suprastum štai ką: gerbtinas vadovas trokšta tarnauti, ne vadovauti, – atšiaurus

---

[19] *Džnana* – išmintis, *bhaktis* – atsidavimas: du pagrindiniai keliai į Dievą.

Metai Mokytojo vienuolyne

Šri Juktešvaro tonas Kumarui buvo naujiena. – Norėjai užimti Mukundos vietą, bet nesugebėjai vertai jos išlaikyti. Grįžk prie savo buvusio darbo – virtuvės parankinio.

Po šio žeminamo nutikimo Mokytojas vėl ėmė elgtis su Kumaru kaip anksčiau – neįprastai atlaidžiai. Kokia gi buvo Kumaro patrauklumo paslaptis? Mūsų guru žavėjosi juo, bet ant kitų mokinių šis žavesio šaltinis netryško. Nors buvo aišku, kad naujokas yra Šri Juktešvaro numylėtinis, nė kiek neliūdėjau. Asmeniškumai ir keistybės, kurių turi net mokytojai, margą gyvenimo raštą daro sodrų ir sudėtingą. Iš prigimties nebuvau linkęs į smulkmenas ir iš Šri Juktešvaro labiau norėjau didesnės naudos nei pagyrų.

Vieną dieną Kumaras be jokios priežasties išliejo ant manęs savo įtūžį, o aš labai įsižeidžiau.

– Taip pasipūtei, kad greitai sprogsi! – tariau ir pridūriau, ką nujaučiau esant teisinga: – Jei nepasitaisysi, vieną gražią dieną būsi išprašytas iš šio ašramo.

Sarkastiškai juokdamasis, Kumaras pakartojo mano žodžius Mokytojui, ką tik įėjusiam į kambarį. Neabejodamas, kad būsiu išbartas, tyliai nusliūkinau į kamputį.

– Gal Mukunda ir teisus, – neįprastai šaltai nuskambėjo Mokytojo atsakymas.

Po metų Kumaras išsiruošė aplankyti gimtųjų namų. Jis nepaisė tylaus Šri Juktešvaro nepritarimo, o šis niekada įsakmiai nenurodinėjo mokiniams, kur jie turėtų lankytis. Po kelių mėnesių vaikinui grįžus į Šryrampurą visiems tapo aišku, kad įvyko nemaloni permaina. Išdidus Kumaras, kurio veidas pirmiau skleidė ramybę, buvo dingęs. Prieš mus stojo eilinis valstietis, pastaruoju metu įgijęs gausybę blogų įpročių.

Mokytojas išsikvietė mane ir skaudama širdimi aptarė faktą, kad jaunuolis nebetinkamas gyventi vienuolyne.

– Mukunda, gausi pranešti Kumarui, kad jam rytoj teks palikti ašramą. Aš negaliu to padaryti! – Šri Juktešvaro akyse pasirodė ašaros, bet jis greitai susitvardė. – Vaikinas niekada nebūtų taip žemai puolęs, jei būtų paklausęs manęs ir neišvažiavęs bičiuliautis su netinkamais draugais. Jis atsisakė mano globos, taigi tegu jo guru ir toliau bus beširdis pasaulis.

Kumaro išvykimas manęs nė kiek nepradžiugino. Liūdnai svarsčiau, kodėl žmogus, įstengęs pelnyti Mokytojo meilę, taip lengvai pasidavė žemiškoms vilionėms. Žmogaus prigimtyje įsišaknijusi trauka vynui ir seksui; tais dalykais mėgautis nereikia ypatingo subtilumo. Juslių klasta panaši į amžinai žaliuojantį oleandrą kvepiančiais rausvais žiedais – visos šio augalo dalys nuodingos[20]. Gydanti žemė slypi mūsų viduje ir spinduliuoja laimę, kurios aklai ieškome tūkstančiais kitų krypčių, vedančių į išorę.

– Aštrus protas yra dviašmenis, – kartą pasakė Mokytojas apie skvarbų Kumaro protą. – Jis gali būti naudojamas konstruktyviai arba destruktyviai, lygiai kaip peiliu galima prapjauti neišmanymo votį arba nukirsti galvą. Protui tinkamai vadovaujame tik tada, kai pripažįstame dvasios įstatymų neišvengiamybę.

Mano guru laisvai bendraudavo su mokiniais – vyrais ir moterimis, su visais elgdavosi kaip su savo vaikais. Jis suvokė jų sielų lygybę, tad nieko neišskirdavo ir niekam neteikdavo pirmenybės.

– Miegodamas nežinai, ar tu vyras, ar moteris, – pasakė jis. – Lygiai kaip vyras, vaidinantis moterį, ja netampa, taip ir siela, įsikūnijusi tiek vyru, tiek moterimi, nepakinta. Siela yra nekintamas ir beribis Dievo atvaizdas.

Šri Juktešvaras niekada nevengė moterų ir nekaltino jų dėl „vyrų nuopuolio". Jis pabrėždavo, kad moterys taip pat susiduria su priešingos lyties keliamomis pagundomis. Kartą paklausiau Mokytojo, kodėl vienas didis senovės šventasis pavadino moteris „pragaro vartais".

– Tikriausiai kokia nors mergina jaunystėje jam smarkiai sujaukė protą, – kandžiai atsakė guru. – Kitaip jis būtų smerkęs ne moterį, o menką savo paties savitvardą.

Jei lankytojas vienuolyne išdrįsdavo papasakoti kokią dviprasmišką istoriją, Mokytojas ją išklausydavo tylėdamas.

– Nesileiskite plakami provokuojamu rimbu gražuolės veidu, – kalbėjo jis mokiniams. – Ar gali juslių vergai džiaugtis pasauliu? Šliaužiodami pirmykščiame purve, subtilių aromatų nepasieksite. Gaivališkų geidulių valdomas žmogus netenka nuostabaus gebėjimo atsirinkti, kas gera.

Mokiniai, besistengiantys pabėgti nuo *majos* keliamų seksualinių iliuzijų, sulaukdavo kantrių ir supratingų Šri Juktešvaro patarimų.

---

[20] „Kai nemiega, žmogus didžiulėmis pastangomis siekia patirti juslinių malonumų; visoms juslėms nuvargus, jis pamiršta net jaučiamą malonumą ir užmiega, kad pailsėtų sieloje, savo paties prigimtyje, – rašė Šankara, didysis vedantos atstovas. – Todėl pasiekti viršjuslinę palaimą nepaprastai lengva ir ji gerokai pranoksta juslių malonumus, kurie visada baigiasi pasibjaurėjimu."

Metai Mokytojo vienuolyne

– Lygiai kaip alkio – ne godulio – paskirtis yra gera, taip ir lytinis potraukis Gamtos dovanotas rūšiai pratęsti, o ne dėl to, kad kurstytų nepasotinamą ilgesį. Nieko nelaukę sunaikinkite netinkamus troškimus, kitaip jie liks su jumis net ir tada, kai astralinis kūnas atsiskirs nuo fizinio apvalkalo. Net jei kūnas silpnas, dvasia turi nuolat priešintis. Jei pagunda kamuoja jus ypač negailestingai, įveikite ją objektyvia analize ir nepalenkiama valia. Visas prigimties aistras galima suvaldyti. Tausokite savo jėgas. Būkite tarsi platus vandenynas, tyliai priimantis visas įtekančias juslių upes. Kasdien atsinaujinantys jusliniai troškimai trikdo vidinę ramybę, jie tarsi talpyklos angos, pro kurias gyvybės vandenys tuščiai liejasi į medžiagiškumo dykumą. Galingas, veiklą skatinantis netinkamo troškimo impulsas yra didžiausias žmogaus laimės priešas. Klajokite po pasaulį kaip savitvardos liūtai, neleiskite, kad jus stumdytų juslinių silpnybių varlės!

Tikrai atsidavęs žmogus galiausiai išsivaduoja iš visų instinktyvių potraukių. Žmogiškos meilės poreikį jis paverčia vien Dievo siekiu – vienintele ir visur esančia meile.

Šri Juktešvaro motina gyveno Benarese, Rana Mahalo rajone, ten aš pirmą kartą sutikau savo guru. Ji buvo geros širdies, maloni moteris, bet labai tvirtai laikydavosi savo nuomonės. Vieną dieną stovėjau jos namo balkone ir žiūrėjau, kaip ji kalbasi su sūnumi. Mokytojas ramiai, protingai, kaip buvo pratęs, stengėsi ją kažkuo įtikinti. Bet jam aiškiai nesisekė, nes ji smarkiai papurtė galvą.

– Ne, ne, sūnau, eik sau! Tavo išmintingi žodžiai – ne man! Aš ne tavo mokinė! – išgirdau ją tariant.

Nieko neatsakęs, Šri Juktešvaras tuoj pat pasitraukė it sudraustas vaikas. Mane sujaudino jo didi pagarba motinai net tada, kai ji elgėsi neprotingai. Ji jį regėjo tik kaip mažą berniuką, o ne išminčių. Šis nereikšmingas nutikimas turėjo žavesio – jis plačiau atskleidė nepaprastą mano guru prigimtį, viduje nuolankią, iš išorės nepalenkiamą.

Vienuolių taisyklės neleidžia svamiui palaikyti ryšių su pasauliu, jei jis juos formaliai yra nutraukęs. Jam negalima atlikti šeimos galvai privalomų apeigų. Bet Šankara, senojo svamių ordino reformuotojas, šių draudimų nepaisė. Mirus mylimai motinai, jis kremavo jos kūną dangaus ugnimi, įsižiebusia jo pakeltoje rankoje.

Šri Juktešvaras irgi nepaisė draudimų – tik ne taip įspūdingai. Kai jo motina mirė, Benarese prie šventosios Gangos jis surengė kremavimo apeigas ir pamaitino daug *brahmanų* – taip pagal papročius turėjo pasielgti namų šeimininkas.

Šastrose surašyti draudimai turėjo padėti svamiams nesitapatinti su kuria nors žmonių grupe. Šankara ir Šri Juktešvaras buvo visa savo esybe susilieję su Beasmene Dvasia, tad jiems taisyklių pagalbos nebereikėjo. Kartais mokytojas tyčia nepaiso kanono, norėdamas pabrėžti, kad jo esmė viršesnė už formą ir nuo jos nepriklauso. Pavyzdžiui, Jėzus poilsio dieną skabė javų varpas. Neišvengiamiems kritikams jis atrėžė: „Šabas padarytas žmogui, ne žmogus šabui."[21]

Šri Juktešvaras skaitė mažai, tik šventraščius. Bet žinojo apie visus naujausius mokslo atradimus ir kitus mokslo pažangos faktus[22]. Jis buvo puikus pašnekovas, mėgo su svečiais aptarti įvairiausias temas. Kiekvieną pokalbį pagyvindavo guvus mano guru sąmojis ir pašėlęs juokas. Dažnai rimtas, Mokytojas niekada nebūdavo paniuręs. „Nereikia Viešpaties ieškoti perkreiptu veidu, – sakydavo jis, cituodamas Bibliją[23]. – Atmink, kad radęs Dievą palaidosi visus savo sielvartus."

Nemaža dalis pirmą kartą į vienuolyną atvykusių filosofų, profesorių, teisininkų ir mokslininkų tikėdavosi sutikti griežtą religinį aklatikį. Kartais atvykėliai niekinama šypsenėle ar linksmos pakantos kupinu žvilgsniu išsiduodavo nesitikį išgirsti ką nors daugiau kaip vieną kitą religinę banalybę. O pasikalbėję su Šri Juktešvaru ir išsiaiškinę, kad jis nuodugniai išmano konkrečią kiekvieno jų veiklos sritį, lankytojai išvykdavo nenoriai.

Paprastai mano guru su svečiais elgdavosi mandagiai ir draugiškai, jo pasisveikinimas dvelkdavo žaviu širdingumu. Bet nepataisomi išpuikėliai čia kartais patirdavo sukrėtimą ir atsitokėdavo. Mokytojas juos sutikdavo arba šaltai ir abejingai, arba nusiteikęs iki galo priešintis – geležis arba ledas!

Kartą su Šri Juktešvaru ietis sukryžiavo vienas garsus chemikas. Svečias atsisakė pripažinti Dievo buvimą, nes mokslas nėra sukūręs būdų Jam aptikti.

– Vadinasi, jums dėl kažkokių neaiškių priežasčių savo mėgintuvėliuose Aukščiausiosios Galybės aptikti nepavyko! – rūsčiai pažvelgė Mokytojas. – Rekomenduoju naują bandymą: dvidešimt keturias valandas nepaliaujamai tyrinėkite savo mintis. Tuomet nebeklausite, ar Dievas yra.

---

[21] Mk 2, 27.

[22] Panorėjęs Mokytojas galėdavo akimirksniu prisijungti prie kiekvieno žmogaus minčių (tai jogų gebėjimas, minimas Patandžalio „Jogasūtroje", III, 19). Jo, kaip radijo imtuvo, galia ir minčių prigimtis aiškinama p. 147.

[23] Mt 6, 16.

Panašiai buvo sukrėstas vienas garbus mokslininkas. Tai nutiko, kai ašrame jis apsilankė pirmą kartą. Net stogas kilnojosi, svečiui deklamuojant ištraukas iš „Mahabharatos", upanišadų[24] ir Šankaros *bhašjos* (komentarų).

– Laukiu, kada išgirsiu tave, – klausiamai nuskambėjo Šri Juktešvaro balsas, tarsi lig tol būtų tvyrojusi tyla. Mokslo vyras sutriko.

– Citatų išgirdome gausybę, – mane, tupintį kamputyje pagarbiu atstumu nuo svečio, Mokytojo žodžiai labai prajuokino. – Bet ką originalaus gali pridurti iš savo konkretaus gyvenimo? Kokį šventąjį tekstą perėmei ir padarei savą? Ką naujo šios amžinosios tiesos suteikė tavo prigimčiai? Ar tau tegana būti tuščiaviduriu gramofonu, mechaniškai kartojančiu kitų žodžius?

– Pasiduodu! – mokslinčiaus nusivylimas atrodė komiškas. – Aš nepatyriau vidinio nubudimo.

Gal pirmąkart jis suprato, kad išmanymas, kur padėti kablelį, žmogaus dvasios nepažadina.

– Šie bejausmiai pedantai pernelyg atsiduoda žibalu, – pareiškė guru, kai pamokytas svečias išvyko. – Jie mano, kad filosofija – tik lengva proto mankšta. Labai stengiasi, kad jų aukštos mintys nebūtų susietos nei su šiurkščia išorine veikla, nei su griežta vidine drausme!

Ir kitomis progomis Mokytojas pabrėždavo, kaip beprasmiška mokytis tik iš knygų.

– Nepainiok supratimo su turtingu žodynu, – pasakė jis. – Šventraščiai skatina trokšti vidinio suvokimo, jei perpranti juos iš lėto, po vieną posmą. Kitaip nuolatinės intelektą lavinančios studijos baigsis tik tuštybe, netikru pasitenkinimu ir nesuvoktomis žiniomis.

Šri Juktešvaras papasakojo apie vieną nutikimą, kurį patyrė studijuodamas šventraščius. Tai atsitiko rytų Bengalijoje, miško vienuolyne, kur jis stebėjo garsaus mokytojo Dabru Balavo (Dabru Ballav) darbą. Jo metodas – sykiu ir paprastas, ir sunkus – senovės Indijoje buvo plačiai paplitęs.

Dabru Balavas sukvietė savo mokinius į nuošalią vietą miške. Prieš juos gulėjo atversta „Bhagavadgyta". Pusę valandos jie atidžiai tyrinėjo

---

[24] Upanišados, arba *vedanta* (pažodžiui „vedų pabaiga"), pateikiamos tam tikrose keturių vedų dalyse, iš esmės yra apibendrinimas, sudarantis hinduizmo religijos doktrinos pagrindą. Šopenhaueris (Schopenhauer) gyrė jų „gilias, originalias ir didingas mintis" sakydamas: „Galimybė susipažinti su vedomis [išvertus upanišadas į Vakarų kalbas] yra, mano manymu, didžiausias privalumas, kuriuo gali didžiuotis šis šimtmetis, palyginti su visais ankstesniais."

akimis vieną skirsnį, paskui užsimerkė. Praėjo dar pusvalandis. Mokytojas trumpai pakomentavo. Tada visi nejudėdami dar valandą meditavo. Galiausiai guru prabilo: „Ar dabar suprantate šį posmą?" – „Taip, pone", – išdrįso pareikšti vienas iš grupės. „Ne, dar ne visai. Ieškokite gyvybingos dvasios, kuri leidžia šiems žodžiams daugybę amžių dovanoti Indijai naują gyvybę."

Tyloje praėjo dar valanda. Mokytojas leido mokiniams eiti ir tada kreipėsi į Šri Juktešvarą: „Ar išmanai „Bhagavadgytą"?" – „Ne, pone, nelabai. Nors akimis ir mintimis daugybę kartų esu perbėgęs jos puslapiais." – „Šimtai žmonių man yra atsakę kitaip! – nusišypsojo didysis išminčius, laimindamas Mokytoją. – Jei žmogus nuolat išoriškai demonstruoja šventraščių turtus, ar lieka jam laiko tyliai panirti vidun ir ten ieškoti neįkainojamų perlų?"

Savo mokinių studijoms Šri Juktešvaras vadovavo pasitelkęs tą patį intensyvų vienakryptiškumo metodą.

– Išmintis kaupiama ne akimis, bet atomais, – sakė jis. – Kai kokia nors tiesa įsitikini ne tik smegenimis, bet ir visa savo esybe, tada gali nedrąsiai tvirtinti, ką ji reiškia.

Jis nepritarė tiems savo mokiniams, kurie manė, kad šventraščių studijos yra būtinas žingsnis dvasios ugdymo kelyje.

– Rišiai vienu sakiniu aprėpdavo tokią gilybę, kad ją ik šiol tyrinėja ir komentuoja ištisos mokslininkų kartos, – pasakė jis. – Nesibaigiantys literatūriniai ginčai skirti tingiems protams. Jokia mintis neišlaisvins greičiau nei ši: „Dievas yra." Ne, tiesiog „Dievas".

Bet žmogui nelengva vėl tapti paprastam. Intelektualui „Dievas" retai ateina į galvą, jam galvoje kirba išmokti postringavimai. Jo ego malonu, kad yra taip didžiai išprusęs.

Turtais ar padėtimi pasaulyje didžiavęsi žmonės Mokytojo akivaizdoje neretai savo turtus papildydavo dar ir nuolankumu. Kartą Puryje, vienuolyne prie jūros, vietos magistrato teisėjas paprašė, kad Mokytojas jį priimtų. Šis žmogus, garsėjęs kaip kietaširdis, turėjo įgaliojimų atimti iš mūsų ašramą. Užsiminiau apie šį faktą savo guru. Bet jis atsisėdo, nutaisęs nepalenkiamą veido išraišką, ir net nepakilo su lankytoju pasisveikinti.

Šiek tiek sunerimęs pritūpiau prie durų. Šri Juktešvaras nepaliepė man atnešti teisėjui krėslo ir šis turėjo tenkintis medine dėže. Aiškiai matomi svečio lūkesčiai, kad bus sutiktas su jam priderامomis ceremonijomis, neišsipildė.

Prasidėjo metafizinė diskusija. Svečias painiojosi klaidingai aiškindamas šventraščius. Juo labiau jis tolo nuo tiesos, juo labiau irzo.

– Ar žinote, kad geriausiai iš visų išlaikiau humanitarinių mokslų magistro egzaminą? – protas jau buvo jį apleidęs, bet šaukti tebeįstengė.

– Pone teisėjau, pamiršote, kad mes ne jūsų teismo salėje, – ramiai atsakė Mokytojas. – Iš jūsų vaikiškų pastabų lengva spėti, kad koledže jūsų karjera nebuvo įspūdinga. Be to, universiteto diplomas niekuo nesusijęs su vedų suvokimu. Šventieji nerengiami ištisomis laidomis kaip buhalteriai.

Patylėjęs iš nuostabos, svečias prapliupo kvatotis.

– Tai mano pirmas susitikimas su dangiškuoju teisėju, – atsakė jis.

Vėliau jis pateikė oficialų prašymą, surašytą teisiniais terminais, kurie, matyt, jam buvo įsigėrę iki pat kaulų smegenų, kad būtų priimtas mokiniu „bandomajam laikotarpiui".

Kelis kartus Šri Juktešvaras, kaip ir Lahiris Mahasaja, atkalbėjo „nepribrendusius" mokinius, norėjusius įstoti į svamių ordiną.

„Dėvėti oranžinį drabužį, kai menkai suvoki Dievą – tai klaidinti visuomenę, – tvirtino abu mokytojai. – Pamirškite išorinius atsižadėjimo simbolius, kurie gali jus sužeisti ir paskatinti puikybę. Niekas nesvarbu, tik kasdienis, nuolatinis dvasinis tobulėjimas; tam tikslui naudokitės *krijajoga*."

Matuodami žmogaus vertę, šventieji remiasi vieninteliu kriterijumi, visiškai kitokiu nei kintantys pasaulio matai. Žmonija, nors atrodo labai įvairi, mokytojų supratimu, yra padalyta tik į dvi grupes: neišmanėlius, kurie neieško Dievo, ir išminčius, kurie Jo ieško.

Mano guru smulkmeniškai prižiūrėjo, kaip tvarkoma jo nuosavybė. Nesąžiningi asmenys kelis kartus mėgino pasisavinti Mokytojui priklausančią protėvių žemę. Ryžtingai, nevengdamas nė teismo procesų, Šri Juktešvaras įveikė visus priešininkus. Šiuos skausmingus išgyvenimus patyrė todėl, kad nenorėjo būti elgetaujantis guru ar našta savo mokiniams.

Finansinė nepriklausomybė buvo viena priežasčių, dėl kurių mano pavojingai tiesmukas Mokytojas nesigriebdavo diplomatijos gudrybių. Kitaip nei mokytojai, kurie stengiasi įtikti savo rėmėjams, mano guru likdavo visiškai nepaveiktas atvirų ar slaptų bandymų daryti jam įtaką turtais. Niekada negirdėjau jo prašant pinigų kokiam nors tikslui ar bent užsimenant apie juos. Visi mokiniai jo vienuolyne mokėsi veltui.

Vieną dieną į Šryrampuro ašramą atvyko teismo atstovas įteikti oficialaus kvietimo. Mokinys, vardu Kanajus (Kanai), ir aš palydėjome jį pas Mokytoją.

Pareigūnas su Šri Juktešvaru elgėsi užgauliai.
- Tau pravers išlįsti iš savo vienuolyno pavėsio ir įkvėpti doro teismo salės oro, - niekinamai pasakė jis.
Aš negalėjau susitvardyti.
- Dar vienas įžūlus žodis ir atsidursi ant grindų! - grėsmingai žengiau prie jo.
Kanajus irgi užriko ant pasiuntinio:
- Nedorėli! Kaip drįsti taip piktžodžiauti šventame ašrame?
Bet Mokytojas kūnu užstojo įžeidėją.
- Nepradėkite piktintis dėl niekų. Šis žmogus tik atlieka savo pareigą.
Pareigūnas, pritrenktas tokio nevienodo sutikimo, pagarbiai atsiprašė ir paskubomis atsisveikino.
Buvo nuostabu matyti, kad toks išoriškai ūmus žmogus kaip Mokytojas viduje yra labai ramus. Jis atitiko vedose pateiktą Dievo žmogaus apibūdinimą: „Švelnesnis už gėlės žiedą, kai reikia gerumo, stipresnis už griaustinį, kai kalbama apie principus."
Šiame pasaulyje visada bus žmonių, kurie, kaip rašė Brauningas (Browning), „nepakelia šviesos, nes patys yra tamsūs". Kartais koks nors prašalaitis, įsiaudrinęs dėl įsivaizduojamos skriaudos, imdavo koneveikti Šri Juktešvarą. Mano nesutrikdomas guru mandagiai išklausydavo ir pats išnagrinėdavo, ar šiuose kaltinimuose esama nors kruopelės tiesos. Tie vaizdai man visad primindavo vieną iš neprilygstamų Mokytojo pastabų: „Kai kurie žmonės, norėdami būti aukštesni, kapoja galvas kitiems!"
Nesutrikdoma šventojo ramybė įspūdingesnė už visus pamokslus. „Geriau būti kantriu žmogumi, negu galiūnu; apvaldyti save yra geriau, negu užkariauti miestą."[25]
Ne kartą pamaniau, kad mano didingasis Mokytojas puikiausiai galėjo būti imperatorius ar pasaulį drebinantis karžygys, jei tik jam būtų rūpėjusi šlovė ar pasaulietiški pasiekimai. Bet jis nutarė verčiau šturmuoti tas vidines pykčio ir savimanos tvirtoves, kurias įveikęs į būties aukštumas pakyla žmogus.

---

[25] Pat 16, 32

13 SKYRIUS

Nemiegantis šventasis

„Išleiskite mane į Himalajus. Netrikdomoje vienatvėje tikiuosi pasiekti nenutrūkstamą bendrystę su Dievu."

Šiuos nedėkingumo persmelktus žodžius iš tiesų kartą ištariau savo Mokytojui. Man vis labiau stigo kantrybės atlikti pareigas vienuolyne bei studijuoti koledže ir mane apėmė viena iš tų nenuspėjamų iliuzijų, kurios pasitaiko Dievo ieškantiems žmonėms. Šiokia tokia lengvinanti aplinkybė buvo ta, kad taip kreipiausi į Mokytoją pas jį praleidęs tik šešis mėnesius. Dar nebuvau gerai suvokęs jo asmenybės iškilumo.

– Himalajuose gyvena daug kalniečių, bet ne visi jie suvokia Dievą, – lėtai ir paprastai atsakė man guru. – Išminties geriau mokytis iš Savąjį Aš suvokusio žmogaus, ne iš stūksančio kalno.

Nepaisydamas aiškios Mokytojo užuominos, kad mokytis derėtų iš jo, ne iš kalno, prašymą pakartojau. Šri Juktešvaras nieko neatsakė. Jo tylą supratau kaip sutikimą. Tokia buvo mano abejotina, bet patogi interpretacija.

Tądien savo namuose Kalkutoje ėmiau ruoštis kelionei. Surišęs į užtiesalą kelis daiktus, prisiminiau panašų ryšulį, prieš kelerius metus vogčia išmestą pro palėpės langą. Ėmiau svartyti, ar tik nebus tai dar vienas nelemtas pabėgimas į Himalajus. Anąkart jutau didžiulį dvasios pakilimą, o dabar mano sąžinę slėgė mintis, kad palieku savo guru.

Kitą rytą susiradau panditą Beharį, savo sanskrito mokytoją Škotų bažnyčios koledže.

– Pone, jūs pasakojote apie savo draugystę su vienu didžiu Lahirio Mahasajos mokiniu. Gal galėtumėte duoti jo adresą.

– Tu kalbi apie Ramą Gopalą Muzumdarą. Vadinu jį nemiegančiuoju šventuoju. Jis niekad nemiega, esti sąmoningos ekstazės būsenos. Gyvena Ranbadžpure netoli Tarakešvaro.

Padėkojau panditui ir tuoj pat išvažiavau į Tarakešvarą. Tikėjausi numalšinti savo būgštavimus ir gauti nemiegančiojo šventojo leidimą medituoti Himalajų vienatvėje. Panditas Beharis buvo sakęs, kad Ramas

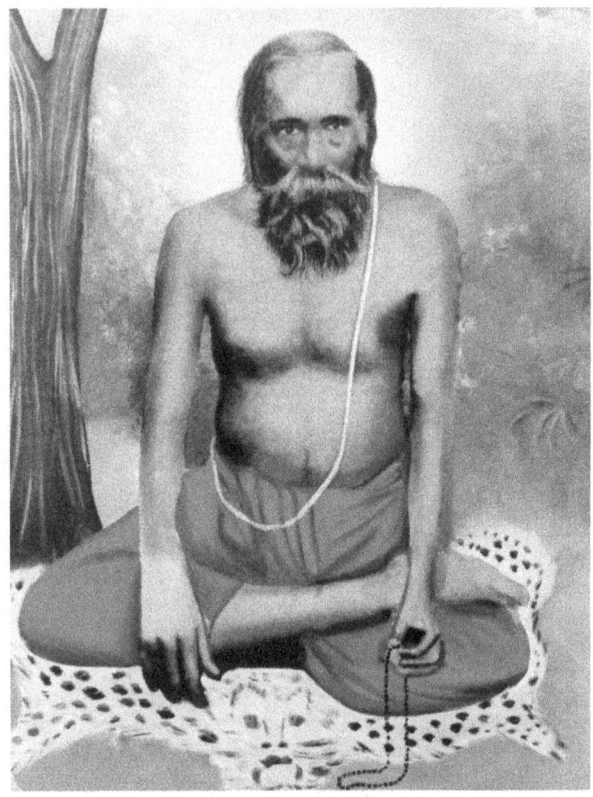

Ramas Gopalas Muzumdaras,
„Nemiegantis šventasis"

Gopalas patyrė nušvitimą daugybę metų nuošaliose Bengalijos olose praktikavęs *krijajogą*.

Tarakešvare nuėjau į vieną garsią šventyklą. Hinduistai ją garbina taip pat kaip katalikai Lurdą, šventą vietą Prancūzijoje. Tarakešvaro šventykloje įvyko nesuskaitoma daugybė išgijimo stebuklų, čia išgijo ir vienas mano šeimos narys.

„Savaitę sėdėjau toje šventykloje, – papasakojo vyriausia mano teta. – Pasninkavau ir meldžiau, kad tavo dėdė Sarada pasveiktų nuo įsisenėjusios ligos. Septintą dieną pamačiau, kad mano rankoje materializavosi žolelė! Išviriau iš jos lapų arbatą ir daviau tavo dėdei. Liga kaipmat praėjo ir nepasikartojo."

Įėjau į garsiąją Tarakešvaro šventovę, kurios altoriuje – tik apvalus akmuo. Jo paviršius neturi nei pradžios, nei pabaigos, todėl vykusiai simbolizuoja Begalybę. Indijoje kosminės abstrakcijos suprantamos net beraščiams kaimiečiams. Beje, vakariečiai kartais juos kaltina, esą jie gyvena atitrūkę nuo tikrovės!

Tuokart buvau nusiteikęs taip asketiškai, kad nepanorau nusilenkti net akmeniniam simboliui. Dievo, pamaniau, reikia ieškoti tik sieloje.

Net nepriklaupęs išėjau iš šventyklos ir žvaliai patraukiau netoliese esančio Ranbadžpuro kaimo link. Nebuvau tikras, ar einu gera kryptimi. Paklausiau kelio vieno praeivio, ir šis paniro į ilgus apmąstymus.

– Kai prieisi kryžkelę, pasuk į dešinę ir paskui eik tiesiai, – galiausiai it orakulas pareiškė jis.

Paklusęs jo nurodymams, nužingsniavau vingiuoto kanalo pakrante. Sutemo. Džiunglių kaimelio pakraštyje švysčiojo jonvabaliai, netoliese kaukė šakalai. Iš blausios mėnesienos nebuvo jokios naudos ir aš klupinėdamas ėjau dvi valandas.

Ir štai sužvangėjo karvei po kaklu parištas skambalas. Kelis kartus pašaukiau ir prie manęs pagaliau prisiartino valstietis.

– Ieškau Ramo Gopalo Babu.

– Mūsų kaime tokio nėra, – atšiauriai tarė žmogus. – Tu tikriausiai apsimetėlis seklys.

Vildamasis išsklaidyti įtarimus, kilusius politikos sujauktoje jo galvoje, graudžiai paaiškinau savo keblią padėtį. Valstietis parsivedė mane namo ir svetingai priėmė.

– Ranbadžpuras toli nuo čia, – pasakė jis. – Kryžkelėje tau reikėjo pasukti ne į dešinę, bet į kairę.

Liūdnai pamaniau, kad anksčiau man kelią nurodęs žmogus keliautojams kelia grėsmę. Gardžiai pavalgęs rupių ryžių, lęšių *dalo* ir bulvių kario su šviežiais bananais, nuėjau gulti į mažą trobelę kieme. Tolumoje dainavo kaimiečiai, garsiai pritardami sau *mridangomis*[1] ir lėkštėmis. Tą naktį apie miegą nebuvo ko nė galvoti. Iš visos širdies meldžiausi, kad rasčiau kelią pas atsiskyrėlį jogą Ramą Gopalą.

Kai pirmieji aušros spinduliai prasismelkė pro mano trobelės plyšius, iškeliavau į Ranbadžpurą. Ėjau per nelygius ryžių laukus, plumpinau dygliuotų augalų ražienomis, aplenkdamas išdžiūvusio molio krūvas. Šen bei ten sutikti valstiečiai visi kaip vienas tikino, kad eiti beliko „tiktai *kroša*" (dvi mylios). Per šešias valandas saulė nuo horizonto

---

[1] Delnais mušami būgnai, dažniausiai naudojami atsidavimo giesmėms (*kyrtanai*) pritarti per religines ceremonijas ir procesijas.

pergalingai pakilo į zenitą, o man ėmė rodytis, kad visą gyvenimą nuo Ranbadžpuro mane skirs viena *kroša*.

Vakarop mano pasaulis tebebuvo nesibaigiantys ryžių laukai. Iš dangaus skliauto liejosi tokia kaitra, kad beveik alpau, o pasislėpti nebuvo kur. Staiga priekyje pamačiau žmogų. Jis lėtai artėjo prie manęs. Vos išdrįsau pakartoti savo įprastą klausimą, baimindamasis išgirsti įkyrėjusį „Tiktai *kroša*".

Susitikome ir nepažįstamasis sustojo. Buvo neaukštas, smulkaus sudėjimo, niekuo neišsiskiriantis, gal tik skvarbiomis tamsiomis akimis.

– Ketinau išvykti iš Ranbadžpuro, bet tavo tikslas geras, tad nutariau palaukti, – pamatęs mano apstulbusį veidą jis pagrasė pirštu. – Ar tikrai esi toks gudruolis, kad manei užklupti mane neįspėjęs? Profesorius Beharis neturėjo teisės tau duoti mano adreso.

Supratau, kad šiam mokytojui prisistatyti nereikia – tik be reikalo aušinčiau burną. Tad stovėjau be žado, šiek tiek įskaudintas tokio sutikimo. Netrukus jis šiurkštokai paklausė:

– Sakyk, ką manai, kur yra Dievas?

– Kaip kur – Jis manyje ir visur kitur, – neabejoju, kad ir atrodžiau toks sutrikęs, koks jaučiausi.

– Visa persmelkiantis, ar ne? – susijuokė šventasis. – Tai kodėl, jaunikaiti, vakar Tarakešvaro šventykloje nenusilenkei Begalybei, išreikštai akmens simboliu[2]? Už savo puikybę buvai nubaustas – praeivis, per daug nemąstydamas, kur kairė ir dešinė, kelią tau nurodė klaidingai. Šiandien irgi dėl to gerokai prisikentėjai!

Visa širdimi jam pritariau, apstulbęs iš nuostabos, kad tokiame niekuo neišsiskiriančiame kūne slypi visa reginčios akys. Nuo jogo sklido gydanti stiprybė, ir kaitra alsuojančiame lauke iškart pasijutau atsigavęs.

– Kiekvienas Viešpačiui atsidavęs žmogus linkęs manyti, kad jo kelias Dievop yra vienintelis, – tarė jis. – Vis dėlto tobuliausias iš kelių yra joga, ji padeda rasti dieviškumą viduje, kaip mokė Lahiris Mahasaja. O radę Viešpatį viduje, netrukus pajuntame Jį ir aplinkui. Šventovės Tarakešvare ir kitose vietose ne veltui garbinamos kaip dvasinės galios centrai.

Reiklus šventojo griežtumas ištirpo, akys tapo atjaučiai švelnios. Jis patapšnojo man per petį.

---

[2] „Žmogus, kuris prieš nieką nenusilenkia, negali pakelti savo paties naštos." (Dostojevskis, „Demonai")

– Jaunasis joge, matau, kad bėgi nuo savo mokytojo. O jis turi viską, ko tau reikia, tad verčiau grįžk pas jį, – tarė ir pridūrė: – Kalnai negali būti tavo guru, – tą pačią mintį man prieš dvi dienas buvo pasakęs Šri Juktešvaras. – Jokia kosminė galia neverčia mokytojų gyventi tik kalnuose, – tiriamai žvelgė mano pašnekovas. – Indijos ir Tibeto Himalajai neturi šventųjų monopolio. Tai, ko žmogus nesivargina atrasti savyje, neatsiskleis, jei jis tik perkels kūną iš vienos vietos į kitą. Kai Dievui atsidėjęs žmogus *pasiryžta* dėl dvasios nušvitimo eiti nors ir į pasaulio kraštą, šalia atsiranda jo guru.

Tylomis jam pritariau, prisiminęs savo maldas Benareso vienuolyne ir netrukus įvykusį susitikimą su Šri Juktešvaru žmonių pilname skersgatvyje.

– Ar turi kambarėlį, kur gali užsidaryti duris ir likti vienas?

– Taip, – atsakiau ir nustebau, kaip neįtikėtinai greitai šis šventasis peršoko nuo bendrų dalykų prie konkrečios temos.

– Tai ir yra tavo ola, – jogas apdovanojo mane švytinčiu žvilgsniu, kurio nepamiršau iki šiol. – Tai tavo šventasis kalnas. Ten ir atrasi Dievo karalystę.

Išgirdęs jo paprastus žodžius, akimirksniu išmečiau iš galvos įkyrias mintis apie Himalajus, kurios kamavo mane visą gyvenimą. Kaitros kepinamame ryžių lauke pabudau iš sapno apie kalnus ir amžinuosius sniegynus.

– Ponaiti, tavasis Dievo troškulys pagirtinas. Jaučiu tau didelę meilę.

Ramas Gopalas paėmė mane už rankos ir nusivedė į žavų kaimelį džiunglių proskynoje. Plūktinės trobelės buvo dengtos kokosų palmių lapais, o duris, kaimo papročiu, puošė ką tik nuskintos atogrąžų gėlės. Šventasis pasodino mane pavėsingoje bambukinėje savo mažo namelio terasoje. Pavaišino saldintomis žaliųjų citrinų sultimis ir gabalėliu kristalizuoto cukraus, paskui įėjome į vidinį kiemą ir atsisėdome lotoso poza. Praėjo keturios meditacijos valandos. Atsimerkęs pamačiau, kad mėnesienos apšviestas jogas tebesėdi nejudėdamas. Kol griežtai aiškinau savo skrandžiui, kad žmogus gyvas ne vien duona, Ramas Gopalas pakilo.

– Matau, kad išalkai, – tarė jis. – Tuoj bus paruošta maisto.

Jis pakurstė ugnį po kieme stovinčia molio krosnele. Netrukus jau valgėme ryžius ir *dalą*, patiektus ant didelių bananų lapų. Gamindamas maistą šeimininkas mandagiai atsisakė mano pagalbos. Indijoje nuo neatmenamų laikų šventai laikomasi hinduistų priežodžio: „Svečias yra Dievas." Vėliau keliaudamas po pasaulį žavėjausi matydamas, kad panaši pagarba svečiams rodoma daugelio šalių kaimo vietovėse. O miesto gyventojų svetingumas kiek atbukęs nuo gausybės nuolatos besikeičiančių naujų veidų.

Šiame mažyčiame nuo pasaulio atskirtame džiunglių kaimelyje, kur tupėjau įsitaisęs šalia jogo, žmonių pilni turgūs atrodė neįsivaizduojamai toli. Kambarėlis buvo užlietas paslaptingos švelnios šviesos. Ramas Gopalas paklojo man ant grindų keletą suplyšusių antklodžių, o pats atsisėdo ant šiaudinio demblio. Pakerėtas jo dvasios traukos, drįsau paklausti:

– Pone, gal galite man suteikti *samadhį*?

– Brangusis, mielai dovanočiau tau ryšį su Dievu, bet ne man priklauso tai daryti, – prisimerkęs pažvelgė į mane šventasis. – Netrukus šį išgyvenimą tau dovanos tavo mokytojas. Kol kas tavo kūnas dar nepasirengęs. Kaip silpną elektros lemputę į šukeles sutrupintų pernelyg stipri srovė, taip ir tavo nervai dar nėra pasirengę kosmoso srovei. Jei dabar pat suteikčiau tau dievišką ekstazę, tau pasirodytų, kad užsiliepsnojo visos tavo kūno ląstelės.

Prašai manęs nušvitimo, – toliau mąsliai kalbėjo jogas, – o aš, būdamas toks niekingas ir tiek nedaug meditavęs, svarstau, ar man pavyko įtikti Dievui ir kokią vertę būsiu pelnęs Jo akyse paskutinio teismo dieną.

– Pone, bet juk jūs seniai nuoširdžiai ieškote Dievo?

– Aš nieko ypatingo nenuveikiau. Beharis tikriausiai tau šiek tiek papasakojo apie mano gyvenimą. Dvidešimt metų gyvenau slaptoje oloje, medituodamas po aštuoniolika valandų per parą. Paskui persikėliau į dar nuošalesnę olą ir joje praleidau dvidešimt penkerius metus, išbūdavau jogos būsenos po dvidešimt valandų per parą. Miego man nereikėjo, nes visą laiką buvau su Dievu. Absoliuti aukštesniosios sąmonės ramybė teikė mano kūnui daugiau poilsio, nei būtų galėjęs suteikti netobulas atokvėpis, kai žmonės ilsisi būdami įprastos nesąmoningos būsenos.

Miegant raumenys atsipalaiduoja, bet širdis, plaučiai ir apytakos sistema nesiliauja veikę, vadinasi, nesiilsi. Panirus į aukštesniosios sąmonės būseną, visų vidaus organų veikla sulėtėja, juos maitina kosminė energija. Tad man daugybę metų nebereikia miegoti, – tarė jis ir pridūrė: – Ateis laikas, ir tu taip pat apsieisi be miego.

– O Dieve, jūs taip ilgai meditavote ir vis tiek nesate tikras, kad pelnėte Viešpaties malonę, – apstulbęs pasakiau aš. – Tai ką kalbėti mums, vargšams mirtingiesiems?

– Na, juk supranti, brangus berniuk, kad Dievas – tai Amžinybė? Būtų gana absurdiška tvirtinti, kad per keturiasdešimt penkerius meditacijų metus gali gerai Jį pažinti. Bet Babadži tvirtina, kad net ir neilgas meditavimas apsaugo mus nuo mirties ir pomirtinių būsenų baimės. Neužkelk savo dvasinio idealo ant menko kalnelio, verčiau prisek jį prie beribio dieviškumo žvaigždės. Jei labai stengsiesi, tau pavyks ją pasiekti.

Sujaudintas tokios perspektyvos paprašiau tarti dar keletą pamokomų žodžių. Jis papasakojo stebuklingą istoriją, kaip pirmą kartą susitiko su Lahirio Mahasajos guru Babadži[3]. Apie vidurnaktį Ramas Gopalas nutilo, o aš atsiguliau ant savo antklodžių. Užsimerkdamas išvydau žaibo blyksnius; didžiulė erdvė manyje virto išsilydžiusios šviesos talpykla. Atsimerkęs pamačiau tą patį akinamą švytėjimą. Kambarys išsiliejo į beribę erdvę, kurią regėjau vidiniu žvilgsniu.

Jogas paklausė:

– Kodėl nemiegi?

– Pone, kaip galėčiau užmigti, kai mane supa akinama šviesa, kuri nepranyksta net kai užsimerkiu?

– Esi palaimintas, tai patirdamas. Ne taip paprasta pamatyti dvasios švytėjimą, – meiliai pridūrė šventasis.

Išaušus Ramas Gopalas davė man kelis cukraus gabalėlius ir pasakė, kad turiu keliauti. Taip nesinorėjo su juo atsisveikinti, kad mano skruostais pasruvo ašaros.

– Neleisiu tau išeiti tuščiomis rankomis, – švelniai tarė jogas. – Kai ką dėl tavęs padarysiu.

Jis nusišypsojo ir įdėmiai įsižiūrėjo į mane. Aš negalėjau pajudėti, lyg būčiau įaugęs į žemę; mano esybę užliejo nuo šventojo sklindančios ramybės vibracijos. Akimirksniu pranyko nugaros skausmas, kuris tai užeidamas, tai praeidamas kankino mane jau ne vienus metus.

Atsigavęs ir išsimaudęs spindulingo džiaugsmo jūroje, lioviausi verkęs. Palietęs Ramo Gopalo pėdas, išėjau į džiungles. Radau kelią atogrąžų sąžalynuose, paskui per daugybę ryžių laukų pasiekiau Tarakešvarą.

Antrą kartą nuėjau į garsiąją šventyklą ir visu ūgiu išsitiesiau

---

[3] Žr. p. 288–291.

Jogo autobiografija

kniūbsčias priešais altorių. Vidiniu žvilgsniu išvydau, kaip apskritas akmuo ėmė augti ir virto kosmoso sferomis: žiedų žiedais, zonų zonomis, kiaurai persunktomis dieviškumo.

Po valandos laimingas sėdau į traukinį, važiuojantį į Kalkutą. Mano kelionė baigėsi ne didinguose kalnuose, bet Himalajams prilygstančio mokytojo akivaizdoje.

14 SKYRIUS

Kosminės sąmonės patyrimas

– Aš čia, Gurudži, – gėda mano veide buvo iškalbingesnė už žodžius.

– Eime į virtuvę, paieškosime ko nors užkąsti, – Šri Juktešvaras elgėsi paprastai, lyg būtume išsiskyrę prieš kelias valandas, ne dienas.

– Mokytojau, tikriausiai jus nuvyliau, staiga palikęs savo čionykštes pareigas, turbūt ant manęs pykstate.

– Ne, nė kiek nepykstu! Pyktį kelia tik nepasiteisinę troškimai. Aš nieko iš kitų nesitikiu, tad jų poelgiai negali prieštarauti mano norams. Nesinaudočiau tavimi savo tikslams; džiaugsiuosi tik tavo tikra laime.

– Pone, kartais tenka išgirsti miglotų kalbų apie dievišką meilę, bet šiandien jūsų angeliška esybė man pateikė tikrą jos pavyzdį! Pasaulyje net tėvas nelengvai atleidžia sūnui, jei šis neįspėjęs apleidžia jo reikalus. Bet jūs nerodote nė menkiausio apmaudo, nors tikriausiai patyrėte daug nepatogumų, kai palikau kalną nebaigtų darbų.

Mudu žvelgėme vienas kitam į akis, o jose spindėjo ašaros. Mane užliejo palaimos banga. Suvokiau, kad Viešpats mano guru pavidalu išplečia ribotą mano širdies aistrą iki begalinės kosminės meilės.

Po kelių dienų vieną rytą nuėjau į tuščią Mokytojo svetainę. Ketinau pamedituoti, bet šiam pagirtinam tikslui trukdė neklusnios mintys. Jos blaškėsi į šalis it paukščiai, išvydę medžiotoją.

– Mukunda! – iš tolimo balkono atsklido Šri Juktešvaro balsas.

Pajutau pasipriešinimą, galvoje ėmė suktis maištingos mintys. „Mokytojas nuolat mane ragina medituoti, – sumurmėjau pats sau. – Tad neturėtų trukdyti, juk žino, ko atėjau į šį kambarį."

Jis vėl mane pašaukė, bet aš atkakliai tylėjau. Trečią kartą balsas suskambo priekaištingai.

– Pone, aš medituoju! – protestuodamas sušukau.

– Žinau, kaip tu medituoji, – atsiliepė guru, – juk tavo mintys lyg audros blaškomi lapai! Ateik čia.

Pagautas ir demaskuotas, liūdnai priėjau prie jo.

– Vargšas berniuk, kalnai tau negali duoti, ko nori, – Mokytojas kalbėjo švelniai, guodžiamai. Jo ramus žvilgsnis buvo nenuspėjamas. – Tavo širdies troškimas bus išpildytas.

Šri Juktešvaras retai kalbėdavo mįslėmis. Aš sutrikau. O jis švelniai stuktelėjo man į krūtinę aukščiau širdies.

Pajutau, kaip mano kojos augte įaugo į žemę, o iš plaučių tarsi didžiuliu magnetu kas ištraukė visą orą. Siela ir protas akimirksniu išsivadavo iš fizinio kūno vergovės ir nelyginant skysta veriama šviesa paplūdo iš visų mano odos porų. Kūnas atrodė tarsi apmiręs, kita vertus, mano sąmonė tapo nepaprastai jautri ir aš jaučiausi itin gyvybingas. Savo tapatybę suvokiau ne tik kaip siaurai apribotą kūną – aš buvau ir visi mane supantys atomai. Atrodė, kad žmonės tolimose gatvėse juda mano paties nuošaliais pakraščiais. Pro blausią, perregimą žemę regėjau augalų ir medžių šaknis, įžvelgiau kamienais aukštyn kylančius syvus.

Prieš mane atsivėrė visa, kas buvo aplink. Užuot matęs tik tai, kas priešais, dabar regėjau plačiu ratu ir sykiu viską suvokiau. Pakaušiu mačiau žmones, žingsniuojančius tolyn Rai Ghato skersgatviu, tada pastebėjau lėtai atmoklinančią baltą karvę. Kol ji artėjo prie atvirų ašramo vartų, tarytum mačiau ją abiem fizinėmis akimis, paskui ji perėjo kiemą ir pasislėpė už mūro sienos, bet aš ją vis tiek teberegėjau!

Visi mano panoraminio žvilgsnio aprėpti objektai vibravo it besisukančio filmo kadrai. Mano kūnas, Mokytojas, kiemas su kolonomis, baldai ir grindys, medžiai ir saulės šviesa kartkartėmis smarkiai suvirpėdavo, paskui viskas ištirpo ir susiliejo į švytinčią jūrą – panašiai ištirpsta cukraus kristalai, įmesti į vandens stiklinę ir išmaišyti. Visa apjungianti šviesa kartais virsdavo materialiais pavidalais ir šie virsmai atskleidė kūrinijos priežasties ir pasekmės dėsnį.

Ramios, begalinės mano sielos pakrantes užliejo džiaugsmo vandenynas. Suvokiau, kad Dievo dvasia yra neišsenkama Palaima, Jo kūnas – nesuskaičiuojami šviesos raizginiai. Manyje besiplečiantis spindėjimas netrukus apėmė miestus, žemynus, visą Žemę, Saulės ir žvaigždžių sistemas, išretėjusius ūkus ir plūduriuojančias visatas. Visas kosmosas, švelniai švytėdamas it naktį iš tolo regimas miestas, mirgėjo mano būties begalybėje. Skaisti šviesa už ryškių pasaulio kontūrų toliausiuose jų pakraščiuose buvo šiek tiek blausesnė, ten regėjau jaukų, niekada neblankstantį švytėjimą. Jis buvo neapsakomai subtilus, o planetų vaizdas buvo sudarytas iš tankesnės šviesos[1].

---

[1] Šviesa kaip kūrinijos esmė aiškinama 30 skyriuje.

Kosminės sąmonės patyrimas

Dieviški spinduliai iš Amžinojo Šaltinio sklido į visas puses, jie apšvietė galaktikas, perkeistas neapsakomų aurų. Prieš mano akis kuriantieji spinduliai tai susitelkdavo į žvaigždynus, tai virsdavo perregimos liepsnos pluoštais. Ritmingai grįždami į pradinę padėtį, nesuskaičiuojami pasauliai tapdavo perregimu spindesiu, paskui ugnis virto dangaus skliautu.

Aukštybių centrą jutau kaip intuityvaus suvokimo tašką savo širdyje. Iš šio branduolio į visas visatinės struktūros dalis sklido puikus spindesys. Palaimingoji *amrita*, nemirtingumo nektaras, pulsavo manimi lyg takus gyvsidabris. Kuriančiojo Dievo balsą girdėjau kaip aidintį Aum[2], Kosminio Variklio gaudesį.

Staiga mano plaučiai vėl prisipildė oro. Vos ištvėriau nusivylimą supratęs, kad mano beribė didybė dingo. Vėl pasijutau įkalintas kūno narve, kuriam nelengva prisitaikyti prie Dvasios. Jaučiausi pažemintas. Lyg sūnus palaidūnas pabėgau iš makrokosmo namų ir įsikalinau ankštame mikrokosme.

Guru stovėjo prieš mane nejudėdamas. Norėjau pulti prie jo šventų kojų ir padėkoti, kad leido man patirti kosminę sąmonę, kurios taip ilgai ir taip karštai ieškojau. Bet jis sulaikė mane ir ramiai tarė:

– Negalima persisotinti ekstazės. Pasaulyje dar turi daug darbo. Eime, iššluosime balkoną, paskui pasivaikščiosime prie Gangos.

Atsinešiau šluotą. Žinojau, kad Mokytojas nori man atskleisti subalansuoto gyvenimo paslaptį: siela privalo pakilti virš kosminių bedugnių, o kūnui reikia vykdyti kasdienes pareigas.

Kai vėliau su Šri Juktešvaru išėjome pasivaikščioti, dar nebuvau atsipeikėjęs nuo neapsakomos ekstazės. Mačiau mudviejų kūnus tarsi du astralinius paveikslus, judančius keliu palei upę, kuria tekėjo gryniausia šviesa.

– Dievo Dvasia aktyviai palaiko visus visatos pavidalus ir jėgas, bet Jis yra transcendentinis ir atitolęs palaimingoje nesukurtoje tuštumoje anapus vibracinių reiškinių pasaulių[3], – paaiškino mokytojas. – Tie,

---

[2] „Pradžioje buvo Žodis. Tas Žodis buvo pas Dievą, ir Žodis buvo Dievas." (Jn 1, 1)

[3] „Ir nieko Tėvas neteisia, bet visą teismą pavedė Sūnui." (Jn 5, 22) „Dievo niekas niekada nėra matęs, tiktai viengimis Sūnus – Dievas, Tėvo prieglobstyje esantis, mums jį atskleidė." (Jn 1, 18) „Ir atskleisti visiems, kaip turi išsipildyti šita paslaptis, nuo amžių uždengta Dieve – visų dalykų Kūrėjuje." (Ef 3, 9) „Kas mane tiki, darys darbus, kuriuos aš darau, ir dar už juos didesnius, nes aš keliauju pas Tėvą." (Jn 14, 12) „Globėjas – Šventoji Dvasia, kurį mano vardu Tėvas atsiųs, – jis išmokys jus visko ir viską primins, ką esu jums pasakęs." (Jn 14, 26) Šie Biblijos žodžiai atskleidžia trilypę Dievo, kaip Tėvo, Sūnaus ir Šventosios Dvasios, prigimtį (hinduizmo raštuose tai *Sat, Tat* ir *Aum*). Dievas Tėvas yra Absoliutas,

kurie žemėje suvokia Savąjį Aš, gyvena panašų dvilypį gyvenimą. Stropiai dirbdami pasaulietinius darbus, viduje jie yra panirę į palaimą.

Viešpats visus žmones sukūrė iš neriboto Savo esybės džiaugsmo. Nors kūnas juos skausmingai varžo, Dievas vis dėlto tikisi, kad žmonės, sukurti pagal Jo paveikslą, galiausiai pakils virš visokio susitapatinimo su juslėmis ir susijungs su Juo.

Kosminė vizija davė man daug pamokų, jos ilgam užsiliko atmintyje. Nuramdęs mintis, kiekvieną dieną galėdavau išsilaisvinti iš apgaulingo įsitikinimo, kad mano kūnas – tik raumenys ir kaulai, keliaujantys per kietą, materialią žemę. Mačiau, kad alsavimas ir nerimstantis protas – tarsi audros, keliančios šviesos vandenyne materialias bangas, kurios įgauna Žemės, dangaus, žmonių, gyvūnų, paukščių, medžių pavidalus. Neįmanoma suvokti Begalybės kaip Vienos Šviesos, nenumalšinus šių audrų.

Kai tik nuramindavau šiuos du prigimties sūkurius, išvysdavau, kaip gausios kūrinijos bangos susilieja į vieną švytinčią jūrą – lygiai taip pat vandenyno bangos audrai nutilus ramiai nutyksta ir virsta vieniu.

Mokytojas suteikia mokiniui dievišką kosminės sąmonės išgyvenimą tada, kai jo psichika nuo meditavimo būna tiek sustiprėjusi, kad jos nebesukrečia atsivėrusios plačios perspektyvos. Nepakanka vien intelekto noro ar imlumo. Sąmonę išplėsti mokiniui padeda jogos praktika ir atsidavimas (*bhaktis*) – ir štai mokinys jau pasiruošęs sugerti į save laisvę, kurią suteikia visur buvimo pojūtis.

Dievo pajautimas nuoširdžiai atsidavusiam žmogui yra savaime suprantamas ir neišvengiamas dalykas. Jo stiprus troškimas ima nenugalimai veikti Dievą. Šis magnetinis įkarštis įtraukia Viešpatį kaip Kosminį Regėjimą į dvasinio ieškotojo sąmonės sritį.

Jau gerokai vėliau parašiau eiles „Samadhis", kuriomis pamėginau perteikti bent dalelę šios būsenos didybės:

> Šviesos ir šešėlių šydai išnyko,
> Pakilo sielvarto rūkas,

Nepasireiškęs, ir egzistuoja *anapus* vibracinės kūrinijos. Dievas Sūnus – Kristaus Sąmonė (Brahma, arba *Kūtastha Čaitanja*), egzistuojanti pačioje vibracinėje kūrinijoje; ši Kristaus Sąmonė yra „viengimė", arba vienintelis Nesukurtos Begalybės atspindys. Išorinė visur esančios Kristaus Sąmonės raiška, jo „liudytojas" (Apr 3, 14) yra *Aum*, Žodis, arba Šventoji Dvasia: neregima dieviška galia, vienintelė veikėja, vienintelė priežastinė ir aktyvinanti jėga, kuri per vibraciją palaiko visą kūriniją. *Aum*, palaimingoji Guodėja, girdima medituojant ir Dievui atsidavusiajam atskleidžianti galutinę Tiesą – ji „viską primins".

Kosminės sąmonės patyrimas

Nuplaukė trumpučio džiaugsmo aušros,
Išsisklaidė juslių miražas.
Meilė, neapykanta, sveikata, liga, gyvenimas, mirtis, –
Dvilypumo ekrane ištirpo šie netikri šešėliai.
Majos audra nurimo
Mostelėjęs gilaus suvokimo burtų lazdele,
Nebeturiu praeities, dabarties, ateities –
Tik aš, visad esantis, visur plaukiantis, kur pažvelgsi.
Žvaigždės, planetos, žvaigždžių dulkės, Žemė,
Ugnikalnių pliūpsniai lemtingąją dieną,
Kūrinijos lydymo žaizdras,
Nebylių rentgeno spindulių ledynai, degantys elektronų srautai,
Visų žmonių – kitados gyvenusių, dabar gyvenančių,
Dar gyvensiančių – mintys,
Kiekvienas žolės stiebelis, aš pats, žmonija,
Kiekviena visatos dulkelė,
Pyktis, godumas, gėris, blogis, išsigelbėjimas, geiduliai –
Aš viską sugėriau, viską perkeičiau
Į neaprėpiamą savo Esybės kraujo vandenyną.
Meditacijų įpūstas rusenantis džiaugsmas
Akina mano ašarotas akis,
Sprogsta nemirtingomis palaimos liepsnomis,
Suryja mano ašaras, mano kūną, mane visą.
Tu esi aš, aš esu Tu,
Pažinimas, Pažįstantysis, Pažintasis – Vienas!
Nuramintas, vientisas jaudulys, amžinai gyvas, visad nauja ramybė,
Džiaugsmas, kurio nei įsivaizduosi, nei tikėsies – *samadhio* palaima!
Tai ne sąmonės praradimas
Ar chloroformas protui, kai nenori sugrįžti.
Samadhis išplečia mano sąmonės valdas
Už mirtingo kūno ribų
Iki tolimiausių amžinybės sienų,
Kur aš, Kosmoso jūra,
Stebiu Savyje plūduriuojantį mažytį ego.
Girdėti judančių atomų dūzgimas,
Tamsi Žemė, kalnai, slėniai, štai! Ištirpęs skystis!
Banguojančios jūros virsta ūkų garais!
Aum padvelkia į garus, stebuklingai nutraukia jų šydus,
Atsiveria vandenynai, švyti elektronai,
Kol, pasigirdus paskutiniam kosminio būgno dunkstelėjimui[4],
Tankesnės šviesos virsta amžinaisiais spinduliais,
Nešančiais visa persmelkiančią palaimą.

---

[4] *Aum*, kuriančiajai vibracijai, kuri visai kūrinijai suteikia pavidalą.

> Iš džiaugsmo ateinu, džiaugsmui gyvenu, šventam džiaugsme tirpstu.
> Aš, dvasios vandenynas, geriu visos kūrinijos bangas.
> Keturi šydai – kietas, skystas, garų ir šviesos –
> Iš karto pakyla.
> Aš esu visame kame ir įeinu į Didįjį Save.
> Amžiams išnyko laikini, mirgantys mirtingos atminties šešėliai.
> Mano minčių dangus yra be dėmelės – po manimi, priešais mane, virš manęs.
> Amžinybė ir aš – vienas vientisas spindulys.
> Aš, tik juoko burbuliukas,
> Virstu pačia Linksmybės jūra.

Šri Juktešvaras išmokė mane šį palaimingą išgyvenimą patirti valios pastangomis ir perteikti jį kitiems[5], kai jiems susiformuoja intuicijos kanalai.

Po pirmojo karto kelis mėnesius kasdien pasiekdavau ekstazišką vienovės būseną; supratau, kodėl upanišadose Dievas vadinamas *rasa* – „teikiančiu didžiausią pasimėgavimą". Bet vieną rytą Mokytojui uždaviau tokį klausimą:

– Pone, aš noriu žinoti – kada surasiu Dievą?

– Tu jį radai.

– Na, ne, pone, aš taip nemanau!

Mano guru nusišypsojo.

– Esu tikras, kad nesitiki sutikti garbingo pono, sėdinčio soste kokiame nors steriliame kosmoso kampelyje! Tačiau, kaip matau, tau atrodo, kad Dievo buvimo įrodymas – tai žmogaus įgytos stebuklingos galios. Ne. Žmogus gali įgyti tokių galių, kuriomis užvaldys visą visatą, bet vis tiek nebus suvokęs Viešpaties. Dvasinę pažangą reikia matuoti ne pagal demonstruojamas išorines galias, o pagal palaimos gylį, kurį žmogus pasiekia medituodamas. *Dievas yra visad naujas Džiaugsmas.* Jis neišsemiamas. Toliau daug metų medituodamas, tu nuolatos patirsi, kaip Jis žavės tave begaliniu išmoningumu. Tokie atsidavusieji kaip tu, kurie atrado kelią į Dievą, nė nesvajoja iškeisti Jo į kokią nors kitokią laimę. Jo vilionėms neprilygsta niekas.

Kaip greitai mus nuvargina žemiški malonumai! – tęsė Mokytojas. – Materialių daiktų troškimas nepabaigiamas; žmogus niekada

---

[5] Esu perteikęs Kosminį Regėjimą ne vienam *krijajogos* išpažinėjui Rytuose ir Vakaruose. Vieno iš jų, p. Džeimso Dž. Lino (James J. Lynn), nuotrauka, daryta jam esant *samadhio* būsenos, pateikiama p. 236.

Kosminės sąmonės patyrimas

nebūna visiškai patenkintas ir siekia vieno tikslo po kito. Tas „kažkas kita", ko jis siekia, yra Viešpats, ir Jis vienintelis gali suteikti tvarų džiaugsmą.

Išoriniai troškimai tolina mus nuo vidinio rojaus, jie siūlo netikrus malonumus, kurie tik mėgdžioja sielos laimę. Bet prarastąjį rojų siela nesunkiai atgauna medituodama Dievą. Kadangi Dievas yra tai, ko nesitikime ir kas nuolat atsinaujina, Jis mums niekad nepabosta. Argi galima persisotinti palaima, žaviai besimainančia visą amžinybę?

– Pone, dabar suprantu, kodėl šventieji vadina Viešpatį beribiu. Jam įvertinti nepakaktų nė amžino gyvenimo.

– Tai tiesa, bet sykiu Jis yra artimas ir brangus. Kai *krijajoga* apvalys psichiką nuo juslinių trikdžių, meditacija leis gauti dvejopą Dievo įrodymą. Visad naujas džiaugsmas liudija Jo buvimą ir tuo įsitikiname kiekvienu savo atomu. Be to, kai medituojame, Jis iškart mums ima vadovauti, deramai reaguoja į kiekvieną mūsų patiriamą sunkumą.

– Supratau, Gurudži. Jūs išsprendėte mano problemą, – dėkingas nusišypsojau. – Dabar matau, kad atradau Dievą, nes kiekvieną kartą, kai aktyviai ką nors veikiu, nejučia grįžta meditacijos džiaugsmas, ir visada esu subtiliai nukreipiamas pasielgti tinkamai, netgi jei tai tik

Šri Juktešvaro pajūrio ašramas Puryje, Orisos valstijoje, netoli Bengalijos įlankos. (Taip pat žr. nuotrauką p. 400)

smulkmenos.

– Žmogaus gyvenimas bus kupinas sielvarto, jei jis neišmoks suderinti jo su Dievo Valia, kurios „reikiama kryptis" dažnai glumina egoistišką protą, – pasakė Mokytojas. – Tik vienas Dievas pataria neklystamai. Kas, jei ne Jis, pakelia kosmoso naštą?

Svamis Šri Juktešvaras lotoso poza

15 SKYRIUS

Žiedinių kopūstų vagis

– Mokytojau, štai jums dovana! Šiuos šešis milžiniškus žiedinius kopūstus pasodinau savo rankomis. Auginau juos ir prižiūrėjau švelniai kaip motina kūdikį, – iškilmingai įteikiau jam krepšį su daržovėmis.

– Dėkui! – šiltai ir dėkingai nusišypsojo Šri Juktešvaras. – Pasaugok juos savo kambaryje; man jų prireiks rytoj, nes ruošiu ypatingą vakarienę.

Buvau ką tik atvykęs į pajūrio vienuolyną Puryje[1], kur ketinau su savo guru praleisti vasaros atostogas. Iš šio šviesaus nedidelio Mokytojo ir jo mokinių pastatyto dviaukščio pastato atsiveria vaizdas į Bengalijos įlanką.

Kitą rytą pabudau anksti, jaučiausi žvalus nuo sūraus jūros brizo ir ramaus ašramo žavesio. Mane pašaukė melodingas guru balsas. Pažvelgiau į brangiuosius žiedinius kopūstus ir tvarkingai pakišau juos po lova.

– Ateik, eisime į paplūdimį, – Mokytojas žengė pirmas, o iš paskos pabira grupele ėjo keli jauni mokiniai ir aš. Guru švelniai, bet kritiškai mus nužvelgė. – Kai mūsų broliai vakariečiai kur nors eina, stengiasi žygiuoti koja kojon. Prašyčiau išsirikiuoti po du ir žengti ritmingai, drauge su kitais, – Šri Juktešvaras žiūrėjo, kaip mes vykdome jo komandą, paskui užtraukė: – Viens du trys, viens du trys, žengia mūs šaunus būrys.

Negalėjau nesižavėti, kaip lengvai Mokytojas prisiderino prie žvalios savo mokinių eisenos.

– Stot! – guru susirado mane akimis. – Ar nepamiršai užrakinti vienuolyno durų?

– Atrodo, nepamiršau, pone.

Šri Juktešvaras kelias minutes patylėjo. Mačiau, kad jis bando nuslėpti šypseną.

---

[1] Puris – apytikriai 310 mylių į pietus nuo Kalkutos nutolęs garsus Krišnos garbintojų piligrimystės centras; kasmet ten vyksta dvi didžiulės šventės – *Snanajatra* ir *Rathajatra*.

– Ne, pamiršai, – galiausiai tarė jis. – Materialaus išsiblaškymo negalima pateisinti Dievo kontempliacija. Neatlikai savo pareigos apsaugoti ašramą ir už tai turėsi būti nubaustas.

Pamaniau, kad tai sunkiai suprantamas jo pokštas, bet jis pridūrė:
– Iš tavo šešių žiedinių kopūstų netrukus liks tik penki.

Mokytojui davus komandą, mes apsigręžėme ir paržygiavome į vienuolyną.

– Dabar pailsėkite. Mukunda, pažvelk į namą kairėje ir stebėk kelią už jo. Netrukus ten pasirodys žmogus – jis ir bus tavo bausmės įrankis.

Ši nesuvokiama pastaba mane suerzino, bet pasistengiau to neparodyti. Netrukus kelyje pasirodė valstietis; jis keistai šoko ir beprasmiškai mojavo rankomis. Sustingęs iš nuostabos, įsisiurbiau akimis į be galo juokingą vaizdą. Žmogui dingus iš akių, Šri Juktešvaras tarė:

– Jis netrukus grįš.

Valstietis iškart pasuko atgal ir priėjo prie užpakalinio ašramo įėjimo. Kirtęs siaurą smėlio ruoželį, pro užpakalines duris įžengė į pastatą. Buvau palikęs duris neužrakintas, kaip ir sakė guru. Netrukus žmogus išėjo pro jas, nešdamasis vieną iš mano branginamų žiedinių kopūstų. Dabar jis ėjo oriai, jausdamas vertę, kurią jam suteikė įgyta nuosavybė.

Net suglumintas prieš akis vykstančio farso, kuriame man teko sutrikusios aukos vaidmuo, vis dėlto pasipiktinau ir puoliau vytis vagį. Jau buvau nubėgęs pusę kelio, bet Mokytojas pašaukė grįžti atgal. Jis nuo galvos iki kojų kretėjo iš juoko.

– Tas vargšas kvailelis labai norėjo žiedinio kopūsto, – paaiškino jis kvatodamasis. – Tad pamaniau, kad bus gerai, jei paims taviškį, nes tu jo nesaugojai!

Kaip žaibas nulėkiau į savo kambarį ir pamačiau, kad vagis, matyt, užvaldytas minties apie daržovę, paliko nepaliestus mano auksinius žiedus, laikrodį ir pinigus, gulinčius ant antklodės. Užtat palindo po lova ir iš rūpestingai nuo pašalinių akių paslėpto krepšio išsitraukė vienintelį daiktą, kurio troško jo širdis.

Vakare paprašiau Šri Juktešvaro paaiškinti šį nutikimą (kai kas jame man atrodė visai nesuprantama).

Mano guru lėtai papurtė galvą.

– Kada nors suprasi. Netrukus mokslas atras tam tikrus slaptus dėsnius.

Kai po kelerių metų apstulbęs pasaulis sužinojo apie radijo bangas, prisiminiau Mokytojo pranašystę. Sugriuvo senos kaip pasaulis laiko ir

Žiedinių kopūstų vagis

erdvės sampratos; net pačioje ankščiausioje trobelėje dabar galėjo tilpti ir Londonas, ir Kalkuta! Netgi bukiausias protas prasiplėtė, susidūręs su neginčijamu įrodymu, kad žmogus vienu metu gali būti visur. Žiedinio kopūsto komedijos „siužetą" geriausiai paaiškina radijo bangų reiškinys[2]. Mano guru buvo tobulas žmogaus pavidalo radijas. Mintys yra ne kas kita kaip labai subtilios eteriu sklindančios vibracijos. Lygiai kaip tinkamai nustatytas radijo imtuvas iš tūkstančių programų, transliuojamų įvairiomis kryptimis, gali pagauti trokštamą muzikos kūrinį, taip ir Šri Juktešvaras iš nesuskaičiuojamų pasaulyje sklindančių įvairių žmonių minčių jautriai „pagavo" tam tikrą jam reikalingą mintį (pavyzdžiui, žiedinio kopūsto įsigeidusio kvaišelio svajas). Kai ėjome į paplūdimį, Mokytojas, vos suvokęs paprastą valstiečio troškimą, iškart panoro jį patenkinti. Dieviška Šri Juktešvaro akis aptiko ant kelio šokantį žmogų, nors mokiniai dar jo nematė. O ta aplinkybė, kad užmiršau užrakinti ašramo duris, davė Mokytojui patogią dingstį atimti iš manęs brangią daržovę.

Tad iš pradžių veikęs kaip imtuvas, vėliau Šri Juktešvaras savo galinga valia virto transliuotoju, arba siųstuvu[3]. Atlikdamas šį vaidmenį, jis sėkmingai privertė valstietį sugrįžti, nueiti į mano kambarį ir pasiimti tik žiedinį kopūstą.

Intuicija yra sielos patarimai, natūraliai ateinantys žmogui tomis akimirkomis, kai nurimsta protas. Beveik visiems yra tekę patirti nepaaiškinamą „nuojautą", kuri paskui pasitvirtino, arba tiksliai persiųsti savo mintis kitam žmogui.

---

[2] Radiomikroskopas, sukurtas 1939 m., atskleidė naują iki tol nežinomų spindulių pasaulį. „Ir pats žmogus, ir įvairių rūšių materija, iki šiol laikyta inertiška, nuolatos skleidžia spindulius, kuriuos „mato" šis instrumentas, – pranešė agentūra *Associated Press*. – Tiems, kurie tiki telepatija, aiškiaregyste ir ateities numatymu, šis pranešimas pirmą kartą pateikė mokslinių įrodymų apie egzistuojančius neregimus spindulius, kurie sklinda nuo vieno žmogaus prie kito. Iš tikro šis prietaisas yra radijo dažnių spektroskopas. Vėsią ir nešvytinčią medžiagą jis regi taip pat kaip spektroskopas, atskleidžiantis, iš kokių atomų sudarytos žvaigždės... Apie tokių spindulių, sklindančių iš žmogaus ir visų gyvų būtybių, egzistavimą mokslininkai spėliojo jau daug metų. Šiandien pirmą kartą jų buvimas įrodytas eksperimentais. Atradimas rodo, kad kiekvienas gamtos atomas, kiekviena molekulė yra nepaliaujamai veikianti radijo transliavimo stotis... Taigi net žmogui mirus medžiaga, iš kurios jis sudarytas, tebeskleidžia subtilius spindulius. Šių spindulių bangų ilgiai yra nuo trumpiausių, šiuo metu naudojamų radijo transliacijoms, iki ilgiausių radijo bangų. Šių bangų ilgių gausybės beveik neįmanoma suvokti. Jų milijonai. Viena labai didelė molekulė gali vienu metu skleisti 1 000 000 įvairaus ilgio bangų. Ilgesnės šios rūšies bangos sklinda taip pat lengvai ir greitai kaip radijo bangos... Neseniai atrasti radijo spinduliai nuo gerai pažįstamų šviesos spindulių skiriasi vienu neįtikėtinu dalyku. Šios radijo bangos iš netrikdomos medžiagos gali sklisti labai ilgai, net tūkstančius metų."

[3] Žr. išnašą p. 247.

Jogo autobiografija

Žmogaus protas, išvaduotas iš trikdžių, arba nerimo „traškesių", įgauna galios atlikti visas sudėtingo radijo prietaiso funkcijas: vienas mintis siųsti ir priimti, o kurių nereikia – blokuoti. Lygiai kaip radijo bangų siųstuvo galią nustato jo eikvojamos elektros srovės stiprumas, taip žmogaus „radijo" veiksmingumą lemia asmens valios jėga.

Visos mintys amžinai vibruoja kosmose. Labai susikaupęs mokytojas gali aptikti kiekvieno – gyvo ar mirusio – žmogaus mintis. Minčių šaknys universalios, ne individualios; tiesos negalima sukurti, ją galima tik suvokti. Bet kokią klaidingą žmogaus mintį lemia daugiau ar mažiau netobula jo įžvalga. Jogos mokslo tikslas – nuraminti protą, kad jis be iškraipymų girdėtų patikimus Vidinio Balso patarimus.

Radijas ir televizija į milijonus šeimų atnešė toli esančių žmonių vaizdus bei žodžius – tai pirmos nedrąsios mokslo užuominos, kad žmogus yra visa persmelkianti dvasia. Nors ego pačiais žiauriausiais būdais rengia sąmokslą jį pavergti, žmogus nėra tik kūnas, įkalintas tam tikrame erdvės taške, iš tikrųjų jis – visur esanti siela.

> „Dar gali būti labai keistų, labai nuostabių ir iš pažiūros visiškai neįmanomų reiškinių, kurie, kai bus atskleisti, stebins mus ne labiau, nei dabar stebina tai, ko per pastarąjį šimtmetį išmokė mokslas, – pareiškė Šarlis Roberas Rišė (Charles Robert Richet)[4], Nobelio fiziologijos ir medicinos premijos laureatas. – Atrodytų, kad reiškiniai, kuriais dabar nesistebime, nekelia mums nuostabos todėl, kad juos suprantame. Bet taip nėra. Jei jie mūsų nestebina, tai ne todėl, kad juos suprantame, bet todėl, kad prie jų esame pripratę; nes jei mus stebintų dalykai, kurių nesuprantame, turėtume stebėtis viskuo – kaip krinta išmestas į viršų akmuo, kaip iš gilės išauga ąžuolas, kaip plečiasi kaitinamas gyvsidabris, kaip magnetas traukia geležį.
>
> Šių dienų mokslas lengvabūdiškas... Stulbinamos tiesos, kurias atras mūsų palikuonys, supa mus jau dabar ir, taip sakant, žvelgia mums į akis, bet mes jų nematome. Tačiau nepakanka pasakyti, kad jų nematome – mes nenorime jų matyti, nes kai tik paaiškėja koks nors netikėtas ir nepažįstamas faktas, stengiamės jį įsprausti į visuotinai priimtų žinių rėmus ir piktinamės, jei kas nors trokšta eksperimentuoti toliau."

Praėjus kelioms dienoms po to, kai iš manęs taip neįtikėtinai pavogė žiedinį kopūstą, nutiko juokingas dalykas. Nežinia kur dingo viena žibalinė lempa. Taip neseniai regėjęs savo guru visažinystės pavyzdį pamaniau, kad jis parodys, jog surasti lempą tėra vaikų žaidimas.

Mokytojas perkando mano lūkesčius. Perdėtai rimtai jis apklausė

---

[4] Knygos „Mūsų šeštoji juslė" (*Our Sixth Sense*, London: Rider Co.) autorius.

visus ašramo gyventojus, ir vienas jaunas mokinys prisipažino, kad lempą paėmė jis, kai jam reikėjo nueiti prie šulinio užpakaliniame kieme.

Šri Juktešvaras iškilmingai patarė:

– Ieškokite lempos prie šulinio.

Nubėgau ten – bet lempos nebuvo! Susikrimtęs grįžau pas guru. O šis ėmė iš visos širdies juoktis, nė kiek nesigrauždamas dėl mano nusivylimo.

– Gaila, kad nesugebėjau nukreipti tavęs ten, kur yra dingusi lempa, bet aš juk ne aiškiaregys! – tarė jis ir linksmai žybtelėjęs akimis dar pasakė: – Ir visai netikęs Šerlokas Holmsas!

Supratau, kad Mokytojas niekada nerodys savo galių kieno nors prašomas arba dėl smulkmenų.

Viena po kitos bėgo nuostabios savaitės. Šri Juktešvaras ketino surengti religinę procesiją. Jis paprašė manęs vesti mokinius per Purio miestą ir paplūdimį. Šventės diena (buvo vasaros saulėgrįža) išaušo nepaprastai kaitri.

– Gurudži, kaip aš vesiu basus mokinius per įkaitusį smėlį? – paklausiau kupinas nevilties.

– Išduosiu tau paslaptį, – atsakė Mokytojas. – Viešpats atsiųs debesų skėtį ir eiti bus nekaršta.

Patenkintas ėmiau ruošti procesiją; mūsų grupė turėjo išeiti iš ašramo nešina Satsangos[5] vėliava. Ją sukūrė Šri Juktešvaras – vėliavoje buvo vaizduojama akis[6], skvarbaus intuicijos žvilgsnio simbolis.

Vos išėjome iš vienuolyno, dangus ėmė niauktis – lyg būtų įvykęs stebuklas. Visiems žiūrovams aikčiojant iš nuostabos, nukrapnojo silpnas lietutis, jis atvėsino miesto gatves ir kaitra alsuojančią jūros pakrantę.

Vėsūs lašai krito lygiai dvi valandas, kol truko procesija. Kai mūsų grupė grįžo į ašramą, tą pačią akimirką debesys išsisklaidė ir lietus liovėsi.

– Matai, kaip Dievas mus atjaučia, – tarė Mokytojas, kai jam padėkojau. – Viešpats atsiliepia į kiekvieno šauksmą ir dirba dėl visų. Mano

---

[5] Sat reiškia „būtis", taigi – „esmė, tiesa, tikrovė"; sanga – „draugystė". Šri Juktešvaras savo vienuolyno organizaciją vadino Satsanga – „draugystė su tiesa".

[6] „Kūno žiburys yra akis. Todėl jei tavo akis sveika, visam tavo kūnui bus šviesu." (Mt 6, 22) Giliai medituojant, kaktos viduryje išryškėja pavienė, arba dvasinė, akis. Ši visa žinanti akis šventraščiuose vadinama trečiąja akimi, Rytų žvaigžde, vidine akimi, iš dangaus nusileidusiu karveliu, Šivos akimi, intuicijos akimi ir t. t.

prašomas, Jis atsiuntė lietų ir lygiai taip pat vykdo bet kokį nuoširdų Jam atsidavusio žmogaus prašymą. Žmonės menkai suvokia, kaip dažnai Dievas išklauso jų maldas. Jis negloboja tik vieno kito, Jis išgirsta visus, kurie kreipiasi į Jį tikėdami. Jo vaikai turėtų visada besąlygiškai pasitikėti savo Visur Esančio Tėvo meile ir gerumu[7].

Per lygiadienius ir saulėgrįžas Šri Juktešvaras kasmet surengdavo keturias šventes, į jas iš arti ir toli susirinkdavo jo mokiniai. Žiemos saulėgrįžos iškilmės vykdavo Šryrampure, ir jau pirmoji šventė, kurioje dalyvavau, apdovanojo mane amžina palaima.

Iškilmės prasidėjo rytą gatvėmis žygiuojančia basakojų procesija. Šimtai mokinių giedojo melodingas religines giesmes, keli muzikantai grojo fleita ir *khol kartal* (būgnais ir lėkštėmis). Entuziazmo apimti miestiečiai barstė kelią gėlėmis džiaugdamiesi, kad mūsų skambiai šlovinamas šventas Viešpaties vardas atitraukė juos nuo kasdienių darbų. Nuėjusi ilgą kelią, eisena baigėsi vienuolyno kieme. Ten apsupome savo guru, o mokiniai iš viršutinių balkonų bėrė ant mūsų serenčių žiedus.

Daug svečių užlipo į viršų paskanauti *čennos* ir apelsinų apkepo. Priėjau prie grupės kitų mokinių, kurie tądien dirbo virėjais. Maistą tokiai didelei miniai reikėdavo gaminti lauke, didžiuliuose katiluose. Greitosiomis sumūrytos malkomis kūrenamos viryklės labai rūko ir vertė ašaroti, bet mes dirbdami linksmai juokėmės. Religinės šventės Indijoje niekada nelaikomos varginančiomis ir kiekvienas Dievui atsidavęs žmogus mielai atlieka savo darbą – parūpina pinigų, ryžių, daržovių ar prisideda patarnaudamas.

Netrukus tarp mūsų atsirado ir Mokytojas, jis ėmė vadovauti visoms šventės smulkmenoms. Veltui negaišdamas nė akimirkos, jis neatsiliko nuo judriausių jaunų mokinių.

Antrame aukšte vyko *sankyrtanas* (grupinis giedojimas), lydimas fisharmonijos ir delnais mušamų indiškų būgnų garsų. Šri Juktešvaras klausėsi ir vertino – jis turėjo absoliučią muzikinę klausą.

– Jie gieda pro šalį! – pagaliau tarė, paliko virėjus ir prisidėjo prie muzikantų. Vėl pasigirdo melodija, dabar jau atliekama tiksliai.

„Samavedoje" pateikti seniausi pasaulyje muzikos teorijos tekstai. Indijoje muzika, tapyba ir drama laikomos dieviškais menais. Brahma, Višnus ir Šiva, Amžinoji Trejybė, buvo pirmieji muzikantai.

---

[7] „Nejau tas, kuris davė ausis, negirdės? Nejau tas, kuris įdėjo akis, nematys? [...] kuris drausmina tautas ir moko žmoniją išminties" (Ps 94, 9–10).

Žiedinių kopūstų vagis

Šventraščiuose pasakojama, kad Šiva, įsikūnijęs kaip Nataradža, Kosminis Šokėjas, kurdamas, saugodamas ir griaudamas visatą sukūrė įvairiausių ritmo darinių, o Brahma ir Višnus pabrėžė laiko ritmą: Brahma žvangindamas lėkštėmis, Višnus mušdamas *mridangą* (šventąjį būgną). Sarasvatė, išminties deivė, vaizduojama grojanti *vyna*, visų styginių instrumentų pramote. Krišna, Višnaus įsikūnijimas, hinduizmo mene vaizduojamas su fleita; jis groja kerinčią giesmę, kuri *majos* iliuzijoje klaidžiojančioms žmonių sieloms primena tikruosius namus.

Hinduizmo muzikos kertiniai akmenys yra *ragos*, arba fiksuotos melodijų schemos. Šešios pagrindinės ragos skirstomos į 126 išvestines *ragines* (žmonas) ir *putras* (sūnus). Kiekvieną *ragą* sudaro mažiausiai penkios gaidos: pagrindinė gaida (*vadi*, arba karalius), antrinė gaida (*samavadi*, arba ministras pirmininkas), pagalbinės gaidos (*anuvadi*, patarnautojai) ir disonuojanti gaida (*vivadi*, priešas).

Kiekviena iš šešių pagrindinių ragų natūraliai atitinka tam tikrą dienos valandą, metų laiką ir vyraujančią dievybę, kuri suteikia skambesiui ypatingą stiprumą. Pavyzdžiui, 1 – *Hindola raga* girdima tik pavasarį auštant ir žadina visuotinės meilės nuotaiką; 2 – *Dypaka raga* grojama vasaros vakarą, kad sužadintų atjautą; 3 – *Megha raga* yra melodija, skirta liūčių laikotarpio vidudieniui ir padeda sukaupti drąsą: 4 – *Bhairava raga* grojama rytais rugpjūčio, rugsėjo ir spalio mėnesiais, ji padeda siekti ramumos; 5 – *Šri raga* grojama rudens prieblandoje ir padeda siekti tyros meilės; 6 – *Malakauša raga* girdima žiemos vidurnaktį, ji žadina narsą.

Šiuos gamtą ir žmogų siejančios garsų dermės dėsnius atrado senovės rišiai. Gamta yra sudaiktintas *Aum*, Pirminis Garsas, arba Vibruojantis Žodis, tad žmogus gali valdyti visus gamtos reiškinius pasitelkęs tam tikras mantras arba giesmes[8]. Istoriniuose dokumentuose pasakojama apie nepaprastas Mijano Tanseno (Miyan Tan Sen), XVI a. Akbaro Didžiojo rūmų muzikanto, galias. Imperatoriaus palieptas sugiedoti

---

[8] Visų tautų folklore užsimenama apie burtažodžius, turinčius galią valdyti Gamtą. Amerikos indėnai sukūrė veiksmingus garsų ritualus lietui ir vėjui paveikti. Tansenas, didis hinduistų muzikantas, gebėjo savo giesmės galia užgesinti ugnį.
Čarlzas Kelogas (Charles Kellogg), Kalifornijos gamtininkas, 1926 m. grupei Niujorko ugniagesių pademonstravo toninės vibracijos poveikį ugniai. „Stryku, primenančiu didelį smuiko stryką, greitai braukydamas aliuminį kamertoną jis skleidė čerškimą, primenantį stiprius radijo traškesius. Geltona dviejų pėdų aukščio dujų liepsna, kylanti į viršų stiklo vamzdyje, tuoj pat priblėso ir virto šešių colių aukščio plykščiojančia mėlyna liepsnele. Dar kartą perbraukus stryku, sukėlus vibraciją ir čerškimą, liepsna visai užgeso."

nakties ragą saulei dar šviečiant virš galvos, Tansenas sugiedojo mantrą, nuo kurios rūmai ir jų apylinkės tučtuojau paskendo tamsoje.

Indų muzikoje oktava dalijama į dvidešimt du *šručius*, arba pusinius pustonius. Tokie maži intervalai leidžia pasiekti subtiliausią muzikinę raišką, kurios neįmanoma išgauti Vakaruose paplitusia chromatine dvylikos pustonių gama. Kiekvienas iš septynių pagrindinių oktavos garsų hinduizmo mitologijoje siejamas su konkrečia spalva ir kokio nors paukščio arba gyvūno balsu: *do* – su žalia spalva ir povo klyksmu; *re* – su raudona spalva ir vieversio giesme; *mi* – su aukso spalva ir ožio bliovimu; *fa* – su gelsvai balta ir vanago riksmu; *sol* – su juoda spalva ir lakštingalos trelėmis; *la* – su geltona spalva ir arklio žvengimu; *si* – su visų spalvų deriniu ir dramblio trimitavimu.

Indų muzikoje skiriamos septyniasdešimt dvi *thatos*, arba gamos. Muzikantas turi labai daug erdvės kurti neribotas improvizacijas nekintamos tradicinės melodijos, arba *ragos*, tema. Jis sutelkia kūrybines pastangas į užduotos temos apibrėžtą jausmą ar nuotaiką ir papildo ją, kiek leidžia jo paties savitumas. Hinduistų muzikantai neskaito iš anksto užrašytų natų; kas kartą grodami jie nuogus *ragos* griaučius apvelka naujais drabužiais, dažnai apsiribodami viena melodine seka, visas subtilias mikrotonines ir ritmines jos variacijas pabrėždami pakartojimais.

Vienodų ir šimtą kartų sudėtingais, bet labai panašiais būdais pakartotų garsų žavesį bei galią iš Vakarų kompozitorių geriausiai suprato Bachas.

Sanskrito literatūroje aprašyta 120 *talų* (ritmo darinių, maždaug atitinkančių Vakarų muzikinius metrus). Sakoma, kad tradicinis hinduizmo muzikos pradininkas Bharata vieversio giesmėje išskyręs trisdešimt dviejų rūšių *talas*. *Tala*, arba ritmas, kilo iš žmogaus judėjimo: ėjimas sukuria dvidalį ritmą, alsavimas miegant – tridalį, kai įkvėpimas dukart ilgesnis už iškvėpimą.

Indijoje žmogaus balsas seniai pripažintas tobuliausiu muzikos instrumentu. Todėl hinduizmo muzika iš esmės apsiriboja trijų oktavų diapazonu. Dėl tos pačios priežasties pabrėžiama melodija (pasikartojančių garsų santykis), o ne harmonija (vienu metu skambančių garsų dermė).

Hinduizmo muzika yra subjektyvus, dvasinis, individualus menas, kurio tikslas – ne tobulas simfoninis atlikimas, o asmeninė darna su Aukštesniąja Siela. Visas garsiausias indų dainas sukūrė Dievui atsidavę

Žiedinių kopūstų vagis

žmonės. Sanskrito kalboje „muzikantas" vadinamas *bhagavathar* – „tas, kuris gieda Dievo šlovę".

Sankyrtanai, arba muzikos atlikėjų susibūrimai, yra iš esmės veiksminga jogos ar dvasinių pratybų forma, reikalaujanti didžiulio susikaupimo ir įsigilinimo į pradinę mintį bei garsą. Kadangi pats žmogus yra Kuriančiojo Žodžio išraiška, garsas jam daro galingą tiesioginį poveikį. Didžioji religinė tiek Rytų, tiek Vakarų muzika teikia žmogui džiaugsmo, nes jos vibracijos laikinai pažadina vieną iš stubure slypinčių centrų[9]. Tomis palaimos akimirkomis žmogų aplanko miglotas savo dieviškosios prigimties prisiminimas.

Sankyrtano garsai, šventės dieną sklidę iš Šri Juktešvaro kambario antrame aukšte, įkvėpė virėjus prie garuojančių puodų. Mano broliai mokiniai ir aš pats džiaugsmingai giedojome priedainius, delnais mušdami ritmą.

Saulei leidžiantis, šimtus svečių pavaišinome *khičuri* (ryžiais ir lęšiais), daržovių kariu ir ryžių pudingu. Kieme patiesėme medvilnines staltieses, ir netrukus svečiai sutūpė po žvaigždžių kupolu, tyliai ir įdėmiai klausydamiesi išminties iš Šri Juktešvaro lūpų. Viešai kalbėdamas jis pabrėždavo *krijajogos* vertę, gyrė savigarbos, ramybės, ryžto kupiną gyvenimą, paprastą mitybą ir reguliarią mankštą.

Paskui grupė labai jaunų mokinių sugiedojo kelias šventas giesmes. Susibūrimas baigėsi energingu *sankyrtanu*. Nuo dešimtos valandos iki vidurnakčio ašramo gyventojai šveitė puodus bei keptuves ir šlavė

---

[9] Slaptųjų stuburo smegenų centrų (*čakrų*, astralinių lotosų) pažadinimas yra šventas jogų tikslas. Vakarų egzegetai nesuprato, kad Naujojo Testamento Apreiškimo knygoje simboliškai aiškinamas jogos mokslas, kurį Jonui ir kitiems artimiems mokiniams dėstė Viešpats Jėzus. Jonas mini (Apr 1, 20) „septynių aukso žvaigždžių paslaptį" ir „septynias bažnyčias"; šiais simboliais žymimi septyni šviesos lotosai, jogos veikaluose aprašomi kaip septyneri stuburo smegenų ašies „vartai". Per šiuos dieviškai suplanuotus „išėjimus" jogai, sistemingai medituodami, ištrūksta iš kūno kalėjimo ir atgauna savo tikrąją, dvasinę tapatybę. (Žr. 26 skyrių.)

Septintasis centras, „tūkstančio žiedlapių lotosas" smegenyse, yra Neribotos Sąmonės vieta. Sakoma, kad jogas, patirdamas dieviškąjį nušvitimą, suvokia Brahmą, arba Dievą Kūrėją, kaip Padmadžą, „gimusį iš lotoso".

„Lotoso poza" taip vadinama todėl, kad ši tradicinė poza padeda jogui apžvelgti įvairiaspalvius stuburo smegenų centrų lotosus (*padmas*). Kiekvienas lotosas turi tik jam būdingą žiedlapių, arba *pranos* (gyvybinės jėgos) spindulių, skaičių. *Padmos* dar vadinamos *čakromis* arba ratais.

Apėmus transo būsenai (pasiekus *savikalpa samadhį*), lotoso poza (*padmasana*) padeda išlaikyti tiesią nugarą, kūnas nevirsta nei pirmyn, nei atgal, todėl tai mėgstamiausia jogų meditacijos poza. Bet pradedančiajam *padmasaną* atlikti gali būti nelengva, ir jos nereikėtų bandyti be *hathajogos* žinovo pagalbos.

kiemą. Guru pakvietė mane prieiti.

– Esu patenkintas, kad šiandien ir pastarąją pasiruošimo savaitę linksmai nusiteikęs darbavaisi. Noriu, kad ateitum pas mane; šiąnakt galėsi miegoti mano lovoje.

Tai buvo privilegija, kurios sulaukti nesitikėjau. Mudu pasėdėjome apimti gilios dieviškos ramybės. Praėjus gal dešimčiai minučių, kai atsigulėme miegoti, mokytojas pakilo ir ėmė rengtis.

– Kas atsitiko, pone? – džiaugsmą miegoti šalia mokytojo staiga apkartino abejonė.

– Manau, netrukus čia pasirodys keli mokiniai, nespėję į savo traukinį. Reikia paruošti jiems ką nors užkąsti.

– Gurudži, niekas neatvažiuos pirmą valandą nakties!

– Lik lovoje, tu sunkiai dirbai. O aš einu į virtuvę.

Išgirdęs ryžtingus Šri Juktešvaro žodžius, pašokau ir nusekiau jam iš paskos į mažą kasdien naudojamą virtuvę greta antrojo aukšto laiptų aikštelės. Netrukus joje jau virė ryžiai ir *dalas*.

Guru meiliai nusišypsojo.

– Šiąnakt tu įveikei nuovargį ir neišsigandai sunkaus darbo; ateityje tie dalykai tavęs nebekamuos.

Vos jis ištarė šiuos žodžius – visam gyvenimui suteiktą palaiminimą – kieme pasigirdo žingsniai. Nubėgau į apačią ir įleidau vidun grupę mokinių.

– Brangus brolau, – tarė vienas jų, – kaip nemalonu tokiu metu trukdyti Mokytoją! Mes supainiojome traukinių tvarkaraštį, bet supratome, kad negalime grįžti namo, bent akies krašteliu nepažvelgę į guru.

– Jis laukia jūsų ir netgi dabar ruošia jums maistą.

Pasigirdo širdingas Šri Juktešvaro balsas, o aš nuvedžiau apstulbusius svečius į virtuvę. Mokytojas atsigręžė į mane žėrinčiomis akimis.

– Dabar, kai sužinojai, kas iš tiesų atsitiko, tikriausiai džiaugiesi, kad svečiai pavėlavo į traukinį?

Po pusvalandžio nusekiau paskui jį į miegamąjį, džiaugsmingai laukdamas garbės miegoti greta dieviškojo guru.

16 SKYRIUS

Kaip pergudrauti žvaigždes

– Mukunda, kodėl tau neįsigijus astrologinės apyrankės?
– O kam ji man, Mokytojau? Aš netikiu astrologija.
– Mes kalbame ne apie *tikėjimą*. Turėtų būti svarbu, ar tai yra *tikra* – toks mokslinis požiūris. Visuotinės traukos dėsnis lygiai taip pat veikė ir prieš Niutoną, ir vėliau. Kosmosas būtų gana chaotiškas, jei be žmogaus tikėjimo sankcijos jo dėsniai neveiktų.

Dabar senovinio žvaigždžių mokslo reputacijai yra pakenkę šarlatanai, – tęsė Mokytojas. – Astrologija pernelyg plati tiek matematiniu [1], tiek filosofiniu požiūriu, kad ją reikiamai suprastų nuodugniai nepasirengęs žmogus. Jei neišmanėliai klaidingai aiškina, kas įrašyta danguje, ir mato ne ženklus, bet keverzones, tai šiame netobulame pasaulyje nieko kito ir negalima tikėtis. Bet išminties nereikėtų atmesti, net jei ją skleidžia niekam tikę „išminčiai".

---

[1] Iš astronominių nuorodų senovės hinduizmo literatūroje mokslininkams pavyko nustatyti jos autorių gyvenimo datas. Rišiai turėjo daug mokslo žinių; *Kaušytaki brahmanoje* randame tikslių astronomijos intarpų, iš kurių aišku, kad 3100 m. pr. Kr. hinduistai gerai išmanė astronomiją – šis mokslas turėjo praktinę vertę, nes padėjo nustatyti tinkamiausią astrologinių apeigų laiką. Taros Matos straipsnyje žurnalo *East-West* 1934 m. vasario numeryje rašoma apie *džiotišą*, arba vedų astronomijos mokslą: „Tai mokslo žinios, kurios įtvirtino Indiją visų senovės tautų priešakyje ir traukė žinių ieškotojus. *Brahmagupta*, vienas iš *džiotišos* veikalų, yra astronomijos traktatas, kuriame nagrinėjami tokie klausimai kaip mūsų Saulės sistemos planetų judėjimas aplink Saulę, eklipikos pasvirimas, Žemės sferinis pavidalas, atsispindintis Mėnulio švytėjimas, kasdienis Žemės sukimasis apie savo ašį, nejudančių žvaigždžių egzistavimas Paukščių Take, visuotinis traukos dėsnis ir kiti mokslo faktai, kurie Vakarų pasaulyje pradėti svarstyti tik Koperniko ir Niutono laikais."

Vadinamieji „arabiški skaitmenys", turėję neįkainojamos vertės Vakarų matematikos raidai, į Europą atkeliavo IX a. per arabus iš Indijos, kur jau senovėje buvo sukurta ši ženklų sistema. Daugiau apie milžinišką Indijos mokslo paveldą galima paskaityti sero P. Č. Rėjaus knygoje „Indų chemijos istorija" (P. C. Ray, *History of Hindu Chemistry*), B. N. Silo knygoje „Senovės indų pozityvistiniai mokslai" (B. N. Seal, *Positive Sciences of the Ancient Hindus*), B. K. Sarkaro knygose „Indų tiksliųjų mokslų pasiekimai" ir „Pozityvistinis indų sociologijos pamatas" (B. K. Sarkar, *Hindu Achievements in Exact Science*; *The Positive Background of Hindu Sociology*) ir U. Č. Dato „Indų Materia Medica" (U. C. Dutt, *Materia Medica of the Hindus*).

Visos kūrinijos dalys tarpusavyje susijusios ir veikia viena kitą. Subalansuotas visatos ritmas grindžiamas abipuse sąveika, – toliau kalbėjo mano guru. – Žmogus, kaip savo rūšies atstovas, turi kovoti su dvejopomis jėgomis: pirma – su vidiniu nerimu, kylančiu maišantis žemės, vandens, ugnies, oro ir eterio stichijoms; antra – su išorinėmis skaidančiomis gamtos jėgomis. Kol žmogus vargsta dėl savo mirtingumo, tol jį veikia begalė danguje ir žemėje vykstančių pokyčių.

Astrologija tyrinėja žmogus reakciją į dangaus kūnų įtaką. Žvaigždės nėra nei sąmoningai palankios, nei priešiškos žmogui – jos tiesiog skleidžia teigiamą arba neigiamą spinduliavimą. Pats savaime jis nei padeda žmonijai, nei kenkia, tik skatina pasireikšti tam tikrą pasekmę, kurios priežastis praeityje sukūrė žmogus. Taip pasiekiama priežasties ir pasekmės pusiausvyra.

Vaikas gimsta tą dieną ir tą valandą, kai dangaus spinduliai matematiškai susiderina su jo karma. Jo horoskopas – įdomus portretas, atskleidžiantis praeitį, kurios nepakeisi, ir galimą ateitį. Bet gimimo horoskopą teisingai išaiškinti gali tik tie, kurie turi intuityvios išminties, o tokių reta.

Žinia, kuri ryškiai įrašoma danguje žmogaus gimimo akimirką, skirta ne jo likimui – ankstesnių gerų ir blogų darbų pasekmėms – pabrėžti; ji turi sužadinti norą ištrūkti iš šios visuotinės vergijos. Žmogus negali pakeisti, ką jau yra padaręs. Niekas kitas, tik jis pats sukėlė priežastis, kurių rezultatai dabar vyrauja jo gyvenime. Ir vis dėlto jis gali įveikti bet kokias ribas, nes yra nubrėžęs jas pats savo veiksmais, be to, turi dvasios išteklių, kurie planetų įtakai nepasiduoda.

Prietaringa pagarba astrologijai paverčia žmogų automatu, vergiškai paklūstančiu mechaniniam vadovavimui, – kalbėjo Mokytojas. – Išmintingas žmogus įveikia savo planetas – tai yra savo praeitį – pasikliaudamas ne kūrinija, bet Kūrėju. Juo aiškiau jis suvokia savo vienovę su Dvasia, juo menkiau jį gali valdyti medžiaga. Siela visad laisva; ji nemirtinga, nes negimsta. Žvaigždės negali jos valdyti. Žmogus *yra* siela, bet *turi* kūną. Suvokęs savo tikrąją tapatybę, jis atsisako visų jam primestų modelių. Bet kol yra sutrikęs, apimtas įprastos dvasinės užmaršties, tol jį varžo subtilūs aplinkos dėsnių pančiai.

Dievas yra Darna, ir prie Jo prisiderinęs atsidavęs žmogus niekada nepadarys klaidos. Jo veiksmai bus tinkami ir savaime derės su astrologijos dėsniais. Nuoširdžiai melsdamasis ir medituodamas, jis užmezga ryšį su savo dieviškąja sąmone, ir nėra didesnės galios už šią vidinę apsaugą, – baigė mano guru.

Kaip pergudrauti žvaigždes

Stojo ilga tyla. Stengiausi suvokti kilnų Šri Juktešvaro aiškinimą, kupiną man visai naujų minčių, o tada išdrįsau paklausti:

– Vis dėlto kodėl, brangusis Mokytojau, norite, kad mūvėčiau astrologinę apyrankę?

– Tik pasiekęs tikslą keliautojas gali pagrįstai mesti į šalį visus žemėlapius. Keliaudamas jis turi naudotis visomis parankiomis galimybėmis sutrumpinti kelią. Senovės rišiai atrado daug būdų, kaip žmogaus tremtį iliuzijų pasaulyje padaryti trumpesnę. Karmos dėsnis turi tam tikrų mechaninių aspektų, kuriuos galima sumaniai pakoreguoti išminties pirštais. Visos žmogiškos blogybės kyla dėl kaip nors pažeisto visuotinio dėsnio. Šventraščiuose pabrėžiama, kad žmogus privalo laikytis gamtos dėsnių nemenkindamas Dievo visagalybės. Reikia sakyti taip: „Viešpatie, pasitikiu Tavimi ir žinau, kad gali man padėti, bet aš ir pats kiek įmanydamas stengsiuosi atitaisyti tą blogį, kurį esu padaręs." Įvairiais būdais – malda, valios jėga, jogos meditacija, klausant šventųjų, astrologinėmis apyrankėmis – galima sumažinti ar visai panaikinti neigiamus blogų praeities darbų padarinius. Lygiai kaip prie namo galima pritvirtinti varinį virbą, kad juo nutekėtų žaibo srovė, taip ir kūno šventyklą įmanoma įvairiai apsaugoti.

Visatoje be paliovos sklinda elektriniai ir magnetiniai spinduliai, – kalbėjo Mokytojas, – jie ir teigiamai, ir neigiamai veikia žmogaus kūną. Prieš daugybę amžių mūsų rišiai suko galvas, kaip įveikti neigiamą subtilų kosmoso poveikį. Išminčiai išsiaiškino, kad gryni metalai skleidžia astralinę šviesą, o ši veiksmingai neutralizuoja neigiamą planetų įtaką. Nustatyta, kad padeda ir tam tikrų augalų mišiniai. Stipriausiai veikia ne mažesni kaip dviejų karatų jokių trūkumų neturintys brangakmeniai.

Kaip praktiškai pritaikyti astrologijos metodus prevencijos tikslams, už Indijos ribų tyrinėjo mažai kas. Vienas iš menkiau žinomų faktų yra toks: tikri brangakmeniai, metalai ir augalų mišiniai yra beverčiai, jei nesiekia reikalingo svorio ir nenešiojami prie pat odos.

– Pone, aš būtinai paklausysiu jūsų patarimo ir įsigysiu apyrankę. Mane labai sudomino mintis pergudrauti kokią planetą!

– Bendrais tikslais siūlyčiau rinktis apyrankę, pagamintą iš aukso, sidabro ir vario. Bet tavo atveju rekomenduoju apyrankę iš sidabro ir švino, – tarė Šri Juktešvaras ir pridūrė tikslius nurodymus.

– Gurudži, apie kokį „mano atvejį" kalbate?

– Žvaigždės netrukus pradės „nedraugiškai" tavimi domėtis,

Mukunda. Nebijok, būsi apsaugotas. Po kokio mėnesio tau smarkiai sutriks kepenys. Numatyta, kad liga tęsis šešis mėnesius, bet jei mūvėsi astrologinę apyrankę, šis laikotarpis sutrumpės iki dvidešimt keturių dienų.

Kitą dieną susiradau juvelyrą ir netrukus jau mūvėjau apyrankę. Mano sveikata buvo kuo puikiausia ir Mokytojo pranašystę visai pamiršau. Jis išvyko iš Šryrampuro į Benaresą. Praėjus trisdešimčiai dienų po mūsų pokalbio, staiga pajutau skausmą kepenų srityje. Kelias savaites kentėjau nepakeliamas kančias, tikrą košmarą. Bet guru trukdyti nenorėjau, maniau, kad drąsiai atlaikysiu išmėginimą vienas.

Tačiau dvidešimt trys kančios dienos pakirto mano ryžtą ir aš sėdau į Benareso traukinį. Šri Juktešvaras pasitiko mane neįprastai šiltai, bet progos apie savo vargus pasipasakoti akis į akį nesuteikė. Tądien Mokytoją lankė daugybė sekėjų, trokštančių jo *daršano*[2]. Apleistas ir pasiligojęs sėdėjau kamputyje. Tik po vakarienės, kai visi svečiai išsiskirstė, guru pasikvietė mane į aštuonkampį namo balkoną.

– Tikriausiai atvažiavai dėl kepenų sutrikimo, – Šri Juktešvaro žvilgsnis buvo nukreiptas kitur; jis vaikštinėjo pirmyn atgal, kartais pakliūdamas į mėnesienos nutviekstą ruožą. – Palauk, tu sergi jau dvidešimt keturias dienas, tiesa?

– Taip, pone.

– Daryk pilvo pratimus, kurių tave išmokiau.

– Mokytojau, jei žinotumėte, kaip man skauda, nelieptumėte daryti pratimų, – tariau, bet vis dėlto atsargiai pamėginau jo paklausyti.

– Sakai, kad tau skauda, o aš sakau, kad ne. Kaip gali būti toks prieštaravimas? – klausiamai pažvelgė į mane guru.

Apsvaigau, paskui mane užplūdo džiugus palengvėjimas. Nebejutau nepaliaujamos kančios, dėl kurios nemiegojau jau kelias savaites. Sulig Šri Juktešvaro žodžiais skausmas išnyko lyg nebuvęs.

Dėkingas pabandžiau parklupti prieš jį ant kelių, bet jis greitai mane sustabdė.

– Nesielk kaip vaikas. Kelkis ir gėrėkis, kokia virš Gangos graži mėnesiena, – Mokytojo akys linksmai žybsėjo, o aš tyliai stovėjau greta. Iš jo elgsenos supratau, jog jis nori, kad jausčiausi išgydytas ne jo, bet Dievo.

Sunkią sidabro ir švino apyrankę nešioju ligi šiol. Tai atminimas

---

[2] Palaiminimo, gaunamo vien išvydus šventąjį.

Kaip pergudrauti žvaigždes

anos seniai praėjusios, bet vis dar brangios dienos, kai dar kartą sužinojau, kad gyvenu šalia išties antžmogiškų galių turinčios asmenybės. Ir vėliau, kai atvesdavau Šri Juktešvarui gydyti savo draugus, jis visad rekomenduodavo jiems nešioti brangakmenius arba apyrankes[3], girdamas tokį elgesį kaip astrologiniu požiūriu išmintingą.

Nuo vaikystės buvau nusiteikęs prieš astrologiją iš dalies dėl to, kad mačiau, kiek daug žmonių klusniai laikosi astrologų patarimų. Bet buvo ir kita priežastis. Tai pranašystė, kurią vieną kartą paskelbė mūsų šeimos astrologas: „Triskart vesi ir du kartus liksi našlys." Niūriai galvodavau apie tai jausdamasis it ožys, kuris laukia, kada bus paaukotas trijų santuokų šventykloje.

– Verčiau susitaikyk su likimu, – pasakė mano brolis Ananta. – Tau surašytame horoskope tiksliai nurodyta, kad būdamas paauglys bėgsi iš namų į Himalajus, bet būsi jėga sugrąžintas. Tad pranašystė apie santuokas irgi turi išsipildyti.

Bet vieną naktį mane aplankė kuo aiškiausia nuojauta, kad ši pranašystė visiškai klaidinga. Aš padegiau ritinėlį su horoskopu, pelenus supyliau į popierinį maišelį ir ant jo užrašiau: „Praėjusios karmos sėklos negali sudygti, pakepintos dieviškos išminties liepsnoje." Padėjau maišelį aiškiai matomoje vietoje ir mano įžūlų komentarą iškart perskaitė Ananta.

– Tiesą sunaikinti ne taip paprasta, kaip sudeginai šį popieriaus ritinį, – niekinamai nusijuokė brolis.

Vis dėlto dar paauglystėje šeimos nariai tris kartus mėgino surengti mano sužadėtuves. Kaskart atsisakydavau vykdyti jų planus[4] žinodamas, kad mano meilė Dievui yra kur kas stipresnė už visus astrologų tvirtinimus.

„Kuo giliau žmogus suvokia save, tuo didesnę įtaką daro visatai savo subtiliomis dvasios vibracijomis ir tuo mažiau jį patį veikia reiškinių kaita." Dažnai prisimindavau šiuos Mokytojo žodžius ir semdavausi iš jų įkvėpimo.

Kartais prašydavau astrologų pagal planetų išsidėstymą atrinkti man nepalankiausius laikotarpius ir vis tiek nuveikdavau, ką būdavau numatęs. Tiesa, pirmiau tekdavo įveikti ypatingus sunkumus. Bet

---

[3] Žr. p. 225.
[4] Viena mergina, kurią šeima man parinko į nuotakas, vėliau ištekėjo už mano pusbrolio Prabhaso Čandros Ghošo (Prabhas Chandra Ghosh). (Žr. nuotrauką p. 207.) [Šri Ghošas nuo 1936 m. iki savo mirties 1975 m. buvo Indijos draugijos *Yogoda Satsanga Society* (žr. p. 365–369) viceprezidentas.]

Jogo autobiografija

įsitikinimas manęs niekada neapgaudavo: pasikliovimas dieviškąja globa ir tinkamai nukreipta Dievo duota valia pasirodydavo kur kas galingesnės jėgos už dangaus kūnų įtaką.

Palengva supratau, kad žvaigždžių įrašas žmogaus gimties akimirką nereiškia, jog žmogus yra savo praeities valdoma marionetė. Netgi sakyčiau, kad tokia dangaus žinia žadina žmogaus orumą ir skatina jo ryžtą išsivaduoti iš bet kokių suvaržymų. Dievas kiekvieną žmogų sukūrė kaip sielą, apdovanotą individualybe ir dėl to būtiną visatos sandarai – nesvarbu, ar kaip laikiną ramstį, ar kaip parazitą. Žmogaus laisvė yra galutinė ir pasiekiama iškart, jei jis to nori. Tai priklauso ne nuo išorinių, bet nuo vidinių pergalių.

Šri Juktešvaras atrado būdą, kaip matematiškai pritaikyti 24 000 metų ekvinokcijų poslinkio ciklą mūsų dabartiniam amžiui[5]. Ciklas dalijamas į Kilimo lanką ir Leidimosi lanką; kiekvienas jų trunka po 12 000 metų. Kiekviename lanke yra keturios *jugos*, arba amžiai, vadinami *kali, dvapara, treta* ir *satja*; tai atitinka graikų vartotas geležies, bronzos, sidabro ir aukso amžių sąvokas.

Mano guru apskaičiavo, kad paskutinė Kilimo lanko *kalijuga*, arba geležies amžius, prasidėjo apytikriai 500 metais po Kristaus. Geležies amžius, kurio trukmė 1200 metų, buvo materializmo laikai, jis baigėsi apytikriai 1700 metais po Kristaus. Tais metais prasidėjo *dvaparajuga*, 2400 metų trukmės elektros ir atominės energijos laikotarpis, taip pat tai yra telegrafo, radijo, lėktuvų ir kitų atstumus įveikiančių prietaisų išradimų amžius.

3600 metų truksiantis *tretajugos* laikotarpis prasidės 4100 metais po Kristaus. Šiame amžiuje paplis visuotinis telepatinis bendravimas ir kitos laiką įveikiančios priemonės. Per 4800 *satjajugos* metų, paskutinį Kilimo lanko laikotarpį, labai išsivystys žmogaus intelektas, žmogus veiks darnoje su dieviškuoju planu.

Paskui (12 500 metais po Kristaus) pasaulyje prasidės Kritimo lankas, truksiantis 12 000 metų. Pirmiausia bus Kritimo aukso amžius, kuris truks 4800 metų: žmonija pamažu nugrims į neišmanymą. Šie ciklai – tai amžinas *majos* judėjimas ratu, materialių reiškinių visatos kontrastai ir reliatyvumas[6]. Bet žmonės vienas po kito ištrūksta iš kū-

---

[5] Apie šiuos ciklus plačiau pasakojama pirmoje Šri Juktešvaro knygoje „Šventasis mokslas" (*The Holy Science*), išleistoje *Self-Realization Fellowship*.

[6] Hinduizmo šventraščiuose dabarties pasaulis priskiriamas *kali* amžiui daug ilgesniame cikle nei paprastas 24 000 metų ekvinokcijų poslinkio ciklas, kuriuo domėjosi Šri Juktešvaras.

rinijos dvilypumo kalėjimo, nes atbudę suvokia savo nenutrūkstamą dievišką vienovę su Kūrėju.

Mokytojas praplėtė mano supratimą ne tik apie astrologiją, bet ir apie pasaulio šventraščius. Pasidėjęs šventuosius tekstus ant nepriekaištingai švaraus savo proto stalo, jis sugebėjo išpreparuoti juos intuityvaus samprotavimo skalpeliu ir mokslininkų klaidas bei intarpus atskirti nuo pranašų išdėstytų autentiškų tiesų.

„Sutelk žvilgsnį į nosies galiuką." Ši netiksli vieno „Bhagavadgytos" posmo[7] interpretacija, plačiai priimta ir Rytų mokslo vyrų, ir Vakarų vertėjų, sukėlė sąmojingą Mokytojo kritiką.

– Jogo kelias ir šiaip gana ypatingas, – pareiškė jis. – Kam dar patarti jam žvairuoti? Iš tiesų žodis *nasikagram* reiškia „nosies pradžią", ne „nosies galą". Nosis prasideda tarp antakių, dvasinės išminties centre.[8]

Vienas iš *sankhjos*[9] posakių yra toks: *Yšvar asidha*[10] („Kūrinijos Viešpaties kilmės neįmanoma nustatyti", arba „Dievas neįrodomas"). Remdamiesi tuo vieninteliu sakiniu, daugelis mokslininkų visą šią filosofiją vadina ateistine.

– Šis posakis nėra ateistinis, – paaiškino Šri Juktešvaras. – Juo tik sakoma, kad nenušvitusiam žmogui, kurio visus galutinius sprendimus lemia juslės, Dievo įrodymas lieka nepažinus, tad ir nesantis. Tikrieji *sankhjos* mokiniai, kurie per meditaciją yra patyrę neginčijamą įžvalgą, supranta, kad Viešpats ir egzistuoja, ir yra pažinus.

Šventraščiuose minimas ciklas trunka 4 300 560 000 metų ir apima Sukūrimo dieną. Šis milžiniškas skaičius gautas laikant skaičių pi (3,1416, apskritimo ilgio ir jo skersmens santykį) Saulės metų trukmės kartotiniu.

Visos visatos gyvenimo trukmė, kaip skelbė senovės aiškiaregiai, yra 314 159 000 000 000 Saulės metų, arba „vienas Brahmos amžius".

Hinduizmo raštuose skelbiama, kad tokia planeta kaip mūsų Žemė gali išnykti dėl vienos iš dviejų priežasčių: jei visi jos gyventojai taps visiškai geri arba visiškai blogi. Taigi pasaulio protas generuoja galią, kuri išlaisvina suristus atomus, drauge sudarančius Žemę.

Kartais spaudoje skelbiamos niūrios pranašystės apie artėjančią „pasaulio pabaigą". Bet planetų ciklai tęsiasi, paklusdami dieviškojo plano tvarkai. Nematyti jokių Žemės irimo ženklų; mūsų planetos, tokios, kokia ji yra dabar, dar laukia daug kilimo ir kritimo ekvinokcijų poslinkio ciklų.

[7] Giesmė VI, 13.
[8] „Kūno žiburys yra tavoji akis. Todėl jei tavo akis sveika, visam tavo kūnui bus šviesu. O jeigu tavo akis nesveika, tavo kūnas skendės tamsoje. Todėl žiūrėk, kad tavoji šviesa nebūtų tamsybė!" (Lk 11, 34–35).
[9] Viena iš šešių hinduizmo filosofijos sistemų. *Sankhja* moko galutinio išsilaisvinimo per dvidešimt penkių principų pažinimą, pradedant *prakrite*, arba gamta, ir baigiant *puruša* – siela.
[10] „*Sankhjos* posakiai" (*Sankhya Aphorisms*), 1, 92.

Mokytojas labai gražiai aiškino krikščioniškąją Bibliją. Būtent mano guru, ne krikščionis, o hinduistas, atvėrė man nemarią Biblijos esmę ir aš supratau vieno labai svarbaus Kristaus teiginio tiesą. Štai ši nepaprastai jaudinanti ir neginčijama ištarmė: „Dangus ir žemė praeis, o mano žodžiai nepraeis."[11]

Pagal tuos pačius dieviškuosius idealus, kurie įkvėpė Jėzų, savo gyvenimą formuoja ir didieji Indijos mokytojai. Jėzus pripažįsta, kad su jais jį sieja artimas ryšys: „Kiekvienas, kas tik vykdo mano dangiškojo Tėvo valią, yra man ir brolis, ir sesuo, ir motina."[12] „Jei laikysitės mano mokslo, – kalbėjo Kristus, – jūs iš tikro būsite mano mokiniai; jūs pažinsite tiesą, ir tiesa padarys jus laisvus."[13] Kristaus lygį pasiekę Indijos jogai yra patys sau šeimininkai, jie priklauso nemirtingųjų brolijai, kurią sudaro pažinusieji Vieną Tėvą ir per tą pažinimą išsilaisvinusieji.

– Visai nesuprantu Adomo ir Ievos istorijos! – pareiškiau savo Mokytojui vieną dieną gana įsikarščiavęs, tik pabandęs aiškintis šią alegoriją. – Kodėl Dievas nubaudė ne tik tuodu kaltuosius, bet ir niekuo dėtas negimusias kartas?

Mokytoją pralinksmino ne tiek mano neišmanymas, kiek įkarštis.

– Pradžios knyga labai simbolinė, jos negalima suprasti pažodžiui, – paaiškino jis. – „Gyvybės medis" – tai žmogaus kūnas. Stuburas yra tarsi apverstas medis: žmogaus plaukai – jo šaknys, įcentriniai ir išcentriniai nervai – šakos. Nervų sistemos medis veda daug malonių vaisių, arba pojūčių: regos, uoslės, garso, skonio ir lytos. Žmogus turi teisę jais naudotis, bet jam buvo uždrausta ragauti sekso, „obuolio" kūno centre („sodo viduryje").[14]

„Žaltys" – tai susisukusi stuburo energija, stimuliuojanti lyties nervus. „Adomas" – protas, „Ieva" – jausmai. Kai žmogaus jausmus, arba Ievos sąmonę, nustelbia lytinis impulsas, protas, arba Adomas, taip pat pasiduoda.[15]

Dievas vyro ir moters kūnus materializavo Savo valios jėga. Taip Jis

---

[11] Mt 24, 35.

[12] Mt 12, 50.

[13] Jn 8, 31–32. Šv. Jonas liudijo: „Visiems, kurie jį priėmė, jis davė galią tapti Dievo vaikais – tiems, kurie tiki jo vardą (tiems, kurie panirę į visur esančią Kristaus Sąmonę)." (Jn 1, 12).

[14] „Vaisius sodo medžių mes galime valgyti. Tik apie vaisių medžio sodo viduryje Dievas sakė: „Jūs nuo jo nevalgysite nei jo liesite, kad nemirtumėte!" (Pr 3, 2–3)

[15] „Moteris, kurią tu man davei būti su manimi, man davė vaisių nuo to medžio, aš ir valgiau." [...] Moteris atsakė: „Žaltys mane apgavo, aš ir valgiau." (Pr 3, 12–13).

sukūrė naują rūšį ir apdovanojo ją galia palikuonių susilaukti panašiai – "nekaltu", arba dievišku, būdu[16]. Iki tol Dievas, kaip individuali siela, reiškėsi tik per gyvūnus, kuriuos valdė instinktai ir kuriems nebuvo duota galimybė visapusiškai protauti, o štai dabar Jis sukūrė pirmuosius žmones ir simboliškai pavadino juos Adomu ir Ieva. Siekdamas pratęsti evoliuciją, Jis jiems įkvėpė dviejų gyvūnų sielas, arba dieviškąją esmę[17]. Adomą, arba vyrą, valdė protas, Ievą, arba moterį – jausmas. Taip buvo išreikštas dvilypumas, arba poliariškumas, viso materialių reiškinių pasaulio pagrindas. Protas ir jausmai džiugiai bendradarbiauja, iki žmogaus protą apsuka klastinga gyvuliškų polinkių energija.

Taigi žmogaus kūnas atsirado ne tik dėl gyvūnijos raidos, bet ir dėl tam tikro kuriamojo Dievo veiksmo. Gyvūnų pavidalai buvo pernelyg primityvūs dieviškumui visapusiškai išreikšti; tik žmogui buvo suteiktas potencialiai visažinis "tūkstančio žiedlapių lotosas" smegenyse ir budrūs slapti centrai stuburo smegenyse.

Dievas, arba Dieviškoji Sąmonė, buvusi pirmojoje sukurtoje poroje, patarė jiems džiaugtis visais žmogaus jausmais, išskyrus vieną – lytiniais pojūčiais[18]. Šie buvo uždrausti, kad žmonija neįsiveltų į žemesnius, gyvūnams būdingus dauginimosi būdus. Bet perspėjimas neatgaivinti pasąmonėje glūdinčios gyvuliškos atminties liko neišklausytas. Vėl grįžę prie gyvūnų dauginimosi būdo, Adomas ir Ieva prarado dangišką džiaugsmą, būdingą pirmajam tobulam žmogui. Kai "jiedu suprato esą nuogi", prarado savo nemirtingumo suvokimą, kaip Dievas ir buvo juos įspėjęs; jie pasidavė fiziniam dėsniui, pagal kurį gimęs kūnas neišvengiamai turi mirti.

Žinoti, "kas gera ir kas pikta", kaip Ievai žadėjo žaltys, – tai patirti dualistinius, priešingus išgyvenimus, kurie tenka *majoje* gyvenantiems mirtingiesiems. Netinkamai naudodamasis jausmais ir protu, arba Ievos ir Adomo sąmone, žmogus panyra į iliuziją ir atsisako teisės patekti į nuostabų dieviško savarankiškumo sodą[19]. Kiekvieno žmogaus

---

[16] "Dievas sukūrė žmogų pagal savo paveikslą, pagal savo paveikslą sukūrė jį; vyrą ir moterį; sukūrė juos. Dievas juos palaimino, tardamas: "Būkite vaisingi ir dauginkitės, pripildykite žemę ir valdykite ją!" (Pr 1, 27–28).

[17] "Tuomet VIEŠPATS Dievas padarė žmogų iš žemės dulkių ir įkvėpė jam į nosį gyvybės alsavimą. Taip žmogus tapo gyva būtybe." – Pr 2, 7.

[18] "O žaltys (lytinis potraukis) buvo suktesnis už visus kitus laukinius gyvulius (visas kitas kūno jusles), [...]." (Pr 3, 1).

[19] "VIEŠPATS Dievas užveisė sodą Edene, rytuose, ir ten įkurdino žmogų, kurį buvo padaręs." (Pr 2, 8) "Todėl VIEŠPATS Dievas išsiuntė jį iš Edeno sodo dirbti žemės, iš kurios jis buvo

asmeninė atsakomybė – grąžinti savo „tėvus", arba savo dvilypę prigimtį, į vieningą darną – Rojų.

Kai Šri Juktešvarui baigė aiškinti, į Pradžios knygos puslapius pažvelgiau nauju, pagarbiu žvilgsniu.

– Brangusis Mokytojau, – tariau, – pirmą kartą pajutau tikrą sūnaus pareigą Adomui ir Ievai![20]

---

paimtas." (Pr 3, 23) Iš pradžių Dievo sukurto žmogaus sąmonė buvo sutelkta visagalėje vienoje akyje, esančioje kaktos viduryje (į rytus). Žmogus, pradėjęs „dirbti žemę" (naudotis savo fizine prigimtimi), prarado visas šiame taške sutelktas kūrybines valios galias.

[20] Hinduizme „Adomo ir Ievos" istorija pasakojama senovinėje *Šrimat Bhagavatapuranoje*. Pirmieji vyras ir moteris (fizinį pavidalą turinčios būtybės) vadinami *Svajambhuva Manumi* („vyru, gimusiu iš Kūrėjo") ir jo žmona *Šatarupa* („turinčia šimtą pavidalų, arba paveikslų"). Jų penki vaikai susituokė su *Pradžapačiais* – tobulomis būtybėmis, galinčiomis įgyti kūnišką pavidalą; iš šių pirmųjų dieviškų šeimų atsirado žmonių giminė.

Niekur – nei Rytuose, nei Vakaruose – nesu girdėjęs tokių įžvalgių krikščionių Šventojo Rašto aiškinimų, kokius pateikė Šri Juktešvaras. „Teologai klaidingai išaiškino Kristaus žodžius, – sakė Mokytojas, – tokius kaip „Aš esu kelias, tiesa ir gyvenimas. Niekas nenueina pas Tėvą kitaip, kaip tik per mane." (Jn 14, 6) Jėzus visai nenorėjo pasakyti, kad jis – vienintelis Dievo Sūnus. Iš tikrųjų jis sakė, kad niekas negali pasiekti savybių neturinčio Absoliuto, transcendentinio Tėvo, esančio *anapus* visos kūrinijos, prieš tai netapęs „sūnumi", arba Kristaus Sąmone, *pačioje* kūrinijoje. Jėzus, pasiekęs visišką vienį su šia Kristaus Sąmone, tapatinosi su ja, nes jo paties ego jau seniai buvo išnykęs" (žr. išnašą p. 139-140).

Kai Paulius rašė, kad Dievas „visa sukūrė per Jėzų Kristų" (Ef 3, 9), ir kai Jėzus sakė: „Pirmiau, negu gimė Abraomas, Aš Esu!" (Jn 8, 58), gryna šių žodžių esmė – beasmeniškumas.

Tam tikras dvasios bailumas skatina daugybę pasauliečių patogiai tikėti, kad tik vienas žmogus buvo Dievo Sūnus. „Kristus buvo sukurtas vienintelis, – samprotauja jie, – tad kaip galiu aš, paprastas mirtingasis, sekti jo pavyzdžiu?" Bet visi žmonės buvo sukurti Dievo ir kada nors turi paklusti Kristaus įsakymui: „Taigi būkite tokie tobuli, kaip jūsų dangiškasis Tėvas yra tobulas" (Mt 5, 48). „Žiūrėkite, kokia meile apdovanojo mus Tėvas: mes vadinamės Dievo vaikai – ir esame!" (1 Jn 3, 1).

Ne viename Biblijos epizode atskleidžiamas karmos dėsnio ir jo išdavos, reinkarnacijos, supratimas (žr. išnašą p. 248-249, p. 305-306 ir 43 skyrių), pavyzdžiui: „Kas išlieja žmogaus kraują, to asmens kraują taip pat išlies žmogus" (Pr 9, 6). Jei būtina, kad kiekvieną žmogžudį irgi nužudytų „žmogus", tai akivaizdu, kad šiam procesui neretai prireikia ne vieno gyvenimo. Šiuolaikinė policija tiesiog nėra pakankamai greita!

Ankstyvoji Krikščionių Bažnyčia priėmė reinkarnacijos doktriną, ją plėtojo gnostikai ir ne vienas iš Bažnyčios tėvų, tarp jų Klemensas Aleksandrietis, garsusis Origenas (abu gyvenę III a.) ir šv. Jeronimas (V a.). Ši doktrina pirmą kartą buvo paskelbta eretiška 553 m. po Kristaus Konstantinopolio II susirinkime. Tuo metu daugelis krikščionių manė, jog reinkarnacijos doktrina suteikia žmogui per daug erdvės ir laiko ir neskatina dabar pat siekti išganymo. Bet dėl nuslėptų tiesų vėliau buvo padaryta daugybė klaidų. Milijonai žmonių naudojasi savo „vieninteliu gyvenimu" ne ieškodami Dievo, bet mėgaudamiesi šiuo pasauliu – tokia unikalia dovana, kuri taip greit bus prarasta amžiams! Iš tiesų žmogus vėl atgimsta žemėje tol, kol sąmoningai susigrąžina savo, kaip Dievo sūnaus, statusą.

17 SKYRIUS

Sasis ir trys safyrai

– Kadangi judu su mano sūnumi taip didžiai vertinate svamį Šri Juktešvarą, aš į jį pažvelgsiu, – daktaro Narajano Čandero Rojaus (Narayan Chunder Roy) balsas išdavė, kad jis tenkina dviejų nevispročių įgeidį. Pasipiktinau, bet sekdamas geriausiomis misionierių tradicijomis savo emocijas nuslėpiau.

Mano pašnekovas veterinarijos gydytojas buvo įsitikinęs agnostikas. Juo pasidomėti manęs paprašė jo jaunas sūnus Santošas (Santosh). Kol kas mano „neįkainojamos" pagalbos vaisių beveik nebuvo matyti.

Kitą dieną daktaras Rojus nuėjo su manimi į Šryrampuro vienuolyną. Mokytojas trumpai pasikalbėjo su svečiu (tiesą sakant, abu pašnekovai didesnę pokalbio dalį stoiškai tylėjo) ir šis skubiai išėjo.

– Kam atvedei į ašramą numirėlį? – klausiamai pažvelgė į mane Šri Juktešvaras, vos Kalkutos skeptikas uždarė paskui save duris.

– Pone! Daktaras gyvų gyviausias!

– Bet jis netrukus mirs.

Buvau sukrėstas.

– Pone, jo sūnui tai bus baisus smūgis. Santošas dar tikisi, kad laikas pakeis materialistines tėvo pažiūras. Meldžiu jūsų, Mokytojau, padėti šiam žmogui.

– Gerai, jei jau tu prašai, – bejausmiu veidu atsakė guru. – Išdidusis arklių gydytojas seniai serga diabetu, nors to nežino. Po penkiolikos dienų jis atguls į ligos patalą. Gydytojai nesuteiks jokių vilčių, o praėjus šešioms savaitėms nuo šios dienos jam skirtas laikas žemėje baigsis. Bet tavo maldomis tada jis ir pasveiks. Tik su viena sąlyga: privalai jį įtikinti mūvėti astrologinę apyrankę. Neabejoju, kad jis tam priešinsis taip pat audringai, kaip operacijoms priešinasi jo gydomi arkliai, – sukikeno Mokytojas.

Kol tylėdamas svarsčiau, kaip mudviem su Santošu geriau įkalbėti daktarą, Šri Juktešvaras atskleidė dar šį tą:

– Kai tik jis pasijus geriau, patark jam nevalgyti mėsos. Tiesa, jis neklausys šio patarimo ir po šešių mėnesių, kaip tik tada, kai jausis geriausiai, kris negyvas, – tarė mano guru ir pridūrė: – Šeši papildomi gyvenimo mėnesiai jam dovanojami tik dėl to, kad tu to prašai.

Rytojaus dieną pasiūliau Santošui juvelyro dirbtuvėje užsakyti apyrankę. Po savaitės ji buvo pagaminta, bet daktaras Rojus atsisakė ją nešioti.

– Mano sveikata kuo puikiausia. Niekaip nepriversi manęs patikėti šiais astrologiniais prietarais, – karingai pažvelgė į mane daktaras.

Smagiai prisiminiau, kad Mokytojas ne veltui palygino šį žmogų su nirčiu arkliu. Praėjo dar septynios dienos, daktaras staiga susirgo ir tada nuolankiai sutiko mūvėti apyrankę. Po dviejų savaičių jo gydytojas man pasakė, kad ligonis beviltiškas. Jis papasakojo širdį draskančių smulkmenų apie diabeto padarytą žalą organizmui.

Aš papurčiau galvą.

– Mano guru sakė, kad po mėnesio daktaras Rojus pasveiks.

Gydytojas nepatikliai į mane dėbtelėjo. Bet po dviejų savaičių susirado mane, kad atsiprašytų.

– Daktaras Rojus visiškai pasveiko! – sušuko jis. – Tai labiausiai stulbinamas nutikimas mano praktikoje. Dar niekada nesu matęs, kad mirštantis žmogus taip nepaaiškinamai visiškai išgytų. Tavo guru tikriausiai yra gydantis pranašas!

Po vieno pokalbio su daktaru Rojumi, per kurį perdaviau jam Šri Juktešvaro patarimą nevalgyti mėsos, nemačiau jo šešis mėnesius. Kartą vakare, kai sėdėjau tėvų namų verandoje, jis stabtelėjo pasišnekučiuoti.

– Pasakyk savo mokytojui, kad dažnai valgydamas mėsą aš visiškai atgavau jėgas. Jo nemoksliškos idėjos apie mitybą manęs nepaveikė, – ir iš tiesų daktaras Rojus atrodė trykštąs sveikata.

Bet kitą rytą iš savo namų gretimame kvartale pas mane atbėgo Santošas.

– Šįryt tėvas krito negyvas!

Tai buvo vienas keisčiausių įvykių, kurie nutiko per tą laiką, kai bendravau su Mokytoju. Jis išgydė maištingąjį veterinarą nepaisydamas jo netikėjimo ir šešiems mėnesiams pratęsė jam skirtą laiką žemėje tik dėl to, kad to labai prašiau aš. Iš beribio gerumo Šri Juktešvaras atsiliepdavo į jam atsidavusių žmonių prašymus.

Atvedęs bendramokslius susitikti su savuoju guru jausdavau ypatingą garbę ir išdidumą. Daugelis jų mielai – bent ašrame! – nusimesdavo madingą religinio skepticizmo apsiaustą.

Sasis ir trys safyrai

Nemažai laimingų savaitgalių Šryrampure praleido vienas iš mano draugų, vardu Sasis (Sasi). Mokytojas labai pamėgo vaikiną ir apgailestavo, kad šio asmeninis gyvenimas pašėlęs ir nežabotas.

– Sasi, jei nepasikeisi, po metų pavojingai susirgsi, – meiliai, bet kiek pyktelėjęs žvelgė į mano draugą Šri Juktešvaras. – Mukunda liudytojas, tad paskui nesakyk, kad tavęs neperspėjau.

Sasis nusijuokė.

– Mokytojau, gal jums padedant maloningasis kosmosas pasidomės mano liūdnu atveju! Mano dvasia pasiruošusi, bet valia per silpna. Jūs – vienintelis mano gelbėtojas žemėje, daugiau netikiu niekuo.

– Bent turėtum nešioti dviejų karatų mėlyną safyrą. Jis tau padės.

– Neturiu už ką jo nusipirkti. Be to, mielasis Gurudži, esu įsitikinęs, kad jei pakliūsiu į bėdą, jūs mane apsaugosite.

– Po metų atsineši tris safyrus, – atsakė Šri Juktešvaras. – Bet tada jie tau nepagelbės.

Ši tema su įvairiomis variacijomis Sasio ir Mokytojo pokalbyje pasikartojo ne kartą. „Aš negaliu pasikeisti! – nusiminęs komiškai kartodavo Sasis. – O mano tikėjimas jumis, Mokytojau, brangesnis už visus brangakmenius!"

Praėjo metai. Vieną dieną aplankiau savo guru Kalkutoje jo mokinio Nareno Babu namuose. Apie dešimtą valandą ryto, kai su Šri Juktešvaru sėdėjome antro aukšto svetainėje, išgirdau atsidarant lauko duris. Mokytojo nugara išsitiesė.

– Tai tasai Sasis, – rimtai tarė jis. – Praėjo visi metai, abu jo plaučiai suirę. Jis neklausė mano patarimų. Pasakyk jam, kad nebenoriu jo matyti.

Gerokai priblokštas Šri Juktešvaro griežtumo, tekinas nubėgau laiptais. Sasis kopė aukštyn.

– O, Mukunda! Tikiuosi, Mokytojas čia; nujaučiau, kad jį rasiu.

– Taip, bet jis prašė jo netrukdyti.

Sasis apsipylė ašaromis ir nustūmė mane į šalį. Jis puolė Šri Juktešvarui po kojomis ir padėjo prie jų tris gražius safyrus.

– Visažini Guru, gydytojai sako, kad man plaučių tuberkuliozė. Gyventi liko tik trys mėnesiai! Nuolankiai meldžiu jūsų pagalbos. Žinau, kad galite mane išgydyti!

– Ar ne per vėlu dabar jaudintis dėl savo gyvybės? Keliauk sau su savo brangakmeniais. Anksčiau jie dar būtų padėję, bet dabar nebe.

Mokytojas sėdėjo it sfinksas, apgaubtas nepermaldaujamos tylos, kurią pertraukdavo tik pasigailėjimo meldžiančio jaunuolio kūkčiojimas.

Mane aplankė nuojauta, kad Šri Juktešvaras tikrina, ar Sasis iš tiesų tiki dieviškojo išgydymo galia. Nenustebau, kai praėjus įtampos kupinai valandai Mokytojas nukreipė į mano sugniuždytą draugą atjautų žvilgsnį.

– Kelkis, Sasi. Kokį sąmyšį sukėlei svetimo žmogaus namuose! Grąžink safyrus juvelyrui, nes dabar jie – tik nereikalingos išlaidos. Bet nusipirk astrologinę apyrankę ir ją mūvėk. Nebijok – po kelių savaičių pasveiksi.

Šypsena nušvietė Sasio apsiašarojusį veidą lyg netikėtai išlindusi saulė lietaus išvargintą kraštovaizdį.

– Numylėtasai Guru, ar man vartoti vaistus, kuriuos paskyrė gydytojai?

– Kaip nori, vartok arba išmesk – nesvarbu. Tau mirti nuo tuberkuliozės taip pat neįmanoma, kaip saulei pasikeisti vietomis su mėnuliu, – tarė Šri Juktešvaras. – O dabar eik, kol neapsigalvojau!

Nervingai nusilenkęs, mano draugas paskubomis išėjo. Paskui kelias savaites ne kartą jį lankiau ir apstulbęs žiūrėjau, kaip jo būklė blogėja.

– Sasis neišgyvens iki ryto, – kartą tarė jo gydytojas.

Pamatęs draugą, beveik virtusį griaučiais, galvotrūkčiais nulėkiau į Šryrampurą. Guru šaltai išklausė mano ašaringą pasakojimą.

– Ko čia atsibeldei man trukdyti? Juk jau girdėjai, kaip patikinau Sasį, kad jis pasveiks.

Pagarbios baimės apimtas nusilenkiau ir patraukiau prie durų. Šri Juktešvaras atsisveikindamas neištarė nė žodžio, sėdėjo paniręs į tylą pusiau atmerkęs nemirksinčias akis, jo žvilgsnis klajojo kitame pasaulyje.

Iš karto grįžau į Sasio namus Kalkutoje. Apstulbęs pamačiau draugą sėdintį ir geriantį pieną.

– Oi, Mukunda! Koks stebuklas! Prieš keturias valandas šiame kambaryje pajutau Mokytojo buvimą ir mano baisieji simptomai akimirksniu išnyko. Jaučiu, kad iš jo malonės visiškai išgijau.

Po kelių savaičių Sasis buvo tvirtesnis ir sveikesnis nei kada nors anksčiau[1]. Bet paskui šį išgijimą kiek aptemdė Sasio nedėkingumas: pas Šri Juktešvarą jis ėmė lankytis labai retai. Kartą draugas man paaiškino

---

[1] 1936 m. iš vieno draugo išgirdau, kad Sasio sveikata tebėra puiki.

taip apgailestaująs dėl savo ankstesnio gyvenimo, kad Mokytoją susitikti tiesiog gėdijasi.

Tada padariau išvadą, kad Sasio liga sustiprino jo valią ir paskatino keisti elgesį.

Škotų bažnyčios koledže buvo besibaigią antrieji mano studijų metai. Paskaitas lankiau tik priešokiais, mokiausi nedaug – tik norėdamas nuraminti šeimą. Pas mane nuolat ateidavo du repetitoriai, bet manęs dažnai nerasdavo namie ir tai buvo vienintelis pastovumas mano akademinėje karjeroje!

Indijoje po dvejų metų nepertraukiamų studijų koledže suteikiamas aukštesniojo mokslo baigimo diplomas, o dar po dvejų metų studentas gali gauti humanitarinių mokslų bakalauro laipsnį.

Grėsmingai artėjo baigiamieji egzaminai. Aš pabėgau į Purį, kur kelioms savaitėms buvo išvykęs mano guru. Miglotai tikėdamasis, kad jis pasakys, jog man nereikia dalyvauti baigiamuosiuose egzaminuose, prisipažinau, jog esu jiems nepasiruošęs.

Šri Juktešvaras šypsodamasis paguodė:

– Tu visa širdimi vykdei savo dvasines pareigas, tad neišvengiamai apleidai studijas koledže. Bet šią savaitę stropiai pasėdėk prie vadovėlių ir egzaminus išlaikysi sėkmingai.

Grįžau į Kalkutą ryžtingai slopindamas retkarčiais užplūstančias pagrįstas abejones. O paskui apžvelgiau kalną vadovėlių ant savo stalo ir pasijutau it klajūnas, pasiklydęs dykumoje.

Vis dėlto ilgai meditavęs sugalvojau, kaip sutaupyti laiko. Atsiversdavau vadovėlį ir perskaitydavau tik tuos du puslapius, kurie būdavo prieš akis, paskui atsiversdavau kitoje vietoje ir vėl perskaitydavau du puslapius. Taip mokiausi ištisą savaitę po aštuoniolika valandų per parą ir tapau tikru knygų vartymo bei greitojo mokymosi specialistu.

Atėjus laikui, šis, atrodytų, atsitiktinis mano mokymosi metodas egzaminų salėse pasiteisino. Išlaikiau visus egzaminus, nors kai kuriuos – vos per plauką. Draugų ir šeimos narių sveikinimai juokingai sumišo su nuostabos šūksniais.

Grįžęs iš Purio, Šri Juktešvaras mane maloniai nustebino.

– Tavo mokslai Kalkutoje baigėsi, – tarė jis. – Pasistengsiu, kad likusius dvejus studijų metus praleistum čia, Šryrampure.

Aš sutrikau.

– Pone, šiame mieste nėra humanitarinių mokslų bakalauro studijų. Šryrampuro kolegijoje, vienintelėje aukštesniojo mokslo įstaigoje, buvo tik dvejų metų trukmės tarpinės studijos.

Mokytojas šelmiškai nusišypsojo.

– Aš per senas rūpintis dotacijomis, už kurias tau būtų galima suorganizuoti bakalauro studijas. Tikriausiai teks šį reikalą pavesti kam nors kitam.

Po dviejų mėnesių profesorius Hauelsas (Howells), Šryrampuro kolegijos prezidentas, viešai paskelbė, kad jam pavykę surinkti lėšų ketverių metų studijų kursui. Šryrampuro kolegija tapo Kalkutos universiteto filialu. Aš buvau vienas pirmųjų studentų, įsirašiusių į studijas

Šri Jogananda šešiolikos metų

Sasis ir trys safyrai

humanitarinių mokslų bakalauro laipsniui gauti.
— Gurudži, koks jūs man geras! Aš taip troškau palikti Kalkutą ir kasdien būti greta jūsų Šryrampure. Profesorius Hauelsas nė nesapnavo, koks turėtų būti jums dėkingas už tylią pagalbą! Šri Juktešvaras įsmeigė į mane tariamai griežtą žvilgsnį.
— Dabar tau nebereikės taip ilgai užtrukti traukiniuose, tad studijoms turėsi marias laiko! Gal pagaliau nustosi kalti tik prieš egzaminus ir tapsi mokslo žmogumi.
Bet kažkodėl jo žodžiai nuskambėjo nelabai įtikinamai.[2]

---

[2] Šri Juktešvarą, kaip ir daug kitų išminčių, liūdino materialistinis šiuolaikinio ugdymo pobūdis. Labai nedaugelyje mokyklų aiškinami dvasiniai laimės dėsniai ar mokoma išminties, kaip formuoti savo gyvenimą „bijant Dievo", tai yra nepamirštant pagarbios baimės savo Kūrėjui.

Jaunuoliai, šių laikų mokyklose ir koledžuose girdintys, kad žmogus – tai tik „labiau išsivystęs gyvūnas", dažnai tampa ateistais. Jie nesistengia tyrinėti savo sielų ir nelaiko savęs, savo esminės prigimties, sukurtų pagal „Dievo paveikslą". Emersonas rašė: „Išorėje įmanoma įžvelgti tik tai, ką turime viduje. Jei nerandame dievų, tai dėl to, kad jų neįsileidžiame vidun." Tas, kuris įsivaizduoja, kad gyvuliška prigimtis – vienintelė jo tikrovė, neieško Dievo.

Ugdymo sistema, kurioje Dvasia nelaikoma svarbiausiuoju žmogaus egzistencijos faktu, teikia *avidją* – klaidingas žinias. „Tu gi sakai: 'Aš esu turtingas ir pralobęs, ir nieko man nebereikia', – o nežinai, kad esi skurdžius, apgailėtinas, beturtis, aklas ir plikas." (Apr 3, 17)

Senovės Indijoje jaunimas buvo ugdomas idealiai. Sulaukęs devynerių, mokinys būdavo priimamas į *gurukulą* (guru šeimos namus, mokymosi vietą) „kaip sūnus". „Šių laikų berniukas mokykloje [kasmet] praleidžia aštuntadalį savo laiko; Indijoje jis visą laiką joje gyvendavo, – rašo profesorius S. V. Venkatešvara knygoje „Indijos kultūra per amžius" (S. V. Venkateswara, *Indian Culture Through the Ages*, I tomas, išleido Longmans, Green & Co.) – Buvo jaučiamas sveikas solidarumo ir atsakomybės jausmas, taip pat buvo daug progų ugdyti pasitikėjimą savimi ir individualybę, buvo keliami dideli kultūros ir savidrausmės reikalavimai, griežtai paisyta pareigų, vertinti nesavanaudiški poelgiai ir pasiaukojimas, kartu skatinama savigarba ir pagarba kitiems; vyravo aukšti akademinio orumo standartai ir [...] žmogaus gyvenimo kilnumo bei jo didžio tikslo suvokimas."

18 SKYRIUS

Musulmonas stebukladarys

– Prieš daugel metų šitame pat kambaryje, kuriame dabar esame, mano akivaizdoje vienas musulmonas stebukladarys padarė keturis stebuklus!

Šri Juktešvaras tai pareiškė pirmąkart apsilankęs mano naujajame būste. Įstojęs į Šryrampuro koledžą, tuoj pat išsinuomojau kambarį greta esančiame pensione, vadinamame *panthi*[1]. Tai buvo senovinis plytų dvaras fasadu į Gangą.

– Mokytojau, koks sutapimas! Nejau šios neseniai perdažytos sienos tikrai saugo senus prisiminimus? – susidomėjęs apsidairiau po paprastais baldais apstatytą kambarį.

– Tai ilga istorija, – prisiminęs nusišypsojo guru. – Tas *fakyras*[2] vadinosi Afzalas Chanas (Afzal Khan). Atsitiktinai susipažinęs su hinduistu jogu, jis įgijo nepaprastų galių.

„Sūnau, aš ištroškęs, atnešk man vandens", – kartą paprašė apdulkėjęs *sanjasis*, kai Afzalas dar buvo vaikas ir gyveno mažame Rytų Bengalijos kaimelyje. „Mokytojau, aš musulmonas. Kaip jūs, hinduistas, galėsite iš mano rankų priimti gėrimą?" – „Vaike, man patinka tavo tiesumas. Bet aš nepaisau bedievių sektantų išgalvotų taisyklių. Eik ir greitai atnešk man vandens."

Pagarbus Afzalo klusnumas buvo apdovanotas meiliu jogo žvilgsniu. „Iš ankstesnių gyvenimų paveldėjai gerą karmą, – iškilmingai tarė jis. – Išmokysiu tave tokio jogos metodo, kuris padės tau valdyti vieną iš nematomų sferų. Šias dideles galias, kuriomis būsi apdovanotas, skirk tik vertiems tikslams ir niekada nesiek naudos sau! Deja, matau, kad iš praeities esi atsinešęs ir šiokį tokį destruktyvų polinkį. Neleisk jam suvešėti, nelaistyk jo naujais blogais darbais. Tavo ankstesnė karma

---

[1] Studentų bendrabutis; nuo žodžio *pantha* – klajoklis, žinių ieškotojas.
[2] Musulmonų jogas; pavadinimas kilęs nuo arabiško žodžio *faqir* – vargšas; anksčiau taip vadinti neturto įžadus davę dervišai.

tokia sudėtinga, kad šiame gyvenime pasiektus jogos laimėjimus turėsi derinti su aukščiausiais geradarystės tikslais."

Pamokęs apstulbusį vaiką sudėtingos metodikos, mokytojas išnyko. Afzalas dvidešimt metų stropiai darė jogos pratimus. Jo stebuklai patraukė daugelio dėmesį. Atrodo, kad jį visur lydėjo bekūnė dvasia, kurią jis vadino Hazratu. Ši neregima esybė vykdė net menkiausius *fakyro* norus.

Bet nepaisydamas mokytojo įspėjimo, Afzalas pradėjo piktnaudžiauti savo galiomis. Visi daiktai, kuriuos jis paimdavo ir paskui padėdavo atgal, netrukus dingdavo be pėdsakų. Galiausiai dėl šio trikdančio ypatumo musulmonas daug kur tapo nelaukiamas.

Kartkartėmis dėdamasis pirkėju jis apsilankydavo didžiosiose Kalkutos juvelyrinių dirbinių parduotuvėse. Brangenybės, kurias paimdavo į rankas, jam išėjus iš parduotuvės netrukus dingdavo.

Dažnai Afzalą supdavo keli šimtai mokinių, kuriuos traukė viltis perprasti jo paslaptis. Kartais *fakyras* juos pasikviesdavo keliauti drauge. Geležinkelio stotyje jis įsigudrindavo paliesti bilietų ritinį. Paskui pastumdavo jį bilietų pardavėjui ir tardavo: „Apsigalvojau, dabar jų nepirksiu." Bet įlipęs su visa palyda į traukinį Afzalas visada turėdavo reikalingus bilietus.[3]

Šie jo žygiai sukėlė pasipiktinimo šurmulį. Bengalijos juvelyrams ir bilietų pardavėjams visiškai pakriko nervai! Policininkai, kelis sykius pabandę suimti Afzalą, pasijuto bejėgiai, nes visus įkalčius *fakyras* sunaikindavo vien taręs tokį paliepimą: „Hazratai, pasiimk."

Šri Juktešvaras pakilo nuo kėdės ir priėjo prie mano kambario balkono, iš kurio matėsi Ganga. Nusekiau iš paskos, nekantraudamas daugiau išgirsti apie nepaprastą musulmonų vagį džentelmeną.

– Kitados namas priklausė vienam mano draugui. Jis susipažino su Afzalu ir pasikvietė jį čia paviešėti. Dar mano draugas pakvietė bene dvidešimt kaimynų, tarp jų ir mane. Tada buvau dar jaunuolis ir labai smalsavau pamatyti skandalingai pagarsėjusį *fakyrą*, – nusijuokė Mokytojas. – Apsidraudžiau ir nepasiėmiau jokių vertingų daiktų! Afzalas tiriamai mane nužvelgė ir tarė: „Tavo stiprios rankos. Eik apačion į sodą, paimk glotnų akmenį, kreida užrašyk ant jo savo vardą, tada sviesk akmenį kiek įmanydamas toliau į Gangą."

[3] Tėvas vėliau man pasakojo, kad bendrovė, kurioje jis dirbo – „Bengalijos–Nagpuro geležinkeliai" – irgi nukentėjo nuo Afzalo Chano.

Paklusau. Vos akmuo išnyko toli bangose, musulmonas darsyk kreipėsi į mane: „Pasemk puodą vandens iš Gangos priešais namą."

Kai grįžau nešinas vandeniu, fakyras sušuko: „Hazratai, įdėk akmenį į puodą!" Puode iškart atsirado akmuo. Išėmiau jį ir pamačiau aiškiai užrašytą savo vardą!

Babu[4], vienas kambaryje buvusių mano draugų, segėjo sunkų senovinį auksinį laikrodį su grandinėle. Šis daiktas *fakyrui* aiškiai patiko. Netrukus laikrodis dingo! „Afzalai, labai prašau grąžinti mano brangiausią relikviją!" – vos neapsiverkė Babu. Musulmonas ramiai patylėjo, paskui tarė: „Geležiniame seife tu laikai penkis šimtus rupijų. Atnešk jas man ir aš tau pasakysiu, kur rasti laikrodį."

Nuliūdęs Babu tuoj pat išėjo namo. Netrukus grįžo ir padavė Afzalui nurodytą sumą. „Eik prie tiltelio netoli savo namų, – liepė jam *fakyras*. – Pašauk Hazratą ir liepk grąžinti tau laikrodį su grandinėle." Babu išskubėjo ir grįžo visas švytėdamas, matėsi, kad jam palengvėjo; tiesa, laikrodžio jis neturėjo. „Kai pašaukiau Hazratą, kaip buvau lieptas, – pareiškė jis, – mano laikrodis tiesiai iš oro kriste įkrito man į dešiniąją ranką! Galite neabejoti, kad pirmiausia saugiai užrakinau savo paveldėtą brangenybę seife ir tik tada grįžau pas jus!"

Babu draugai, matę visą laikrodžio išpirkos tragikomediją, pažvelgė į Afzalą pasipiktinę. Šis prakalbo nuolankiau: „Prašom pasakyti, kas ko norėtumėte atsigerti; Hazratas visko parūpins."

Keli žmonės paprašė pieno, kiti – vaisių sulčių. Aš per daug nenustebau, kai susierzinęs Babu užsisakė viskio! Musulmonas užsakė, o paslaugusis Hazratas greitai užsakymą įvykdė – iš viršaus ėmė kristi ir bumbsėti į grindis sandarūs indai. Kiekvienas susirado, ko buvo norėjęs.

Pažadėtas ketvirtas tos dienos stebuklas tikrai turėjo patikti mūsų šeimininkui: Afzalas pasisiūlė tuoj pat parūpinti mums pietus!

„Užsisakykime brangiausių patiekalų, – niūriai pasiūlė Babu. – Už savo penkis šimtus rupijų noriu prašmatniai pavalgyti. Viską prašom patiekti aukso lėkštėse!"

Vos tik visi išsakė savo pageidavimus, *fakyras* kreipėsi į nenuilstantį Hazratą. Kilo didelis žvangesys ir iš niekur prie mūsų kojų ėmė leistis auksinės lėkštės, pilnos įmantriai paruošto kario, karštų kvietinių paplotėlių (*lučių*) ir daugybės vaisių, kuriems prinokti dar nebuvo metas.

---

[4] Neatsimenu šio Šri Juktešvaro draugo vardo, tad teks jį vadinti tiesiog *Babu* (ponu).

Maistas buvo labai skanus. Valandą papuotavę pradėjome skirstytis. Bet mus atsigręžti privertė garsus triukšmas – lyg kas būtų krovęs į rietuvę lėkštes. Žiū – ogi nė ženklo nei spindinčių lėkščių, nei maisto likučių.

– Gurudži, – pertraukiau jo pasakojimą, – jei Afzalas taip lengvai galėjo gauti aukso indų, kodėl jis geidė kitų žmonių turto?

– Fakyras nebuvo labai dvasingas, – paaiškino Šri Juktešvaras. – Įvaldęs tam tikrą jogos techniką, jis pasiekė astralinę sferą, kurioje iškart įkūnijami visi troškimai. Padedamas Hazrato, astralinės būtybės, musulmonas savo galinga valia iš eterio energijos iškviesdavo bet kokio daikto atomus. Bet iš astralo gautų daiktų struktūra netvari, jų ilgai neišlaikysi [5]. Afzalas troško žemiškų turtų, nors sunkiau įgyjamų, bet gerokai tvaresnių.

Nusijuokiau ir tariau:

– Nors ir jie kartais nepaaiškinamai išnyksta!

– Afzalas nebuvo Dievą suvokęs žmogus, – toliau kalbėjo Mokytojas. – Ilgalaikius ir naudingus stebuklus daro tikri šventieji, nes jie gyvena dermėje su visagaliu Kūrėju. Afzalas buvo tik paprastas žmogus, turintis ypatingą galią prasiskverbti į subtiliąsias sritis, mirtingiesiems dažniausiai pasiekiamas tik po mirties.

– Dabar suprantu, Gurudži. Atrodo, aname pasaulyje esama patrauklių dalykų.

Mokytojas sutiko ir tęsė:

– Nuo tos dienos Afzalo nebemačiau, bet po kelerių metų į mano namus atėjo Babu ir parodė laikraščio žinutę, kurioje buvo pateikta vieša musulmono išpažintis. Iš jos sužinojau faktus, kuriuos tau ką tik papasakojau – apie Afzalui suteiktą hinduistų guru iniciaciją.

Kaip prisiminė Šri Juktešvaras, toliau laikraštyje buvo rašoma štai kas: „Aš, Afzalas Chanas, rašau šiuos žodžius atgailaudamas ir norėdamas įspėti kitus, siekiančius įgyti stebuklingų galių. Daugel metų piktnaudžiavau stebuklingais gebėjimais, gautais iš Dievo malonės ir perteiktais mokytojo. Puikybė svaigino, aš įtikėjau, kad įprasti doros dėsniai man negalioja. Galiausiai atėjo mano atpildo diena. Neseniai pakeliui į Kalkutą sutikau senį. Jis skausmingai šlubčiojo, nešdamasis spindintį daiktą, kuris atrodė auksinis. Godulio apimtas kreipiausi į jį. 'Esu Afzalas Chanas, didis *fakyras*. Ką čia turi?' – 'Šis auksinis rutulys

---

[5] Kaip ir mano iš astralo gautas sidabrinis amuletas, kuris galiausiai dingo nuo žemės paviršiaus. (Astralinis pasaulis aprašytas 43 skyriuje.)

yra mano vienintelis medžiaginis turtas; *fakyro* jis negali sudominti. Meldžiu, pone, išgydyti mano apšlubusią koją.' Aš paliečiau rutulį ir nieko netaręs nuėjau toliau. Senis nuklibikščiavo man iš paskos. O netrukus ėmė garsiai šaukti: 'Mano auksas dingo!'

Kadangi nekreipiau į jį dėmesio, jis staiga prabilo griausmingu balsu, nepritinkančiu tokiam gležnam kūnui: 'Ar tu manęs neatpažįsti?'

Sustojau netekęs žado ir priblokštas. Per vėlai supratau, kad šis niekuo neišsiskiriantis senas luošys yra ne kas kitas, o didis šventasis, labai seniai inicijavęs mane į jogą. Jis išsitiesė, jo kūnas akimirksniu tapo stiprus ir jaunas. 'Tai štai kaip! – nusvilino mane Mokytojo žvilgsnis. – Savo akimis matau, kad galiomis naudojiesi ne kenčiantiems padėti, bet apiplėšti juos kaip niekingas vagis! Atimu iš tavęs stebuklingas dovanas. Hazratas tau nebetarnaus. Liausiesi gąsdinęs visą Bengaliją!'

Sielvartingai pašaukiau Hazratą ir pirmą kartą nebepamačiau jo vidiniu regėjimu. Bet tada staiga man nuo akių nukrito tamsi uždanga ir aš aiškiai išvydau savo ankstesnio gyvenimo šventvagiškumą. 'Mano guru, dėkoju, kad atėjai išsklaidyti taip ilgai trukusių iliuzijų, – ėmiau kūkčioti prie jo kojų. – Pažadu atsisakyti žemiškų troškimų. Pasitrauksiu į kalnus ir užsisklendęs medituosiu Dievą, idant išpirkčiau savo padarytą blogį.' Mokytojas žvelgė į mane tylėdamas, bet atjaučiai. 'Matau, kad esi nuoširdus, – galiausiai tarė jis. – Kadangi jaunystėje griežtai paklusai, o dabar atgailauji, suteiksiu tau vieną malonę. Visos kitos tavo galios dingo, bet kai prireiks maisto ar drabužių, vis dar gali pasikviesti Hazratą ir jis tau jų parūpins. Kalnų vienumoje iš visos širdies stenkis pažinti Dievą.' Tada mano guru išnyko, o man liko ašaros ir apmąstymai. Sudie, pasauli! Einu ieškoti Kosmoso Numylėtojo atleidimo."

19 SKYRIUS

Mano Mokytojas, būdamas Kalkutoje, pasirodo Šryrampure

– Mane dažnai apninka ateistinės dvejonės. Dar mane kartais ima persekioti kankinama spėlionė: ar yra tokių sielos galimybių, kurių mes nesame atskleidę? O jei yra ir jei žmogui nepavyksta jų išsiaiškinti, ar jis gali pasiekti tikrąjį gyvenimo tikslą?

Šiuos klausimus Didženas Babu (Dijen Babu), su kuriuo bendrabutyje gyvenau viename kambaryje, išsakė, kai jį pakviečiau susipažinti su savuoju guru.

– Šri Juktešvaras supažindins tave su *krijajoga*, – atsakiau. – Ji numaldo dualistinę sumaištį ir suteikia dieviško vidinio tikrumo.

Vakare Didženas atlydėjo mane į vienuolyną. Mokytojo akivaizdoje mano draugas patyrė tokią dvasios ramybę, kad netrukus tapo nuolatiniu svečiu.

Banalūs kasdienio gyvenimo rūpesčiai nepatenkina giliausių mūsų poreikių; žmogus iš prigimties alksta ir išminties. Šri Juktešvaro žodžiai įkvėpė Didženą pamėginti širdyje atrasti tikresnį savąjį aš, ne tik lėkštą laikino įsikūnijimo ego.

Kadangi mudu su Didženu Šryrampuro koledže humanitarinių mokslų bakalauro laipsnio siekėme drauge, tai taip pat drauge iškart po paskaitų įpratome eiti į ašramą. Dažnai matydavome Šri Juktešvarą stovintį antro aukšto balkone ir su šypsena mus sveikinantį.

Vieną popietę Kanajus, jaunas vienuolyno auklėtinis, pasitiko Didženą ir mane prie durų su liūdna žinia:

– Mokytojo nėra; jis gavo laišką, ir skubiai išvyko į Kalkutą.

Kitą dieną gavau guru atvirlaiškį. „Išvyksiu iš Kalkutos trečiadienio rytą, – rašė jis. – Devintą abu su Didženu pasitikite mane Šryrampuro stotyje."

Trečiadienio rytą apie pusę devynių mano galvoje staiga švystelėjo telepatinis Šri Juktešvaro pranešimas: „Aš vėluosiu ir devintos valandos

Jogo autobiografija

traukinio pasitikti nereikia."

Perdaviau naujausius nurodymus Didženui, kuris jau buvo apsirengęs ir pasiruošęs eiti.

– Jau ta tavo intuicija! – pašaipai nuskambėjo draugo balsas. – Aš verčiau tikėsiu tuo, ką parašė Mokytojas.

Gūžtelėjau pečiais ir ramiai atsisėdau neketindamas niekur eiti. O Didženas piktai murmėdamas patraukė prie durų ir išeidamas garsiai jas užtrenkė.

Kambaryje buvo tamsoka, tad persėdau arčiau lango į gatvę. Staiga blausi saulės šviesa suspindo nepaprastai ryškiai, joje visiškai dingo langas su geležinėmis grotomis. Šiame vaiskiame fone aiškiai materializavosi Šri Juktešvaro pavidalas!

Suglumęs, beveik sukrėstas, pakilau nuo kėdės ir atsiklaupiau prieš jį. Įprastu pagarbaus pasisveikinimo judesiu paliečiau jo batus. Jie man buvo gerai pažįstami – oranžine spalva dažyta drobė, pro ją išsišovę kojų pirštai ir virveliniai padai. Prie manęs prisilietė oranžinis svamio apsiaustas, aiškiai pajutau ne tik jo audinį, bet ir šiurkštų batų paviršių. Visiškai priblokštas ir netekęs žado atsistojau ir klausiamai pažvelgiau į Mokytoją.

– Džiaugiuosi, kad gavai mano telepatinį pranešimą, – jo balsas buvo ramus, visiškai įprastas. – Jau baigiau reikalus Kalkutoje ir į Šryrampurą atvažiuosiu dešimtos valandos traukiniu.

Kadangi ir toliau nebyliai spoksojau, Šri Juktešvaras pasakė:

– Aš ne vaiduoklis, tai tikras mano kūnas ir kraujas. Gavau dievišką paliepimą suteikti tau šį potyrį, kuris gyvenantiems žemėje pasitaiko retai. Pasitik mane stotyje. Judu su Didženu pamatysite mane ateinantį, būsiu apsirengęs kaip dabar. Prieš mane eis kitas keleivis – mažas berniukas, nešinas sidabriniu ąsočiu.

Guru uždėjo rankas man ant galvos ir sumurmėjo palaiminimą. Jam tariant baigiamuosius žodžius *Tabe asi*[1], išgirdau keistą gausmą[2]. Mokytojo kūnas ėmė palengva tirpti veriamoje šviesoje. Pirmiausia išnyko kojos, paskui dingo liemuo ir galva – atrodė, tarsi kas vyniotų ritinį. Iki paskutinės akimirkos jutau, kaip jo pirštai lengvai liečia mano plaukus. O paskui spindesys išblėso ir prieš mane nebeliko nieko, tik grotuotas langas ir blyškus saulės šviesos srautas.

---

[1] Bengališkas atsisveikinimas; pažodžiui tai viltingas paradoksas: „Aš paskui ateisiu."

[2] Garsas, būdingas kūno atomų dematerializacijai.

Mano Mokytojas, būdamas Kalkutoje, pasirodo Šryrampure

Likau sėdėti apstulbęs, svarstydamas, ar netapau haliucinacijos auka. Netrukus į kambarį įėjo prislėgtas Didženas.

– Mokytojas neatvažiavo nei devintos, nei pusės dešimtos traukiniu, – pranešė lyg atsiprašydamas.

– Eime, žinau, kad jis atvažiuos dešimtą valandą, – paėmiau Didženą už rankos ir nusitempiau jėga, nepaisydamas jo priešinimosi. Gal po dešimties minučių mudu įėjome į stotį, kur kaip tik pūškuodamas sustojo traukinys.

– Visas traukinys nutviekstas Mokytojo auros šviesos! Jis čia! – džiugiai sušukau.

– Gal sapnuoji? – pašaipiai nusijuokė Didženas.

– Palaukime čia.

Smulkiai papasakojau draugui, kaip prie mūsų prieis guru. Vos baigiau, pasirodė Šri Juktešvaras, vilkįs tais pačiais drabužiais, su kuriais neseniai jį mačiau. Jis lėtai žingsniavo įkandin berniuko, nešančio sidabrinį ąsotį.

Mane akimirksniu perlieja šalta išgąsčio banga – toks neįtikėtinai keistas buvo šis išgyvenimas! Pajutau, kaip nuo manęs tolsta materialistinis XX amžiaus pasaulis. Nejau atsidūriau senovėje, kai viršum ežero Petrui pasirodė Jėzus?

Šri Juktešvaras, šių laikų jogas, prilygstantis Kristui, prisiartino prie mudviejų su Didženu. Stovėjome netekę žado. Mokytojas nusišypsojo mano draugui ir tarė:

– Tau aš irgi pasiunčiau žinią, bet tu nepajėgei jos priimti.

Didženas tylėjo, tik įtariai dėbtelėjo į mane. Palydėję guru į vienuolyną, mudu su draugu patraukėme į Šryrampuro koledžą. Didženas stabtelėjo gatvėje, iš visų jo kūno porų liejosi pasipiktinimas.

– Ak, štai kaip! Mokytojas siuntė man žinią! O tu ją nuslėpei! Reikalauju paaiškinti!

– Ar aš kaltas, kad tavo proto veidrodis taip neramiai vibruoja, jog nepajėgi užfiksuoti mūsų guru nurodymų? – atkirtau.

Pyktis dingo iš Didženo veido.

– Suprantu, apie ką kalbi, – gailiai tarė jis. – Bet paaiškink, iš kur žinojai apie berniuką su ąsočiu.

Kai baigiau pasakoti apie nepaprastą Mokytojo pasirodymą bendrabutyje tą rytą, mudu su draugu jau buvome prie Šryrampuro koledžo.

Jogo autobiografija

– Ką dabar išgirdau apie mūsų guru galias, – pasakė Didženas, – verčia manyti, kad visi pasaulio universitetai – tik vaikų darželis³.

---

³ „Man buvo atskleisti tokie dalykai, kad dabar viskas, ką iki tol parašiau, tėra šiaudų šūsnis."
 Taip kalbėjo šv. Tomas Akvinietis, „scholastikos kunigaikštis", karštai raginamas sekretoriaus pabaigti savo *Summa theologiae*. 1273 m. per mišias Neapolio bažnyčioje šv. Tomas patyrė gilią mistinę įžvalgą. Dieviškojo pažinimo didybė jį taip sukrėtė, kad nuo tos dienos jis visai liovėsi domėjęsis intelektiniais dalykais.
 Plg. Sokrato žodžius (Platono „Faidre"): „Aš tik žinau, kad nieko nežinau."

20 SKYRIUS
Mes neišvykstame į Kašmyrą

– Tėve, noriu pasikviesti Mokytoją ir keturis draugus per vasaros atostogas nuvykti į Himalajų prieškalnes. Ar galėčiau gauti šešis traukinio bilietus į Kašmyrą ir pinigų kelionės išlaidoms?
Kaip ir tikėjausi, tėvas nuoširdžiai nusijuokė.
– Jau trečią kartą seki man tą pačią pasaką. Juk to paties prašei ir praeitą, ir užpraeitą vasarą. Paskutinę akimirką Šri Juktešvaras atsisako važiuoti.
– Tu teisus, tėve. Nežinau, kodėl mano guru niekaip aiškiai neatsako dėl tos kelionės į Kašmyrą[1]. Bet jei pasakysiu, kad jau gavau iš tavęs bilietus, kažkodėl manau, jog šį kartą jis sutiks keliauti.

Tąkart tėvo neįtikinau, bet kitą dieną, pirmiau geraširdiškai pasišaipęs, jis padavė šešis bilietus ir ritinėlį dešimties rupijų banknotų.
– Nemanau, kad tavo teorinei kelionei reikia šios praktinės paramos, – pasakė jis, – bet štai, imk.

Po pietų parodžiau laimikį Šri Juktešvarui. Šis nusišypsojo, matydamas mano įkarštį, bet nieko nepažadėjo.
– Norėčiau nuvažiuoti, pamatysim, – tarė.

Drauge vykti pakviečiau ir mažąjį vienuolyno mokinį Kanają. Mokytojas nepasakė nieko. Paskui pakviečiau dar tris draugus – Radžendrą Nathą Mitrą (Rajendra Nath Mitra), Džotiną Audį (Jotin Auddy) ir dar vieną. Nutarėme išvykti kitą pirmadienį.

Šeštadienį ir sekmadienį praleidau Kalkutoje, nes mūsų namuose buvo švenčiamos pusbrolio jungtuvės. Ankstų pirmadienio rytą su lagaminais atvykau į Šryrampurą. Prie vienuolyno durų mane pasitiko Radžendra.
– Mokytojas išėjo pasivaikščioti. Jis atsisakė važiuoti.
Nuliūdau, bet kartu ir užsispyriau.

---

[1] Nors Mokytojas man nieko nepaaiškino, jo nenorą anas dvi vasaras aplankyti Kašmyrą galėjo lemti išankstinis žinojimas, kad jo ligai ten dar neatėjo laikas (žr. p. 193 ir toliau).

– Neleisiu tėvui trečią kartą pasijuokti iš mano fantazijų aplankyti Kašmyrą. Važiuokime be Mokytojo.

Radžendra sutiko, o aš išėjau iš ašramo ieškoti tarno. Žinojau, kad Kanajus be Mokytojo nevažiuos, o mums reikėjo, kad kas nors rūpintųsi bagažu. Pagalvojau apie Beharį, kitados tarnavusį mūsų namuose – dabar jis dirbo pas vieną Šryrampuro mokytoją. Sparčiai žingsniuodamas priešais krikščionių bažnyčią netoli Šryrampuro teismo rūmų sutikau savo guru.

– Kur eini? – Šri Juktešvaras nesišypsojo.

– Pone, girdėjau, kad jūs ir Kanajus neketinate vykti su mumis, kaip ruošėmės. Einu ieškoti Behario. Atsimenate, pernai jis taip troško pamatyti Kašmyrą, kad net pasisiūlė dirbti be užmokesčio.

– Atsimenu. Bet nemanau, kad Beharis norės važiuoti su jumis.

Aš suirzau.

– Jis nekantraudamas laukia tokios progos!

Mano guru tylėdamas nuėjo. O aš netrukus pasiekiau mokytojo namus. Kieme sutiktas Beharis pasveikino mane šiltai ir draugiškai, bet iškart paniuro, kai užsiminiau apie Kašmyrą. Atsiprašomai burbtelėjęs, tarnas paliko mane ir įėjo į šeimininko namus. Palaukiau pusę valandos nervingai bandydamas įtikinti save, kad Beharis užtruko, nes ruošiasi kelionei. Galiausiai pabeldžiau į paradines duris.

– Beharis prieš pusvalandį išėjo pro užpakalines duris, – pranešė mane įleidęs žmogus. Jo lūpose žaidė šypsenėlė.

Nuliūdęs išėjau. Ėmiau svarstyti, ar mano kvietimas pasirodė pernelyg įsakmus, ar čia suveikė nematoma Mokytojo įtaka. Eidamas pro krikščionių bažnyčią, vėl pamačiau guru – jis lėtai artėjo prie manęs. Nelaukdamas, kol papasakosiu, kaip man sekėsi, jis šūktelėjo:

– Tai Beharis nevažiuoja! Na, kokie dabar tavo planai?

Pasijutau lyg užsispyręs vaikas, pasiryžęs nepaklusti valdingam tėvui.

– Pone, ketinu prašyti dėdės paskolinti man savo tarną Lalą Dharį (Lal Dhari).

– Jei nori, eik pas dėdę, – nusijuokė Šri Juktešvaras. – Bet vargu ar tas vizitas tau patiks.

Susirūpinęs, bet maištingai nusiteikęs palikau savo guru ir įžengiau į Šryrampuro teismo rūmus. Dėdė iš tėvo pusės Sarada Ghošas (Sarada Ghosh) buvo vyriausybės įgaliotinis. Jis maloniai mane pasveikino.

– Šiandien su draugais išvažiuoju į Kašmyrą, – pasakiau jam. – Ne

vienus metus laukiau šios kelionės į Himalajus.
– Džiaugiuosi dėl tavęs, Mukunda. Kuo galėčiau prisidėti, kad keliautum patogiau?

Šie malonūs žodžiai mane padrąsino.

– Mielas dėde, – tariau, – gal galėtum man paskolinti savo tarną Lalą Dharį?

Paprastas mano prašymas suveikė kaip žemės drebėjimas. Dėdė taip staiga pašoko iš vietos, kad net apvirto jo kėdė, popieriai nuo stalo išsilakstė į visas šalis, o aukštas kaljanas kokoso kevalo kandikliu garsiai barškėdamas nukrito ant grindų.

– Savanaudiškas pienburni, – sušuko dėdė, kretėdamas iš įsiūčio, – koks kvailas prašymas! O kas manimi rūpinsis, jei į savo iškylą išsiveši mano tarną?

Nuslėpiau nustebimą manydamas, kad netikėta mano geraširdiško dėdės permaina dar viena mįslė šią nesuprantamų įvykių kupiną dieną. Iš teismo rūmų išėjau veikiau skubotai nei oriai.

Grįžau į vienuolyną, kur manęs jau laukė susirinkę draugai. Širdyje stiprėjo įsitikinimas, kad Mokytojo elgesys pagrįstas rimtu, nors ir itin nesuprantamu motyvu. Ėmiau gailėtis, kad mėginau pasipriešinti savo guru valiai.

– Mukunda, gal norėtum dar pabūti su manimi? – paklausė Šri Juktešvaras. – Tegu Radžendra ir kiti dabar važiuoja ir palaukia tavęs Kalkutoje. Turi iki valios laiko, spėsi į paskutinį vakarinį traukinį iš Kalkutos į Kašmyrą.

– Pone, be jūsų aš visai nenoriu važiuoti, – liūdnai atsakiau.

Draugai nekreipė į mano atsakymą nė mažiausio dėmesio. Jie pasikvietė vežiką ir pasiėmę lagaminus išvažiavo. Mudu su Kanajumi tyliai atsisėdome prie Mokytojo kojų. Pusvalandį tylėjome, tada Mokytojas pakilo ir nuėjo į antro aukšto balkoną, kur buvo valgomasis.

– Kanajau, prašom paduoti Mukundai valgyti. Jo traukinys greitai išvyks.

Keldamasis nuo ant grindų patiesto užtiesalo staiga susvirduliavau, pajutau pykinimą, ėmė baisiai sukti ir varstyti vidurius. Diegliai buvo tokie stiprūs, kad pasijutau lyg staiga nutrenktas į šėlstantį pragarą. Apgraibomis susiradęs savo guru netrukus susmukau prie jo kamuojamas aiškiausių azijinės choleros simptomų. Šri Juktešvaras ir Kanajus nunešė mane į svetainę.

Skausmų varstomas garsiai sušukau:

– Mokytojau, savo gyvybę atiduodu jums! – aš tikrai patikėjau, kad gyvybė sparčiai tolsta nuo mano kūno krantų.

Šri Juktešvaras pasidėjo mano galvą sau ant kelių ir angeliškai švelniai ėmė glostyti man kaktą.

– Dabar matai, kas būtų nutikę, jei būtum su draugais išvažiavęs į stotį, – pasakė jis. – Teko taip keistai tavimi pasirūpinti, nes suabejojai mano sprendimu atsisakyti kelionės būtent šiuo metu.

Pagaliau viską supratau. Didieji mokytojai retai mano esant tinkama atvirai rodyti savo galias, tad atsitiktiniam stebėtojui visi šios dienos įvykiai būtų pasirodę visiškai natūralūs. Mano guru įsikišimas buvo toks subtilus, kad jo niekas nė nepastebėjo. Per Beharį, mano dėdę, Radžendrą ir kitus žmones jis nepastebimai įgyvendino savo valią. Tikriausiai visiems, išskyrus mane, šios dienos įvykiai atrodė logiški ir normalūs.

Kadangi Šri Juktešvaras visad elgdavosi, kaip priimta visuomenėje, jis liepė Kanajui iškviesti gydytoją ir pranešti mano dėdei.

– Mokytojau, – pasipriešinau, – tik jūs galite mane išgydyti. Man jau taip blogai, kad joks gydytojas nebepadės.

– Vaike, tave globoja Dievo Gailestingumas. Nesirūpink dėl gydytojo, jis tokios blogos būklės nepamatys. Tu jau išgijai.

Sulig šiais guru žodžiais nepakeliamos mano kančios liovėsi. Aš sunkiai atsisėdau. Netrukus atvyko gydytojas ir atidžiai mane apžiūrėjo.

– Atrodo, blogiausia praėjo, – tarė jis. – Paimsiu mėginių ir laboratorijoje atliksiu tyrimus.

Kitą rytą gydytojas atvyko labai skubėdamas. Aš puikiai nusiteikęs sėdėjau lovoje.

– Na, štai, sėdi, šypsaisi ir šnekučiuoji, lyg nė nebūtum per plauką išvengęs mirties, – jis švelniai patapšnojo man per ranką. – Beveik nesitikėjau rasti tave gyvą, nes laboratorijoje pamačiau, kad sergi azijine cholera. Tau pasisekė, jaunuoli, kad turi guru, apdovanotą dieviškosiomis gydymo galiomis! Nė kiek tuo neabejoju!

Visa širdimi jam pritariau. Kai gydytojas susiruošė eiti, tarpduryje pasirodė Radžendra ir Audis. Kai jie išvydo gydytoją ir kiek liguistą mano veidą, apmaudas jų veiduose netruko virsti atjauta.

– Supykome, kai nepasirodei ir nesėdai į sutartą traukinį Kalkutoje. Susirgai?

– Taip, – nesusilaikiau ir nusijuokiau matydamas, kaip mano draugai krauna lagaminus į tą patį kampą, kuriame jie buvo sudėti vakar.

Mes neišvykstame į Kašmyrą

Pacitavau vaikišką eilėraštuką: – Laivelis Ispanijon plaukė, bet grįžo atgal nenuplaukęs!
Į kambarį įėjo Mokytojas. Aš pasinaudojau sveikstančio ligonio teisėmis ir su meile paėmiau jo ranką.
– Gurudži, – tariau, – nuo dvylikos metų daug kartų nesėkmingai mėginau pasiekti Himalajus. Dabar pagaliau įsitikinau, kad be jūsų palaiminimo deivė Parvatė² manęs nepriims!

---

² Pažodžiui – „kilusi iš kalnų". Parvatė mitologijoje vaizduojama kaip Himalajų (pažodžiui – „sniegynų buveinės") karaliaus duktė; jų būstas – viena viršukalnė prie Tibeto sienos. Keliautojai, traukiantys šios neįveikiamos viršukalnės papėde, apstulbę iš tolo regi milžinišką sniego masyvą, primenantį rūmus su ledo kupolais ir bokšteliais.
Parvatė, Kalė, Durga, Uma ir kitos deivės yra *Džaganmatri* („Deivės, pasaulio motinos") aspektai, pavadinti skirtingais vardais, žyminčiais tam tikras funkcijas. Dievas, arba Šiva (žr. išnašą p. 281–282), savo *para*, arba transcendentiniu aspektu, kūrinijoje aktyviai neveikia; jo *šaktė* (energija, gyvybinė jėga) yra perduodama per jo „palydoves", produktyviąsias „moteriškas" galias, leidžiančias neribotai plėtotis kosmosui.
Puranų mitologiniai pasakojimai skelbia, kad Himalajai yra Šivos buveinė. Iš dangaus nusileidusi deivė Ganga globoja Himalajuose prasidedančią upę, todėl atsirado poetiškas posakis, kad Ganga srūva iš dangaus į žemę Šivos, „Jogų karaliaus" ir dieviškosios Trejybės Griovėjo-Atnaujintojo, plaukais. Kalidasa, indų Šekspyras, Himalajus pavadino „Šivos juoko sankaupa". „Gal skaitytojui ir pavyks įsivaizduoti šiuos plačiai išsieptus didelius baltus dantis, – rašo F. V. Tomas knygoje „Indijos paveldas" (F. W. Thomas, *The Legacy of India*, Oxford), – bet vis tiek jis nesusikurs viso paveikslo, neįsivaizdavęs didžiojo Asketo figūros, sėdinčios amžiname soste dangų siekiančių kalnų pasaulyje, o Ganga, tekėdama iš dangaus, srūva jo susipynusiomis plaukų sruogomis, papuoštomis mėnulio brangakmeniu." (Žr. Šivos paveikslą p. 186.)
Hinduizmo mene Šiva dažniausiai vaizduojamas dėvintis aksomo juodumo antilopės kailį, kuris simbolizuoja nakties tamsą ir paslaptį – tai vienintelis jo, *digambaros* („apsisiautusio dangumi"), drabužis. Kai kurie Šivos garbintojai nedėvi drabužių, taip išreikšdami pagarbą Viešpačiui, kuris neturi nieko ir kuriam priklauso viskas.
Viena iš Kašmyrą globojančių šventųjų, XIV a. gyvenusi Lala Jogisvari (Lalla Yogiswari), Aukščiausioji jogos mokytoja, buvo „dangumi vilkinti" Šivos garbintoja. Vienas pasipiktinęs amžininkas jos paklausė, kodėl ji vaikšto nuoga. „O kodėl gi ne? – kandžiai atkirto Lala. – Juk aplink nematau vyrų." Kiek kraštutiniu Lalos požiūriu, tas, kuris nesuvokė Dievo, nėra vertas vadintis vyru. Ji praktikavo *krijajogai* artimą metodiką, kurios išlaisvinantį poveikį apdainavo daugybėje ketureilių. Vieną pacituosiu:

Kokios sielvarto rūgšties dar nelietusios lūpos mano?
Begalinis mirčių ir gimimų ratas.
Ir štai – mano taurėje liko nektaras
Ją ištuštinti leis man kvėpavimo menas.

Šventoji mirė ne paprastai – ji dematerializavosi liepsnose. Vėliau pasirodė gedintiems miestiečiams kaip gyva būtybė, apsisiautusi aukso drabužiu – pagaliau visiškai apsirengusi!

VIEŠPATS ŠIVA

Asketizmo dvasią įkūnijantis Viešpats Šiva atspindi griaunančią ir atkuriančią trilypę Dievo prigimtį (Kūrėjo, Palaikytojo, Griovėjo). Kad būtų pabrėžta jo transcendentinė prigimtis, Šiva vaizduojamas Himalajuose apimtas *samadhio* palaimos. Aplink kaklą apsivijusi gyvatė (*naga kundala*) ir apyrankės – tai ženklai, rodantys, kad jis valdo iliuziją ir yra kupinas kūrybinių galių.

21 SKYRIUS

Mes aplankome Kašmyrą

– Jau pakankamai sustiprėjai, kad galėtum keliauti. Važiuosiu su tavimi į Kašmyrą, – pranešė man Šri Juktešvaras po dviejų dienų, kai stebuklingai išgijau nuo choleros.

Tą patį vakarą mūsų šešetukas sėdo į traukinį šiaurėn. Pirmiausia sustojome Šimloje, karališkame mieste, lyg soste įsikūrusiame Himalajų priekalnėse. Neskubėdami vaikštinėjome stačiomis gatvelėmis ir gėrėjomės didingais vaizdais.

– Pirkite angliškas braškes, – šaukė senė, tupinti vaizdingoje turgaus aikštėje.

Mokytojas susidomėjo nematytomis raudonomis uogomis. Jis nusipirko jų didelį krepšį, pavaišino mane ir Kanajų, stovinčius netoliese. Įsidėjau vieną uogą į burną, bet tuoj pat išspjoviau ją ant žemės.

– Pone, koks rūgštumas! Braškės man niekad nepatiks!

Mano guru nusijuokė.

– Oi, patiks – kai būsi Amerikoje. Ten per vakarienę šeimininkė jų patieks su grietinėle ir cukrumi. Kai ji sumaigys uogas šakute, paragausi jų ir tarsi: „Kokios gardžios braškės!" Tada prisiminsi šią dieną Šimloje.

(Šri Juktešvaro pranašystė išgaravo man iš galvos, bet prisiminiau ją po daugybės metų, netrukus po to, kai atvykau į Ameriką. Buvau pakviestas vakarienės pas ponią Elis T. Heisi (Alice T. Hasey), arba seserį Jogmatą (Yogmata), gyvenančią Vest Somervilyje, Masačusetse. Kai ant stalo buvo padėtas braškių desertas, šeimininkė paėmė šakutę, sumaigė man skirtas uogas ir užpylė jas grietinėle bei cukrumi. „Uogos rūgštokos, manau, taip jos jums labiau patiks", – pasakė ji. Aš paragavau. „Kokios gardžios braškės!" – sušukau. Staiga iš atminties bedugnės iškilo mano guru pranašystė Šimloje. Apėmė pagarbi baimė, kai suvokiau, kaip seniai šis su Dievu suderintas protas aptiko ateities eteryje sklandančią karminių įvykių programą.)

Netrukus iš Šimlos iškeliavome į Ravalpindį. Ten septynių dienų kelionei į Šrynagarą, Kašmyro sostinę, pasisamdėme didelę dengtą dviejų arklių traukiamą karietą, vadinamą lando. Kelionė į šiaurę tęsėsi. Antrąją dieną mums atsivėrė tikroji Himalajų didybė. Geležiniai mūsų karietos ratai girgždėjo įkaitusiais akmenuotais keliais, o mes sėdėjome sužavėti besikeičiančių didingų kalnų vaizdų.

– Pone, – kreipėsi į Mokytoją Audis, – labai džiaugiuosi šiais nuostabiais reginiais būdamas jūsų šventoje draugijoje.

Mane maloniai sujaudino Audžio įvertinimas, nes juk šios kelionės organizatorius buvau aš. Šri Juktešvaras perskaitė mano mintį, pasisuko į mane ir sušnibždėjo:

– Per daug nesidžiauk. Audis ne tiek gėrisi vaizdais, kiek laukia progos sprukti parūkyti[1].

Mane tai sukrėtė.

– Pone, – pusbalsiu atsakiau, – negriaukite mūsų darnos šiais nemaloniais žodžiais. Negaliu patikėti, kad Audis taip trokšta užtraukti dūmą, – ir neramiai dirstelėjau į šiaip sunkiai nutildomą savo guru.

– Gerai, aš Audžiui nieko nesakysiu, – nusijuokė Mokytojas. – Bet pats netrukus pamatysi: kai tik lando sustos, jis skubės pasinaudoti proga.

Karieta privažiavo nedidelę pakelės užeigą. Kol mūsų arklius vedė girdyti, Audis pasiteiravo:

– Pone, ar neprieštarausite, jei toliau važiuosiu sėdėdamas šalia vežiko? Norėčiau truputį pakvėpuoti grynu oru.

Šri Juktešvaras leido, o man paskui pasakė:

– Jis nori pakvėpuoti dūmais, ne grynu oru.

Netrukus lando vėl triukšmingai dardėjo dulkėtais keliais. Mokytojo akys žybčiojo; jis man paliepė:

– Iškišk galvą pro karietos duris ir pasižiūrėk, kaip Audis kvėpuoja oru.

Padariau kaip lieptas ir net krūptelėjau pamatęs, kaip Audis išpučia cigaretės dūmų žiedus. Atsiprašydamas žvilgtelėjau į Šri Juktešvarą.

– Pone, jūs teisus, kaip visada. Audis mėgaujasi ne tik vaizdais, bet ir dūmais.

Spėjau, kad mano draugą pavaišino vežikas; žinojau, kad iš Kalkutos Audis cigarečių nesivežė.

Toliau važiavome vingiuotu kaip labirintas keliu gerėdamiesi upių, slėnių, stačių skardžių ir begalinių kalnų grandinių vaizdais. Kas vakarą sustodavome kokioje nors kaimo užeigoje ir pasigamindavome maisto.

[1] Indijoje rūkyti vyresnių ar viršesnių už save žmonių draugijoje laikoma nepagarbos ženklu.

Mes aplankome Kašmyrą

Šri Juktešvaras ypač rūpinosi mano mityba ir reikalavo, kad kas kartą išgerčiau žaliųjų citrinų sulčių. Dar tebesijaučiau silpnas, bet kasdien stiprėjau, nors tarškanti karieta buvo lyg tyčia sukonstruota taip, kad būtų kuo nepatogesnė.

Džiugių lūkesčių kupinomis širdimis artėjome prie centrinės Kašmyro dalies: rojaus žemės su lotosų ežerais, plaukiojančiais sodais, gyvenamomis valtimis ryškiais stogeliais, daugybės tiltų perjuosta Dželamo upe ir žiedais apsipylusiomis lankomis – ir visa tai supo Himalajai.

Į Šrynagarą įvažiavome aukštais, svetingais medžiais apsodinta alėja. Išsinuomojome kambarius dviaukštėje užeigoje, pro kurios langus vėrėsi vaizdai į kilniuosius kalnus. Užeigoje nebuvo vandentiekio, tad vandenį sėmėme iš šulinio netoliese. Vasariškas oras buvo idealus – šiltos dienos ir vėsesnės naktys.

Kaip piligrimai aplankėme senovinę Svamiui Šankarai skirtą Šrynagaro šventyklą. Žvelgdamas į dangaus fone ryškėjantį vienuolyną kalno viršūnėje panirau į ekstazę. Prieš akis iškilo regėjimas – tolimoje šalyje ant kalno stūksantis rūmas. Didinga Šankaros šventykla Šrynagare virto pastatu, kuriame po daugybės metų įkūriau *Self-Realization Fellowship* (Savęs realizavimo draugijos) būstinę Amerikoje. (Kai pirmą kartą atvykau į Los Andželą ir pamačiau didelį pastatą ant Vašingtono kalno keteros, iškart atpažinau jį, seniai regėtą vizijose Kašmyre ir kitur.)

Šrynagare praleidome kelias dienas, paskui iškeliavome į Gulmargą („Gėlėtus kalnų takus"). Tai aštuonių tūkstančių penkių šimtų pėdų aukščio kalnas. Ten pirmą kartą jojau ant didelio žirgo. Radžendra sėdo ant smulkaus ristūno, kurio širdį kaitino greičio siekis. Paskui išdrįsome labai stačiu taku nusileisti į Kilanmargo slėnį. Takas vedė per tankų miglos gaubiamą mišką su kempinėmis apaugusiais medžiais. Visur aplinkui tykojo daug pavojų. Bet Radžendros žirgelis, pamiršęs viską, išskyrus lenktynių džiaugsmą, net pavojingiausiuose posūkiuose neleido mano stambiam žirgui nė trupučio pailsėti – tik pirmyn ir pirmyn.

Už tokį atkaklų jojimą buvome apdovanoti nuostabiu prieš akis atsivėrusiu vaizdu. Pirmą kartą šiame gyvenime žvelgiau į aplink stūksančias didingas snieguotas Himalajų viršūnes, jos kilo į dangų viena už kitos tarsi milžiniškų baltųjų lokių siluetai. Mano akys džiūgaudamos mėgavosi begalinėmis apledėjusių kalnų platybėmis po saulėtu žydru dangumi.

Susisupę į paltus, aš ir mano jaunieji bendrakeleiviai linksmai ritomės žėrinčiais baltais šlaitais. Leisdamiesi žemyn, tolumoje pamatėme neaprėpiamą geltonų gėlių kilimą, ir niūrių kalnų vaizdas visiškai pasikeitė.

1925 m. Šri Joganandos įkurtos draugijos *Self-Realization Fellowship* (*Yogoda Satsanga Society* Indijoje) tarptautinės būstinės administracinis pastatas ant Vašingtono kalno Los Andželė, Kalifornijoje

Mes aplankome Kašmyrą

Kitą dieną išsiruošėme apžiūrėti garsiųjų imperatoriaus Džahangyro (Jehangir) „pramogų sodų" Šalimare ir Nišat Baghe. Senoviniai Nišat Bagho rūmai pastatyti tiesiai virš natūralaus krioklio. Iš kalnų atplūstanti srovė išmoningais įtaisais nukreipta tekėti virš spalvingų terasų ir trykšti fontanais tarp akį veriančių gėlynų. Srovė prateka ir per kelias rūmų menes, o tada įsilieja į žemiau tyvuliuojantį ežerą – vaizdas lyg pasakoje. Neaprėpiamuose soduose šėlsta spalvos, auga rožės, jazminai, lelijos, žioveiniai, našlaitės, levandos, aguonos. Simetriškos eilės *činarų*[2], kiparisų ir vyšnių ratu supa smaragdinę veją, o už sodų stūkso baltos, rūsčios Himalajų viršukalnės.

Kalkutoje ypatingu gardumynu laikomos vadinamosios Kašmyro vynuogės. Radžendra, pirmiau daug kalbėjęs apie vynuogių puotą, laukiančią mūsų Kašmyre, nusivylė neradęs didelių vynuogynų. Aš retkarčiais pasišaipydavau iš jo bergždžių lūkesčių.

„Ak, tiek prisišveičiau vynuogių, kad nebepaeinu! – sakydavau. – Mano skrandyje rugsta neregimos vynuogės!" Vėliau išgirdome, kad saldžių vynuogių į valias auga Kabule, į vakarus nuo Kašmyro. Paguodai privalgėme ledų, pagamintų iš *rabri* (sutirštinto pieno) ir pagardintų nesmulkintomis pistacijomis.

Kelis kartus paplaukiojome *šikaromis*, mažais laiveliais raudonai išsiuvinėtais stogais. Laiveliai kursavo įmantriu Dalo ežero kanalų labirintu, jis priminė vandens voratinklį. Labai nustebino gausūs plaukiojantys sodai, negrabiai sukurpti iš rąstų ir žemių – iš tiesų buvo netikėta pirmą kartą išvysti melionus ir kitas daržoves vidury plačių vandenų. Kartais pamatydavome ir kokį valstietį, atsisakiusį „likti ant žemės" ir traukiantį savo „sklypo" keturkampį į naują išsišakojusio ežero vietą.

Šiame legendiniame slėnyje galima rasti įsikūnijusias visas žemės grožybes. Kašmyras – tai dama, vainikuota kalnais, kaklą pasipuošusi ežerų vėriniais, apsiavusi gėlėmis. Vėlesniais gyvenimo metais jau apkeliavęs daugel šalių supratau, kodėl Kašmyras dažnai vadinamas vaizdingiausia pasaulio vieta. Jo žavesys primena Šveicarijos Alpes ir Lomondo ežerą Škotijoje, ir nuostabiuosius Anglijos ežerus. Į Kašmyrą atkeliavęs amerikietis atranda daug panašumo su atšiauria Aliaskos didybe ir Paiko kalnu netoli Denverio.

Vaizdingiausios pasaulio vietovės konkurse pirmą vietą siūlyčiau arba žavingam Čočimilkui Meksikoje, kur dangus, kalnai ir tuopos

---

[2] Rytietiškieji platanai.

PARAMAHANSOS JOGANANDOS DARBŲ TĘSĖJAI

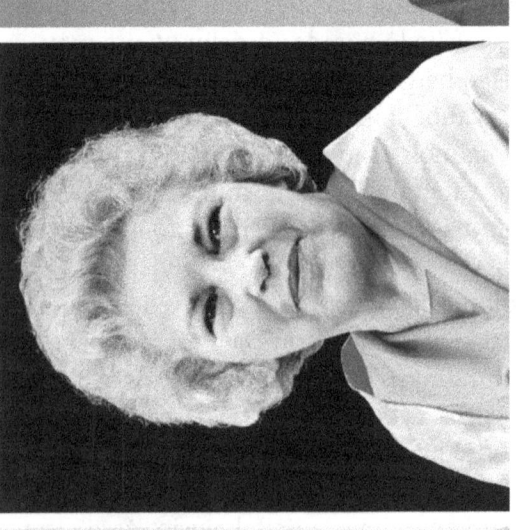

(Iš kairės į dešinę) Šri Radžarišis Džanakananda, draugijų *Self-Realization Fellowship / Yogoda Satsanga Society* Indijoje dvasinis vadovas ir prezidentas (1952–1955) 1955 m. vasarį jo darbą perėmė Šri Daja Mata ir dirbo daugiau nei 55 metus iki savo mirties 2010-aisiais. Šri Mrinalini Mata, dabartinė SRF / YSS prezidentė ir dvasinė vadovė, yra kita artima didžiojo mokytojo mokinė, jo paties pasirinkta ir išmokyta vadovauti šiam darbui po mokytojo mirties.

atsispindi begalybėje vandens takelių tarp žaidžiančių žuvų, arba Kašmyro ežerams, kuriuos tarsi jaunas gražuoles saugo griežti ir rūstūs Himalajai. Šios dvi vietovės mano atmintyje išliko kaip gražiausi žemės vaizdai.

Bet ne mažiau apstulbino ir Jeloustouno nacionalinio parko stebuklai, ir Didysis Kanjonas Kolorado valstijoje, ir Aliaska. Jeloustounas turbūt vienintelė vieta žemėje, kur galima pamatyti daugybę geizerių, reguliariai lyg pagal laikrodį šaunančių savo vandenis aukštai į viršų. Šioje vulkaninėje zonoje Gamta paliko senosios kūrinijos liudijimų: karštų sieros šaltinių, opalų ir safyrų spalvos tvenkinių, šėlstančių geizerių, o ką jau kalbėti apie laisvai klajojančius lokius, vilkus, bizonus ir kitus laukinius gyvūnus. Važiuodamas Vajomingo keliais į „Šėtono dažų kibirą" (*Devil's Paint Pot*), kupiną burbuliuojančio karšto purvo, stebėdamas gurguliuojančius šaltinius, trykštančius geizerius ir garų gaubiamus fontanus, pajutau norą pareikšti, kad Jeloustounas vertas specialaus prizo už unikalumą.

Kalifornijoje, Josemičio parke, senos didingos sekvojos, lyg milžiniškos kolonos kylančios aukštyn į dangų, yra dieviškojo meistro pastatytos žalios gamtos katedros. Rytuose yra puikių krioklių, bet nė vienas jų sraunumu ir grožiu neprilygsta Niagarai Niujorko valstijoje prie Kanados sienos. Mamutų uola Kentukyje ir Karlsbado urvai Naujojoje Meksikoje – keistos pasakų šalys. Ilgi stalaktitai, kabantys nuo olų lubų ir atsispindintys požeminiuose ežeruose, leidžia pažvelgti į kitus pasaulius, sukurtus žmogaus vaizduotės.

Kašmyro žmonių grožis garsėja visame pasaulyje. Daug jų yra baltos kaip europiečių odos, panašių bruožų ir sudėjimo, mėlynakiai ir šviesiaplaukiai. Apsirengę vakarietiškais drabužiais, jie atrodo kaip amerikiečiai. Himalajų vėsa sergsti kašmyriečius nuo kepinančios saulės ir leidžia išsaugoti jiems šviesią odos spalvą. O kuo toliau į pietus, į Indijos atogrąžų platumas, tuo žmonių oda darosi tamsesnė.

Praleidęs Kašmyre kelias laimingas savaites, buvau priverstas grįžti į Bengaliją, nes Šryrampuro koledže artėjo rudens semestras. Šri Juktešvaras, Kanajus ir Audis nusprendė dar šiek tiek pasilikti Šrynagare. Prieš pat man išvykstant Mokytojas užsiminė, kad Kašmyre jo kūnas kentės.

– Pone, jūs atrodote tikras sveikatos įsikūnijimas, – papriešteravau.

– Gali būti, kad net paliksiu šią žemę.

– Gurudži! – maldaudamas puoliau jam po kojomis. – Pažadėkite, kad dabar nepaliksite savo kūno. Aš visiškai nepasirengęs gyventi be jūsų.

Šri Juktešvaras nutylėjo, bet atjaučiai nusišypsojo ir tai mane paguodė. Nenoromis išvykau.

Grįžęs į Šryrampurą, netrukus gavau Audžio telegramą: „Mokytojas sunkiai serga."

Karštligiškai skubėdamas telegrafavau savo guru: „Pone, prašiau jūsų pažadėti manęs nepalikti. Saugokite savo kūną, kitaip aš irgi mirsiu."

„Tebūnie taip, kaip tu nori", – toks buvo Mokytojo atsakymas iš Kašmyro.

Po kelių dienų atėjo Audžio laiškas, kuriame jis pranešė, kad Mokytojas atsigavo. Po dviejų savaičių, kai mano guru grįžo į Šryrampurą, pamačiau, kad jis netekęs pusės svorio. Nuliūdau.

Mokinių laimei, Šri Juktešvaras Kašmyre jį apėmusios stiprios karštligės ugnyje sudegino daug jų nuodėmių. Toli nužengę jogai yra įvaldę metafizinį kūno ligos perdavimo metodą. Stiprus žmogus kartais padeda silpnesniam kiek panešdamas jo naštą, o dvasios galiūnas geba prisiimti dalį savo mokinių karminės naštos ir taip sumažinti jų fizinius bei dvasinius vargus. Lygiai kaip dalies pinigų netenka turtuolis, sumokėjęs didžiulę savo sūnaus palaidūno skolą ir taip išgelbėjęs jį nuo skaudžių jo kvailumo padarinių, taip ir mokytojas savanoriškai paaukoja šiek tiek savo kūno gerovės mokinių vargams palengvinti[3].

Slaptu jogų metodu šventasis sujungia savo psichiką ir astralą su kenčiančio asmens psichika ir astralu; liga – visa arba tik jos dalis – perduodama kūniškajam jogo pavidalui. Kadangi mokytojas fiziniu lygmeniu jau yra pasiekęs Dievą, kūnas jam neberūpi. Jis gali leisti kūnui susirgti, kad padėtų kitiems, bet jo nesuteršiamai psichikai tai nedaro jokio poveikio. Galimybę suteikti tokią pagalbą jis laiko laime. Pasiekti galutinį išganymą Viešpatyje – tai suvokti, kad žmogaus kūnas iki galo atliko savo užduotį. Ir tada mokytojas jį sunaudoja taip, kaip jam atrodo tinkamiausia.

Guru darbas pasaulyje – lengvinti žmonijos vargus. Jis tai daro dvasinėmis priemonėmis, racionaliais patarimais, valios jėga arba fiziškai persikėlęs sau ligą. Mokytojas gali kada panorėjęs pakilti į aukštesniosios sąmonės būseną ir tada ligos simptomų jis nejaus, bet kartais, norėdamas mokiniams parodyti pavyzdį, jis nusprendžia stoiškai

---

[3] Metafizinis ligų perdavimas yra žinomas daugybei krikščionių šventųjų, tarp jų ir Teresei Noiman (Therese Neumann) (žr. p. 351).

iškęsti kūno skausmus. Sirgdamas už kitą žmogų, jogas gali tam žmogui palengvinti karminio priežasties ir pasekmės dėsnio poveikį. Šis dėsnis veikia mechaniškai arba matematiškai; jo veikimą gali moksliškai valdyti dieviškąją išmintį pasiekę asmenys.

Kita vertus, dvasinis dėsnis nereikalauja, kad mokytojas, gydydamas ligonį, susirgtų pats. Ligonis akimirksniu išgydomas specialiais metodais, kurie nė kiek nekenkia dvasiniam gydūnui. Ir tik retais atvejais mokytojas, norėdamas smarkiai paspartinti mokinio raidą, sąmoningai savo kūnu sunaikina didelę dalį jo netinkamos karmos.

Jėzus paaukojo savo gyvybę ir tapo daugybės žmonių nuodėmių atpirkėju. Turėdamas dieviškųjų galių[4], Jėzus niekada nebūtų miręs ant kryžiaus, jei nebūtų savo noru sutikęs paklusti sudėtingam kosminiam priežasties ir pasekmės dėsniui. Taip jis prisiėmė kitų žmonių, pirmiausia savo mokinių, karmos padarinius. Tad jie buvo nepaprastai apvalyti ir galėjo priimti visur esančią sąmonę, arba Šventąją Dvasią ji vėliau ant jų nusileido[5].

Tik Savąjį Aš suvokęs mokytojas geba savo gyvybinę jėgą perkelti kitur arba į savo kūną priimti kitų žmonių ligą. Bet paprastas žmogus šio jogų gydymo metodo naudoti negali ir nereikėtų jam net stengtis, nes ligos apimtas fizinis įrankis trukdo medituoti. Hinduizmo raštuose mokoma, kad žmogus privalo palaikyti gerą kūno būklę, kitaip jo protas nepajėgs išlikti sutelktas į Dievą.

Bet labai stiprus protas įstengia įveikti visus fizinius sunkumus ir pasiekti Dievo suvokimą. Daug šventųjų, nepaisydami ligų, ieškojo Dievo ir sėkmingai Jį rado. Šv. Pranciškus Asyžietis, pats sunkiai sirgdamas, gydė kitus ir net prikeldavo mirusiuosius.

Kitados pažinojau indų šventąjį, kurio viena kūno pusė anksčiau buvo sėte nusėta žaizdų. Jis sirgo labai sunkios formos diabetu ir vargiai išsėdėdavo vietoje ilgiau nei penkiolika minučių. Bet jo dvasios siekiams niekas negalėjo sukliudyti. „Viešpatie, – melsdavo jis, – malonėk aplankyti mano apgriuvusią šventyklą." Nepaliaujamomis valios pastangomis šis šventasis pamažu ilgino meditacijos laiką ir galų gale paniręs į ekstazę lotoso poza jau galėdavo išsėdėti aštuoniolika valandų per parą. „Ir po trejų metų, – pasakojo jis man, – pajutau savyje

---

[4] Vedamas nukryžiuoti, Kristus spėjo pasakyti: „Gal manai, jog aš negaliu paprašyti savo Tėvą ir jis bemat neatsiųstų man per dvylika legionų angelų?! Bet kaipgi išsipildytų Raštai, kad šitaip turi atsitikti?!" (Mt 26, 53–54)

[5] Apd 1, 8; 2, 1–4.

spindinčią Begalybės Šviesą. Džiaugdamasis Jos puikumu, pamiršau kūną. Vėliau pamačiau, kad iš Dievo gailestingumo jis pasveiko."

Istorijoje minimas išgijimas, susijęs su imperatoriumi Babūru (1483-1530), įkūrusiu Indijoje Mogolų imperiją. Jo sūnus Humajūnas (Humayun)[6] sunkiai susirgo. Tėvas sielvartaudamas karštai meldėsi, kad liga apimtų jį, o sūnus būtų išgelbėtas. Humajūnas pasveiko, bet Babūras tuoj pat susirgo ir mirė nuo tos pačios ligos, kuri pirmiau kamavo sūnų.

Paplitusi nuomonė, kad didis mokytojas turi būti sveikas ir stiprus kaip Zandovas (Sandow)[7]. Tai niekuo nepagrįsta prielaida. Ligotas kūnas nereiškia, kad guru trūksta dieviškųjų galių, lygiai kaip puiki žmogaus sveikata, lydinti jį visą gyvenimą, nebūtinai yra vidinio nušvitimo ženklas. Skiriamieji mokytojo ypatumai yra ne fiziniai, o dvasiniai.

Daugybė sutrikusių ieškotojų Vakaruose klaidingai mano, kad mokytojas – tai tas, kuris iškalbingai dėsto ir rašo apie metafiziką. Bet tikras mokytojo meistriškumo įrodymas – tai jo gebėjimas valingai nustoti kvėpuoti (*savikalpa samadhis*) ir pasiekti nekintamą palaimą (*nirvikalpa samadhį*)[8]. Rišiai yra atkreipę dėmesį, kad tik šiais laimėjimais žmogus gali parodyti įveikęs *mają*, dualistinę kosmoso iliuziją. Tik toks žmogus gali iš suvokimo gelmių tarti: *Ekam sat*. („Yra tik Vienas.")

„Ten, kur dėl neišmanymo egzistuoja dvilypumas, viskas pasaulyje regima atskira nuo Savojo Aš, – rašė didis monistas Šankara. – Kai viskas pažįstama kaip Savasis Aš, nėra nė vieno atomo, kuris nebūtų laikomas Savuoju Aš... Kai tik pažįstama Tikrovė, nebelieka praeities veiksmų padarinių, nes kūnas yra netikras, lygiai kaip pabudus nebegalima sapnuoti."

Tik didieji mokytojai geba prisiimti savo mokinių karmą. Šri Juktešvaras nebūtų patyręs kančių Šrynagare[9], jei nebūtų gavęs jame

---

[6] Humajūno sūnus buvo Akbaras Didysis. Būdamas uolus musulmonas, Akbaras iš pradžių persekiojo hinduistus. „Mano pažinimas plėtėsi ir mane apėmė baisi gėda, – vėliau sakė jis. – Stebuklų būna visų tikėjimų šventyklose." Jis užsakė išversti „Bhagavadgytą" į persų kalbą ir iš Romos pasikvietė į rūmus vienuolių jėzuitų. Akbaras netiksliai, bet su meile priskyrė Kristui tokį posakį (jis įrašytas Akbaro pastatyto naujo miesto Fatehpur Sikrio Pergalės arkoje): „Jėzus, Marijos sūnus (ramybė jam), sakė: *Pasaulis – tai tiltas; juo reikia pereiti, bet nereikia ant jo statytis namo.*"

[7] Vokiečių sportininkas, gimęs 1925 m., pagarsėjęs kaip „stipriausias pasaulio žmogus".

[8] Žr. p. 229, išnašą p. 403.

[9] Šrynagarą, Kašmyro sostinę, III a. pr. Kr. įkūrė imperatorius Ašoka. Jis pastatė jame 500 vienuolynų, 100 iš jų tebestovėjo po 1000 metų, kai Kašmyrą aplankė kinų piligrimas Siuandzangas (Hiuen Tsiang). Kitas kinų rašytojas, Fasianas (Fa-Hsien, V a.), pamatęs

esančios Dvasios leidimo taip keistai pagelbėti savo mokiniams. Nedaug šventųjų sugebėjo vykdyti dieviškuosius nurodymus jautriau ir išmintingiau, nei tai darė su Dievu susiderinęs mano Mokytojas.

Kai aš, matydamas sunykusią Mokytojo povyzą, ištariau kelis atjautos žodžius, jis linksmai atsakė:

– Ne viskas taip blogai; dabar vėl galiu dėvėti mažesnio dydžio apatinius marškinius, kurių jau daug metų nebuvau užsivilkęs!

Klausydamasis geraširdiško Mokytojo juoko prisiminiau šv. Pranciškaus Saleziečio žodžius: „Liūdnas šventasis – tai apgailėtinas šventasis!"

---

milžiniškų Ašokos rūmų griuvėsius Pataliputroje (dabartinė Patna), pasakė, esą tai buvęs tokios neįtikėtinai gražios architektūros ir puošybos pastatas, kad „jo niekaip negalėjo pastatyti mirtingųjų rankos".

22 SKYRIUS

Akmeninės statulos širdis

– Esu ištikima hinduistė žmona ir nenoriu skųstis savo vyru. Bet trokštu, kad jis atsisakytų materialistinių pažiūrų. Jis mėgaujasi šaipydamasis iš šventųjų paveikslų mano meditacijų kambaryje. Mielas broli, nuoširdžiai tikiu, kad gali jam padėti. Ar padėsi?

Mano vyriausioji sesuo Roma maldaujamai žvelgė man į akis. Buvau trumpam atvykęs paviešėti į jos namus Kalkutoje, Giriš Vidjaratnos skersgatvyje. Jos prašymas mane sujaudino, nes ankstyvoje vaikystėje ji man padarė didžiulę dvasinę įtaką ir su meile stengėsi užpildyti tuštumą, atsivėrusią šeimoje po motinos mirties.

– Mylima sese, žinoma, padarysiu viską, ką galiu, – nusišypsojau norėdamas išblaškyti jos veide įsispaudusį liūdesį, tikrą priešingybę jos įprastai ramiai ir linksmai išraiškai.

Mudu su Roma atsisėdome ir ėmėme tyliai melsti pagalbos. Prieš metus sesuo manęs paprašė supažindinti ją su *krijajoga* ir jau buvo padariusi regimą pažangą.

Mane apėmė įkvėpimas.

– Rytoj, – tariau, – važiuosiu į Kalės šventyklą Dakšinešvare. Važiuok su manimi, įkalbėk ir savo vyrą važiuoti drauge. Jaučiu, kad tos šventos vietos vibracijomis Dieviškoji Motina palies jo širdį. Bet neatskleisk jam, kodėl jį kvieti.

Sesuo viltingai sutiko. Labai ankstų kitos dienos rytą apsidžiaugiau pamatęs, kad Roma ir jos vyras pasirengę kelionei. Mūsų samdyta karieta riedėjo Aukštutiniu žiediniu keliu Dakšinešvaro link, o mano svainis Satišas Čandra Bosas (Satish Chandra Bose) linksminosi šaipydamasis iš visų guru. Mačiau, kad Roma patyliukais verkia.

– Sese, neliūdėk! – sušnibždėjau. – Nesuteik savo vyrui malonumo manyti, kad rimtai priimi jo patyčias.

– Mukunda, kaip gali žavėtis nieko nevertais apgavikais? – paklausė Satišas. – Jau vien sadhu išvaizda yra šlykšti. Vieni iš jų liesi it griaučiai, kiti – bedieviškai nutukę lyg drambliai!

Net sukretėjau iš juoko, ir tokia mano reakcija Satišą suerzino. Jis pyktelėjęs nutilo. Kai įvažiavome į Dakšinešvaro šventyklos teritoriją, svainis sarkastiškai nusišiepė:

– Spėju, kad šita išvyka – jūsų sumanymas mane perauklėti?

Nieko neatsakęs nusigręžiau, bet jis sučiupo mane už alkūnės.

– Jaunasis ponaiti vienuoli, – tarė, – nepamiršk susitarti su šventyklos vadovais, kad pavaišintų mus gerais pietumis.

Satišas norėjo išvengti bet kokio pokalbio su dvasininkais.

– Dabar einu medituoti. Nesijaudink dėl pietų, – griežtai atsakiau. – Dieviškoji Motina viskuo pasirūpins.

– Netikiu, kad Dieviškoji Motina dėl manęs nors pirštą pajudintų. Todėl tu būsi atsakingas, kad aš nelikčiau alkanas, – grasinamai tarė Satišas.

Vienas nuėjau į didelės šventyklos prieangį su kolonomis. Šventykla buvo skirta Kalei – Motinos Gamtos Dievo aspektui. Susiradęs pavėsingą vietelę prie vienos iš kolonų, įsitaisiau lotoso poza. Nors buvo dar tik apie septinta ryto, netrukus visu smarkumu turėjo užkepinti saulė.

Apėmė ekstazė, kokią patiria atsidavę Dievui maldininkai, ir pasaulis nuo manęs nutolo. Sutelkiau dėmesį į deivę Kalę. Jos statulą šioje Dakšinešvaro šventykloje ypač garbino didysis mokytojas Šri Ramakrišna Paramahansa. Akmeninė statula dažnai atsiliepdavo į jo ilgesingus prašymus – atgydavo ir imdavo su juo kalbėtis.

– Tylioji akmenine Motina, – pradėjau melstis, – Tu prisipildei gyvybės savo mylimo sekėjo Ramakrišnos prašymu, tad kodėl neišklausai ir šio Tavęs išsiilgusio sūnaus aimanų?

Mano malda darėsi vis karštesnė ir tuo pat metu mane gaubė dieviška ramybė. Bet kai po penkių valandų Deivė, kurią regėjau vidiniu žvilgsniu, nieko man neatsakė, šiek tiek nuliūdau. Kartais Dievas mus bando ir į mūsų maldas atsiliepia ne iš karto. Bet atkakliam atsidavusiajam Jis galiausiai pasirodo tuo pavidalu, kuris anam yra brangiausias. Pamaldus krikščionis išvysta Jėzų, hinduistas – Krišną, deivę Kalę arba jei garbina beasmenį Dievą – besiplečiančią Šviesą.

Nenoromis atsimerkiau ir pamačiau, kad dvasininkas užrakina šventyklos duris, kaip ir dera pusiaudienio valandą. Pakilau iš savo nuošalios vietos prie kolonų ir žengiau į kiemą. Grindinio akmenis buvo įkaitinusi vidudienio saulė, todėl skaudžiai nusideginau basas pėdas.

– Dieviškoji Motina, – tylomis papriekaištavau, – nepasirodei man kaip regėjimas, o dabar dar pasislėpei šventykloje už užrakintų durų. Šiandien norėjau Tau pasimelsti specialiai dėl savo svainio.

Mano nebylus prašymas buvo iškart patenkintas. Pirmiausia nugara ir net po kojomis ėmė sroventi maloni vėsos banga, iškart dingo visi nemalonūs pojūčiai. Paskui pamačiau, kad šventykla nepaprastai padidėjo. Apstulbau. Jos didžiulės durys lėtai atsivėrė ir aš išvydau deivės Kalės figūrą. Pamažu statula atgijo, sveikindamasi linktelėjo galvą ir nusišypsojo, o aš neapsakomai apsidžiaugiau. Pasijutau taip, lyg kas mistiniu švirkštu iš mano plaučių būtų išsiurbęs orą. Mano kūnas nurimo, bet nesustingo.

Paskui mane apėmė ekstazė ir mano sąmonė pradėjo plėstis. Išvydau, kas vyksta už kelių mylių į kairę kitapus Gangos upės ir kas yra už šventyklos iki pat Dakšinešvaro apylinkių. Visų pastatų sienos suspindo ir tapo perregimos, pro jas matėsi žmonės, vaikštinėjantys tolumoje.

Nors nealsavau, nors mano kūnas liko keistai nurimęs, galėjau laisvai judinti rankas ir kojas. Paskui kelias minutes eksperimentavau – tai atsimerkdavau, tai užsimerkdavau, bet ir vienaip, ir kitaip kuo aiškiausiai regėjau visą Dakšinešvaro panoramą.

Dvasinis regėjimas lyg rentgeno spinduliai prasiskverbia pro visa, kas materialu; dieviškoji akis iš visur žvelgia kaip iš centro, ji nebūna pakraštyje. Stovėdamas saulėtame kieme dar kartą supratau, kad kai žmogus liaujasi buvęs Dievo sūnumi palaidūnu, pasinėrusiu į fizinį pasaulį – sapną, tuščią kaip muilo burbulas, – jis iš naujo tampa amžinosios karalystės paveldėtoju. Jei savo ankštos asmenybės varžomam žmogui reikėtų pabėgti, koks pabėgimas prilygtų buvimui visur?

Per Dakšinešvare patirtą šventąjį išgyvenimą vieninteliai nepaprastai padidėję objektai buvo šventykla ir Deivės statula. Visa kita atrodė įprasto dydžio, nors viską gaubė sodrios ir švelnios šviesos aureolė – balta, melsva ir pastelinių vaivorykštės spalvų. Mano kūnas atrodė sudarytas iš eterio ir pasirengęs levituoti. Aiškiausiai suvokdamas savo materialią aplinką, apsidairiau aplink ir žengiau kelis žingsnius. Palaimingo regėjimo tėkmė liko nesutrikdyta.

Staiga už šventyklos sienų pamačiau svainį, sėdintį po dygliuotomis šventojo *belo* medžio šakomis. Lengvai galėjau skaityti jo mintis. Jo prote, nors ir šiek tiek pakylėtame švento Dakšinešvaro poveikio, vis dėlto buvo ir negeranoriškų minčių apie mane. Kreipiausi tiesiai į maloningą Deivės pavidalą.

– Dieviškoji Motina, – meldžiau, – ar negalėtum dvasiškai pakeisti mano sesers vyro?

Gražioji figūra, lig tol tylėjusi, pagaliau prabilo.

– Tebūnie, kaip nori!

Patenkintas pažvelgiau į Satišą. Lyg nujausdamas, kad čia veikia kažkokios dvasinės jėgos, jis pasipiktinęs pakilo iš vietos ir mosuodamas kumščiais pasileido manęs link.

Tada visa apimantis regėjimas dingo. Pranyko ir nuostabioji Deivė, o šventykla liovėsi buvusi perregima ir atgavo įprastus matmenis. Mano kūnas vėl leipo nuo kaitrių saulės spindulių. Šokau atgal į prieangio pavėsį, iš paskos atbėgo ir įtūžęs Satišas. Pažvelgiau į laikrodį – dieviškasis regėjimas truko lygiai valandą.

– Niekingas kvaily, – suriko mano svainis, – jau kelias valandas čia sėdi sukryžiavęs kojas ir žvairuoji akimis! Aš tavęs visur ieškau. Kur mūsų pietūs? Dabar šventykla uždaryta; tu niekam nepranešei apie mus, pietumis pasirūpinti jau per vėlu.

Dvasinis pakilumas, kurį jutau Deivės akivaizdoje, dar nebuvo išsisklaidęs. Sušukau:

– Mus pamaitins Dieviškoji Motina!

– Paskutinį kartą sakau, – suriko Satišas, – norėčiau pamatyti, kaip tavo Dieviškoji Motina parūpins mums maisto, dėl kurio nebuvo iš anksto susitarta!

Vos jam spėjus ištarti šiuos žodžius, prie mūsų per kiemą atėjo šventyklos dvasininkas.

– Sūnau, – kreipėsi jis į mane, – stebėjau tavo ramybe spinduliuojantį veidą tas valandas, kai meditavai. Mačiau, kaip atvykote iš pat ryto, tad nusprendžiau atidėti maisto, kad galėtumėte į valias papietauti. Šventyklos taisyklės draudžia maitinti tuos, kurie iš anksto nesusitarę, bet jums padariau išimtį.

Padėkojau jam ir pažvelgiau tiesiai Satišui į akis. Jis nukaito, susijaudino ir tyliai atgailaudamas nudelbė žvilgsnį. Mums patiekė gausius pietus ir net mangų, kurių sezonas dar nebuvo atėjęs, bet mano svainis valgė labai mažai. Jis atrodė sutrikęs ir giliai paniręs į minčių vandenyną.

Kai važiavome atgal į Kalkutą, Satišas kartais maldaujamai žvilgtelėdavo į mane, jo veidas jau buvo gerokai švelnesnis. Vis dėlto neištarė nė žodžio nuo tos akimirkos, kai lyg atsakydamas į jo iššūkį pasirodė dvasininkas ir pakvietė mus pietų.

Rytojaus popietę aplankiau seserį. Ji meiliai mane pasveikino.

– Mielas broli, – sušuko, – koks stebuklas! Vakar vakare vyras apsiverkė mano akivaizdoje. „Mylimoji Devi[1], – tarė jis, – esu neapsakomai

---

[1] Pažodžiui – Deive, „švytinčioji", nuo sanskrito žodžio šaknies *div*, „švytėti".

laimingas, kad tavo brolio sumanymas mane peraukėti taip puikiai pasisekė. Atitaisysiu viską, ką esu tau padaręs blogo. Nuo šio vakaro mūsų didysis miegamasis bus tik maldos vieta, o miegosime tavo buvusiame mažajame meditacijų kambarėlyje. Nuoširdžiai gailiuosi, kad tyčiojausi iš tavo brolio. Už tokį begėdišką elgesį nubausiu save – kalbėsiu su Mukunda tik tada, kai padarysiu dvasinę pažangą. Nuo šiol iš širdies ieškosiu Dieviškosios Motinos; ateis diena, kai tikrai Ją rasiu!"

Po daug metų (1936-aisiais) aplankiau Satišą Delyje. Nepaprastai apsidžiaugiau pamatęs, kad jis toli pažengęs Savojo Aš suvokimo keliu, be to, jį buvo palaiminęs Dieviškosios Motinos regėjimas. Viešėdamas pas Satišą pastebėjau, kad jis didžiąją dalį nakties slapta medituoja, nors tuo metu jau sunkiai sirgo ir dienomis dar eidavo į darbą.

Toptelėjo, kad svainiui nebeilgai liko gyventi. Roma tikriausiai perskaitė mano mintį.

– Mielas broli, – tarė ji, – aš sveika, o vyras serga. Bet noriu, jog žinotum: kadangi esu atsidavusi hinduistė žmona, ketinu mirti pirma [2]. Man jau nedaug liko.

Mane jos grėsmingi žodžiai sukrėtė, aš suvokiau skaudžią jų tiesą. Mano sesuo mirė praėjus pusantrų metų nuo tos pranašystės. Aš jau buvau Amerikoje. Mūsų jauniausias brolis Bišnus vėliau man papasakojo smulkmenas.

– Roma mirė, kai juodu su Satišu buvo Kalkutoje. Tą rytą ji apsivilko savo nuotakos drabužiais. „Kam šis nepaprastas apdaras?" – paklausė Satišas. „Šiandien paskutinė mano žemiškos tarnystės tau diena", – atsakė Roma. Neilgai trukus ją ištiko širdies smūgis. Kai sūnus ketino bėgti pagalbos, ji jam tarė: „Sūnau, nepalik manęs. Neverta – aš mirsiu gydytojui nespėjus atvykti." Po dešimties minučių, pagarbiai liesdama vyro kojas, Roma nepraradusi sąmonės, laiminga ir be jokių kančių apleido savo kūną.

Satišas po žmonos mirties tapo atsiskyrėliu, – toliau pasakojo Bišnus. – Vieną dieną mudu pažvelgėme į besišypsančios Romos nuotrauką. „Ko tu šypsaisi?! – staiga sušuko Satišas, tarsi žmona vis dar būtų buvusi šalia. – Manai, labai gudriai pasielgei, išėjusi pirma manęs? Aš tau įrodysiu, kad neilgai be manęs būsi, tuoj pats pas tave ateisiu."

Nors Satišas jau buvo visiškai pasitaisęs ir puikios sveikatos,

---

[2] Hinduistės moterys tiki, kad jei žmona miršta pirmiau savo vyro, tai yra jos dvasinės pažangos požymis, įrodymas, bylojantis apie jos ištikimą tarnystę jam, „mirtis einant pareigas".

netrukus po šio keisto priekaišto nuotraukai jis mirė iš pažiūros be jokios priežasties.

Taip pranašiškai šį pasaulį paliko mano mylima sesuo Roma ir jos vyras Satišas, Dakšinešvare iš paprasto pasauliečio paverstas tyliu šventuoju.

23 SKYRIUS

Gaunu universiteto diplomą

„Tu visiškai ignoruoji filosofijos seminarų užduotis. Be abejo, kliaujiesi, kad tinginio „nuojauta" padės tau kaip nors išlaikyti egzaminus. Bet jei nepradėsi rimčiau mokytis, pasistengsiu, kad kurso nebaigtum."

Šryrampuro koledžo profesorius D. C. Ghošalas (Ghoshal) kalbėjo su manimi griežtai. Jei neparašysiu jo dalyko kontrolinio darbo, man nebus leista laikyti baigiamųjų egzaminų. Juos rengia Kalkutos universiteto fakultetas, kurio vienas iš filialų yra Šryrampuro koledžas. Indijos universitetuose galioja taisyklė, kad studentas, neišlaikęs bent vieno humanitarinių mokslų bakalauro egzamino, kitais metais turi iš naujo laikyti *visus* egzaminus.

Šryrampuro koledžo dėstytojai šiaip elgėsi su manimi maloniai, bet šiek tiek pašaipiai. Mane jie vertino taip: „Mukunda mažumėlę apkvaitęs nuo religijos." Vis dėlto taktiškai stengėsi nestumti manęs į nepatogią padėtį ir auditorijoje nieko neklausinėdavo; tikėjosi, kad po baigiamųjų kontrolinių iškrisiu iš kandidatų gauti humanitarinių mokslų bakalauro laipsnį. Bendramokslių nuomonę apie mane tiksliausiai išreiškė jų man duota pravardė – Kvaištelėjęs Vienuolis.

Bet aš ėmiausi gudrių priemonių niekais paversti profesoriaus Ghošalo grasinimus, esą neišlaikysiu filosofijos egzamino. Prieš paskelbiant baigiamojo kontrolinio rezultatus, paprašiau bendramokslio palydėti mane į profesoriaus kabinetą.

– Eime, man reikia liudytojo, – pasakiau savo bendrininkui. – Labai nusivilsiu, jei nepavyks pergudrauti dėstytojo.

Paklaustas, kokiu pažymiu įvertino mano kontrolinį darbą, profesorius Ghošalas papurtė galvą.

– Tavęs nėra tarp tų, kuriems pavyko, – pergalingai pareiškė jis, paskui pasirausė didelėje rašto darbų krūvoje, gulinčioje ant stalo. – Tavo darbo čia net nėra. Bet kokiu atveju tu neišlaikei, nes neatėjai į egzaminą.

Aš susijuokiau.

– Pone, aš buvau. Gal galiu pats peržiūrėti šiuos darbus?

Profesorius suglumęs leido ir aš greitai radau savo darbą, ant kurio tyčia nebuvau užrašęs jokios mane išduoti galinčios informacijos, išskyrus studento pažymėjimo numerį. Neįspėtas „raudonos vėliavėlės" – mano pavardės – dėstytojas mano atsakymus įvertino geru pažymiu, nors jie ir nebuvo prikaišioti citatų iš vadovėlio[1].

Supratęs mano gudrybę, jis griausmingai suriko:

– Gryniausia sėkmė! – ir viltingai pridūrė: – Bet baigiamojo bakalauro egzamino tikrai neišlaikysi.

Ruoštis kitiems dalykams man šiek tiek padėjo korepetitoriai, ypač brangus draugas ir pusbrolis Prabhasas Čandra Ghošas (Prabhas Chandra Ghosh), dėdės Sarados sūnus. Visus baigiamuosius kontrolinius darbus parašiau sėkmingai, nors ir labai sunkiai – gavau mažiausius leistinus įvertinimus.

Taigi po ketverių studijų metų koledže gavau teisę laikyti humanitarinių mokslų bakalauro laipsnio egzaminus. Vis dėlto beveik nesitikėjau pasinaudoti šia privilegija. Šryrampuro koledžo baigiamieji kontroliniai darbai tebuvo vaikų žaidimas, palyginti su sunkiais egzaminais, kuriuos būsimiesiems humanitarinių mokslų bakalaurams rengdavo Kalkutos universitetas. Pas Šri Juktešvarą lankydavausi beveik kas dieną, tad laiko vaikščioti į koledžo auditorijas turėjau labai mažai. Mano dalyvavimas bendramokslius būtų stebinęs labiau nei paskaitų praleidinėjimas.

Kasryt pusę dešimtos sėsdavau ant dviračio ir išvažiuodavau. Tokia tvarka buvo įprasta. Vienoje rankoje laikydavau dovaną savo guru – kelias gėles iš *panthi* bendrabučio sodo. Mokytojas maloniai mane pasveikindavo ir pakviesdavo pietų. Visada skubiai sutikdavau, džiaugdamasis proga tądien išmesti iš galvos visas mintis apie koledžą. Su Šri Juktešvaru praleisdavau valandų valandas, klausydavausi neprilygstamos jo išminties tėkmės arba padėdavau jam triūsti vienuolyne, o apie vidurnaktį nenoriai išvažiuodavau į *panthi*. Retkarčiais likdavau pas guru nakvoti ir įsitraukęs į pokalbį su juo būdavau toks laimingas, kad beveik nepastebėdavau, kaip po nakties išaušdavo rytas.

Vieną vakarą apie vienuoliktą valandą, kai aviausi batus[2] ir ruošiausi važiuoti atgal į bendrabutį, Mokytojas rimtai manęs paklausė:

---

[1] Turiu deramai įvertinti profesorių Ghošalą ir pripažinti, kad įtemptus mūsų santykius lėmė ne kokia nors jo klaida, bet vien mano paskaitų praleidinėjimas. Profesorius Ghošalas buvo puikus oratorius, jis gerai išmanė filosofiją. Vėliau mes vienas kitą nuoširdžiai supratome.

[2] Indijos vienuolynuose mokiniai visada nusiauna batus.

– Kada prasideda tavo bakalauro egzaminai?
– Po penkių dienų, pone.
– Tikiuosi, esi jiems pasirengęs.

Persmelkė baimė, aš sustingau iškėlęs vieną batą.

– Pone, – paprieštaravau, – juk žinote, kad dienas leidau su jumis, ne su dėstytojais. Kaip galiu prisiversti vaidinti šį farsą – eiti laikyti tokių sunkių egzaminų?

Šri Juktešvaras pervėrė mane žvilgsniu.

– Privalai nueiti, – jo balsas buvo šaltas ir įsakmus. – Neturime suteikti preteksto tavo tėvui ir kitiems giminaičiams kritikuoti tavęs, kam pasirinkai gyventi ašrame. Tik pažadėk man nueiti į egzaminus, o ten jau atsakinėk, kaip sugebėsi.

Man iš akių nevaldomai pasruvo ašaros. Mokytojo paliepimas man pasirodė neprotingas, o jo susidomėjimas mano egzaminais, švelniai tariant, buvo pavėluotas.

– Aš nueisiu, jei norite, – atsakiau kūkčiodamas. – Bet juk nėra laiko jiems tinkamai pasiruošti.

O pats sau sumurmėjau: „Atsakinėdamas į klausimus, surašysiu jūsų mokymo tiesas!"

Rytojaus dieną įprastu laiku pasirodęs vienuolyne, gedulingu veidu įteikiau Šri Juktešvarui savo puokštę. Jis nusijuokė iš mano sielvartingos išvaizdos.

– Mukunda, ar Viešpats yra kada nors tave apvylęs – per egzaminus ar kur kitur?

– Ne, pone, – karštai atsakiau. Gaivia srove mane užplūdo dėkingumo kupini prisiminimai.

– Ne tinginystė, bet karštos ir uolios Dievo paieškos sutrukdė tau siekti mokslo laipsnio, – geraširdiškai tarė mano guru ir kiek patylėjęs pacitavo Bibliją: – „Jūs pirmiausia ieškokite Dievo karalystės ir jo teisumo, o visa tai bus jums pridėta."[3]

Tūkstantąjį kartą pajutau, kaip Mokytojo akivaizdoje man nuo pečių nukrito rūpesčių našta. Kai baigėme valgyti ankstyvus pietus, jis man pasiūlė grįžti į *panthi*.

– Ar bendrabutyje tebegyvena tavo draugas Romešas Čandra Datas (Romesh Chandra Dutt)?

– Taip, pone.

[3] Mt 6, 33.

Gaunu universiteto diplomą

Prabhasas Čandra Ghošas ir Paramahansa Jogananda Kalkutoje 1919 m. gruodį. Šri Ghošas, Šri Joganandos pusbrolis, bičiulis ir mokinys, beveik keturiasdešimt metų iki savo mirties 1975-aisiais buvo draugijos *Yogoda Satsanga Society* Indijoje viceprezidentas.

– Susirask jį. Viešpats jį įkvėps padėti tau pasirengti egzaminams.
– Gerai, pone, bet Romešas nepaprastai užsiėmęs. Jis geriausias mūsų kurso studentas ir mokosi daugiau negu kiti.

Mokytojas numojo ranka į mano prieštaravimą.
– Romešas ras laiko tau. Eik.

Dviračiu parmyniau į *panthi*. Pirmas žmogus, kurį sutikau prie bendrabučio, buvo mokslingasis Romešas. Lyg būtų turėjęs per akis laisvo laiko, jis paslaugiai sutiko įvykdyti mano drovų prašymą.
– Be abejo! Aš tavo paslaugoms.

Tą dieną ir kelias kitas jis ilgas valandas padėjo man ruoštis įvairiems egzaminams.

– Man atrodo, nemažai anglų literatūros egzamino klausimų bus susiję su Čaild Haroldo klajonių maršrutu, – pasakė jis. – Reikia greičiau susirasti atlasą.

Nuskubėjau pas dėdę Saradą ir atlasą pasiskolinau. Romešas Europos žemėlapyje pažymėjo vietas, kurias aplankė romantiškasis Bairono klajūnas.

Aplink mus susibūrė keli bendramoksliai pasiklausyti, kaip esu mokomas.

– Romešas tau blogai pataria, – tarė vienas, kai baigėme. – Paprastai tik penkiasdešimt procentų klausimų būna apie knygas, kiti penkiasdešimt – apie rašytojų gyvenimą.

Kai atėjau laikyti anglų literatūros egzamino ir išvydau klausimus, mano skruostais paplūdo dėkingumo ašaros – nuo jų net popierius sudrėko. Tvarkos prižiūrėtojas priėjo prie mano stalo ir atjaučiai paklausė, kas yra.

– Mano didysis guru išpranašavo, kad Romešas man pagelbės, – paaiškinau. – Žiūrėkit, egzaminų lape tie patys klausimai, kuriems mane jis parengė. Laimei, šiemet labai mažai klausimų apie britų rašytojų biografijas, nes man jų gyvenimai taip ir liko neįmenama paslaptis.

Kai grįžau, visame bendrabutyje kilo sąmyšis. Vaikinai, kurie šaipėsi, kad pasikliauju Romešo pamokymais, dabar griausmingai mane sveikino. Visą savaitę, kol vyko egzaminai, stengiausi kuo daugiau laiko praleisti su Romešu, o šis formulavo klausimus, kuriuos, kaip jis manė, veikiausiai užduos dėstytojai. Ir kas dieną Romešo klausimus beveik žodis žodin atrasdavau egzaminų lapuose.

Koledže pasklido žinia, kad vyksta šis tas panašaus į stebuklą ir kad gali būti, jog išsiblaškėliui Kvaištelėjusiam Vienuoliui vis dėlto pasiseks. Aš nė nemėginau nieko slėpti. Koledžo dėstytojai negalėjo pakeisti Kalkutos universiteto parengtų klausimų.

Vieną rytą, apmąstydamas anglų literatūros egzaminą, staiga suvokiau padaręs didžiulę klaidą. Kai kurie klausimai buvo suskirstyti į dvi dalis – reikėjo pasirinkti: A arba B ir C arba D. O aš, užuot pasirinkęs vieną kiekvienos dalies variantą, atsakiau į *abu* pirmos dalies klausimus ir visiškai nekreipiau dėmesio į antrą dalį. Geriausiu atveju šio egzamino rezultatas galėjo būti 33 balai, o egzaminui išlaikyti reikėjo mažiausiai 36.

Gaunu universiteto diplomą

Nuskubėjau pas Mokytoją ir išliejau savo rūpestį.
– Pone, padariau nedovanotiną klaidą. Aš nevertas dieviškojo palaiminimo, siunčiamo per Romešą, visiškai nevertas.
– Pralinksmėk, Mukunda, – Šri Juktešvaro balsas buvo ramus ir nerūpestingas. Jis parodė į žydrą dangaus skliautą. – Jau veikiau saulė ir mėnulis susikeis vietomis, negu tu negausi bakalauro laipsnio!

Vienuolyną palikau gerokai ramesnis, nors viską apskaičiavęs niekaip nesuvokiau, kaip išlaikysiu egzaminą. Porą kartų baugščiai dėbtelėjau į dangų. Dienos Valdovė saugiai keliavo savo įprasta orbita.

Grįžęs į *panthi* išgirdau vieną bendramokslį sakant:
– Ką tik sužinojau, kad šiemet pirmą kartą sumažintas minimalus anglų literatūros egzamino balų skaičius.

Į šio vaikino kambarį įsiveržiau tokiu greičiu, kad jis išsigandęs pakėlė galvą. Karštai puoliau jį klausinėti.
– Ilgaplauki vienuoli, – juokdamasis atsakė šis, – kodėl taip staiga susidomėjai akademiniais reikalais? Ko rėkauji, kai viskas beveik baigėsi? Bet iš tiesų reikalaujamas mažiausias balų skaičius šiemet sumažintas iki 33.

Keliais džiaugsmingais šuoliais pasiekiau savo kambarį, ten puoliau ant kelių ir ėmiau šlovinti Dangiškojo Tėvo matematinį tobulumą.

Kiekvieną dieną jaudinausi jusdamas Dvasios artumą, aiškiai suvokiau, kaip ji man vadovauja per Romešą. Paskui įvyko reikšmingas nutikimas, susijęs su bengalų kalbos egzaminu. Vieną rytą iš bendrabučio traukiau į egzaminų salę ir mane pašaukė Romešas, nors šiam dalykui jis man ruoštis nepadėjo.

– Tave šaukia Romešas, – nekantriai perspėjo mane vienas bendramokslis. – Neatsiliepk, nes pavėluosime į egzaminą.

Nepaklausęs jo patarimo, nubėgau atgal į bendrabutį.
– Paprastai bengalų kilmės studentai lengvai išlaiko bengalų kalbos egzaminą, – pasakė Romešas. – Bet mane ką tik aplankė nuojauta, kad šiais metais dėstytojai ketina sukirsti studentus klausinėdami iš privalomų perskaityti knygų.

Ir jis trumpai papasakojo du epizodus iš Vidjasagaro (Vidyasagar), garsaus XIX amžiaus bengalų filantropo, gyvenimo.

Padėkojau Romešui ir sėdęs ant dviračio nulėkiau į salę. Ten pamačiau, kad bengalų kalbos egzamino lape yra dvi užduotys. Pirmoji buvo maždaug tokia: „Pateikite du Vidjasagaro labdaringos veiklos pavyzdžius."⁴ Guldydamas popieriuje ką tik Romešo papasakotas istorijas, sukuždėjau kelis padėkos žodžius, kad paskutinę akimirką paklausiau jo patarimo. Jei nebūčiau žinojęs apie Vidjasagaro geradarystes (kurioms dabar galima buvo priskirti ir gerą darbą, padarytą man), bengalų kalbos egzamino išlaikęs nebūčiau.

Antroji užduotis buvo tokia: „Parašykite bengalų kalba rašinį apie labiausiai jus įkvėpusio žmogaus gyvenimą." Malonus skaitytojau, manau, nereikia nė sakyti, kokį žmogų pasirinkau. Šlovindamas savo guru, marginau puslapį po puslapio. Šypsodamasis suvokiau, kad išsipildė mano pranašystė: „Atsakinėdamas į klausimus, surašysiu jūsų mokymo tiesas!"

Ne itin troškau klausinėti Romešo apie filosofijos kurso užduotis. Pasitikėdamas ilgu Šri Juktešvaro lavinimu, ramiausiai nepaisiau vadovėlio aiškinimų. Iš visų egzaminų geriausią įvertinimą gavau iš filosofijos. Visų kitų egzaminų rezultatai buvo vos patenkinami.

Su dideliu malonumu pranešu, kad mano nesavanaudiškas draugas Romešas gavo diplomą su pagyrimu.

Man baigus koledžą, tėvas neslėpė šypsenos.

– Jau netikėjau, kad išlaikysi egzaminus, Mukunda, – prisipažino jis. – Tiek laiko praleidi su savo guru.

Mokytojas iš tiesų atspėjo garsiai neišsakytą tėvo priekaištą.

Kelerius metus abejojau, ar kada nors prie savo pavardės galėsiu rašyti raides A. B. (*Bachelor of Arts*: humanitarinių mokslų bakalauras). Minėdamas šį laipsnį, visada prisimenu, kad tai Dievo dovana, suteikta man dėl ne visai aiškių priežasčių. Kartais girdžiu, kaip koledžus baigę žmonės skundžiasi, esą po studijų jiems iš galvų išgaravo beveik visos iškaltos žinios. Šis prisipažinimas mane šiek tiek guodžia dėl neabejotinos mano akademinių žinių stokos.

Tą 1915 metų birželio dieną, kai gavau Kalkutos universiteto bakalauro laipsnį, suklupau prie savo guru kojų ir padėkojau už visą gėrį, srūvantį iš jo gyvenimo⁵ į manąjį.

---

⁴ Tikslią užduoties formuluotę pamiršau, bet atsimenu, kad ji buvo susijusi su Romešo pasakojimu prieš pat egzaminą. Tikrasis pandito Vidjasagaro vardas yra Yšvaras Čandra (Ishwar Chandra), o žodis *vidjasagar* reškia „Erudicijos Vandenynas". Taip Bengalijoje šis žmogus buvo pramintas dėl savo plačių žinių.

⁵ Galia daryti įtaką kitų žmonių protui ir įvykių eigai yra vadinama *vibhūčiu* (jogos galia) ir minima Patandžalio „Jogasūtroje" (III, 24), kur ji aiškinama kaip „visuotinės atjautos" išdava. [Dvi mokslinės knygos apie sūtras yra „Patandžalio jogos sistema" (*Yoga System of Patanjali*, Vol. 17, Oriental Series, Harvard Univ.) ir Dasguptos „Jogos filosofija" (Dasgupta, *Yoga Philosophy*, Trubner's, London).]

Gaunu universiteto diplomą

– Kelkis, Mukunda, – atlaidžiai tarė jis. – Viešpačiui tiesiog buvo patogiau leisti tau baigti universitetą, nei sukeisti vietomis saulę ir mėnulį!

Visuose šventraščiuose skelbiama, kad Viešpats sukūrė žmogų pagal Savo visagalį paveikslą. Visatos valdymas atrodo antgamtiškas, bet iš tiesų ši galia įgimta ir natūrali visiems, kuriems pavyksta „neklystamai prisiminti" savo dievišką kilmę. Dievą suvokę žmonės, tokie kaip Šri Juktešvaras, neturi ego (*ahamkaros*) ir jo keliamų asmeninių troškimų; tikrų mokytojų veiksmai be jokių jų pastangų atitinka *ritą*, dieviškąją tvarką. Emersono žodžiais tariant, visi didieji žmonės tapo „ne dori, bet patys virto Dorybe – tada pasiekiamas kūrinijos tikslas ir Dievas būna patenkintas".

Kiekvienas Dievą suvokęs žmogus gali daryti stebuklus, nes jis, kaip Kristus, supranta subtiliuosius kūrinijos dėsnius. Kita vertus, fenomenalias galias demonstruoti nori ne visi mokytojai (žr. išnašą p. 219.). Kiekvienas šventasis savaip atspindi Dievą, nes pasaulyje, kuriame nėra nė dviejų vienodų smiltelių, individualumo išraiška – pamatinis dalykas.

Negalima kurti nekintamų taisyklių ir taikyti jų visiems Dievo apšviestiems šventiesiems. Vieni daro stebuklus, kiti ne, vieni neveiklūs, kiti (kaip senovės Indijos karalius Džanaka arba šv. Teresė Avilietė) rūpinasi svarbiais reikalais, vieni moko, keliauja ir priima mokinius, kiti gyvena tyliai ir kukliai it šešėliai. Joks pasaulietis kritikas neįstengs perskaityti slaptojo karmos (praeities poelgių) ritinio, kuris kiekvienam šventajam pateikia vis kitokį scenarijų.

24 SKYRIUS

Tampu svamių ordino vienuoliu

– Mokytojau, mano tėvas labai norėjo, kad priimčiau siūlymą dirbti „Bengalijos–Nagpuro geležinkelių" bendrovėje. Bet aš griežtai atsisakiau, – tariau ir viltingai paprašiau: – Pone, gal leisite man tapti svamių ordino vienuoliu?

Maldaujamai žvelgiau į savo guru. Anksčiau, norėdamas išmėginti mano ryžtą, jis atmesdavo šį prašymą. Bet šiandien maloningai nusišypsojo.

– Gerai, rytoj įšventinsiu tave į svamius, – pasakė. – Džiaugiuosi, kad neatsisakei troškimo tapti vienuoliu. Lahiris Mahasaja dažnai sakydavo: „Jei nekviesite Dievo paviešėti pas save vasarą, jis neatvyks ir jūsų gyvenimo žiemą."

– Brangus Mokytojau, nieku gyvu neatsisakysiu troškimo priklausyti svamių ordinui – tam, kuriam priklauso ir jūsų garbus asmuo, – nusišypsojau jam sklidinas neišmatuojamos meilės.

– „Nesusituokęs rūpinasi Viešpaties reikalais ir trokšta patikti Viešpačiui. O susituokęs rūpinasi šio pasaulio reikalais, stengiasi patikti žmonai."[1] Atidžiai stebėjau, kaip gyvena daugelis mano draugų, kurie vedė pirmiau išėję kokius nors dvasinius mokslus. Panirę pasaulietiškų pareigų jūroje, jie pamiršo pasiryžimą meditavuoti.

Man atrodė nesuvokiama, kaip savo gyvenime Viešpačiui galima skirti antrą vietą[2]. Jis vienintelis kosmoso Šeimininkas, gyvenimas po gyvenimo tyliai apiberiantis žmogų dovanomis. Mainais žmogus Jam gali pasiūlyti tik vieną dalyką – savo meilę. Vieni ją dovanoja Viešpačiui, kiti – ne.

Begalinės Kūrėjo pastangos apgaubti Savo buvimą kūrinijos atomuose paslaptimi gali būti paaiškintos tik vienu motyvu, vienu slaptu

---

[1] 1 Kor 7, 32–33.
[2] „Tas, kuris skiria Dievui antrą vietą, iš tiesų neskiria jokios", – šie žodžiai priklauso XIX a. anglų meno kritikui ir filosofui Džonui Raskinui (John Ruskin).

Tampu svamių ordino vienuoliu

troškimu: kad žmogus Jo ieškotų pats, laisva valia. Ir kokiomis aksominėmis kuklumo pirštinėmis Jis yra movęs geležinę savo visagalybės ranką!

Kita diena buvo viena įsimintiniausių mano gyvenime. Atsimenu, praėjus kelioms savaitėms po mano baigiamųjų koledžo egzaminų, išaušo saulėtas 1915 metų liepos ketvirtadienis. Šryrampuro vienuolyno galerijoje Mokytojas į ochrą, tradicinės svamių ordino spalvos dažus, pamerkė balto šilko atraižą. Kai šilkas išdžiūvo, Mokytojas mane juo apgaubė. Tai buvo pasaulio atsižadėjusio naujoko apsiaustas.

– Vieną gražią dieną tu iškeliausi į Vakarus, kur labiau vertinamas šilkas, – tarė jis. – Tad simboliškai parinkau tau šilko atraižą, o ne įprastą medvilnės audeklą.

Indijoje, kur vienuoliai siekia neturto idealo, šilku apsisiautusį svamį sutiksi retai. Bet daug jogų dėvi šilko apdarus, nes jie geriau už medvilnę išsaugo tam tikras subtilias kūno sroves.

– Nemėgstu ceremonijų, – tarė Šri Juktešvaras. – Padarysiu tave svamiu *bidwat* būdu (paprastai, be ceremonijų).

Bibidisa, arba sudėtingas įšventinimas į svamius – tai ir ugnies ceremonija, per kurią atliekamos simbolinės laidotuvių apeigos. Fizinis mokinio kūnas vaizduojamas miręs, paskui jis sudeginamas išminties ugnyje. Tada naujai įšventintam svamiui suteikiama mantra, pavyzdžiui: „Ši *atma* yra Brahma"[3] arba „Tu esi Tai", arba „Aš esu Jis". Bet Šri Juktešvaras mėgo paprastumą, tad apsiėjo be visų formalių apeigų ir tik paprašė, kad pasirinkčiau naują vardą.

– Suteiksiu tau garbę pačiam jį pasirinkti, – šypsodamasis tarė jis.

– Jogananda (*Yogananda*)[4], – atsakiau valandėlę pamąstęs. Šis vardas reiškia „palaimą (*ananda*) per vienovę su Dievu (*yoga*)".

– Tebūnie taip. Nuo šiol atsižadėsi savo šeimos duoto vardo Mukunda Lalas Ghošas ir būsi vadinamas Jogananda iš svamių ordino *Giri* atšakos.

Priklaupiau prieš Šri Juktešvarą ir pirmą kartą išgirdęs jį tariant mano naująjį vardą pajutau, kaip širdį užplūsta dėkingumas. Su kokia meile, kaip nenuilstamai jis plušo, kad berniukas Mukunda vieną dieną virstų vienuoliu Jogananda! Džiaugsmingai sugiedojau kelis ilgos

---

[3] Pažodžiui: „Ši siela yra Dvasia." Aukščiausioji Dvasia, Nesukurtasis, yra visiškai nesąlygojama (*neti, neti* – nei šita, nei šita) bet vedantoje dažnai vadinama *satčidananda*, arba Būtimi-Sąmone-Palaima.

[4] Jogananda – gan dažnas svamių vardas.

viešpaties Šankaros[5] giesmės posmus sanskrito kalba:

> Nei protas, nei intelektas, nei ego, nei jausmas,
> Nei dangus, nei žemė, nei metalai esu.
> Esu Jis, esu Jis, Palaimintoji Dvasia, aš esu Jis!
> Nei gimstu, nei mirštu, nei priklausau kokia kastai,
> Neturiu nei tėvo, nei motinos.
> Esu Jis, esu Jis, Palaimintoji Dvasia, aš esu Jis!
> Pranokstąs vaizduotės polėkius, beformis,
> Persmelkiąs visas gyvybės atšakas,
> Suvaržymų nebijantis, laisvas, amžinai laisvas,
> Esu Jis, esu Jis, Palaimintoji Dvasia, aš esu Jis!

Visi svamiai priklauso vienuolių ordinui, gerbiamam Indijoje nuo neatmenamų laikų. Prieš šimtus metų Šankaračarjos pertvarkytam ir dabartinę struktūrą įgijusiam ordinui nuo tų laikų vadovauja nepertraukiama garbių mokytojų linija (kiekvienas jų paveldi Džagadguru Šri Šankaračarjos titulą). Svamių ordiną sudaro daug vienuolių, gal apie milijonas. Norėdami tapti ordino nariais, jie turi būti svamių įšventinti. Taigi visi svamių ordino vienuoliai dvasiniu požiūriu tęsia to paties guru Adžio (*Adi*, arba „pirmojo") Šankaračarjos liniją. Jie duoda neturto (neprieraišos prie nuosavybės), skaistybės ir klusnumo vadovui, arba dvasiniam mokytojui, įžadus. Krikščionių katalikų vienuolijos daug kuo primena gerokai senesnį svamių ordiną.

Prie naujojo vardo svamis priduria žodį, nurodantį oficialų vienuolio priklausymą vienai iš dešimties svamių ordino atšakų. Šioms

---

[5] Šankara dažnai vadinamas Šankaračarja (*ačarja* reiškia „dvasinis mokytojas"). Dėl Šankaros gyvenimo datos mokslininkai ginčijasi. Pasak kai kurių duomenų, neprilygstamasis monistas gyveno VI a. prieš Kristų. Bet išminčius Anandagiris pateikia kitokias datas – nuo 44 iki 12 m. prieš Kristų. O pasak Vakarų istorikų, Šankara gyvenęs po Kristaus gimimo, VIII–IX a. pradžioje. Iš tiesų jis tinka visiems laikams!

Šių dienų Džagadguru Šri Šankaračarja (Jagadguru Sri Shankaracharya) iš senojo Govardhano matho (vienuolyno) Puryje, jo šventenybė Bharatis Krišna Tyrtha (Bharati Krishna Tirtha), 1958 m. tris mėnesius viešėjo Amerikoje. Tai buvo pirmas kurio nors Šankaračarjos apsilankymas Vakaruose. Jo istorinę kelionę rėmė draugija *Self-Realization Fellowship*. Džagadguru sakė kalbas svarbiausiuose Amerikos universitetuose ir drauge su garsiu istoriku dr. Arnoldu Toinbiu (Arnold Toynbee) dalyvavo diskusijoje apie taiką pasaulyje.

1959 m. Šri Šankaračarja iš Purio priėmė draugijos prezidentės Šri Daja Matos (Sri Daya Mata) siūlymą tapti *Self-Realization Fellowship* ir Indijos *Yogoda Satsanga* (Jogoda Satsangos) draugijų guru atstovu bei įšventinti į svamius du *Yogoda Satsanga* vienuolius. Ceremoniją jis atliko Šri Juktešvaro šventykloje, *Yogoda Satsanga* ašrame Puryje (*leidėjo pastaba*).

dasanami (pravardėms) priskiriamas ir žodis *Giris* (reiškiantis „kalną"). Šiai atšakai priklauso Šri Jukteśvaras Giris, vadinasi, ir aš. Tarp kitų atšakų yra *Sagara* („jūra"), *Bharati* („žemė"), *Puri* („kelias"), *Sarasvatė* („Gamtos išmintis"), *Tyrtha* („piligrimystės vieta") ir *Aranja* („miškas").

Vienuoliškas svamio vardas, kuris dažniausiai baigiasi žodžiu *ananda* („aukščiausioji palaima"), rodo žmogaus siekį išsilaisvinti pasirinkus tam tikrą kelią, būseną ar dieviškąją savybę – meilę, išmintį, įžvalgą, atsidavimą, tarnystę, jogą. Jo pravardė reiškia darną su Gamta.

Nesavanaudiškos tarnystės visai žmonijai ir asmeninių ryšių bei siekių atsižadėjimo idealas daugumą svamių skatina aktyviai dirbti humanitarinį bei šviečiamąjį darbą Indijoje, kartais ir užsienio šalyse. Atmetęs dėl kastos, tikėjimo, klasės, odos spalvos, lyties ir rasės kylančius prietarus, svamis laikosi žmonių brolybės principų. Jo tikslas – absoliuti vienovė su Dvasia. Ir kai miega, ir kai budrauja, jo sąmonė persmelkta minties „Aš esu Jis", tad laimingas jis klajoja po pasaulį pats pasauliui nepriklausydamas. Tik taip jis gali pateisinti svamio vardą: žmogaus, siekiančio vienovės su *Sva*, arba Savuoju Aš.

Šri Jukteśvaras buvo ir svamis, ir jogas. Svamis formaliai priklauso garbingam ordinui ir dėl to yra vienuolis, bet ne visada būna jogas. Jogas yra tas, kuris laikydamasis tam tikros mokslinės metodikos siekia suvokti Dievą. Jis gali būti vedęs arba vienišas, gali turėti pasaulietiškų pareigų arba formaliai priklausyti religinei organizacijai.

Svamis gali eiti tik sausų samprotavimų ir šalto atsižadėjimo keliu, o jogas imasi tam tikro nuoseklaus metodo, kuriuo lavina savo kūną bei psichiką ir pamažu laisvina sielą. Nepasikliaudamas vien jausmais ar tikėjimu, jogas daro kruopščiai išmėgintus pratimus, kuriuos pirmieji apibūdino senovės rišiai. Indijoje visais laikais būdavo žmonių, kurie pasitelkę jogos metodą iš tiesų tapdavo laisvi ir pasiekdavo Kristaus būvį.

Kaip bet koks kitas mokslas, joga tinka visų klimato zonų ir laikų žmonėms. Kai kurių neišmanėlių autorių teorija, esą joga vakariečiams esanti „pavojinga" ar „netinkama", yra visiškai klaidinga. Deja, ne vienam nuoširdžiam mokiniui ta klaida sutrukdė siekti daugeriopų jogos gėrybių.

Joga – tai metodas suvaldyti natūraliai sūkuriuojančias mintis, neišvengiamai trukdančias visiems visų kraštų žmonėms įžvelgti tikrąją savo Dvasios prigimtį. Lyg gydanti saulės šviesa, joga vienodai naudinga tiek Vakarų, tiek Rytų gyventojams. Daugumos žmonių mintys yra neramios ir nepastovios, tad akivaizdu, kad jiems reikia jogos – minčių valdymo mokslo.

ŠRI ŠANKARAČARJA SRF-YSS BŪSTINĖJE

Šri Džagadguru Šankaračarja Bharati Krišna Tyrtha iš Purio Indijoje draugijos *Self-Realization Fellowship* tarptautinėje būstinėje Los Andžele (Paramahansos Joganandos įkurtoje 1925 m.) 1958 m. Džagadguru, svamių ordino vyresnysis, draugijos *Self-Realization Fellowship* remiamas tris mėnesius viešėjo Amerikoje. Pirmą kartą senovinio svamių ordino šankaračarja buvo atkeliavęs į Vakarus. (Žr. išnašą p. 214)

Senovės rišis Patandžalis[6] jogą apibūdina kaip „sąmonės bangų nuraminimą"[7]. Trumpame, bet meistriškame jo veikale „Jogasūtra" išdėstyta viena iš šešių hinduizmo filosofijos sistemų. Skirtingai nuo Vakarų filosofijos sistemų, visos šešios hinduizmo sistemos[8] įkūnija ne tik teorinį, bet ir praktinį mokymą. Išnagrinėjus visus įmanomus ontologijos aspektus, hinduizmo sistemose suformuluotos šešios konkrečios disciplinos, skirtos visiems laikams panaikinti kančią ir pasiekti amžiną palaimą.

Vėliau parašytose upanišadose tvirtinama, kad iš šių šešių sistemų „Jogasūtroje" pateikiami veiksmingiausi tiesioginio tiesos suvokimo būdai. Praktiniai jogos metodai leidžia žmogui palikti bevaises apmąstymų erdves ir per patirtį pažinti tikrąją Esmę.

Patandžalio jogos sistema yra vadinama Aštuonių pakopų keliu[9]. Pirmosios pakopos yra *jama* (doras elgesys) ir *nijama* (religinių papročių laikymasis). *Jama* įgyvendinama nekenkiant kitiems, ištikimai laikantis tiesos, nevagiant, susilaikant ir atsisakant kūniškų geidulių. *Nijama* nurodo laikytis išorinio ir vidinio tyrumo, tenkintis bet kokiomis sąlygomis, laikytis asmeninės drausmės, tyrinėti save (kontempliuoti) ir būti atsidavusiam Dievui bei guru.

Kitos pakopos yra *asana* (tinkama kūno padėtis) – stuburas tiesus, kūnas laikosi tvirtai, kad būtų patogu medituoti; *pranajama* (pranos,

---

[6] Patandžalio gyvenimo datos nežinomos, bet dauguma mokslininkų mano, kad jis gyveno II a. prieš Kristų. Rišiai parašė nepaprastos įžvalgos kupinų veikalų pačiais įvairiausiais klausimais ir laikui bėgant jų išmintis nepaseno. Tačiau, dideliam vėlesnių istorikų rūpesčiui, išminčiai nesistengė savo literatūriniams darbams suteikti autorystės ir užrašyti datų. Jie žinojo, kad trumpas jų gyvenimas žemėje svarbus tik laikinai kaip didžios amžinos Gyvybės žybtelėjimas ir kad tiesa nepavaldi laikui, jos niekas negali nei paženklinti, nei pasisavinti.

[7] *Čitavriti nirodha* („Jogasūtra", I, 2); tai dar galima išversti kaip „psichinių procesų kaitos nutraukimas". *Čita* – bendrinis terminas, kuriuo apibūdinamas mąstymo principas, apimantis pranos gyvybines galias: *manasą* (protą, arba juslių suvokimą), *ahamkarą* (ego) ir *budhį* (intuityvųjį intelektą). *Vritis* (pažodžiui „sūkurys") reiškia minčių ir jausmų bangas, be paliovos kylančias ir dūžtančias žmogaus sąmonėje. *Nirodha* reiškia panaikinimą, nutraukimą, valdymą.

[8] Šešios ortodoksinės (vedomis pagrįstos) sistemos yra šios: *sankhja, joga, vedanta, mimamsa, njaja* ir *vaišešika*. Akademinių polinkių skaitytojus pradžiugins šių senovės tekstų subtilumas ir kompetencija; anglų kalba jie apibendrintai pristatyti prof. Surendranatho Dasguptos „Indijos filosofijos istorijoje" (*A History of Indian Philosophy*, Vol. 1, Cambridge Univ. Press).

[9] Nepainiokite su budizmo Tauriuoju aštuonialypiu keliu, žmogaus elgsenos vadovu, kurį sudaro šios atkarpos: tobulas požiūris, tobulas ketinimas, tobulas kalbėjimas, tobula elgsena, tobula gyvensena, tobulos pastangos, tobulas budrumas (Savojo Aš suvokimas) ir tobulas susikaupimas (*samadhis*).

arba subtiliųjų gyvybės srovių, valdymas) ir *pratjahara* (juslių atitraukimas nuo išorės objektų).

Paskutinės pakopos – tai tikrosios jogos formos: *dharana* (susikaupimas), gebėjimas sutelkti dėmesį į vieną mintį; *dhjana* (meditacija) ir *samadhi*s (aukštesniosios sąmonės išgyvenimas). Šis Aštuonių pakopų jogos kelias veda į galutinį tikslą – *kaivalją* (visišką išsilaisvinimą), kai jogas suvokia Tiesą, esančią už visų intelekto suvokimo ribų.

„Kuris tauresnis, – paklaus kas nors, – svamis ar jogas."

Jeigu (arba kai) pasiekiama vienovė su Dievu, įvairių kelių skirtumai išnyksta. Tiesa, „Bhagavadgytoje" rašoma, kad jogos metodai apima viską. Jie pritaikyti ne tik tam tikriems žmonių tipams ir temperamentams, pavyzdžiui, tik nedaugeliui vienuoliškai gyventi linkusių žmonių. Be to, jogai nebūtina priklausyti formaliai. Jogos sistema tenkina labai įvairius poreikius, todėl, suprantama, yra visiems patraukli.

Tikras jogas gali likti pasaulyje ir vykdyti savo pareigas – jis jame plūduriuos it sviestas vandens paviršiuje. O nedrausminga žmonija veikiau panaši į lengvai praskiedžiamą pieną. Žemiškų pareigų vykdymas nebūtinai atskiria žmogų nuo Dievo, jei tik žmogus išlieka nepaliestas egoistinių troškimų ir savo gyvenimo vaidmenį atlieka kaip veikti pasiruošęs Dievo įrankis.

Šiuo metu Amerikoje, Europoje ir kituose nehinduistiškuose kraštuose esama daug didžių žmonių, kurie, nors gal niekada negirdėję tokių žodžių kaip „jogas" ir „svamis", patys yra puikiausi jų pavyzdžiai. Nesavanaudiškai tarnaudami žmonijai arba suvaldę savo aistras ir mintis, nuoširdžiai mylėdami Dievą arba dėl didžių koncentracijos galių jie tam tikru požiūriu yra tapę jogais. Jie užsibrėžę jogos tikslą – valdyti save. Šie žmonės galėtų pakilti į dar didesnes aukštumas, jei pasimokytų apibrėžtos jogos sistemos, padedančios sąmoningiau valdyti savo psichiką ir gyvenimą.

Kai kurie Vakarų rašytojai jogą suprato paviršutiniškai ir klaidingai, bet šie jogos kritikai niekada nebuvo jos išmėginę. Tarp daugelio gilių įžvalgų apie jogą galima paminėti dr. K. G. Jungo[10], garsaus šveicarų psichologo, žodžius:

„Kai koks nors religinis metodas pristatomas kaip „moksliškas", galima beveik neabejoti, kad Vakaruose juo bus susidomėta. Joga

---

[10] 1937 m. dr. Jungas lankėsi Indijos mokslo kongrese ir gavo Kalkutos universiteto garbės daktaro laipsnį.

pateisina šiuos lūkesčius. Net jei atmesime naujovės žavesį ir ne visai suprantamo reiškinio trauką, joga anaiptol ne be pagrindo patraukė tiek šalininkų. Ji siūlo galimybę potyrius kontroliuoti ir tuo patenkina mokslinių „faktų" poreikį; be to, savo gelme ir plačia apimtimi, garbiu amžiumi, savo doktrina ir metodu, apimančiu visus gyvenimo etapus, ji atveria iki šiol nesapnuotą perspektyvą.

Visoms religinėms ir filosofinėms praktikoms reikalinga psichologinė drausmė, dvasios higienos metodas. Įvairialypė, grynai kūniška jogos atlikimo metodika [11] sykiu reiškia ir psichologinę higieną, pranašesnę už įprastus mankštos bei kvėpavimo pratimus, nes ji ne tik mechanistinė ir moksliška, bet ir filosofinė; lavindama įvairias kūno dalis, ji sujungia jas į visumą su dvasia ir tai aiškiai matyti, pavyzdžiui, *pranajamos* pratimuose, kur *prana* yra ir alsavimas, ir visuotinė kosmoso dinamika. [...]

Jogos praktika [...] būtų neveiksminga be sampratų, kuriomis joga grindžiama. Ji ypač nuosekliai ir visiškai sujungia kūną ir dvasią.

Rytuose, kur buvo sukurtos ir išplėtotos šios idėjos ir praktikos, kur nepertraukiama kelių tūkstantmečių tradicija paklojo reikalingus dvasinius pamatus, joga tapo – ir man nesunku tuo patikėti – tinkamiausiu ir priimtiniausiu būdu susieti kūną ir sielą, idant jie sudarytų vieną visumą, kurios tikrumu būtų sunku suabejoti. Tokia vienovė sukuria psichologinę būseną, dėl kurios tampa įmanomos nuojautos, viršijančios sąmonės ribas."

Vakarams irgi artėja diena, kai vidinis savęs suvaldymo mokslas bus pripažintas toks pat būtinas kaip išorinis Gamtos užkariavimas. Atomo amžiuje žmonių protus nuskaidrins ir praplės dabar jau mokslo neginčijama tiesa, kad materija iš tiesų yra koncentruota energija. Todėl žmogaus protas gali ir privalo išlaisvinti savo vidines energijas, kurios yra galingesnės, nei energijos, slypinčios akmenyse ir metaluose, idant materialus ką tik paleistas atominis milžinas nepradėtų beprasmiškai naikinti pasaulio. Žmonijos rūpestis dėl atominių bombų gali būti netiesiogiai naudingas – jis paskatins praktiškai domėtis jogos mokslu [12],

---

[11] Čia dr. Jungas kalba apie *hathajogą*, jogos atmainą sveikatai stiprinti bei ilgaamžiškumui pasiekti kūno pozomis ir kvėpavimo pratimais. *Hatha* yra naudinga ir duoda neįtikėtinų fizinių rezultatų, bet šią atmainą retai praktikuoja jogai, siekiantys dvasinio išsilaisvinimo.

[12] Daugelis menkai išmanančių žmonių „joga" vadina tik *hathajogą* arba jogą laiko „burtais", nesuprantamomis paslaptingomis apeigomis, kuriomis įgyjama įspūdingų galių. Bet kai žinovai kalba apie jogą, jie turi galvoje sistemą, išdėstytą „Jogasūtroje" (dar šis veikalas

kuris leis mums susikurti tikrą „bombų nesugriaunamą" slėptuvę.

žinomas kaip „Patandžalio aforizmai"), arba *radžajogą* („karališkąją jogą"). „Jogsūtroje" suformuluotos didingos filosofinės sąvokos įkvėpė ne vieno didžiausių Indijos mąstytojų komentarus, tarp jų ir nušvitusį mokytoją Sadasivendrą (žr. išnašą p. 380).

„Jogasūtroje", kaip ir kitose penkiose ortodoksinėse (vedomis pagrįstose) filosofinėse sistemose, dorovinio tyrumo „magija" (vadinamieji *jamos* ir *nijamos* „dešimt įsakymų") laikoma būtina nuodugnaus filosofinio tyrinėjimo prielaida. Šis asmeniškas reikalavimas, neįprastas Vakaruose, šešioms indų disciplinoms suteikė ilgalaikio gyvybingumo. Kosminė tvarka (*rita*), palaikanti visatą, nesiskiria nuo dorovinių dėsnių sistemos, valdančios žmogaus likimą. Tas, kuris nenori laikytis visuotinių dorovės principų, nėra rimtai pasiryžęs siekti tiesos.

„Jogasūtros" III dalyje minimos įvairios jogos išugdomos magiškos galios (*vibhūčiai* ir *sidhiai*). Tikrasis pažinimas visuomet yra galia. Jogos kelias sudarytas iš keturių atkarpų, kurių kiekvienai būdinga sava *vibhūčių* išraiška. Įgijęs tam tikrą galią, jogas žino, kad sėkmingai išlaikė vienos iš keturių pakopų išmėginimus. Tam tikrų konkrečių galių pasireiškimas liudija apie jogos sistemos mokslinę struktūrą, kurioje nėra vietos apgaulingoms fantazijoms apie žmogaus „dvasinę pažangą"; tam reikalingi įrodymai!

Tačiau Patandžalis įspėja jogos sekėjus, kad vienintelis jų praktikos tikslas turi būti vienovė su Dvasia, o ne įgyti *vibhūčių* – jie tik atsitiktinės gėlės palei šventąjį taką. Ieškoti reikia Amžinojo Davėjo, o ne Jo nepaprastų dovanų! Dievas neatsiskleidžia tokiam ieškotojui, kuris tenkinasi menkesniais pasiekimais. Todėl šio tikslo siekiantys jogai stengiasi nesinaudoti savo nepaprastomis galiomis, kad nekiltų puikybė ir nesutrukdytų įžengti į aukščiausią *kaivaljos* būseną.

Pasiekęs Begalinį Tikslą, jogas gali *vibhūčiais* naudotis arba nesinaudoti – tai priklauso tik nuo jo paties. Tada visi jo veiksmai, stebuklingi ir paprasti, atliekami be karminių pasekmių. Geležinės karmos drožlės traukiamos tik tada, jei išlikęs asmeninio ego magnetas.

25 SKYRIUS

Brolis Ananta ir sesuo Nalinė

„Ananta ilgai negyvens, šiam gyvenimui skirtas jo karmos smėlis jau baigia išbyrėti."

Šie negailestingi žodžiai pasiekė mano sąmonę, kai vieną rytą sėdėjau giliai medituodamas. Įstojęs į svamių ordiną, netrukus apsilankiau gimtajame Gorakpure, kur svečiavausi pas vyresnįjį brolį Anantą. Staigi liga paguldė jį į patalą ir aš su meile jį slaugiau.

Skaudi žinia mane nuliūdino. Man beliko bejėgiškai žiūrėti, kaip iš manęs bus atimtas brolis. Pajutau, kad Gorakpure ilgiau nebeištversiu. Lydimas nesuprantančių giminaičių kritikos, pirmu pasitaikiusiu laivu išplaukiau iš Indijos. Laivas praplaukė Birmą ir per Kinijos jūrą pasiekė Japoniją. Išlipau Kobėje, bet pabuvau ten tik kelias dienas. Pernelyg spaudė širdį, visai nesinorėjo gėrėtis vaizdais.

Grįždamas į Indiją, laivas sustojo Šanchajuje. Laivo gydytojas daktaras Misra nusivedė mane į kelias retenybių krautuvėles ir ten aš išsirinkau lauktuvių Šri Juktešvarui, šeimos nariams ir draugams. Anantai nupirkau didelį drožinį iš bambuko. Tačiau vos kinas pardavėjas spėjo man paduoti bambukinį suvenyrą, mečiau jį žemėn garsiai šaukdamas: „Nupirkau jį savo brangiam velioniui broliui!"

Aiškiai suvokiau, kad jo siela ką tik išsilaisvino ir susiliejo su Begalybe. Nukritęs suvenyras simboliškai smarkiai įskilo, o aš kūkčiodamas ant jo užrašiau: „Mylimajam Anantai, kuris ką tik apleido šį pasaulį."

Mano bendrakeleivis gydytojas žiūrėjo į mane pašaipiai šypsodamasis.

– Pataupykite ašaras, – patarė jis. – Kam jas lieti, jei dar tikrai nežinote, ar jis mirė?

Laivui pasiekus Kalkutą, daktaras Misra vėl buvo greta. Prieplaukoje manęs laukė atėjęs pasitikti jauniausiasis brolis Bišnus.

– Žinau, kad Ananta paliko šį pasaulį, – pasakiau Bišnui dar nespėjus pratarti nė žodžio. – Pasakyk mudviem su daktaru, kada jis mirė.

Bišnus nurodė mirties datą – tą pačią dieną, kai Šanchajuje pirkau suvenyrus.

– Paklausykite! – sušuko daktaras Misra. – Neleiskite, kad apie tai pasklistų kalbos! Profesoriai prie medicinos studijų pridės dar metus, skirtus mokytis telepatijos, o studijos ir taip ganėtinai ilgos!

Namie mane karštai apkabino tėvas.

– Sugrįžai, – švelniai tarė jis. Iš jo akių išriedėjo dvi didelės ašaros. Paprastai jis nebūdavo linkęs rodyti jausmų ir anksčiau niekada taip nereikšdavo savo meilės man. Iš pažiūros griežtas, tėvas turėjo jautrią motinišką širdį. Spręsdamas visus šeimos reikalus, jis atliko dvigubą vaidmenį.

Neilgai trukus po Anantos mirties stebuklingai išgijo mano jaunesnė sesuo Nalinė, nors ji jau stovėjo ant nebūties slenksčio. Tačiau prieš papasakodamas šią istoriją, paminėsiu kelis mūsų jaunų dienų nutikimus.

Vaikystėje mudviejų su Naline santykiai klostėsi ne itin draugiškai. Aš buvau labai liesas, ji dar liesesnė. Skatinamas nesuvokto motyvo, kurį nesunkiai nustatytų psichologai, dažnai erzindavau seserį dėl jos išvaizdos. Ji lygiai taip pat beširdiškai atvirai jaunatviškai atsikirsdavo. Kartais įsikišdavo motina ir laikinai nutildydavo vaikiškus kivirčus, švelniai patampydama man (kaip vyresniam) ausis.

Baigusi mokyklą, Nalinė susižadėjo su daktaru Pančanonu Bosu (Panchanon Bose), maloniu jaunu gydytoju iš Kalkutos. Atėjus laikui, buvo atšvęstos įmantrios jungtuvių apeigos. Vestuvių naktį prisidėjau prie didelio linksmų giminaičių būrio mūsų Kalkutos namų svetainėje. Jaunikis sėdėjo atsilošęs į milžinišką auksu išaustą brokato pagalvę, šalia glaudėsi Nalinė. Puošnus purpurinis šilko saris[1], deja, nepaslėpė jos liesumo. Kiūtojau už naujojo svainio pagalvės ir draugiškai jam šypsojausi. Iki jungtuvių ceremonijos jis nė karto nebuvo matęs Nalinės ir tik dabar galiausiai išvydo, ką jam lėmė santuokos loterija.

Pajutęs mano palankumą, daktaras Bosas nemačiomis parodė į Nalinę ir pašnibždomis paklausė:

– Sakyk, kas čia?

– Kaip kas, daktare, – atsakiau, – čiagi griaučiai, kad galėtumėte iš jų mokytis!

Metams bėgant, mūsų šeimos nariai pamėgo daktarą Bosą ir kviesdavosi jį kas kartą, kai tik kas nors sunegaluodavo. Mudu su juo labai susidraugavome ir dažnai kartu juokaudavome, taikiniu paprastai

---

[1] Indijos moterų drabužis, krintantis grakščiomis klostėmis.

pasirinkę Nalinę.
- Tai medicinai nežinomas atvejis, - vieną dieną pareiškė man svainis.
- Trokšdamas nupenėti tavo liesą seserį, išmėginau viską: žuvų taukus, sviestą, salyklą, medų, žuvį, mėsą, kiaušinius, stiprinamuosius antpilus. Ir vis tiek ji nepastorėjo nė per nago juodymą.
Po kelių dienų užėjau į Bosų namus. Užtrukau vos kelias minutes ir jau ruošiausi išeiti; maniau, kad Nalinė manęs nepastebėjo. Prie lauko durų išgirdau nuoširdų, bet įsakmų jos balsą:
- Eikš čia, brolau. Šįkart nuo manęs nepaspruksi. Noriu su tavimi pasikalbėti.
Laiptais užkopiau į jos kambarį. Nustebau, nes pamačiau ją apsiašarojusią.
- Mielas brolau, - viltingai tarė ji, - pamirškime senas skriaudas. Matau, kad tu tvirtai pasukai dvasinio gyvenimo keliu. Noriu tapti kuo panašesnė į tave. Dabar atrodai toks stiprus. Ar man padėsi? Mano vyras nesiartina prie manęs, o aš jį taip myliu! Bet mano didžiausias troškimas - priartėti prie Dievo, net jei turėčiau likti liesa[2] ir nepatraukli.
Jos maldavimas mane labai sujaudino. Naujoji mūsų draugystė vis stiprėjo ir vieną dieną ji pasiprašė tapti mano mokine.
- Mokyk mane, kaip nori. Nuo šiol kliausiuosi Dievu, o ne stiprinamaisiais antpilais. - Ji surinko į glėbį vaistų buteliukus ir visus išmetė į nuotekų duobę už lango.
Norėdamas išbandyti jos tikėjimą, liepiau nebevalgyti žuvies, mėsos ir kiaušinių.
Kelis mėnesius Nalinė griežtai laikėsi įvairių mano nustatytų taisyklių ir nepaisydama daugelio sunkumų maitinosi vegetariškai. Vieną dieną vėl ją aplankiau.
- Sese, tu stropiai laikeisi visų dvasinių nurodymų, tad netrukus sulauksi atpildo, - aš šelmiškai nusišypsojau. - Ar norėtum būti labai apkūni? Tokia stora kaip mūsų tetulė, kuri jau daug metų nėra mačiusi savo pėdų?
- Ne! Bet norėčiau būti tokia tvirta kaip tu.
Aš iškilmingai atsakiau:
- Iš Dievo malonės aš visada sakau tiesą, taip ir dabar mano žodžiai yra tiesa[3]. Gavęs dieviškųjų palaiminimų, tavo kūnas nuo šiandien pra-

---

[2] Indijoje dauguma gyventojų yra liesi, todėl tam tikras apkūnumas laikomas geistinu dalyku.
[3] Hinduizmo šventraščiuose tvirtinama, kad tie, kurie visada sako tiesą, įgyja galią

dės iš tikrųjų keistis ir po mėnesio tu sversi tiek pat kiek aš.

Šie iš širdies ištarti žodžiai išsipildė. Po trisdešimties dienų Nalinė svėrė kiek aš. Nauji apvalumai suteikė jai grožio ir vyras ją labai pamilo. Jų santuoka, prasidėjusi taip nesėkmingai, galiausiai pasirodė idealiai laiminga.

Grįžęs iš Japonijos sužinojau, kad man išvykus Nalinė susirgo vidurių šiltine. Nuskubėjau pas ją ir apstulbau pamatęs, kokia ji išsekusi. Sesuo gulėjo nugrimzdusi į komą.

Svainis papasakojo, kas atsitiko:

– Kol jos proto dar nebuvo sujaukusi liga, ji dažnai kartodavo: „Jei brolis Mukunda būtų čia, taip sunkiai nesirgčiau", – paskui jis ašarodamas pridūrė: – Nei kiti gydytojai, nei aš nematome nė mažiausios vilties. Ji ilgai sirgo vidurių šiltine, o dabar prisidėjo dar ir dizenterija.

Maldomis stengiausi apversti dangų ir žemę. Pasamdžiau Indijoje gimusią anglų kilmės slaugę, kuria galėjau visiškai pasikliauti, ir ėmiau gydyti seserį įvairiais jogos metodais. Kraujinga dizenterija praėjo.

Bet daktaras Bosas sielvartingai papurtė galvą.

– Jai tiesiog nebeliko kraujo, todėl jo ir nematyti, – tarė.

– Ji pasveiks, – ryžtingai tariau. – Po septynių dienų karštis atslūgs.

Po savaitės Nalinė atsimerkė ir meiliai pažvelgė į mane. Ji mane iškart pažino. Apsidžiaugiau. Nuo tos dienos ji ėmė sparčiai taisytis. Bet nors ir atgavo savo įprastą svorį, liko vienas liūdnas buvusios ligos atminimas – paralyžiuotos kojos. Ir indų, ir anglų specialistai pareiškė, kad ji liks luoša – nėra jokios vilties.

Kovodamas dėl sesers gyvybės nepaliaujamai meldžiausi ir tai išsekino mano jėgas. Nuvažiavau į Šryrampurą ieškoti Šri Juktešvaro pagalbos. Kai papasakojau apie sunkią Nalinės būklę, jo akyse išvydau nuoširdžią užuojautą.

– Po mėnesio tavo sesers kojos bus sveikos, – tarė jis. – Tegu segi

---

materializuoti savo žodžius. Ką jie pasako iš širdies, tai ir įvyksta („Jogasūtra", II, 36).

Kadangi pasauliai kuriami tiesos pagrindu, visuose šventraščiuose tiesa garbinama kaip dorybė, kurią pasitelkęs žmogus gali savo gyvenimą priderinti prie Dievo. Mahatma Gandis dažnai sakydavo: „Tiesa yra Dievas." Gandis visą gyvenimą siekė visiškos minčių, kalbos ir veiksmų tiesos. *Satjos* (tiesos) idealas yra persmelkęs hinduistų visuomenę. Markas Polas (Marco Polo) pasakoja, kad *brahmanai* „nė už ką pasaulyje neištars melagingo žodžio". Indijoje dirbęs anglas teisėjas Viljamas Slimanas (William Sleeman) knygoje „Kelionė per Avadą 1849–1850 m." (*Journey Through Oudh in 1849–50*) rašo: „Susidūriau su šimtais bylų, kuriose žmogaus nuosavybė, laisvė ar gyvybė priklausė nuo to, pameluos jis ar ne. Ir žmogus atsisakydavo meluoti."

Brolis Ananta ir sesuo Nalinė

prie kūno pakabutį su neperdurtu dviejų karatų perlu, įtaisytu įtvare.
Man iš karto palengvėjo ir aš džiugiai kritau jam po kojomis.
— Pone, jūs esate mokytojas; pakanka tik jūsų žodžio, kad ji pasveiktų. Bet jei reikalaujate, būtinai parūpinsiu jai perlą.
Mano guru linktelėjo.
— Gerai.
Paskui labai tiksliai nusakė fizinius ir psichologinius Nalinės ypatumus, nors niekada nebuvo jos matęs.
— Pone, — pasiteiravau aš, — ar tai astrologinė analizė? Juk nežinote nei jos gimimo dienos, nei valandos.
Šri Juktešvaras nusišypsojo.
— Yra esmingesnė astrologija, nepriklausanti nuo kalendorių ir laikrodžių parodymų. Kiekvienas žmogus yra Kūrėjo dalis, Kosminis žmogus, jis turi ir dangiškąjį, ir žemiškąjį kūną. Žmogaus akys mato fizinį kūną, bet vidinis žvilgsnis skvarbesnis, jis pasiekia visiems bendrą modelį, kurio neatskiriama ir individuali dalis yra kiekvienas iš mūsų.
Grįžęs į Kalkutą, nupirkau Nalinei perlą[4]. Po mėnesio jos kojos visiškai pasveiko.
Sesuo paprašė nuoširdžiai padėkoti manajam guru. Jis tylėdamas išklausė. Kai jau ruošiausi išeiti, ištarė reikšmingus žodžius:
— Daug gydytojų tavo seseriai tvirtino, kad ji niekada neturės vaikų. Patikink ją, kad po kelerių metų ji pagimdys dvi dukteris.
Po kelerių metų Nalinė, didžiausiam savo džiaugsmui, pagimdė mergytę, dar po kelerių — ir antrą.

---

[4] Perlai ir kiti brangakmeniai, taip pat metalai ir augalai, nešiojami arti kūno, daro elektromagnetinį poveikį žmogaus ląstelėms. Žmogaus kūne yra anglies ir įvairių metalų, kurių aptinkama ir augaluose, metaluose, brangiuosiuose akmenyse. Nėra abejonės, kad šios srities rišių atradimai kada nors sulauks fiziologų patvirtinimo. Jautrus žmogaus kūnas, kuriuo teka elektromagnetinės srovės, slepia dar daug neištyrinėtų mįslių.

Nors brangakmeniai ir metalo apyrankės gydomai veikia kūną, Šri Juktešvaras rekomendavo jas dėvėti dar dėl vienos priežasties. Mokytojai niekada nenori rodytis didžiais gydūnais, nes tik Dievas yra Gydytojas. Todėl šventieji dažnai įvairiais būdais slepia galias, kurias yra nuolankiai priėmę iš Viešpaties. Žmogui įprasta pasitikėti apčiuopiamais dalykais; kai ligoniai ateidavo pas mano guru ir prašydavo, kad šis juos pagydytų, jis patardavo nešioti apyrankes ar brangakmenius, norėdamas sukelti jų pasitikėjimą ir sykiu nukreipti dėmesį nuo savęs. Apyrankės ir brangakmeniai, be jiems savaime būdingų elektromagnetinių gydomųjų galių, veikė ir kaip slaptas dvasinis Mokytojo palaiminimas.

ŠRI DAJA MATA DIEVO BENDRYSTĖJE

Šri Daja Mata, trečioji draugijų *Self-Realization Fellowship / Yogoda Satsanga Society* Indijoje prezidentė, nugrimzdusi į meditaciją per viešnagę Indijoje 1968 m. „Paramahansa Jogananda mus mokė, – rašė ji, – ne tik žodžiais ir savo dievišku pavyzdžiu, bet ir moksliniais SRF meditavimo metodais. Vien skaitydamas apie tiesą sielos troškulio nenumalšinsi. Reikia sočiai atsigerti iš Tiesos Šaltinio – Dievo. Savojo Aš suvokimas kaip tik tai ir yra – tiesioginė Dievo patirtis."

Tikra „Gailestingumo motina" – tą reiškia ir jos vardas Daja Mata – savo gyvenimą paskyrė mylėti Dievą ir su visais dalytis Jo meile.

26 SKYRIUS

Krijajogos mokslas

Krijajogos mokslas, taip dažnai minimas šiuose puslapiuose, šiuolaikinėje Indijoje išplito mano guru mokytojo Lahirio Mahasajos dėka. Sanskrito kalba *kri* („daryti", „veikti", „reaguoti") yra žodžio *krija* šaknis; tos pačios šaknies yra ir žodis *karma*, reiškiantis natūralų priežasties ir pasekmės principą. Tad *krijajogos* reikšmė yra tokia: „vienybė (*joga*) su Dievu, kurios siekiama tam tikrais veiksmais ar apeigomis (*krija*)". Tiksliai laikydamasis šios metodikos, jogas pamažu išsilaisvina iš karmos, arba dėsningos priežasčių ir pasekmių grandinės.

Dėl tam tikrų senovinių jogų draudimų negaliu visiškai išaiškinti *krijajogos* knygoje, skirtoje plačiajai visuomenei. Pačios metodikos reikėtų mokytis iš įgalioto *krijabano* (*krijajogo*) [1], kuriam draugija *Self-Realization Fellowship* (Indijoje *Yogoda Satsanga Society*) yra leidusi tai daryti. Čia turės pakakti tik bendriausių nuorodų.

Krijajoga – tai paprastas psichofiziologinis metodas, kuriuo iš žmogaus kraujo pašalinamas anglies dvideginis ir kraujas prisotinamas deguonies. Šio papildomo deguonies atomai paverčiami gyvybės srove, kuri pagyvina galvos smegenis ir stuburo centrus. Stabdydamas veninio kraujo kaupimąsi, jogas geba sulėtinti ar visai sustabdyti audinių irimą. Toliau šiuo keliu nužengęs jogas savo ląsteles paverčia energija. Elijas, Jėzus, Kabyras ir kiti praeities pranašai buvo įvaldę *krijajogą* ar panašius metodus ir panorėję materializuodavo arba dematerializuodavo savo kūnus.

Krija – senovinis mokslas. Lahiris Mahasaja perėmė jį iš savo didžiojo guru Babadži, kuris iš naujo atrado ir išgrynino tamsiaisiais amžiais prarastą metodiką. Babadži pavadino ją paprastai – *krijajoga*.

---

[1] Paramahansa Jogananda būsimiems savo veiklos tęsėjams – jo įkurtos draugijos (*Self-Realization Fellowship*/ Indijoje *Yogoda Satsanga Society*) prezidentui ir dvasiniam vadovui – suteikė įgaliojimus mokyti *krijajogos* ir inicijuoti į ją tinkamus mokinius arba skirti šiam darbui išventintą SRF/YSS dvasininką. Kad vyktų nuolatinė *krijajogos* mokslo sklaida, jis pasirūpino išleisti pamokas – „*Self-Realization Fellowship* (*Yogoda*) *Lessons*", kurias galima gauti SRF tarptautinėje būstinėje Los Andžele (žr. p. 490) (*leidėjo pastaba*).

„*Krijajoga*, kurią per tave dovanoju pasauliui šiame XIX amžiuje, – kalbėjo Babadži Lahiriui Mahasajai, – tai atgaivintas tas pats prieš tūkstančius metų Krišnos Ardžunai perteiktas mokslas; vėliau jį pažino Patandžalis ir Kristus, šv. Jonas, šv. Paulius ir kiti mokiniai."

Viešpats Krišna, didžiausias Indijos pranašas, apie *krijajogą* du kartus užsimena „Bhagavadgytoje". Viename posme skaitome: „Įkvėpimą aukodamas iškvėpimui ir įkvėpimui aukodamas iškvėpimą jogas sustabdo ir viena, ir kita. Taip jis išlaisvina iš širdies *praną* ir suvaldo gyvybinę energiją."[2] Aiškinimas yra toks: „Jogas sustabdo savo kūno irimą sulėtinęs plaučių ir širdies veiklą ir taip užtikrinęs papildomą *pranos* (gyvybinės energijos) tiekimą. Įvaldęs *apaną* (šalinančią srovę), jogas taip pat sustabdo su kūno augimu susijusius pokyčius. Neutralizavęs irimą ir augimą, jogas išmoksta kontroliuoti gyvybinę energiją."

Kitame „Bhagavadgytos" posme sakoma: „Amžiams išsilaisvins tas meditacijos žinovas (*munis*), kuris, siekdamas Aukščiausiojo Tikslo, sugebės atsitraukti nuo išorės reiškinių, nukreipęs žvilgsnį į tašką tarp antakių ir neutralizavęs lygius *pranos* ir *apanos* srautus, [tekančius] šnervėmis ir plaučiais; taip pat jis turi suvaldyti savo jusles, protą bei intelektą, atsikratyti troškimų, baimės ir pykčio."[3]

Krišna dar pasakoja[4], kad tai jis ankstesniame įsikūnijime perdavė šią nesunaikinamą jogą senovės nušvitusiajam Vivasvatui, o šis – Manui, didžiajam įstatymų leidėjui[5]. Manus savo ruožtu išmokė Ikšvakų, Indijos saulės karių dinastijos pradininką. Rišių saugoma karališkoji joga buvo perduodama iš kartos į kartą, iki atėjo materializmo amžiai[6]. Tada dėl žmonių abejingumo ir dvasininkų slapumo šventosios žinios pamažu tapo nebepasiekiamos.

Krijajogą du kartus mini senovės išminčius Patandžalis, garsiausias jogos mokytojas. Jis rašė: „*Krijajogą* sudaro kūno disciplina, proto

---

[2] „Bhagavadgyta", IV, 29.

[3] Ten pat, V, 27–28. Daugiau paaiškinimų apie kvėpavimo mokslą žr. p. 476, 478 – 479.

[4] Ten pat, IV, 1–2.

[5] Priešistorinis *Manava Dharmašastros*, arba „Manaus įstatymų knygos", autorius. Šie kanonizuotos papročių teisės pagrindai galioja Indijoje iki šių dienų.

[6] Materializmo laikai pagal hinduistų šventraščių skaičiavimus prasidėjo 3102 m. prieš Kristų. Tais metais prasidėjo paskutinė ekvinokcijų poslinkio ciklo Kritimo lanko *dvaparajuga*, taip pat – Visuotinio ciklo *kalijuga* (žr. p. 160). Dauguma antropologų tiki, kad prieš 10 000 metų žmonija gyveno barbariškame akmens amžiuje, ir plačiai paplitusias seniausių Lemurijos, Atlantidos, Indijos, Kinijos, Japonijos, Egipto, Meksikos ir daugelio kitų šalių civilizacijų tradicijas laiko „mitais".

valdymas ir *Aum* meditavimas."[7] Patandžalis kalba apie Dievą kaip apie tikrąjį Kosmoso garsą *Aum*, kuris girdimas medituojant[8]. *Aum* – tai Kūrybos Žodis, Vibracijų Variklio gausmas, Dievo Buvimo liudijimas[9]. Net pradedantysis jogas netrukus išgirsta stebuklingą *Aum* garsą. Šis palaimingas dvasios padrąsinimas padeda jogui įsitikinti, kad jis yra pasiekęs bendrystę su antgamtės sferomis.

Antrą kartą apie *krijos* metodiką, arba gyvybinės energijos valdymą, Patandžalis kalba taip: „Išsilaisvinimą galima pasiekti per *pranajamą*, kuri atliekama atskyrus įkvėpimą ir iškvėpimą."[10]

Krijajogą ar panašią metodiką buvo įvaldęs šv. Paulius – jis gebėdavo atjungti savo jusles nuo *gyvybės* energijos arba prijungti prie jos. Todėl jis pasakė: „Prisiekiu savo pasididžiavimu – jumis, broliai, mūsų Viešpatyje Jėzuje Kristuje, jog aš *kasdien mirštu!*"[11] Sutelkęs viduje visą kūno gyvybinę energiją (kuri šiaip yra nukreipta tik į išorę, į juslių pasaulį ir dėl to jam suteikia svarbos regimybę), šv. Paulius kasdien patirdavo tikrą jogišką vienovę su Kristaus Sąmonės „pasididžiavimu" (palaima). Apimtas šios palaimingos būsenos, jis suvokdavo esąs „miręs", vadinasi, išsivadavęs iš juslinių iliuzijų, ištrūkęs iš *majos* pasaulio.

Pradinėmis susivienijimo su Dievu stadijomis (apimto *savikalpa samadhio* būsenos) jogo sąmonė susilieja su Kosmoso Dvasia; gyvybinė energija atitraukiama iš kūno ir šis atrodo tarsi miręs, nejudantis ir sustingęs. Jogas visiškai suvokia, kad jo kūno gyvybinė veikla yra pristabdyta. Bet pakilęs į aukštesnes dvasios būsenas (*nirvikalpa samadhį*) jogas ima bendrauti su Dievu ir nesustingęs. Jis išsaugo kasdieniškai budrią sąmonę ir net gali atlikti pasaulietiškas pareigas[12].

---

[7] „Jogasūtra" (II, 1). Žodžiais „krijajoga" Patandžalis vadina arba metodiką, kurios vėliau mokė Babadži, arba į ją labai panašią metodiką. Tai, kad Patandžalis minėjo konkrečią gyvybinės energijos valdymo metodiką, įrodo šis cituojamas jo aforizmas iš „Jogasūtros" (II, 49).

[8] Ten pat, I, 27.

[9] „Tai skelbia Amen, ištikimasis bei tiesakalbis Liudytojas, Dievo kūrybos Pradžia." (Apr 3, 14). „Pradžioje buvo Žodis. Tas Žodis buvo pas Dievą, ir Žodis buvo Dievas. Jis pradžioje buvo pas Dievą. Visa per jį atsirado, ir be jo neatsirado nieko, kas tik yra atsiradę." (Jn 1, 1–3). Vedų *Aum* Tibete tapo šventuoju žodžiu *Hum*, musulmonų – *Amin*, egiptiečių, graikų, romėnų, žydų ir krikščionių – *Amen*. Hebrajiškai jis reiškia „tikras, ištikimas".

[10] „Jogasūtra" (II, 49).

[11] 1 Kor 15, 31. Tikslus vertimas būtų „mūsų pasididžiavimu", o ne „savo pasididžiavimu", kaip dažniausiai pateikiama. Šv. Paulius kalbėjo apie Kristaus Sąmonės *visuotinumą*.

[12] Sanskrito kalbos žodis *vikalpa* reiškia „skirtumas, netapatumas". *Savikalpa* – tai „kitokio" *samadhio* būsena, *nirvikalpa* – „neišsiskirianti" būsena. Kitaip tariant, išgyvenant *savikalpa samadhį* išlieka šioks toks atskirumas nuo Dievo, o panirus į *nirvikalpa samadhį* jogas savo tapatybę visiškai suvokia kaip Dvasią.

„*Krijajoga* – tai instrumentas, kuriuo galima paspartinti žmonių evoliuciją, – aiškino mokiniams Šri Juktešvaras. – Senovės jogai atrado, kad kosminės sąmonės paslaptis glaudžiai siejasi su kvėpavimo valdymu. Tai unikalus, nemirtingas Indijos indėlis į pasaulio žinių lobyną. Gyvybinė energija, kuri paprastai sunaudojama širdies veiklai palaikyti, turi būti išlaisvinta aukštesnei veiklai – tai įvyksta, kai jogas specialiu metodu nuramina nesiliaujančius kvėpavimo poreikius."

Krijajogas mintimis verčia savo gyvybinę energiją suktis, kilti aukštyn ir leistis žemyn aplink šešis stuburo centrus (viršugalvio, gerklės, nugaros, juosmens, kryžmens ir uodegikaulio rezginius), kurie atitinka dvylika astralinių Zodiako ženklų, Kosminio Žmogaus simbolių. Pusę minutės pasukęs energiją aplink jautrius stuburo centrus, jogas žengia tokį evoliucinį žingsnį, kokį žmogaus dvasia padaro per metus.

Žmogaus astralinė sistema, kurią sudaro šešios (su priešybėmis – dvylika) vidinių konsteliacijų, besisukančių aplink Saulę – visažinę dvasinę akį, – yra susijusi su fizine Saule ir dvylika Zodiako ženklų. Todėl visus žmones veikia vidinė ir išorinė visata. Senovės rišiai atrado, kad žemiškoji ir dangiškoji žmogaus aplinka dvylikos metų ciklais stumia jį priekin natūraliu asmeninės evoliucijos keliu. Šventraščiuose tvirtinama, kad žmogus smegenis ištobulina ir Kosminę sąmonę pasiekia per milijoną savo raidos metų, jei tik ji vyksta normaliai ir žmogaus nekamuoja ligos.

Tūkstantis *krijų*, atliktų per aštuonias su puse valandos, leidžia jogui per vieną dieną įveikti tūkstančio metų natūralios raidos etapą, o per metus – 365 000 evoliucijos metų. Taigi per trejus metus *krijajogas* protingomis pastangomis gali pasiekti tokių pačių rezultatų, kokiais Gamta kitus žmones apdovanoja per milijoną metų. Žinoma, trumpuoju *krijajogos* keliu gali eiti tik gerai pasirengę jogai. Vadovaujami guru, šie žmonės pirmiausia rūpestingai paruošia savo kūną ir smegenis, kad išlaikytų intensyvios praktikos sukuriamą galią.

Pradedantysis *krijajogos* mokinys šias jogos pratybas atlieka tik nuo keturiolikos iki dvidešimt keturių kartų dusyk per dieną. Kai kurie jogai išsilaisvinimą pasiekia per šešerius, dvylika, dvidešimt ketverius ar keturiasdešimt aštuonerius metus. Jei jogas miršta nepasiekęs visiškos realizacijos, gerąją sukauptų *krijos* pastangų karmą jis nusineša su savimi ir naujame gyvenime natūraliai būna kreipiamas Begalinio Tikslo link.

Paprasto žmogaus kūnas yra kaip penkiasdešimties vatų lemputė, negalinti išlaikyti milijardo vatų galios, kurią sukelia intensyvi *krijajogos* praktika. Tačiau palengva didindamas paprastų ir patikimų *krijajogos* metodų krūvį, žmogus keičia savo astralinį kūną tol, kol šis galiausiai tampa tinkamas išreikšti begalinį kosminės energijos potencialą. Per jį ima reikštis Dvasia.

Krijajoga neturi nieko bendra su nemoksliškais kvėpavimo pratimais, kurių moko daugybė suklaidintų entuziastų. Mėginimai jėga sulaikyti orą plaučiuose yra nenatūralūs ir labai nemalonūs. O štai *krijos* praktiką iš pat pradžių lydi ramybė ir malonus, gaivinamas pojūtis nugaroje.

Ši senovinė jogų metodika leidžia įkvėptą orą paversti psichikos medžiaga. Tobulėdamas žmogus ima suprasti, kad kvėpavimas – tai mentalinė sąvoka, proto veikla, alsavimas mintimis.

Žmogaus kvėpavimo dažnio ir jo sąmonės būsenų kitimo santykį galima pailiustruoti skaičiais. Štai žmogus, kurio dėmesys visiškai sukauptas (pavyzdžiui, jis seka sudėtingą intelektinį ginčą arba stengiasi atlikti kokį nors keblų ar sumanumo reikalaujantį fizinį veiksmą), savaime ima kvėpuoti labai lėtai. O žalingas emocines būsenas – baimę, geidulį, pyktį – neišvengiamai lydi greitas arba netolygus kvėpavimas. Nenustygstanti beždžionė įkvepia ir iškvepia 32 kartus per minutę, žmogus – vidutiniškai 18 kartų. Dramblių, vėžlių, gyvačių ir kitų ilgaamžiškumu garsėjančių gyvūnų kvėpavimo dažnis mažesnis nei žmonių. Pavyzdžiui, didysis vėžlys, galintis sulaukti trijų šimtų metų, įkvepia ir iškvepia tik 4 kartus per minutę.

Miegas gaivina ir jaunina, nes žmogus laikinai nejaučia savo kūno ir kvėpavimo. Miegantis žmogus tampa jogu. Kiekvieną naktį jis nesąmoningai atlieka jogos ritualus, išsilaisvina iš kūniškos tapatybės ir sulieja gyvybinę energiją su gydančiomis srovėmis didžiųjų smegenų ir šešių papildomų stuburo smegenų centrų srityse. Taip miegantysis pats to nežinodamas įsikrauna kosminės energijos, palaikančios visą gyvybę.

Jogas šį paprastą ir natūralų procesą atlieka sąmoningai, ne savaime, kaip nenuovokus miegantysis. Pasitelkęs šią metodiką, *krijajogas* pamaitina ir prisotina visas savo ląsteles neblėstančios šviesos ir išlaiko jas dvasiškai įmagnetintos būklės. Pasitelkęs jogos mokslo metodus, jis sugeba kurį laiką išbūti nekvėpavęs (kol trunka jo pratybos), bet į neigiamas miego, buvimo be sąmonės ar mirties būsenas nenugrimzta.

Žmones valdo *majos*, arba gamtos, dėsniai, tad gyvybinė energija srūva į išorę, jos srautus iššvaisto ir jais piktnaudžiauja juslės. *Krijajogos* praktika apgręžia šią srovę – gyvybinė energija mintimis nukreipiama į vidinį kosmosą ir susilieja su subtiliąja stuburo centrų energija. Taip sustiprinęs gyvybinę energiją, jogas savo kūno ir smegenų ląsteles atnaujina dvasios eliksyru.

Tinkama mityba, saulės šviesa, harmoningas mąstymas ir dieviškasis Gamtos planas leidžia žmogui suvokti Savąjį Aš per milijoną metų. Kad smegenų struktūra nors kiek patobulėtų, prireiks dvylikos normalaus, sveiko gyvenimo metų. O kol smegenų būstas taps švarus ir tinkamas kosminei sąmonei, Saulė sugrįš milijoną kartų. Bet dvasios mokslą įvaldžiusiam *krijajogui* nebūtina ilgai laukti ir rūpestingai laikytis natūralių dėsnių.

Krija atriša alsavimo raištį, siejantį sielą su kūnu, ir padeda prailginti gyvenimą bei išplėsti sąmonę iki begalybės. Jogos metodika įveikia proto ir materijoje įsivėlusių juslių kovą, išlaisvina Dievui atsidavusį žmogų, leidžia jam vėl paveldėti savo amžinąją karalystę. Jis supranta, kad tikrosios jo būties nevaržo nei fizinis apvalkalas, nei alsavimas, mirtingojo vergystės orui ir gaivalingos Gamtos prievartos simbolis.

Krijajogas, savo kūno ir proto šeimininkas, galiausiai pasiekia pergalę prieš „paskutinį priešą"[13] – Mirtį.

> Stiprėk vis! Kad galėtum pasigirti,
> Jog tu sunaikinai net pačią mirtį![14]

Esama ir nemokslinių būdų atitraukti protą nuo juslių, kuriuos draugėn sieja gyvybinė energija. Pavyzdžiui, savistaba, arba „sėdėjimas tyloje". Kontempliatyvus protas nuolat mėgina grįžti prie dieviškumo, bet gyvybiniai srautai be paliovos traukia jį atgal, prie juslių. *Krija* valdo protą *tiesiogiai* per gyvybinę energiją, todėl yra lengviausias, veiksmingiausias ir moksliškiausias metodas priartėti prie Begalybės. Kitaip negu lėtas, abejotinas ir jaučio traukiamam vežimui prilygstantis teologinis kelias į Dievą, *krijajoga* gali būti pelnytai vadinama „lėktuvo skrydžiu".

Jogos mokslas pagrįstas empiriniais duomenimis apie visas koncentracijos ir meditacijos formas. Joga leidžia atsidavusiajam sekėjui

---

[13] „Kaip paskutinis priešas bus sunaikinta mirtis." (1 Kor 15, 26) Paramahansos Joganandos palaikai po mirties neiro (žr. p. 487), o tai įrodo, kad jis buvo toli nužengęs *krijajogas*. Bet ne visų didžiųjų mokytojų kūnai po mirties negenda (žr. išnašą p. 290-291). Hinduizmo šventraščiuose rašoma, kad tokie stebuklai nutinka tik tam tikru tikslu. Garbiojo Paramahansos atveju šis „tam tikras tikslas" buvo, be abejo, būtinybė įtikinti Vakarus jogos vertingumu. Babadži ir Šri Juktešvaras nurodė Joganandai tarnauti Vakarams. Paramahansa pateisino jų pasitikėjimą tiek savo gyvenimu, tiek mirtimi (*leidėjo pastaba*).

[14] Shakespeare, 146 sonetas (A. Churgino vertimas).

valingai įjungti ar išjungti gyvybinės energijos srautą, tekantį į penkis juslių telefonus – regą, klausą, uoslę, skonio ir lytos receptorius. Įgijęs galią atjungti jusles, jogas be vargo, vos panorėjęs, protu susijungia su dieviškosiomis sferomis arba su materialiu pasauliu. Gyvybinė energija nebegrąžina jo į žemišką šėlstančių pojūčių ir neramių minčių sferą.

Toli savo keliu nužengusio *krijajogo* gyvenimą veikia ne ankstesnių jo veiksmų padariniai, bet tik sielos nurodymai. Taigi Dievui atsidavęs žmogus išvengia lėto evoliucinio kelio, jam nereikia stebėti savo ego paskatintų gerų ar blogų veiksmų. Tai vėžliškas žygis ir erelio širdžiai jis netinka.

Pranašesnis sielos gyvenimo metodas jogą išlaisvina, šis išnyra iš ego kalėjimo ir giliai atsikvepia pajutęs, kad yra visur. Natūralaus gyvenimo vergija, priešingai, trunka žeminamai lėtai. Paklusdamas tik evoliucinei gyvenimo tvarkai, žmogus negauna iš Gamtos lengvatos žygiuoti greičiau. Net nenusikalsdamas dėsniams, valdantiems jo kūną ir protą, jis vis tiek turės milijoną metų gaubtis įvairiais įsikūnijimais, kol galiausiai išsilaisvins.

Todėl tobulėjimą itin paspartinantys jogos metodai, leidžiantys žmogui išsilaisvinti nuo fizinės ir protinės tapatybės sielos individualumo naudai, rekomenduojami tiems, kurie priešinasi perspektyvai gyventi tūkstančių tūkstančius metų. Paprastas žmogus, kuris darniai negyvena ne tik su savo siela, bet ir su Gamta, turės sugaišti dar ilgiau. Jis vaikosi nenatūralių, sudėtingų dalykų ir savo kūnu bei mintimis nusikalsta sveikam Gamtos racionalumui. Vargu ar jam pakaks dukart po milijoną metų, kad taptų laisvas.

Paprastas žmogus retai supranta arba visai nesupranta, kad jo kūnas – tai karalystė, kurią valdo imperatorė Siela, sėdinti kaukolės soste ir turinti pagalbininkus – šešis stuburo centrus, arba sąmonės sferas. Ši teokratija vadovauja daugybei klusnių valdinių: dvidešimt septyniems tūkstančiams milijardų ląstelių (apdovanotų tikru, nors, atrodytų, nevalingu intelektu, kurio padedamos jos atlieka visas pareigas – kūnas auga, kinta ir irsta) ir penkiasdešimčiai milijonų minčių, emocijų bei įvairių sąmonės būsenų, kurias žmogus patiria gyvendamas vidutiniškai šešiasdešimt metų.

Bet koks regimas žmogaus kūno ar proto maištas prieš imperatorę Sielą, pasireiškiantis kaip liga ar neprotingas elgesys, kyla ne dėl nuolankių valdinių nelojalumo, bet dėl to, kad žmogus piktnaudžiavo ar dabar piktnaudžiauja savo laisva valia, kuri jam dovanota drauge su siela ir niekada nepanaikinama.

Tapatindamasis su lėkštu ego, žmogus mano, kad yra tas, kuris mąsto, trokšta, jaučia, virškina maistą ir palaiko savo gyvybę. Jam tai atrodo savaime suprantamas dalykas ir jis net neleidžia sau pagalvoti (o reikėtų visai nedaug), kad kasdieniame gyvenime yra tik buvusių veiksmų (karmos) ir Gamtos, arba aplinkos, valdoma marionetė. Kiekvieno žmogaus intelekto reakcijos, jausmai, nuotaikos ir įpročiai yra tik šiame ar ankstesniuose gyvenimuose sukurtų priežasčių padariniai. Bet jo karališka siela pakilusi gerokai virš šių įtakų. Atmetęs laikinas tiesas ir laisves, *krijajogas* peržengia visus nusivylimus ir pasiekia savo nesuvaržytą Būtį. Pasaulio šventraščiai skelbia, kad žmogus – tai ne gendantis kūnas, bet gyvoji dvasia. Ir *krijajoga* jam suteikia būdą patvirtinti šiuos teiginius.

„Išorinės apeigos negali sugriauti neišmanymo, nes jos neprieštarauja jam, – rašė Šankara garsiame veikale „Eilių šimtmetis" (*Century of Verses*). – Tik suprastos žinios sugriauna neišmanymą... Žinojimas gali atsirasti tik klausinėjant, ne kitaip. 'Kas aš esu? Kaip atsirado pasaulis? Kas jo kūrėjas? Kokia jo materiali priežastis?' Štai apie kokį klausinėjimą kalbame." Intelektas negali atsakyti į šiuos klausimus, todėl rišiai sukūrė jogą – dvasinio tyrinėjimo metodiką.

Tad tikras jogas, suvaldęs savo mintis, valią ir jausmus, kad jie klaidingai nesitapatintų su kūno troškimais, protu susiliejęs su aukštesniosios sąmonės jėgomis stuburo centruose, gyvena pasaulyje taip, kaip yra numatęs Dievas. Tokio žmogaus nevaldo praeities impulsai, jis nepasiduoda ir motyvams, skatinantiems neprotingą elgesį. Išpildęs savo Aukščiausią Troškimą, jis saugus galutiniame neišsenkamos palaimos Dvasios prieglobstyje.

Kalbėdamas apie tikrą jogos metodo veiksmingumą, Krišna jį liaupsino tokiais žodžiais: „Jogas pranašesnis už kūną drausminantį asketą, net pranoksta einančius išminties (*džnanajogos*) ar veiklos (*karmajogos*) keliu, tad būk, Ardžuna, jogas!"[15]

---

[15] „Bhagavadgyta", VI, 46.

Šiuolaikinis mokslas pradeda atrasti iš tiesų nepaprastą gydomąjį ir atjauninamąjį nekvėpavimo poveikį kūnui ir sielai. Dr. Alvanas L. Baračas (Barach) iš Niujorko gydytojų ir chirurgų koledžo sukūrė plaučių poilsio terapiją, padedančią atgauti sveikatą tuberkulioze sergantiems ligoniams. Specialioje slėgio kameroje ligoniai gali kvėpuoti lėčiau ir kas kiek laiko kvėpavimą sulaikyti. 1947 m. vasario 1 d. laikraštyje *New York Times* cituojami šie dr. Baračo žodžiai: „Kvėpavimo sulaikymo poveikis centrinei nervų sistemai yra labai įdomus. Stulbinamai sumažėja valingų judesių impulsų galūnėse. Ligonis gali kelias

Krijajogos mokslas

Krijajoga – tai tikros „ugnies apeigos", dažnai aukštinamos „Bhagavadgytoje". Jogas sumeta savo žmogiškus troškimus į monoteizmo laužą, sukurtą neprilygstamojo Dievo garbei. Tai tikra jogo ugnies ceremonija, kai buvę ir esami troškimai sudeginami dieviškos meilės liepsnoje. Aukščiausioji Liepsna priima auką – žmogaus beprotybę, ir žmogus tampa grynas. Nuo metaforinių jo kaulų nuplėšiama troškimų mėsa, jo karmos griaučius išbalina mikrobus naikinanti išminties saulė ir jis, nenusikaltęs nei žmogui, nei Kūrėjui, pagaliau tampa tyras.

---

valandas gulėti kameroje nejudindamas rankų ir nekeisdamas kūno padėties. Periodiškai trumpam sustabdant kvėpavimą išnyksta noras rūkyti net tiems ligoniams, kurie buvo pratę per dieną surūkyti po du pakelius cigarečių. Daugeliu atvejų atsipalaidavimas toks gilus, kad ligoniui nereikia užsiimti niekuo kitu." 1951 m. dr. Baračas viešai patvirtino gydymo veiksmingumą: „ Ilsisi ne tik plaučiai, bet ir visas kūnas, atrodo, ir protas. Pavyzdžiui, širdies darbo apimtis sumažėja trečdaliu. Mūsų tiriamieji liaujasi nerimavę. Nė vienam iš jų nenuobodu."

Šie faktai padeda suprasti, kaip jogai gali ištisas valandas išsėdėti nejudėdami, nejusdami fizinio ar protinio poreikio imtis veiklos. Tik taip nurimusi siela vėl atranda kelią pas Dievą. Norint patirti kvėpavimo sulaikymo naudą, paprastiems žmonėms tenka atsidurti slėgio kameroje, bet jogui tereikia *krijajogos* metodikos ir jis gauna atlygį savo kūnui ir protui, jis suvokia sielą.

SAMADHIO APIMTAS VAKARIETIS
Radžarišis Džanakananda (James J. Lynn)

Privačiame Ensinitaso paplūdimyje Kalifornijoje 1937 m. sausį, penkerius metus kasdien praktikavęs *krijajogą*, apimtas *samadhio* (aukštesniosios sąmonės būsenos) p. Linas patyrė Palaimingą Regėjimą – Begalinį Viešpatį kaip Vidinę Didybę.
„Harmoningas p. Lino gyvenimas gali įkvėpti visus žmones", – pasakė Jogananda. Sąžiningai vykdydamas savo žemiškas pareigas p. Linas rasdavo laiko nuoširdžiai medituoti Dievą. Sėkmės lydimas verslininkas tapo nušvitusiuoju *krijajogu*. (Žr. p. 348, 460–462)

Paramahansa dažnai jį meiliai vadindavo „šventuoju Linu", o 1951 m. davė jam Radžarišio Džanakanandos vienuolišką vardą (pagal šventumu garsėjusį senovės Indijos karalių Džanaką). Titulas *radžarišis* – „karališkasis išminčius" – sudarytas iš žodžių *radža* (karalius) ir *rši* (arba *rišis*, didis šventasis).

27 SKYRIUS

Rančyje įkuriama jogos mokykla

– Kodėl tu taip nemėgsti organizacinio darbo?

Mokytojo klausimas mane kiek sutrikdė. Taip, tuomet buvau įsitikinęs, kad visos organizacijos – „širšių lizdai".

– Tai nemalonus uždavinys, pone, – atsakiau. – Kad ir ką darytų ar ko nedarytų vadovas, jis vis tiek būna kritikuojamas.

– Tai tu visos dieviškosios *čennos* (varškės) nori tik sau vienam? – guru atsakymą palydėjo griežtas žvilgsnis. – Nejau tu ar kas nors kitas joga pasiektum bendrystę su Dievu, jei nebūtų kilniaširdžių mokytojų, kurie noriai dalijasi savo žiniomis? – paklausė jis. – Dievas yra medus, organizacijos – aviliai, taigi reikia ir vieno, ir kito. Be abejo, *forma* be dvasios beprasmė, bet kodėl tau neįkūrus dūzgiančių ir dvasios nektaro kupinų avilių?

Jo patarimas mane didžiai sujaudino. Nors nieko neatsakiau, krūtinėje kilo tvirtas ryžtas: kiek tik leis jėgos, dalysiuosi su bendraminčiais laisvę teikiančiomis tiesomis, kurias sužinojau prie savo guru kojų. „Viešpatie, – pasimeldžiau, – tegul Tavo meilė amžinai šviečia mano atsidavimo šventovėje, kad galėčiau pažadinti Tavo meilę visų širdyse."

Kiek anksčiau, kai dar nebuvau įstojęs į vienuolių ordiną, Šri Juktešvaras labai netikėtai tarė:

– Kaip tau senatvėje trūks žmonos draugijos! Ar nemanai, kad šeimos žmogus, naudingai triūsiantis ir išlaikantis žmoną bei vaikus, Dievo akyse atlieka labai pagirtiną vaidmenį?

– Pone, – sunerimęs paprieštaravau, – juk žinote, kad šiame gyvenime trokštu tik Kosminės Numylėtosios.

Mokytojas taip linksmai nusijuokė, kad supratau, jog šie žodžiai buvo ištarti tik man išmėginti.

– Atmink, – lėtai tarė jis, – kad tas, kuris atsisako įprastų žemiškų pareigų, gali pasiteisinti tik prisiėmęs atsakomybę už daug didesnę šeimą.

Mintis šviesti jaunimą visad buvo artima mano širdžiai. Aiškiai mačiau bergždžius rezultatus įprasto švietimo, kuriuo siekiama ugdyti tik kūną ir intelektą. Dorinės ir dvasinės vertybės, kurių neišsiugdęs žmogus negali siekti laimės, toje formaliojo ugdymo programoje dar nebuvo minimos. Pasiryžau įkurti mokyklą, kurioje berniukai galėtų visiškai subręsti ir tapti vyrais. Pirmas mano žingsnis šia kryptimi buvo užsiėmimai su septyniais vaikais Dihikoje, mažame Bengalijos kaime.

Po metų, 1918-aisiais, Kasim Bazaro maharadžos sero Manindros Čandros Nundžio (Manindra Chandra Nundy) dosnumas leido perkelti mano sparčiai gausėjančią mokinių grupę į Rančį. Šis Biharo valstijos miestas, įsikūręs už kokių dviejų šimtų mylių nuo Kalkutos, apdovanotas bene sveikiausiu klimatu Indijoje. Kasim Bazaro rūmai Rančyje tapo pagrindiniu naujos mokyklos pastatu. Mokyklą pavadinau *Jogoda Satsanga Brahmačarja Vidjalaja*[1].

Sudariau pradinės ir vidurinės mokyklų programas. Į jas buvo įtraukti žemės ūkio, pramonės, prekybos ir akademiniai mokomieji dalykai. Sekdamas rišių ugdymo idealais (kurių miškuose įkurti ašramai senovėje buvo ir pasaulietinio, ir religinio Indijos jaunuolių ugdymo centrai), pasirūpinau, kad dauguma pamokų vyktų lauke.

Rančio moksleiviai mokomi jogos meditacijos ir unikalios sveikatos stiprinimo bei fizinio lavinimo sistemos *jogoda*, kurios principus atskleidžiau 1916 metais.

Suvokęs, kad žmogaus kūnas panašus į elektros bateriją, padariau išvadą, kad jį būtų galima tiesiogiai įkrauti energija. Žmogus tą gali padaryti pasitelkęs valią. Kadangi joks veiksmas negalimas, kol žmogus to *nepanori*, jis gali išnaudoti pagrindinį variklį – valią ir atkurti jėgas be jokių varginančių įrenginių ar mechaniškų pratimų. Paprastais *jogodos* būdais įmanoma sąmoningai ir tuoj pat iš neriboto kosminės energijos šaltinio pasipildyti gyvybinės energijos (kuri kaupiama pailgosiose smegenyse – *medulla oblongata*).

Rančio berniukams tiko *jogodos* pratybos, jie išsiugdė nepaprastą gebėjimą perkelti gyvybinę energiją iš vienos kūno dalies į kitą ir

---

[1] *Vidjalaja* – mokykla; *brahmačarja* – čia vienas iš keturių vedose minimų žmogaus gyvenimo tarpsnių, kurie yra tokie: nevedęs mokinys ar studentas (*brahmačaris*); pasaulietis namų šeimininkas, turintis žemiškų pareigų (*grihastha*); atsiskyrėlis (*vanaprastha*); miškų gyventojas ar klajoklis, išsilaisvinęs iš visų žemiškų rūpesčių (*sanjasis*). Šio idealaus gyvenimo modelio šiuolaikinėje Indijoje ne taip dažnai laikomasi, bet jis turi savo sekėjų. Visais keturiais tarpsniais žmogui religijos srityje vadovauja guru.

Daugiau informacijos apie *Jogoda Satsangos* mokyklą Rančyje pateikiama 40 skyriuje.

Rančyje įkuriama jogos mokykla

visiškai ramiai sėdėti sudėtingomis *asanomis* (ypatingomis kūno pozomis)². Jie demonstravo didelę jėgą ir ištvermę – ne kiekvienas stiprus vyras būtų juos pranokęs.

Mano jauniausias brolis Bišnus Čaranas Ghošas (Bishnu Charan Ghosh) taip pat įstojo į Rančio mokyklą ir vėliau pagarsėjo kaip fizinės kultūros ekspertas. Su vienu savo mokiniu 1938–1939 metais jis viešėjo Vakaruose, kur demonstravo jėgą ir raumenų valdymo gebėjimus. Kolumbijos universiteto Niujorke ir daugelio kitų Amerikos bei Europos universitetų profesoriai apstulbo regėdami, kad protas yra viršesnis už kūną³.

Baigiantis pirmiesiems Rančio mokyklos gyvavimo metams, gavome du tūkstančius prašymų priimti mokytis. Bet mokykloje, kurioje moksleiviai ir mokėsi, ir gyveno, galėjo tilpti vos šimtas. Netrukus pradėjome mokyti ir ateinančius moksleivius.

Vidjalajoje mažiukams buvau ir tėvas, ir motina, taip pat turėdavau susidoroti su daugybe organizacinių sunkumų. Dažnai prisimindavau Kristaus žodžius: „Iš tiesų sakau jums: nėra nė vieno, kuris dėl manęs ir dėl Evangelijos paliktų namus ar brolius, ar seseris, ar motiną, ar tėvą, ar vaikus, ar laukus, ir kuris jau dabar, šiuo metu, negautų šimteriopai namų, brolių, seserų, motinų, vaikų ir laukų (kartu su persekiojimais) ir būsimajame pasaulyje – amžinojo gyvenimo."⁴

Šri Juktešvaras taip išaiškino šiuos žodžius: „Dievui atsidavęs žmogus, kuris atsisako įprasto gyvenimo kelio, santuokos ir šeimos, nes siekia prisiimti atsakomybę už visą visuomenę („šimteriopai namų, brolių, seserų, motinų, vaikų ir laukų"), atlieka darbą, už kurį dažnai būna nesupratingo pasaulio persekiojamas. Bet toks platesnis susitapatinimas leidžia atsidavusiajam įveikti egoizmą ir suteikia jam dievišką atlygį."

Vieną dieną į Rančį manęs tėviškai palaiminti atvyko tėvas. Jau seniai buvo manęs nelaiminęs, nes įskaudinau jį atsisakęs pasiūlymo dirbti „Bengalijos–Nagpuro geležinkeliuose".

– Sūnau, – tarė jis, – jau susitaikiau su tavo pasirinkimu. Man džiugu matyti tave tarp šių laimingų, stropių berniukų. Tavo vieta čia, dirbti su jais, o ne su negyvais skaičiais geležinkelio tvarkaraščiuose, – jis mostu parodė į grupelę vaikų, kurie lipdami ant kulnų sekiojo man

---

² Išleista nemažai iliustruotų knygų apie *asanas* (jogos pozas), kurios atspindi Vakaruose augantį susidomėjimą šiuo dalyku.

³ Bišnus Čaranas Ghošas mirė 1970 m. liepos 9 d. Kalkutoje (*leidėjų pastaba*).

⁴ Mk 10, 29–30.

iš paskos. – Aš turėjau tik aštuonis vaikus, taigi galiu tave užjausti! – tai taręs, jis žybtelėjo akimis.

Turėjome dvidešimt penkis akrus derlingos žemės, tad moksleiviai, mokytojai ir aš kasdien mielai darbuodavomės sode ir atlikdavome kitus lauko darbus. Laikėme daug gyvūnų, tarp jų – elnio jauniklį, kurį vaikai tiesiog garbino. Ir aš mylėjau elniuką, todėl leidau jam miegoti savo kambaryje. Aušrai brėkštant, gyvulėlis prieidavo prie mano lovos ir prašydavosi paglostomas.

Vieną dieną, žinodamas, kad su reikalais turėsiu keliauti į Rančio miestą, pašėriau jį anksčiau nei paprastai. Liepiau vaikams nešerti elniuko iki man sugrįžtant. Vienas iš vaikų nepaklausė ir dosniai pagirdė jį pienu. Kai vakare grįžau, mane pasitiko liūdna žinia: „Elniukas prie mirties, jis peršertas."

Apsipylęs ašaromis, pasiguldžiau leisgyvį gyvulėlį ant kelių ir ėmiau gailiai melsti Dievo išsaugoti jam gyvybę. Po kelių valandų mažylis atsimerkė, atsistojo ir netvirtomis kojelėmis nuėjo. Visa mokykla šūkavo iš džiaugsmo.

Bet tą naktį išmokau didžią pamoką, kurios niekada nepamiršiu. Budėjau prie elniuko iki antros valandos nakties, paskui užmigau. Mane sapne aplankė elnias ir tarė: „Tu mane laikai. Paleisk mane, paleisk!" – „Gerai", – atsakiau sapnuodamas.

Tuoj pat atsibudau ir sušukau:

– Vaikai, elniukas miršta!

Pas mane subėgo vaikai.

Puoliau į kambario kampą, kur buvau paguldęs elniuką. Jis paskutinįsyk pamėgino keltis, klupinėdamas žengė manęs link ir negyvas krito man prie kojų.

Pagal visuminę karmą, kuri valdo ir tvarko gyvūnų likimus, elnio gyvenimas buvo baigtas, jis jau buvo pasirengęs pereiti į aukštesnį pavidalą. Bet mano stipri prieraiša (kaip vėliau supratau – savanaudiška) ir mano karštos maldos laikė jį ribotu gyvulio pavidalu, nors jo siela veržėsi išsilaisvinti. Todėl ji kreipėsi į mane sapne, nes be mano iš meilės duoto leidimo nenorėjo arba negalėjo išeiti. Kai tik sutikau, ji pasitraukė.

Pamiršau sielvartą ir iš naujo supratau, jog Dievas nori, kad Jo vaikai visa mylėtų kaip Jo dalį, kad nepasiduotų iliuzijai, jog mirtis – visko pabaiga. Neišmanėlis regi tik neįveikiamą mirties sieną, kuri, atrodo, visiems laikams paslepia nuo jo brangiausius draugus. Bet neprisirišęs

Rančyje įkuriama jogos mokykla

žmogus, kuris kitus myli kaip Viešpaties apraiškas, supranta – jam brangūs žmonės mirdami tiesiog kuriam laikui sugrįžta pas Jį įkvėpti džiaugsmo.

Rančio mokykla iš mažos ir paprastos išaugo į įstaigą, dabar gerai žinomą Bihare ir visoje Bengalijoje. Daug šios mokyklos padalinių savanoriškai remia tie, kuriems džiugu amžiams išsaugoti rišių ugdymo idealus. Medinypure ir Lakanpure buvo įkurti mokyklos filialai ir jie dirba puikiai.

Rančyje, pagrindinėje mūsų būstinėje, veikia Medicinos skyrius, kuriame vietos vargšai nemokamai aprūpinami vaistais ir sulaukia gydytojų pagalbos. Per metus vidutiniškai aptarnaujama per 18 000 žmonių. *Vidjalaja* paliko pėdsaką ir sporto varžybų istorijoje, ir akademinėje srityje, nes ne vienas Rančio mokinys vėliau puikiai pasižymėjo studijuodamas universitete.

Per pastaruosius tris dešimtmečius Rančio mokyklą aplankė daug garsių vyrų ir moterų iš Rytų ir Vakarų. 1918 metais į Rančį kelioms dienoms atvyko Svamis Pranabananda, Benareso „šventasis su dviem kūnais". Pamatęs, kaip po medžiais vyksta pamokos, o vakare – kaip vaikai ilgas valandas nejudėdami sėdi panirę į jogos meditaciją, didysis mokytojas labai susijaudino.

– Širdis džiaugiasi, – pasakė jis, – kai matau, kaip šioje mokykloje įgyvendinami Lahirio Mahasajos ugdymo idealai. Telaimina ją manasis guru.

Jaunuolis, sėdintis prie manęs, išdrįso didžiajam jogui užduoti klausimą.

– Pone, – kreipėsi jis, – ar man būti vienuoliu? Ar mano gyvenimas skirtas tik Dievui?

Svamis Pranabananda švelniai nusišypsojo, bet jo žvilgsnis prasiskverbė į ateitį.

– Vaike, – atsakė jis, – kai užaugsi, tavęs lauks gražuolė nuotaka. (Vaikinas iš tiesų galiausiai vedė, nors prieš tai ilgus metus ketino stoti į svamių ordiną.)

Svamis Pranabananda buvo apsistojęs mūsų namuose Kalkutoje. Neilgai trukus po jo apsilankymo Rančyje palydėjau namo tėvą. Mano atmintyje iškilo prieš daugel metų ištarta Pranabanandos pranašystė: „Pamatysiu tave vėliau, su tavo tėvu."

Kai tėvas įėjo į svamio kambarį, didysis jogas pakilo iš vietos ir pagarbiai, su meile apkabino jį.

– Bhagabati, – tarė jis, – ką gi tu darai? Nejau nematai, kaip tavo sūnus skuba į Begalybę?

Iškaitau išgirdęs šias pagyras tėvo akivaizdoje. Svamis kalbėjo toliau:

– Atsimeni, kaip mūsų palaimintasis guru dažnai sakydavo: *Banat, banat, ban jai*[5]. Tad ir toliau nepaliaujamai praktikuok *krijajogą* ir greitai pasiek dangaus vartus.

Pranabanandos kūnas, kuris per mano stulbinamą apsilankymą pas jį Benarese buvo toks stiprus ir tvirtas, dabar atrodė aiškiai senstelėjęs, nors jo laikysena tebebuvo pasigėrėtinai tiesi.

– Svamidži, – pasiteiravau žvelgdamas jam tiesiai į akis, – prašau pasakyti: ar nejuntate artėjančios senatvės? Kai kūnas ima silpti, ar jūsų Dievo suvokimas bent kiek blėsta?

Jis angeliškai nusišypsojo.

– Numylėtasis dabar dar labiau yra su manimi.

Jo tvirtas įsitikinimas sukrėtė mano protą ir sielą. Jis tęsė:

– Aš ir toliau džiugiai naudojuosi dviem pensijomis: viena gauta iš Bhagabačio, kita – iš aukštybių.

Rodydamas pirštu į dangų, šventasis kurį laiką atrodė apimtas ekstazės, jo veidas švytėjo dievišku spindesiu. Puikiausias atsakymas į mano klausimą!

Pamatęs, kad Pranabanandos kambaryje daug sėklų pakelių ir augalų daigų, paklausiau, kam jie.

– Aš visam laikui išvykau iš Benareso, – atsakė jis, – ir dabar keliauju į Himalajus. Ten atidarysiu ašramą savo mokiniams. Iš šių sėklų augs špinatai ir kitokios daržovės. Mano brangieji gyvens paprastai, laiką leisdami palaimingoje vienovėje su Dievu. Daugiau nieko nereikia.

Tėvas paklausė savo tikėjimo brolio, kada šis ketina grįžti į Kalkutą.

– Niekada, – atsakė šventasis. – Man Lahiris Mahasaja sakė, kad Himalajuose dar šiais metais nusimesiu savo žemiškąjį kūną.

Išgirdęs šiuos žodžius apsiašarojau, bet svamis tik ramiai nusišypsojo. Jis man priminė mažą dangaus vaiką, saugiai sėdintį Dieviškajai Motinai ant kelių. Metų našta nė kiek nepaveikia nepaprastų didžių jogų dvasinių galių. Panorėję jie gali atjauninti savo kūną, vis dėlto kartais atsisako stabdyti senėjimą, leidžia savo karmai eikvotis fiziniame

---

[5] Viena iš mėgstamų Lahirio Mahasajos pastabų, kuria jis skatindavo savo mokinius atkakliai mokytis medituoti. Pažodžiui tai reiškia: „Daryk, daryk ir vieną dieną padarysi." Laisviau šiuos žodžius galima išversti taip: „Stenkis, stenkis, ir štai – dieviškasis tikslas pasiektas."

pasaulyje ir naudojasi kūnu lyg laiko taupymo prietaisu, kad nereikėtų gimti dar kartą ir atidirbti likusių karmos nuotrupų.

Po kelių mėnesių sutikau seną draugą Sanandaną, vieną artimiausių Pranabanandos mokinių.

– Nebėra mano nuostabiojo guru, – kūkčiodamas pranešė jis. – Netoli Rišikešo jis įkūrė ašramą ir su meile mus mokė. Mes visi gana gerai įsikūrėme ir būdami su juo sparčiai darėme dvasinę pažangą, bet štai vieną dieną jis pasiūlė mums pamaitinti didžiulę minią Rišikešo gyventojų. Paklausiau, kam jam reikia jų tiek daug. „Tai mano paskutinių iškilmių apeiga", – atsakė jis. Tada iki galo nesupratau jo žodžių.

Garbusis Pranabananda padėjo pagaminti labai daug maisto. Pamaitinome apie 2000 svečių. Pasibaigus puotai, jis atsisėdo ant aukštos pakylos ir pasakė įkvėptą pamokslą apie Begalybę. Baigdamas tūkstančių žmonių akivaizdoje jis pasisuko į mane – sėdėjau greta ant pakylos – ir įtaigiai kaip reta tarė: „Sanandanai, pasiruošk, aš tuojau atsikratysiu šio pavidalo."[6]

Apstulbęs patylėjau, paskui garsiai sušukau: „Mokytojau, nedarykite to! Prašau, labai prašau to nedaryti!" Minia tylėjo, nesuprasdama mano žodžių. Garbusis Pranabananda man nusišypsojo, bet jo akys jau žvelgė į Amžinybę. „Nebūk savanaudis, – tarė jis, – ir nesielvartauk dėl manęs. Aš ilgai su džiaugsmu jums tarnavau, dabar pasidžiaukite ir palinkėkite man gero kelio. Einu susitikti su Kosmine Mylimąja." Ir pašnibždomis pridūrė: „Netrukus atgimsiu. Trumpai pasidžiaugęs Beribe Palaima, grįšiu į žemę ir prisidėsiu prie Babadži[7]. Netrukus sužinosite, kur ir kada mano siela bus aptaisyta nauju kūnu." Paskui jis dar kartą sušuko: „Sanandanai, štai antrosios *krijajogos*[8] padedamas aš atsikratau šio pavidalo."

Jis nužvelgė jūrą veidų apačioje ir juos palaimino. Nukreipęs

---

[6] Tai yra paliksiu kūną.
[7] Lahirio Mahasajos guru, kuris gyvas ligi šiol (žr. 33 skyrių).
[8] Technika, kurią naudojo Pranabananda, yra žinoma toli nužengusiems *krijajogams*. Ji vadinama trečiąja *krijajogos* iniciacija. Kai Lahiris Mahasaja perdavė ją Pranabanandai, tai buvo „antroji" krija, kurią šis gavo iš jogavataro. Ši *krija* leidžia jogui bet kada sąmoningai palikti savo kūną ir vėl į jį sugrįžti. Toli nužengę jogai naudoja šią *krijos* metodiką paskutiniam išėjimui – mirčiai, akimirkai, kurią jie visada žino iš anksto.

Didieji jogai „įeina ir išeina" iš dvasinės akies pro pranos žvaigždės išganymo „duris". Kristus sakė: „Aš esu vartai. Jei kas eis per mane, bus išgelbėtas. Jis įeis ir išeis, ir ganyklą sau ras. Vagis [*maja*, arba iliuzija] ateina vien tik vogti, žudyti, naikinti. Aš [Kristaus Sąmonė] atėjau, kad žmonės turėtų gyvenimą, kad apsčiai jo turėtų" (Jn 10, 9–10).

YOGODA SATSANGA DUKTERINIS VIENUOLYNAS

Indijos *Yogoda Satsanga Society* dukterinį vienuolyną ir ašramą Rančyje įkūrė Paramahansa Jogananda, 1918 m. į šią vietą perkėlęs savo berniukų mokyklą. Dabar vienuolynas tarnauja YSS nariams ir Indijoje skleidžia Paramahansos *krijajogos* mokymą. Be dvasinės veiklos, šis centras išlaikė kelias švietimo įstaigas ir labdaros vaistinę.

žvilgsnį vidun, į dvasinę akį, sustingo. Apstulbusi minia manė, kad jis, apimtas ekstazės, medituoja, bet jis jau buvo palikęs kūno tabernakulį ir siela nugrimzdęs į kosmoso platybes. Mokiniai palietė jo kūną, sėdintį lotoso poza, bet jis jau nebebuvo šiltas. Liko tik sustingęs kūnas, o jo gyventojas buvo iškeliavęs į nemirtingumo pakrantę.

Kai Sanandanas baigė pasakojimą, pamaniau: „Palaimintasis „šventasis su dviem kūnais" ir mirdamas elgėsi taip pat dramatiškai kaip gyvendamas!"

Paklausiau, kur Pranabananda turi atgimti.

– Manau, kad man patikėta šventa informacija, – atsakė Sanandanas. – Negaliu jos niekam atskleisti. Tikriausiai atsakymą į savo klausimą sužinosi kaip nors kitaip.

Po daugelio metų iš Svamio Kešabanandos[9] išgirdau, kad naujame kūne gimęs Pranabananda po kelerių metų išvyko į Badrinarajaną Himalajuose ir ten prisidėjo prie grupės šventųjų, supančių didįjį Babadži.

---

[9] Mano susitikimas su Kešabananda aprašytas p. 394–396.

28 SKYRIUS

Kašis, atgimęs ir atrastas

„Prašau nebristi į vandenį. Prauskimės vandens pasisėmę kibirais."
Kreipiausi į jaunus Rančio mokinius, kurie lydėjo mane aštuonių mylių pėsčiųjų žygyje į netolimą kalvą. Mums prieš akis plytintis tvenkinys atrodė viliojantis, bet pajutau jame slypinčią grėsmę. Dauguma berniukų panardino į vandenį kibirus, bet keli pasidavė vėsių vandenų pagundai. Vos tik jie įšoko į tvenkinį, aplink ėmė vinguriuoti didžiulės vandeninės gyvatės. Kiek spiegimo ir taškymosi! Kaip komiškai mikliai vaikai iššoko iš tvenkinio!

Pasiekę kelionės tikslą, puikiai papietavome. Sėdėjau po medžiu, apsuptas berniukų. Pamatę, kad esu apimtas įkvėpimo, jie apipylė mane klausimais.

– Prašau pasakyti, pone, – paklausė vienas berniukas, – ar aš visą laiką liksiu su jumis atsižadėjimo kelyje?

– O, ne, – atsakiau, – tave prievarta išgabens namo, vėliau tu vesi.

Nenorėdamas tuo patikėti, jis ėmė audringai prieštarauti.

– Mane pargabens namo tik negyvą.

(Bet po kelių mėnesių atvyko jo tėvai ir jį išsivežė nepaisydami jo priešinimosi ir ašarų. Dar po kelerių metų jis vedė.)

Atsakiau į daugybę klausimų ir galiausiai į mane kreipėsi berniukas, vardu Kašis (Kashi). Jam buvo gal dvylika metų, jis puikiai mokėsi, buvo visų mylimas.

– Pone, – paklausė jis, – o kas laukia manęs?

– Tu netrukus mirsi, – regis, neįveikiama jėga privertė mano lūpas ištarti šiuos žodžius.

Ši žinia mane sukrėtė ir nuliūdino, kaip ir visus kitus. Tylomis priekaištaudamas sau, kad taip neapgalvotai rėžiu tiesą, daugiau į klausimus nebeatsakinėjau.

Kai grįžome į mokyklą, Kašis užėjo į mano kambarį.

– Jei mirsiu, ar rasite mane, kai atgimsiu, ar vėl vesite dvasiniu keliu? – kūkčiodamas paklausė jis.

Jaučiau, kad negaliu prisiimti šios sunkios ir paslaptingos pareigos. Bet Kašis ne vieną savaitę mane atkakliai įkalbinėjo. Matydamas, kad jis baigia palūžti, galiausiai jį paguodžiau:

– Taip, – pažadėjau. – Jei Dangiškasis Tėvas padės, pasistengsiu tave susirasti.

Per vasaros atostogas išvykau į trumpą kelionę. Gailėdamasis, kad negaliu pasiimti drauge Kašio, prieš išvažiuodamas pasikviečiau jį į savo kambarį ir nuodugniai nurodžiau likti mokyklos dvasinių vibracijų lauke, net jei kas nors ir įtikinėtų jį pasielgti kitaip. Kažkodėl jutau, kad jei berniukas nevažiuos namo, gal jam ir pavyks išvengti gresiančios didžiulės nelaimės.

Vos išvykau, Rančyje pasirodė Kašio tėvas. Penkiolika dienų jis stengėsi palaužti sūnaus valią aiškindamas, kad šis keturioms dienoms tikrai gali nuvažiuoti į Kalkutą aplankyti motinos, o paskui grįžti. Kašis atkakliai priešinosi. Pagaliau tėvas pareiškė, kad išsiveš vaiką su policija. Grasinimas sutrikdė Kašį; jis nenorėjo užtraukti mokyklai nešlovės. Nebeliko kitos išeities, tik važiuoti.

Po kelių dienų grįžau į Rančį. Išgirdęs, kaip buvo išvežtas Kašis, tuoj pat sėdau į Kalkutos traukinį. Ten pasisamdžiau karietą. Keista, bet važiuodamas Hauros tiltu per Gangą, pirmiausia pamačiau Kašio tėvą ir kitus giminaičius, vilkinčius gedulo drabužiais. Šūktelėjęs vežikui sustoti, iššokau iš karietos ir rūsčiai įsmeigiau akis į nelaimingąjį tėvą.

– Pone Žudike, – ne visai pagrįstai surikau, – jūs nužudėte mano berniuką!

Tėvas jau buvo supratęs, kaip suklydo jėga išsivežęs Kašį iš Rančio į Kalkutą. Tas kelias dienas būdamas čia, berniukas užvalgė užkrėsto maisto, susirgo cholera ir mirė.

Mane dieną naktį persekiojo meilė Kašiui ir įsipareigojimas susirasti jį po mirties. Kur tik ėjau, visur priešais akis šmėkščiojo jo veidas. Prasidėjo neužmirštamos jo paieškos – panašiai kitados ieškojau savo prarastos motinos.

Maniau, jei Dievas man suteikė gebėjimą protauti, turiu juo pasinaudoti ir įtempęs visas jėgas išsiaiškinti vos apčiuopiamus dėsnius, padėsiančius man atskleisti, kur yra berniuko astralas. Supratau, kad jo siela vibruoja neišsipildžiusių troškimų virpesiais. Tai šviesos masė, plūduriuojanti kažkur tarp milijonų švytinčių sielų astralinėse plotmėse. Kaip susisiekti su juo, kai aplink vibruoja tiek daug kitų sielų šviesų?

Pasitelkęs slaptą jogų techniką, ėmiau siųsti savo meilę Kašio sielai dvasinės akies, taško tarp antakių, „mikrofonu"[1]. Intuityviai jutau, kad Kašis netrukus grįš į žemę ir jei be paliovos siųsiu jam savo šaukinius, jo siela atsilieps. Žinojau, kad net menkiausią Kašio man pasiųstą signalą tuoj pat pajusiu pirštų, rankų ir stuburo nervais.

Kaip antenas iškėlęs rankas, dažnai sukdavausi ratu ir stengdavausi atrasti kryptį tos vietos, kur jis – aš tuo tikėjau – jau buvo užgimęs gemalo pavidalu. Vyliausi pagauti jo atsakymą savo širdies „radijo imtuvu".

Nenuilsdamas uoliai taikiau šį jogos metodą apie šešis mėnesius po Kašio mirties. Vieną rytą vaikščiodamas su draugais po gausiai gyvenamą Kalkutos Boubazaro rajoną, įprastai pakėliau rankas aukštyn. Ir pirmą kartą užčiuopiau atsakymą. Susijaudinęs jaučiau, kaip mano pirštais ir delnais srūva elektros impulsai. Šios srovės virto viena viską užgožiančia mintimi, kylančia iš pačios mano sąmonės gelmės: „Aš Kašis, aš Kašis, ateik pas mane!"

Kai sutelkiau visą dėmesį į savo širdies radiją, ši mintis tapo beveik girdima. Girdėjau, kaip mane vis šaukia kiek prikimęs balsas – tai buvo Kašio balso skambesys[2]. Čiupau vieną iš savo bendrakeleivių Prokašą Dasą (Prokash Das) už rankos ir džiaugsmingai jam nusišypsojau.

– Atrodo, būsiu suradęs Kašį!

Ėmiau suktis ratu ir tuo baisiai pralinksminau savo draugus bei praeivius – šie to nė neslėpė. Elektros impulsai imdavo tekėti mano pirštais tik tada, kai atsisukdavau į netolimą gatvelę. Jos pavadinimas labai tiko šiai progai – Serpantino skersgatvis. Pasisukus į kitas puses, astralinės srovės išnykdavo.

– Aha! – šūktelėjau. – Kašio siela tikriausiai apsigyveno įsčiose moters, kurios namai šioje gatvėje.

Aš ir mano draugai priėjome arčiau Serpantino skersgatvio. Vibracijos mano iškeltose rankose ėmė stiprėti, darėsi ryškesnės. Tarsi magnetu mane traukė į dešinę gatvelės pusę. Priėjęs vieno namo vartus, pajutau, kad stingstu. Apstulbau. Be galo susijaudinęs ir sulaikęs kvapą

---

[1] Valia, projektuojama iš taško tarp antakių, yra minčių *transliacijos* aparatas. Žmogaus jausmai, arba emocinė galia, ramiai sutelkta širdyje, leidžia jam veikti kaip psichikos radijui, *priimančiam* kitų žmonių iš toli arba arti siunčiamas žinias. Vieno žmogaus subtiliosios minčių vibracijos yra perduodamos astralinio eterio subtiliosiomis vibracijomis, paskui jos sklinda tankesniu žemės eteriu ir kuria elektros bangas, kurios savo ruožtu kito žmogaus psichikoje virsta minčių bangomis – taip veikia telepatija.

[2] Kiekviena siela, būdama tyra, yra visažinė. Kašio siela išsaugojo visus Kašio, kaip berniuko, bruožus ir pamėgdžiojo jo kimų balsą, todėl aš jį atpažinau.

KAŠIS
Rančio mokyklos mokinys

pabeldžiau į duris. Jutau, kad ilgos ir neįprastos mano paieškos baigėsi sėkmingai.

Duris atidarė tarnaitė, ji pasakė, kad šeimininkas namie. Šis nulipo laiptais iš antro aukšto ir klausiamai man nusišypsojo. Buvo sunku sugalvoti, kaip suformuluoti tokį svarbų ir kartu įžūlų klausimą.

– Prašau pasakyti, pone, ar judu su žmona jau maždaug šeši mėnesius laukiatės kūdikio?[3]

---

[3] Nors daug žmonių po fizinės mirties astraliniame pasaulyje lieka 500 ar 1000 metų, nėra nesulaužomos taisyklės, kiek laiko turi praeiti tarp įsikūnijimų (žr. 43 skyrių). Tai būna nulemta karmos.

Mirtis, kaip ir miegas, ar „mažoji mirtis", yra mirtingojo būtinybė, laikinai išlaisvinanti nenušvitusius žmones iš juslių varžtų. Esminė žmogaus prigimtis yra Dvasia, o miegodamas ir būdamas miręs jis atgaivina tam tikrus savo nematerialumo prisiminimus.

Viską sulyginantis karmos dėsnis, kaip aiškinama hinduizmo šventraščiuose, – tai veiksmas ir atoveiksmis, priežastis ir pasekmė, sėja ir pjūtis. Veikiant natūraliam teisingumui (*ritai*), kiekvienas žmogus mintimis ir veiksmais formuoja savo lemtį. Kad ir kokias visuotinės energijos sroves išmintingai ar neišmintingai jis išjudino, jos turi vėl sugrįžti jam, nes jis yra jų pradžia. Jis yra tarsi ratas, kurio pabaiga neišvengiamai susiduria su pradžia.

– Taip, tai tiesa, – atsakė jis ir matydamas, kad esu svamis, pasaulio atsižadėjęs vienuolis tradiciniu oranžiniu apdaru, mandagiai pridūrė: – Malonėkite atskleisti, kaip sužinojote apie mano reikalus.

Kai išgirdo apie Kašį ir mano duotą pažadą, nustebęs vyras patikėjo pasakojimu.

– Jūs sulauksite šviesaus gymio berniuko, – pasakiau. – Jis bus plataus veido, virš kaktos turės plaukų verpetą. Aiškiai bus linkęs į dvasingumą.

Nė kiek neabejojau, kad laukiamas kūdikis bus panašus į Kašį.

Vėliau aplankiau vaiką, kuriam tėvai buvo davę jo senąjį Kašio vardą. Jau kūdikystėje jis atrodė stulbinamai panašus į mano mylimą Rančio mokinį. Vaikas iškart prie manęs prisirišo; praeities trauka pabudo dvigubai stipresnė.

Praėjo nemaža metų ir vaikas, jau paauglys, parašė man, kai buvau Amerikoje. Jis paaiškino juntąs stiprų troškimą eiti atsižadėjimo keliu. Nurodžiau jam Himalajų mokytoją, šis ir priėmė atgimusį Kašį mokiniu.

„Pasaulis panašus į matematikos lygtį, kuri, kad ir kaip ją perrašinėtum, visada išsilygina. Visos paslaptys išaiškėja, visi nusikaltimai nubaudžiami, visos dorybės atlyginamos, visos skriaudos atperkamos tyliai ir neabejotinai." (Emersonas, *Compensation*). Supratęs karmą kaip teisingumo dėsnį, slypintį už gyvenimo neteisybės, žmogaus protas išsilaisvina iš apmaudo Dievui ir žmonėms (žr. p. 164).

29 SKYRIUS

Su Rabindranathu Tagore kalbame apie savo mokyklas

– Rabindranathas Tagorė (Rabindranath Tagore) mus išmokė dainuoti lengvai, kaip gieda paukščiai – tai natūrali saviraiškos priemonė.

Taip paaiškino Bhola Nathas (Bhola Nath), gabus mano Rančio mokyklos keturiolikmetis, kai vieną rytą pagyriau jo melodingas treles. Berniukas mėgo dainuoti ir darydavo tai labai dažnai – būdavo tam priežastis ar ne. Anksčiau jis mokėsi garsiojoje Tagorės Šantiniketano (Ramybės prieglobsčio) mokykloje Bolpuro mieste.

– Rabindranatho dainas dainuoju nuo pat ankstyvos jaunystės, – atsakiau. – Visus bengalus, net neraštingus valstiečius, džiugina jo didinga poezija.

Mudu su Bhola padainavome keletą Tagorės posmų. Poetas muziką pritaikė tūkstančiams indų eilėraščių – vienus sukūrė pats, kiti atkeliavę iš gilios senovės.

– Rabindranathą sutikau neilgai trukus po to, kai jis buvo apdovanotas Nobelio literatūros premija, – tariau, kai padainavome. – Labai norėjau jį aplankyti, nes žavėjausi jo nediplomatiška drąsa, padėjusia atremti literatūros kritikų argumentus, – sukikenau.

Bhola smalsiai paprašė papasakoti šią istoriją.

– Mokslininkai griežtai pliekė Tagorę, kad jis į bengalų poeziją įdiegė naują stilių, – pradėjau. – Šnekamosios kalbos posakius jis maišė su klasikiniais, nepaisydamas reikalaujamų apribojimų, tokių brangių panditų širdims. Jis giesmėse emocingai ir patraukliai išreiškia gilias filosofines tiesas, menkai tepaisydamas priimtų literatūros normų.

Vienas įtakingas kritikas kandžiai pavadino Rabindranathą „poetu, kuris rašo žargonu, ir savo spausdintą rašliavą pardavinėja po rupiją". Bet Tagorė netruko atsilyginti – visas Vakarų literatūros pasaulis greitai suklupo prie jo kojų, kai jis pats į anglų kalbą išvertė savo *Gitandžali* („Aukojimo giesmes"). Į Šantiniketaną jo pasveikinti atvažiavo visas traukinys panditų, tarp kurių buvo ir jo kritikų.

Rabindranathas prieš priimdamas svečius tyčia privertė juos ilgai laukti, o paskui jų liaupsių klausėsi stoiškai tylėdamas. Galiausiai atsuko į juos jiems įprastą kritikos ginklą.

„Ponai, – tarė jis, – jūsų reiškiamų pagyrų aromatas ne vietoje sumišęs su šlykščiu jūsų ankstesnės paniekos dvoku. Nejau yra ryšys tarp Nobelio premijos ir ūmai pasireiškusio jūsų gebėjimo mane įvertinti? Aš juk tebesu tas pats poetas, kuris jus taip suerzino, pirmą kartą Bengalijos šventovei pasiūlęs kuklias savo gėleles."

Drąsius ir griežtus Tagorės žodžius išspausdino laikraščiai. Žavėjausi meilikavimo neužburto žmogaus tiesmukumu, – pasakojau toliau. – Su Rabindranathu mane Kalkutoje supažindino jo sekretorius ponas Č. F. Andrusas (C. F. Andrews)[1], vilkėjęs paprastą bengališką *dhotį*. Tagorę jis meiliai vadino Gurudeva.

Rabindranathas mane priėmė maloniai. Jį gaubė žavesio, kultūros ir kilnumo aura. Į mano klausimą apie jo literatūros ištakas jis atsakė, kad didžiausią įtaką jam padarę mūsų religiniai epai ir Vidjapačio (Vidyapati), populiaraus XIV amžiaus poeto, veikalai.

Įkvėptas šių prisiminimų, užtraukiau Tagorės harmonizuotą seną bengalų dainą „Uždek savo meilės žiburį". Mudu su Bhola linksmai giedodami patraukėme per *vidjalajos* teritoriją.

Praėjus bene dvejiems metams nuo tos dienos, kai įkūriau Rančio mokyklą, gavau Rabindranatho kvietimą aplankyti jį Šantiniketane ir pasikalbėti apie mūsų ugdymo idealus. Mielai nuvykau. Įėjęs radau poetą sėdintį darbo kambaryje. Kaip ir per pirmą mūsų susitikimą, pamaniau, kad jis – bene įspūdingiausias vyriškumo pavyzdys, apie kokį galėtų pasvajoti kiekvienas dailininkas. Jo dailių bruožų kilnų ir aristokratišką veidą gaubė ilgi plaukai ir banguojanti barzda. Didžiulės švelnios akys, angeliška šypsena ir it fleita skambantis balsas kerėjo tiesiogine prasme. Tvirtas, augalotas, rimtas, bet turėjo ir beveik moteriško švelnumo, prie kurio derėjo žavus vaiko spontaniškumas. Niekas nebūtų geriau įkūnijęs poeto idealo nei šis kilniaširdis dainius.

Neilgai trukus mudu su Tagore ėmėme kruopščiai lyginti ir analizuoti savo mokyklas. Jas kurdami, gerokai nutolome nuo įprastų koncepcijų. Radome daug tapačių bruožų – mokymas lauke, paprastumas,

---

[1] Anglų rašytojas ir publicistas, artimas Mahatmos Gandžio draugas. Ponas Andrusas Indijoje gerbiamas už didelius nuopelnus savo antrajai tėvynei.

Jogo autobiografija

RABINDRANATHAS TAGORĖ
Genialusis bengalų poetas ir Nobelio literatūros premijos laureatas

kuo daugiau galimybių reikštis vaiko kūrybiškumui. Bet Rabindranathas labai pabrėžė literatūros ir poezijos studijas ir saviraišką per muziką bei dainas – apie tai liudijo mano mokinio Bholos atvejis. Šantiniketano mokiniai tam tikrais laikotarpiais laikėsi tylos, bet nebuvo specialiai mokomi jogos.

Papasakojau apie energizuojančius *jogodos* pratimus ir jogos koncentracijos metodikas, kurių mokomi visi Rančio moksleiviai, ir poetas dėmesingai išklausė. Man tai buvo malonu.

Tagorė man papasakojo apie savo paties vargus, patirtus, kai mokėsi vaikystėje.

– Po penktos klasės pabėgau iš mokyklos, – juokdamasis tarė jis.

Buvo nesunku suprasti, kad įgimtą poeto jautrumą žeidė nuobodi ir griežta mokyklos atmosfera.

– Todėl atidariau Šantiniketaną, kur auga pavėsingi medžiai ir matyti didingas dangus, – iškalbingu mostu jis parodė į mažą grupelę mokinių gražiame sode. – Tarp gėlių ir čiulbančių paukščių vaikas yra savo natūralioje aplinkoje. Čia jam daug lengviau išreikšti slaptus individualių gabumų turtus. Tikrasis ugdymas nėra primetamas ir prievarta kemšamas iš išorės; jis padeda iškelti į paviršių begalinius vidinės išminties lobius[2].

Aš jam pritariau:
– Paprastose mokyklose jaunuolių idealizmas ir noras garbinti didvyrius nunyksta, mokiniai maitinami vien statistikos duomenimis ir chronologijos lentelėmis.

Paskui poetas su meile prisiminė savo tėvą Devendranathą (Devendranath), kuris įkvėpė jį įsteigti Šantiniketaną.

– Tėvas dovanojo man šią derlingą žemę, kurioje jau buvo pastatęs svečių namus ir šventyklą, – papasakojo Rabindranathas. – Čia 1901 metais pradėjau savo ugdymo eksperimentą. Iš pradžių buvo tik dešimt berniukų. Visi aštuoni tūkstančiai svarų, kuriuos gavau kaip Nobelio premiją, buvo skirti mokyklai išlaikyti.

Vyresnysis Tagorė, Devendranathas, visur žinomas kaip Maharišis (Didysis Išminčius), buvo nepaprastas žmogus ir tai matyti iš jo „Autobiografijos". Jau suaugęs, jis dvejus metus praleido medituodamas Himalajuose. Jo tėvas Dvarkanathas (Dwarkanath) Tagorė visoje Bengalijoje garsėjo dosniomis aukomis visuomenės reikmėms. Iš šio šlovingo medžio išaugo genijų šeima. Ne tik Rabindranathas, bet ir kiti jo giminaičiai pasižymėjo kūrybiškumu. Jo sūnėnai Gogonendra ir Abanindra yra vieni garsiausių Indijos menininkų[3]. Rabindranatho brolis Dvidžendra (Dwijendra) buvo didžių įžvalgų filosofas, kurį mylėjo net paukščiai ir miškų gyventojai.

Rabindranathas man pasiūlė pernakvoti svečių namuose. O vakare buvau pakerėtas gyvojo paveikslo – poetas ir grupė žmonių vidiniame kieme. Laikas tarsi sugrįžo atgal ir man prieš akis atsivėręs reginys priminė senovinį vienuolyną – laimingas dainius, apsuptas sekėjų, visus gaubia dieviška meilė... Kiekvieną draugystės giją Tagorė sutvirtino harmonijos saitais. Niekad nieko kategoriškai neteigdamas, jis traukdavo širdis ir užkariaudavo jas savo nenugalimu magnetizmu. Tai buvo retas Viešpaties sodo poezijos žiedas, savo prigimtiniu aromatu traukiantis kitus!

---

[2] „Kadangi siela gimsta ne kartą, arba, kaip sako hinduistai, „per tūkstančius gimimų keliauja būties keliu"... nėra nieko, kas jai nebūtų pažįstama; nenuostabu, kad ji geba prisiminti... ką žinojo anksčiau... Nes tyrinėjimas ir mokymasis – tai visa ko prisiminimas." (Emersonas, *Representative Men*).

[3] Ir pats Rabindranathas, perkopęs šeštąją dešimtį, rimtai ėmėsi tapybos. Prieš kelerius metus jo paveikslai buvo eksponuoti keliose Europos šalių sostinėse ir Niujorke.

Melodingu balsu Rabindranathas mums perskaitė keletą savo nepaprastų neseniai sukurtų eilėraščių. Dauguma jo giesmių ir pjesių užgimė Šantiniketane. Šie kūriniai buvo skirti mokinių malonumui. Man Tagorės eilės nepaprastai gražios dėl to, kad beveik kiekviename posme kalbama apie Dievą, bet pats šventasis Vardas kone visai neminimas. Štai jis rašo: „Dainavimo džiaugsmu apsvaigęs, užsimirštu ir vadinu draugu Tave, nors Tu man Viešpats."

Rytojaus dieną po pietų nenoromis atsisveikinau su poetu. Džiaugiuosi, kad jo nedidelė mokyklėlė dabar yra išaugusi į tarptautinį universitetą *Višva-Bharati*[4], kuriame daugelio šalių mokslininkai randa sau idealią aplinką.

> Kur protas nepažįsta baimės ir žvelgia išdidžiai pakeltos galvos;
> Kur pažinimas laisvas;
> Kur pasaulis namų pertvarom nepadalintas;
> Kur žodžiai kyla iš tiesos gelmių;
> Kur visos pastangos rankas į tobulybę tiesia;
> Kur skaidrios proto srovės nepaklysta
> įpročių dykynės smėlynuose nykiuos;
> Kur dvasią Tu vedi pirmyn į nuolat kilnesnes mintis ir darbus;
> Šios laisvės dausose, o mano Tėve, pabusti leisk tėvynei mano![5]

RABINDRANATHAS TAGORĖ

---

[4] Visų mylimas poetas mirė 1941 m., bet jo įkurta mokymo įstaiga *Višva-Bharati* klesti iki šiol. 1950 m. sausį šešiasdešimt penki mokytojai ir mokiniai iš Šantiniketano dešimt dienų viešėjo Rančyje, *Jogoda Satsangos* mokykloje. Grupei vadovavo Šri S. N. Ghosalas, *Višva-Bharati* mokymo skyriaus vadovas. Svečiai suteikė daug malonumo Rančio mokiniams, suvaidinę gražią Rabindranatho poemą „Pudžarini" (*Pujarini*).

[5] *Aukojimo giesmės*, vertė Vytautas Nistelis. Nuodugnią poeto kūrybos studiją galima rasti knygoje „Rabindranatho Tagorės filosofija" (*The Philosophy of Rabindranath Tagore*), kurios autorius – garsus mokslininkas seras S. Radhakrišnanas (Radhakrishnan, Macmillan, 1918).

30 SKYRIUS

Stebuklų dėsnis

Didis rusų rašytojas Levas Tolstojus[1] yra užrašęs žavingą padavimą „Trys atsiskyrėliai". Jo draugas Nikolajus Rerichas taip jį trumpai atpasakojo:

„Vienoje saloje gyveno trys seniai atsiskyrėliai. Jie buvo tokie paprasti, kad vienintelė jų malda buvo štai ši: „Mūsų trys ir Tu esi trys, – pasigailėk mūsų!" Ši naivi malda darydavo didelius stebuklus.

Vietos vyskupas[2], išgirdęs apie tris atsiskyrėlius ir jų neleistiną maldą, nutarė juos aplankyti ir pamokyti kanoninių maldų. Atplaukęs į salą, jis paaiškino atsiskyrėliams, kad taip kreiptis į dangų netinka, ir išmokė daug įprastų maldų. Tada sėdo į laivą ir išplaukė. Staiga vyskupas atsigręžęs pamatė laivo link sklindančią spindulingą šviesą. Jai prisiartinus, išvydo tris atsiskyrėlius, kurie susiėmę už rankų bėgo per bangas, stengdamiesi pasivyti laivą.

„Pamiršome maldas, kurių mus mokei, – sušuko jie, priartėję prie vyskupo, – ir skubėjome tavęs paprašyti, kad pakartotum dar kartą." Apstulbęs vyskupas papurtė galvą. 'Brangieji, – nusižeminęs atsakė jis, – melskitės, kaip meldėtės, ir toliau!'"

Kaip trys šventieji bėgo vandens paviršiumi?

Kaip prisikėlė nukryžiuotas Kristus?

Kaip Lahiris Mahasaja ir Šri Juktešvaras darė stebuklus?

Šiuolaikinis mokslas kol kas neturi atsakymo, nors atėjus atomo amžiui pasaulio akiratis staiga labai išsiplėtė. Žodis „neįmanoma" vis rečiau pasitaiko žmonių kalboje.

Vedose skelbiama, kad fiziniame pasaulyje veikia pamatinis *majos*

---

[1] Tolstojaus idealai daug kur sutapo su Mahatmos Gandžio; jie susirašinėjo apie neprievartą. Tolstojaus manymu, Kristaus mokymo pagrindas yra apibrėžtas taip: „... nesipriešink piktam [žmogui]." (Mt 5, 39) Blogiui galima „priešintis" tik logine jo priešybe – gėriu arba meile.

[2] Atrodo, kad šis padavimas turi istorinį pagrindą; redaktoriaus pastaboje rašoma, kad plaukdamas iš Archangelsko į Solovkų vienuolyną Dvinos upės žiotyse vyskupas aplankė tris atsiskyrėlius.

dėsnis – tai yra santykinumo ir dvilypumo principas. Dievas, Vienintelė Gyvybė, yra Absoliuti Vienovė; kad pasirodytų skirtingomis ir įvairiomis kūrinijos apraiškomis, Jis slepiasi už apgaulės, arba netikrumo, šydo. Šis iliuzinis dvilypumo šydas ir yra *maja*[3]. Daugelis didžiųjų dabartinių mokslinių atradimų patvirtino šį paprastą senovės rišių teiginį.

Niutono dėsnis – tai *majos* dėsnis: „Kiekvienas veiksmas sukuria sau lygų priešingos krypties atoveiksmį; du kūnai, sąveikaudami tarpusavyje, veikia vienas kitą vienodomis, bet priešingų krypčių jėgomis." Taigi veiksmas ir atoveiksmis yra visiškai lygūs. „Viena jėga egzistuoti negali. Visada turi būti ir bus tokio pat dydžio priešingų krypčių jėgų pora."

Visi svarbiausi gamtoje vykstantys procesai išduoda savo *majos* prigimtį. Pavyzdžiui, elektra – tai stūmos ir traukos reiškinys; elektronai ir protonai yra priešybės. Kitas pavyzdys – atomas, arba smulkiausia materijos dalelė, kaip ir pati Žemė, yra magnetas, turintis šiaurės ir pietų polius. Visas reiškinių pasaulis valdomas neįveikiamo poliariškumo; nė vienas fizikos, chemijos ar kokio kito mokslo dėsnis negali išsivaduoti iš prigimtinio priešybių, arba kontrasto, principo.

Tad fizikos mokslas negali formuluoti dėsnių už *majos* ribų, nes *maja* yra pačios kūrinijos audinys ir jos struktūra. Pati gamta yra *maja*. Gamtos mokslams noromis nenoromis tenka su ja taikstytis. *Maja* amžina ir neišsemiama, tad ateities mokslininkams nieko kito neliks, tik vieną po kito nagrinėti jos begalinės įvairovės aspektus. Nors mokslas nuolat plėtojasi, bet pradžių pradžios pasiekti neįstengia. Iš tiesų jis gali tik atrasti jau esančio ir veikiančio kosmoso dėsnius, bet yra bejėgis atskleisti Dėsnių Kūrėją ir jų Vienintelį Valdytoją. Jau esame pažinę didingas visuotinės traukos ir elektros apraiškas, bet joks mirtingasis nežino, kas yra visuotinė trauka ir elektra.[4]

Įveikti *mają* – tokį tikslą žmonijai tūkstantmečius kėlė pranašai. Pakilti virš kūrinijos dvilypumo ir suvokti Kūrėjo vienovę – štai toks buvo svarbiausias žmogaus siekis. Tie, kurie yra įsikibę į kosminę iliuziją, turi susitaikyti su jos esminiu poliariškumo dėsniu: potvyniais ir atoslūgiais, pakilimais ir nuosmukiais, diena ir naktimi, malonumu ir

---

[3] Žr. išnašas p. 37 ir p. 40.

[4] Didis išradėjas Markonis mokslo nepajėgumą rasti pirminę priežastį apibūdino tokiais žodžiais: „Mokslas visiškai nepajėgia išaiškinti gyvybės klausimo. Šis faktas tikrai baugintų, jei ne tikėjimas. Gyvybės paslaptis iš tiesų yra aktualiausia problema iš visų, su kuriomis kada nors buvo susidūręs mąstantis žmogus."

skausmu, gėriu ir blogiu, gimimu ir mirtimi. Tūkstančius kartų gimusiam žmogui šis cikliškumas tampa skausmingai monotoniškas ir tada žmogus pradeda viltingai žvalgytis toliau, už *majos* ribų.

Nuplėšti *majos* šydą – tai atskleisti kūrinijos paslaptį. Tik tas yra tikras monoteistas, kuris sugeba taip apnuoginti visatą. Visi kiti garbina pagoniškus stabus. Kol žmogus pasiduoda Gamtos dvilypumo iliuzijai, jo deivė yra *maja* – dviveidė tarsi Janas. Toks žmogus negali pažinti vienintelio tikrojo Dievo.

Pasaulio iliuzija, *maja*, tarp žmonių reiškiasi kaip *avidja*, pažodžiui „nežinojimas", „neišmanymas", „paklydimas". Nei *majos*, nei *avidjos* šydo neįmanoma nutraukti intelektine analize ar įtikinėjimais, jis išsisklaido tik pasiekus vidinę būseną, vadinamą *nirvikalpa samadhiu*. Senojo Testamento pranašai, kaip ir visų kraštų bei visų laikų aiškiaregiai, kalbėjo apimti šios sąmonės būsenos.

Ezekielis pasakė taip [5]: „Tuomet jis atvedė mane prie rytinių vartų. Žiūriu, Izraelio Dievo šlovė artinasi iš rytų, jos ūžesys kaip šniokštimas galingų vandenų, ir žemė spindi nuo jo Artumo." Per dieviškąją akį kaktoje (rytai) jogo sąmonė pasklinda visur, jis girdi Žodį, arba *Aum*, dievišką „šniokštimą galingų vandenų" – šviesos vibracijas, kurios yra vienintelė kūrinijos tikrovė.

Iš milijonų kosmoso paslapčių nepaprasčiausia yra šviesos paslaptis. Kitaip negu garso bangos, kurios gali sklisti tik oru ar kita materialia terpe, šviesos bangos lengvai sklinda tarpžvaigždinės erdvės vakuumu. Net hipotetinį eterį, kuris pagal bangų teoriją laikomas tarpplanetinės šviesos sklidimo terpe, galima atmesti, nes, pasak Einšteino, dėl geometrinių erdvės savybių eterio teorija nereikalinga. Pagal abi šias hipotezes šviesa išlieka subtiliausia ir mažiausiai nuo medžiagos priklausanti gamtos apraiška.

Visose grandiozinėse Einšteino koncepcijose dominuoja šviesos greitis (186 300 mylių per sekundę – 299 792 458 m/s). Einšteinas matematiškai įrodė, kad šviesos greitis, vertinant žmogaus baigtiniu protu, yra vienintelis pastovus kintančios visatos dydis. Nuo to vienintelio „absoliutaus" šviesos greičio priklauso visi žmonių priimti laiko ir erdvės etalonai. Laikas ir erdvė nėra abstrakčiai amžini, kaip lig tol manyta, bet santykiniai ir baigtiniai dydžiai. Juos apibrėžti galime tik lygindami su absoliučiu šviesos greičio dydžiu. Plunksna brūkštelėjęs

[5] Ez 43, 1–2.

kelias lygtis, Einšteinas atmetė visas fiksuotas visatos tikrovės apraiškas, išskyrus šviesą.

Vėliau, kurdamas vieningo lauko teoriją, didysis fizikas siekė į vieną matematinę formulę sujungti gravitacijos ir elektromagnetinės sąveikos dėsnius. Supaprastinęs kosmoso struktūrą iki kelių vieno dėsnio variacijų, Einšteinas nutiesė tiltą iki senovės rišių, skelbusių, kad kūriniją sudaro viena struktūra – nuolat besimainanti *maja*[6].

Paskelbus epochinės reikšmės reliatyvumo teoriją, atsirado matematinė galimybė pažinti pirminio atomo struktūrą. Didieji mokslininkai dabar drąsiai tvirtina, kad atomas yra veikiau energija nei materija. Maža to, jie sako, kad atomo energija iš esmės yra psichinės kilmės.

Seras Arturas Stenlis Edingtonas knygoje „Fizinio pasaulio prigimtis" (Arthur Stanley Eddington, *The Nature of the Physical World*)[7] rašo: „Nuoširdus suvokimas, kad fizikos mokslas tyrinėja šešėlių pasaulį, yra vienas reikšmingiausių žingsnių į priekį. Fizikos pasaulyje regime gerai žinomą gyvenimo dramą, vaidinamą šešėlių teatre. Mano alkūnės šešėlis remiasi į stalo šešėlį, rašalo šešėlis palieka pėdsakus popieriaus lapo šešėlyje. Visa tai – simboliai; fizikas juos ir palieka simboliais. Tada ateina alchemikas Protas ir juos perkuria... Paprastai kalbant, pasaulis yra sukurtas proto."

Neseniai išradus elektroninį mikroskopą neabejotinai įrodyta, kad atomų ir neišvengiamo gamtos dvilypumo esmė yra šviesa. Laikraštyje *The New York Times* taip aprašytas 1937 metais Amerikos mokslo pažangos asociacijos susirinkime demonstruotas elektroninis mikroskopas:

> „Kristalinė volframo struktūra, apie kurią anksčiau buvo žinoma tik netiesiogiai, peršviesta rentgeno spinduliais ryškiai matoma švytinčiame ekrane. Devyni kristalinės volframo gardelės atomai švytinčiame ekrane atrodo kaip šviesos taškai, išdėlioti geometrine tvarka: po vieną kiekviename kampe ir vienas centre. Matyti, kaip šį krištolinį šviesos kubą bombarduoja oro molekulės – šokantys šviesos taškeliai, panašūs į saulės mirgėjimą banguojančiame vandenyje...
>
> Elektroninio mikroskopo veikimo principą pirmieji atrado dr. Klintonas Dž. Deivisonas (Clinton J. Davisson) ir dr. Lesteris H. Germeris (Lester

---

[6] Einšteinas buvo įsitikinęs, kad elektromagnetinės sąveikos ir gravitacijos dėsnių ryšį galima išreikšti matematine formule (vieningo lauko teorija), kurią jis kūrė kaip tik tuo metu, kai buvo rašoma ši knyga. Nors mokslininkas nespėjo užbaigti savo darbo, daugelis mūsų laikų fizikų pritaria Einšteino įsitikinimui, kad tokį ryšį galima atrasti (*leidėjo pastaba*).

[7] *Macmillan Company*.

H. Germer) 1927 metais Belo telefono laboratorijose Niujorke. Jie nustatė, kad elektronai turi dvilypę prigimtį ir pasižymi tiek dalelių, tiek bangų savybėmis [8]. Kadangi dėl banginių savybių elektronai prilygsta šviesai, pradėta ieškoti būdų, kaip „sufokusuoti" elektronus, panašiai kaip lęšiu fokusuojamas šviesos srautas.

Už atrastą dvilypę – it Džekilo ir Haido – elektronų prigimtį, kuri [...] parodė, kad visa fizinė aplinka pasižymi dvilypėmis savybėmis, dr. Deivisonui skirta Nobelio fizikos premija."

O Džeimsas Džinsas knygoje „Paslaptingoji visata" (James Jeans, *The Mysterious Universe*) [9] rašo štai ką: „Pažinimo srautas pasuko nemechaninės tikrovės link ir visata tampa vis panašesnė į didingą mintį, nei į didingą prietaisą."

XX amžiaus mokslas skamba kaip senųjų vedų posmai.

Tad jei taip jau reikia, tegu žmogus iš mokslo sužino filosofinę tiesą, kad materiali visata neegzistuoja, o jos metmenys ir ataudai yra *maja*, iliuzija. Pradėjus analizuoti, jos tikrumo miražai nyksta. Kai vienas po kito žmogui po kojomis ima lūžinėti visi drąsą teikę fizinio kosmoso ramsčiai, jis pradeda miglotai suvokti savo stabmeldišką pasitikėjimą, savo nusidėjimą šiam Dievo įsakymui: „Neturėsi kitų dievų, tiktai mane." [10]

Garsiąja lygtimi nusakęs masės ir energijos ekvivalentiškumą, Einšteinas įrodė, kad kiekvienos materijos dalelės energija yra lygi jos masei, arba svoriui, padaugintam iš šviesos greičio kvadrato. Materialių dalelių anihiliacija išlaisvina atominę energiją. Materijos „mirtis" pagimdė atomo amžių.

Šviesos greitis yra matematinė konstanta (nekintamas dydis) ne dėl to, kad egzistuoja absoliutus dydis, lygus 186 300 mylių per sekundę, bet todėl, kad joks materialus kūnas, kurio masę didina greitis, niekada negalės pasiekti šviesos greičio. Pasakykime kitaip: šviesos greičiu gali judėti tik begalinės masės materialus kūnas.

Ši samprata priartina mus prie stebuklų dėsnio.

Mokytojai, kurie geba materializuoti ir dematerializuoti savo kūnus bei kitus objektus, judėti šviesos greičiu ir panaudoti kuriamuosius šviesos spindulius bet kokiai matomai fizinei apraiškai sukurti, iš tiesų atitinka vieną būtiną sąlygą: jų masė yra begalinė.

---

[8] Kitaip tariant, ir materijos, ir energijos.
[9] Cambridge University Press.
[10] Iš 20, 3.

Tobulas jogas be jokių pastangų savo sąmonę sutapatina ne su ribotu kūnu, bet su visatos struktūra. Gravitacija – ar tai būtų Niutono minima „jėga", ar Einšteino „inercijos pasireiškimas" – kuriai paklūsta visi materialūs objektai, tobulo jogo kūno neveikia. Visur esanti Dvasia nepaklūsta kūnui taikomiems laiko ir erdvės suvaržymams. Draudimus ištirpdo suvokimas *Aš esu Jis.*

„'Tebūna šviesa!' Ir šviesa pasirodė."[11] Kurdamas visatą, pirmuoju įsakymu Dievas sukūrė esminę struktūrą – šviesą. Ant šios nematerialios terpės pluoštų vyksta visos dieviškumo apraiškos. Visais laikais pamaldieji liudija Dievą apsireiškiant kaip liepsną ir šviesą. Šv. Jonas pasakoja: „... jo akys tarsi ugnies liepsna, o jo veidas buvo tarytum saulė, žibanti visu skaistumu."[12]

Tobulai medituodamas, jogas savo sąmone susilieja su Kūrėju ir kosmoso esmę suvokia kaip šviesą (gyvybinės energijos vibracijas). Jam šviesos spinduliai, iš kurių sudarytas vanduo, nesiskiria nuo šviesos spindulių, iš kurių sudaryta sausuma. Išsivadavęs iš materialios sąmonės, išsilaisvinęs iš trimatės erdvės ir ketvirtojo matmens – laiko, mokytojas savo šviesos kūną vienodai lengvai perkelia per (arba pro) kitus šviesos spindulius – žemę, vandenį, ugnį ir orą.

„Kūno žiburys yra akis. Todėl jei tavo akis sveika, visam tavo kūnui bus *šviesu.*"[13] Ilgai koncentruodamasis į išlaisvinančią dvasinę akį, jogas sugriauna visas iliuzijas apie materiją ir jos gravitacinį svorį, jis visatą mato tokią, kokią ją sukūrė Viešpats – iš esmės tai yra nediferencijuota šviesos masė.

Dr. L. T. Trolandas (Troland) iš Harvardo universiteto sako: „Optiniai vaizdai sudaryti pagal tą patį principą kaip ir paprastos pustoninės graviūros, tai yra juos sudaro mažyčiai taškeliai arba brūkšneliai, tokie smulkūs, kad jų neįmanoma įžiūrėti akimi... Tinklainė tokia jautri, kad regos pojūtį gali sukelti vos keli tinkamo apšvietimo išspinduliuojami kvantai."

Stebuklų dėsnis paklūsta kiekvienam žmogui, supratusiam, kad kūrinijos esmė yra šviesa. Mokytojas geba pasinaudoti savo dieviškomis žiniomis apie šviesos reiškinius ir visur esančius šviesos atomus akimirksniu paversti apčiuopiama išraiška. Daiktinis projekcijos pavidalas

[11] Pr 1, 3.
[12] Apr 1, 14–16.
[13] Mt 6, 22.

Stebuklų dėsnis

(kad ir kas tai būtų – medis, vaistai, žmogaus kūnas) priklauso nuo jogo noro, nuo jo valios ir vizualizacijos stiprumo.

Naktį žmogus panyra į sapno sąmonės būseną ir ištrūksta iš netikrų dieną jį supančių egoistinių suvaržymų. Sapne jam nuolat rodoma jo psichikos visagalybė. Štai – sapnuose jis regi ir seniai mirusius draugus, ir tolimiausius žemynus, atkuria praėjusios vaikystės epizodus.

Ši laisva ir nesąlygojama sąmonė, kurią visi žmonės trumpais periodais patiria sapnų tikrovėje, ir yra nuolatinė prie Dievo prisiderinusio mokytojo būsena. Be jokių asmeninių motyvų naudodamasis Kūrėjo jam dovanota kūrybine valia jogas pertvarko visatos šviesos atomus ir atsiliepia į nuoširdžią Dievui atsidavusio žmogaus maldą.

„Tuomet Dievas tarė: 'Padarykime žmogų pagal mūsų paveikslą ir panašumą; tevaldo jie ir jūros žuvis, ir padangių sparnuočius, ir galvijus, ir visus laukinius žemės gyvulius, ir visus žemėje šliaužiojančius roplius!'"[14]

Šiam tikslui buvo sukurta visa kūrinija ir žmogus: kad jis, pažinęs savo galią viešpatauti kosmose, iškiltų kaip *majos* šeimininkas.

1915 metais, netrukus po to, kai įstojau į svamių ordiną, mane aplankė keistas regėjimas. Jis man padėjo suprasti žmogaus sąmonės santykinumą ir po skausmingu *majos* dvilypumu aš aiškiai suvokiau Amžinosios Šviesos vienovę. Regėjimą patyriau vieną rytą sėdėdamas mažame savo palėpės kambarėlyje tėvo namuose Garparo plente. Jau kelis mėnesius Europoje siautė Pirmasis pasaulinis karas ir aš liūdnai mąsčiau apie įsismarkavusią mirties pjūtį.

Medituodamas užmerkiau akis ir mano sąmonė staiga persikėlė į kūną kapitono, vadovaujančio karo laivui. Ore griaudėjo patrankų šūviai – vyko susišaudymas tarp pakrantės baterijos ir laivo pabūklų. Milžiniškas sviedinys pataikė į parako sandėlį ir perplėšė mano laivą perpus. Drauge su keliais po sprogimo likusiais gyvais jūreiviais šokau vandenin.

Besidaužančia širdimi saugiai išplaukiau į krantą. Bet, deja, man į krūtinę įsmigo atsitiktinė kulka. Vaitodamas pargriuvau ant žemės. Visas mano kūnas buvo paralyžiuotas, bet aš jaučiau, kad jį turiu – taip jaučiame nutirpusią koją.

„Pagaliau mane prisivijo paslaptingi Mirties žingsniai", – pamaniau. Paskutinį kartą atsidusęs jau buvau beprarandąs sąmonę, tik

---

[14] Pr 1, 26.

staiga pasijutau sėdįs lotoso poza savo kambaryje Garparo plente. Ėmiau isteriškai verkti, plūdo ašaros ir tuo pat metu džiugiai glosčiau ir gnaibiau atgautą turtą – kūną be kulkos skylės krūtinėje. Lingavau pirmyn ir atgal tai įkvėpdamas, tai iškvėpdamas, tikindamas save, kad esu gyvas. Bet kol taip džiūgavau, mano sąmonė vėl persikėlė į negyvą kapitono kūną kraujais apšlakstytoje pakrantėje. Mano protas visai sutriko. „Viešpatie, – ėmiau melstis, – aš gyvas ar miręs?"

Visą horizontą užliejo akinamas šviesos žaismas. Tylus gausmas virto žodžiais: „Ką bendra su šviesa turi gyvybė ar mirtis? Aš tave sukūriau pagal savo šviesos paveikslą. Gyvybės ir mirties santykinumas priklauso kosminiam sapnui. Matyk savo nesapnuojančią esybę! Pabusk, mano vaike, pabusk!"

Lyg skatindamas žmogų pabusti, Viešpats įkvepia mokslininkus tinkamoje vietoje ir tinkamu laiku atskleisti Jo kūrinijos paslaptis. Daug šiuolaikinių atradimų padeda žmogui suvokti kosmosą kaip įvairialypę vienos galios – dieviškojo intelekto valdomos šviesos – išraišką. Tokie stebuklai kaip kinas, radijas, televizija, radaras, fotoelementas (stulbinama „elektrinė akis"), atominė energija – visa tai pagrįsta elektromagnetiniu šviesos reiškiniu.

Kino menas geba pavaizduoti bet kokį stebuklą. Fotografijos triukams nėra jokių kliūčių kurti įspūdingus vaizdus. Žmogų galima parodyti kaip perregimą astralinį kūną, kylantį virš tankios fizinės formos, einantį vandeniu, galima prikelti mirusiuosius, atsukti atgal natūralią įvykių eigą ir žaisti su laiku bei erdve. Šios srities žinovas gali kaip nori dėlioti fotografinius vaizdus, kurti optinius stebuklus, panašius į tuos, kuriuos tikras mokytojas kuria iš realiai egzistuojančių šviesos spindulių.

Kinas ir tikrovę primenantys jo vaizdai paaiškina daugelį kūrinijos tiesų. Kosmoso Režisierius rašo Savo dramas ir kviečia begalę aktorių dalyvauti ištisus šimtmečius trunkančiame spektaklyje. Iš amžinybės tamsoje skendinčio kambarėlio Jis per amžius siunčia šviesos spindulius į erdvės ekraną ir jame atgyja filmo paveikslai.

Lygiai kaip kinematografo vaizdai atrodo tikri, bet iš tiesų sudaryti iš šviesos ir šešėlių, taip ir visatos įvairovė tėra apgaulinga iliuzija. Planetos su nesuskaičiuojamomis gyvybės formomis tėra kosminio kino filmo veikėjos. Žmogus penkiomis juslėmis kurį laiką suvokia jas kaip tikras, bet iš tiesų žmogaus sąmonės ekrane jas rodo begalinis kuriantysis spindulys.

Kino žiūrovai atsigręžę gali pamatyti, kad visus vaizdus ekrane sukuria vienas jokių vaizdinių neturintis šviesos spindulys. Lygiai taip pat spalvingą visatos dramą kuria vienintelė balta Kosminio Šaltinio šviesa. Nesuvokiamai išradingai Dievas režisuoja „superkolosalų" spektaklį ir linksmina Savo vaikus, pavertęs juos kosminio teatro aktoriais ir žiūrovais.

Vieną dieną nuėjau į kino teatrą pažiūrėti kronikos iš Europos mūšių laukų. Vakaruose tebevyko Pirmasis pasaulinis karas ir filmas skerdynes parodė taip tikroviškai, kad išėjau iš teatro sunkia širdimi.

„Viešpatie, – maldaujamai paklausiau, – kodėl Tu leidi tokias kančias?"

Didžiausiai savo nuostabai, tuoj pat sulaukiau atsakymo – regėjimo, kuriame mačiau tikruosius Europos karo laukus. Jų vaizdai, pilni žuvusiųjų ir mirštančiųjų, žiaurumu gerokai pranoko ką tik matytą kroniką.

„Atidžiai žiūrėk! – į mano sąmonę kreipėsi švelnus Balsas. – Pamatysi, kad tos scenos, kurios dabar vyksta Prancūzijoje, tėra šviesos ir tamsos žaismas. Tai kosminis kinas, toks pat tikras ir toks pat netikras kaip kronika, kurią ką tik matei, spektaklis spektaklyje."

Bet širdyje dar nejutau paguodos. Dieviškasis Balsas kalbėjo toliau: „Kūriniją sudaro šviesa ir šešėliai, kitaip nebus paveikslų. *Majos* gėris ir blogis visada privalo grumtis, kas nugalės. Jei šiame pasaulyje niekada nesibaigtų džiaugsmas, ar žmogus kada nors imtų trokšti kito pasaulio? Nepatirdamas kančios, jis nė neprisimena, kad yra palikęs savo amžinuosius namus. Skausmas – tai raginimas prisiminti. Ištrūkti galima tik pasitelkus išmintį. Mirties tragedija netikra, tad drebantys jos akivaizdoje yra kaip tas neišmanėlis aktorius, kuris iš išgąsčio miršta scenoje, nors į jį buvo šauta tušėiais šoviniais. Mano sūnūs yra šviesos vaikai, jie amžinai nemiegos, gaubiami iliuzijos."

Nors šventraščiuose buvau skaitęs apie *mają*, tekstai man nesuteikė tokios gilios įžvalgos, kokią įgijau asmeniškai patyręs regėjimus ir išgirdęs juos lydinčius paguodos žodžius. Žmogaus vertybių sistema iš esmės pasikeičia, kai jis galiausiai įsitikina, kad kūrinija – tai tik didžiulis kinas ir kad jo paties tikrovė yra ne kine, bet už jo.

Baigęs rašyti šį skyrių, atsisėdau ant lovos lotoso poza. Mano kambarį[15] blausiai apšvietė dvi pritemdytos lempos. Pakėlęs akis pastebėjau,

---

[15] Tai vyko *Self-Realization Fellowship* vienuolyne Ensinitase, Kalifornijoje (*leidėjo pastaba*).

kad lubos nusėtos mažomis garstyčių spalvos švieselėmis, jos žėravo ir virpėjo žiburiuodamos lyg radis. Begalė plonyčių šviesos spindulių tarsi liūties marška susitelkė į perregimą pluoštą ir ėmė tyliai lietis ant manęs.

Mano fizinis kūnas iškart neteko tankumo ir virto astraline struktūra. Jutau, kad plūduriuoju – netekęs svorio ir beveik neliesdamas lovos lengvai siūbavau tai į kairę, tai į dešinę. Apsidairiau po kambarį – baldai ir sienos tebebuvo savo vietose, bet šviešelių padaugėjo tiek, kad nesimatė lubų. Apstulbau.

„Tai kosminio kino mechanizmas, – lyg iš šviesos prabilo balsas. – Spindulys, nukreiptas į baltą tavo paklodžių ekraną, sukuria tavo kūno vaizdą. Žiūrėk, tavo pavidalas – tik šviesa!"

Pažvelgiau į rankas, pajudinau jas, bet nejutau jų svorio. Mane apėmė džiaugsminga ekstazė. Kosminis šviesos stiebas su mano kūno žiedu atrodė dieviškai atgamintas šviesos spindulių srauto, srūvančio iš mechaniko kambarėlio kino teatre ir ekrane kuriančio vaizdus.

Tas potyris blausiai apšviestame mano kambario „kino teatre" truko ilgai. Buvau patyręs daug regėjimų, bet nė vienas nebuvo toks ypatingas. Visiškai išsisklaidė iliuzija, kad kūnas vientisas, ir aš, dar aiškiau suvokęs, jog visų daiktų esmė yra šviesa, pakėliau akis į virpantį gyvybės dalelių srautą ir maldaujamai prabilau:

– Dieviškoji Šviesa, meldžiu priglausti Savyje šį kuklų mano kūno paveikslą, panašiai kaip Elijas buvo paimtas į dangų ugnies vežimu.[16]

---

[16] 2 Kar 2, 11.

„Stebuklu" įprasta laikyti poveikį ar įvykį, kuris nepaklūsta dėsniams arba peržengia dėsnių ribas. Bet mūsų tiksliai suderintoje visatoje visi įvykiai paklūsta dėsniams ir yra jais paaiškinami. Vadinamosios stebuklingosios didžiųjų mokytojų galios natūraliai atsiranda tada, kai jie perpranta subtiliuosius dėsnius, veikiančius vidiniame sąmonės kosmose.

Nieko iš tiesų negalima pavadinti „stebuklu" – juk plačiausia prasme viskas yra stebuklas. Štai kiekvienas mūsų turime sudėtingos sandaros kūną ir esame Žemėje, skriejančioje kosminė erdve tarp žvaigždžių – argi tai nėra stebuklas? Kita vertus, tai visiškai įprasta.

Daug stebuklų yra padarę didieji pranašai, kaip Kristus ar Lahiris Mahasaja. Tokie mokytojai įgyvendina didžiulę, sunkią dvasinę misiją, jie teikia stebuklingą pagalbą kenčiantiems (žr. išnašą p. 211). Norint įveikti nepagydomas ligas ir išspręsti žmonių neišsprendžiamas problemas, reikia dieviško paliepimo. Karaliaus valdininkui Kafarnaume, paprašiusiam išgydyti jo mirštantį sūnų, Jėzus atsakė ironiškai juokaudamas: „Kol nepamatysite ženklų ir stebuklų, jūs netikėsite." Bet pridūrė: „Eik, tavo sūnus gyvas" (Jn 4, 46–54).

Šiame skyriuje pateikiau vedų aiškinimą apie *mają*, magišką iliuzijos galią, kuri sudaro reiškinių pasaulių pagrindą. Vakarų mokslas jau atskleidė, kad atominė „materija" yra persmelkta nerealybės „magijos". Tačiau ne tik Gamta, bet ir žmogus (kaip mirtingasis) paklūsta *majai*: reliatyvumo, priešybių, dvilypumo, inversijos ir opozicijos principui.

Stebuklų dėsnis

Ši malda tikriausiai buvo netikėta, nes spindulys išnyko. Mano kūnas atgavo įprastą svorį ir susmuko ant lovos, akinamų švieselių spiečius ant lubų sublyksėjo ir išnyko. Matyt, dar nebuvo atėjęs man skirtas laikas palikti Žemę.

„Be to, – filosofiškai pagalvojau – gal Elijui nepatiko mano perdėtas pasitikėjimas savimi!"

Nereikėtų manyti, kad tiesą apie *mają* suvokė tik rišiai. Senojo Testamento pranašai *mają* vadino Šėtonu (hebrajiškai pažodžiui – „priešininku"). Graikiškame Testamento vertime vartojamas žodis *diabolos*, arba „velnias". Šėtonas, arba *maja*, – tai kosmoso magas, kuriantis daugybę pavidalų, kad paslėptų Vieną Pavidalo Neturinčią Tiesą. Dievo plane ir žaidime (*lyloje*) vienintelė Šėtono, arba *majos*, funkcija – patraukti žmogų nuo Dvasios prie materijos, nuo Tikrovės prie netikrovės.

Kristus *mają* vaizdingai vadina velniu, galvažudžiu ir melagiu. „Jūsų tėvas – velnias, ir jūs pasišovę tenkinti jo užgaidas. Jis nuo pat pradžios buvo galvažudys ir niekuomet nesilaikė tiesos, – jame ir nėra buvę tiesos. Skleisdamas melą, jis kalba, kas jam sava, nes jis melagis ir melo tėvas." (Jn 8, 44)

„Kas daro nuodėmę, tas iš velnio, nes velnias visas nuodėmėse nuo pat pradžios. Todėl ir pasirodė Dievo Sūnus, kad velnio darbus sugriautų" (1Jn 3,8). Kitaip tariant, pačioje žmogaus esybėje pasireiškusi Kristaus Sąmonė be jokių pastangų sunaikina iliuzijas, arba „velnio darbus".

Maja buvo „nuo pat pradžios", nes ji neatimama reiškinių pasaulių sandaros dalis. Tie pasauliai, kaip Dieviškojo Pastovumo antitezė, amžinai kinta.

31 SKYRIUS

Pokalbis su Šventąja Motina

– Garbioji motina, mane kūdikystėje pakrikštijo jūsų vyras. Jis buvo pranašas, mano tėvų ir mano paties mokytojo Šri Juktešvaro guru. Tad gal suteiktumėte man garbę ir papasakotumėte keletą jo švento gyvenimo nutikimų.

Tokiais žodžiais kreipiausi į Šrimati Kaši Moni (Srimati Kashi Moni), Lahirio Mahasajos gyvenimo draugę. Trumpai svečiuodamasis Benarese, įgyvendinau seną troškimą aplankyti garbiąją moterį.

Ji svetingai mane sutiko Lahirių šeimos namuose Garudešvaro Mohulos rajone. Buvo vidutinio kūno sudėjimo, šviesios odos, grakščiu kaklu ir didelėmis švytinčiomis akimis; nors jau pagyvenusi, žydėjo kaip lotosas, nuo jos sklido dvasingumo aromatas.

– Sūnau, malonu tave matyti. Eime viršun.

Kaši Moni nusivedė mane į mažytį kambarėlį, kuriame kadaise gyveno su vyru. Didelė garbė regėti šventovę, kurioje neprilygstamasis mokytojas malonėjo vaidinti žmogišką santuokos dramą. Kilnioji moteris mostu pakvietė sėstis ant pagalvės greta.

– Tai nutiko gerokai anksčiau, kai dar nebuvau suvokusi savo vyro dieviškumo, – prakalbo ji. – Vieną naktį šiame kambaryje regėjau ryškų sapną. Virš manęs neapsakomai grakščiai skrajojo didingi angelai. Reginys buvo toks tikroviškas, kad iškart prabudau; keista, bet kambarys spindėjo nuo akinamos šviesos.

Kambario viduryje lotoso poza levitavo mano vyras, jį sudėję delnus ir nuolankiai suklaupę aplinkui garbino angelai. Neapsakomai apstulbau, net neabejojau, kad tebesapnuoju.

„Moterie, – tarė man Lahiris Mahasaja, – tu nesapnuoji. Visiems laikams atsižadėk miego."

Jis lėtai nusileido ant grindų, o aš kritau prie jo kojų. „Mokytojau, – sušukau, – lenkiuosi tau daugybę kartų! Ar atleisi, kad laikiau tave savo vyru? Mirštu iš gėdos suvokusi, kad miegojau neišmanymo miegu šalia dieviškai pabudusios būtybės. Nuo šios nakties tu man ne vyras, bet guru. Ar priimsi mane, tokią menką, savo mokine?"[1] Mokytojas švelniai mane palytėjo. „Kelkis, šventoji siela. Tu priimta." Jis mostu parodė į angelus. „Prašau iš eilės nusilenkti visiems šiems šventiesiems."

Kai nusižeminusi juos pasveikinau, sugaudė angeliškų balsų choras, kaip aprašyta senovės šventraščiuose: „Būk palaiminta, Dieviškosios Būtybės palydove. Sveikiname tave." Jie man nusilenkė, tada jų perregimi pavidalai netikėtai išnyko. Kambarys aptemo. Mano guru paprašė, kad leisčiausi inicijuojama į *krijajogą*. „Sutinku, – atsakiau. – Gaila, kad anksčiau nepatyriau šios palaimos." – „Dar buvo ne laikas, – guodžiamai nusišypsojo Lahiris Mahasaja. – Tylomis padėjau tau atidirbti didžiąją dalį tavo karmos. Dabar tu to nori ir esi pasirengusi."

Jis palietė mano kaktą. Nušvito didžiulė besisukanti šviesa; švytėjimas pamažu virto opalo mėlynumo dvasine akimi, ji buvo apvesta auksu, centre spindėjo balta penkiakampė žvaigždė.

„Pro žvaigždę perkelk savo sąmonę į Begalybės karalystę." Mano guru balse suskambo nauja gaida, švelni it tolima muzika.

Mano sielos pakrantėse lyg vandenyno bangos vienas po kito ėmė plaktis regėjimai. Galiausiai visą panoramą užliejo palaimos jūra. Ištirpau kylančioje palaimoje. Kai po kelių valandų vėl suvokiau šį pasaulį, mokytojas mane supažindino su *krijajogos* technika. Nuo tos nakties Lahiris Mahasaja nebemiegojo mano kambaryje. Tiesa, po tos nakties jis visai nebemiegojo. Visą laiką leisdavo apatiniame aukšte, svetainėje, dieną naktį apsuptas mokinių.

Garsioji moteris nutilo. Suvokęs, koks unikalus buvo jos santykis su didžiuoju jogu, galiausiai išdrįsau paprašyti papasakoti dar ką nors.

– Sūnau, tu besotis. Vis dėlto papasakosiu dar vieną istoriją, – tarė ji ir droviai nusišypsojo. – Prisipažinsiu, kaip nusikaltau savo vyrui ir guru. Praėjus keliems mėnesiams po iniciacijos, pasijutau vieniša ir apleista. Vieną rytą Lahiris Mahasaja užėjo į šį kambarėlį kažko pasiimti; aš greitai nusekiau jam iš paskos. Iliuzijos suklaidinta, piktai tariau: „Visą laiką leidi su mokiniais. O kaipgi pareigos žmonai ir vaikams? Deja, tau nerūpi uždirbti šeimai daugiau pinigų!" Mokytojas dirstelėjo į mane ir staiga dingo. Sukrėsta ir išsigandusi išgirdau balsą, aidintį iš visų kambario kampų: „Visa tai – niekas, nejau nematai? Ar toks niekas kaip aš galėtų aprūpinti tave turtais?" – „Gurudži, – sušukau, – milijoną kartų meldžiu atleisti! Mano nuodėmingos akys nebemato tavęs.

---

[1] „Jis skirtas tik Dievui, o ji – Dievui, esančiam jame." (Miltonas)

Meldžiu pasirodyti savo šventuoju pavidalu." Atsakymas atsklido iš viršaus: „Aš čia."

Pakėlusi akis pamačiau, kaip ore materializavosi mokytojas. Jo galva lietė lubas, akys akinamai liepsnojo. Kai jis tyliai nusileido ant grindų, paklaikusi iš baimės, kūkčiodama puoliau jam prie kojų.

„Moterie, – tarė jis, – ieškok dieviškų turtų, ne niekingų žemės blizgučių. Įgijusi vidinių lobių pamatysi, kad išorinių gėrybių niekada nepritrūks, – ir pridūrė: – Tavimi pasirūpins vienas iš mano dvasinių sūnų."

Žinoma, guru žodžiai išsipildė – vienas mokinys iš tiesų paliko mūsų šeimai didoką sumą.

Padėkojau Kaši Moni už stebuklingus pasakojimus[2]. Kitą dieną vėl ją aplankiau ir kelias valandas mėgavausi filosofine diskusija su Tinkuriu (Tincouri) ir Dakuriu (Dacouri) Lahiriais. Abu šventieji didžiojo Indijos jogo sūnūs nenukrypdami sekė tėvo pėdomis. Šviesios odos, aukšti, tvirti, tiesūs ir vešliomis barzdomis, jie kalbėjo tyliai, jų manieros turėjo senamadiško žavesio.

Lahirio Mahasajos žmona buvo ne vienintelė jo mokinė moteris; buvo šimtai kitų, tarp jų – ir mano motina. Kartą viena mokinė paprašė guru jo nuotraukos. Šis ją padavė sakydamas: „Jei manysi, kad ji apsaugo, taip ir bus, jei ne, ji tebus paveikslas."

Po kelių dienų toji moteris su Lahirio Mahasajos marčia nagrinėjo „Bhagavadgytą" prie stalo, už kurio kabėjo guru nuotrauka. Staiga kilo labai stipri audra.

„Lahiri Mahasaja, saugok mus!" Moterys suklupo prieš nuotrauką. Žaibas trenkė į knygą, gulinčią ant stalo, bet nė viena moteris nenukentėjo.

„Jutau, lyg mane būtų apgaubęs ir nuo svilinančios kaitros apsaugojęs ledo sluoksnis", – vėliau papasakojo mokinė.

Lahiris Mahasaja vienai savo mokinei, vardu Abhoja (Abhoya), padarė du stebuklus. Kartą ji su vyru advokatu nusprendė iš Kalkutos nuvykti į Benaresą aplankyti guru. Bet karieta įstrigo gatvės spūstyje, ir pasiekę Haurą, Kalkutos centrinę geležinkelio stotį, jie išgirdo švilpuką, pranešantį, kad traukinys išvyksta. Abhoja ramiai lūkuriavo prie bilietų kasos ir tyliai meldėsi: „Lahiri Mahasaja, prašau sustabdyti traukinį! Nepakeliu minties, kad dar vieną dieną tavęs nematysiu."

Traukinys pūškavo, jo ratai sukosi, bet jis nė kiek nejudėjo į priekį. Mašinistas ir keleiviai išlipo į peroną pasižiūrėti, kas atsitiko. Prie

---

[2] Garbioji motina mirė Benarese 1930 m. kovo 25 d.

Abhojos ir jos vyro priėjo geležinkelio pareigūnas anglas. Laužydamas visas nusistovėjusias taisykles, jis pats pasisiūlė jiems pagelbėti.

„Babu, – tarė jis, – duokite man pinigus. Aš nupirksiu bilietus, o jūs lipkite į traukinį."

Vos pora gavo bilietus ir atsisėdo į vietas, traukinys lėtai pajudėjo. Išsigandę keleiviai ir mašinistas irgi suskubo vidun nesuprasdami, kodėl traukinys ėmė važiuoti nei kodėl jis buvo sustojęs.

Atvykusi į Lahirio Mahasajos namus Benarese, Abhoja nieko netarusi krito priešais mokytoją ir pamėgino paliesti jo pėdas.

„Nusiramink, Abhoja, – tarė jis. – Kaip tau patinka mane trukdyti! Lyg būtum negalėjusi atvykti kitu traukiniu!"

Abhoja papasakojo apie dar vieną įsimintiną viešnagę pas Lahirį Mahasają. Tąsyk ji norėjo, kad jis užtartų ne dėl traukinio, bet dėl vaiko.

„Meldžiu palaiminti, kad devintasis mano vaikas gyventų. Man gimė aštuoni kūdikiai, bet visi netrukus mirė."

Mokytojas atjaučiai nusišypsojo. „Šis tavo kūdikis nemirs. Prašau atidžiai laikytis mano nurodymų. Kūdikis, mergaitė, gims naktį. Žiūrėk, kad iki aušros degtų aliejinė lempelė. Neužmik ir neleisk lempai užgesti."

Kaip ir buvo išpranašavęs visažinis guru, atėjus laikui, Abhojai naktį gimė mergaitė. Motina liepė slaugei nuolat pilti į lempą aliejaus. Abi moterys budėjo beveik iki paryčių, bet galiausiai užmigo. Lempoje degė paskutiniai aliejaus lašai, šviselė vos spingsėjo. Staiga užsklęstos miegamojo durys garsiai atsilapojo. Išgąsdintos moterys pabudo. Apstulbusios jos pamatė Lahirį Mahasają.

„Abhoja, žiūrėk, šviesa beveik užgesusi!" Jis parodė į lempą ir slaugė tuoj pat pripylė į ją aliejaus. Kai tik lempa vėl skaisčiai įsidegė, mokytojas dingo. Durys užsidarė, sklendė pati nusileido į savo vietą.

Devintasis Abhojos vaikelis išgyveno. 1935 metais aš pasiteiravau apie ją – ji dar buvo gyva.

Apie bendravimą su mokytoju Lahiriu Mahasaja daug įdomių smulkmenų prisiminė vienas iš jo mokinių garbusis Kalis Kumaras Rojus (Kali Kumar Roy).

– Dažnai po kelias savaites viešėdavau jo namuose Benarese, – papasakojo man Rojus. – Ir matydavau, kaip tyliais vakarais pasėdėti prie guru kojų ateina daug šventųjų *dandi* svamių[3]. Kartais jie diskutuodavo

---

[3] Vieno ordino nariai, kurie visada nešiojasi *dandą* (apeiginę bambuko lazdą) kaip *Brahma-*

apie meditaciją ir filosofiją. Auštant aukštieji svečiai išeidavo. Be to, gyvendamas pas Lahirį Mahasają pastebėjau, kad mokytojas niekad neatsigulė miegoti, nė kartelio. Beje, kai tik susipažinau su mokytoju ir ėmiau pas jį lankytis, susilaukiau daugybės savo darbdavio priekaištų, nes šis buvo užkietėjęs materialistas. „Man tarp darbuotojų religinių fanatikų nereikia, – dažnai sakydavo jis. – Jei kada sutiksiu tą tavo šarlataną mokytoją, tarsiu keletą žodžių, kurių jis niekada nepamirš." Bet šie grasinimai nesuardė mano įprastos dienotvarkės ir aš beveik visus vakarus leisdavau su guru. Vieną vakarą darbdavys mane pasekė ir nemandagiai įsiveržė į mokytojo svetainę. Be abejo, ketino rėžti tuos kelis įsimintinus žodžius. Vos atsisėdo, Lahiris Mahasaja kreipėsi į gal dvylika susirinkusių mokinių: „Ar norėtumėte pamatyti paveikslą?"

Linktelėjome, ir jis paprašė užtamsinti kambarį.

„Sėskite ratu vienas už kito, – paprašė jis, – ir delnais uždenkite priešais sėdinčio žmogaus akis."

Nenustebau pamatęs, kad mano darbdavys nors ir nenoriai, vis dėlto vykdo Lahirio Mahasajos nurodymus. Po kelių minučių mokytojas paklausė, ką matome.

„Pone, – atsakiau, – štai pasirodo graži moteris. Ji įsisupusi į sarį raudonais kraštais ir stovi šalia žaliuojančios kolokazijos." Visi kiti mokiniai patvirtino tą patį. Mokytojas pasisuko į mano darbdavį. „Ar pažįsti šią moterį?" – „Taip", – prisipažino šis. Buvo aišku, kad žmogus grumiasi su dar nepatirtais jausmais. Jis kalbėjo toliau: „Kaip kvailys švaisčiau jai pinigus, nors turiu puikią žmoną. Man gėda dėl mane čia atvedusių motyvų. Ar atleisite ir priimsite savo mokiniu?"

„Jei šešis mėnesius gyvensi dorai, priimsiu, – atsakė mokytojas, – antraip tavęs inicijuoti man neteks."

Tris mėnesius darbdavys priešinosi pagundai, bet paskui vėl atnaujino santykius su ta moterimi. Dar po dviejų mėnesių jis mirė. Taip aš supratau guru pranašišką užuominą, kad jo tikriausiai „inicijuoti neteks".

– Lahiris Mahasaja turėjo garsų draugą, Svamį Trailangą, – tęsė Kalis Kumaras Rojus. – Sklido kalbos, kad jo amžius yra daugiau nei trys šimtai metų. Abu jogai dažnai drauge medituodavo. Trailanga taip plačiai žinomas, kad joks hinduistas nesuabejotų pasakojimais apie jo pribloškiančius stebuklus. Jei Kristus dabar grįžtų į žemę ir rodydamas

---

dandos (Brahmos lazdos) simbolį; žmoguje tai stuburas. Septynių stuburo smegenų centrų pažadinimas yra tikrasis kelias į Begalybę.

savo dieviškąsias galias pereitų Niujorko gatvėmis, jis žmonėms sukeltų tokią pat pagarbią baimę, kokią prieš kelis dešimtmečius kėlė Trailanga vaikščiodamas žmonių perpildytomis Benareso gatvelėmis. Jis buvo vienas iš tų *sidhų* (tobulų būtybių), kurios suvienijo Indiją ir apsaugojo ją nuo pražūtingo laiko poveikio.

Ne kartą žmonės regėjo svamį geriant pačius mirtiniausius nuodus, bet jie jo visiškai neveikė. Tūkstančiai žmonių – kai kurie gyvi lig šiol – matė Trailangą plūduriuojantį virš Gangos. Kelias dienas iš eilės jis sėdėdavo ant vandens ar labai ilgai išbūdavo paniręs po vandeniu. Arba nejudėdamas tysodavo ant įkaitusių akmenų Manikarnikos ghate nė kiek neprisidengęs nuo negailestingos Indijos saulės. Tai buvo įprastas vaizdas.

Šiais išmėginimais Trailanga siekė parodyti, kad žmogaus gyvybė nebūtinai priklauso nuo deguonies ar nuo kokių nors sąlygų bei atsargumo. Po vandeniu ar virš vandens, nepaisydamas kaitrių saulės spindulių, dieviškosios sąmonės palaikomas didysis mokytojas daug kartų įrodė – mirtis jo paliesti negali.

Šio jogo didi buvo ne tik dvasia, bet ir kūnas – jis svėrė apie pusantro šimto kilogramų, arba per tris šimtus svarų: svaras už kiekvienus gyvenimo metus! Kadangi valgydavo labai retai, šią paslaptį įminti dar sunkiau. Bet tokiems mokytojams vienas juokas nepaisyti įprastų sveikatos taisyklių, jei jie to nori dėl kokios nors priežasties; dažnai toji priežastis būna subtili ir žinoma tik jiems vieniems.

Didieji šventieji, pabudę iš kosminės *majos* sapno ir suvokę, kad šis pasaulis – tik Dieviškojo Proto sumanymas, su savo kūnu gali elgtis kaip tinkami, nes žino, kad jis yra tik valdoma kondensuota, ar sustingusi, energija. Teoriškai dabar tą supranta ir mokslininkai fizikai, bet nušvitusieji mokytojai nuo teorijos yra pergalingai perėję prie praktikos ir materiją valdo.

Trailanga visada vaikščiojo visiškai nuogas. Nusikamavę Benareso policininkai ėmė laikyti jį sunkiai auklėjamu vaiku. Kaip Adomas ir Ieva Rojaus sode, taip ir gamtos vaikas svamis nesuvokė savo nuogumo. Bet policijai tam nuovokos pakako ir ji kartą be ceremonijų pasodino nuogalių į kalėjimą. Tačiau netrukus kilo baisi sumaištis, nes milžiniškas Trailangos kūnas visu gražumu buvo pastebėtas ant kalėjimo stogo. Kamera tebebuvo saugiai užrakinta – nė ženklo, kaip jam pavyko ištrūkti.

Sutrikę tvarkos saugotojai vėl ėmėsi savo pareigų. Šįkart prie svamio kameros pastatė sargybinį. Ir Jėga dar kartą pasirodė silpnesnė nei Tiesa – netrukus visi vėl išvydo didįjį mokytoją lyg niekur nieko vaikštinėjantį ant stogo.

Likę kvailių vietoje, policininkai pasekė Teisingumo deivės pavyzdžiu – deivė vaizduojama užrištomis akimis, tad ir jie nutarė „nematyti" Trailangos nuogumo.

Nors Trailanga buvo apskrito veido ir turėjo didžiulį lyg statinė pilvą, valgydavo tik retsykiais. Kelias savaites nieko nevalgęs, jis atsigaudavo išgėręs kelis puodus rūgpienio, kurį jam įsiūlydavo sekėjai. Kartą vienas skeptikas panoro įrodyti, kad Trailanga šarlatanas. Jis priešais svamį pastatė didelį kibirą kalkių mišinio, skirto sienoms baltinti.

„Mokytojau, – neva pagarbiai tarė materialistas, – atnešiau tau rūgpienio. Prašau išgerti."

Trailanga nedvejodamas iki paskutinio lašo išgėrė aitrų kalkių mišinį. Po kelių minučių varstomas baisaus skausmo piktadarys krito ant žemės.

„Gelbėk, svami, gelbėk! – šaukė jis. – Degu! Atleisk už tokį nedorą išbandymą!"

Didysis jogas buvo *munis*⁴, bet dabar nutraukė įprastą tylą.

„Pašaipūne, – tarė jis, – davei man nuodų nesuprasdamas, kad mano gyvybė kartu yra ir tavo gyvybė. Jei nežinočiau, kad mano skrandyje, kaip ir kiekviename kūrinijos atome, yra Dievas, kalkės būtų mane pražudžiusios. Dabar žinai dievišką bumerango prasmę, tad daugiau niekada nekrėsk kitiems tokių pokštų."

Trailangos žodžių išgydytas nusikaltėlis susigėdęs nudūlino šalin.

Skausmas jam persimetė ne mokytojo valia – suveikė teisingumo dėsnis⁵, sergstintis kūriniją iki toliausių jos pakraščių. Dievą suvokusius žmones, kaip Trailangą, dieviškasis dėsnis veikia iškart, nes jie yra amžiams atsikratę trikdančių ego srovių.

Tikėjimas savaime įvyksiančiu teisingumu (kuris dažnai ateina netikėtai, kaip Trailangai ir panorusiam jį nužudyti žmogui) verčia neskubėti piktintis žmonių daromomis neteisybėmis. „Mano kerštas, aš atmokėsiu, sako Viešpats."⁶ Kam žmogui švaistyti savo menkus ište-

---

⁴ Vienuolis, kuris laikosi *maunos*, dvasinės tylos. Sanskrito kalbos žodis *muni* artimas graikiškam *monos* – „vienas", iš kurio kilo anglų kalbos žodžiai *monk* („vienuolis") ir „monizmas".

⁵ Plg. 2 Kar 2, 19–24. Kai Eliša Jeriche atliko stebuklą – „padarė vandenį sveiką", būrys paauglių ėmė iš jo tyčiotis. Ir tada atsitiko štai kas: „Dvi meškos, atėjusios iš miško, sudraskė keturiasdešimt du paauglius."

⁶ Rom 12, 19.

klius? Visata veikia taip, kad atlygio neišvengs niekas.

Buki protai abejoja dieviškojo teisingumo, meilės, visažinystės ir nemirtingumo galimybe. „Tušti šventraščių plepalai!" Tai atsainus požiūris. Taip mąstantys žmonės nejaučia baimingos pagarbos kosminiam spektakliui, todėl jų gyvenimuose gausu nelemtų įvykių, kurie galiausiai priverčia ieškoti išminties.

Pergalingai žengdamas į Jeruzalę, Jėzus užsiminė apie dvasinio dėsnio visagalybę. Mokiniai ir susirinkusi minia džiūgavo ir šaukė: „Ramybė danguje, šlovė aukštybėse!" Bet fariziejai ėmė skųstis, kad taip elgtis nedera. „Mokytojau, – paragino jie, – sudrausk savo mokinius."

O Jėzus atsakė, kad jei mokiniai tylės – „akmenys šauks"[7].

Kristaus atsakymas fariziejams parodė, kad dieviškasis teisingumas – ne vaizdinga abstrakcija ir kad taikus žmogus atras būdų kalbėti, net jei jam bus išplėštas liežuvis, o jo gynimas – tai kūrinijos pamatas, pati pasaulio tvarka.

„Jūs manote, – norėjo pasakyti Jėzus, – kad galima nutildyti taikų žmogų? Taip pat sėkmingai galite tikėtis nutildyti balsą Dievo, kurio šlovę ir visagalybę apgieda net akmenys. Reikalausite, kad susirinkę žmonės nešvęstų drauge ir nesidžiaugtų dangaus ramybe? Patarsite jiems rinktis miniomis ir išreikšti savo vienybę tik tada, kai žemėje kyla karai? Tada, fariziejai, ruoškitės apversti pasaulio pamatus, nes taikūs žmonės, kaip ir akmenys ar pati žemė, kaip vanduo ir ugnis, ir oras, sukils prieš jus ir ims liudyti dievišką kūrinijos darną."

Kristaus lygį pasiekęs jogas Trailanga kartą savo malone apdovanojo ir mano *sejo mama* (dėdę iš motinos pusės). Vieną rytą Benareso ghate dėdė pamatė mokytoją apsuptą minios sekėjų. Jam pavyko prasibrauti arčiau ir nuolankiai paliesti jogo pėdas. Apstulbęs dėdė pajuto, kad iškart liovėsi chroniškos ligos keliamas skausmas[8].

Vienintelė žinoma iki šiol gyva didžiojo jogo mokinė yra moteris – Šankari Mai Džiu (Shankari Mai Jiew[9]), vieno iš Trailangos mokinių duktė, svamio mokyta nuo vaikystės. Keturiasdešimt metų ji gyveno įvairiose nuošaliose Himalajų olose prie Badrynato, Kedarnato,

---

[7] Lk 19, 37–40.

[8] Trailangos ir kitų didžių mokytojų gyvenimai mums primena Kristaus žodžius: „Kurie įtikės, tuos lydės ženklai: mano (Kristaus Sąmonės) vardu jie išvarinės demonus, kalbės naujomis kalbomis, ims plikomis rankomis gyvates ir, jei išgertų mirštamų nuodų, jiems nepakenks. Jie dės rankas ant ligonių, ir tie pasveiks" (Mk 16, 17–18).

[9] Bengališka priesagos -dži (-*ji*), reiškiančios pagarbą, forma.

Jogė Šankari Mai Džiu (Shankari Mai Jiew), vienintelė gyva Svamio Trailangos mokinė. Čia ji nufotografuota (su trimis Rančio YSS mokyklos atstovais) *kumbhameloje* Haridvare 1938 m. Tuomet jogei buvo 112 metų.

Amarnato ir Pasupatinato. Ši *brahmačarė* (moteris asketė) gimė 1826 metais, tad jai dabar gerokai per šimtą metų. Bet ji neatrodo nė kiek pasenusi – jos plaukai juodi, dantys blyksi, ji kupina energijos. Kas kelerius metus ji palieka savo atsiskyrėlės būstą ir lanko *melas* (religinius šventinius susibūrimus).

Ši šventoji dažnai svečiuodavosi pas Lahirį Mahasają. Ji pasakojo, kad vieną dieną Barakpuro rajone netoli Kalkutos ji sėdėjo šalia Lahirio Mahasajos ir į kambarį tyliai įėjo jo didysis guru Babadži. Visi trys pasikalbėjo. „Nemirtingasis mokytojas vilkėjo drėgną strėnjuostę, – prisimena ji, – tarsi ką tik būtų maudęsis upėje. Jis mane palaimino – davė keletą dvasinių patarimų."

Kartą Benarese Trailanga nutraukė savo įprastą tylą norėdamas viešai pašlovinti Lahirį Mahasają. Vienas iš Trailangos mokinių paprieštaravo: „Pone, – tarė jis, – kodėl jūs, pasaulio atsižadėjęs svamis, rodote tokią pagarbą šeimos žmogui? – „Sūnau, – atsakė Trailanga, – Lahiris Mahasaja yra kaip dieviškas kačiukas, tupintis ten, kur jį padėjo

Kosminė Motina. Savąjį Aš jis tobulai suvokė uoliai atlikdamas pasauliečio vaidmenį, o aš to siekiau atsižadėjęs visko – net strėnjuostės!"

32 SKYRIUS
Rama prikeliamas iš mirusiųjų

– Buvo vienas ligonis, Lozorius iš Betanijos kaimo... Tai išgirdęs, Jėzus tarė: „Šita liga ne mirčiai, bet Dievo garbei, – kad būtų pašlovintas Dievo Sūnus."[1]

Vieną saulėtą rytą Šryrampuro vienuolyno balkone Šri Juktešvaras aiškino krikščionių šventraščius. Šalia kelių kitų guru sekėjų sėdėjau ir aš su grupele savo mokinių iš Rančio.

– Šiame epizode Jėzus save vadina Dievo Sūnumi. Nors tikrai buvo susivienijęs su Dievu, jo užuomina turi didelę su juo pačiu nesusijusią reikšmę, – aiškino mano guru. – Dievo Sūnus – tai Kristus, arba žmogaus Dieviškoji Sąmonė. Joks *mirtingasis* Dievo šlovinti negali. Vienintelė pagarba, kurią žmogus gali parodyti savo Kūrėjui – tai Jo ieškoti. Paprastas žmogus negali garbinti abstrakcijos, kurios nesuvokia. Tą padaryti gali tik šventieji. Spindėjimas, arba aureolė, aplink šventųjų galvas simboliškai liudija, kad jie *geba* šlovinti Dievą.

Šri Juktešvaras toliau skaitė stebuklingą Lozoriaus prikėlimo istoriją. Baigęs ilgai tylėjo, šventoji knyga gulėjo atversta jam ant kelių.

– Man irgi teko garbė regėti panašų stebuklą, – galiausiai iškilmingai prabilo mano guru. – Lahiris Mahasaja prikėlė iš mirusiųjų vieną mano draugą.

Jaunuoliai šalia manęs smalsiai nusišypsojo. Aš irgi širdyje tebebuvau šiek tiek vaikas, todėl gėrėjausi ne tik Šri Juktešvaro filosofija, bet ir visais jo pasakojimais apie neįtikėtinus išgyvenimus, patirtus su guru.

– Mudu su Rama buvome neišskiriami draugai, – pradėjo pasakojimą Mokytojas. – Jis buvo drovus ir užsisklendęs, todėl pas mūsų guru Lahirį Mahasają ateidavo tik tada, kai išsiskirstydavo dienos lankytojų minios – nuo vidurnakčio iki aušros. Buvau artimiausias Ramos draugas, tad jis man patikėdavo daugybę savo dvasinių išgyvenimų. Ištikima jo draugystė mane įkvėpdavo.

[1] Jn 11, 1–4.

Rama prikeliamas iš mirusiųjų

Guru užplūdo prisiminimai ir jo veidas sušvelnėjo.
– Netikėtai Ramą užklupo sunkus išbandymas, – toliau pasakojo Šri Juktešvaras. – Jis užsikrėtė azijine cholera. Mūsų mokytojas niekada neprieštaraudavo, jei rimtai susirgę kreipdavomės į gydytojus, todėl pakvietėme du specialistus. Visi karštligiškai stengėsi pagelbėti ligoniui, o aš iš visos širdies meldžiausi Lahiriui Mahasajai ir taip pat prašiau padėti. Nuskubėjau į jo namus ir kūkčiodamas viską apsakiau.

„Gydytojai rūpinasi Rama. Jis pasveiks", – mano guru linksmai nusišypsojo.

Palengvėjusia širdimi grįžau prie draugo patalo, bet radau jį mirštantį.

„Jis neišgyvens nė valandos ar dviejų", – beviltiškai skėstelėjo rankomis vienas gydytojas. Aš vėl nuskubėjau pas Lahirį Mahasają.

„Gydytojai sąžiningai dirba savo darbą. Esu tikras, Ramą pasveiks." Mokytojas nerūpestingai su manimi atsisveikino.

Grįžęs pas Ramą pamačiau, kad abu gydytojai išėję. Vienas man buvo palikęs raštelį: „Padarėme viską, bet atvejis beviltiškas."

Mano draugas iš tiesų atrodė mirštąs. Nesupratau, kaip gali neišsipildyti Lahirio Mahasajos žodžiai, bet regėdamas sparčiai gęstantį Ramą pagalvojau: „Dabar viskas baigta." Blaškomas tai tikėjimo, tai abejonių bangų, kaip įmanydamas slaugiau draugą. Galų gale jis pakilo ir garsiai sušuko: „Juktešvarai, bėk pas Mokytoją ir pasakyk, kad mirštu. Paprašyk palaiminti mano kūną pirm nei jį atiduos paskutinėms apeigoms." Tai taręs Rama sunkiai atsiduso ir atidavė dvasią.[2]

Valandą verkiau prie jo lovos. Rama visad mėgo tylą ir štai dabar jį apgaubė visiška tyla – mirtis. Atėjo kitas mokinys ir aš paprašiau jo pabūti, iki sugrįšiu. Apkvaitęs nuskubėjau pas guru.

„Kaip Rama?" Lahirio Mahasajos veidas šypsojosi. „Pone, netrukus pats pamatysite, – susijaudinęs atkirtau. – Po kelių valandų pamatysite jo kūną, išnešamą į kremavimo vietą." Nebesusilaikiau ir ėmiau garsiai aimanuoti.

„Juktešvarai, valdykis. Ramiai atsisėsk ir pamedituok." Mano guru vėl nugrimzdo į *samadhį*. Popietė ir naktis praėjo tylint. Aš veltui stengiausi atgauti vidinę pusiausvyrą.

Auštant Lahiris Mahasaja guodžiamai pažvelgė į mane. „Matau, negali nusiraminti. Kodėl vakar nepaaiškinai, kad tikiesi mano konkrečios

---

[2] Choleros aukos dažnai iki pat paskutinės akimirkos išlieka blaivaus proto ir visiškai sąmoningos.

Jogo autobiografija

pagalbos Ramai – pavyzdžiui, vaistų?" Mokytojas parodė paprastą puodelio pavidalo lempą, pripiltą nevalyto ricinų aliejaus. „Įsipilk iš lempos į buteliuką aliejaus ir įlašink septynis lašus Ramai į burną."

„Pone, – paprieštaravau aš, – jis mirė vakar vidurdienį. Kokia dabar iš aliejaus nauda?" – „Nesvarbu, daryk, kaip prašau." Guru linksmybė man buvo nesuprantama; mane draskė nenumaldoma netekties kančia. Vis dėlto įsipyliau į buteliuką šiek tiek aliejaus ir išėjau į Ramos namus.

Draugo kūną radau sukaustytą mirties. Nepaisydamas šiurpių aplinkybių, dešinės rankos smiliumi pravėriau jo lūpas ir kairėje rankoje laikydamas buteliuką šiaip taip ant sukąstų dantų užlašinau septynis lašus aliejaus. Kai septintasis lašas palietė atšalusias Ramos lūpas, jo kūnu perbėgo virpulys. Virpėjo visi kūno raumenys nuo kojų iki galvos ir jis galiausiai atsisėdo! Atrodė nustebęs.

„Mačiau Lahirį Mahasają, nutvieskstą ryškios šviesos! – sušuko Rama. – Jis švytėjo kaip saulė. 'Kelkis, gana miegoti, – paliepė man. – Abu su Juktešvaru ateikite manęs aplankyti.'"

Vos įstengiau patikėti savo akimis: Rama pats apsirengė ir po mirtinos ligos jam užteko jėgų nueiti iki mūsų guru namų. Ten puolė Lahiriui Mahasajai po kojomis ir apsipylė dėkingumo ašaromis.

Mokytojas negalėjo atsidžiaugti. Jo akys žvelgė į mane šelmiškai žybsėdamos.

„Juktešvarai, – tarė jis, – nuo šiol tikriausiai visur nešiosiesi buteliuką ricinų aliejaus. Kai tik pamatysi lavoną, tiesiog lašink aliejų. Juk septyni lašai aliejaus tikrai turėtų sukliudyti Jamos[3] galiai!" – „Gurudži, šaipotės iš manęs. Nieko nesuprantu – paaiškinkite, kur suklydau?" – „Tau dukart sakiau, kad Rama pasveiks, bet niekaip manimi netikėjai, – atsakė Lahiris Mahasaja. – Aš nesakiau, kad gydytojai jį pagydys, tik minėjau, kad jie juo rūpinasi. Nenorėjau trukdyti gydytojams; jiems irgi reikia gyventi. Visada žinok, kad visagalis Paramatmanas[4] gali išgydyti kiekvieną, bus šalia gydytojas ar nebus." – „Suprantu savo klaidą, – pripažinau atgailaudamas. – Žinau, kad jūsų paprasčiausiam žodžiui paklūsta visas kosmosas."

Kai Šri Juktešvaras baigė pasakoti šią nuostabią istoriją, vienas Rančio mokinys išdrįso jam užduoti klausimą. Vaikui tas klausimas pasirodė visiškai natūralus:

---

[3] Jama – mirties dievas.
[4] Pažodžiui – Aukščiausioji Siela.

– Pone, o kodėl guru pasiuntė jus su ricinų aliejumi?
– Vaike, aliejus neturėjo jokios reikšmės. Bet kadangi tikėjausi ko nors apčiuopiamo, Lahiris Mahasaja pasirinko aliejų, nes šis buvo pašonėje, ir suteikė jam simbolinę reikšmę – taip jis pakurstė didesnį mano tikėjimą. Dieviškasis guru žinojo, kad jei jau pasakė, jog mokinys pasveiks, šis privalo išgyti, pakilti net iš mirties patalo, įveikti net nepagydomą ligą!

Šri Juktešvaras paliepė būreliui vaikų išsiskirstyti, o mane pakvietė sėsti ant patiesalo prie savo kojų.

– Jogananda, – neįprastai oriai tarė jis, – nuo gimimo tave supa tiesioginiai Lahirio Mahasajos mokiniai. Didysis mokytojas savo kilnų gyvenimą nugyveno beveik atsiskyręs ir tvirtai priešinosi sekėjų ketinimui sukurti kokią nors jo mokymu grindžiamą organizaciją. Bet jis yra išsakęs svarbią pranašystę. „Praėjus apytikriai penkiasdešimčiai metų po mano mirties, – kalbėjęs jis, – bus aprašyta mano gyvenimo istorija, nes Vakaruose kils didžiulis susidomėjimas joga. Apie jogą sužinos visas pasaulis, joga padės stiprinti žmonių brolybę ir vienybę, nes žmonija suvoks, kad yra Vienintelis Tėvas."

Mano sūnau Jogananda, – toliau kalbėjo Šri Juktešvaras, – privalai atlikti savo pareigą ir aprašyti šio šventojo gyvenimą bei paskleisti jo žinią.

1945 metais sukako penkiasdešimt metų po Lahirio Mahasajos mirties 1895-aisiais, ir kaip tik tada aš baigiau rašyti šią knygą. Stulbina ir tai, kad 1945 metais prasidėjo nauja revoliucinės atominės energijos era. Visi mąstantys protai kaip niekada susirūpino neatidėliojamomis taikos ir brolybės problemomis, kad toliau naudojama fizinė jėga nesunaikintų visų žmonių kartu su jų patiriamais sunkumais.

Nors laikas ar bomba be pėdsako sunaikina visa, kas žmogaus sukurta, Saulė nenukrypstamai skrieja savo ratu, žvaigždės vis taip pat budi danguje. Kosminio dėsnio nei sustabdysi, nei pakeisi, tad žmogui geriausiai būtų jo laikytis ir siekti darnos. Jei kosmosas yra prieš jėgos panaudojimą, jei Saulė padangėje nekariauja, laiku pasitraukia ir leidžia sužibėti žvaigždėms, kas laukia mūsų šarvuoto kumščio? Ar jis atneš taiką? Visatą sergsti ne žiaurumas, bet gera valia. Taiki žmonija sulauks nesuskaičiuojamų pergalės vaisių, daug saldesnių už išaugintus krauju laistomoje dirvoje.

Veiksminga Tautų Lyga bus natūrali bevardė žmonių širdžių sąjunga. Visa aprėpianti atjauta ir įžvalga, reikalingos žemiškam sielvartui

Jogo autobiografija

išgydyti, neužgims, jei mes tik racionaliai svarstysime apie žmonių įvairovę. Būtina pažinti giliausią žmogaus vienovę – giminystę su Dievu. Siekiant aukščiausio pasaulio idealo – taikos per brolybę – tegul joga, asmeniškos bendrystės su Dievu mokslas, laikui bėgant pasklinda visiems žmonėms visuose kraštuose.

Nors Indijoje civilizacija susiformavo anksčiau nei kitose šalyse, tik nedaugelis istorikų yra atkreipę dėmesį, kad jos gebėjimas išlikti – toli gražu ne atsitiktinis. Tai logiškas ištikimybės amžinosioms tiesoms rezultatas. Tą ištikimybę mūsų šalyje puoselėjo geriausi kiekvienos kartos atstovai. Vien nenutrūkstamai gyvuodama, nepasiduodama amžių poveikiui (ar sausi mokslininkai gali tiksliai pasakyti, kiek jų praėjo?), Indija deramiausiai atsakė į visoms tautoms metamą laiko iššūkį.

Prisiminkime Biblijos pasakojimą apie Abraomo maldą Viešpačiui[5] pasigailėti Sodomos miesto, jei jame pavyktų rasti dešimt teisiųjų. Tada Viešpats atsakė: „Jo nesunaikinsiu dėl dešimties." Šis epizodas įgyja ypatingą prasmę turint galvoje, kad jau seniai žlugo tokios Indijos amžininkės kaip senovės Egiptas, Babilonas, Graikija, Roma, nors tai buvo galingos imperijos, kuriose buvo suklestėjęs karo menas. Viešpaties atsakymas aiškiai rodo, kad šalies gyvybingumas priklauso ne nuo materialių laimėjimų, bet nuo jos šedevrų – žmonių.

XX amžiuje, tik įpusėjusiame ir jau dukart apšlakstytame krauju, vėl išgirskime šiuos žodžius: neišnyks nė viena tauta, gebanti išauginti dešimt teisiųjų, jei jie tokie bus Nepaperkamojo Teisėjo akyse.

Paisydama tokių įsitikinimų, Indija įrodė gebanti įveikti Laiko klastas, kurių – tūkstančiai. Visais amžiais jos žemę šventino Savąjį Aš suvokę mokytojai. Šiuolaikiniai Kristui prilygstantys išminčiai, kaip Lahiris Mahasaja ir Šri Juktešvaras, skelbia, kad žmogui laimės, o šaliai ilgaamžiškumo padės siekti joga, arba Dievo suvokimo mokslas.

Lig šiol paskleista labai nedaug informacijos apie Lahirio Mahasajos gyvenimą ir jo universalią doktriną[6]. Bet jau tris dešimtmečius matau, kad Indijoje, Europoje ir Amerikoje žmonės nuoširdžiai domisi jo skelbta jogos žinia. Vakaruose, kur mažai žinoma apie didžiųjų mūsų laikų jogų gyvenimą, dabar, kaip jis ir buvo numatęs, tikrai reikalinga užrašyta mokytojo biografija.

---

[5] Pr 18, 23–32.

[6] 1941 m. pasirodė trumpa jo biografija bengalų kalba *Sri Sri Shyama Charan Lahiri Mahasaya*, kurią parašė Svamis Satjananda (Satyananda). Išverčiau šiam knygos skyriui apie Lahirį Mahasają kelias jos ištraukas.

Rama prikeliamas iš mirusiųjų

LAHIRIS MAHASAJA

„Aš esu Dvasia. Ar gali tavo foroaparatas užfiskuoti visur esantį Nematomąjį?" Po kelių nesėkmingų bandymų, kai fotojuosta neužfiksavo jokio Lahirio Mahasajos atvaizdo, galiausiai Jogavatara leido nufotografuoti savo „kūno šventovę". „Mokytojas daugiau niekada nebepozavo jokiai nuotraukai, – bent aš nemačiau", rašė Paramahansa. (Žr. p. 8)

Lahiris Mahasaja gimė 1828 metų rugsėjo 30 dieną pamaldžioje senos kilmės *brahmanų* šeimoje. Jo gimtinė – Bengalija, Ghurnio kaimas Nadijos rajone netoli Krišnanagaro. Jis buvo vienintelis Muktakaši (Muktakashi), antrosios garbingojo Gauro Mohano Lahirio žmonos (pirmoji žmona, pagimdžiusi tris sūnus, mirė per piligriminę kelionę), sūnus. Berniuko motina mirė, kai jis dar buvo mažas. Apie ją žinome nedaug, išskyrus vieną iškalbingą faktą: ji buvo labai atsidavusi Viešpačiui Šivai[7], šventraščiuose vadinamam Jogų karaliumi.

[7] Vienas iš Dievą sudarančios trejybės (Brahma, Višnus, Šiva), atsakingos už pasaulio sukūrimą,

Berniukas, kurio visas vardas buvo Šjama Čaranas Lahiris (Shyama Charan Lahiri), vaikystę praleido Ghurnyje, iš protėvių paveldėtuose namuose. Sulaukusį trejų ar ketverių metų, jį dažnai matydavo sėdintį įsiraususį smėlyje kokia nors jogos poza; iš smėlio kyšodavo tik galva.

1833 metų žiemą, kai pro šalį tekanti Džalangio upė pakeitė vagą ir dingo Gangos gelmėse, Lahirių valda buvo sunaikinta. Upė nusinešė vieną iš Lahirių įkurtų Šivos šventyklų ir gyvenamąjį namą. Vienas pamaldus žmogus iš sūkurio ištraukė akmeninę Šivos statulą ir pastatė naujoje šventykloje, kuri dabar visiems žinoma kaip Ghurnio Šivos šventykla.

Gauras Mohanas Lahiris su šeima išvyko iš Ghurnio ir apsigyveno Benarese. Ten šeima irgi tuojau pat pastatė Šivos šventyklą. Namuose jie gyveno pagal vedų mokymą: nuolat atlikinėjo garbinimo apeigas, užsiiminėjo labdara, studijavo šventraščius. Teisingas ir plačių pažiūrų, Gauras Mohanas Lahiris paisė ir naudingų šiuolaikiškų idėjų.

Paaugęs Lahiris Benarese pradėjo mokytis hindi ir urdu kalbų. Lankė mokyklą, kuriai vadovavo Džojus Narajanas Ghosalas (Joy Narayan Ghosal), ten mokėsi sanskrito, bengalų, prancūzų ir anglų kalbų. Pasiryžęs išsamiai studijuoti vedas, jaunasis jogas noriai klausydavosi, kaip apie šventraščius diskutuoja mokyti *brahmanai*, tarp jų ir Mahratos panditas Nag-Bhata (Nag-Bhatta).

Šjama Čaranas Lahiris buvo geraširdis, romus ir drąsus jaunuolis, mylimas visų draugų. Turėdamas gerai sudėtą, sveiką ir stiprų kūną,

---

sergėjimą ir naikinimą bei atkūrimą, narių. Šiva mitologijoje vaizduojamas kaip pasaulio atsižadėjusiųjų valdovas, regėjimuose Savo garbintojams jis pasirodo įvairiais aspektais, pvz., kaip Mahadeva, asketas susivėlusiais plaukais, ir Nataradža – Kosminis Šokėjas.

Daugeliui neaiški Viešpaties Šivos, kaip Naikintojo, sąvoką. Šivai atsidavusiojo Pušpadantos giesmėje *Mahimnastava* graudžiai klausiama: „Kodėl Tu sukūrei pasaulius, jei nori juos sunaikinti?" Štai posmas iš *Mahimnastavos*:

Tau treptelėjus koja,
staiga kilo pavojus žemės saugumui.
Tau mostelėjus rankomis, stipriomis kaip geležies virbai,
Pabiro eteryje žvaigždės.
Susidrumstė dangūs, čaižomi Tavo palaidų plaukų.
Tikrai nuostabus Tavo šokis!
Bet trikdyti pasaulį, kad jį išgelbėtum –
Kokia čia paslaptis?
Galiausiai senovės poetas daro išvadą:
Didis skirtumas tarp mano proto –
Mažai ką suprantančio, kamuojamo sielvartų,
Ir Tavo neapsakomos amžinosios šlovės!

Rama prikeliamas iš mirusiųjų

puikiai plaukiojo ir pasižymėjo fiziniu miklumu.
1846 metais Šjama Čaranas vedė Šrimati Kaši Moni, Šri Debnarajano Sanjalo (Debnarayan Sanyal) dukterį. Kaši Moni, pavyzdinga indė žmona, džiugiai triūsė namie ir laikėsi šeimininkės priedermės vaišinti svečius bei neturtėlius. Šią sąjungą palaimino du šventi sūnūs Tinkuris ir Dukuris bei dvi dukterys. 1851 metais, sulaukęs dvidešimt trejų, Lahiris Mahasaja pradėjo dirbti buhalteriu britų vyriausybės Karo inžinerijos departamente. Per savo tarnybą buvo ne kartą paaukštintas. Taigi jis buvo meistras ne tik Dievo akyse, bet sėkmingai atliko ir savo nedidelį vaidmenį žmogiškoje dramoje, dirbdamas paprastu įstaigos tarnautoju.

Inžinerijos departamento įsakymu Lahiris Mahasaja kelis kartus kėlėsi iš vietos į vietą – dirbo Gazypure, Mirdžapure, Naini Tale, Danapure ir Benarese. Mirus tėvui, jaunuolis tapo atsakingas už kitus šeimos narius. Nupirko jiems namą atokiame Benareso rajone, Garudešvaro Mohuloje.

Sulaukęs trisdešimt trejų, Himalajuose netoli Ranyketo Lahiris Mahasaja[8] sutiko tą, dėl kurio ir buvo atgimęs Žemėje. Tai buvo jo guru Babadži, kuris jį inicijavo į *krijajogą*.

Šis įvykis suteikė laimės ne vien Lahiriui Mahasajai – tai buvo visos žmonijos laimė. Pasaulio šviesą išvydo prarastas arba seniai pamirštas tobuliausias jogos menas.

Kaip Ganga[9] puranų legendoje nusileido iš dangaus į Žemę ir ištroškusiam maldininkui Bhagirathui (Bhagirath) dovanojo dievišką gurkšnį, taip 1861 metais dangiška *krijajogos* upė iš nuošalių Himalajų priebėgų plūstelėjo į dulkėtas žmonių trobeles.

---

[8] Sanskrito kalba religinis titulas *Mahasaja* reiškia „kilnus, didžiadvasiškas".
[9] Motinos Gangos, hinduistų šventosios upės, vandenys išteka iš apledėjusio Himalajų urvo, supamo amžinų sniegynų ir tylos. Ištisus šimtmečius tūkstančiai šventųjų džiaugsmingai kūrėsi prie Gangos; jos pakrantėse tebetvyro jų palikta palaiminga aura. (Žr. išnašą p. 185)
  Ganga turi ypatingą, gal net unikalią savybę: jos neįmanoma užteršti. Jos vanduo visada sterilus, jame neišgyvena jokios bakterijos. Milijonai hinduistų šiame vandenyje maudosi, jį geria ir jiems nieko blogo nenutinka. Šis faktas glumina šiuolaikinius mokslininkus. Vienas jų, dr. Džonas Hovardas Nortropas (John Howard Northrop), drauge su kolegomis 1946 m. apdovanotas Nobelio chemijos premija, neseniai pasakė: „Žinome, kad Ganga labai užteršta. Bet indai geria jos vandenį, jame maudosi ir nepatiria jokio poveikio." Jis viltingai pridūrė: „Gal upės vanduo sterilus dėl jame esančių bakteriofagų (bakterijas naikinančių virusų)."
  Vedose skiepijama pagarba visiems gamtos reiškiniams. Pamaldžiam hinduistui puikiai suprantama šv. Pranciškaus Asyžiečio giesmė: „Būk pagarbintas, mano Viešpatie, už brolį vandenį, kuris yra labai naudingas, nusižeminęs, brangus ir tyras."

33 SKYRIUS

Babadži, Kristui prilygstantis šiuolaikinės Indijos jogas

Šiaurės Himalajų uolas netoli Badrinarajano šventyklos iki šiol laimina ten gyvenantis Babadži, Lahirio Mahasajos guru. Atsiskyrėlis mokytojas jau kelis šimtus metų, gal net tūkstantmečių, išlaiko savo fizinį pavidalą. Nemirtingasis Babadži yra *avatara*. Šis sanskrito žodis reiškia „nužengimą"; jo šaknys – tai žodis *ava* („žemyn") ir *tri* („pereiti"). Hinduizmo šventraščiuose *avatara* yra žmogaus kūnu gimęs Dievas.

– Žmogus negali suprasti Babadži dvasinės būsenos, – paaiškino man Šri Juktešvaras. – Nykštukinis žmogaus žvilgsnis neįstengia perverti šios transcendentinės žvaigždės. Veltui mėgintume bent įsivaizduoti, ką gali avatara. Tai nesuvokiama.

Upanišadose smulkiai aprašyti visi dvasinės pažangos etapai. *Sidha* (tobulas žmogus) pakyla nuo *džyvanmuktos* (išsilaisvinusio dar gyvo) iki *paramuktos* (visiškai laisvo – įveikusio mirtį); pastarasis yra absoliučiai išsilaisvinęs iš *majos* vergijos ir persikūnijimo ciklų. Todėl *paramukta* retai sugrįžta į fizinį kūną, o jei sugrįžta, jis yra avatara, Dievo skirtas tarpininkas skleisti pasauliui dieviškąją palaimą. Avatarai negalioja visuotinės tvarkos dėsniai, jo tyras kūnas, regimas kaip šviesos sukurtas vaizdas, Gamtai neskolingas nieko.

Iš pažiūros avataros išvaizdoje nepastebėsime nieko ypatingo, bet jis kartais nemeta šešėlio ir jo kojos nepalieka žemėje pėdsakų. Tai išoriniai simboliniai įrodymai, liudijantys jo vidinę laisvę nuo tamsos ir materijos suvaržymų. Tik toks dieviškas žmogus yra pažinęs Tiesą, slypinčią už gyvenimo ir mirties santykinumų. Didžiai nesuprastas Omaras Chajamas savo nemirtinguose „Rubajatuose" apdainavo tokį išsilaisvinusį žmogų:

> Ak, Palaimos Mėnuli, nežinai, ką tai reiškia nudilti.
> Aukštybių Mėnuli, tau ir vėl dangumi lemta kilti.
> Kaip dažnai prisikėlęs ieškosi manęs šiam sode,

Betgi veltui tekėsi ir leisies – manęs čia nėra!

„Palaimos Mėnulis", kuris „nežino, ką tai reiškia nudilti" – tai Dievas, niekada nesenstanti amžinoji Šiaurinė žvaigždė. „Aukštybių Mėnulis, kuriam vėl dangumi lemta kilti" – jį supantis kosmosas, varžomas periodiško atsinaujinimo dėsnio. Savąjį Aš suvokęs persų pranašas amžiams išsivadavo iš prievolės grįžti į žemę, į Gamtos, arba *majos*, „sodą". „Kaip dažnai prisikėlęs ieškosi manęs šiam sode, betgi veltui tekėsi ir leisies – manęs čia nėra!"[1] Koks apmaudas – nustebusi visata ieškos, ko visiškai nėra!

Kristus šią laisvę apsakė kitaip: „Čia priėjo vienas Rašto aiškintojas ir tarė jam: 'Mokytojau, aš seksiu paskui tave, kur tik tu eisi!' Jėzus atsakė: 'Lapės turi urvus, padangių sparnuočiai – lizdus, o Žmogaus Sūnus neturi kur galvos priglausti'."[2]

Ir iš tiesų – ar galėjo kas nors sekti paskui visur esantį Kristų, išskyrus visa apimančią Dvasią?

Krišna, Rama, Buda ir Patandžalis buvo senovės Indijos avataros. Pietų Indijos avatarą Agastją (Agastya) supusiame rate susiformavo poetinė tamilų literatūra. Ne vieną šimtmetį prieš krikščionybės atsiradimą ir po jo šis avatara darė stebuklus, netgi manoma, kad savo fiziniu pavidalu jis gyvena lig šiol.

Indijoje Babadži misija buvo padėti pranašams atlikti ypatingas užduotis. Todėl pagal šventraščių skirstymą jis būtų *Mahavatara* (Didysis avatara). Kaip sakė pats, jis inicijavo į jogą Šankarą[3] – žmogų, kuris pertvarkė svamių ordiną, ir Kabyrą, garsųjį viduramžių mokytoją. Kaip jau žinome, XIX amžiuje svarbiausias Babadži mokinys buvo Lahiris Mahasaja, atgaivinęs prarastą *krijajogos* meną.

Babadži visada buvo bendrystėje su Kristumi. Kartu jie skleidžia atpirkimo virpesius ir yra sukūrę dvasinį metodą šiam amžiui išganyti. Šiuodu visiškai nušvitę mokytojai – vienas turintis kūną, kitas ne – įkvepia žmones atsisakyti karų, rasinės neapykantos, religinio sektantiškumo ir bumerangu sugrįžtančių materializmo pavojų. Babadži puikiai išmano naujųjų laikų raidos kryptis, ypač įtakingą ir sudėtingą Vakarų

---

[1] Į anglų kalbą vertė Edvardas Ficdžeraldas (Edward FitzGerald).
[2] Mt 8, 19–20.
[3] Šankarą, kurio istoriškai žinomas guru buvo Govinda Džatis (Govinda Jati), į *krijajogą* Babadži inicijavo Benarese. Pasakodamas šią istoriją Lahiriui Mahasajai ir Svamiui Kebalanandai, Babadži pateikė daug įdomių smulkmenų apie savo susitikimą su didžiuoju monistu.

civilizaciją, ir suvokia, kaip svarbu tiek Vakaruose, tiek Rytuose skleisti jogą kaip būdą išsilaisvinti.

Mūsų neturėtų stebinti faktas, kad istoriniuose šaltiniuose Babadži neminimas. Didysis guru atvirai pasirodęs nebuvo nė viename amžiuje. Jo tūkstantmečius apimančiuose planuose nenumatytas klaidinantis viešumo spindesys. Kaip ir Kūrėjas, vienintelė, bet tyli Galia, Babadži veikia gaubiamas kuklios nežinios.

Didieji pranašai, tokie kaip Kristus ar Krišna, į Žemę ateina turėdami konkrečių, įspūdingų tikslų ir juos pasiekę tuoj pat iškeliauja. Kiti avataros, kaip Babadži, imasi skatinti žmonijos pažangą, ir ta veikla trunka šimtmečius, tai daugiau negu koks nors vienas ypatingas istorijos įvykis. Tokie mokytojai visada slepiasi nuo įkyraus visuomenės žvilgsnio ir panorėję gali netgi tapti nematomi. Dėl šių priežasčių, taip pat ir dėl to, kad dažniausiai liepia mokiniams apie juos neskelbti, kai kurios ryškiausios dvasinės asmenybės lieka pasauliui nežinomos. Šiuose puslapiuose tik užsiminsiu apie Babadži gyvenimą – kelis faktus, kaip jis mano pats, tinkamus ir naudingus žinoti visuomenei.

Niekada niekam nepavyko atskleisti jokių duomenų apie Babadži šeimą ar jo gimtinę, nors, žinoma, tokie faktai labai pradžiugintų metraštininkų širdis. Dažniausiai jis kalba hindi kalba, bet lengvai bendrauja visomis kalbomis. Pasivadino paprastai – Babadži (Garbusis Tėvas). Lahirio Mahasajos mokiniai jį pagarbiai tituluoja Mahamuniu Babadži Maharadžu (Mahamuni Babaji Maharaj, Aukščiausiuoju Ekstazės Mokytoju), Mahajogu (Maha Yogi, Didžiuoju Jogu) ir Trambaku Baba arba Šiva Baba (Šivos avatarų vardais). Ar svarbu žinoti, kokiu vardu buvo vadinamas visiškai išsilaisvinusio mokytojo tėvas?

Apie Babadži Lahiris Mahasaja pasakė taip: „Kai tik kas nors pagarbiai ištaria jo vardą, tas Dievui atsidavęs žmogus iškart būna palaimintas."

Nemirtingojo guru kūnas neturi jokių amžiaus paliekamų ženklų; jis atrodo kokių dvidešimt penkerių metų jaunuolis. Šviesios odos, vidutinio ūgio, stiprus ir gražiai sudėtas jo kūnas pastebimai švyti. Akys tamsios, ramios, švelnios, ilgi žvilgantys plaukai vario spalvos. Kartais Babadži veidas labai primena Lahirio Mahasajos. Pasitaikydavo, kad šis panašumas taip išryškėdavo, jog vyresnio amžiaus Lahirį Mahasają būdavo galima palaikyti jaunuoliškai atrodančio Babadži tėvu.

Svamis Kebalananda, mano šventasis sanskrito mokytojas, šiek tiek

Babadži, Kristui prilygstantis šiuolaikinės Indijos jogas

laiko praleido su Babadži[4] Himalajuose. „Neprilygstamasis mokytojas su savo mokinių grupe keliauja kalnuose iš vienos vietos į kitą, – papasakojo man Kebalananda. – Jo mažoje grupelėje yra du labai toli dvasiniu keliu nužengę mokiniai amerikiečiai. Kiek pabuvęs vienoje vietoje, Babadži taria: *Dera danda uthao* („Susirinkime palapines ir lazdas.") Jis nešiojasi *dandą* (bambukinę lazdą). Jo žodžiai – ženklas visai grupei akimirksniu persikelti į kitą vietą. Tačiau jie ne visada keliauja šiuo astraliniu būdu ir kartais nuo vienos viršūnės prie kitos žingsniuoja pėsčiomis.

Babadži galima pamatyti ar atpažinti tik tada, kai jis pats to nori. Būdavo, kad įvairiems sekėjams jis pasirodydavęs vis kitokiu pavidalu – kartais su ūsais ir barzda, kartais be. Jo neirstančiam kūnui nereikia maisto, todėl mokytojas retai valgo. Kartais norėdamas pamaloninti jį aplankiusius mokinius priima dovanotus vaisius, piene virtus ryžius ir lydytą sviestą."

„Žinau du stulbinamus Babadži gyvenimo nutikimus, – toliau pasakojo Kebalananda. – Vieną naktį mokiniai per šventas vedų apeigas sėdėjo aplink didžiulį liepsnojantį laužą. Staiga guru griebė nuodėgulį ir nesmarkiai juo sudavė per nuogą petį vienam mokiniui (*čelai*), sėdinčiam arti ugnies. 'Pone, tai žiauru!' – šūktelėjo ten buvęs Lahiris Mahasaja. 'Ar labiau patiktų jį matyti dėl savo karmos virstantį pelenais?' Sulig tais žodžiais Babadži uždėjo gydančią ranką ant sužaloto mokinio peties. 'Šį vakarą išvadavau tave iš skausmingos mirties. Ugnis tau suteikė skausmo, bet nedaug, ir karmos dėsniui to pakako.'"

„Kitą kartą švento Babadži ratelio rimtį sutrikdė atvykęs pašalietis, – tęsė Kebalananda. – Jis stulbinamai meistriškai užsiropštė iki beveik nepasiekiamos uolos atbrailos netoli guru stovyklos. 'Pone, tu tikriausiai didysis Babadži, – žmogaus veide švietė neapsakoma pagarba. – Daug mėnesių nenuilsdamas ieškojau tavęs tarp šių grėsmingų uolų. Meldžiu priimti mane mokiniu.' Guru nieko neatsakė, tad žmogus parodė į akmenuotą bedugnę uolos apačioje. 'Jei nepriimsi, nušoksiu nuo šio kalno. Jei nemokysi manęs, kaip pasiekti Dievą, gyvenimas man nebeturi jokios vertės.' – 'Tai šok, – ramiai atsakė Babadži. – Negaliu tavęs priimti tokio, koks esi dabar.' Žmogus tuoj pat puolė nuo uolos. Babadži paliepė sukrėstiems mokiniams atnešti nepažįstamojo kūną.

---

[4] Babadži (garbusis tėvas) – dažnai vartojamas titulas; Indijoje įprasta juo kreiptis į garsius mokytojus. Bet nė vienas jų nėra Lahirio Mahasajos Babadži. Pirmą kartą apie Mahavatarą visuomenė sužinojo 1946 m., kai buvo išleista „Jogo autobiografija".

Kai jie grįžo nešdami sumaitotą nelaimėlį, mokytojas uždėjo ant jo ranką. Staiga šis atsimerkė ir nuolankiai sukniubo prieš visagalį guru. 'Dabar tu pasirengęs būti mokiniu, – meiliai šypsojosi išgelbėtajam Babadži. – Narsiai atlaikei sunkų išbandymą[5]. Mirtis tavęs daugiau nebepalies; dabar esi vienas iš mūsų, nemirtingųjų.' Paskui jis ištarė įprastus išvykimo žodžius *Dera danda uthao,* ir visa grupė dingo nuo kalno viršūnės."

Avatara gyvena visur esančioje Dvasioje, jam nėra atstumų, nusakomų atvirkštinių kvadratų dėsnio (šis dėsnis apibrėžia, kaip kinta energijos stiprumas, kai ji tolsta nuo savo šaltinio, – *vert.*). Šimtmečių šimtmečiais Babadži fizinį pavidalą išlaiko tik dėl vienos priežasties: trokšdamas konkrečiu pavyzdžiu parodyti, kokios yra žmonijos galimybės. Jei žmogui niekada nebūtų leista bent žvilgtelėti į įsikūnijusį Dievą, jį slėgtų slogi *majos* iliuzija, neva jis negali peržengti savo mirtingumo.

Jėzus iš pat pradžių žinojo, koks bus jo likimas. Visus savo gyvenimo įvykius jis patyrė ne dėl savęs, ne verčiamas karmos, bet vien trokšdamas pakylėti mąstančius žmones. Keturi evangelistai – Matas, Morkus, Lukas ir Jonas – aprašė šią neapsakomą dramą ir perdavė ją vėlesnėms kartoms.

Babadži negalioja praeities, dabarties ir ateities santykinumas. Nuo pat pradžių jam buvo žinomi visi jo gyvenimo etapai. Taikydamasis prie riboto žmonių supratimo, ne vieną savo gyvenimo dramos veiksmą jis suvaidino stebint vienam ar keliems žiūrovams. Nutiko taip, kad kai Babadži nutarė, jog atėjo laikas paskelbti apie kūno galimybę nemirti, šalia buvo vienas Lahirio Mahasajos mokinys. Šį pažadą jis pagarsino Ramui Gopalui Muzumdarui, kad per jį galiausiai apie tai sužinotų ir pasisemtų įkvėpimo kitų dvasinių žygeivių širdys. Didieji mokytojai savo žodžius taria ir dalyvauja iš pažiūros savaimingai besiklostančių įvykių tėkmėje vien žmonių labui. Kristus sakė: „Tėve, dėkoju tau, kad mane išklausei. Aš žinojau, kad visuomet mane išklausai. *Tačiau tai sakau dėl čia esančiųjų,* kad jie įtikėtų, jog tu esi mane siuntęs."[6]

Viešėdamas Ranbadžpure pas Ramą Gopalą, „nemiegantį

---

[5] Tai buvo klusnumo išbandymas. Nušvitęs mokytojas paliepė „Šok", ir žmogus pakluso. Jei būtų sudvejojęs, būtų pats paneigęs savo tvirtinimą, kad gyvenimas nevadovaujant Babadži nieko vertas. Taip pat jis būtų parodęs, kad ne visai pasitiki guru. Todėl šis išbandymas, kad ir koks atrodytų nepaprastas ir drastiškas, tomis aplinkybėmis puikiausiai tiko.

[6] Jn 11, 41–42.

Babadži, Kristui prilygstantis šiuolaikinės Indijos jogas

šventąjį"⁷, išgirdau stulbinamą istoriją apie jo pirmą susitikimą su Babadži. „Kartais išeidavau iš savo atsiskyrėlio olos pasėdėti Benarese prie Lahirio Mahasajos kojų, – papasakojo man Ramas Gopalas. – Kartą pusiaunaktį, kai tyliai meditavau su jo mokiniais, mokytojas netikėtai paprašė mane nueiti į Dasasvamedho maudyklos *ghatą*. Paklusau ir netrukus pasiekiau tą atkampią vietą. Naktis buvo šviesi, skaisti mėnesiena, spindinčios žvaigždės. Kurį laiką kantriai sėdėjau, paskui mano dėmesį patraukė prie kojų gulintis didelis akmens luitas. Jis pamažu pakilo ir galiausiai atidengė olą žemėje. Kai akmuo, sustabdytas nežinomos jėgos, liovėsi judėjęs, iš olos iškilo jaunos, neapsakomai dailios plačiu drabužiu apsigaubusios moters pavidalas. Moteris ėmė levituoti aukštai ore. Supama blausaus švytėjimo, ji lėtai nusileido priešais mane ir apimta ekstazės sustojo. Pagaliau krustelėjo ir tyliai prabilo: 'Aš esu Matadži (Mataji)⁸, Babadži sesuo. Pakviečiau jį ir Lahirį Mahasają šiąnakt ateiti į mano olą aptarti labai svarbaus klausimo.' Viršum Gangos ėmė lietis nežemiškos šviesos srautas, tamsiuose vandenyse atsispindėjo keistas švytėjimas. Jis vis labiau artėjo, galiausiai akinamai blykstelėjęs atsidūrė šalia Matadži ir tuoj pat sutirštėjęs virto žmogiškuoju Lahirio Mahasajos pavidalu. Tada jis nuolankiai nusilenkė prie šventosios kojų. Dar neatsipeikėjęs iš nuostabos vėl apstulbau, nes danguje pamačiau sūkuriuojantį mistinės šviesos darinį. Liepsnos verpetas greitai nusileido prie mūsų ir iš jo materializavosi dailus jaunuolis. Iškart supratau, kad tai Babadži. Buvo panašus į Lahirį Mahasają, nors Babadži atrodė daug jaunesnis už savo mokinį ir turėjo ilgus šviesius plaukus.

Lahiris Mahasaja, Matadži ir aš suklupome prie didžiojo guru kojų. Kai paliečiau dievišką kūną, kiekvieną mano esybės ląstelę persmelkė nežemiškas palaimingos didybės pojūtis. 'Palaimintoji sese, – kreipėsi Babadži, – ketinu nusimesti savo pavidalą ir nerti į Begalinį Srautą.' – 'Jau žvilgtelėjau į tavo planą, numylėtasai Mokytojau. Norėjau šiąnakt jį su tavimi aptarti. Kodėl turėtum palikti kūną?' – maldaujamai žvelgė į ją šlovingoji moteris. 'Ar yra skirtumas, kokiomis bangomis vilkiu Dvasios vandenyne – regimomis ar neregimomis?' Matadži lyg juokaudama atsakė: „Nemirtingasis guru, jei tau vis tiek, tuomet labai prašau

---

⁷ Tai tas pats visur esantis jogas, kuris pastebėjo, kad nenusilenkiau priešais Tarakešvaro šventyklą (žr. 13 skyrių).

⁸ „Šventoji Motina". Matadži irgi sulaukusi jau ne vieno šimtmečio; ji pasiekė beveik tokią pat dvasinę pažangą kaip brolis. Gyvena panirusi į ekstazę slaptoje požeminėje oloje netoli Dasasvamedho *ghato*.

nenusimesti kūniškojo pavidalo.' ⁹ Tada Babadži iškilmingai tarė: "Tebūnie, niekada nenusimesiu fizinio kūno. Jį visad regės bent nedidelė grupelė šios Žemės žmonių. Viešpats tavo lūpomis išsakė Savo paties norą.'

Pagarbiai nuščiuvęs klausiausi šių pakylėtųjų būtybių pokalbio. Galiausiai didysis guru, geraširdiškai mostelėjęs, atsigręžė į mane. 'Nesibaimink, Ramai Gopalai, – tarė jis, – tau teko garbė būti šio nemirtingo pažado liudytoju.'

„Miela Babadži balso melodija ėmė slopti, – pasakojo Ramas Gopalas, – paskui jo ir Lahirio Mahasajos pavidalai lėtai pakilo ir pajudėjo atgal prie Gangos. Jų kūnus, nykstančius naktinio dangaus skliaute, gaubė akinamos šviesos aureolė. Matadži pavidalas nuplaukė prie olos ir nusileido į ją; lyg pastumtas neregimų rankų, akmens luitas nukrito ir uždengė angą.

Be galo įkvėptas parkeliavau pas Lahirį Mahasają. Nusilenkiau jam apyaušrio šviesoje, o guru supratingai nusišypsojo. 'Džiaugiuosi dėl tavęs, Ramai Gopalai, – tarė jis. – Tavo troškimas pamatyti Babadži ir Matadži, kurį ne kartą esi man išsakęs, pagaliau stebuklingai išsipildė.'

Kiti mokiniai man papasakojo, kad nuo tada, kai vidurnaktį iškeliavau, Lahiris Mahasaja nebuvo pakilęs nuo savo pakylos. Vienas *čela* netgi paaiškino, kad tuo metu, kai buvau išėjęs į Dasasvamedho *ghatą*, Lahiris Mahasaja pasakė nuostabią kalbą apie nemirtingumą. Aš pirmą kartą iki galo supratau į šventraščių eilutes sudėtą tiesą – kad Savąjį Aš suvokęs žmogus gali vienu metu pasirodyti skirtingose vietose. Vėliau Lahiris Mahasaja man paaiškino daug metafizinių klausimų apie slaptą Dievo planą, kurį Jis turi parengęs šiai Žemei, – baigė pasakojimą Ramas Gopalas. – Dievas panoro, kad Babadži savo kūnu gyventų būtent iki šito pasaulio ciklo pabaigos. Keisis šimtmečiai, o nemirtingasis mokytojas [10], nenulipdamas nuo žemiškos scenos, vis stebės amžiais

---

⁹ Šis nutikimas primena istoriją apie Talį. Didysis graikų filosofas mokė, kad gyvenimas niekuo nesiskiria nuo mirties.
„Tai kodėl tada tu nemiršti?" – paklausė kritikas. „Todėl, – atsakė Talis, – kad skirtumo nėra."

[10] „Iš tiesų, iš tiesų sakau jums: kas laikysis mano žodžio (nepertraukiamai bus Kristaus Sąmonėje), neragaus mirties per amžius." (Jn 8, 51)

Šiais žodžiais Jėzus kalba ne apie fizinio kūno nemirtingumą – nuobodų įkalinimą, kurio nelinkėtum nė nusidėjėliui, ką ir kalbėti apie šventąjį! Kristus kalba apie nušvitusį žmogų, pabudusį iš mirtino transo – Amžinojo gyvenimo nepaisymo. (Žr. 43 skyrių.)

Žmogaus esminė prigimtis yra beformė visur esanti Dvasia. Privalomas, arba karminis, gimimas kūnu yra *avidjos*, neišmanymo, rezultatas. Hinduizmo šventraščiuose mokoma, kad gimimas ir mirtis yra *majos*, kosminės iliuzijos, apraiškos. Gimimas ir mirtis prasmę įgyja tik santykiniame pasaulyje.

vykstančią dramą."

Babadži neriboja nei fizinis kūnas, nei ši planeta; Dievo noru jis šioje Žemėje atlieka ypatingą misiją.

Didieji mokytojai, pvz., Svamis Pranabananda (žr. p. 244), grįžta į Žemę kaip nauji įsikūnijimai; jie taip daro dėl jiems patiems žinomų priežasčių. Jų inkarnacijoms šioje Žemėje negalioja griežti karmos apribojimai. Šie savanoriški sugrįžimai vadinami *vjuthana* – grįžimas į žemišką gyvenimą nustojus akinti *majai*.

Nesvarbu, kaip mirė – paprastai ar nepaprastai, visiškai Dievą suvokęs mokytojas geba prikelti savo kūną ir rodytis jo pavidalu Žemės gyventojų akyse. Vargu ar bus sunku materializuoti fizinio kūno atomus tam, kuris yra viena su Viešpačiu, valdančiu nesuskaičiuojamų saulių sistemas!

Kristus skelbė: „...aš guldau savo gyvybę, kad ir vėl ją pasiimčiau. Niekas neatima jos iš manęs, bet aš pats ją laisvai atiduodu. Aš turiu galią ją atiduoti ir turiu galią vėl ją atsiimti; tokį priesaką aš esu gavęs iš savojo Tėvo." (Jn 10, 17–18)

BABADŽI
Mahavatara, „Dieviškasis įsikūnijimas"
Lahirio Mahasajos guru

Jogananda padėjo dailininkui nupiešti šį tikrovišką didžiojo Indijos Jogo-Kristaus portretą.

Mahavatara Babadži atsisakė atskleisti savo mokiniams bet kokius faktus apie savo gimimo vietą ir datą. Jis daugybę šimtmečių gyvena Himalajų sniegynuose.

„Kai tik kas nors pagarbiai ištaria Babadži vardą, – pasakė Lahiris Mahasaja, – tas Dievui atsidavęs žmogus iškart būna palaimintas."

34 SKYRIUS

Materializuoti rūmai Himalajuose

„Pasakojimas apie pirmąjį Babadži ir Lahirio Mahasajos susitikimą yra išties kerintis. Tai viena iš nedaugelio istorijų, leidžianti atidžiau pažvelgti į nemirtingąjį guru."
Šiais žodžiais Svamis Kebalananda pradėjo stebuklingą pasakojimą. Pirmą kartą jį išgirdęs pasijutau tiesiogine prasme užburtas. Dar daug kartų prašiau savo gerąjį sanskrito kalbos mokytoją pasakojimą pakartoti, o vėliau jį iš esmės tais pačiais žodžiais man perpasakojo Šri Juktešvaras. Abu Lahirio Mahasajos mokiniai – Šri Juktešvaras ir Svamis Kebalananda – šią neįtikėtiną istoriją išgirdo iš paties guru lūpų.
Štai Lahirio Mahasajos pasakojimas:
Pirmą kartą sutikau Babadži, kai man sukako trisdešimt treji. 1861 m. dirbau buhalteriu vyriausybiniame Karo inžinerijos departamente Danapure. Vieną rytą mane pasikvietė direktorius. „Lahiri, – tarė jis, – iš mūsų pagrindinio biuro ką tik gauta telegrama. Tu perkeliamas į Ranyketą, kuriame dabar steigiamas kariuomenės postas[1]."
Lydimas tarno, leidausi į 500 mylių kelionę. Jojome arkliais, važiavome brikelėmis ir po trisdešimties dienų pasiekėme Ranyketą Himalajuose[2].
Mano tarnyba buvo nesunki ir aš ilgas valandas galėjau klajoti po didingus kalnus. Mane pasiekė gandas, esą šį kraštą savo buvimu laimina didi šventieji, taigi užsidegiau troškimu juos pamatyti. Vieną ankstyvą popietę bevaikštinėdamas išgirdau iš toli šaukiamą savo vardą. Apstulbau, bet nesustodamas toliau energingai kopiau į Drongirio kalną. Dingtelėjo, kad galiu nespėti grįžti, iki džiunglės apgaubs sutemos, ir mane apniko nerimas.
Pagaliau priėjau nedidelę laukymę, kurios pakraščiuose buvo kelios

---

[1] Vėliau ten įrengta karinė sanatorija. 1861 m. Indijoje jau buvo britų vyriausybės sukurta telegrafo sistema.
[2] Ranyketas Almoros rajone yra įsikūręs prie Nanda Devės, vienos aukščiausių Himalajų viršukalnių (jos aukštis yra 25 661 pėda, arba 7816 metrų).

olos. Ant vienos uolėtos atbrailos stovėjo jaunuolis. Jis šypsojosi ir sveikindamasis tiesė man ranką. Iš karto atkreipiau dėmesį, kad, išskyrus vario raudonumo plaukus, jis neįtikėtinai panašus į mane. Nustebau.
„Lahiri[3], atėjai! – maloniai kreipėsi į mane šventasis hindi kalba. – Pailsėk štai šioje oloje. Tai aš tave kviečiau."

Įėjau į švarią nedidelę grotą; ant žemės čia gulėjo kelios vilnonės antklodės ir stovėjo keli *kamandalu* (puodai vandeniui laikyti).

„Lahiri, ar prisimeni šią vietą?" Jogas parodė sulankstytą antklodę viename kampe. „Ne, pone, – tariau ir šiek tiek apsvaigęs nuo keisto nuotykio pridūriau: – Man jau laikas eiti, kol nesutemo. Rytą turiu reikalų tarnyboje."

Paslaptingas šventasis atsakė angliškai: „Tarnyba padaryta tau, ne tu tarnybai."

Apstulbau, kad šis miškų asketas ne tik moka angliškai, bet dar ir perfrazuoja Kristaus žodžius[4]. O jis tęsė: „Matau, mano telegrama pasiekė tikslą."

Nesupratau jogo pastabos, tad paklausiau, ką jis turi omenyje.

„Kalbu apie telegramą, kuria pakviečiau tave į šias atokias vietas. Tai aš tyliai įteigiau tavo tarnybos vadovui perkelti tave į Ranyketą. Kai junti vienovę su žmonija, visi protai virsta perdavimo stotelėmis. Panorėjęs galiu jomis naudotis, – tarė jis. – Lahiri, juk ši ola tau tikrai pažįstama, argi ne?"

Suglumęs tylėjau, o šventasis prisiartino ir švelniai plekštelėjo man per kaktą. Nuo jo magnetinio prisilietimo per mano smegenis siūbtelėjo stebuklinga srovė ir grąžino ankstesnio gyvenimo prisiminimų sėklas.

„Prisimenu! – gerklę užgniaužė džiaugsmingas kūkčiojimas. – Tu mano guru Babadži, tu visada man priklausei! Atmintyje kyla ryškūs praeities vaizdai – čia, šioje oloje, praleidau daug paskutinio savo įsikūnijimo metų!" Neapsakomų prisiminimų sukrėstas, ašarodamas apkabinau savo mokytojo kojas.

„Daugiau kaip tris dešimtmečius laukiau tavęs grįžtančio, – Babadži

---

[3] Iš tiesų Babadži kreipėsi „Gangadharai", vardu, kuriuo Lahiris Mahasaja buvo vadinamas ankstesniame savo įsikūnijime. *Gangadhar* (pažodžiui „tas, kuris laiko Gangą, Gangos upę") – tai vienas Viešpaties Šivos vardų. Pagal puranų legendą šventoji upė Ganga nusileidusi iš dangaus. Kad Žemė atlaikytų jos galingą srautą, Viešpats Šiva sugavo Gangos vandenis savo susipynusiomis garbanomis, nuo kurių upė jau tekėjo ramia srove. Metafizinė *Gangadhar* prasmė tokia: „Tas, kuris valdo gyvybinės energijos „upę", srūvančią stuburu."

[4] „Šabas padarytas žmogui, ne žmogus šabui." (Mk 2, 27)

Materializuoti rūmai Himalajuose

balse skambėjo dangiška meilė. – Išėjai neatsisveikinęs ir dingai audringose gyvenimo anapus mirties bangose. Prie tavęs prisilietė stebuklinga tavo karmos lazdelė ir tu dingai! Nors mane iš akių pametei, aš nuo tavęs jų niekada nebuvau nuleidęs! Sekiau įkandin tavęs per švytinčią astralinę jūrą, kur plaukioja šlovingi angelai. Sekiau per negandas, audras, sunkumus ir šviesą, lyg motina paukštė, serginti savo jauniklius. Stebėjau tave, kai buvai prisiglaudęs įsčiose ir kaip visi žmonės laukei tau skirto laiko. Mačiau, kaip gimei. Kai ūgtelėjęs atsisėsdavai lotoso poza ir savo mažutį kūnelį slėpdavai Ghurnio smėlynuose, aš neregimas irgi buvau su tavimi. Kantriai – mėnuo po mėnesio, metai po metų – sergėjau tave laukdamas šios puikios dienos. Dabar tu su manimi! Štai tavo ola, kadaise taip mylėta – laikiau ją švarią ir visada tau paruoštą. Štai čia tavo šventoji *asanų* antklodė, ant kurios kasdien sėdėdavai ir įsileisdavai į širdį Dievą. Štai tavo dubenėlis, iš kurio dažnai gerdavai mano paruoštą nektarą. Ar matai, kokią skaisčiai išblizgintą saugojau žalvario taurę tikėdamasis, kad vieną dieną vėl iš jos gersi? Mielasis, ar dabar supranti?" – „Mano guru, ką gi man atsakyti? – sumurmėjau trūkčiojamu balsu. – Ar kas yra girdėjęs apie tokią nemarią meilę?" Apimtas ekstazės, ilgai žvelgiau į savo amžinąjį lobį, į savo guru, lydintį mane ir gyvą, ir mirusį.

„Lahiri, tau reikia apsivalyti. Išgerk aliejaus iš šio dubenėlio ir atsigulk prie upės."

Kaip visada, pamaniau šyptelėjęs, Babadži rodo savo praktinę išmintį.

Paklausiau jo nurodymų. Nors leidosi ledinė Himalajų naktis, savyje pajutau spinduliavimą. Jis mane šildė ir ramino. Nusistebėjau. Nejau nežinomas aliejus skleidžia kosminę kaitrą?

Tamsoje mane čaižė žvarbūs vėjai, jie kaukė lyg mesdami iššūkį. Tysantį ant akmenuoto kranto, mane kartais užliedavo šaltos Gogašo upės bangelės. Netoliese riaumojo tigrai, bet širdyje nejutau baimės – ką tik užplūdusi spindulinga jėga vertė neabejoti neįveikiama apsauga. Greitai praėjo kelios valandos; blankūs buvusio gyvenimo prisiminimai pynėsi su ryškiais dabartinio susitikimo su dieviškuoju guru vaizdais.

Mano vienišas mintis nutraukė artėjantys žingsniai. Tamsoje ištiesta ranka švelniai padėjo atsikelti ir padavė sausus drabužius.

„Eime, brolau, – tarė atėjęs žmogus. – Tavęs laukia mokytojas." Ir nuėjo pirmas rodydamas kelią per mišką. Priėjus tako vingį, staiga tamsią naktį nutvieskė tolimas vienodas švytėjimas.

„Nejau teka saulė? – pasiteiravau. – Prabėgo visa naktis?" – „Dabar vidurnaktis, – tyliai nusijuokė mano vedlys. – Toji šviesa yra šią naktį neprilygstamojo Babadži materializuotų auksinių rūmų spindesys. Kadaise, labai seniai, tu kartą išreiškei norą pasidžiaugti rūmų grožybėmis. Dabar mūsų mokytojas patenkins tavo troškimą ir taip išlaisvins tave iš paskutinių karmos saitų[5]. Šiuose didinguose rūmuose šiąnakt būsi inicijuotas į *krijajogą*. Visi tavo broliai drauge giedos sveikinimo giesmes, džiaugdamiesi tavo tremties pabaiga. Žiūrėk!"

Priešais mus stūksojo didžiuliai akinamai spindintys auksiniai rūmai. Nusagstyti nesuskaičiuojama gausybe brangakmenių, supami sodų ir parkų, atsispindinčių tykiuose baseinuose – koks neprilygstamos didybės reginys! Aukštos arkos buvo įmantriai inkrustuotos didžiuliais deimantais, safyrais ir smaragdais. Raudonais rubinais žiburiuojančius vartus saugojo vyrai angeliškais veidais.

Nusekiau paskui vedlį į erdvią iškilmių menę. Ore tvyrojo smilkalų ir rožių aromatai, blausios lempos skleidė įvairiaspalvę šviesą. Mažomis grupelėmis besibūriuojantys sekėjai, vieni šviesaus gymio, kiti tamsiaodžiai, tyliai giedojo arba sėdėjo meditacijos pozomis nugrimzdę į vidinę ramybę. Visa aplinka buvo persmelkta intensyvaus džiaugsmo.

„Paganyk akis, pasidžiauk rūmų meniškumu ir puošnumu, nes jie iškilo tik tavo garbei", – pasakė mano vedlys maloniai šypsodamasis, o aš suaikčiojau iš susižavėjimo. „Brolau, – tariau, – šio pastato grožis pranoksta žmogaus vaizduotės ribas. Prašau man atskleisti jo atsiradimo paslaptį." – „Mielai papasakosiu, – juodos mano bendrakeleivio akys kibirkščiavo išmintimi. – Rūmų materializavimą nesunku paaiškinti. Visas kosmosas yra Kūrėjo minties projekcija. Sunkus erdvėje plūduriuojantis Žemės grumstas – tai Dievo sapnas. Viską sukūrė Jo protas, lygiai kaip žmogus sapnuose atgamina ir atgaivina kokį nors pasaulį su jo padarais. Iš pradžių Viešpats sukūrė Žemę kaip idėją. Tada suteikė jai judėjimą; atsirado atomų energija, vėliau – materija. Žemės atomus Jis sujungė į kietą rutulį. Visas jo molekules draugėje laiko Dievo valia. Kai Jis pakeis Savo valią, visi Žemės atomai virs energija. Atomų energija grįš į savo šaltinį – sąmonę. Žemės idėja objektyviai nebeegzistuos. Sapno substanciją materialią išlaiko sapnuotojo pasąmonės mintys. Kai pabudus šios nuoseklios mintys išnyksta, išsisklaido ir sapnas bei

---

[5] Karmos dėsnis reikalauja, kad galiausiai būtų išpildyti visi žmogaus troškimai. Todėl nedvasiniai troškimai – tai grandinės, laikančios žmogų prikaustytą prie persikūnijimų rato.

Materializuoti rūmai Himalajuose

BABADŽI OLA HIMALAJUOSE
Ola netoli Ranyketo, kurioje kartais apsistodavo Mahavatara Babadži. Lahirio Mahasajos anūkas Ananda Mohanas Lahiris (*baltais drabužiais*) ir trys kiti mokiniai šventoje vietoje.

visi jo elementai. Žmogus užsimerkia ir kuria sapnus, kuriuos pabudęs be jokių pastangų ištirpdo. Jis laikosi dieviškojo archetipinio modelio. Atsivėrus kosminei sąmonei, žmogus panašiai ir be jokių pastangų ištirpdo kosminio sapno visatos iliuziją.

Susiderinęs su begaline visagale Valia, Babadži geba įsakyti pradiniams atomams susijungti ir pasireikšti bet kokiu pavidalu. Šie aukso rūmai, iškilę akimirksniu, tokie pat tikri kaip ir Žemė. Babadži šiuos gražius rūmus sukūrė iš savo proto ir jų atomus draugėje palaiko savo valia – lygiai kaip Dievo mintis sukūrė Žemę ir Jo valia ją išlaiko. Kai pastatas atliks savo paskirtį, Babadži jį dematerializuos."

Pagarbiai tylėjau, o mano vedlys plačiai mostelėjo ranka ir tęsė: „Šie tviskantys rūmai, nuostabiai išpuošti brangakmeniais, pastatyti ne žmogaus rankų, jų auksas ir brangieji akmenys nebuvo išgauti iš žemės sunkiu darbu. Rūmai stovi tvirtai kaip didingas iššūkis žmogui[6]. Tas, kuris suvokia esąs Dievo sūnus, kaip suvokė Babadži, savyje glūdinčiomis beribėmis galiomis gali pasiekti bet kokį tikslą. Paprastame akmenyje slypi milžiniška atominė energija[7]; net pats menkiausias mirtingasis yra dieviškumo jėgainė."

Tada išminčius nuo gretimo staliuko paėmė grakščią vazą, kurios ąsoje spindėjo deimantai. „Mūsų didysis guru kurdamas šiuos rūmus suliejo gausybę laisvų kosmoso spindulių, – toliau aiškino jis. – Paliesk šią vazą ir deimantus – jie atitiks visus sensorinės patirties reikalavimus."

Apžiūrėjau vazą – jos brangakmeniai buvo verti karališkosios kolekcijos. Ranka perbraukiau rūmų sieną, padengtą storo spindinčio aukso sluoksnio. Pajutau didžiulį pasitenkinimą. Nuo buvusių gyvenimų mano pasąmonėje glūdėjęs troškimas sykiu buvo ir patenkintas, ir sunaikintas.

Iškilnusis palydovas ilgais koridoriais pro puošnias arkas nuvedė mane į virtinę prabangiai įrengtų menių. Jaučiausi lyg imperatoriaus rūmuose. Tada įžengėme į didžiulę salę. Jos viduryje stovėjo aukso sostas, inkrustuotas brangakmeniais – jie akinamai žėrėjo visomis spalvomis. Soste lotoso poza sėdėjo didysis Babadži. Suklupau ant blizgančių grindų prie jo kojų.

„Lahiri, ar tebesigėri seniai išsvajotais aukso rūmais? – guru akys žybčiojo kaip jo sukurti safyrai. – Pabusk! Tuojau visiems laikams bus numalšinti visi tavo žemiški troškuliai, – jis sumurmėjo mistinius palaiminimo žodžius. – Kelkis, sūnau. Būk per *krijajogą* įšventintas į Dievo karalystę."

Babadži ištiesė ranką ir pasirodė *homos* (atnašavimo ugnies) aukuras, apjuostas vaisiais ir gėlėmis. Priešais šį liepsnojantį altorių man buvo atskleista jogos technika, kuri padaro žmogų laisvą.

Apeigos baigėsi priešaušriu. Apimtas ekstazės, visai nenorėjau miego. Klaidžiojau po rūmų menes, pilnas lobių ir rinktinių meno kūrinių, nuėjau į sodą. Netoliese pamačiau olas ir plikas kalnų keteras – tas pačias, kurias regėjau vakar, bet tada prie jų nebuvo iškilęs šis didingas statinys ir žydinčios terasos.

---

[6] „Kas yra stebuklas? Tai priekaištas, / Tai paslėpta pajuoka iš žmonijos." Edvardas Jangas, „Nakties mintys" (Edward Young, *Night Thoughts*).

[7] Materijos atominės sandaros teorija aiškinama senoviniuose Indijos *vaišešikos* ir *njajos* traktatuose. „Kiekvieno atomo tuštumose slypi neaprėpiami pasauliai, įvairūs kaip dulkelės saulės spindulyje." (*Joga Vasištha*)

Materializuoti rūmai Himalajuose

Grįžęs į rūmus, pasakiškai blizgančius šaltoje Himalajų saulėje, susiradau mokytoją. Jis tebesėdėjo soste, gausiai apsuptas tylinčių mokinių.

„Lahiri, tu išalkai, – tarė Babadži. – Užsimerk."

Kai vėl atsimerkiau, kerintys rūmai ir sodai buvo dingę. Mano kūnas, Babadži ir mokinių pavidalai sėdėjo ant plynos žemės toje pat vietoje, kur ką tik stovėjo rūmai, netoli nuo saulės apšviestų angų į uolėtas grotas. Prisiminiau, ką sakė vedlys – rūmai bus dematerializuoti, juos sudarantys atomai bus paleisti ir vėl virs mintimis, iš kurių buvo atsiradę. Priblokštas, bet pasitikėdamas žvelgiau į guru. Nežinojau, ko dar tikėtis šią stebuklų dieną.

„Tikslas, kuriam buvo sukurti šie rūmai, jau pasiektas, – paaiškino Babadži ir pakėlė nuo žemės molinį indą. – Pasiimk iš jo, ko norėtum užvalgyti."

Paliečiau platų, tuščią dubenį ir jame atsirado karštų *lučių* su sviestu, kario ir saldumynų. Valgydamas atkreipiau dėmesį, kad dubuo nė kiek netuštėja. Baigęs apsidairiau, ieškodamas vandens. Mano guru vėl parodė tą patį indą. Maistas buvo dingęs, jo vietoje teliūškavo vanduo.

„Mažai kas iš mirtingųjų žino, kad Dievo karalystė – tai ir kasdienių troškimų išsipildymo sritis, – pasakė Babadži. – Dievo valdos apima ir žemę, bet ši yra iliuzinės prigimties ir dėl to neturi Tikrovės esmės."

Aš jam tariau: „Numylėtasai guru, vakar man parodei grožį, sujungiantį dangų ir žemę!" Ir prisiminęs dingusius rūmus nusišypsojau. Tikrai nė vienam paprastam jogui karališkos Dvasios paslaptys nebuvo atskleistos tokioje įspūdingoje prabangoje! Ramiai žvelgiau į visiškai priešingą dabartinį vaizdą. Vargana žemė, dangaus stogas, paprastą prieglobstį siūlančios olos – visa tai atrodė maloninga natūrali aplinka šalia sėdintiems nežemiškiems šventiesiems. Aš pats sėdėjau ant antklodės, pašventintos buvusių gyvenimų draugystės ryšiais. Prie manęs priėjo dieviškasis guru ir perbraukė ranka man per galvą. Nugrimzdau į *nirvikalpa samadhį* ir jo palaimoje išbuvau septynias dienas be pertraukos. Vieną po kito kirsdamas Savojo Aš pažinimo sluoksnius, prasiskverbiau į nemirtingas Tikrovės erdves. Nukrito visi iliuziniai suvaržymai ir mano siela įsikūrė ant Kosminės Dvasios altoriaus.

Aštuntąją dieną puoliau prie guru kojų ir ėmiau maldauti visam laikui pasiimti mane į šias šventąsias dykynes, kad būčiau greta jo.

„Mano sūnau, – mane apkabinęs tarė Babadži, – savo vaidmenį šiame įsikūnijime turi atlikti daugelio žiūrovų akivaizdoje. Gimei palaimintas, nes daugybę gyvenimų praleidai vienas medituodamas, bet dabar turi įsilieti į žmonių pasaulį. Šįkart mane sutikai jau būdamas vedęs, turėdamas pareigų šeimai ir verslui, o tai turi gilią prasmę. Privalai atsisakyti minčių prisidėti prie šventos draugijos Himalajuose. Teks gyventi mieste tarp žmonių; rodysi jiems tobulo jogo namų šeimininko pavyzdį. Didieji nepraleido pro ausis daugybės sutrikusių pasauliečių vyrų ir moterų prašymų, – toliau kalbėjo jis. – Tu buvai išrinktas, kad šiems žmonėms teiktum dvasinę *krijajogos* paguodą. Milijonai šeiminių ryšių ir pareigų pasauliui varžomų žmonių semsis drąsos iš tavęs, tokio pat pasauliečio kaip ir jie. Turėsi padėti jiems suprasti, kad šeimos žmogui neužkirstas kelias siekti aukščiausių jogos tikslų. Net ir gyvendamas pasaulyje, jogas, jei jis ištikimai ir be jokių asmeninių motyvų bei prieraišų atlieka savo pareigas, eina tikruoju nušvitimo keliu. Tau nereikia palikti pasaulio, nes viduje jau esi nutraukęs visus karminius ryšius. Nepriklausai pasauliui, bet turi jame gyventi. Dar daug metų sąžiningai vykdysi šeimos, verslo, pilietines ir dvasines pareigas. Į išdžiūvusias pasauliečių širdis plūstelės saldi dieviška viltis. Regėdami tavo darnų gyvenimą, jie supras, kad išsilaisvinimas priklauso nuo vidinio, ne nuo išorinio išsižadėjimo."

Kokia tolima man rodėsi šeima, tarnyba ir pasaulis, kai klausiausi guru nuošaliose Himalajų aukštybėse! Bet jo žodžiuose skambėjo neginčijama tiesa, ir aš klusniai sutikau palikti šį palaimingą ramybės prieglobstį. Babadži paaiškino senovines griežtas taisykles, reglamentuojančias jogos meno perdavimą mokiniui. „*Krijajogos* raktą perduok tik pasirengusiems *čeloms*. Galutines gyvenimo paslaptis per meditacijos mokslą galima atskleisti tik tam, kuris ieškodamas Dievo prisiekia paaukoti viską."

„Angeliškasis guru, jau apdovanojai žmoniją, nes atgaivinai prarastą *krijajogos* meną, bet gal dovanosi dar daugiau ir sušvelninsi griežtus reikalavimus mokiniams? – kalbėjau maldaujamai žvelgdamas į Babadži. – Meldžiu leisti mokyti *krijajogos* visus nuoširdžius ieškotojus, net jei jie iš pradžių negalėtų prisiekti visko atsižadėti. Pasauliečiams vyrams ir moterims, kenčiantiems trejopas kančias[8], reikia ypatingo padrąsinimo. Gal jie niekada nė nemėgintų žengti laisvės link, jei jiems nebūtų atskleista *krijajoga*." – „Tebūnie taip. Per tave buvo išreikštas

---

[8] Tai fizinės, psichinės ir dvasinės kančios, atitinkamai pasireiškiančios ligomis, psichologiniu nevisavertiškumu, arba „kompleksais", ir dvasiniu neišmanymu.

dieviškas noras. Mokyk *krijajogos* visus, kurie nuolankiai prašys tavo pagalbos", – atsakė gailestingasis guru [9].

Patylėjęs Babadži pridūrė: „Visiems savo mokiniams kartok šį didingą pažadą, nuskambėjusį „Bhagavadgytoje" [10]: *Svalpamapjasja dharmasja trajate mahato bhajat.* [„Net mažas žingsnelis šiuo dharmos (religinių apeigų arba tinkamų veiksmų) keliu išvaduoja nuo didžiulės baimės (*mahato bhajat*)" – nuo neapsakomų kančių, neišvengiamų sukantis nuolatiniame gimimo ir mirties rate."]

Kitą rytą suklupau prie Babadži kojų, kad jis mane prieš kelionę palaimintų. Didysis guro pajuto, kaip nenoriu jo palikti. „Mūsų niekas neišskirs, mano mylimas vaike, – jis man meiliai palietė petį. – Kad ir kur būtum, kai tik pašauksi, akimirksniu atsirasiu šalia."

Paguostas šio stebuklingo pažado ir praturtėjęs ką tik atrastu Dievo išminties auksu, nusileidau nuo kalno. Kontoroje mane džiugiai pasveikino bendradarbiai, mat jie ištisas dešimt dienų manė, kad žuvau Himalajų džiunglėse. Netrukus gavome laišką iš pagrindinio biuro: „Lahiris turi grįžti į Danapuro padalinį. Į Ranyketą jis perkeltas per klaidą. Ranykete turėjo dirbti visai kitas asmuo."

Nusišypsojau galvodamas apie slaptas povandenines sroves, atplukdžiusias mane į šį atokų Indijos kampelį.

---

[9] Iš pradžių Babadži mokyti *krijajogos* leido tik Lahiriui Mahasajai. Paskui didysis jogas Lahiris Mahasaja paprašė suteikti įgaliojimus keliems savo mokiniams, kad ir šie galėtų mokyti senovinio jogos meno. Babadži sutiko ir paskelbė, kad ateityje *krijajogos* galės mokyti tie, kurie patys yra toli nužengę *krijajogos* keliu ir kuriems leidimą suteiks Lahiris Mahasaja arba jo įgaliotų mokinių paskirti mokytojai. Babadži kilniai pažadėjo vieną gyvenimą po kito rūpintis visų ištikimų ir tikrų *krijajogos* mokinių bei mokytojų gerove.

Draugijų *Self-Realization Fellowship* ir Indijos *Yogoda Satsanga Society* į *krijajogą* inicijuoti asmenys privalo pasirašyti pasižadėjimą neatskleisti kitiems *krijajogos* technikos. Taip paprasta, bet griežta *krijajogos* metodika apsaugoma nuo neįgaliotų mokytojų pakeitimų ir iškraipymų ir išlaiko savo pirminį, patikimą pavidalą.

Nors Babadži atsisakė senovėje galiojusių askezės ir atsižadėjimo reikalavimų, kad kuo daugiau žmonių iš *krijajogos* patirtų naudos, vis dėlto reikalavo, kad Lahiris Mahasaja ir visi jo dvasiniai įpėdiniai (SRF-YSS perdavimo linijos guru) trokštantiesiems iniciacijos suteiktų tam tikrą dvasinį pradžiamokslį, kuris parengtų *krijajogos* praktikai. Itin pažangi metodika, tokia kaip *krijajoga*, nesuderinama su padriku dvasiniu gyvenimu. *Krijajoga* – ne tik meditacijos technika, tai ir gyvensena, reikalaujanti laikytis tam tikros dvasinės drausmės bei taisyklių. *Self-Realization Fellowship* ir Indijos *Yogoda Satsanga Society* ištikimai laikosi šių nurodymų, perduotų per Babadži, Lahirį Mahasają, Šri Juktešvarą ir Paramahansą Joganandą. *Hong-Sau* ir *Aum* technikos, aprašomos SRF-YSS pamokose ir mokomos SRF-YSS įgaliotų atstovų kaip įvadas į *krijajogą*, yra neatsiejama *krijajogos* kelio dalis. Šios metodikos padeda labai veiksmingai pakylėti sąmonę ir išlaisvina sielą iš pančių (*leidėjo pastaba*).

[10] Giesmė II, 40.

Prieš grįždamas į Danapurą[11], kelias dienas pagyvenau Moradabade, vienoje bengalų šeimoje. Manęs aplankyti susirinko šeši draugai. Kai ėmiau kalbėti apie dvasinius dalykus, šeimininkas liūdnai pareiškė: „O, šiais laikais Indijoje nebeliko šventųjų!" – „Babu, – karštai papriešταravau, – šioje šalyje tikrai dar yra didžių mokytojų!"

Mane buvo apėmusi pakili nuotaika ir jaučiau, kad privalau papasakoti apie stebuklingus išgyvenimus Himalajuose. Mažoji draugija klausėsi mandagiai, bet nepatikliai.

„Lahiri, – raminamai tarė vienas, – tavo protą paveikė išretėjęs kalnų oras. Kalbi fantazijas."

Degdamas troškimu atskleisti tiesą, neapgalvotai leptelėjau: „Jei pašauksiu savo guru, jis pasirodys tiesiog čia, šiuose namuose."

Visų akyse blykstelėjo susidomėjimas. Žinoma, susirinkusiems buvo smalsu išvysti tokį nepaprastą reiškinį. Nenoromis paprašiau nuvesti mane į atskirą kambarį ir duoti dvi naujas vilnones antklodes.

„Mokytojas materializuosis iš eterio, – paaiškinau. – Tyliai laukite už durų, netrukus jus pakviesiu."

Panirau į meditaciją ir nuolankiai pakviečiau savo guru. Aptemdytas kambarys prisipildė blausaus, raminamo švytėjimo ir galiausiai pasirodė spindinti Babadži figūra.

„Lahiri, iškvietei mane dėl niekų? – griežtai žvelgė mokytojo akys. – Tiesa skirta rimtiems ieškotojams, o ne dykinėjantiems smalsuoliams. Lengva patikėti tuo, ką mato akys, tada nereikia skverbtis į sielą. Ne veltui juslėms nepasiekiamas tiesas atranda tik tie, kurie įveikia prigimtinį materializmą ir skepticizmą, – paskui jis labai rimtai pridūrė: – Leisk man eiti!"

Puoliau prie jo kojų ir ėmiau maldauti: „Šventasis Guru, suprantu savo baisią klaidą ir nuolankiausiai meldžiu atleidimo. Išdrįsau pakviesti tave tik norėdamas įžiebti tikėjimą šiuose dvasiškai akluose protuose. Maloningai atsiliepei į mano maldą ir pasirodei, tad meldžiu dabar neišvykti ir palaiminti mano draugus. Nors jie ir netiki, bent jau nori patyrinėti, ar mano keisti teiginiai yra tiesa." – „Gerai, šiek tiek pabūsiu. Nenoriu, kad būtų suabejota tavo žodžiu, duotu draugų akivaizdoje, – Babadži veidas sušvelnėjo. – O ateityje, sūnau, ateisiu tik tuomet, kai būsiu reikalingas, bet ne visada, kai mane kviesi."[12]

---

[11] Miestas netoli Benareso.

[12] Kelyje į Begalybę net nušvitę mokytojai, tokie kaip Lahiris Mahasaja, gali turėti per daug įkaršcio, todėl juos tenka drausminti. „Bhagavadgytoje" dieviškasis guru Krišna daug kur priekaištauja ir drausmina tobulą mokinį Ardžuną.

Kai atidariau duris, susirinkusiųjų grupelė įtemptai tylėjo. Lyg netikėdami savo juslėmis, mano draugai žvelgė į švytintį pavidalą ant antklodės.

„Tai masinė hipnozė! – įžūliai nusijuokė vienas. – Niekas negalėjo įeiti į šį kambarį mūsų nepamatytas!"

Babadži šypsodamasis prisiartino ir mostu pakvietė visus paliesti jo šiltą, tvirtą kūną. Abejonės išsisklaidė, mano draugai puolė ant grindų atgailaudami ir apimti baimingos pagarbos.

„Pagaminkite *halua*[13]", – paprašė Babadži.

Žinojau, kad Babadži tuo nori galutinai visus įtikinti savo tikrumu. Kol kruopos virė, guru draugiškai šnekučiavosi. Įvyko didi permaina – visi šie abejojantys tomai virto pamaldžiais šventaisiais pauliais. Kai pavalgėme, Babadži visus iš eilės palaimino. Paskui staiga išvydome blyksnį ir tapome liudytojais, kaip elektroniniai Babadži kūno elementai akimirksniu dechemizavosi ir pasklido kaip garų pavidalo šviesa. Dievo dažniais veikianti Mokytojo valia atpalaidavo eterio atomus, kurie sukibę draugėn sudarė jo kūną, ir trilijonai mažų gyvybės kibirkštėlių išblėso begalinėje saugykloje.

„Savo akimis regėjau mirties nugalėtoją, – pagarbiai ištarė Maitra[14], vienas iš svečių. – Su erdve ir laiku didysis guru žaidžia lyg vaikas su burbulais. Mačiau tą, kuris turi žemės ir dangaus raktus."

Netrukus grįžau į Danapurą, – baigė pasakojimą Lahiris Mahasaja. – Tvirtai nuleidęs inkarą Dvasioje, vėl ėmiausi visokiausių šeimos ir verslo pareigų, kaip dera pasauliečiui ir namų šeimininkui.

Svamiui Kebalanandai ir Šri Juktešvarui Lahiris Mahasaja papasakojo apie dar vieną susitikimą su Babadži. Tai buvo vienas iš daugybės atvejų, kai didysis guru tesėjo savo pažadą: „Ateisiu, kai tau manęs reikės."

– Tai įvyko Alahabade per *kumbhamelą*, – papasakojo mokiniams Lahiris Mahasaja. – Nuvykau ten norėdamas trumpai pailsėti nuo darbo reikalų. Klajodamas tarp vienuolių ir sadhu, iš tolimiausių

---

[13] Tirštas saldus patiekalas, gaminamas iš manų kruopų, pakepintų svieste ir išvirtų saldintame piene.

[14] Šis žmogus vėliau tapo žinomas kaip Maitra Mahasaja (Mahasaya); jis padarė labai didelę dvasinę pažangą. Su Maitra Mahasaja susipažinau vos baigęs vidurinę mokyklą; jis lankėsi Mahamandalo vienuolyne Benarese, kai ten gyvenau. Tada jis man ir papasakojo apie Babadži pasirodymą svečiams Moradabade. „Po šio stebuklo, – paaiškino man Maitra Mahasaja, – visam gyvenimui tapau Lahirio Mahasajos mokiniu."

kampelių susirinkusių į šį šventą renginį, pamačiau pelenais išsitepusį asketą, kuris laikė išmaldos dubenėlį. Man kilo mintis, kad šis žmogus – apsimetėlis, nešiojantis tik išorinius atsižadėjimo simbolius be atitinkamo vidinio jausmo.

Vos praėjęs pro asketą staiga pamačiau Babadži. Apstulbau. Jis klūpojo priešais atsiskyrėlį susivėlusiais plaukais.

„Gurudži! – nuskubėjau prie jo. – Pone, ką čia veikiate?" – „Mazgoju šiam atsižadėjusiajam kojas, paskui išplausiu jo dubenėlius."

Babadži nusišypsojo man kaip kūdikis. Supratau, kad jis man rodo, jog turėčiau nieko neteisti, o veikiau matyti Viešpatį, gyvenantį visų kūnų šventovėse, kad ir kokie tie žmonės būtų – pranašesni ar menkesni.

Didysis guru pridūrė: „Tarnaudamas sadhu, tiek išminčiams, tiek ir neišmanėliams, mokausi didžiausios dorybės, Dievo vertinamos labiau už kitas – nuolankumo."[15]

---

[15] „...bet lenkiasi pamatyti, kas žemai – danguje ir žemėje?" (Ps 113, 6); „Nes kas save aukština, bus pažemintas, o kas save žemina, bus išaukštintas." (Mt 23, 12)
Nuženinti savo ego, arba netikrąjį aš – tai atrasti savo amžinąją tapatybę.

35 SKYRIUS

Į Kristaus panašus Lahirio Mahasajos gyvenimas

„Taip mudviem dera atlikti visa, kas reikalinga teisumui."[1] Šiuos žodžius Jėzus skyrė Jonui Krikštytojui. Jėzus prašė, kad Jonas jį pakrikštytų, ir tuo pripažino dieviškąsias jo, kaip savo guru, teises.

Su visa pagarba studijuodamas Bibliją iš rytietiškų pozicijų ir vadovaudamasis intuicija įsitikinau, kad Jonas Krikštytojas praeituose gyvenimuose yra buvęs Kristaus guru[2]. Gausios Biblijoje randamos užuominos leidžia spręsti, kad Jonas ir Jėzus pirmiau buvo įsikūniję kaip Elijas ir jo mokinys Eliša. (Taip šie vardai rašomi Senajame Testamente. Graikų vertėjai rašė *Elias* ir *Eliseus*; Naujajame Testamente jie vėl pasirodo kitu pavidalu.)

Pačioje Senojo Testamento pabaigoje išpranašaujama, kad Elijas ir Eliša vėl atgims: „Štai! Pirm negu ateis ši didinga ir baisi diena, atsiųsiu jums pranašą Eliją."[3] Taigi Jonas (Elijas), atsiųstas „pirm negu ateis" Viešpats, gimė šiek tiek anksčiau tarnauti kaip Kristaus šauklys. Tėvui Zacharijui apsireiškęs angelas paliudijo, kad jo būsimasis sūnus Jonas bus ne kas kitas, o Elijas.

„Bet angelas jam tarė: 'Nebijok, Zacharijau, tavo prašymas išklausytas. Tavo žmona Elzbieta pagimdys tau sūnų, o tu jį praminsi Jonu. Tau bus džiaugsmas ir paguoda, ir daugelis džiaugsis jo gimimu, nes jis bus didis Viešpaties akyse. Jis negers vyno ir jokių svaigalų. Iš pat motinos įsčių jis bus kupinas Šventosios Dvasios ir daugybę Izraelio sūnų atvers į Viešpatį, jų Dievą. *Su Elijo dvasia ir galybe* jis žengs pirma Viešpaties,

---

[1] Mt 3, 15.
[2] Biblijoje daug kur pripažįstamas reinkarnacijos principas. Žmonių patiriamus įvairius raidos etapus reinkarnacijos ciklai paaiškina racionaliau, nei Vakaruose pripažintos teorijos, esą individuali sąmonė atsiranda iš nieko, trisdešimt ar devyniasdešimt metų praleidžia daugiau ar mažiau gyvybingai ir paskui vėl grįžta į pirminę tuštumą. Suprasti tokios tuštumos nesuvokiamą prigimtį – tai uždavinys, galėjęs nudžiuginti viduramžių scholasto širdį.
[3] Mal 3, 23.

kreipdamas tėvų širdis į vaikus ir įkvėpdamas neklusniems teisiųjų nusiteikimą, kad prirengtų Viešpačiui tobulą tautą."[4]

Jėzus du kartus neabejotinai įvardijo Joną kaip Eliją: „Bet aš jums sakau, kad Elijas jau buvo atėjęs, ir jie jo nepažino... Tuomet mokiniai suprato jį kalbėjus apie Joną Krikštytoją."[5] Dar Kristus sako: „Visi pranašai ir Įstatymas pranašavo iki Jono, ir jeigu norite priimti, tai jis yra tas Elijas, kuris turi ateiti."[6]

Neigdamas esąs Elijas[7], Jonas norėjo pasakyti, kad atėjęs kukliu Jono apdaru neprilygsta išoriniam didžiojo guru Elijo prakilnumui. Buvusiame gyvenime savo šlovės ir dvasinių turtų „skraistę" jis atidavė mokiniui Elišai. „Prašyčiau leisti man paveldėti tavo dvasios dvigubą dalį", – atsakė Eliša. „Sunkaus dalyko iš manęs prašai, – tarė Elijas. – Jeigu matysi mane, kai būsiu nuo tavęs paimamas, tau bus šitai suteikta, o jeigu nematysi, tai nebus tau suteikta." Tada jis pakėlė nukritusią Elijo *skraistę* ir, sugrįžęs prie Jordano kranto, sustojo."[8]

Juodu apsikeitė vaidmenimis, nes Elijui-Jonui nebereikėjo būti tariamu Elišos-Jėzaus mokytoju, – šis jau buvo dieviškai tobulas.

Kai Kristus atsimainė ant kalno[9], pasirodė jo guru Elijas su Moze. Sunkiausią valandą ant kryžiaus Jėzus sušuko: „*Eli, Eli, lema sabachtani?*, tai reiškia: Mano Dieve, mano Dieve, kodėl mane apleidai?! Kai kurie iš ten stovėjusių išgirdę sakė, jog jis šauksiąsis Elijo. Kiti kalbėjo: 'Liaukis! Pažiūrėsim, ar ateis Elijas jo išgelbėti."[10]

Toks laikui nepavaldus guru ir mokinio ryšys, siejęs Joną ir Jėzų, taip pat siejo ir Babadži su Lahiriu Mahasaja. Nemirtingasis guru jautriai ir rūpestingai plaukė per bedugnius vandenis, verpetuojančius tarp dviejų jo *čelos* gyvenimų, vadovavo visiems žingsniams, kuriuos vaikystėje, o vėliau kaip subrendęs žmogus žengė Lahiris Mahasaja. Tik kai mokiniui sukako trisdešimt treji, Babadži nutarė, kad atėjo laikas jam atskleisti apie niekad nenutrūkusį ryšį.

Per trumpą susitikimą prie Ranyketo didžiadvasis guru nesulaikė mokinio prie savęs, leido Lahiriui Mahasajai keliauti į pasaulį atlikti

---

[4] Lk 1, 13–17.
[5] Mt 17, 12–13.
[6] Mt 11, 13–14.
[7] Jn 1, 21.
[8] 2 Kar 2, 9–14.
[9] Mt 17, 3.
[10] Mt 27, 46–49.

misijos. „Mano sūnau, ateisiu pas tave, kai tik tau manęs reikės." Ar mirtingas mylimasis tesėtų tokį be galo daugiaprasmį pažadą?

Visuomenei nežinant, 1861 metais nuošaliame Benareso kampelyje prasidėjo didis dvasinis atgimimas. Kaip nenuslopinsi gėlių aromato, taip ir Lahiris Mahasaja, tyliai gyvendamas kaip tobulas pasaulietis namų šeimininkas, neįstengė nuslėpti savo įgimtos didybės. Sekėjai it bitės rinkosi pas jį iš visų Indijos kampelių pasimėgauti išsilaisvinusio mokytojo dvasiniu nektaru.

Vienas pirmųjų keistą darbuotojo permainą pastebėjo biuro viršininkas anglas ir meiliai praminė jį Ekstazės Apimtu Babu.

„Pone, atrodote liūdnas. Kas nutiko? – vieną rytą savo darbdavio atjaučiai paklausė Lahiris Mahasaja." – „Žmona Anglijoje sunkiai serga. Man labai neramu." – „Tuoj sulauksite apie ją žinutės."

Lahiris Mahasaja išėjo iš kambario ir valandėlę pasėdėjo nuošalėje. Grįžęs guodžiamai nusišypsojo: „Jūsų žmona sveiksta ir dabar kaip tik rašo jums laišką." Tada visažinis guru šį tą iš laiško pacitavo.

„Babu, žinojau, kad tu – nepaprastas žmogus. Bet negaliu patikėti, kad panorėjęs įveiki laiką ir erdvę!"

Pagaliau žadėtasis laiškas atėjo. Apstulbęs viršininkas įsitikino, kad jame ne tik gera žinia apie sveikstančią žmoną, bet ir tie patys sakiniai, kuriuos prieš kelias savaites jam citavo didysis mokytojas. Po kelių mėnesių į Indiją atvyko ir žmona. Sutikusi Lahirį Mahasają, pagarbiai į jį pažvelgė ir tarė: „Pone, tai jūsų pavidalą, apgaubtą didingos šviesos aureolės, prieš kelis mėnesius regėjau Londone ligos patale. Tą akimirką visiškai pasveikau! Neilgai trukus, įstengiau leistis į ilgą kelionę per vandenyną į Indiją."

Diena iš dienos taurusis guru po vieną ar du mokinius inicijuodavo į *krijajogą*. Didysis mokytojas ne tik atliko šias dvasines pareigas, rūpinosi verslo ir šeimos reikalais, bet ir karštai domėjosi ugdymu. Jis surinko daug mokinių grupių ir aktyviai padėjo plėsti didelę vidurinę mokyklą Bengalitoloje, viename Benareso rajonų. Kassavaitiniuose susitikimuose, kurie buvo praminti „Gytos asamblėjomis", daugybei uolių tiesos ieškotojų guru aiškino šventraščius.

Įsitraukęs į tokią visapusę veiklą, Lahiris Mahasaja įstengė atsakyti į dažnai pasitaikantį iššūkį: „Kaip rasti laiko pamedituoti tarp verslo ir socialinių pareigų?" Harmoningai subalansuotas didžiojo namų šeimininko ir guru gyvenimas įkvėpė tūkstančius vyrų ir moterų. Gaunantis tik kuklų atlyginimą, taupus, nemėgstantis prabangos, visiems prieinamas mokytojas džiugiai ir natūraliai žengė drausmingo pasaulietinio gyvenimo keliu.

Net sėdėdamas Aukščiausiojo soste, Lahiris Mahasaja su visais žmonėmis elgėsi pagarbiai, nepaisydamas jų skirtingų nuopelnų. Kai sekėjai jį sveikindavo, jis jiems nusilenkdavo. Nuolankus it vaikas, mokytojas dažnai paliesdavo kitų pėdas, bet pats retai priimdavo tokią pagarbą, nors taip nusilenkti mokytojui – senas Rytų paprotys.

Svarbus Lahirio Mahasajos gyvenimo bruožas buvo gebėjimas inicijuoti į *krijajogą* visų tikėjimų žmones. Tarp jo iškiliausių mokinių buvo ne tik hinduistų, bet ir musulmonų bei krikščionių. Monistus ar dualistus, įvairių tikėjimų ar išvis nieko netikinčius, – įvairiapusis guru nešališkai priimdavo ir mokydavo visus. Vienas iš jo itin toli nužengusių mokinių buvo musulmonas Abdulas Gufuras Chanas (Abdul Gufoor Khan). Lahiris Mahasaja priklausė aukščiausiai brahmanų kastai, bet narsiai stengėsi sklaidyti sustabarėjusius tų laikų kastų prietarus. Po visa gaubiančiais mokytojo sparnais prieglobstį rasdavo įvairų visuomenės sluoksnių žmonės. Kaip visi Dievo įkvėpti pranašai, Lahiris Mahasaja suteikė naują viltį visuomenės atstumtiesiems ir paniekintiesiems.

„Atminkite, kad jūs niekam nepriklausote ir jums niekas nepriklauso. Nepamirškite, jog ateis diena, kai staiga turėsite viską šiame pasaulyje palikti, tad jau dabar stenkitės pažinti Dievą, – kalbėdavo savo mokiniams didysis guru. – Ruoškitės artėjančiai astralinei mirties kelionei, kasdien skraidydami dieviškojo suvokimo oro balionu. Dėl iliuzijos suvokiate save kaip kūną, raumenų ir kaulų rinkinį, nors jis geriausiu atveju tėra bėdų lizdas[11]. Be perstojo medituokite, kad kuo greičiau pamatytumėte save kaip Begalinę Esmę, kurioje nėra jokių vargų ir nelaimių. Liaukitės buvę kūno belaisviai; pasukę slaptąjį *krijajogos* raktą, išmokite ištrūkti į Dvasią."

Visus savo mokinius mokytojas skatino laikytis geros tradicinės savo tikėjimo praktikos. Pabrėždamas visa apimančią *krijajogos*, kaip praktinio išsilaisvinimo būdo, prigimtį, Lahiris Mahasaja leisdavo savo mokiniams gyventi pagal jų aplinkos ir auklėjimo reikalavimus. „Musulmonas turėtų kasdien penkis kartus melstis, atlikti *namazą*[12], – aiškindavo mokytojas. – Hinduistas kelis kartus per dieną turėtų medituoti.

---

[11] „Kiek įvairiausių mirties rūšių yra mūsų kūnuose. Juose nieko daugiau nėra, tik mirtis." (Martynas Liuteris, „Užstalės pokalbiai").

[12] Pagrindinė musulmonų malda, kartojama penkis kartus per dieną.

LAHIRIS MAHASAJA (1828–1895)
Jogavatara, „Jogo įsikūnijimas"
Babadži mokinys ir Šri Juktešvaro guru
Šiuolaikinėje Indijoje jis atgaivino senovinį *krijajogos* mokslą

Krikščionis – atsiklaupęs pasimelsti Dievui ir tada paskaityti Bibliją."

Išmintingai ir įžvalgiai guru vedė savo mokinius *bhakčio* (meilės ir atsidavimo), *karmos* (veiklos), *džnanos* (išminties) arba *radžajogos* (karališkosios, arba universaliosios) jogos keliais pagal kiekvieno prigimtinius polinkius. Mokytojas neskubėdavo leisti sekėjams rinktis oficialų vienuolystės kelią, visad pirmiausia perspėdavo gerai pagalvoti apie griežtą vienuolių gyvenimą.

Didysis guru mokė vengti teorinių diskusijų apie šventraščius. „Tik tas yra išmintingas, kuris pasiryžta senuosius apreiškimus įsisąmoninti, o ne vien juos perskaityti, – sakydavo jis. – Visas savo problemas spręskite medituodami[13]. Tuščias spėliones pakeiskite tikra bendryste su Dievu. Išsivalykite iš proto dogminės teologijos šiukšles, įsiliekite gaivaus, gydančio tiesioginio suvokimo vandens. Klausykite aktyvaus vidinio Vadovavimo ir Dieviškasis Balsas atsakys į kiekvieną jūsų gyvenimo dilemą. Nors žmogus turi begalę būdų, kaip pakliūti į bėdą, Amžinasis Gelbėtojas yra ne mažiau išradingas."

Kartą aiškindamas mokiniams „Bhagavadgytą", mokytojas parodė, kad yra visur. Pradėjęs dėstyti, ką reiškia visoje gyvojoje kūrinijoje esanti *kūtastha čaitanja* (Kristaus Sąmonė), Lahiris Mahasaja staiga atsiduso ir šūktelėjo: „Aš skęstu daugybės sielų kūnuose prie Japonijos krantų!"

Kitą rytą mokiniai laikraščiuose perskaitė telegrafo pranešimą, kad netoli Japonijos nuskendo laivas ir žuvo daug žmonių.

Daugybė toli gyvenančių Lahirio Mahasajos mokinių juto, kad jis nuolat yra greta. „Aš visada su tais, kurie praktikuoja *krijajogą*, – guosdavo jis *čelas*, negalinčius pasilikti su juo. – Padėsiu jums plėsti dvasinį suvokimą ir taip vesiu jus į Kosminius Namus."

Vienas iškilus didžiojo guru mokinys Šri Bhupendra Nathas Sanjalas (Sri Bhupendra Nath Sanyal)[14] papasakojo, kad 1892 metais, dar būdamas jaunas, negalėjo nuvykti į Benaresą, bet meldė mokytojo būti jo dvasiniu vadovu. Lahiris Mahasaja pasirodė Bhupendrai sapne ir suteikė jam *dykšą* (įšventinimą). Vėliau vaikinas nuvyko į Benaresą ir paprašė guru *dykšos*. „Jau įšventinau tave sapne, – atsakė Lahiris Mahasaja."

---

[13] „Tiesos ieškok meditacijoje, ne priplėkusiose knygose. Mėnulio ieškok danguje, ne tvenkinyje." (Persų patarlė)

[14] Šri Sanjalas mirė 1962 m. (*leidėjo pastaba*).

Jei mokinys apleisdavo savo pasaulietines pareigas, mokytojas jį meiliai pataisydavo ir sudrausdavo.

„Lahiris Mahasaja kalbėdavo švelniai, jo žodžiai gydydavo, net jei būdavo priverstas atvirai nurodyti *čelai* trūkumus, – kartą papasakojo Šri Juktešvaras. Ir liūdnai pridūrė: – Nė vienam mokiniui nepavykdavo išsisukti nuo kandžių mūsų mokytojo pastabų." Čia aš nesusiturėjau ir nusijuokiau, bet nuoširdžiai patikinau Šri Juktešvarą, kad kiekvienas jo žodis, ir dygus, ir ne, man skamba kaip muzika.

Lahiris Mahasaja rūpestingai suskirstė *krijajogą* į keturias vieną po kitos suteikiamas iniciacijas[15]. Tris aukštesnes pakopas mokiniui atskleisdavo tik tada, kai šis neabejotinai patobulėdavo dvasiškai. Sykį vienas *čela*, tvirtai manydamas, kad yra per menkai įvertintas, ėmė reikšti nepasitenkinimą. „Mokytojau, – pareiškė jis, – juk aš jau tikrai pasirengęs antrajai iniciacijai."

Tuo metu atsidarė durys ir įėjo kuklus mokinys, vardu Brinda Bhagatas. Jis dirbo Benarese laiškininku.

„Brinda, sėskis čia, šalia manęs, – maloniai nusišypsojo didysis guru. – Pasakyk, ar jau esi pasirengęs antrajai *krijos* iniciacijai?"

Mažasis laiškininkas maldaujamai sudėjo rankas. „Gurudeva, – kreipėsi išgąstingai, – meldžiu: daugiau jokių iniciacijų! Kaip galėčiau priimti dar sudėtingesnį mokymą? Šiandien atėjau prašyti jūsų palaiminimo, nes pirmoji *krijos* iniciacija taip dieviškai mane apsvaigino, kad nebegaliu nešioti laiškų!" Mokytojas tarė: „Štai Brinda jau plaukioja Dvasios jūroje."

Išgirdęs šiuos Lahirio Mahasajos žodžius, anas mokinys nuleido galvą. „Mokytojau, – išlemeno jis, – matau, kad buvau niekam tikęs darbininkas, bet dėl to kaltinau įrankius."

Kuklusis laiškininkas, nors ir nemokytas, praktikuodamas *krijajogą* vėliau išsiugdė tokią įžvalgą, kad šventraščių žinovai kartais prašydavo jo paaiškinti painias šventųjų tekstų vietas. Mažasis Brinda, neturintis nei nuodėmių, nei išmanymo apie sintaksę, pelnė šlovę tarp mokytų panditų.

Be gausių Lahirio Mahasajos mokinių iš Benareso, šimtai atvykdavo iš atokių Indijos kampelių. Jis pats kelis kartus keliavo į Bengaliją paviešėti savo dviejų sūnų uošvijose. Palaiminta jo apsilankymo

---

[15] *Krijajoga* turi daug atšakų; Lahiris Mahasaja įžvelgė keturias esmines pakopas – tas, kurios turi didžiausią praktinę vertę.

Jogo autobiografija

Bengalija tarsi medaus korys prisipildė mažų *krijajogos* grupelių. Daug tylių sekėjų, ypač Krišnanagaro ir Bišnupuro rajonuose, lig šiol palaiko nematomos dvasinės meditacijos srovės tėkmę.

Tarp daugybės šventųjų, Lahirio Mahasajos inicijuotų į *krijajogą*, galima paminėti garsųjį Svamį Bhaskaranandą Sarasvatį (Saraswati) iš Benareso ir iškilųjį Deogaro asketą Balanandą Brahmačarį (Brahmachari). Lahiris Mahasaja kurį laiką tarnavo privačiu Benareso maharadžos Išvario Narajano Sinhos Bahaduro (Iswari Narayan Sinha Bahadur) sūnaus auklėtoju. Pripažindamas mokytojo dvasines žinias, maharadža, kaip ir jo sūnus, pasiprašė įšventinamas į *krijajogą*; taip pat pasielgė ir maharadža Džotindra Mohanas Thakuras (Jotindra Mohan Thakur).

Kai kurie aukštas pasaulietines pareigas užimantys Lahirio Mahasajos mokiniai troško praplėsti *krijajogos* ratą ir ėmė mokymą reklamuoti. Tačiau guru to daryti neleido. Vienas *čela*, karališkasis Benareso valdovo gydytojas, pradėjo garsinti mokytojo vardą vadindamas jį Kašio Baba (*Kashi Baba* – Benareso Kilnusis)[16]. Guru ir tai uždraudė. „Tegu *krijajogos* žiedo aromatas sklinda savaime, – pasakė jis. – Krijos sėklos tikrai sudygs dvasiškai derlingose širdyse."

Nors didysis mokytojas neskleidė savo mokymo šiuolaikiniais būdais – per kokią nors organizaciją ar spaudą – jis žinojo, kad galinga jo žinia pakils lyg nesulaikomas potvynis ir savo jėga nuplaus žmonių protų krantus. Pasikeitę ir apvalyti sekėjų gyvenimai – štai paprasta nemirtingo *krijajogos* gyvybingumo garantija.

1886-aisiais, praėjus dvidešimt penkeriems metams nuo įšventinimo Ranykete, Lahiris Mahasaja išėjo į pensiją[17]. Dabar jau dienomis būdavo laisvas, tad mokinių daugėjo. Didysis guru beveik visą laiką sėdėdavo tylėdamas, sustingęs ramia lotoso poza. Retai išeidavo iš savo nedidelės svetainės, net neidavo pasivaikščioti ir nesilankydavo kituose kambariuose. Kone be paliovos plaukė *čelos*, norėdami guru *daršano* (susitikimo su šventuoju).

Visus lankytojus stulbino antžmogiškos Lahirio Mahasajos fiziologinės galimybės: jis sugebėdavo ilgam sustabdyti kvėpavimą ir širdies plakimą, jam nereikėjo miego, jo ramios akys valandų valandas

---

[16] Kiti Lahiriui Mahasajai jo mokinių suteikti vardai buvo *Jogibar* (didžiausias iš jogų), *Jogiradž* (jogų karalius) ir *Munibar* (švenčiausias šventasis). Aš prie jų pridėjau *Jogavatara* (jogos įsikūnijimas).

[17] Viename vyriausybės departamente jis iš viso ištarnavo trisdešimt penkerius metus.

nemirksėdavo ir jį gaubdavo visiškos ramybės aura. Visi svečiai išeidavo iš Lahirio Mahasajos namų pakylėta dvasia, suprasdavo gavę tylų tikro Dievo žmogaus palaiminimą.

Paskui mokytojas leido savo mokiniui Pančanonui Bhatačarjai (Panchanon Bhattacharya) Kalkutoje atidaryti jogos centrą, kuris buvo pavadintas Arja misijos institutu (Arya Mission Institution). Centre buvo dalijami augaliniai jogų vaistai[18] ir pirmi nebrangūs „Bhagavadgytos" leidimai bengalų kalba. Šio centro rūpesčiu hindi ir bengalų kalbomis išleista „Bhagavadgyta" surado kelią į tūkstančius namų.

Kaip liepia senovinis paprotys, Lahiris Mahasaja savo lankytojams duodavo indinio nimbamedžio aliejaus[19] įvairiems negalavimams gydyti. Kai mokytojas paprašydavo, aliejaus išdistiliuodavo kas nors iš mokinių. Bet jei aliejų distiliuoti mėgindavo kas nors kitas, susidurdavo su nelauktais sunkumais: atlikęs reikiamas procedūras pamatydavo, kad aliejus beveik visiškai išgaravęs. Regis, aliejui distiliuoti buvo būtinas mokytojo palaiminimas.

Toliau parodyta Lahirio Mahasajos rašysena ir parašas bengalų kalba. Tai eilutės iš laiško vienam *čelai*. Didysis mokytojas taip aiškina vieną sanskrito posmą: „Tas, kuris apimtas tokios ramybės, kad vokai nebemirksi, yra pasiekęs *sambhabi mudrą*."[20]

[*parašas apačioje kairėje*] Šri Šjama Čaran Deva Šarman (*Sri Shyama Charan Deva Sharman*)

Kaip daugelis kitų didžių pranašų, Lahiris Mahasaja pats nerašė knygų, bet įvairiems mokiniams perteikė savą šventraščių interpretaciją. Mano geras draugas Šri Ananda Mohanas Lahiris, jau miręs

---

[18] Hinduizmo medicinos traktatai vadinami *ajurveda*. Vedų gydytojai naudojo įmantrius chirurginius instrumentus, atlikdavo plastines operacijas, mokėjo neutralizuoti nuodingų dujų poveikį, atlikdavo cezario pjūvį ir smegenų operacijas, mokėjo stiprinti vaistų poveikį. Sudarydamas savo *Materia medica*, Hipokratas (IV a. pr. Kr.) daug pasiskolino iš hinduistinių šaltinių.

[19] Dabar gydomosios indinio nimbamedžio savybės pripažintos ir Vakaruose; karti nimbamedžio žievė vartojama kaip stiprinamoji priemonė, vaisių ir sėklų aliejumi gydomi raupsai ir kitos ligos.

[20] *Sambhabi mudra* – tai į tašką tarp antakių įsmeigtas žvilgsnis. Kai jogas pasiekia tam tikrą dvasinės ramybės pakopą, jo akių vokai nemirksi, jis nugrimzta į vidinį pasaulį.

Mudra (simboliu) dažniausiai vadinamas ritualinis pirštų arba rankų gestas. Daug *mudrų* teikia ramybę, nes veikia tam tikrus nervus. Senoviniuose hinduistų raštuose smulkiai suklasifikuotos *nadės* (72 000 kūne esančių nervų kanalėlių) ir jų ryšys su psichika. Dievui garbinti ir jogoje naudojamos *mudros* yra moksliškai pagrįstos. Sudėtinga *mudrų* kalba vartojama ir Indijos apeiginiuose šokiuose bei ikonografijoje.

Jogo autobiografija

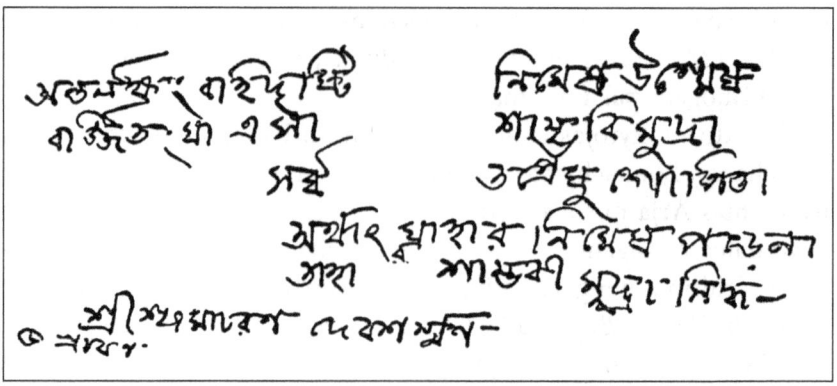

mokytojo anūkas, rašė taip:

„Bhagavadgytoje" ir kitose „Mahabharatos" epo dalyse yra kelios painios vietos (*vja-kutos*). Neišsiaiškinę šių vietų, skaitome tik savotiškus mitinius pasakojimus, kuriuos lengva suprasti klaidingai. Palikę šias vietas nepaaiškintas, prarandame mokslą, tūkstančius metų ieškotą, bandytą ir nežmoniškai kantriai Indijos saugotą.[21]

Lahiris Mahasaja atskleidė religinį mokslą, kurį lig tol sumaniai slėpė alegorinių šventraščių vaizdinių mįslė. Vedų apeiginės formulės jau nėra nesuprantamas žongliravimas žodžiais – mokytojas įrodė, kad jos kupinos mokslinės prasmės.

Žinome, kad blogio aistrų akivaizdoje žmogus dažniausiai pasijunta bejėgis, bet kai jis per *krijajogą* patiria bei suvokia aukštesnę ir ilgalaikę palaimą, blogio aistros netenka galios, nebelieka noro joms pasiduoti, žmogus paneigia žemesniąją prigimtį ir jos atsisako, o patirdamas palaimą prisipildo naujų jėgų. Jei to neįvyksta, vien tuščias moralizavimas turės mažai naudos.

Už visų materialių reiškinių slypi Begalybė, Galios Vandenynas. Pasaulietinės veiklos troškimas nuslopina mumyse pagarbią dvasinę

---

[21] Žinomas orientalistas profesorius Normanas Braunas rašo: „Kai kuriuose neseniai Indo slėnio archeologinių kasinėjimų aikštelėse atrastuose įspauduose, datuojamuose trečiuoju tūkstantmečiu prieš Kristų, matyti figūros, sėdinčios tomis pačiomis meditacijos pozomis, kurios ir dabar priimtos jogos sistemoje; tai patvirtina išvadą, kad net tais laikais buvo žinomi tam tikri jogos pradmenys. Taigi turime pagrindo teigti, kad nuolatinė savistaba Indijoje praktikuojama jau penkis tūkstančius metų." (W. Norman Brown, *Bulletin of the American Council of Learned Societies*, Washington, D.C.).

Hinduizmo šventieji raštai liudija, kad jogos mokslas Indijoje žinomas jau nuo neatmenamų laikų.

Į Kristaus panašus Lahirio Mahasajos gyvenimas

baimę. Šiuolaikinis mokslas mus moko, kaip panaudoti Gamtos galias, ir mes nebesuvokiame už visų vardų bei pavidalų slypinčios Didžiosios Gyvybės. Pažinę Gamtą, pradėjome nepaisyti jos didžiausių paslapčių, mūsų santykiai su ja tapo praktiški ir dalykiški. Galima sakyti, erziname ją, siekiame priversti ją tarnauti mūsų tikslams, naudojame jos energijas, nors jų Šaltinis mums tebėra nežinomas. Moksle mūsų santykis su Gamta primena pasipūtėlio šeimininko santykį su tarnu, o filosofine prasme Gamta yra kaip sulaikytoji liudytojų suole. Mes ją kryžmiškai apklausinėjame, ja abejojame ir skrupulingai sveriame jos parodymus žmogiškomis svarstyklėmis, negalinčiomis išmatuoti jos paslėptų vertybių.

Kita vertus, kai savasis aš susilieja su aukštesniąja galia, Gamta pati be įtampos paklūsta žmogaus valiai. Tada Gamtos nesuprantantis materialistas sako, kad vyksta „stebuklai".

Lahirio Mahasajos gyvenimo pavyzdys pakeitė klaidingą nuomonę, kad joga – tai paslaptinga praktika. Kad ir kokia sausa būtų fizika, visi gali rasti būdą per *krijajogą* suprasti savo tikrąjį santykį su Gamta ir pajusti pagarbą visiems jos reiškiniams[22], ar jie būtų mistiški, ar kasdieniški. Turėtume nepamiršti, kad daugybė prieš tūkstantį metų nesuprantamų dalykų jau tokie nebeatrodo, tad mums dabar paslaptingi reiškiniai po kelerių metų gal atrodys dėsningi ir aiškūs.

Krijajogos mokslas yra amžinas. Jis tikras kaip matematika; kaip paprastų sudėties ir atimties taisyklių, taip ir *krijos* dėsnio neįmanoma sunaikinti. Sudeginkite visas matematikos knygas – logiškai mąstantys žmonės viską atras iš naujo. Uždrauskite visas knygas apie jogą – pamatiniai jos principai bus vėl atskleisti, kai tik atsiras tyro atsidavimo, vadinasi, ir tyrų žinių turintis išminčius."

Lygiai kaip Babadži yra vienas didžiausių avatarų, *Mahavatara*, o Šri Juktešvarą galima pagrįstai vadinti *Džnanavatara*, arba Išminties Įsikūnijimu, Lahiris Mahasaja buvo *Jogavatara*, arba Jogos Įsikūnijimas[23].

Vertinant ir kokybinio, ir kiekybinio gėrio matu, didysis mokytojas pakylėjo visuomenės dvasingumą. Savo artimus mokinius išugdęs taip,

---

[22] Škotų filosofas Tomas Karlailas rašė: „Žmogus, kuris nesugeba stebėtis, kuris nėra pratęs stebėtis (ir garbinti), net jei būtų begalės karališkųjų draugijų prezidentas ir galvoje nešiotųsi... visas laboratorijas ir observatorijas su jų visų rezultatais, visada bus tik akiniai, už kurių nėra jokių akių." (Thomas Carlyle, *Sartor Resartus*).

[23] Šri Juktešvaras savo mokinį Paramahansą Joganandą vadino dieviškosios meilės įsikūnijimu. Kai garbusis Paramahansa išėjo iš šio pasaulio, jo pagrindinis mokinys ir dvasinis įpėdinis Radžarišis Džanakananda (Rajarsi Janakananda – James J. Lynn) jam oficialiai suteikė Premavataros (Meilės Įsikūnijimo) titulą (*leidėjo pastaba*).

PANČANONAS BHATAČARJA
Lahirio Mahasajos mokinys

kad jie tapo panašūs į Kristų, ir plačiai paskleidęs tiesą daugybei žmonių, Lahiris Mahasaja yra tarp kitų žmonijos gelbėtojų.

Kaip pranašas, jis unikalus todėl, kad praktiškai pabrėžė konkretų metodą, tai yra *krijajogą*, ir pirmą kartą visiems atvėrė duris į jogos laisvę. Net jei neminėtume jo gyvenimo stebuklų, didžiausias *Jogavataros* stebuklas yra tas, kad sudėtingą senovės jogą jis pavertė paprasta ir veiksminga priemone, pasiekiama paprastam žmogui.

Apie stebuklus Lahiris Mahasaja dažnai kalbėdavo taip: „Žmonėms nežinomų subtiliųjų dėsnių veikimo nereikėtų gerai neapsvarsčius viešai aptarinėti nei atskleisti." Jei pasirodys, kad šiuose puslapiuose nepaisiau jo perspėjimų, tai tik todėl, kad širdyje mokytojas man leido taip pasielgti. Vis dėlto aprašydamas Babadži, Lahirio Mahasajos ir Šri Juktešvaro gyvenimus kai kurių stebuklingų istorijų nutariau neskelbti. Nebūčiau įstengęs jų papasakoti drauge neparašęs ir veikalo, aiškinančio sudėtingą jogos filosofiją.

Kaip jogas ir pasaulietis namų šeimininkas, Lahiris Mahasaja skelbė praktinę žinią, tinkamą šių dienų pasaulio poreikiams. Tokių puikių ekonominių ir religinių sąlygų kaip senovės Indijoje nebėra. Todėl didysis mokytojas neskatino rinktis senojo jogo idealo – klajojančio asketo su išmaldos dubenėliu. Veikiau pabrėžė, kad jogas daugiau laimės, jei pats užsidirbs pragyvenimui, nebus sunkiai besiverčiančios visuomenės išlaikomas ir jogą praktikuos namie. Taip patardamas Lahiris Mahasaja rodė įspūdingą savo paties pavyzdį. Jis buvo modernus, prisitaikęs prie savo laiko jogas. Jo gyvensena, kaip ir numatė Babadži, tapo pavyzdžiu visiems, norintiems tapti jogais įvairiose pasaulio šalyse.

Nauja viltis naujiems žmonėms! „Vienovė su Dievu, – skelbė *Jogavatara*, –pasiekiama paties žmogaus pastangomis, ji nepriklauso nuo teologinių įsitikinimų nei nuo kaprizingos Kosminio Diktatoriaus valios."

Pasukę spynoje *krijajogos* raktą, žmonės, neįstengiantys patikėti kokio nors žmogaus dieviškumu, galiausiai išvys visą savo pačių dieviškumą.

36 SKYRIUS

Babadži domesys Vakarais

– Mokytojau, ar kada nors buvote sutikęs Babadži?
Šryrampure buvo tyki vasaros naktis. Sėdėjome su Šri Juktešvaru vienuolyne, antro aukšto balkone, mums virš galvų spindėjo didžiulės atogrąžų žvaigždės.

– Taip, – nusišypsojo mokytojas, išgirdęs mano tiesų klausimą, o jo akyse sužibo pagarba. – Tris kartus buvau palaimintas, regėdamas nemirtingąjį guru. Pirmą kartą susitikome Alahabade per *kumbhamelą*.

Indijoje nuo neatmenamų laikų rengiami religiniai susibūrimai, vadinami *kumbhamelomis*[1]. Daugybei žmonių jos padeda nepamesti iš akių dvasinių tikslų. Kas dvylika metų milijonai pamaldžių hinduistų susirenka susitikti su tūkstančiais sadhu, jogų, svamių ir įvairiausių asketų. Daugelis jų – atsiskyrėliai, iš savo nuošalių būstų atkankantys tik per *melas* ir jose laiminantys pasauliečius, vyrus ir moteris.

– Kai sutikau Babadži, dar nebuvau svamis, – toliau pasakojo Šri Juktešvaras. – Bet jau buvau Lahirio Mahasajos įšventintas į *krijajogą*. Jis mane paskatino dalyvauti *meloje*, šaukiamoje Alahabade 1894 metų sausį. Tai buvo mano pirmoji *kumbha*. Plūstanti minia ir jos klegesys šiek tiek svaigino. Žvalgiausi ieškodamas nušvitusio mokytojo veido, bet tokio nė vieno nemačiau. Eidamas pro tiltą, jungiantį Gangos krantus, išvydau netoliese stovintį pažįstamą žmogų su ištiestu išmaldos dubenėliu.

„Ak, ši mugė – tik triukšmingas chaosas ir begalė elgetų, – nusivylęs pamaniau. – Ko gero, Vakarų mokslininkai, kantriai plečiantys pažinimo ribas dėl praktinio žmonijos gėrio, Dievui yra mielesni už šiuos dykaduonius, kurie išpažįsta religiją, bet labiausiai rūpinasi išmalda."

Mano karčius svarstymus apie socialines reformas nutraukė priešais stabtelėjęs aukštas sanjasis.

„Pone, – tarė jis, – jus kviečia šventasis." – „Kas jis?" – „Ateikite ir pamatysite."

[1] Žr. išnašą p. 390.

Babadži domesys Vakarais

Neryžtingai paklusau jo lakoniškam kvietimui ir netrukus atsidūriau prie medžio, po kurio šakomis glaudėsi guru su miela mokinių grupe. Priėjau, ir mokytojas – ryškios, neįprastos išvaizdos, žėrinčių tamsių akių – pakilo ir mane apkabino.

„Sveikas atvykęs, svamidži", – maloniai pasisveikino. – „Pone, – atsakiau pabrėžtinai, – aš *nesu* svamis." – „Tie, kuriems Dievo įkvėptas suteikiu svamio titulą, niekada jo neatsisako."

Šventasis kalbėjo su manimi paprastai, bet jo žodžiuose aidėjo tvirtas įsitikinimas tiesa. Mane tą pačią akimirką užliejo dvasinės palaimos banga. Šypsodamasis, kad taip staiga buvau pakeltas į senąjį vienuolių ordiną[2], nusilenkiau neabejotinai didžiai ir angeliškai būtybei žmogaus pavidalu, taip mane pagerbusiai.

Babadži – nes tai buvo jis – mostu pasiūlė sėstis šalia po medžiu. Buvo tvirtas ir jaunas, atrodė panašus į Lahirį Mahasają. Tai manęs nenustebino, nes buvau ne kartą girdėjęs apie nepaprastą abiejų mokytojų išorinį panašumą. Babadži turi galią sustabdyti bet kokią mintį, kylančią žmogaus galvoje. Matyt, didysis guru norėjo, kad jo akivaizdoje elgčiausi visiškai natūraliai ir nejausčiau baimės, sužinojęs, kas jis toks.

„Ką manai apie *kumbhamelą*?" – „Ji mane labai nuvylė, pone, – atsakiau, bet skubiai pasitaisiau: – Taip man atrodė, iki sutikau jus. Šventieji ir tokia sumaištis kažkaip nedera tarpusavyje." – „Vaike, – tarė mokytojas, nors iš pažiūros atrodžiau dukart už jį vyresnis, – sugedusių žmonių yra daug, bet visų teisti dėl to nereikia. Viskas žemėje mišru kaip smėlis, sumaišytas su cukrumi. Būk lyg išminitnga skruzdėlė, kuri išrenka tik cukrų ir palieka smėlį nepaliestą. Nors daug čia susirinkusių sadhu lig šiol klaidžioja iliuzijose, vis dėlto šią *melą* palaimino keli Dievą suvokę žmonės."

Kadangi šiuos žodžius pasakė toks kilnus mokytojas, suskubau jam pritarti: „Pone, – paaiškinau, – turėjau galvoje garsius Vakarų mokslininkus, kurie intelektu gerokai pranoksta daugumą čia susirinkusiųjų ir kurie gyvena toli Europoje ar Amerikoje, išpažįsta kitokius tikėjimus ir nieko nežino apie tikrąsias tokių *melų* vertybes. Tai žmonės, kuriems susitikimai su Indijos mokytojais duotų daug naudos. Bet vakariečiai, nors ir labai išlavinę intelektą, tvirtai laikosi vulgaraus materializmo. Kiti, išgarsėję kaip mokslo ir filosofijos žinovai, nepripažįsta esminės

---

[2] Šri Juktešvaras vėliau buvo oficialiai įšventintas į svamių ordiną, tai atliko Biharo *Buddh Gaja* vienuolyno *mahantas* (vyresnysis).

religijų vienovės. Jų įsitikinimai yra neįveikiamos kliūtys, kurios gali visiems laikams juos atskirti nuo mūsų."

„Mačiau, kad tave domina ne tik Rytai, bet ir Vakarai, – Babadži veide sušvito pritarimas. – Jutau skausmą tavo širdies, kurioje telpa visi žmonės. Todėl tave čia ir pakviečiau. Rytai ir Vakarai privalo atrasti aukso vidurio kelią, kuriame derėtų veikla ir dvasingumas, – toliau kalbėjo jis. – Indijai iš Vakarų reikia daug ko išmokti apie materialiąją raidą, bet atsilygindama ji išmokytų Vakarus universalių metodų, kuriais vakariečiai galėtų pagrįsti savo religinius įsitikinimus, paremti juos nepajudinamais jogos mokslo pagrindais. Tarp Rytų ir Vakarų prasidės harmoningi mainai ir tu, Svamidži, tame procese atliksi savo vaidmenį. Po kelerių metų atsiųsiu tau mokinį, jį parengsi skleisti jogą Vakaruose. Iš ten į mane tarsi potvynis plūsta vibracijos, jas skleidžia daugybė dvasingumo ieškančių sielų. Jaučiu, kad Amerikoje ir Europoje yra potencialių šventųjų, laukiančių, kada bus pažadinti."

Papasakojęs iki šios vietos, Šri Juktešvaras įsmeigė žvilgsnį į mane.

– Mano sūnau, – tarė jis šypsodamasis ryškioje mėnesienoje, – tu esi tas mokinys, kurį prieš daug metų pažadėjo man atsiųsti Babadži.

Džiaugiausi sužinojęs, kad Babadži nukreipė mano žingsnius pas Šri Juktešvarą, bet sunkiai įsivaizdavau save tolimuose Vakaruose toli nuo numylėto guru ir paprastos vienuolyno rimties.

– Paskui Babadži prabilo apie „Bhagavadgytą", – tęsė Šri Juktešvaras. – Nustebau, kad jis žinojo, jog esu parašęs kelių „Gytos" skyrių komentarus; už tai net buvau pagirtas.

„Svamidži, prašau dabar imtis kitos užduoties, – tarė didysis mokytojas. – Gal galėtum parašyti trumpą knygelę apie esminį hinduistų ir krikščionių šventraščių bendrumą? Šiuo metu jų pamatinę vienovę yra nustelbęs žmonių sektantiškumas. Gretindamas šių šventraščių ištraukas parodyk, kad įkvėptieji Dievo sūnūs teigė tas pačias tiesas." – „Maharadža[3], – droviai atsakiau aš, – koks nurodymas! Ar įstengsiu jį įvykdyti?"

Babadži tyliai nusijuokė. „Kodėl abejoji, mano sūnau? – raminamai paklausė. – Kas visa tai daro ir Kas iš tikrųjų yra visų veiksmų Atlikėjas? Viskas, ką ištariau Viešpaties valia, būtinai materializuosis ir virs tiesa."

Supratau, kad šiuo palaiminimu šventasis mane įgalioja, ir sutikau parašyti knygą. Jausdamas, kad atėjo laikas skirtis, nenoriai pakilau nuo

---

[3] „Didis karaliau" – pagarbus kreipinys.

lapų paklotės.

"Pažįsti Lahirį? – pasiteiravo mokytojas. – Jis didi siela, ar ne? Papasakok jam apie mūsų susitikimą." Ir perdavė žinią Lahiriui Mahasajai.

Atsisveikindamas nuolankiai nusilenkiau, o šventasis geraširdiškai nusišypsojo. "Kai baigsi knygą, tave aplankysiu, – pažadėjo. – O kol kas viso labo."

Kitą dieną iš Alahabado traukiniu išvykau į Benaresą. Pasiekęs savo guru namus, pilte išpyliau jam visą istoriją apie *kumbhameloje* sutiktą nuostabų šventąjį.

"Tu jo nepažinai? – Lahirio Mahasajos akyse sužėrėjo linksmos kibirkštėlės. – Matau, nepažinai, jis tau sutrukdė tą padaryti. Tai juk mano neprilygstamasis guru, dangiškasis Babadži!" – "Babadži! – sukrėstas pakartojau. – Kristui prilygstantis jogas Babadži! Neregimas ir regimas išganytojas Babadži! O, jei galėčiau atsukti laiką ir vėl atsidurti jo akivaizdoje, parodyti savo atsidavimą prie jo lotoso pėdų!" – "Niekis, – paguodė mane Lahiris Mahasaja. – Jis juk pažadėjo vėl tave aplankyti."

"Gurudeva, dieviškasis mokytojas prašė perduoti jums žinią, – tęsiau aš. – Žinia tokia: 'Pranešk Lahiriui, kad šiam gyvenimui sukaupta jo jėga senka; ji jau beveik baigėsi.'"

Vos ištariau šiuos mįslingus žodžius, Lahirio Mahasajos kūnas krūptelėjo lyg žaibo trenktas. Akimoju jį apgaubė visiška tyla, jo besišypsantis veidas tapo neįtikėtinai rūstus. Jis sėdėjo lyg medinė statula, apsiniaukęs, nejudantis, kūnas neteko spalvos. Išsigandau ir sutrikau. Dar niekada gyvenime nebuvau regėjęs šios džiugios sielos taip siaubingai rimtos. Kiti mokiniai baugiai sužiuro į jį.

Tris valandas tylėjome. Tada Lahiris Mahasaja atgavo įprastą linksmumą ir maloniai pašnekino visus savo *čelas*. Mes lengviau atsidusome.

Iš mokytojo reakcijos supratau, kad Babadži žinia davė aiškų ženklą ir Lahiris Mahasaja suvokė, kad netrukus jo kūnas liks be gyventojo. Sukrečiantis jo tylėjimas įrodė, kad guru tuoj pat suvaldė savo esybę, nukirto paskutinius prieraišos prie materialaus pasaulio saitus ir pasitraukė į amžinai gyvą tapatybę Dvasioje. Savo žinia Babadži pasakė: "Aš visada būsiu su tavimi."

Nors Babadži ir Lahiris Mahasaja buvo visažiniai ir jiems bendrauti nereikėjo manęs ar kokio kito tarpininko, didieji dažnai malonėja žmogiškojoje dramoje atlikti kokį nors vaidmenį. Kartais savo pranašystes jie perduoda paprastai, per pasiuntinius, kad jų išsipildymas vėliau įkvėptų dieviškąjį tikėjimą plačiam ratui tą istoriją išgirdusių žmonių.

Netrukus išvykau iš Benareso ir Šryrampure Babadži prašymu ėmiau rašyti šventraščių komentarus, – toliau pasakojo Šri Juktešvaras. – Kai tik pradėjau dirbti, mane aplankė įkvėpimas parašyti eilėraštį, skirtą nemirtingajam guru. Melodingos eilutės be jokių pastangų liejosi po mano plunksna, nors anksčiau niekada nebuvau mėginęs rašyti eilių sanskrito kalba.

Nakties tyloje lyginau Biblijos ir *sanatana dharmos*[4] tekstų ištraukas. Cituodamas palaimintojo Viešpaties Jėzaus žodžius parodžiau, kad jo mokymas iš esmės sutampa su tuo, kas atskleista vedose. Per manojo *paramguru*[5] malonę šią knygą, pavadintą „Šventasis mokslas"[6], pavyko greitai užbaigti.

Baigęs rašyti, kitą rytą, – toliau pasakojo Mokytojas, – nuėjau į Rai ghatą išsimaudyti Gangoje. Ghate nieko nebuvo. Ramiai pastovėjau, džiaugdamasis saule ir ramybe, paskui išsimaudžiau tviskančiuose vandenyse ir pasukau namo. Tyloje girdėjau tik vienintelį garsą – kaip sulig kiekvienu žingsniu sušiugžda vandenyje peršlapusi strėnjuostė. Eidamas pro didelį prie upės augantį banjaną, staiga pajutau stiprų norą atsigręžti. Medžio pavėsyje apsuptas kelių mokinių sėdėjo didysis Babadži!

„Sveikinu, Svamidži! – suskambo gražus mokytojo balsas ir aš įsitikinau, kad nesapnuoju. – Matau, sėkmingai baigei knygą. Kaip ir buvau žadėjęs, atvykau tau padėkoti."

---

[4] Pažodžiui „amžinosios religijos"; taip vadinamas visas vedų mokymas. *Sanatana dharmą* imta vadinti *hinduizmu*, nes graikai, kurie valdant Aleksandrui Didžiajam įsiveržė į šiaurės vakarų Indiją, prie Indo upės gyvenančius žmones pavadino *indais*, arba *hinduistais*. Iš tiesų žodžiu *hinduistas* dera vadinti tik *sanatana dharmos*, arba hinduizmo, sekėjus. *Indais* vadinami ir hinduistai, ir musulmonai, ir kiti Indijos *gyventojai* (be to, dėl apmaudžios geografinės Kolumbo klaidos tos pačios šaknies žodžiu pavadinti ir senieji Amerikos gyventojai).

Senovinis Indijos pavadinimas yra *Arjavarta*, pažodžiui – „arijų buveinė". Sanskrito kalbos šaknis *arja* reiškia „vertingas, šventas, kilnus". Vėliau įsigaliojęs klaidingas žodžio *arijas* vartojimas etnologine prasme, kalbant ne apie dvasinius, o apie fizinius bruožus, paskatino didį orientalistą Maksą Miulerį (Max Müller) pasakyti: „Mano akimis, etnologas, kuris kalba apie arijų rasę, arijų kraują, arijų akis ar plaukų spalvą, daro tokią pat didžiulę nuodėmę, kokią darytų kalbininkas, prabilęs apie dolichocefalų žodyną ar brachicefalų gramatiką."

[5] Žodis *paramguru* skirtas pavadinti savo mokytojo guru. Taigi Babadži, Lahirio Mahasajos *guru*, Šri Juktešvarui yra *paramguru*.

Mahavatara Babadži yra svarbiausias guru tarp tos linijos Indijos mokytojų, kurie rūpinasi visų SFR-YSS narių, ištikimai praktikuojančių *krijajogą*, dvasios gerove.

[6] *The Holy Science*, išleido *Self-Realization Fellowship*, Los Angeles, California.

Spurdančia širdimi parpuoliau prie jo kojų.

„Paramgurudži, – maldaujamai tariau, – gal jūs ir jūsų *čelos* savo apsilankymu pagerbtumėte mano namus visai netoliese?"

Didysis guru šypsodamasis atsisakė.

„Ne, vaike, – tarė jis, – mes iš tų, kuriems mielesnis medžio pavėsis; čia visai patogu." – „Mokytojau, meldžiu palūkėti, – paprašiau. – Tuoj pat grįšiu, atnešiu ypatingų saldumynų."[7]

Kai po kelių minučių grįžau su lėkšte skanumynų, po didingu medžiu dangiškojo pulkelio nebebuvo. Apieškojau visą ghatą, bet širdies gilumoje žinojau, kad mažoji grupelė jau išplasnojo eteriniais sparnais.

Labai įsižeidžiau. „Net jei dar kada susitiktume, su Babadži nekalbėsiu, – pasakiau sau. – Kaip žiauru buvo taip netikėtai mane palikti."

Žinoma, rūstavau iš meilės, ne dėl ko kita. Po kelių mėnesių atvykau pas Lahirį Mahasają į Benaresą. Kai įėjau į svetainę, mano guru sveikindamasis nusišypsojo.

„Sveikas atvykęs, Juktešvarai, – tarė jis. – Ar ką tik ant slenksčio nesutikai Babadži?" – „Ne", – nustebęs atsakiau. – „Eikš čia." Lahiris Mahasaja švelniai palietė mano kaktą ir aš iškart prie durų pamačiau Babadži, žydintį tarsi tobulas lotosas.

Prisiminiau seną nuoskaudą ir nenusilenkiau. Lahiris Mahasaja nustebęs dėbtelėjo mano pusėn, o dieviškasis guru žiūrėjo į mane bedugnėmis akimis.

„Pyksti ant manęs." – „Pone, o kodėl turėčiau nepykti? – atsakiau. – Jūs su savo palydovais atsiradote iš niekur ir lygiai taip pat ištirpote." – „Sakiau, kad tave aplankysiu, bet nesakiau, ar ilgai užtruksiu, – tyliai nusijuokė Babadži. – Buvai apimtas jaudulio. Tikrai, tavo nekantrumo gūsis vos neištirpdė manęs eteryje."

Šis nepagražintas paaiškinimas iškart mane nuramino. Suklupau prie jo kojų, o didysis guru geraširdiškai paplekšnojo man per petį.

„Vaike, turėtum daugiau medituoti, – pasakė jis. – Tavo žvilgsnis dar netobulas – neįžiūrėjai manęs pasislėpusio už saulės šviesos." Skambiu lyg dangiškoji fleita balsu ištaręs šiuos žodžius Babadži virto nematomu švytėjimu.

– Tąsyk bene paskutinįkart lankiausi Benarese pas savo guru, – baigė pasakojimą Šri Juktešvaras. – Kaip per *kumbhamelą* buvo išpranašavęs Babadži, žemiškasis Lahirio Mahasajos gyvenimas artėjo prie

---

[7] Indijoje laikoma nepagarba nepavaišinti savo guru.

pabaigos. 1895 metų vasarą jo tvirtame kūne ant nugaros iškilo nedidelė votis. Jis neleido jos atverti ir kentėdamas kūno kančią lengvino kai kurių savo mokinių blogą karmą. Galiausiai kelių *čelų* primygtinai įkalbinėjamas mokytojas mįslingai atsakė: „Kūnui reikia surasti priežastį išeiti, tad pritarsiu viskam, ką pasiūlysite."

Neilgai trukus neprilygstamasis guru Benarese apleido savo kūną. Man nebereikia jo ieškoti mažame svečių kambaryje – dabar jis yra visur ir laimina kiekvieną mano gyvenimo dieną, man vadovaudamas.

Po kelerių metų iš Svamio Kešabanandos [8], labai toli nužengusio mokinio, išgirdau daug įstabių smulkmenų apie Lahirio Mahasajos mirtį. Kešabananda papasakojo: „Kelios dienos prieš palikdamas kūną, mokytojas materializavosi prieš mane. Sėdėjau tada vienuolyne Hardvare. Jis man pasakė: 'Tuojau pat atvyk į Benaresą.' Taręs šiuos žodžius, Lahiris Mahasaja išnyko. O aš nieko nelaukdamas sėdau į Benareso traukinį. Guru namuose radau daug susirinkusių mokinių. Tą dieną [9] mokytojas kelias valandas aiškino „Gytą", paskui kreipėsi į mus ir paprastai pasakė: 'Einu namo.' Lyg neįveikiama liūtis pratrūko mūsų sielvarto raudos. 'Neliūdėkite; aš prisikelsiu.' Tai taręs, Lahiris Mahasaja pakilo iš vietos, tris kartus apsisuko, atsisėdo lotoso poza veidu į šiaurę ir didingai nugrimzdo į *mahasamadhį* [10].

Gražus Lahirio Mahasajos kūnas, toks brangus jo sekėjams, buvo sudegintas pagal iškilmingas pasauliečiams skirtas apeigas Manikarnikos ghate prie šventosios Gangos, – pasakojo Kešabananda. – Kitą dieną, dešimtą valandą ryto, man dar neišvykus iš Benareso, kambarį užliejo puiki šviesa. Prieš mane stojo Lahirio Mahasajos pavidalas iš kūno ir kraujo. Jis atrodė lygiai toks pat kaip ankstesnis kūnas, tik jaunesnis ir labiau švytintis. Dieviškasis guru prabilo: 'Kešabananda, – kreipėsi jis, – tai aš. Iš išskaidytų savo sudeginto kūno atomų prikėliau jo atkurtą pavidalą. Mano, kaip pasauliečio ir namų šeimininko, darbas pasaulyje baigtas, bet Žemės aš nepalieku. Dabar šiek tiek laiko praleisiu su Babadži Himalajuose ir būsiu su juo kosmose.'

[8] Mano apsilankymas Kešabanandos ašrame aprašytas p. 394–396.

[9] 1895 m. rugsėjo 26 d. – tai diena, kai Lahiris Mahasaja paliko savo kūną. Po kelių dienų jam būtų sukakę šešiasdešimt septyneri.

[10] Tris kartus apsisukti vietoje, paskui atsisėsti veidu į šiaurę – tai vedose aprašytos apeigos, kurias atlieka mokytojai, iš anksto žinantys, kada jų fiziniams kūnams išmuš paskutinė valanda. Paskutinė meditacija, į kurią nugrimzdęs mokytojas susilieja su Kosminiu *Aum*, vadinama *mahasamadhiu* (didžiuoju *samadhiu*).

Babadži domesys Vakarais

Keliais žodžiais mane palaiminęs, transcendentinis mokytojas išnyko. Širdyje pajutau nuostabų įkvėpimą, mano Dvasia buvo pakylėta, kaip pakylėti pasijuto Kristaus ir Kabyro[11] mokiniai, išvydę savo guru po jų fizinės mirties.

Į nuošalų vienuolyną Hardvare, – toliau pasakojo Kešabananda, – parsivežiau ir šventųjų Lahirio Mahasajos pelenų. Žinojau, kad jis ištrūko iš laiko ir erdvės narvo – visur esantis paukštis išskrido į laisvę. Bet mano širdį guodė galimybė kaip relikviją saugoti jo pelenus."

Kitas mokinys, kuriam teko palaima regėti prisikėlusį guru, buvo šventasis Pančanonas Bhatačarja[12]. Aplankiau jį jo namuose Kalkutoje ir mėgaudamasis išklausiau pasakojimą apie daugybę metų, praleistų su mokytoju. Baigdamas jis prisiminė stebuklingiausią savo gyvenimo nutikimą. „Čia, Kalkutoje, – pasakė Pančanonas, – kai Lahiris Mahasaja buvo kremuotas, kitą dieną, dešimtą valandą ryto, jis man visa savo didybe pasirodė gyvas."

Svamis Pranabananda, „šventasis su dviem kūnais", irgi pasidalijo su manimi savo dieviško išgyvenimo smulkmenomis. Lankydamasis mano mokykloje Rančyje, Pranabananda papasakojo: „Kai iki Lahirio Mahasajos kūno mirties buvo likusios kelios dienos, gavau jo laišką, kuriame jis prašė tuoj pat atvykti į Benaresą. Bet mane sulaikė neatidėliotini reikalai ir iškart išvykti negalėjau. Susiruošiau išvažiuoti kitą dieną. Buvo maždaug dešimta valanda ryto, ir staiga kambaryje pamačiau švytintį guru pavidalą. Mane užliejo džiaugsmas. 'Skubi į

---

[11] Kabyras buvo didis XVI a. šventasis, tarp jo gausių sekėjų buvo ir hinduistų, ir musulmonų. Kabyrui mirus, mokiniai susiginčijo, kaip atlikti laidojimo apeigas. Netekęs kantrybės mokytojas prisikėlė iš paskutiniojo miego ir davė nurodymus. „Pusę mano palaikų palaidokite pagal musulmonų apeigas, – tarė jis, – o kitą pusę sudeginkite, kaip moko hinduizmo raštai." Tada jis išnyko. Kai mokiniai nuėmė drobulę, dengiančią kūną, po ja rado tik gražiai sudėtų gėlių. Pusę jų klusniai palaidojo Magare pagal musulmonų paprotį – ši šventykla iki šiol garbinama. Kitą pusę pagal hinduizmo apeigas kremavo Benarese. Toje vietoje buvo pastatyta šventykla *Kabyr Čaura*, ji pritraukia nesuskaičiuojamas daugybes piligrimų.

Į Kabyrą jaunystėje kreipėsi du mokiniai prašydami smulkiai paaiškinti, kaip eiti mistikos keliu. Mokytojas atsakė paprastai:

„Kai kalbame apie kelią, omenyje turime atstumą.
Bet jei Dievas arti, jums nereikia jokio kelio.
Iš tiesų man šypseną kelia kalbos,
Kad žuvis trokšta vandenyje!"

[12] Žr. p. 313. Pančanonas savo 17 akrų (6,9 ha) sode Deogare, Biharo valstijoje, pastatė Šivos šventyklą, kurioje saugomas aliejiniais dažais nutapytas Lahirio Mahasajos portretas (*leidėjo pastaba*).

Benaresą? – šypsodamasis paklausė Lahiris Mahasaja. – Manęs ten neberasi.' Suvokęs jo žodžių prasmę, plyštančia širdimi prapliupau raudoti, maniau, kad regiu tik viziją. Bet mokytojas guosdamas priėjo arčiau. 'Štai, paliesk mane, – tarė jis. – Aš gyvas kaip visada. Neverk, argi aš ne amžinai su tavimi?'"

Iš skirtinguose miestuose gyvenančių trijų didžių mokinių lūpų išgirdau tą pačią stebuklingą istoriją: kai Lahirio Mahasajos kūnas buvo sudegintas, kitą dieną, dešimtą valandą ryto, jis jiems prisikėlęs pasirodė. Jo kūnas buvo tikras, nors ir pasikeitęs.

„Kada šis gendantis [kūnas] apsivilks negendamybe ir šis marus [kūnas] apsivilks nemarybe, tuomet išsipildys užrašytas žodis: *Pergalė sunaikino mirtį! Kurgi, mirtie, tavoji pergalė? Kurgi, mirtie, tavasis geluonis?!*"[13]

---

[13] 1 Kor 15, 54–55. „Kodėl jums atrodo neįtikėtina, kad Dievas prikelia numirusius?" (Apd 26, 8)

37 SKYRIUS

Vykstu į Ameriką

„Amerika! Šitie žmonės tikrai amerikiečiai!" – pamaniau vidiniu regėjimu stebėdamas slenkančią vakarietiškų veidų panoramą[1].

Giliai paniręs į meditaciją sėdėjau už apdulkėjusių dėžių Rančio mokyklos sandėliuke[2]. Nuolat užimtas jaunuolių reikalais, tais įtemptais metais nelengvai rasdavau nuošalią vietą!

Regėjimas vis tęsėsi, į mane įdėmiai žvelgė daugybė žmonių, jie tarsi aktoriai plaukė per sąmonės sceną.

Staiga sandėliuko durys atsidarė – kaip paprastai, vienas iš vaikių aptiko mano slėptuvę.

– Eikš čia, Bimalai, – linksmai šūktelėjau. – Turiu naujieną: Viešpats mane kviečia į Ameriką!

– Į Ameriką? – mano žodžius berniukas pakartojo taip, lyg būčiau pasakęs „į mėnulį".

– Taigi! Keliauju atrasti Amerikos kaip Kolumbas. Jis tarėsi atradęs Indiją; tikriausiai šias dvi šalis sieja karminis ryšys!

Bimalas lėkte išlėkė pro duris ir netrukus šio „dvikojo laikraščio" žinia apskriejo visą mokyklą.

Pasikviečiau apstulbusius mokytojus ir perdaviau mokyklą jų globai.

– Žinau, kad visada laikysitės Lahirio Mahasajos nubrėžtų jogos ugdymo idealų, – tariau. – Aš jums dažnai rašysiu, o jei Dievas panorės, kada nors grįšiu.

Su ašaromis akyse paskutinį kartą apžvelgiau berniukus ir saulėtas Rančio valdas. Žinojau, kad baigėsi vienas mano gyvenimo tarpsnis – nuo šiol gyvensiu tolimuose kraštuose. Praėjus vos kelioms valandoms po aplankiusio regėjimo, jau lipau į Kalkutos traukinį. Kitą dieną gavau

---

[1] Daugelį šių veidų vėliau išvydau Vakaruose ir iškart juos atpažinau.
[2] 1995 m., minint septyniasdešimt penktąsias Paramahansos Joganandos atvykimo į Ameriką metines, toje vietoje, kur anksčiau stovėjo Rančio mokyklos sandėlis ir kur garbųjį Paramahansą aplankė regėjimas, buvo pastatyta graži atminimo šventykla (*Smriti Mandir*) (*leidėjo pastaba*).

kvietimą atstovauti Indijai Tarptautiniame religinių liberalų kongrese Amerikoje. Renginys tais metais turėjo įvykti Bostone, jo globėja buvo Amerikos unitorių asociacija.

Svaigstančia galva Šryrampure susiradau Šri Juktešvarą.

– Gurudži, ką tik gavau kvietimą dalyvauti religiniame kongrese Amerikoje. Ar važiuoti?

– Tau atviros visos durys, – paprastai atsakė Mokytojas. – Dabar arba niekada.

– Bet, pone, – nedrąsiai tariau, – ar aš išmanau, kaip kalbėti viešai? Paskaitas skaitau labai retai, o angliškai visai nėra tekę.

– Angliškai ar neangliškai, Vakarai išgirs tavo žodžius apie jogą.

Aš nusijuokiau.

– Ką gi, mielasis Gurudži, vargu ar amerikiečiai išmoks bengališkai! Prašau mane palaiminti ir padėti įveikti anglų kalbos kliūtis[3].

Kai apie savo planus pranešiau tėvui, jis be galo apstulbo. Amerika jam atrodė neapsakomai toli, jis baiminosi daugiau niekada manęs neišvysiąs.

– Kaip gali išvykti? – griežtai paklausė jis. – Kas tave finansuos?

Kadangi jis lig šiol mielai mokėjo už mano mokslus ir mane išlaikė, be abejo, vylėsi, jog išgirdęs šį klausimą susidrovėsiu ir atsisakysiu planų.

– Viešpats tikrai duos man lėšų.

Ištaręs šiuos žodžius prisiminiau kadaise panašiai atsakęs Agroje savo broliui Anantai. Daug negudraudamas pridūriau:

– Tėve, gal Dievas įkvėps tave man padėti.

– Ne, niekada! – gailiai žvilgtelėjo jis.

Todėl apstulbau, kai rytojaus dieną tėvas įteikė man čekį didelei sumai.

– Šiuos pinigus duodu, – pasakė jis, – ne kaip tėvas, o kaip ištikimas Lahirio Mahasajos mokinys. Tad keliauk į tą tolimą Vakarų šalį, skleisk joje visiems įsitikinimams priimtiną *krijajogos* mokymą.

Mane nepaprastai sujaudino nesavanaudiškas tėvo nusiteikimas, leidęs jam taip greitai atsisakyti asmeninių troškimų. Naktį jis suprato, kad mano planus skatina ne šiaip paprastas noras apsilankyti užsienyje.

– Gal šiame gyvenime mudu nebepasimatysime, – liūdnai prabilo tėvas. Jam tuo metu buvo šešiasdešimt septyneri.

---

[3] Mudu su Šri Juktešvaru buvome pratę kalbėtis bengališkai.

Nuojauta pakuždėjo man atsakymą:
- Viešpats tikrai mus dar kartą suves.

Besiruošdamas palikti Mokytoją ir gimtąją šalį ir plaukti į nežinomą Ameriką, labai jaudinausi. Buvau prisiklausęs pasakojimų apie „materialistinius Vakarus" – visai kitokį kraštą negu Indija, kurią gaubia šimtametė šventųjų aura.

„Vakarietiškai puikybei iššūkį metantis mokytojas iš Rytų, – pamaniau sau, – turėtų pakelti didesnius išbandymus nei Himalajų šalčiai!"

Vieną ankstų rytą pradėjau melstis, norėdamas išgirsti Dievo balsą; tvirtai užsispyriau nesiliauti, buvau pasiruošęs, jei reikės, net mirti besimelsdamas. Norėjau gauti Jo palaiminimą ir patikinimą, kad nepaklysiu šiuolaikinio utilitarizmo rūkuose. Mano širdis jau nusiteikė keliauti į Ameriką, bet dar tvirčiau ji buvo pasiryžusi išgirsti dieviškąjį leidimą – tai būtų ją paguodę.

Slopindamas raudą be paliovos meldžiausi. Jokio atsakymo. Vidudienį pasiekiau kulminaciją, nuo pastangų ir įtampos ėmė suktis galva. Pajutau, kad jei sušuksiu dar kartą, su dar didesniu vidiniu įkarščiu, galva plyš.

Tą akimirką pasigirdo beldimas į mano namų Garparo plente duris. Atidaręs jas pamačiau jaunuolį menkais atsiskyrėlio drabužiais. Jis įėjo vidun.

„Tikriausiai tai Babadži!" – pamaniau apsvaigęs, nes priešais stovintis jaunuolis atrodė kaip jaunas Lahiris Mahasaja. Jis atsiliepė į mano mintį.

- Taip, aš Babadži, – hindi kalba melodingai ištarė jis. – Mūsų Dangiškasis Tėvas išklausė tavo maldą. Liepia tau pasakyti štai ką: paklausyk savo guru ir keliauk į Ameriką. Nesibaimink – būsi saugomas.

Po įtemptos pauzės Babadži vėl kreipėsi į mane:
- Tave pasirinkau Vakaruose skleisti *krijajogos* mokymą. Labai seniai *kumbhameloje* buvau sutikęs tavo guru Juktešvarą ir tada pasakiau jam, kad atsiųsiu tave pas jį mokytis.

Pagarbios baimės apimtas ir didžiai sujaudintas negalėjau ištarti nė žodžio Babadži akivaizdoje, iš jo paties lūpų išgirdęs, kad tai jis nukreipė mane pas Šri Juktešvarą. Gulėjau kniūbsčias prieš nemirtingąjį guru. Jis maloningai mane pakėlė. Daug papasakojęs apie mano gyvenimą, kai ką nurodė asmeniškai ir atskleidė keletą slaptų pranašysčių.

- *Krijajoga*, mokslinis Dievo suvokimo būdas, – galiausiai iškilmingai tarė jis, – ilgainiui pasklis visose šalyse ir padės joms kurti harmoningus tarpusavio santykius, nes žmonės galės asmeniškai ir transcendentiškai pažinti savo Begalinį Tėvą.

Didingos galios kupinu žvilgsniu mokytojas mane uždegė ir leido pažvelgti į savo kosminę sąmonę.

> Jei tūkstančio saulių švituolis
> užsidegtų staiga padangėj –
> tai ir jis nelabai teprilygtų
> spindulingo Mahatmos šviesai.[4]

Neilgai trukus Babadži pasuko durų link, bet pirma tarė:
– Nemėgink sekti paskui mane. Nepavyks.
– Babadži, neišeik, – kelis kartus sušukau. – Pasiimk ir mane!
Jis atsakė:
– Ne dabar. Kada nors kitą kartą.

Jausmų užvaldytas, nepaklausiau jo įspėjimo. Pamėginau sekti jam iš paskos, bet pajutau, kad kojos tvirtai prikaustytos prie grindų. Babadži paskutinį kartą meiliai pažvelgė į mane nuo durų. Žiūrėjau ilgesingai, o jis laimindamas pakėlė ranką ir išėjo.

Po kelių minučių mano kojos išsilaisvino. Atsisėdau ir nugrimzdau į meditaciją, nesiliaudamas dėkoti Dievui ne tik už išklausytą maldą, bet ir už palaimingą susitikimą su Babadži. Jaučiausi pašventintas senojo ir amžinai jauno mokytojo prisilietimo. Seniai degiau troškimu jį pamatyti.

Iki šiol apie šį susitikimą su Babadži niekam nebuvau prasitaręs. Laikiau tai šventčiausia savo žmogiškąja patirtimi ir slėpiau ją giliai širdyje. Bet paskui nutariau, kad šios autobiografijos skaitytojams bus lengviau patikėti, jog iš tikro egzistuoja toks atsiskyrėlis Babadži, kuris domisi šiuo pasauliu, jei papasakosiu matęs jį savo akimis. Padėjau šios knygos dailininkui nupiešti tikrą Kristui prilygstančio šiuolaikinės Indijos jogo paveikslą.

Prieš iškeliaudamas į Jungtines Valstijas vakarą praleidau su šventuoju Šri Juktešvaru.

– Pamiršk, kad gimei tarp hinduistų, bet neperimk ir visų amerikietiškų papročių. Iš abiejų tautų paimk, kas geriausia, – ramiai ir išmintingai patarė jis. – Būk tas, kas esi, būk Dievo vaikas. Atrask ir įpink į savo esybę geriausias savybes visų savo brolių, priklausančių įvairioms

---

[4] „Bhagavadgyta", XI, 12 (A. Bukonto vertimas).

PARAMAHANSA JOGANANDA
1920 m. Kalkutoje pasui daryta nuotrauka

Jogo autobiografija

Keli Tarptautinio religinių liberalų kongreso delegatai 1920 m. spalį Bostone, Masačusetso valstijoje. Kongrese Jogananda pirmą kartą Amerikoje kalbėjo viešai. (*Iš kairės į dešinę*) tėvas T. R. Viljamsas (Williams), prof. S. Ušigasakis (Ushigasaki), tėvas Džeibezas T. Sanderlandas (Jabez T. Sunderland), Šri Jogananda ir tėvas Č. V. Ventė (C. W. Wendte)

rasėms ir gyvenančių visuose pasaulio kampeliuose.

Paskui jis mane palaimino:

– Pagalbos sulauks visi, kurie ateis pas tave tikėdami ir ieškodami Dievo. Kai žvelgsi į juos, iš tavo akių plūstanti dvasinė srovė prasismelks į jų smegenis ir pakeis jų žemiškus įpročius, padės jiems aiškiau suvokti Dievą, – paskui šypsodamasis pridūrė: – Tau teko puiki dalia – traukti prie savęs nuoširdžias sielas. Kad ir kur nukeliautum, net ir tyruose rasi draugų.

Abu Šri Juktešvaro palaiminimai išsipildė su kaupu. Į Ameriką atvykau visiškai vienas, neturėjau nė vieno draugo, bet paskui radau tūkstančius, pasirengusius priimti nesenstantį dvasinį mokymą.

Iš Indijos išvykau 1920 metų rugpjūtį laivu *The City of Sparta*. Tai buvo pirmasis laineris, išplaukęs į Ameriką pasibaigus Pirmajam pasauliniam karui. Bilietą gavau tik beveik stebuklingai įveikęs daugybę biurokratinių kliūčių, kilusių, kai reikėjo gauti užsienio pasą.

Vykstu į Ameriką

Jogananda savo kajutėje garlaivyje, plaukiančiame į Aliaską per tarpžemyninį paskaitų turnė 1924 m.

Per du mėnesius trukusią kelionę vienas keleivis sužinojo, kad esu Indijos deleguotas dalyvauti Bostono kongrese.

– Svami Jogananda, – kreipėsi jis, neįprastai tardamas mano vardą (pirmą kartą išgirdau, kaip mano vardą su keistu akcentu taria amerikietis, paskui įvairių tarimo variantų girdėjau daug), – būkite malonus, ketvirtadienio vakarą paskaitykite keleiviams paskaitą. Manau, mums visiems būtų naudinga išgirsti apie „Gyvenimo kovą ir kaip ją kovoti".

Deja! Trečiadienį paaiškėjo, kad man pačiam teks stoti į gyvenimo mūšį. Iš paskutiniųjų stengiausi sudėlioti mintis į paskaitą anglų kalbą, bet galiausiai mečiau ruošęsis; mintys lyg balną pamatęs laukinis kumeliukas atsisakė paklusti anglų kalbos gramatikos taisyklėmis. Vis dėlto

PER 32 METUS VAKARUOSE DIDYSIS GURU Į JOGĄ INICIJAVO PER 100 000 KLAUSYTOJŲ

1924 m. Denveryje, Kolorado valstijoje, Jogananda nuo scenos vadovauja užsiėmimui. Šimtuose miestų jis rengė skaitlingiausias jogos pratybas pasaulyje. Savo knygomis ir pamokomis mokytis namie, taip pat kurdamas vienuolynus mokytojams rengti, Paramahansa Jogananda užtikrino Mahavataros Babadži jam patikėtos pasaulinės misijos tęstinumą.

PARAMAHANSA JOGANANDA LOS ANDŽELO FILHARMONIJOS SALĖJE

The Los Angeles Times 1925 m. sausio 28 d. rašė: „Prie Filharmonijos salės neįprastas vaizdas: tūkstančiai žmonių, prieš valandą atvykusių į išreklamuotą paskaitą, negali į ją patekti, nes 3000 vietų salėje nėra net uodui kur nutūpti. Traukos priežastis – svamis Jogananda. Jungtines Valstijas užkariavęs indas, krikščionių bendruomenėje skelbiantis krikščioniškosios doktrinos esmę ir kviečiantis Dievop."

Jogo autobiografija

Didžiadvasių mokinių padedamas, Šri Jogananda 1925 m. Vašingtono kalne nupirko žemės sklypą. Dar nebaigęs sudaryti sandorio, būsimosios pasaulinės draugijos būstinės sklype jis sukvietė pirmąjį susirinkimą – atliko Velykų saulėtekio apeigas.

visiškai pasitikėdamas Mokytojo padrąsinimais ketvirtadienio vakarą garlaivio salone stojau prieš auditoriją. Deja, iškalbos srautas iš mano lūpų neplūstelėjo, ir prieš susirinkusiuosius stovėjau bežadis. Po dešimt minučių trukusio ištvermės išbandymo klausytojai suvokė mano keblią padėtį ir ėmė juoktis.

Tačiau man tą akimirką padėtis neatrodė juokinga, todėl pasipiktinęs nusiunčiau Mokytojui nebylią maldą.

„Juk tu *gali*! Kalbėk!" – sąmonėje iškart nuaidėjo jo balsas.

Tučtuojau mano mintys pakluso anglų kalbos taisyklėms. Kalbėjau keturiasdešimt penkias minutes, bet klausytojų dėmesys nenuslopo. Baigęs sulaukiau daug kvietimų skaityti paskaitas įvairioms Amerikos klausytojų grupėms.

Paskui niekaip neįstengiau prisiminti nė vieno savo ištarto žodžio. Atsargiai pasiklausinėjęs, iš keleivių sužinojau: „Jūsų paskaita įkvėpė, o anglų kalba buvo taisyklinga ir jaudinama." Išgirdęs šią puikią naujieną, nuolankiai padėkojau Mokytojui už laiku suteiktą pagalbą ir dar kartą suvokiau, kad jis visada su manimi ir kad jam nėra jokių erdvės nei laiko kliūčių.

Vykstu į Ameriką

Paramahansa Jogananda deda gėles prie Džordžo Vašingtono kriptos Maunt Vernone, Virdžinijos valstijoje 1927 m. vasario 22 d.

Bet per likusią kelionės atkarpą aš dar retkarčiais pagalvodavau apie laukiantį išbandymą – paskaitą anglų kalba Bostono kongrese. Ir mane nusmelkdavo baimė. „Viešpatie, – karštai pasimelsdavau, – būk mano vienintelis įkvėpimas."

Vėlyvą rugsėjį *The City of Sparta* prisišvartavo netoli Bostono. 1920 metų spalio 6 dieną kreipdamasis į kongreso dalyvius pasakiau savo pirmą kalbą Amerikoje. Kalba buvo puikiai priimta ir aš su palengvėjimu atsikvėpiau. Kongreso medžiaga buvo išleista atskiru leidiniu, kuriame didžiadvasis Amerikos unitorių asociacijos sekretorius taip pakomentavo mano žodžius[5]:

---

[5] *New Pilgrimages of the Spirit* (Boston, Beacon Press, 1921).

Jogo autobiografija

PARAMAHANSA JOGANANDA PRIE BALTŲJŲ RŪMŲ

Paramahansa Jogananda ir p. Džonas Belforas (John Balfour) išeina iš Baltųjų rūmų, aplankę prezidentą Kalviną Kūlidžą (Calvin Coolidge), kuris žvelgia pro langą. *The Washington Herald* 1927 m. sausio 25 d. rašė: "Svamis Jogananda buvo... p. Kūlidžo aiškiai mielai sutiktas. Prezidentas sakė daug skaitęs apie jį. Pirmą kartą Indijos istorijoje svamis buvo oficialiai priimtas Jungtinių Valstijų prezidento."

"Svamis Jogananda, atstovaujantis Rančio *Brahmačarjos* ašramui, perdavė kongresui savo asociacijos sveikinimus. Sklandžiai angliškai ir labai įtaigiai jis pasakė filosofinę kalbą apie „Religijos mokslą" – šis tekstas plačiajai visuomenei išleistas atskira brošiūra. Religija, tvirtino jis, yra visuotinė ir viena. Negalime suvienodinti visų papročių ir tradicijų, bet bendrą religijos elementą įmanoma padaryti visuotinį ir mes turime žmones kviesti jo laikytis bei jam paklusti."

Su tėvo dosniai išrašyta suma galėjau likti Amerikoje ir kongresui pasibaigus. Bostone kukliai gyvendamas praleidau trejus laimingus metus. Skaičiau viešas paskaitas, vedžiau pamokas ir seminarus, parašiau eilėraščių knygą „Sielos giesmės" (*Songs of the Soul*), jai įžangą parašė dr. Frederikas B. Robinsonas (Frederick B. Robinson), Niujorko koledžo prezidentas[6].

[6] *Songs of the Soul*, išleista *Self-Realization Fellowship*. Daktaras Robinsonas su žmona 1939 m. viešėjo Indijoje ir buvo *Yogoda Satsanga* susirinkimo garbės svečiai.

Vykstu į Ameriką

1924 metais pradėjau kelionę po žemyną ir daugelyje didžiausių miestų kalbėjau tūkstantinėms auditorijoms. Siatle sėdau į laivą ir išvykau atostogauti į gražiąją Aliaską.

Geranoriškų studentų padedamas Los Andžele, žemės sklype ant Vašingtono kalno, 1925 metų pabaigoje įkūriau draugijos Amerikos būstinę. Tai buvo tas pats pastatas, kurį prieš daug metų regėjau Kašmyre kaip viziją. Skubėjau išsiųsti Šri Juktešvarui nuotraukas apie savo veiklą tolimoje Amerikoje. Jis atsiuntė bengališkai rašytą atviruką, jo tekstą pateikiu išverstą:

1926 m. rugpjūčio 11 d.

O Jogananda, mano širdies vaike!
Negaliu žodžiais apsakyti, koks džiaugsmas užplūsta širdį, kai matau tavo mokyklas su mokiniais. Tirpstu iš džiaugsmo, regėdamas jogos mokinius įvairiuose miestuose.

Sužinojęs apie tavo metodus – savitaigos giesmes, gydomąslas vibracijas ir dieviškas gydomąsias maldas – negaliu susilaikyti nepadėkojęs iš visos širdies.

Žiūrėdamas į vartus, aukštyn vingiuojantį kelią ir gražų Vašingtono kalno kraštovaizdį, trokštu kada nors visa tai pamatyti savo akimis.

Pas mus viskas gerai. Iš Dievo malonės telydi tave visada palaima.

ŠRI JUKTEŠVARAS GIRIS

Bėgo metai. Skaičiau paskaitas įvairiuose savo naujosios šalies kampeliuose, kalbėjau šimtuose klubų, koledžų, bažnyčių ir įvairiausių grupių. Per dešimtmetį, 1920–1930 metais, mano jogos pamokas aplankė dešimtys tūkstančių amerikiečių. Jiems visiems skyriau naują maldų ir dvasingų minčių knygą „Amžinybės kuždesiai"[7], jai įžangą parašė ponia Amelita Gali Kurči (Amelita Galli-Curci).

Kartais (dažniausiai pirmą mėnesio dieną, kai suplaukdavo sąskaitos už centro Vašingtono kalne, draugijos *Self-Realization Fellowship* būstinės, išlaikymą) ilgesingai prisimindavau paprastą Indijos rimtį. Bet kasdien regėjau, kaip Rytai ir Vakarai vis geriau supranta vieni kitus, ir mano siela džiūgavo.

Džordžas Vašingtonas (George Washington), „savo šalies tėvas", kuris ne kartą jautėsi vedamas Dievo, savo „Atsisveikinimo kalboje" Amerikai ištarė šiuos dvasios įkvėptus žodžius:

„Laisva, apsišvietusi ir netolimoje ateityje didi tapsianti nacija turės

---

[7] *Whispers from Eternity*, išleista *Self-Realization Fellowship*.

Jo ekscelencija Emiljas Portesas Chilis, Meksikos prezidentas, priėmė Šri Jogananda, kai šis lankėsi Meksiko mieste 1929 m.

Paramahansa medituoja laivelyje Chočimilko ežere. Meksika, 1929 m.

duoti žmonijai didžiadvasišką ir itin naujovišką pavyzdį visada vadovautis aukščiausiu teisingumu ir geranoriškumu. Kas gali suabejoti, kad laikui bėgant ir keičiantis aplinkybėms sulauksime vaisių, su kaupu atlyginsiančių laikinus praradimus, kuriuos patirsime laikydamiesi tokio plano? Ar gali būti, kad Apvaizda nesusietų nuolatinės nacijos laimės su jos dorybe?"

    VOLTO VITMENO „HIMNAS AMERIKAI"
    (Iš „O Motina, kuriai visi vaikai lygūs")

Tavo ateitį aš pranašauju...
Tavo gausius, protingus vaikus, vyrus, moteris – tavo atletus,
dorus, dvasingus; pietuose, šiaurėje, vakaruose, rytuose...
Tave kaip dorovės gėrį ir civilizaciją (prieš kurią net įspūdingiausia
materiali civilizacija nieko verta),
Tave kaip visa teikiantį, visa apimantį garbinimą – ne tik vienos biblijos,
ne tik vieno išganytojo įkvėptą,
Tavo išganytojų daugybė, jie glūdi tavyje, jie prilygsta visiems,
yra ne mažiau dieviški...
Juos! Juos, tavyje glūdinčius, žinau, tikrai ateisiančius,
aš šiandien pranašauju.

38 SKYRIUS

Liuteris Berbankas – šventasis tarp rožių

– Augalų selekcijos tobulinimo paslaptis yra ne vien mokslo žinios. Tam dar reikia meilės.

Taip išmintingai kalbėjo Liuteris Berbankas (Luther Burbank), kai vaikštinėjome po jo sodą Santa Rozoje, Kalifornijoje. Sustojome prie valgomųjų kaktusų lysvės.

– Bandydamas išvesti „bespyglius" kaktusus, – toliau pasakojo jis, – dažnai kalbėdavausi su augalais, stengiausi sukurti meilės virpesius. „Jums nėra ko bijoti, – sakydavau. – Jums nereikalingi apsauginiai spygliai. Jus saugosiu aš." Pamažu atsirado bespyglė naudingo dykumų augalo atmaina.

Šis stebuklas mane sužavėjo.

– Mielas Liuteri, duokite man kelis kaktuso ūglius, pasisodinsiu juos savo sode Vašingtono kalne.

Netoliese stovintis sodo darbininkas jau ketino nulaužti kelis ūglius, bet Berbankas jį sulaikė.

– Svamiui aš jų priskinsiu pats.

Jis padavė man tris ūglius, vėliau juos pasodinau ir džiaugiausi matydamas, kaip jie auga ir keroja.

Puikusis sodininkas papasakojo apie pirmąją svarbią savo pergalę – išvestas stambias bulves, dabar vadinamas jo vardu. Su nenuilstamu genijaus ryžtu jis dovanojo pasauliui šimtus hibridinių veislių – patobulintų gamtos kūrinių. Tai buvo Berbanko pomidorai, kukurūzai, moliūgai, vyšnios, slyvos, nektarinai, įvairios uogos, aguonos, lelijos, rožės.

Liuteris nusivedė mane prie garsiojo graikinio riešutmedžio, kurį augindamas įrodė, kad įprastą medžio raidą galima paspartinti dukart. Nukreipiau į jį savo fotoaparatą.

– Vos per šešiolika metų, – paaiškino jis, – šis graikinis riešutmedis taip subrendo, kad duoda gausų riešutų derlių. Be žmogaus pagalbos gamta būtų užtrukusi dvigubai ilgiau.

Į sodą pasišokinėdama atbėgo mažoji Berbanko įdukra su šuniuku.

– Ji irgi mano augalėlis, – meiliai pamojo jai Liuteris. – Dabar žmoniją regiu kaip didžiulį augalą – kad visiškai išsiskleistų, jam reikia tik meilės, natūralių gerų lauko sąlygų, protingo kryžminimo ir atrankos. Visą gyvenimą stebiu nuostabią augalų raidos pažangą, todėl optimistiškai tikiuosi, kad mūsų pasaulis bus sveikas ir laimingas. Kad tai įvyktų, turime išmokyti jo vaikus paprasto ir racionalaus gyvenimo principų. Turime grįžti į gamtą ir prie gamtos Dievo.

– Liuteri, jums patiktų manoji Rančio mokykla, lauke vykstančios pamokos ir paprastumo bei džiaugsmo atmosfera.

Mano žodžiai palietė jautriausią Berbanko širdies stygą – vaikų ugdymą. Jis apibėrė mane klausimais, giliose, ramiose akyse švietė susidomėjimas.

– Svamidži, – pagaliau tarė jis, – tokios mokyklos kaip jūsų yra vienintelė būsimojo tūkstantmečio viltis. Piktinuosi mūsų laikų ugdymo sistema, ji atskirta nuo gamtos ir slopina individualumą. Visa širdimi ir siela pritariu jūsų praktiniams ugdymo idealams.

Kai susiruošiau palikti gerąjį išminčių, jis pasirašė nedidelėje knygelėje ir padavė ją man[1].

– Štai mano knyga „Žmogaus, kaip augalo, ugdymas"[2], – pasakė jis. – Reikia naujų ugdymo būdų, turime eksperimentuoti be baimės. Kartais drąsiausiais bandymais pavyksta išauginti geriausius vaisius ir gėles. Ugdant vaikus reikia daugiau ir drąsesnių naujovių.

Tą patį vakarą labai susidomėjęs perskaičiau knygelę. Įsivaizduodamas didingą žmonijos ateitį, Berbankas rašė: „Šiame pasaulyje labiausiai užsispyręs, sunkiausiai keičiamas gyvas organizmas – tai tam tikrų ypatybių įgijęs augalas... Atminkite, kad augalai savo individualumą saugo ilgus šimtmečius. Tikriausiai augalų egzistencijos pradžia buvo tas laikas, kai formavosi uolienos, ir iki šiol per tą be galo ilgą laikotarpį

---

[1] Dar Berbankas dovanojo man savo nuotrauką su parašu. Branginu ją taip pat, kaip kadaise indų pirklys brangino Linkolno (Lincoln) portretą. Indas lankėsi Amerikoje per Pilietinį karą ir taip susižavėjo Linkolnu, kad užsispyrė negrįžti į Indiją, kol negaus Didžiojo Išlaisvintojo atvaizdo. Pirklys įsitaisė ant Linkolno namų slenksčio ir atsisakė trauktis, kol apstulbęs prezidentas leido jam pasisamdyti garsų Niujorko dailininką Danielį Hantingtoną (Daniel Huntington). Kai portretas buvo baigtas, indas pergalingai parsigabeno jį į Kalkutą.

[2] *The Training of the Human Plant*, New York: Century Co., 1922.

jie nelabai pasikeitė. Nejau manote, kad tiek amžių kartodamasis augalas neįgijo, jei taip galima pasakyti, neprilygstamo atkaklumo? Išties pasitaiko augalų – pavyzdžiui, kai kurios palmių rūšys, – tokių užsispyrusių ir atkaklių, kad žmogaus valiai kol kas nepavyksta jų pakeisti. Palyginti su augalo valia, žmogaus valia yra silpnutė. Bet pažvelkite, kaip per visą egzistenciją augalo įgytas užsispyrimas palenkiamas, mes tai padarome paprasčiausiai įlieję jam naujos gyvybės – sukryžminę. Taip priverčiame jį visiškai ir veiksmingai pasikeisti. Kai įvyksta lūžis, mes jį įtvirtiname kantriai prižiūrėdami augalą ir darydami atranką; naujasis augalas gyvuos su naujais įpročiais ir niekada nebegrįš prie senųjų – pagaliau jo atkakli valia bus perlaužta ir pakeista.

Bet kalbant apie tokį jautrų ir lankstų reiškinį kaip vaiko prigimtis, problema yra daug paprastesnė."

Tarsi traukiamas magneto prie šio didaus amerikiečio, jį aplankiau dar ne kartą. Vieną rytą atėjau drauge su paštininku, kuris į Berbanko darbo kabinetą atnešė veik tūkstantį laiškų. Jam rašė viso pasaulio selekcininkai.

– Svamidži, jūsų atvykimas – kuo puikiausia dingstis išeiti į sodą, – linksmai pasisveikino Liuteris. Jis atidarė didelį stalo stalčių – jame gulėjo šimtai kelionių brošiūrų.

– Matote, – tarė jis, – kaip aš keliauju. Augalų ir korespondencijos priraištas, tolimų šalių alkį malšinu kartais pavartydamas šias brošiūras ir žiūrinėdamas paveikslėlius.

Mano automobilis stovėjo prie vartų; mudu su Liuteriu miestelio gatvėmis nuvažiavome pro sodus, pilnus ryškiaspalvių jo išvestų rožių veislių – *Santa Rosa, Peachblow* ir *Burbank*.

Per vieną iš ankstesnių apsilankymų inicijavau didį mokslininką į *krijajogą*.

– Uoliai praktikuoju šią techniką, Svamidži, – sakė jis.

Uždavęs daug esminių klausimų apie įvairius jogos aspektus, Liuteris lėtai tarė:

– Rytai iš tiesų turi neišsemiamų žinių lobių, kuriuos Vakarai vos pradeda tyrinėti[3].

---

[3] Garsus anglų biologas ir UNESCO direktorius dr. Džulianas Hakslis (Julian Huxley) neseniai pareiškė, kad Vakarų mokslininkams vertėtų „išmokti Rytų technikų" pasiekti transo būseną ir valdyti kvėpavimą. „*Kas* vyksta? *Kaip* tai įmanoma?" – klausė jis. 1948 m. rugpjūčio 21 d. žinių agentūros *Associated Press* informaciniame biuletenyje iš Londono rašoma: „Dr. Hakslis naujojoje Pasaulio psichinės sveikatos federacijoje kalbėjo, kad vertėtų

Artimai bendraudamas su Gamta, kuri atskleidė jam ne vieną kruopščiai saugotą paslaptį, Berbankas juto jai didžiulę dvasinę pagarbą.

– Kartais jaučiuosi labai arti Beribės Galios, – droviai prisipažino jis ir jo švelnus, dailus veidas nušvito. – Tada galiu gydyti ir sergančius žmones, ne tik paliegusius augalus.

Jis man papasakojo apie savo motiną, nuoširdžią krikščionę.

– Po savo mirties, – kalbėjo Liuteris, – ji daugybę kartų pasirodė man regėjimuose ir mane laimino, kalbėjo su manimi.

Nenoromis grįžome į Berbanko namus, kur jo laukė tūkstantis laiškų.

– Liuteri, – kreipiausi, – kitą mėnesį pradėsiu leisti žurnalą apie Rytų ir Vakarų tiesas. Padėkite sugalvoti tinkamą pavadinimą.

Aptarėme keletą pavadinimų ir galiausiai sutarėme, kad labiausiai tiks *East-West*[4]. Kai grįžome į jo darbo kabinetą, Berbankas padavė man savo straipsnį „Mokslas ir civilizacija".

– Jį įdėsime į pirmą *East-West* numerį, – dėkingas pažadėjau.

Mūsų draugystė stiprėjo, aš pradėjau Berbanką vadinti savo „šventuoju amerikiečiu". „Štai žmogus, kuriame nėra klastos"[5], – perfrazavau Bibliją. Jo neišmatuojamos gelmės širdis seniai buvo pažinusi nuolankumą, kantrybę ir pasiaukojimą. Jo mažas rožėmis apaugęs namelis buvo kuklus ir paprastas; jis suprato prabangos beprasmybę, pažinojo neturto džiaugsmą. Kuklumas, su kuriuo priėmė mokslininko šlovę, man priminė medžius, lig žemės nulinkusius nuo nokstančių vaisių – tik bergždžias medis aukštai kelia galvą, tuščiai girdamasis.

Kai 1926 metais mano brangusis draugas mirė, buvau Niujorke. Ašarodamas mąsčiau: „Ak, mielai pėsčias nueičiau iki pat Santa Rozos, kad bent kartelį su juo pasimatyčiau!" Užsidariau nuo sekretorių bei lankytojų ir visą parą praleidau vienas.

Kitą dieną priešais didelį Liuterio portretą atlikau vedų atminimo apeigas. Grupė mano studentų amerikiečių, vilkėdami apeiginiais hinduistų drabužiais, giedojo senovines giesmes, aukojo gėles, vandenį ir ugnį – kūno elementų simbolius, bylojančius apie jų sugrįžimą į Begalinį Šaltinį.

---

patyrinėti Rytų mistikų paveldą. Psichikos sveikatos specialistams jis sakė: 'Moksliškai ištyrinėjus šį paveldą, jūsų srityje būtų galima žengti didžiulį žingsnį į priekį.'"

[4] *East-West*, 1948 m. pervadintas *Self-Realization*.

[5] Jn 1, 47.

Liuteris Berbankas
Santa Roza, Kalifornija
JAV

1924 m. gruodžio 22 d.

Išnagrinėjau Svamio Joganandos *jogodos* sistemą ir manau, kad ji puikiai tinka žmogui ugdyti ir jo fizinei, psichinei bei dvasinei prigimčiai harmonizuoti. Svamio tikslas – visame pasaulyje įkurti „Gyvenimo mokymo" mokyklas, kuriose ugdymas nesiribos tik intelekto tobulinimu; jose bus lavinamas kūnas, ugdoma valia ir jausmai.

Laikydamiesi *jogodos* sistemos – paprastais ir moksliškais koncentracijos bei meditacijos metodais atskleidę fizines, psichines ir dvasines savo galimybes – žmonės išspręstų daugelį sudėtingų pasaulio problemų, Žemėje įsivyrautų taika ir gera valia. Svamio siūloma ugdymo idėja – tai paprasta išmintis, be jokios mistikos ir praktiškai įgyvendinama, kitaip jai nepritarčiau.

Džiaugiuosi turėdamas galimybę visa širdimi palaikyti Svamio prašymą kurti tarptautines gyvenimo meno mokyklas, kurios, jei tas tikslas bus pasiektas, šiam tūkstantmečiui suteiks tai, ko dar nesu regėjęs.

Luther Burbank

Liuteris Berbankas – šventasis tarp rožių

LIUTERIS BERBANKAS IR PARAMAHANSA JOGANANDA
Santa Roza, Kalifornija, 1924 m.

Berbanko kūnas ilsisi Santa Rozoje po libaniniu kedru prieš daugelį metų jo įveistame sode, bet aš regiu jo sielą kiekviename plačiai pražydusiame pakelės gėlių žiede. Kas kitas, jei ne Liuteris, laikinai pasitraukęs į erdvią gamtos dvasią, šnabžda jos vėjuose, klajodamas apyaušriu?

Jo vardas jau tapo bendriniu žodžiu. Įtrauktas į „Naująjį Vebsterio tarptautinių žodžių žodyną", veiksmažodis *burbank*, apibrėžiamas taip: „Sukryžminti ar įskiepyti (augalą). Perkeltine prasme reiškia „pagerinti" (procesą arba įstaigą), atrenkant geriausias savybes ir atmetant blogas arba suteikiant papildomų gerų savybių."

– Mylimas Berbankai, – sušukau, perskaitęs šį apibrėžimą, – pats tavo vardas tapo gerųjų savybių sinonimu!

39 SKYRIUS

Teresė Noiman, katalikų stigmatikė

„Grįžk į Indiją. Penkiolika metų tavęs kantriai laukiu. Netrukus iš šio kūno išplauksiu į Švytinčiąją Buveinę. Jogananda, atvažiuok!"

Sėdėjau medituodamas Vašingtono kalno centre ir mintyse išgirdau Šri Juktešvaro balsą. Jis mane privertė krūptelėti. Jo žinia akies mirksniu praskriejo dešimt tūkstančių mylių ir trenkė mane lyg žaibas.

Penkiolika metų! Taip, prisiminiau, dabar juk 1935-ieji. Jau penkiolika metų skleidžiu savo guru mokymą Amerikoje. Bet dabar jis kviečia mane grįžti.

Neilgai trukus apie šį įvykį papasakojau brangiam savo draugui ponui Džeimsui Linui (James J. Lynn). Kasdien praktikuodamas *krijajogą*, jis taip įspūdingai dvasiškai patobulėjo, kad ėmiau jį dažnai vadinti „šventuoju Linu". Buvau laimingas matydamas, kaip per jį ir daug kitų vakariečių pildosi Babadži pranašystė: Vakarų pasaulyje irgi atsiras šventųjų, kurie Savąjį Aš suvoks eidami senoviniu jogos keliu.

Dosnusis ponas Linas primygtinai pareikalavo leisti jam paremti kelionę finansiškai. Taigi išsprendęs finansų problemą, susiruošiau per Europą plaukti į Indiją. 1935 m. kovą, laikydamiesi Kalifornijos valstijos įstatymų, įregistravome *Self-Realization Fellowship* – visoms religijoms atvirą pelno nesiekiančią įmonę, veiksiančią neterminuotą laikotarpį. Draugijai *Self-Realization Fellowship* dovanojau visą savo asmeninį turtą, taip pat ir visų savo raštų autoriaus teises. Kaip dauguma kitų religinių ir ugdymo organizacijų, *Self-Realization Fellowship* yra išlaikoma jos narių ir visuomenės aukomis bei dovanomis.

„Aš grįšiu, – pasakiau savo mokiniams. – Niekada nepamiršiu Amerikos."

Per atsisveikinimo pietus, kuriuos Los Andžele man surengė mylintys draugai, ilgai žvelgiau į jų veidus ir dėkingas mąsčiau: „Viešpatie, tas, kuris prisimena, kad Vienintelis Davėjas esi Tu, niekada nestokos mirtingųjų draugystės saldumo."

Iš Niujorko išplaukiau 1935-ųjų birželio 9 dieną laivu *Europe*.

Teresė Noiman, katalikų stigmatikė

Mane lydėjo du mokiniai: mano sekretorius ponas Ričardas Raitas (C. Richard Wright) ir vyresnio amžiaus moteris iš Sinsinačio panelė Etė Bleč (Ettie Bletsch). Dienas leidome mėgaudamiesi vandenyno ramybe. Aplinka buvo maloni ir visiškai kitokia nei ta, kurioje praleidome kelias karštligiškas savaites prieš kelionę. Tačiau poilsis truko neilgai; šiuolaikinių laivų greitis turi ir neigiamų aspektų!

Kaip ir visi smalsūs turistai, vaikštinėjome po didžiulį, seną Londono miestą. Atvykęs jau kitą dieną buvau pakviestas kalbėti didelei auditorijai Kakstono salėje, kur Londono klausytojams mane pristatė seras Fransis Janghasbandas (Francis Younghusband).

Vieną dieną maloniai pasisvečiavome sero Hario Loderio (Harry Lauder) dvare Škotijoje. Po kelių dienų per Lamanšą persikėlėme į žemyną, nes norėjau kaip piligrimas apsilankyti Bavarijoje. Pamaniau, kad tai vienintelė proga susitikti su didžia katalikų mistike Terese Noiman (Therese Neumann) iš Konersroito.

Prieš kelerius metus apie Teresę perskaičiau stulbinamą pasakojimą. Straipsnyje buvo rašoma:

1) Teresė gimė 1898 metų Didįjį penktadienį, o sulaukusi dvidešimties, patyrė sunkią traumą, dėl kurios apako ir buvo paralyžiuota.

2) 1923 metais, melsdamasi šv. Teresei iš Lizjė, „Mažajai gėlelei", ji stebuklingai vėl praregėjo. Vėliau staiga išnyko rankų ir kojų paralyžius.

3) Nuo 1923 metų Teresė visiškai nevalgo ir negeria, per dieną nuryja tik vieną mažą šventintą ostiją.

4) 1926 metais ant Teresės kaktos, krūtinės, rankų ir kojų atsirado stigmos, šventosios Kristaus žaizdos. Kiekvieną penktadienį[1] ji išgyvena Kristaus kančias ir savo kūnu patiria visą istorinę jo agoniją.

---

[1] Po karo Teresė kančias patiria ne kiekvieną penktadienį, bet tik per tam tikras metų šventes. Apie jos gyvenimą rašoma šiose knygose: „Teresė Noiman: mūsų dienų stigmatikė" (*Therese Neumann: A Stigmatist of Our Day*) ir „Kitos Teresės Noiman kronikos" (*Further Chronicles of Therese Neumann*), abiejų autorius Frydrichas Riteris fon Lama (Friedrich Ritter von Lama); taip pat A. P. Šimbergo (Schimberg) „Teresės Noiman istorija" (*The Story of Therese Neumann*), 1947; visos knygos išleistos *Bruce Pub. Co., Milwaukee, Wisconsin*; ir dar Johaneso Šteinerio (Johannes Steiner) „Teresė Noiman" (*Therese Neumann*), leid. *Alba House, Staten Island, N. Y.*

5) Nors moka tik nesudėtingą vokiečių kalbą, kuria kalbama jos kaime, penktadieniais, apimta transo, kaip nustatė žinovai, ji taria frazes senovės aramėjų kalba. Kartais matydama regėjimus ji prabyla hebrajiškai ir graikiškai.

6) Gavę Bažnyčios leidimą, Teresę ne kartą atidžiai stebėjo mokslininkai. Daktaras Fricas Gerlichas (Fritz Gerlich), vokiško protestantų laikraščio redaktorius, nuvyko į Konersroitą „demaskuoti apsišaukėlės katalikės", bet galiausiai pagarbiai parašė jos biografiją.

Ir Rytuose, ir Vakaruose visada norėdavau susitikti su šventaisiais. Todėl apsidžiaugiau, kai liepos 16 dieną mūsų maža grupelė atvyko į Konersroito miestelį. Bavarijos valstiečiai gyvai domėjosi mūsų fordu (jį buvome atsigabenę iš Amerikos) ir jame sėdinčiais keleiviais – jaunu amerikiečiu, pagyvenusia ponia ir tamsaus gymio rytiečiu ilgais plaukais, sukištais po švarko apykakle.

Deja! Mažas, švarutėlis Teresės namelis, kur prie senoviško šulinio žydėjo pelargonijos, buvo tylus ir uždarytas. Kaimynai, net kaimo paštininkas, kuris kaip tik ėjo pro šalį, negalėjo mums nieko pasakyti. Pradėjo lyti, ir mano bendrakeleiviai pasiūlė grįžti.

– Ne, – užsispyriau, – liksiu čia, kol sužinosiu, kur Teresė.

Automobilyje išsėdėjome dvi valandas. Visą tą laiką niūriai lijo.

– Viešpatie, – skųsdamasis atsidusau, – kodėl mane čia atvedei, jei ji dingo?

Prie mūsų stabtelėjo angliškai mokantis žmogus ir mandagiai pasisiūlė pagelbėti.

– Negaliu tiksliai pasakyti, kur Teresė, – tarė jis, – bet ji dažnai lankosi pas profesorių Francą Vucą (Franz Wutz). Profesorius dėsto užsienio kalbas Eichšteto universitete už kokių aštuoniasdešimt mylių nuo čia.

Kitą rytą nuvažiavome į tylų Eichšteto miestelį. Daktaras Vucas nuoširdžiai mus pasveikino.

– Taip, Teresė čia.

Jis jai pranešė apie svečius. Netrukus pasiuntinys perdavė jos atsakymą: „Nors vyskupas manęs prašė be jo leidimo su niekuo nesusitikti, aš pasikalbėsiu su Dievo žmogumi iš Indijos."

Didžiai sujaudintas šių žodžių, nusekiau įkandin daktaro Vuco viršun į svetainę. Tuoj pat į kambarį skleisdama ramybę ir džiaugsmą įėjo

Teresė. Vilkėjo juodą suknelę, ryšėjo akinamo baltumo skarelę. Jai tuomet buvo trisdešimt septyneri, bet atrodė daug jaunesnė, tiesą sakant, vaikiškai žvali ir kerinti. Sveika, stotinga, raudonskruostė ir linksma – ir ši šventoji nieko nevalgo!

Teresė pasisveikino su manimi – labai švelniai paspaudė ranką. Tylėdami šypsojomės, atpažinę vienas kitame Dievo meilę.

Daktaras Vucas maloniai pasisiūlė pavertėjauti. Kai susėdome, pastebėjau, kad Teresė žvilgčioja į mane naiviai susidomėjusi – tikriausiai Bavarijoje indai retai lankosi.

– Ar jūs tikrai nieko nevalgote? – norėjau išgirsti iš jos pačios lūpų.

– Nieko, tik ostiją [2] kas rytą šeštą valandą.

– Kokio dydžio ostija?

– Kaip nedidelė moneta ir popieriaus plonumo, – atsakė ji. – Valgau ją kaip sakramentą; jei paplotėlis nešventintas, aš jo neįstengiu praryti.

– Bet juk negali būti, kad jau dvylika metų jūs vien tuo gyva?

– Aš gyva Dievo šviesa.

Koks paprastas Einšteino vertas atsakymas!

– Matau, suvokiate, kad energija į jūsų kūną plūsta iš eterio, saulės ir oro.

Jos veide nušvito šypsena.

– Labai džiaugiuosi, kad suprantate, kaip aš gyvenu.

– Jūsų šventas gyvenimas kasdien įrodo Kristaus pasakytą tiesą: „Žmogus gyvas ne viena duona, bet ir kiekvienu žodžiu, kuris išeina iš Dievo lūpų." [3]

Ji vėl apsidžiaugė mano aiškinimu.

– Iš tiesų taip ir yra. Viena priežasčių, kodėl esu Žemėje, yra

---

[2] Šventintą Komunijos paplotėlį.

[3] Mt 4, 4. Žmogaus kūno baterijas maitina ne tik apčiuopiamas maistas (duona), bet ir kosminė energija, vibracijos (*Žodis*, arba *Aum*). Neregima galia plūsta į žmogaus kūną pro *medulla oblongata* (pailgųjų smegenų) vartus. Šis šeštasis kūno centras yra sprande, virš penkių stuburo *čakrų* (*čakros* – sanskrito žodis, reiškiantis „ratus", arba spinduliuojančios gyvybinės jėgos centrus).

Medulla, pagrindinės universalios gyvybinės energijos (*Aum*) durys į žmogaus kūną, tiesiogiai poliariškai sujungtos su Kristaus Sąmonės centru (*kūtastha*), akimi tarp antakių: tai žmogaus valios jėgos centras. Vėliau kosminė energija saugoma septintajame centre, smegenyse, begalinių galimybių saugykloje (vedose jis minimas kaip „tūkstančio žiedlapių šviesos lotosas"). Biblijoje *Aum* vadinama Šventąja Dvasia, arba neregima gyvybės jėga, dieviškai palaikančia visą kūriniją. „Ar nežinote, kad jūsų kūnas yra šventovė jumyse gyvenančios Šventosios Dvasios, kurią gavote iš Dievo, ir kad jūs nebepriklausote patys sau?" (1 Kor 6, 19)

parodyti, kad žmogus gali gyventi neregima Dievo šviesa, ne tik maistu.
- Ar galite išmokyti kitus gyventi be maisto?
Regis, klausimas ją kiek nustebino.
- Negaliu to padaryti; Dievas to nenori.

Kai mano žvilgsnis nukrypo į jos stiprias, grakščias rankas, Teresė ant išorinės plaštakų pusės parodė ką tik užgijusias keturkampes žaizdas. Delnuose buvo matyti mažesni pusmėnulio pavidalo švieži randeliai. Abi žaizdos buvo kiaurai perskrodusios rankas. Jas pamatęs, aiškiai prisiminiau dideles geležines vinis pusmėnulio formos galvutėmis, iki šiol tebenaudojamas Rytuose, bet Vakaruose nematytas.

Šventoji šiek tiek papasakojo apie transą, apimantį ją kiekvieną savaitę.
- Kaip bejėgė prašalaitė aš stebiu visas Kristaus kančias.

Kas savaitę nuo ketvirtadienio vidurnakčio iki penktadienio pirmos valandos dienos jos žaizdos atsiveria ir ima kraujuoti, ji netenka kokių penkių kilogramų kūno svorio (šiaip sveria apie 60 kilogramų). Nors ir baisiai kentėdama dėl savo atjaučios meilės, Teresė vis tiek su džiaugsmu laukia kas savaitę ją aplankančių Viešpaties regėjimų.

Iškart supratau, kad per jos nepaprastus potyrius Dievas nori visiems krikščionims patvirtinti Naujajame Testamente aprašyto Jėzaus gyvenimo ir nukryžiavimo autentiškumą ir dramatiškai parodyti amžinai gyvą Galilėjos Mokytojo ryšį su savo sekėjais.

Paskui apie šventąją pakalbėjo profesorius Vucas.
- Su žmonių grupele, kuriai priklauso ir Teresė, dažnai kelioms dienoms išvykstame apžiūrėti Vokietijos įdomybių, - ėmė pasakoti jis. - Kontrastas stulbinamas: Teresė nevalgo nieko, o mes, visi kiti, valgome triskart per dieną. Ji visą laiką žydi kaip rožė, nė kiek nepavargsta. Kai išalkstame ir pradedame dairytis kokios nors pakelės užeigos, Teresė tik linksmai juokiasi.

Profesorius pridūrė keletą įdomių fiziologinių smulkmenų:
- Kadangi Teresė nieko nevalgo, jos skrandis yra susitraukęs. Organizmas nieko nešalina, bet prakaito liaukos funkcionuoja; jos oda visad švelni ir stangri.

Atsisveikindamas pasakiau Teresei, kad labai norėčiau būti jos transo liudytojas.
- Taip, prašom kitą penktadienį atvykti į Konersroitą, - maloniai pakvietė ji. - Vyskupas duos jums leidimą. Labai džiaugiuosi, kad susiradote mane Eichštete.

Teresė Noiman, katalikų stigmatikė

Teresė švelniai kelis kartus paspaudė mums rankas ir palydėjo iki vartų. Ponas Raitas įjungė automobilio radiją; šventoji jį apžiūrėjo, džiugiai kikendama. Susirinko toks gausus vaikėzų būrys, kad Teresė pasišalino, grįžo į namą. Matėme ją pro langą – ji tarsi vaikas žiūrėjo į mus ir mojo ranka.

Kitą dieną pasikalbėję su dviem Teresės broliais, labai geraširdiškais ir maloniais vyriškiais, sužinojome, kad šventoji miega tik po vieną ar dvi valandas per parą. Nepaisydama kūno žaizdų, ji aktyvi ir energinga. Myli paukščius, prižiūri akvariumo žuvytes ir dažnai triūsia sode. Daug susirašinėja – katalikai laiškuose prašo pasimelsti už juos ir palaiminti, kad išgytų. Jos dėka daug ligonių pagijo nuo sunkių ligų.

Jos brolis Ferdinandas, gal dvidešimt trejų metų jaunuolis, paaiškino, kad Teresė maldomis įgijo galios perimti kitų žmonių ligas. Ji nebevalgo nuo tada, kai pasimeldė, kad jai atitektų gerklės liga, kamavusi vieną jų parapijos jaunuolį, kuris tuo metu ketino priimti kunigystės sakramentą.

Ketvirtadienį popiet nuvažiavome pas vyskupą. Šis mielai išrašė leidimą, nors mano ilgos garbanos jį šiek tiek ir nustebino. Mokėti nereikėjo. Bažnyčia šią taisyklę taikė tik norėdama apsaugoti Teresę nuo atsitiktinių turistų antplūdžio, nes anksčiau penktadieniais į Konersroitą jų sugužėdavo tūkstančiai.

Atvažiavome į kaimą penktadienį apie pusę dešimtos ryto. Atkreipiau dėmesį, jog dalis mažo Teresės namelio stogo įstiklinta, kad vidun patektų daugiau šviesos. Apsidžiaugėme pamatę, kad durys nebe uždarytos, o plačiai, svetingai atlapotos. Sustojome į eilę su dar kokiais dvidešimt lankytojų; visi turėjo leidimus. Daugelis norėdami pamatyti mistinį transą buvo atvykę iš labai toli.

Mano pirmąjį išmėginimą Teresė išlaikė dar profesoriaus namuose – ji intuityviai suprato, kad ją noriu pamatyti dėl dvasinių priežasčių, o ne vien tenkindamas tuščią smalsumą.

Antrasis išmėginimas buvo susijęs su ta aplinkybe, kad prieš įeidamas į jos kambarį antrame aukšte panirau į jogos transą, nes norėjau užmegzti su ja telepatinį ir televizinį ryšį. Paskui įžengiau į lankytojų pilną kambarį. Ji gulėjo lovoje apsivilkusi baltu drabužiu. Aš ir ponas Raitas, kuris sekė man įkandin, stabtelėjome ant slenksčio, apstulbinti keisto ir baugaus reginio.

Iš apatinių Teresės vokų plona nenutrūkstama gal vieno colio pločio srovele liejosi kraujas. Akys buvo užverstos aukštyn, nukreiptos į

TERESĖ NOIMAN, RIČARDAS RAITAS, ŠRI JOGANANDA
Eichštete, Bavarijoje, 1935 m. liepos 17 d.

dvasinę akį kaktos viduryje. Aplink galvą buvo apvyniota skepeta, į ją sunkėsi kraujas, srūvantis iš Erškėčių Vainiko stigmų. Ant balto drabužio ties širdimi, toje vietoje, į kurią kadaise kareivis smeigė Kristaus šonan ietį ir galutinai jį pažemino, plėtėsi raudona dėmė.

Teresės rankos buvo motiniškai, maldaujamai ištiestos, veide atsispindėjo kančia, bet kartu ir dieviška išraiška. Ji atrodė liesesnė, matėsi daug subtilių išorinių ir vidinių pokyčių. Virpančiomis lūpomis kreipdamasi į žmones, regimus aukštesniosios sąmonės žvilgsniu, ji murmėjo svetimos kalbos žodžius.

Kadangi buvau prie Teresės prisiderinęs, pradėjau matyti jos regėjimą. Ji žiūrėjo, kaip Jėzus pro besišaipančią minią neša Kryžiaus sijas[4]. Staiga susirūpinusi pakėlė galvą – Viešpats parkrito po sunkia našta. Regėjimas išnyko. Išsekusi ir deginama gailesčio, Teresė sunkiai susmuko ant pagalvių.

Tą akimirką už nugaros išgirdau duslų dunkstelėjimą. Grįžtelėjęs

---

[4] Teresė iki šio mūsų vizito jau buvo patyrusi daug paskutinių Kristaus dienų regėjimų. Jos transas dažniausiai prasideda įvykiais po Paskutinės vakarienės ir baigiasi Jėzaus mirtimi ant kryžiaus, kartais – jo palaidojimu kape.

pamačiau, kaip du vyrai išneša leisgyvį kūną. Kadangi buvau tik išnyręs iš aukštesniosios sąmonės būsenos, ne iš karto pažinau parkritusįjį. Vėl įsmeigiau akis į Teresės veidą, mirtinai išblyškusį, pasruvusį kraujo upeliais, bet dabar ramų, spindintį, tyrą ir šventą. Vėliau atsigręžęs pamačiau, kad ponas Raitas stovi ranka susiėmęs skruostą, juo teka kraujas.

– Dikai, – neramiai paklausiau, – ar tai tu buvai parkritęs?
– Taip, apalpau nuo siaubingo reginio.
– Na, – paguodžiau aš, – bet tikrai esi drąsus, nes sugrįžai.

Prisiminę kantriai laukiančių piligrimų eilę, aš ir ponas Raitas tyliai atsisveikinome su Terese ir pasitraukėme iš jos švento kambario [5].

Kitą dieną išvažiavome pietų kryptimi. Džiaugėmės, kad esame nepriklausomi nuo traukinių ir galime sustabdyti savo fordą bet kokioje vietoje. Mėgavomės kiekviena kelionės per Vokietiją, Olandiją, Prancūziją ir Šveicarijos Alpes akimirka. Italijoje specialiai užsukome į Asyžių pagerbti nuolankumo apaštalo šv. Pranciškaus. Kelionę po Europą baigėme Graikijoje, ten apžiūrėjome Atėnų šventyklas ir kalėjimą, kuriame romusis Sokratas [6] išgėrė mirtinų nuodų. Buvo neįmanoma nesigėrėti, kaip meistriškai senovės graikai iškalė savo vaizduotės kūrinius alebastre.

Laivu perplaukėme saulėtą Viduržemio jūrą ir išlipome Palestinoje. Paklajojome po Šventąją Žemę ir aš dar tvirčiau įsitikinau, kokios vertingos piligriminės kelionės. Jautri širdis Palestinoje visur jaus Kristaus dvasią. Jos lydimas, pagarbiai apėjau Betliejų, Getsemanę, Kalvariją,

---

[5] 1948 m. kovo 26 d. INS žinių pranešime iš Vokietijos skelbiama: „Šį Didįjį penktadienį, kai vokiečių valstietė gulėjo savo lovoje, jos galvoje, rankose ir pečiuose atsivėrė kruvinos žaizdos – tose vietose, kuriose kadaise liejosi kraujas iš kryžiaus vinių ir Erškėčių Vainiko sužaloto Kristaus kūno. Pro Teresę Noiman, gulinčią savo namelyje, tylėdami praėjo tūkstančiai pagarbos kupinų vokiečių ir amerikiečių."
Didžioji stigmatikė mirė Konersroite 1962 m. rugsėjo 18 d. (*leidėjo pastaba*).

[6] Euzebijus aprašo įdomų Sokrato susitikimą su hinduistų išminčiumi: „Muzikantas Aristoksenas taip pasakojo apie indus. Vienas jų Atėnuose sutiko Sokratą ir paklausė, kam skirta jo filosofija. 'Tyrinėti žmogiškus reiškinius', – atsakė Sokratas. Tai išgirdęs, indas prapliupo juoktis. 'Kaip gali žmogus tyrinėti žmogiškus reiškinius, – paklausė jis, – jei nieko neišmano apie dieviškus?'"
Graikų idealas, kurį atkartoja Vakarų filosofija, yra toks: „Žmogau, pažink save." Hinduistas pasakytų: „Žmogau, pažink Savąjį Aš." Dekarto (Descartes) maksima „Mąstau, vadinasi, esu" nėra filosofiškai pagrįsta. Gebėjimas mąstyti neatskleidžia aukščiausios žmogaus Būties. Žmogaus protas, kaip ir juo pažįstamas reiškinių pasaulis, nuolat kinta ir nepasiekia jokių baigtinių rezultatų. Intelektinis pasitenkinimas nėra aukščiausias tikslas. Tik Dievo ieškotojas iš tiesų myli *vidją*, nekintamą tiesą; visa kita yra *avidja*, arba santykinis pažinimas.

šventąjį Alyvų kalną, apžiūrėjau Jordano upę ir Galilėjos ežerą.

Matėme ėdžias, kokiose buvo paguldytas Kūdikėlis, dailidės Juozapo dirbtuvę, Lozoriaus kapą, Mortos ir Marijos namus, Paskutinės vakarienės vietą. Prieš mus atsivėrė senovė ir aš epizodas po epizodo peržiūrėjau dieviškąją dramą, kurią kitados amžiams suvaidino Kristus.

Toliau patraukėme į Egiptą – modernų Kairą ir senovines piramides. Paskui laivu perplaukėme Raudonąją jūrą, plačią Arabijos jūrą, ir štai – Indija!

40 SKYRIUS

Grįžtu į Indiją

Dėkingas alsavau palaimingu Indijos oru. 1935 metų rugpjūčio 22 dieną mūsų laivas *Rajputana* prisišvartavo didžiuliame Bombėjaus uoste. Jau pačią pirmą dieną išlipęs iš laivo patyriau, kokie manęs laukia įtempti metai. Prieplaukoje su gėlių girliandomis laukė pasitikti susirinkę draugai, netrukus viešbučio *Taj Mahal* numeryje priėmėme kelias žurnalistų ir fotografų grupes.

Bombėjaus anksčiau nepažinojau; miestas man pasirodė judrus, šiuolaikinis, pilnas vakarietiškų naujovių. Erdvūs bulvarai apsodinti palmėmis, didingi valstybiniai pastatai praeivių akį traukia nė kiek ne mažiau nei senovinės šventyklos. Bet miestui apžiūrėti turėjau labai nedaug laiko. Nekantravau, norėjau kuo greičiau išvysti savo mylimą guru ir kitus brangius žmones. Fordą įkėlėme į krovinių vagoną ir netrukus jau riedėjome traukiniu į rytus, Kalkutos link[1].

Atvykę į Hauros stotį, pamatėme tokią didžiulę minią, susirinkusią mūsų pasveikinti, kad man ne iš karto pavyko išlipti iš traukinio. Sutiktuvių komitetui vadovavo jaunasis Kasim Bazaro maharadža ir mano brolis Bišnus. Tokiam šiltam ir iškilmingam sutikimui pasirengęs nebuvau.

Priekyje riedėjo automobilių ir motociklų vilkstinė, o paskui ją, džiaugsmingai tratant būgnams ir gaudžiant kriauklėms, nuo galvos iki kojų apkarstyti gėlių girliandomis į mano tėvo namus lėtai važiavome mes – panelė Bleč, ponas Raitas ir aš.

Senstelėjęs tėvas apkabino mane taip, lyg būčiau prisikėlęs iš mirusiųjų. Iš džiaugsmo netekę žado, mudu ilgai žvelgėme vienas į kitą. Aplink mane susibūrė broliai ir seserys, dėdės ir tetos, pusbroliai ir pusseserės, senų laikų draugai ir mokiniai, jų visų akyse žvilgėjo ašaros. Šio meilingo susitikimo vaizdas, dabar jau saugomas atminties podėliuose, išliko mano širdyje ryškus ir nepamirštamas. O susitikimo su Šri Juktešvaru

---

[1] Kelionę pertraukėme Centrinėse Provincijose, žemyno viduryje – užsukome pas Mahatmą Gandį į Vardą. Ta viešnagė aprašyta 44 skyriuje.

ŠRI JUKTEŠVARAS IR JOGANANDA KALKUTOJE 1935 M.

„Kadangi mano guru iš išorės atrodė neimpozantiškai, tik keli amžininkai pripažino jį esant ypatingą, – pasakojo Šri Jogananda. – Nors buvo mirtingasis kaip visi kiti, Šri Juktešvaras tapatinosi su laiko ir erdvės Valdovu. Mokytojas nematė jokios neįveikiamos kliūties žmogui susilieti su dieviškumu. Aš ir pats supratau, kad kliūčių nėra, tik žmogui trūksta drąsos tyrinėti savo dvasią."

neįmanoma apsakyti žodžiais – gal pakaks mano sekretorius aprašymo.

„Šiandien didžiausių lūkesčių kupinas nuvežiau Jogananda iš Kalkutos į Šryrampurą, – kelionės dienoraštyje užrašė ponas Raitas. – Pravažiavome eilę neįprastų krautuvėlių ir užeigų – vienoje iš jų, dar būdamas studentas, mėgo valgyti garbusis Jogananda – ir galiausiai įsukome į siaurą skersgatvį. Staigus posūkis į kairę ir priešais mus atsivėrė dviaukštis mūrinis mokytojo ašramas, viršutiniame aukšte kyšojo balkonas su grotelėmis. Visur tvyrojo nuošalumos rimtis.

Kuo nuolankiausiai įžengiau paskui Jogananda į vidinį vienuolyno kiemą. Besidaužančiomis širdimis užkopėme senais cementiniais laipteliais, jie, be abejo, buvo numinti nesuskaičiuojamos daugybės tiesos ieškotojų kojų. Sulig kiekvienu žingsniu įtampa augo. Priešais mus beveik pačiame laiptų viršuje kilnia išminčiaus poza tyliai stovėjo dvasios Milžinas Svamis Šri Juktešvaras.

Jo didingoje akivaizdoje palaimos užlieta mano širdis suplazdėjo ir pakilo aukštyn. Ašaros temdė nekantrų žvilgsnį, o garbusis Jogananda puolė ant kelių ir nulenkęs galvą iš visos širdies pasveikino mokytoją ir jam padėkojo; ranka jis palietė guru pėdas, paskui klusniai ir nuolankiai – savo kaktą. Tada pakilo ir Šri Juktešvaras dukart priglaudė jį prie krūtinės.

Iš pradžių nė vienas nepratarė nė žodžio, bet nebyli sielos kalba išdavė stiprius jausmus. Kaip nuo susitikimo džiaugsmo švytėjo jų akys! Tyliu vidaus kiemu nuvilnijo meilės virpesys, paskui staiga iš debesies išlindusi saulė nutvieskė jį šlovinga šviesa.

Priklaupęs ant kelio prieš mokytoją nebyliai išreiškiau jam savo meilę ir padėką; paliečiau nuo laiko ir tarnystės įdiržusias pėdas ir buvau mokytojo palaimintas. Tada atsistojau ir pažvelgiau į jo gražias akis – nukreiptas gilyn į save ir spindinčias džiaugsmu.

Įžengėme į svetainę; jos visa siena atsiveria į balkoną, pirmiausia pastebimą iš gatvės. Mokytojas atsisėdo ant užkloto čiužinio, patiesto ant cementinių grindų, ir atsirėmė į aptrintą kušetę. Mudu su Jogananda įsitaisėme prie mokytojo kojų ant šiaudinio demblio su oranžinėmis pagalvėmis, kad turėtume į ką patogiai atsiremti.

Man ne itin sekėsi suprasti, apie ką bengališkai šnekučiavosi abu garbieji svamiai (mat būdami dviese jie angliškai nesikalba, nors svamidžis Maharadža, kaip didįjį guru vadina kiti, anglų kalbą moka ir dažnai ją vartoja). Bet lengvai perpratau Didžiojo Mokytojo šventumą iš jo širdį glostančios šypsenos ir spindinčių akių. Kad ir koks vyktų pokalbis – linksmas ar rimtas, lengva pastebėti, kad jo teiginiai pagrįsti, o tai yra išminčiaus požymis – jis žino, kad žino, nes pažįsta Dievą. Didi mokytojo išmintis, aiškus tikslas ir ryžtas pastebimi kiekvienoje smulkmenoje.

Jis vilkėjo paprastai, jo *dhotis* ir marškiniai, kadaise nudažyti ryškiais ochros dažais, dabar buvo apiblukusios oranžinės spalvos. Retkarčiais jį pagarbiai nužvelgdamas atkreipiau dėmesį, kad mokytojas stambus, atletiškai sudėtas, jo kūnas užgrūdintas atsiskyrėlio gyvenimo išbandymų ir askezės. Laikysena didinga. Žengia oriai, laikosi tiesiai. Iš krūtinės gilumos sklinda geraširdiškas, išdykėliškas juokas, nuo jo purtosi ir kreta visas kūnas.

Griežtas veidas stulbinamai byloja apie dievišką galią. Per vidurį perskirti plaukai ties kakta balti, kitur padabinti žilstelėjusiomis auksu ir sidabru žvilgančiomis juodomis sruogomis; jie garbanomis krinta ant pečių. Barzda ir ūsai beveik nepastebimi, išretėję, tik pabrėžia veido bruožus. Kakta aukšta, lyg ieškotų dangaus. Tamsias akis supa nežemiški melsvi ratilai. Nosis gana didelė, nedaili, neturėdamas ką veikti jis ją liečia ir sukinėja lyg vaikas. Kai tyli, burna griežtai sučiaupta, bet lūpų kampučiai vos pastebimai išduoda švelnumą.

Apsidairęs įsitikinau, kad gan apšiuręs kambarys byloja apie šeimininko abejingumą materialiems patogumams. Nuo lietaus patamsėjusios baltos ilgo kambario sienos kai kur padengtos išblukusiu mėlynu tinku. Viename kambario gale kabo vienintelė Lahirio Mahasajos nuotrauka, pamaldžiai papuošta paprasta gėlių girlianda. Dar yra sena Joganandos nuotrauka: atvykęs į Bostoną, jis stovi drauge su kitais Religijų kongreso delegatais.

Pastebėjau neįprastą seno ir naujo dermę. Didžiulis krištolinis žvakių sietynas nenaudojamas ir apaugęs voratinkliais; ant sienos pakabintas ryškus naujas kalendorius. Kambaryje dvelkia ramybe ir laime.

Anapus balkono iškilę kokosai tarytum tyliai saugo vienuolyną.

Mokytojui pakanka suploti rankomis, ir tuoj prisistato kuris nors iš mažųjų mokinių. Vienas jų – liesas vaikinukas, vardu Prafula[2], ilgais juodais plaukais, žėrinčiomis juodomis akimis ir dangiška šypsena; kai jo lūpų kampučiai pakyla, drauge sužiburiuoja akys ir ima rodytis, kad prieblandoje staiga sušvinta žvaigždės ir mėnulis.

Akivaizdu, kad Svamis Šri Juktešvaras labai džiaugiasi sugrįžusiu

---

[2] Prafula – tas pats vaikinukas, buvęs šalia Mokytojo, kai prišliaužė kobra (žr. p. 109).

Grįžtu į Indiją

Antro aukšto galerija-valgomasis Šri Juktešvaro vienuolyne Šryrampure 1935 m. Šri Jogananda (*viduryje*) sėdi prie savo guru (*stovinčio dešinėje*).

savo „darbo vaisiumi" (regis, domisi ir manimi, „vaisiaus vaisiumi"). Bet dvasios Milžino prigimtyje vyraujanti išmintis neleidžia prasiveržti jausmams.

Garbusis Jogananda įteikė jam dovanų – taip įprasta, kai mokinys grįžta pas savo mokytoją. Vėliau sėdome valgyti paprasto, bet skaniai pagaminto maisto – daržovių su ryžiais. Šri Juktešvaras buvo patenkintas, kad laikausi kai kurių indiškų papročių, pavyzdžiui, valgau pirštais.

Kelias valandas sklandė bengališkos frazės, keitėmės šiltomis šypsenomis ir linksmais žvilgsniais. Paskui nusilenkėme prie mokytojo kojų, atsisveikinome *pranamu*[3] ir išvykome į Kalkutą kupini neblėstančių

---

[3] Pažodžiui – „visiškai pasveikindami", iš sanskrito kalbos šaknies *nam* („sveikinti" arba „nusilenkti") ir priešdėlio *pra* („visiškai"). Taip dažniausiai sveikinami vienuoliai ar kiti garbūs asmenys.

PARAMAHANSA JOGANANDA

Nuotrauka daryta 1935 m. gruodžio 18 d. Damodaro slėnyje, Indijoje, prie Dihikos kaimo, kur Jogananda 1917 m. įkūrė savo pirmąją berniukų mokyklą. Jis medituoja griūvančio bokšto tarpduryje. Kadaise šiame nuošaliame bokšte jis mėgaudavosi vienuma.

šventojo susitikimo prisiminimų. Nors rašau daugiausia apie išorinius įspūdžius, kuriuos man paliko mokytojas, vis dėlto nepamirštu ir jo dvasinės šlovės. Pajutau jo galią ir visiems laikams išsaugosiu tą jausmą kaip dievišką palaimą."

Iš Amerikos, Europos ir Palestinos parvežiau Šri Juktešvarui daug dovanų. Jis jas priėmė šypsodamasis, bet nieko nepasakė. Vokietijoje buvau nusipirkęs skėtį, kurį galima naudoti ir kaip lazdą. Indijoje nutariau jį padovanoti Mokytojui.

– Štai dovana, kurią išties vertinu! – nebūdingai pareiškė guru, draugiškai ir supratingai žvelgdamas tiesiai į mane.

(Paskui iš visų dovanų būtent šią lazdą jis dažniausiai rodydavo savo svečiams.)

– Mokytojau, leiskite nupirkti naują svetainės kilimą.

Rančio mokyklos mokytojų ir mokinių procesija 1938 m. kovą minint mokyklos įkūrimo sukaktį

Draugijos *Yogoda Satsanga Society* Rančio berniukų mokyklos moksleiviai 1970 m. Kaip reikalauja Joganandos idealai, daugelis pamokų vyksta lauke, berniukai mokomi jogos, taip pat akademinių disciplinų ir profesijos.

Šri Jogananda (*viduryje*) ir jo sekretorius Ričardas Raitas (*sėdi dešinėje*) Rančyje 1936 m. liepos 17 d. Aplink juos Šri Joganandos vietos mergaičių mokyklos mokytojai ir moksleivės.

Šri Jogananda su *Yogoda Satsanga Society* berniukų mokyklos mokytojais ir moksleiviais Rančyje 1936 m. 1918 m., Kasim Bazaro maharadžos globojamas, Jogananda į šią vietą perkėlė savo įkurtą mokyklą iš Dihikos Bengalijoje.

Atkreipiau dėmesį, kad Šri Juktešvaro tigro kailis patiestas ant sudriskusio kilimo.

– Gerai, jei nori, – atsakė guru, bet ugnelės balse nebuvo. – Matai, mano tigro kailis gražus ir švarus; savo mažoje karalystėje – aš karalius. Už jos ribų – platus pasaulis, kuriam įdomu tik tai, kas matyti išorėje.

Vos jis ištarė šiuos žodžius, pajutau, kad tirpsta prabėgę metai – aš ir vėl jaunas mokinys, kasdien grūdinamas priekaištų ir draudimų ugnyje!

Kai tik įstengiau atsiplėšti nuo Kalkutos ir Šryrampuro, drauge su ponu Raitu išvykau į Rančį. Koks sutikimas, kokie jaudinami plojimai! Su ašaromis akyse apkabinau pasiaukojančius mokytojus – juk jie penkiolika metų, kol buvau išvykęs, nenuleido plevėsuojančios mūsų mokyklos vėliavos. Giedri internate gyvenančių ir iš namų mokytis ateinančių mokinių veidai bei laimingos šypsenos puikiausiai liudijo rūpestingo mokymo ir jogos pratybų vertę.

Deja, Rančio mokyklą skaudžiai kamavo finansiniai sunkumai. Seras Manindra Čandra Nundis (Manindra Chandra Nundy), senasis maharadža, kurio rūmai Kasim Bazare buvo pritaikyti pagrindiniam mokyklos pastatui ir kuris dosniai kaip tikras valdovas rėmė mokyklą, jau buvo miręs. Valstybės paramos nepakako, tad buvo kilusi grėsmė daugeliui nemokamų, geranoriškai teikiamų mokyklos paslaugų.

Bet ne veltui daug metų praleidau Amerikoje – įgijau joje praktinės išminties, išsiugdžiau jokių kliūčių nebijančią dvasią. Plūkdamasis su finansiniais sunkumais, Rančyje praleidau savaitę. Paskui Kalkutoje susitikau su garsiais visuomenės lyderiais ir pedagogais, ilgai kalbėjau su jaunuoju Kasim Bazaro maharadža, kreipiausi pagalbos į tėvą – ir netrukus pašliję Rančio mokyklos reikalai ėmė gerėti. Pačiu laiku sulaukiau svarios paramos iš savo mokinių Amerikoje.

Po kelių mėnesių sulaukiau džiaugsmingo įvykio – Rančio mokykla buvo teisiškai įregistruota. Išsipildė mano gyvenimo svajonė – atsirado nuolatos materialiai remiamas jogos ugdymo centras. Kaip tik šio troškimo vedamas 1917 metais aš įkūriau Rančio mokyklą. Pradžia buvo kukli ir mokykla turėjo tik septynis mokinius.

Dabar mokykloje, kurios pavadinimas *Jogoda Satsanga Brahmačarja Vidjalaja*, pradinės ir vidurinės mokyklos pamokos vyksta lauke. Be to, visi internate gyvenantys ir iš namų ateinantys vaikinukai mokomi kokios nors profesijos.

Didelę dalį savo veiklos tvarko patys berniukai, susibūrę į

savarankiškus komitetus. Pačioje savo, kaip auklėtojo, karjeros pradžioje pastebėjau, kad berniukai, šiaip jau šelmiškai linkę pergudrauti mokytojus, mielai laikosi drausmės taisyklių, jei jas nustato kiti mokiniai. Pats niekada nebuvau pavyzdingas mokinys, tad puikiai supratau visas berniokiškas išdaigas ir sunkumus.

Mokykloje skatinami sportiniai žaidimai ir lauke nuolat aidi berniukų balsai – jie žaidžia žolės riedulį ir futbolą. Rančio mokiniai dažnai laimi prizus įvairiose varžybose. Berniukai mokomi *jogodos* technikos, kuri padeda valingai atgauti fizines jėgas – reikia mintimis nukreipti gyvybinę energiją į kurią nors kūno dalį. Dar jie išmoksta įvairių *asanų* (pozų) ir treniruojasi kautis su kardais bei *lathi* (lazdomis). Rančio mokiniai, išmokyti teikti pirmąją pagalbą, pagirtinai tarnauja ir savo provincijai, kai ištinka kokia tragedija – kyla potvynis ar badas. Berniukai triūsia darže ir patys užsiaugina daržovių.

Senųjų provincijos genčių – *kolų, santalų* ir *mundų* – vaikams pradinės mokyklos kursas dėstomas hindi kalba. Gretimuose kaimuose vyksta pamokos tik mergaitėms.

Rančio mokykla ypatinga, nes čia mokiniai supažindinami su *krijajoga*. Berniukai kasdien atlieka dvasinius pratimus, deklamuoja „Gytą" ir yra teoriškai bei praktiškai mokomi dorybių: paprastumo, pasiaukojimo, garbės ir teisingumo. Jiems aiškinama, kad blogis yra visų kančių šaltinis; gėris – tai tikrąją laimę suteikiantys veiksmai. Blogį galima palyginti su užnuodytu medumi: jis vilioja, bet yra mirtinai pavojingas.

Berniukai taip pat mokomi sutelkti dėmesį ir taip įveikti kūno bei proto nerimą. Šio susikoncentravimo rezultatai stulbina: Rančyje įprasta matyti mielą devynerių ar dešimties metų vaiko figūrėlę, valandą ar ilgiau sėdinčią sustingusią viena poza, įsmeigusią nemirksinčias akis į dvasinę akį.

Sode stovi Šivos šventykla su palaimintojo mokytojo Lahirio Mahasajos statula. Mangų pavėsyje kasdien kalbamos maldos ir studijuojami šventraščiai.

Rančio ligoninėje *Jogoda Satsanga Sevašram* („Tarnystės namuose") tūkstančiams Indijos vargšų teikiama nemokama medicininė ir chirurginė pagalba.

Rančis iškilęs du tūkstančius pėdų (610 metrų) virš jūros lygio; klimatas čia švelnus ir pastovus. Dvidešimt penkių akrų (10 ha) sklype prie didelio, maudytis tinkamo tvenkinio žaliuoja vienas gražiausių

JOGODOS VIENUOLYNAS DAKŠINEŠVARE, INDIJOJE

Indijos draugijos *Yogoda Satsanga Society* būstinė prie Gangos upės, netoli Kalkutos. Ją 1939 m. įsteigė Paramahansa Jogananda

Jogo autobiografija

privačių Indijos sodų, jame auga penki šimtai vaismedžių – mangų, datulių, gvajavų, ličių ir duonmedžių.

Rančio bibliotekoje saugoma daug žurnalų ir tūkstantis tomų knygų anglų ir bengalų kalbomis, dovanotų ir Rytų, ir Vakarų šalių. Yra ir pasaulio šventraščių rinkinys. Gerai sutvarkytame muziejuje rodomi brangakmeniai ir archeologijos, geologijos bei antropologijos eksponatai; didelė jų dalis – tai mano trofėjai, juos surinkau klaidžiodamas po margą Viešpaties žemę.[4]

Buvo įkurti ir dabar sėkmingai veikia keli Rančio filialai – vidurinės mokyklos su bendrabučiais ir jogos kursu. Tai berniukų mokykla

[4] Vakaruose panašus muziejus su Paramahansos Joganandos surinktais eksponatais yra *Self-Realization Fellowship* Ežero šventykloje Pasifik Paliseidse, Kalifornijoje (*leidėjo pastaba*).

1935 m. Šri Jogananda valtimi plaukia Jamunos upe žemyn pro Maturą, šventąjį miestą, siejamą su Bhagavano Krišnos gimimu ir vaikyste. (*Sėdi nuo vidurio į dešinę*) Anantos Lalo Ghošo (vyresniojo Šri Joganandos brolio) duktė; Sananda Lalas Ghošas (Joganandos jaunesnysis brolis) ir Ričardas Raitas.

Grįžtu į Indiją

Jogoda Satsanga Vidjapith Lakanpure, Vakarų Bengalijoje, ir vidurinė mokykla bei vienuolynas Edžmaličake, Medinypure, Bengalijoje.[5]

1939 metais Dakšinešvare ant Gangos kranto buvo atidarytas įspūdingas ašramas *Jogoda Math*. Vos už kelių mylių į šiaurę nuo Kalkutos šis vienuolynas teikia ramybės prieglobstį miesto gyventojams.

Dakšinešvaro ašrame įsikūrusi draugijos *Yogoda Satsanga Society* ir jos mokyklų, centrų bei vienuolynų, išsibarsčiusių po visą Indiją, pagrindinė būstinė. Indijos draugija *Yogoda Satsanga Society* yra teisiškai susijusi su tarptautiniu centru Jungtinėse Valstijose – *Self-Realization Fellowship* Los Andžele, Kalifornijoje. *Yogoda Satsanga*[6] leidžia ketvirtinį žurnalą *Yogoda Magazine* ir kas dvi savaites siunčia nuotolinio mokymo medžiagą mokiniams iš įvairių Indijos vietų. Šiose pamokose išsamiai nurodoma, kaip mokytis draugijos *Self-Realization Fellowship* siūlomų energijos įgijimo, koncentracijos ir meditacijos technikų. Uoliai mokydamiesi mokiniai pasiruošia gauti aukštesnio lygio *krijajogos* instrukcijas ir pamokas.

Šios draugijos ugdymo, religiniam ir humanitariniam darbui atlikti reikia daugybės pasiaukojamai dirbančių mokytojų bei darbuotojų. Čia visų nevardiju, nes jų labai daug, bet mano širdyje kiekvienam skirtas šviesus kampelis.

Ponas Raitas susidraugavo su daugeliu Rančio berniukų; jis dėvėjo paprastą *dhotį* ir gyveno drauge su jais. Visur, kur tik apsilankydavo – Bombėjuje, Rančyje, Kalkutoje, Šryrampure – mano sekretorius, gebantis vaizdingai reikšti mintis, patirtus nuotykius įamžindavo kelionės dienoraštyje. Vieną vakarą jo paklausiau:

---

[5] Iš šio pradinio branduolio išaugo daug berniukams ir mergaitėms skirtų YSS ugdymo įstaigų, dabar klestinčių keliose Indijos vietovėse. Jų mokymo programos apima ugdymą nuo pradinės mokyklos iki koledžo.

[6] Žodis *jogoda* sudarytas iš žodžių *joga* („vienovė", „darna", „pusiausvyra") ir *da* („tas, kuris perteikia"). *Satsanga* sudaro žodžiai *sat* („tiesa") ir *sanga* („bendrija").

Žodį *jogoda* Paramahansa Jogananda sudarė 1916 m., atradęs principus, kaip į žmogaus kūną įkrauti energijos iš kosminio šaltinio. (Žr. p. 238–239.)

Šri Juktešvaras savo vienuolyno organizaciją vadino *Satsanga* („Bendrystė su tiesa"), tad suprantama, kad jo mokinys garbusis Paramahansa panoro išlaikyti šį vardą.

Indijos *Yogoda Satsanga Society* yra nuolatos veikianti ne pelno siekianti organizacija. Šiuo pavadinimu Jogananda sujungė savo veiklą ir iš aukų išlaikomas įstaigas Indijoje; dabar visa tai sumaniai tvarko direktorių taryba vienuolyne *Yogoda Math* Dakšinešvare, Vakarų Bengalijoje. Įvairiose Indijos vietovėse dabar sėkmingai veikia YSS centrai.

Vakaruose Jogananda išvertė pavadinimą į anglų kalbą ir savo veiklą įteisino įsteigdamas draugiją *Self-Realization Fellowship*. Dabar ir Indijos *Yogoda Satsanga Society*, ir *Self-Realization Fellowship* prezidentė yra Šri Mrinalini Mata (*leidėjo pastaba*).

Jogo autobiografija

– Dikai, kas tau įsiminė Indijoje?
– Ramybė, – mąsliai atsakė jis. – Iš protėvių paveldėta ramybės aura.

41 SKYRIUS

Pietų Indijos idilė

– Dikai, tu pirmas vakarietis, įkėlęs koją į šią šventovę. Daug kas bandė, bet veltui.

Išgirdęs mano žodžius, ponas Raitas nustebo, paskui apsidžiaugė. Buvome ką tik išėję iš gražios deivės Čamundės šventyklos pietų Indijoje. Šventykla stūksojo kalvose prie Maisoro miesto. Čia mes nusilenkėme auksiniam ir sidabriniam Čamundės altoriams. Ši deivė yra Maisorą valdančios šeimos globėja.

Ponas Raitas atsargiai suvyniojo keletą rožių žiedlapių ir tarė:
– Tai bus suvenyras iš šių vietų. Visada saugosiu šiuos žiedlapius, dvasininko palaimintus rožių vandeniu. Čia apsilankyti man buvo didžiulė garbė.

Aš ir mano bendrakeleivis[1] 1935 metų lapkritį svečiavomės Maisoro valstijoje. Maharadžos[2] įpėdinis, jo šviesybė juvaradža Šri Kantirava Narasimharadža Vadijaras (Kantheerava Narasimharaja Wadiyar), pakvietė mus abu aplankyti jo šviesuoliškai ir pažangiai tvarkomas valdas.

Per pastarąsias dvi savaites sakiau kalbas tūkstančiams miestiečių ir studentų Maisoro miesto rotušėje, Maharadžos koledže, Universiteto medicinos fakultete; taip pat – gausiai susirinkusiems klausytojams Bangaloro nacionalinėje vidurinėje mokykloje, Aukštesniajame koledže ir trijų tūkstančių žmonių auditorijai Čečio miesto rotušėje.

Nežinau, ar smalsūs klausytojai patikėjo mano nupieštu šviesiu Amerikos paveikslu, bet garsiausi plojimai visad nuaidėdavo tada, kai pasakydavau mintį, kad Rytams ir Vakarams būtų naudinga keistis tuo, ką jie turi geriausia.

Dabar mudu su ponu Raitu ilsėjomės atogrąžų ramybėje. Jo kelionių dienoraštyje Maisoro įspūdžiai aprašyti taip:

---

[1] Panelė Bleč buvo likusi Kalkutoje pas mano gimines.
[2] Maharadža Šri Krišna Radžendra Vadijaras IV (Krishna Rajendra Wadiyar IV).

Jogo autobiografija

„Daug džiaugsmingų akimirkų patyrėme užsisvajoję žiūrėdami į nuolat besikeičiančią Dievo drobę, ištemptą dangaus skliaute. Tik Jis vienas vos prisilietęs geba sukurti gyvybės gaivumu virpančias spalvas. Kai žmogus pabando jas pamėgdžioti vien dažais, ši spalvų jaunatvė dingsta, nes Viešpats naudoja paprastesnes ir veiksmingesnes priemones – ne aliejinius dažus, ne pigmentus, bet šviesos spindulius. Brūkšteli šviesos blyksniu ir šis ima atspindėti raudoną spalvą, dar kartą mosteli teptuku, ir spalvos palengva susilieja į oranžinę ir auksinę; paskui taikliai perveria debesis violetiniu rėžiu ir iš properšos tarytum iš žaizdos ima sunktis purpuras. Ir taip Jis žaidžia be galo, rytą ir vakarą, Jo paveikslas vis kitoks, vis naujas, vis gaivus, nei spalvos, nei formos nesikartoja. Grožis, kai Indijoje diena virsta naktimi, o naktis – diena, su niekuo nepalyginamas. Dažnai dangus atrodo taip, lyg Dievas būtų paėmęs visas Savo paletės spalvas ir galingu pločiu mostu išblaškęs jas per visą skliautą.

Būtinai turiu papasakoti apie įspūdingą išvyką prieblandoje prie didžiulio Krišnaradžos tvenkinio už dvylikos mylių nuo Maisoro[3]. Mudu su garbiuoju Jogananda sėdome į mažą autobusiuką (variklį sukdamas rankeną užkūrė toks berniūkštis, jis atliko akumuliatoriaus vaidmenį) ir nuriedėjome lygiu negrįstu keliuku. Kaip tik tada pradėjo leistis saulė, ties horizontu ji suplokštėjo ir tapo panaši į pernokusį pomidorą.

Dardėjome pro begalinius keturkampius ryžių laukus, pro aukštai iškilusias kokosų palmes, pravažiavome ūksmingą banjanų giraitę; augalija beveik visur buvo vešli it džiunglėse. Artėdami prie kalvos viršūnės pamatėme didžiulį dirbtinį ežerą, jame atsispindėjo žvaigždės ir pakrantėse augančios palmės bei kiti medžiai, ežerą supo puikūs terasomis besileidžiantys sodai ir elektros žibintų šviesos.

Žemiau užtvankos išvydome reginį, nuo kurio ėmė raibti akys: viršun tryško fontanai ir jų galingose srovėse žaidė pasakiškos mėlynos, raudonos, žalios ir geltonos spalvos, o šalia stovėjo milžiniški akmeniniai drambliai, iš straublių purškiantys vandens čiurkšles. Panašų vaizdą regėjau pasaulinėje Čikagos parodoje 1933 m. Užtvanka moderni ir labai išsiskiria šiame senoviniame ryžių laukų ir paprastų žmonių krašte. Indai priėmė mus taip svetingai, kad net ėmiau nuogąstauti, ar pajėgsiu parvežti garbųjį Joganandą atgal į Ameriką.

---

[3] Užtvanka, pastatyta 1930 m. ir naudojama Maisoro apylinkėms drėkinti, kurios garsėja savo šilkais ir muilo bei santalo aliejaus gamyba.

Pietų Indijos idilė

Dar viena reta garbė – mano pirmoji kelionė drambliais. Vakar jaunasis radža pakvietė mus į vasaros rūmus pajodinėti vienu iš savo dramblių, milžinišku gyvūnu. Užlipau kopėtaitėmis, pritaisytomis prie balno, vadinamo *howdah*, kuris primena šilko pagalvėlėmis išklotą dėžę, ir leidausi supamas, mėtomas, kilnojamas ir linguojamas, – taip jaudinausi, kad nei išsigandau, nei rėkiau, tik laikiausi įsikibęs iš paskutiniųjų!"

Pietų Indijoje gausu istorijos ir archeologijos paminklų, tai aiškiai juntamo, bet sunkiai apibūdinamo žavesio kraštas. Šiauriau Maisoro yra Haidarabadas, vaizdinga plynaukštė, kurią kerta didinga Godavario upė. Čia plyti derlingos žemumos, kyla gražieji Nylgiriai, arba Mėlynieji kalnai, kitur stūkso plikos kalkakmenio ar granito kalvos. Ilga ir spalvinga Haidarabado istorija prasidėjo prieš tris tūkstančius metų – iš pradžių šiuos kraštus valdė Andros karaliai, paskui valdžią iki 1294 metų perėmė hinduistų dinastijos ir galiausiai krašte ėmė viešpatauti musulmonų valdovai.

Įspūdingiausią, kvapą gniaužiantį Indijos architektūros, skulptūros ir tapybos derinį galima pamatyti Haidarabade, senuosiuose Eloros ir Adžantos urvuose. Eloroje yra Kailašas, didžiulė iš vientiso akmens luito iškalta šventykla, pilna akmeninių dievų, žmonių ir gyvūnų figūrų, kurių proporcijos stulbina nė kiek ne mažiau nei Mikelandželo darbų harmonija. Adžantoje yra įsikūrę dvidešimt penki vienuolynai ir penkios katedros, visos jos išskaptuotos uolose ir laikomos milžiniškų freskomis ištapytų kolonų – jos saugo įamžintus dailininkų ir skulptorių talentus.

Haidarabado mieste yra Osmanijos universitetas ir įspūdinga Mekos mečetė, į kurią melstis susirenka dešimt tūkstančių musulmonų.

Maisoro valstija plyti trijų tūkstančių pėdų (915 metrų) aukštyje virš jūros lygio, joje veša atogrąžų miškai, gyvena drambliai, buivolai, lokiai, panteros ir tigrai. Du svarbiausieji miestai, Bangaloras ir Maisoras, švarūs ir patrauklūs, juose daug gražių parkų ir skverų.

Hinduizmo architektūra ir skulptūra Maisore ypač suklestėjo valdant hinduistų valdovams nuo XI iki XV amžiaus. Belūro šventykla, XI šimtmečio šedevras, baigta statyti valdant karaliui Višnuvardhanai (Vishnuvardhana), iki šiol nepranokta visame pasaulyje – tokios įspūdingos jos skulptūros ir įmantrūs raižiniai.

Akmenyje įrėžti ediktai, randami Maisoro šiaurėje, priskiriami trečiajam tūkstantmečiui prieš Kristų. Jie primena karalių Ašoką[4], kurio neaprėpiamai imperijai priklausė Indija, Afganistanas ir Beludžistanas. Ašokos „pamokslai akmenyje", iškalti įvairiomis tarmėmis, liudija jo laikais išplitusį žmonių raštingumą. Akmenyje įrėžtas XIII ediktas smerkia karus: „Nieko nelaikyk tikra pergale, išskyrus religiją." X akmens įsakas skelbia, kad tikrąją šlovę karaliui atneša dorovinė pažanga, kurią jo padedama pasiekia tauta. XI ediktu apibrėžiama, kad „tikroji dovana" – tai ne materialios gėrybės, bet Gėris, tiesos sklaida. VI akmenyje iškaltu įsaku mylimas imperatorius ragina valdinius tartis su juo valstybės valdymo klausimais „bet kurią dienos ar nakties valandą" ir priduria, kad sąžiningai vykdydamas savo, valdovo, pareigas jis pats „išsivaduoja iš skolos, kurią yra skolingas savo artimui".

Ašoka buvo anūkas garsaus ir baugaus Čandraguptos Maurijos (Chandragupta Maurya), sutriuškinusio Indijoje Aleksandro Didžiojo paliktas įgulas ir 305 metais prieš Kristų įveikusio įsiveržusią Seleuko makedonų kariuomenę. Paskui Čandragupta savo rūmuose Pataliputroje[5] priėmė Graikijos pasiuntinį Megasteną ir šis mums paliko laimingos bei verslios to laiko Indijos aprašymą.

298 metais prieš Kristų pergalingasis Čandragupta perdavė Indijos valdymą sūnui. Pats Čandragupta iškeliavo į pietų Indiją ir paskutinius dvylika gyvenimo metų praleido kaip neturtėlis asketas akmeninėje oloje netoli Sravanabelagolos (ten dabar yra Maisoro šventykla) siekdamas suvokti Savąjį Aš. Tame pačiame regione stovi didžiausia pasaulyje monolitinė statula, 983 metais džainizmo išpažinėjų iškalta iš milžiniško riedulio išminčiui Gomatešvarai pagerbti.

Daug įdomių istorijų apie šiuos kraštus kruopščiai įamžino graikų istorikai ir kiti asmenys, lydėję Aleksandrą žygyje į Indiją ar atvykę čia vėliau. Senovės Indijos gyvenimą nušviečia Ariano, Diodoro,

---

[4] Imperatorius Ašoka įvairiose Indijos vietose pastatė 84 000 religinių *stūpų* (šventyklų). Iki mūsų laikų išliko keturiolika akmenyje iškaltų ediktų ir dešimt akmeninių kolonų. Kiekviena kolona – tikras inžinerijos, architektūros ir skulptūros triumfas. Ašokos įsakymu pastatyta daug vandens talpyklų, užtvankų ir drėkinimo vandentakių; taip pat nutiesta kelių, apsodintų pavėsingais medžiais ir su pakelės užeigomis keliautojams; medicinos reikmėms įveista botanikos sodų ir įsteigta ligoninių, skirtų žmonėms bei gyvūnams.

[5] Pataliputros (dabar Patnos) miestas turi įdomią istoriją. Viešpats Buda jį aplankė VI amžiuje prieš Kristų, kai toje vietoje stovėjo tik nereikšminga tvirtovė. Jis išpranašavo štai ką: „Kol čia lankysis arijai, kol pirkliai keliaus, Pataliputra jiems bus svarbiausias miestas, centras, kuriame bus keičiamasi įvairiausiomis prekėmis." (*Mahaparinirvana Sūtra*) Po dviejų šimtmečių Pataliputra tapo didžiulės Čandraguptos Maurijos imperijos sostine. Jo anūko Ašokos laikais šis metropolis dar labiau suklestėjo (žr. p. xxv).

Pietų Indijos idilė

Plutarcho ir geografo Strabono pasakojimai, išversti dr. Dž. V. Makrindlio (J. W. McCrindle)[6]. Labiausiai pasigėrėtinas nepavykusio Aleksandro įsiveržimo bruožas yra jo didelis susidomėjimas hinduizmo filosofija, taip pat jogais ir šventaisiais, kuriuos jis kartkarčiais sutikdavo ir kurių draugijos noriai siekė. Atvykęs į Taksilą šiaurės Indijoje, garsusis Vakarų karvedys pasiuntė Onesikritą (helėniškosios Diogeno mokyklos mokinį) atvesti jam didį Taksilos *sanjasį* Dandamį. „Būk pagarbintas, *brahmanų* mokytojau! – tarė Onesikritas miške atsiskyrėlio trobelėje suradęs Dandamį. – Tave kviečia galingojo dievo Dzeuso sūnus Aleksandras, visų žmonių valdovas ir viešpats. Jei paklusi kvietimui, jis tave didžiai apdovanos, o jei atsisakysi, nukirs tau galvą!"

Jogas šį gana primygtinį kvietimą išklausė ramiai, „net nepakėlęs galvos nuo lapų guolio".

„Aš irgi Dzeuso sūnus, jei toks yra Aleksandras, – atsiliepė jis. – Nenoriu nieko, kas priklauso Aleksandrui, nes esu patenkintas tuo, ką pats turiu; o jis, kaip matau, be jokios naudos bastosi su savo vyrais po žemes ir jūras ir jo klajonėms nėra galo.

Eik ir pasakyk Aleksandrui, kad Dievas, Aukščiausiasis Karalius, niekada įžūliai nedaro skriaudų, nes tai Jis sukūrė šviesą, ramybę, gyvybę, vandenį, žmogaus kūną ir sielą. Jis priima visus, kai mirtis juos išlaisvina, ir jie tampa atsparūs blogio ligai. Jis vienintelis Dievas, kurį garbinu. Jis bjaurisi žudynėmis ir nekursto karų.

Aleksandras ne Dievas, nes turės pajusti mirties skonį, – ramiai ir pašaipiai tęsė išminčius. – Ar gali toks kaip jis būti pasaulio šeimininkas, jei dar neatsisėdo vidinės karalystės soste? Nei gyvas nužengė į Hadą, nei išmano, kaip Saulė keliauja virš šios Žemės platybių. Daugybė tautų nėra net girdėjusios jo vardo!"

Griežtai išbaręs – tikrai kandžiausiais žodžiais iš visų, kada nors skirtų „Pasaulio Valdovo" ausims – išminčius ironiškai tęsė: „Jei dabar Aleksandro turimos valdos nėra pakankamai plačios, kad patenkintų jo troškimus, tegu jis persikelia per Gangos upę. Ten atras šalį, pajėgią atremti visą jo kariauną.[7] Aleksandro žadamos dovanos man nereikalingos, – kalbėjo Dandamis. – Aš branginu ir tikrai vertinu medžius, jie

---

[6] „Senovės Indija" (*Ancient India*) 6 tomai (Calcutta: Chuckervertty, Chatterjee & Co., 15 College Square; 1879, antras leidimas 1927).

[7] Nei Aleksandras, nei kuris nors iš jo generolų niekada nepersikėlė per Gangą. Makedonų kariuomenė, šiaurės vakaruose sutikusi ryžtingą pasipriešinimą, sukilo ir atsisakė veržtis toliau; Aleksandras buvo priverstas palikti Indiją. Kitų pergalių jis siekė Persijoje.

teikia man prieglobstį, taip pat vertinu žydinčius augalus, kurie kasdien dovanoja maisto, vandenį, malšinantį mano troškulį. Nerimastingu protu sukaupti turtai paprastai sužlugdo tuos, kurie jų siekia, tie turtai kelia tik sielvartą ir apmaudą – jausmus, kamuojančius visus nenušvitusius žmones. Aš pats guliu ant miško medžių lapų ir neturiu ką saugoti, tad ramiai miegu, o jei turėčiau kokių žemiškų turtų, jų našta neleistų užmigti. Žemė man duoda viską, ko reikia, kaip motina pienu maitina savo kūdikį. Einu, kur noriu, nevaržomas materialių rūpesčių.

Jei Aleksandras nukirs man galvą, vis tiek nesunaikins mano sielos. Mano galva, jau nutilusi, ir mano kūnas lyg suplėšytas drabužis liks ant žemės, iš kurios elementų buvo sukurti. O aš, tapęs Dvasia, pakilsiu pas Dievą. Jis visiems mums davė kūną ir apgyvendino Žemėje norėdamas patikrinti, ar būdami čia, žemai, gyvensime paklusdami Jo įsakymams. Kai numirsime, Jis pareikalaus, kad mes atsiskaitytume už savo gyvenimą. Jis teisia už visus piktus darbus; engiamųjų aimanos reikalauja nubausti engėjus.

Tegu Aleksandras savo grasinimais baugina tuos, kurie trokšta turtų ir bijo mirties. Prieš *brahmanus* jo ginklai bejėgiai, nes mes nesame įsimylėję aukso ir nebijome mirties. Tad eik ir pasakyk Aleksandrui štai ką: Dandamiui nereikia nieko, kas tau priklauso, todėl jis pas tave neis, o jei tau ko nors reikia iš Dandamio, ateik pas jį pats."

Onesikritas deramai perdavė žinią. Aleksandras atidžiai išklausęs „pajuto dar stipresnį norą pamatyti Dandamį, kuris, senas ir nuogas, pasirodė besąs vienintelis priešininkas, išmintingesnis už jį, daugelio tautų nugalėtoją".

Aleksandras pakvietė į Taksilą kelis *brahmanų* asketus, kurie garsėjo gebėjimu glaustai ir išmintingai atsakyti į filosofinius klausimus. Apie šią diskusiją pasakoja Plutarchas; visus klausimus uždavinėjo pats Aleksandras.

„Ko yra daugiau – gyvųjų ar mirusiųjų?" – „Gyvųjų, kadangi mirusiųjų nėra."

„Kur gyvena didesni gyvūnai – sausumoje ar jūroje?" – „Sausumoje, nes jūra yra tik sausumos dalis."

„Kuris žvėris gudriausias?" – „Tas, kurio žmogus dar nepažįsta." (Žmogus bijo nežinomybės.)

„Kas atsirado pirmiau – diena ar naktis?" – „Diena buvo viena diena anksčiau."

Išgirdęs šį atsakymą, Aleksandras neįstengė nuslėpti nuostabos, o brahmanas dar pridūrė: „Neįmanomi klausimai reikalauja neįmanomų atsakymų."

„Ką žmogui reikia daryti, kad būtų mylimas?" – „Žmogus bus mylimas, jei turėdamas didelę valdžią nesistengs nieko įbauginti."

„Kaip žmogus gali tapti dievu?"[8] – „Darydamas tai, kas žmogui neįmanoma."

„Kas stipresnis – gyvenimas ar mirtis?" – „Gyvenimas, nes jis pakelia tiek daug blogio."

Aleksandrui pavyko iš Indijos išsivežti tikrą jogą, kuris sutiko būti jo mokytojas. Tai buvo Kaljana (svamis Sfinas – *Sphines*), graikų pramintas Kalanu (Kalanos). Išminčius lydėjo Aleksandrą į Persiją. Numatytą dieną Persijoje, Sūzuose, Kalanas, norėdamas atsikratyti savo nusenusio kūno, visos makedonų armijos akivaizdoje žengė ant laidotuvių laužo. Istorikai aprašė, kaip nustėro kareiviai pamatę, kad jogas nebijo nei skausmo, nei mirties – liepsnų ryjamas, jis nė nesujudėjo. Prieš eidamas į laužą, Kalanas apkabino daug artimų draugų, bet su Aleksandru neatsisveikino. Hinduistų išminčius jam tepasakė tik tiek: „Susitiksime Babilone."

Aleksandras išvyko iš Persijos ir po metų Babilone mirė. Šia pranašyste indų guru norėjo pasakyti, kad bus šalia Aleksandro ir gyvenime, ir po mirties.

Graikų istorikai mums paliko daug ryškių ir įkvepiančių Indijos visuomenės vaizdinių. Arianas pasakoja, kad hinduistų teisė saugo žmones ir „įstatymu numato, jog nė vienas jokiomis aplinkybėmis negali būti vergas, priešingai, visi, būdami laisvi, privalo gerbti ir kitų žmonių lygią teisę būti laisviems".[9]

Kitame tekste rašoma: „Indai neskolina pinigų už procentus ir patys nesiskolina, nes tai prieštarauja Indijoje galiojančiam papročiui nedaryti skriaudos ir pačiam nebūti skriaudžiamam; todėl jie nesudaro tokių sutarčių ir nereikalauja užstato." O žmonės čia gydomi, pasak

---

[8] Iš šio klausimo galime spėti, kad „Dzeuso sūnus" kartais suabejodavo, ar tikrai jau yra pasiekęs tobulybę.

[9] Visi graikų liudytojai atkreipia dėmesį į faktą, kad Indijoje nebuvo vergovės; šiuo požiūriu indų visuomenė labai skyrėsi nuo helėnų.
Veikale „Kūrybiškoji Indija" (*Creative India*) pateikiamas išsamus Indijos senovės ir šių laikų ekonomikos pasiekimų, politikos, literatūros, meno ir socialinės filosofijos vertybių aprašymas (Lahore: Motilal Banarsi Dass, Publishers, 1937, 714 p.).
Dar viena rekomenduotina knyga yra S. V. Venkatešvaros (*Venkateswara*) „Indijos kultūra per amžius" (*Indian Culture Through the Ages*) (New York: Longmans, Green & Co.).

autoriaus, paprastomis ir natūraliomis priemonėmis. "Gydytojas, užuot skyręs vaistų, dažniausiai liepia žmogui sureguliuoti mitybą. Labiausiai vertinamos priemonės – tepalai ir traukai. O visi kiti būdai, kaip manoma, yra veikiau žalingi." Kariauja tik *kšatrijai* – karių kasta. "Priešas, pamatęs valstietį, triūsiantį laukuose, jo neskriaus, nes šios klasės žmonės laikomi visuomenės geradariais ir saugomi nuo visokio blogio. Taip žemė išlieka nenusiaubta ir gausiai dera, parūpina žmonėms visko, ko reikia maloniai gyventi."

Maisore visur regimos religinės šventovės nuolat primena gausybę didžių pietų Indijos šventųjų. Vienas jų, mokytojas Thajumanavaras (Thayumanawar), paliko mums šias įdomias eiles:

> Gali suvaldyti pasiutusį dramblį;
> Gali užčiaupti lokio ir tigro nasrus;
> Joti ant liūto ir žaisti su kobra;
> Gali alchemija užsidirbti pragyvenimui;
> Gali neatpažintas klajoti po pasaulį;
> Vasalais paversti dievus; amžinai likti jaunas;
> Gali eiti vandeniu ir nežūt ugnyje,
> Bet geriau suvaldyt protą, nors ir sunkiau tą yra padaryti.

Gražioje, derlingoje Travankoro valstijoje pačiuose Indijos pietuose, kur eismas vyksta upėmis ir kanalais, kiekvienais metais maharadža atlieka vieną paveldėtą pareigą – išperka nuodėmę, kurią senovėje užsitraukė jo protėviai, nukariavę ir prie Travankoro prijungę kelias mažas valstijas. Kasmet keturiasdešimt šešias dienas maharadža tris kartus per dieną lankosi šventykloje ir klausosi giedamų vedų; išpirkimo apeigos baigiasi *lakšadypam* – šventyklą nutvieskia šimtas tūkstančių žiburių.

Madraso Prezidensyje, provincijoje, apimančioje pietrytinę Indijos pakrantę, žemumoje plyti erdvus pajūrio miestas Madrasas ir stūkso Kančipuramas, Aukso miestas, sostinė Palavų dinastijos, kurios karaliai valdė pirmaisiais krikščioniškosios eros šimtmečiais. Šiais laikais Madraso provincijoje ypač išpopuliarėjo Mahatmos Gandžio nesmurtinio pasipriešinimo idėja – visur matyti baltos, aiškiai atpažįstamos "Gandžio kepuraitės". Indijos pietuose Mahatma inicijavo daug svarbių šventyklų reformų, pakeitusių "neliečiamųjų" kastos padėtį ir apskritai pertvarkė kastų sistemą.

Pačioje pradžioje didžiojo įstatymų kūrėjo Manaus apibrėžta kastų sistema buvo pasigėrėtina. Manus aiškiai įžvelgė, kad natūrali raida žmones suskirstė į keturias didžiules klases: tuos, kurie geba tarnauti visuomenei fiziniu darbu (*šūdrai*); tuos, kurie tarnauja proto guvumu, įgūdžiais, žemdirbystės, prekybos, komercijos ir apskritai verslo gebėjimais (*vaišjai*); tuos, kurių gabumai tinka valdyti, vadovauti ir saugoti – tai valdovai ir kariai (*kšatrijai*); ir tuos, kurie dėl kontempliatyvios prigimties semiasi dvasinio įkvėpimo ir patys įkvepia dvasią (*brahmanai*). „Nei gimtis, nei sakramentai, nei mokslai, nei protėviai negali nulemti, ar žmogus bus dukart gimęs (t. y. *brahmanas*), – skelbiama „Mahabharatoje", – tai lemia tik charakteris ir elgesys."[10] Manus nurodė visuomenei gerbti visus narius, kad ir kokia būtų jų išmintis, teigiamos savybės, amžius, giminystė ar galiausiai turtai. Vedų laikų Indijoje turtai visad buvo niekinami, jei žmogus juos vien kaupdavo nepanaudodamas geriems tikslams. Turtingi, bet savanaudžiai žmonės visuomenėje turėjo prastą vardą.

Kai kastų sistema per šimtmečius sustabarėjo ir tapo paveldima, ėmė rastis sunkių negerovių. Nuo 1947 metų nepriklausoma Indija lėtai, bet tvirtai stengiasi atkurti senąsias kastų vertybes, grindžiamas tik natūraliomis žmogaus savybėmis, o ne jo kilme. Visos pasaulio tautos turi tokios karmos, kuri joms neša vargą, tad su ja reikia susidoroti ir

---

[10] Tara Mata žurnalo *East-West* 1935 m. sausio numeryje rašo: „Priklausymas kuriai nors iš keturių kastų iš pradžių būdavo nulemtas ne žmogaus gimimo, bet siejamas su prigimtiniais gebėjimais, atsiskleidžiančiais, kai žmogus siekia pasirinkto gyvenimo tikslo. Šis tikslas gali būti: 1) *kama*, troškimas, juslinio gyvenimo veikla (*šūdrų* sritis); 2) *artha*, pelnas, troškimų tenkinimas, tačiau ir jų valdymas (*vaišjų* sritis); 3) *dharma*, savidrausmė, atsakingas ir teisingas gyvenimas (*kšatrijų* sritis) ir 4) *mokša*, išsilaisvinimas, dvasingas gyvenimas, laikantis religinių priesakų (*brahmanų* sritis). Šios keturios kastos tarnauja žmonijai 1) kūnu, 2) protu, 3) valios jėga, 4) Dvasia.

Šias keturias sritis atitinka amžinosios *gunos*, arba prigimties savybės: *tamasas, radžasas* ir *satva* – kliūtis, veikla ir plėtra, arba masė, energija ir intelektas. Keturios kastos gunų paženklintos taip: 1) *tamasas* (neišmanymas), 2) *tamasas-radžasas* (neišmanymo ir veiklos mišinys), 3) *radžasas-satva* (tinkamos veiklos ir nušvitimo mišinys) ir 4) *satva* (nušvitimas). Taigi gamta kiekvieną žmogų paženklino jo kastos ženklu – jame dominuoja viena guna arba dviejų gunų derinys. Be abejo, kiekviename žmoguje esama visų trijų gunų, tik skirtingomis proporcijomis. Guru gebės tiksliai nustatyti žmogaus kastą ar raidos pakopą.

Tam tikru mastu visos rasės ir tautos jei ne teoriškai, tai bent praktiškai laikosi vienokių ar kitokių kastų sistemos bruožų. Kai laisvės per daug, ypač jei tuokiasi tolimų kastų atstovai, tauta ima silpti ir galiausiai visai išnyksta. *Pūrana samhita* tokių sąjungų palikuonis lygina su bergždžiais mišrūnais, tokiais kaip mulai, nestengiančiais pratęsti savo pačių padermės. Dirbtinės rūšys galiausiai išnyksta. Istorijoje daug pavyzdžių, kaip gausios ir didingos rasės išnyko, nepalikusios gyvų palikuonių. Įžvalgiausi mąstytojai tvirtina, kad Indijos kastų sistema sulaiko nuo palaidumo, kuris trukdytų išsaugoti tautą gryną. Kaip tik ši sistema esą padėjo šaliai išlikti per tūkstantmečių vingius, nors daug kitų senų tautų visiškai išnyko."

ją garbingai pašalinti. Turinti lanksčią ir nepažeidžiamą dvasią, Indija jau įrodė, kad yra pajėgi reformuoti kastų sistemą.

Pietų Indija taip pakeri, kad mudu su ponu Raitu užsidegėme troškimu pratęsti savo idilę. Bet nuo amžių nieko nepaisantis laikas mums šio malonumo nesuteikė. Netrukus turėjau sakyti kalbą Indijos filosofų kongreso baigiamojoje sesijoje Kalkutos universitete. Baigiantis viešnagei Maisore, maloniai pasišnekėjome su seru Č. V. Ramanu, Indijos mokslų akademijos prezidentu. Šis talentingas indų fizikas 1930 metais buvo apdovanotas Nobelio premija už „Ramano efektą", reikšmingą atradimą šviesos difuzijos srityje.

Nenoriai atsisveikinę su minia Madraso studentų ir draugų, mudu su ponu Raitu leidomės į kelionę. Pakeliui sustojome prie mažos šventyklos, skirtos atminti Sadasivą Brahmaną[11], kurio gyvenimo (XVIII a.) istorijoje apstu stebuklų. Didesnė Sadasivos šventykla Nerure, pastatyta Pudukotajaus radžos, yra piligrimų traukos centras; joje įvyko daug dieviškų išgijimų. Ištisos Pudukotajaus valdovų kartos šventai brangina religinius nurodymus, kuriuos 1750 metais Sadasiva parašė kaip gaires tuometiniam valdovui.

Pietų Indijos kaimiečiai lig šiol pasakoja daug neįprastų istorijų apie Sadasivą, mielą, visiškai nušvitusį mokytoją. Vieną dieną žmonės pamatė, kaip ant Kaverio upės kranto į *samadhį* nugrimzdusį Sadasivą nunešė staiga kilęs potvynis. Po kelių savaičių Sadasiva buvo rastas palaidotas giliai po žeme netoli Kodumudžio miesto Koimbatoro rajone. Kai kaimiečių kastuvai palietė šventojo kūną, šis pakilo ir žvaliai nužingsniavo savo keliais.

Kai Sadasivos guru papriekaištavo, kam diskusijoje įveikęs senyvą *vedantos* žinovą, jis tapo *muniu* (nebyliu šventuoju).

„Kada, jaunuoli, išmoksi laikyti liežuvį už dantų?" – sudraudė jį guru. „Su jūsų palaiminimu kad ir nuo šios akimirkos."

Sadasivos guru buvo Svamis Šri Paramasivendra Sarasvatis, veikalo *Daharavidja Prakasika* ir įžvalgių *Utara Gyta* komentarų autorius. Kartą pas jį atėjo keli pasipiktinę pasauliečiai, jie pasiskundė, esą nuo Dievo apsvaigęs Sadasiva dažnai „nederamai" šoka gatvėse.

---

[11] Oficialus jo titulas buvo Svamis Šri Sadasivendra Sarasvatis; taip jis pasirašė savo knygas („Brahmasūtros" ir Patandžalio „Jogoasūtros" komentarus). Jis labai gerbiamas šiuolaikinių Indijos filosofų.
   Sringerio vienuolyno Šankaračarja, Jo Šventenybė Šri Sakčidananda Sivabhinava Narasimha Bharatis, skyrė Sadasivai įkvepiančią odę.

Pietų Indijos idilė

„Pone, – pareiškė jie, – Sadasiva yra tikras beprotis." Bet Paramasivendra tik linksmai nusišypsojo. „O, – šūktelėjo jis, – kad būtų daugiau tokių bepročių!"

Sadasivos gyvenimą paženklino daugybę kartų keistai ir gražiai įsikišusi Neregimoji Ranka. Atrodo, šiame pasaulyje daug neteisybės, bet Dievą tikintys žmonės gali paliudyti nesuskaičiuojamus iškart pasireiškiančio Jo teisingumo pavyzdžius. Vieną naktį *samadhio* apimtas Sadasiva sustojo pailsėti prie turtingo žemvaldžio svirno. Trys tarnai, saugantys valdą nuo vagių, pakėlė lazdas norėdami suduoti šventajam. Tik staiga jų rankos sustingo! Visi trys taip ir liko stovėti iki aušros iškėlę rankas it statulos, kol Sadasiva išėjo.

Kitą kartą pro šalį ėjo toks šeimininkas su savo darbininkais, jie gabeno malkas ir labai šiurkščiai privertė Sadasivą jiems padėti. Nebylusis šventasis kantriai nunešė naštą į reikiamą vietą ir padėjo savo ryšulį ant didžiulės malkų krūvos – visa krūva kaipmat užsiliepsnojo.

Sadasiva, kaip ir Trailangos svamis, nedėvėjo strėnjuostės. Vieną rytą nuogas jogas išsiblaškęs įžengė į musulmonų karvedžio palapinę. Ten dar buvo dvi moterys, jos išsigandusios suspigo, o karys negailestingai smogė Sadasivai kardu ir nukirto jam ranką. Mokytojas abejingai išėjo. Pagarbios baimės ir sąžinės graužaties priveiktas, musulmonas pakėlė nuo grindų nukirstą ranką ir nusivijo Sadasivą. Nieko netaręs, jogas priglaudė ranką prie kraujuojančios žaizdos. Kai karvedys nuolankiai paprašė dvasinio patarimo, Sadasiva smėlyje pirštu jam užrašė: „Nedaryk, ko nori, ir galėsi daryti viską, ko užsigeisi."

Musulmonas pasijuto pakylėtas, jo protas nušvito ir jis suprato, kad šis paradoksalus patarimas yra gairės, padėsiančios jam suvaldyti ego ir išlaisvinti sielą. Šie keli žodžiai padarė tokį didelį dvasinį poveikį, kad karvedys tapo uoliu Sadasivos mokiniu ir visiškai pasikeitė.

Kartą vieno kaimo vaikai kalbėdami tarpusavyje išsakė troškimą pamatyti religinę šventę už pusantro šimto mylių Madūros mieste. Sadasiva girdėjo tą pokalbį ir ženklu parodė mažiesiems, kad šie paliestų jo kūną. Ir iškart visa vaikų grupė akimirksniu atsidūrė Madūroje! Vaikai patenkinti įsimaišė į tūkstančių piligrimų minią. Po kelių valandų jogas taip pat paprastai pargabeno savo mažuosius globotinius namo. Vaikai apie Madūroje vykusias eitynes su paveikslais papasakojo tėvams. Šie apstulbę klausėsi, paskui pamatė, kad vaikai rankose laiko maišelius su Madūros saldumynais.

Vienas nepatiklus jaunuolis išjuokė šventąjį ir šią istoriją. Per kitą

Jogo autobiografija

Ramana Maharšis ir Paramahansa Jogananda Šri Ramanos
Arunačalos ašrame (žr. p. 382–383)

religinę šventę, šįkart Šryrangame, vaikinas priėjo prie Sadasivos ir pašaipiai tarė: „Mokytojau, gal nugabentum mane į Šryrangamo šventę, kaip anąsyk nugabenai vaikus į Madūrą."

Sadasiva sutiko ir jaunuolis tuoj pat atsidūrė tolimame mieste, žmonių minioje. Bet štai jaunuolis sumanė grįžti namo, o šventasis buvo dingęs! Nuvargęs jaunikaitis atgal turėjo nuobodžiai parkeliauti savo kojomis.

Prieš išvykdami iš pietų Indijos, mudu su ponu Raitu kaip piligrimai nukeliavome į šventąjį Arunačalos kalną netoli Tiruvanamalajaus, kur susitikome su Šri Ramana Maharšiu (Ramana Maharshi). Išminčius maloniai pasveikino mus savo ašrame ir parodė greta gulinčią šūsnį žurnalų *East-West*. Per tas kelias valandas, praleistas su juo ir

Pietų Indijos idilė

jo mokiniais, jis daugiausia tylėjo, jo švelnus veidas spindėjo dieviška meile ir išmintimi.

Kenčiančiai žmonijai galima padėti atgauti pamirštą Tobulumo būseną, moko Šri Ramana, jei žmogus nuolat klaus savęs: „Kas aš esu?" Tai išties Didis Klausimas. Griežtai atmetęs visas kitas mintis, Dievui atsidavęs žmogus netrukus pajunta, kad jis vis giliau grimzta į savo tikrąjį Aš, tada dėmesį blaškančios bei sumaištį keliančios mintys nurimsta. Nušvitęs pietų Indijos rišis yra parašęs tokius žodžius:

> Dvilypumai ir trilypumai visada būna į ką nors įsikibę,
> Jei nėra tokios atsparos, jie nekyla,
> Jų saitai susilpnėja ir liaujasi,
> Lieka Tiesa. Kas ją pamato, daugiau nesvyruoja.

Svamis Šri Juktešvaras ir Paramhansa Jogananda religinėje procesijoje Kalkutoje 1935 m. Du sanskrito posmai ant vėliavos skelbia: (*viršuje*) „Eikite didžiųjų keliu". (*Apačioje svamio Šankaros žodžiai*) „Mus gali išgelbėti net akimirka, praleista su dievišku asmeniu."

42 SKYRIUS

Paskutinės dienos su guru

– Gurudži, labai džiaugiuosi šį rytą radęs jus vieną.

Ką tik atvykau į Šryrampuro vienuolyną nešinas kvapniu nešuliu – vaisiais ir rožėmis. Šri Juktešvaras romiai pažvelgė į mane.

– Ko norėjai paklausti? – apsidairė po kambarį mokytojas, lyg ieškodamas, kur dingti.

– Gurudži, kitados pas jus atėjau kaip mokinys, o dabar jau esu suaugęs vyras, turiu net vieną kitą žilą plauką. Nuo pat pirmos susitikimo valandos iki šiol jūs man dosniai reiškėte tylų prieraišumą, bet ar suvokiate, kad tik vieną kartą, mūsų susitikimo dieną, pasakėte „Aš tave myliu"? – maldaujamai žvelgiau į jį.

Mokytojas nuleido akis.

– Jogananda, ar būtinai turiu šalta kalba reikšti šiltus jausmus, kuriuos geriausiai saugo bežadė širdis?

– Gurudži, žinau, kad mane mylite, bet mano mirtingos ausys trokšte trokšta tai išgirsti.

– Tebūnie, kaip nori. Kai gyvenau santuokoje, troškau sūnaus, kurį būčiau galėjęs nukreipti jogo keliu. Bet kai mano gyvenime atsiradai tu, likau patenkintas; tu man tapai sūnumi, – Šri Juktešvaro akyse pasirodė dvi skaidrios ašaros. – Jogananda, aš visada tave mylėsiu.

– Jūsų atsakymas man atvėrė dangaus duris.

Pajutau, kaip nuo širdies nusirito našta. Ją išsklaidė guru žodžiai. Žinojau, kad jis nerodo jausmų, yra santūrus, bet dažnai svarstydavau, ką slepia jo tylėjimas. Kartais baimindavausi, kad man nepavyko visiškai jam įtikti. Jis buvo keistos prigimties, gilus ir tykus, niekada iki galo neatsiskleidžiantis ir nesuvokiamas išoriniam pasauliui, kurio vertybes jau seniai buvo pranokęs.

Po kelių dienų Kalkutoje, Alberto salėje, kalbėjau didžiulei auditorijai. Šri Juktešvaras sutiko sėdėti ant pakylos kartu su Santošo maharadža ir Kalkutos meru. Mokytojas man neištarė nė žodžio, bet aš kalbėdamas kartkartėmis į jį žvilgtelėdavau ir man atrodė, kad jis patenkintas.

Paskutinė Saulėgrįžos šventė, švęsta kartu su svamiu Šri Jukteśvaru 1935 m. gruodį. Autorius sėdi šalia savo didžiojo guru (*viduryje*) prie stalo Šryrampuro ašramo kieme. Šiame vienuolyne, vadovaujamas Šri Jukteśvaro, Paramahansa Jogananda dešimt metų mokėsi dvasingumo.

Šri Jogananda (*viduryje tamsiu drabužiu*) su grupe *krijajogos* studentų, kurie lankė *įcgodos* (Savojo Aš suvokimo) kursus jo tėvo namuose Kalkutoje 1935 m. Klausytojų rinkdavosi labai daug, tad kursai vykdavo gretimoje sporto aikštėje, kuri priklausė jaunesniajam Joganandos broliui Bišnui Ghošui, garsiam fizkultūrininkui.

Jogo autobiografija

Paskui kalbėjau buvusiems Šryrampuro koledžo studentams. Žvelgiau į senus mokslo draugus, o jie žiūrėjo į Kvaištelėjusį Vienuolį ir mes nė kiek nesigėdijome džiaugsmo ašarų. Auksaburnis mano filosofijos profesorius dr. Ghošalas išėjo į priekį manęs pasveikinti – visus buvusius nesutarimus ištirpdė alchemikas Laikas.

Šryrampuro vienuolyne gruodžio pabaigoje buvo švenčiama žiemos saulėgrįža. Kaip visada, į šią šventę iš toli ir iš arti susirinko daug Šri Juktešvaro mokinių. Atsidavimo *sankyrtanai*, solo giesmės, atliekamos saldžiu kaip nektaras brolio Kristo balsu, jaunesniųjų mokinių paruošta puota, iki širdies gelmių jaudinanti Mokytojo kalba žmonių prigarmėjusiame vidiniame ašramo kieme po žvaigždėmis, – atsiminimai, atsiminimai! Džiugios anų seniai prabėgusių laikų šventės! Bet šiandien šventė turėjo būti kitokia.

– Jogananda, prašau pasakyti susirinkusiems kalbą – angliškai.

Mokytojas ištarė šį dvigubai neįprastą pageidavimą ir jo akys žybtelėjo. Gal jis prisiminė keblią padėtį, į kurią buvau pakliuvęs plaukdamas laivu, kai reikėjo skaityti pirmą paskaitą anglų kalba? Papasakojau šią istoriją broliams mokiniams ir užbaigiau karštai dėkodamas guru:

– Jo neišsenkami patarimai lydėjo mane ne tik laive, skrodžiančiame vandenyną. Jie buvo su manimi kiekvieną dieną visus tuos penkiolika metų, kuriuos praleidau neaprėpiamoje ir svetingoje Amerikos žemėje.

Svečiams išsiskirsčius, Šri Juktešvaras pakvietė mane į tą patį miegamąjį, kuriame man buvo leista miegoti jo lovoje (tik vieną kartą po panašios šventės). Šį vakarą guru sėdėjo tylus, prie jo kojų pusračiu buvo susėdę mokiniai.

– Jogananda, ar šį vakarą išvažiuoji į Kalkutą? Būk geras, rytoj sugrįžk. Turiu tau kai ką pasakyti.

Kitą dieną po pietų keliais paprastais palaiminimo žodžiais Šri Juktešvaras suteikė man dar vieną vienuolišką vardą – *Paramahansa*[1].

– Dabar jis formaliai pakeis tavo jau turimą svamio vardą, – pasakė Šri Juktešvaras, kai atsiklaupiau priešais jį. Mintyse sukikenau

---

[1] Pažodžiui *parama* – aukščiausioji, *hansa* – gulbė. Baltoji gulbė mitologijoje vaizduojama kaip Brahmos Kūrėjo vežėja. Sakoma, kad šventoji *hansa* gebanti iš vandeniu atmiešto pieno išgerti vien pieną, todėl laikoma dvasinio įžvalgumo simboliu.

Ahan-sa, arba *'han-sa* tiesiogine prasme reiškia „Aš esu Jis". Šie galingi sanskrito kalbos skiemenys vibracijomis susiję su įkvėpimu ir iškvėpimu. Vadinasi, kaskart įkvėpdamas ir iškvėpdamas žmogus patvirtina savo būties tiesą: *Aš esu Jis!*

įsivaizduodamas, kaip kankinsis mokiniai vakariečiai, turėdami kreiptis į mane „Paramahansadži"![2]

– Mano užduotis šioje Žemėje baigta, bet tu turėsi ją vykdyti toliau, – Mokytojas kalbėjo tyliai, jo akys buvo ramios ir švelnios. Mano širdis baimingai daužėsi.

– Prašau paskirti žmogų rūpintis mūsų ašramu Puryje, – kalbėjo Šri Juktešvaras. – Viską palieku tavo rankose. Tu ir savo gyvenimo, ir organizacijos laivą gebėsi sėkmingai nuplukdyti prie dieviškųjų krantų.

Apsiašarojęs apkabinau jo kojas; jis atsistojo ir meiliai mane palaimino.

Rytojaus dieną išsikviečiau iš Rančio Svamį Sebanandą ir išsiunčiau jį į Purį vadovauti vienuolynui. Vėliau guru aptarė su manimi teisinius paliekamo turto aspektus. Reikalus jis norėjo sutvarkyti taip, kad po jo mirties giminaičiai nepradėtų bylinėtis dėl dviejų jam priklausančių vienuolynų ir kitos nuosavybės, kurią troško palikti tik labdarai.

– Neseniai viskas buvo parengta Mokytojo kelionei į Kiderpurą, bet jis ten neišvyko, – vieną popietę man pareiškė Šri Juktešvaro mokinys Amulaja Babu (Amulaya Babu).

Pajutau, kaip mane užliejo šalta blogos nuojautos banga. Paskui pabandžiau Šri Juktešvarą išklausinėti, bet jis atsakė tik tiek:

– Daugiau į Kiderpurą nevažiuosiu.

Valandėlę Mokytojas virpėjo it išsigandęs vaikas.

(„Prieraiša prie savo kūniškosios buveinės, kylanti iš jos pačios prigimties[3], šiek tiek būdinga net didiems šventiesiems", – rašė Patandžalis. Kartais kalbėdamas apie mirtį, guru pridurdavo: „Lygiai taip pat nesiryžta skristi ir ilgai narvelyje laikytas paukštis, kai jam atsiveria priprasto būsto durys.")

– Gurudži, – kūkčiodamas ėmiau maldauti, – nekalbėkite taip! Niekada nesakykite man tokių žodžių!

Šri Juktešvaro veidas nušvito ramia šypsena. Jis atrodė sveikas ir stiprus, nors jau artėjo aštuoniasdešimt pirmasis jo gimtadienis.

Diena po dienos šildydamasis neišsakytos, bet aiškiai juntamos guru meilės saulėje, išmečiau iš galvos visas užuominas apie artėjantį išsiskyrimą.

---

[2] Paprastai jiems pavykdavo išvengti šios problemos – jie kreipdavosi į mane tiesiog „pone".

[3] Kitaip tariant, kylanti iš neatmenamų šaknų, iš patirtų mirties išgyvenimų. Tai citata iš Patandžalio „Jogasūtros" (II, 9).

Jogo autobiografija

– Pone, šį mėnesį Alahabade rengiama *kumbhamela*, – parodžiau Mokytojui bengalų almanache paskelbtas *melos* datas.[4]
– Tikrai nori ten vykti?
Nesupratęs, kad Šri Juktešvaras nenori manęs išleisti, kalbėjau toliau:
– Kartą jūs Alahabado *kumbhoje* matėte palaimingą reginį – Babadži. Gal šį kartą laimė jį sutikti teks ir man.
– Nemanau, kad tu jį ten sutiksi.
Tai taręs, guru nutilo. Nenorėjo ardyti mano planų.
Kai kitą dieną su keliais bendrakeleiviais išsiruošiau į Alahabadą, Mokytojas mane tyliai palaimino, kaip įprastai. Matyt, ir toliau nesuvokiau pasikeitusio Šri Juktešvaro elgesio, nes Viešpats norėjo mane apsaugoti ir neversti bejėgiškai stebėti guru išėjimo. Mano gyvenimas visąlaik susiklostydavo taip, kad mirštant mylimiausiems žmonėms Dievas gailestingai pasirūpindavo išsiųsti mane kur nors toliau[5].
Į *kumbhamelą* atvykome 1936-ųjų sausio 23 dieną. Banguojanti beveik dviejų milijonų žmonių minia darė didžiulį, net sukrečiantį įspūdį. Indijos žmonės turi ypatingą bruožą – net kukliausias valstietis iš prigimties jaučia pagarbą Dvasios turtams, vienuoliams ir sadhu, atsižadėjusiems šio pasaulio ir ieškantiems dieviškojo. Tarp jų, žinoma, pasitaiko ir apsimetėlių bei veidmainių, bet Indijoje dėl saujelės tų, kurie kilniai laimindami iš tikrųjų apšviečia visą šalį, gerbiami visi. Šį neaprėpiamą reginį išvydę vakariečiai gauna nepakartojamą progą pajusti visos Indijos pulsą, jos dvasinį įkarštį, teikiantį mūsų šaliai nenumaldomą ir laiko smūgius atlaikantį gyvastingumą.
Pirmą dieną praleidome tiesiog dairydamiesi aplinkui. Tūkstančiai

---

[4] Religinės *melos* (susirinkimai) minimos senovės „Mahabharatoje". Kinų keliautojas Siuandzangas pasakoja apie didžiulę *kumbhamelą*, surengtą 644 m. Alahabade. *Kumbhamela* rengiama kas trejus metus paeiliui Hardvare, Alahabade, Nasike ir Udžaine, paskui vėl grįžta į Hardvarą užbaigti dvylikos metų ciklo. Kiekviename mieste šeštaisiais metais po jame rengtos *kumbhos* šaukiama *ardha* (pusinė) *kumbha*; tad *kumbha* ir *ardha kumbha* rengiamos skirtinguose miestuose kas trejus metus.
Siuandzangas pasakoja, kad Harša (Harsha), šiaurinės Indijos karalius, išdalijo į *kumbhamelą* susirinkusiems vienuoliams ir piligrimams visus karališkojo iždo turtus (sukauptus per penkerius metus). Išvykdamas į Kiniją, Siuandzangas atsisakė Haršos atsisveikinimo dovanų, aukso ir brangakmenių, bet išsivežė didesnę vertybę – 657 religinius rankraščius.

[5] Kai mirė mano motina, vyresnysis brolis Ananta, vyresnioji sesuo Roma, Mokytojas, tėvas ir kiti mylimi žmonės, manęs šalia nebuvo. (Tėvas mirė Kalkutoje 1942 m., sulaukęs aštuoniasdešimt devynerių.)

piligrimų maudėsi šventojoje Gangoje, norėdami nusiplauti nuodėmes; *brahmanų* dvasininkai vadovavo iškilmingoms garbinimo apeigoms; prie nebylių *sanjasių* kojų buvo klojamos aukos; pro šalį žingsniavo dramblių, puošniai pabalnotų žirgų ir lėtų Radžputanos kupranugarių kolonos, jiems iš paskos sekė keista religinė procesija – nuogi sadhu, mosuojantys aukso ar sidabro skeptrais arba šilkinio aksomo kaspinais.

Vien strėnjuostes ryšintys atsiskyrėliai tyliai sėdėjo mažomis grupelėmis kūnus išsitepę pelenais, saugančiais nuo kaitros ir šalčio. Trečiąją akį kaktose aiškiai ženklino santalo pastos taškas. Tūkstančiai svamių skustomis galvomis ir ochra dažytais apsiaustais vaikštinėjo su bambukinėmis lazdomis ir aukų dubenėliais. Kad ir ką jie darė – ar sukinėjosi minioje, ar filosofavo su mokiniais – jų veidai skleidė pasaulio atsižadėjusiųjų ramybę.

Kur ne kur po medžiais ir aplink didžiules degančių rąstų krūvas būriavosi įspūdingai atrodantys sadhu [6] ilgais, susuktais ir ant galvos suvyniotais plaukais. Kai kurie – su kelių pėdų ilgio barzdomis, suraitytomis ir surištomis mazgu. Jie tyliai meditavo arba ištiesę rankas laimino pro šalį einančią minią – elgetas, maharadžas ant dramblių, moteris įvairiaspalviais *sariais*, žvangančiomis apyrankėmis ir kojų papuošalais, *fakyrus* liesomis, groteskiškai iškeltomis rankomis, *brahmačarius*, nešinus alkūnių atramomis meditacijai, nuolankius išminčius, po rimtumu slepiančius vidinę palaimą. Aukštai virš šurmulio girdėjome be paliovos gaudžiančius šventyklų varpus.

Antrą *melos* dieną su bendrakeleiviais lankėmės įvairiuose ašramuose bei laikinose pašiūrėse ir sveikinome ten sutiktus šventuosius. Gavome svamių ordino *Girių* atšakos vadovo palaiminimą – tai buvo liesas, asketiškas vienuolis besišypsančiomis ugningomis akimis. Galiausiai aplankėme vienuolyną, kurio guru pastaruosius devynerius metus laikėsi tylos įžado ir griežtos vaisių dietos. Ašramo salėje ant pakylos sėdėjo aklas sadhu Pradžna Čakšus (Prajna Chakshu) [7], puikiai išmanąs *šastras* (šventraščius) ir pelnęs didžiulę visų sektų pagarbą.

---

[6] Šimtus tūkstančių Indijos sadhu valdo vykdomasis komitetas, sudarytas iš septynių vadovų, atstovaujančių septyniems stambiems Indijos regionams. Šiuo metu jų prezidentas, arba *mahamandalesvaras*, yra Džojendra Puris (Joyendra Puri*).* Šis šventas žmogus labai santūrus ir dažnai pasitenkina tik trimis žodžiais – Tiesa, Meilė, Darbas. Ir to pakanka visam pokalbiui!

[7] Tiesiogine prasme jo vardas reiškia „tas, kuris regi intelektu" (nes yra netekęs fizinio regėjimo).

Jogo autobiografija

Svamis Krišnananda 1936 m. *kumbhameloje* Alahabade su savo prijaukinta vegetare liūte, kuri žemu balsu gražiai maurodavo *Aum*

Paskui hindi kalba perskaičiau trumpą pranešimą apie vedantą, ir mūsų grupė išėjo iš ramaus vienuolyno pasveikinti netoliese gyvenančio svamio Krišnanandos, išvaizdaus vienuolio rausvais skruostais ir įspūdingais pečiais. Prie jo gulėjo prijaukinta liūtė. Džiunglių gyventoja, vienuolio dvasinio žavesio paveikta – esu tikras, kad ne jo galingo stoto! – buvo atsisakiusi mėsos ir mito tik ryžiais bei pienu. Gelsvai rudą žvėrį svamis išmokė giedoti *Aum* ir ji tai darydavo giliai, maloniai urgzdama – tai bent šventa katė!

Kitą mūsų susitikimą, pokalbį su mokytu jaunu sadhu, ponas Raitas puikiai aprašė savo nepaprastame kelionių dienoraštyje:

„Sėdę į fordą, girgždančiu pontoniniu tiltu pervažiavome labai nusekusią Gangą, paskui lėtai vinguriuodami tarp neapsakomos daugybės

Paskutinės dienos su guru

žmonių siauromis vingiuotomis gatvelėmis pasiekėme vietą pakrantėje, kurioje, pasak garbiojo Joganandos, įvyko Babadži ir Šri Juktešvaro susitikimas. Neilgai trukus, išlipome iš automobilio ir šiek tiek pažingsniavę slidžiais smėlynais pro tirštėjančius sadhu laužų dūmus priėjome kelias mažytes labai kuklias iš šiaudų ir molio drėbtas trobeles. Sustojome prieš vieną iš šių menkų laikinų būstų su žemu įėjimu ir be jokių durų. Čia glaudėsi Kara Patris, jaunas klajojantis sadhu, garsėjantis išskirtiniu intelektu. Jis sėdėjo ant šiaudų glėbelio sukryžiavęs kojas, prisidengęs tik ant pečių užsimestu ochros spalvos apsiaustu; beje, tai buvo vienintelis jo turtas.

Visomis keturiomis įropojome į trobelę ir pagarbinome šio nušvitusio žmogaus pėdas. Prieš mus švytėjo ir mums šypsojosi išties dieviškas veidas, ypač spindėjo akys ir nepriekaištingi dantys, o mirganti žibalinė lempa metė ant šiaudinių sienų keistus šokančius šešėlius. Nors hindi kalbą supratau menkai, jo veidas buvo labai iškalbingas – kupinas entuziazmo, meilės, dvasinio triumfo. Neįmanoma buvo nepastebėti jo didybės.

Įsivaizduokite, kaip laimingai gyvena prie materialaus pasaulio neprisirišęs žmogus: jam nekyla problemų, kuo rengtis, jis netrokšta jokio ypatingo maisto, niekada neelgetauja, virtus patiekalus valgo tik kas antrą dieną, niekada nesinešioja dubenėlio aukoms, jo nesaisto pinigai ir su jais susiję rūpesčiai, jis nieko nekaupia, visad kliaujasi Dievu, jam nesvarbu, kuo ir kaip keliauti, jis niekada nevažiuoja jokiu transportu, tik vaikšto šventųjų upių krantais, o norėdamas išvengti bet kokios prieraišos, nė vienoje vietoje neužsibūna ilgiau nei savaitę.

Kokia kukli siela! Puikiai išmananti vedas, turinti Benareso universiteto magistro laipsnį ir *šastrio* (šventraščių žinovo) vardą. Kai atsisėdau prie jo kojų, mane persmelkė nepaprastas jausmas – tai buvo lyg atsakas į mano troškimą pamatyti tikrąją, senąją Indiją, nes šis jaunuolis buvo puikus dvasios milžinų šalies atstovas."

Paskui aš Karai Patriui uždaviau kelis klausimus apie klajūno gyvenimą.

– Ar neturi kitų drabužių, žieminių?
– Ne, man gana šito.
– Ar nešiojiesi knygų?
– Ne, tuos, kurie nori manęs klausytis, mokau iš atminties.
– Ką dar veiki?
– Klajoju palei Gangą.

Kai išgirdau šiuos tylius žodžius, man irgi kilo nenumaldomas noras gyventi taip paprastai. Tačiau prisiminiau Ameriką ir visas pareigas, kurios slėgė mano pečius. „Ne, Jogananda, – liūdnai pamaniau, – šiame gyvenime klajoti palei Gangą – ne tau."

Tada sadhu pasidalijo keliomis savo dvasinėmis įžvalgomis, o aš jo paklausiau:

– Pasakoji remdamasis šventraščių išmintimi ar vidiniais išgyvenimais?

– Pusiau iš knygų, – atsakė jis, atvirai šypsodamasis, – pusiau iš patirties.

Valandėlę sėdėjome laimingi ir tylūs, panirę į apmąstymus. Kai palikome šventąjį, pasakiau ponui Raitui:

– Tai karalius, sėdintis aukso šiaudų soste.

Tą vakarą *meloje* vakarieniavome po žvaigždėmis, lėkštes atstojo pagaliukais susegti lapai. Indijoje beveik nereikia plauti indų!

Dar dvi kerinčios *kumbhos* dienos, ir tolyn, į šiaurės vakarus, Jamunos pakrantėmis į Agrą. Vėl gėrėjausi Tadž Mahalu, o mano atmintyje greta stovėjo Džitendra, pakerėtas šios marmure iškaltos svajonės. Iš ten patraukėme į Vrindavano ašramą pas Svamį Kešabanandą.

Su Svamiu Kešabananda norėjau susitikti dėl šios knygos. Nepamiršau Šri Juktešvaro prašymo parašyti knygą apie Lahirio Mahasajos gyvenimą. Viešėdamas Indijoje, kiekviena proga stengiausi pasimatyti su Jogavataros mokiniais ir giminėmis. Sukaupiau gausius šių pokalbių užrašus, tikrinau faktus ir datas, rinkau nuotraukas, senus laiškus ir dokumentus. Aplankas su medžiaga apie Lahirį Mahasają ėmė pūstis, ir aš tada pasijutau priblokštas, suvokiau, kad laukia daug pastangų reikalaujantis rašytojo darbas. Meldžiausi, kad įstengčiau deramai atlikti šio nepaprasto guru biografo vaidmenį. Kai kurie jo mokiniai baiminosi, esą knygoje jų mokytojas gali būti sumenkintas ar klaidingai suprastas. „Vargu ar šaltais žodžiais galima deramai atskleisti dieviškojo įsikūnijimo gyvenimą", – kartą man pasakė Pančanonas Bhatačarja.

Kiti artimi Lahirio Mahasajos mokiniai irgi mieliau būtų saugoję Jogavatarą kaip nemirtingą mokytoją širdyse. Vis dėlto prisimindamas Lahirio Mahasajos pranašystę apie tą biografiją, negailėjau pastangų rinkti ir tikrinti jo gyvenimo faktus.

Svamis Kešabananda maloniai pasveikino mus, atvykusius į Vrindavaną, į jo Katjajani Pyto ašramą, įspūdingą gražaus sodo supamą mūrinį pastatą su didžiulėmis juodomis kolonomis. Jis mus iškart nusivedė į svetainę, papuoštą didele Lahirio Mahasajos nuotrauka. Svamis jau artėjo prie devyniasdešimties, bet jo raumeningas kūnas spinduliavo sveikata ir stiprybe. Ilgais plaukais, sniego baltumo barzda, džiugesiu žiburiuojančiomis akimis, jis buvo tikras patriarcho įsikūnijimas. Pranešiau, kad jo vardą noriu paminėti savo knygoje apie dvasinius Indijos mokytojus.

– Papasakokite apie savo jaunystę, – nusišypsojęs paprašiau, nors žinojau, kad didieji jogai dažnai būna nekalbūs.

Kešabananda kukliai mostelėjo.

– Išorinių įvykių nedaug. Kone visą gyvenimą praleidau vienas Himalajuose, pėsčiomis keliaudamas nuo vienos olos prie kitos. Kurį laiką prižiūrėjau nedidelį ašramą prie Hardvaro, jį iš visų pusių supo aukštų medžių giraitė. Tai buvo rami vieta, retai lankoma keliautojų, nes ten knibždėte knibždėjo kobrų, – Kešabananda susijuokė. – Vėliau Gangos potvynis nuplovė ir vienuolyną, ir kobras. Tada mokiniai padėjo man pastatyti šį ašramą Vrindavane.

Kažkuris iš mūsų paklausė svamio, kaip jis saugojosi Himalajų tigrų.

Kešabananda papurtė galvą.

– Tose dvasinėse aukštumose, – atsakė jis, – laukiniai plėšrūnai retai puola jogus. Kartą džiunglėse akis į akį susidūriau su tigru. Ėmiau rėkti, ir plėšrūnas sustingo, lyg būtų virtęs akmeniu, – prisiminęs tą nutikimą, jis vėl nusijuokė[8].

– Kartais iš atsiskyrėlio buveinės keliaudavau aplankyti savo guru Benarese. Jis juokdavosi iš mano nepabaigiamų klajonių po laukinius Himalajus. „Tavo kojos paženklintos klajonių ženklu, – kartą tarė jis man. – Džiaugiuosi, kad šventieji Himalajai tokie platūs ir tau ten įdomu."

Daug kartų, – toliau pasakojo Kešabananda, – prieš mirtį ir po mirties Lahiris Mahasaja man buvo apsireiškęs kūnu. Nėra tokių Himalajų aukštybių, kurių jis būtų neįstengęs pasiekti!

Po dviejų valandų Kešabananda nusivedė mus į valgomąjį vidiniame

---

[8] Pasirodo, esama daug būdų pergudrauti tigrą. Australijos tyrinėtojas Frensis Bertlsas (Francis Birtles) pasakoja, kad Indijos džiunglės jam pasirodė „įvairialypės, gražios ir saugios". Jį saugojo talismanas – musgaudis. „Kas vakarą aplink stovyklą paklodavau musgaudžių ir nė karto niekas manęs nesutrukdė, – aiškina jis. – Priežastis psichologinė. Tigras – labai išdidus ir orus gyvūnas. Jis tyko netoliese ir gąsdina žmogų, bet priėjęs prie musgaudžių, tyliai apsisuka ir nuslenka šalin. Joks save gerbiantis tigras neišdrįs susidurti su žmogumi atsitūpęs ant lipnaus popieriaus."

kieme. Nusiminęs tyliai atsidusau. Ir vėl penkiolikos patiekalų puota! Dėl indų vaišingumo aš greičiau nei per metus priaugau penkiasdešimt svarų! Čia mano garbei buvo rengiamos nesibaigiančios puotos ir aš negalėjau atsisakyti nė vieno rūpestingai pagaminto patiekalo, nes tai būtų buvę labai nemandagu. Indijoje (deja, niekur kitur!) kūningas svamis visiems kelia susižavėjimą.

Po pietų Kešabananda nusivedė mane į nuošalų kampelį.

– Laukiau tavęs atvykstant, – tarė jis. – Turiu tau perduoti žinią.

Nustebau, nes apie mano ketinimą apsilankyti pas Kešabanandą niekas nežinojo.

– Pernai klajodamas šiaurės Himalajuose netoli Badrinarajano, – tęsė svamis, – pasiklydau. Radau prieglobstį – erdvią olą, visiškai tuščią, nors akmeninių grindų įduboje dar žioravo laužo žarijos. Stebėdamasis, kas galėtų gyventi šioje atokioje priebėgoje, atsisėdau prie ugnies ir įsmeigiau žvilgsnį į saulės nušviestą olos angą.

„Kešabananda, džiaugiuosi, kad tu čia." Šie žodžiai nuskambėjo man už nugaros. Krūptelėjęs atsigręžiau ir apstulbau išvydęs Babadži! Didysis guru materializavosi olos gilumoje. Perpildytas džiaugsmo, kad po daugelio metų vėl jį matau, sukniubau prie jo šventų kojų. „Tave čia pasikviečiau aš, – toliau kalbėjo Babadži. – Todėl ir pasiklydai, todėl buvai atvestas į laikiną mano pastogę šioje oloje. Jau labai seniai nesimatėme, tad džiaugiuosi galėdamas vėl tave pasveikinti."

Nemirtingasis mokytojas palaimino mane dvasią stiprinančiais žodžiais ir pridūrė: „Duosiu tau žinią, skirtą Joganandai. Grįžęs į Indiją, jis tave aplankys. Jogananda turės labai daug darbų, susijusių su savo mokytoju ir su dar tebegyvais Lahirio mokiniais. Tad tu jam pasakyk, kad šįkart mudu nepasimatysime, bet susitiksime kitą kartą."

Didžiai susijaudinau iš Kešabanandos lūpų išgirdęs šį guodžiantį Babadži pažadą. Ištirpo širdyje glūdėjusi nuoskauda, nebesielvartavau net dėl to, kad Babadži nepasirodė *kumbhameloje*, kaip ir buvo užsiminęs Šri Juktešvaras.

Pernakvoję ašrame, kitos dienos popietę išvykome į Kalkutą. Važiuodami tiltu per Jamuną, gėrėjomės didingu vaizdu virš Vrindavano – dangų tuo metu buvo padegusi besileidžianti saulė; viršuje tarsi ugninis vulkano žaizdras žaižaravo spalvos, o apačioje jos atspindėjo ramiuose upės vandenyse.

Jamunos pakrantes šventina prisiminimai apie Viešpaties Krišnos vaikystę. Čia jis su gopėmis (piemenaitėmis) nekaltai ir meiliai žaidė

Paskutinės dienos su guru

Svamis Kešabananda (*stovi kairėje*), devyniasdešimtmetis Lahirio Mahasajos mokinys; Jogananda ir Ričardas Raitas, Šri Joganandos sekretorius, Kešabanandos ašrame Vrindavane 1936 m.

žaidimus (*lylas*) ir rodė, kokia nuostabi gali būti meilė tarp dieviškojo įsikūnijimo ir jo sekėjų. Viešpaties Krišnos gyvenimą daug vakariečių komentatorių suprato klaidingai. Šventraščių alegorijos glumina sausus ir viską paraidžiui suvokiančius protus. Tai gerai iliustruoja juokinga vieno vertėjo klaida. Istorijoje pasakojama apie įkvėptą viduramžių šventąjį, batsiuvį Ravidasą, kuris paprasta savo amato kalba šlovino visoje žmonijoje slypinčią dvasios didybę:

> *Po beribės mėlynės skliautu*
> *Gyvena oda apsisiautus dievybė.*

Kai perskaitai, kaip proziškai Vakarų rašytojas interpretavo šį

Ravidaso eilėraštį, norisi paslėpti šypseną ir nusisukti šalin:

> *Paskui jis susirentė trobelę, joje įkurdino iš odos pasiūtą stabą ir ėmėsi jį garbinti.*

Ravidasas buvo didžiojo Kabyro mokinys. Viena Ravidaso kilmingųjų *čelų* buvo Čitoros radžos žmona. Į savo mokytojo garbei iškeltą puotą ji sukvietė daug *brahmanų*, bet šie atsisakė puotauti kartu su niekingu batsiuviu. Visi jie oriai susėdo atskirai nuo jo ir jau susiruošė valgyti savo nesuterštus patiekalus, bet staiga kiekvienas *brahmanas* pamatė šalia savęs sėdintį Ravidasą. Šis masinis regėjimas paskatino Čitoroje didžiulį dvasinį atgimimą.

Po kelių dienų mūsų mažoji grupelė pasiekė Kalkutą. Nekantravau pamatyti Šri Juktešvarą, bet nusivyliau išgirdęs, kad jis išvyko iš Šryrampuro ir dabar yra Puryje, už kokių trijų šimtų mylių į pietus.

„Skubiai atvažiuok į Purio ašramą." Tokią telegramą kovo 8 dieną kitas mokinys atsiuntė Atului Čandrai Rojui Čaudhuriui (*Atul Chandra Roy Chowdhury*), vienam iš Mokytojo *čelų* Kalkutoje. Žinia apie telegramą pasiekė ir mano ausis. Nujausdamas nelaimę, puoliau ant kelių ir ėmiau melsti Dievo išsaugoti mano guru gyvybę. Paskui susiruošiau iš tėvo namų eiti į traukinį, bet išgirdau vidinį dievišką balsą. „Šiandien į Purį nevažiuok. Tavo malda nebus išklausyta."

„Viešpatie, – tariau susisielojęs, – Tu nenori veltis su manimi į ginčus Puryje, kur turėtum atmesti visas nepabaigiamas mano maldas dėl Mokytojo gyvybės. Ar jis tikrai privalo Tavo liepiamas išeiti vykdyti aukštesnių pareigų?"

Paklusęs vidiniam įsakymui, tą vakarą į Purį neišvykau, susiruošiau tik kitos dienos vakare. Septintą valandą, kai buvau pakeliui į stotį, dangų staiga užtemdė juodas astralinis debesis [9]. Vėliau, traukiniui dundant į Purį, man pasirodė Šri Juktešvaro vizija. Jis sėdėjo labai rimtu veidu, iš abiejų pusių nutviekstas šviesos.

– Ar viskas baigta? – maldaujamai iškėliau rankas.

Jis linktelėjo ir pamažu ištirpo.

Kai kitą rytą vis dar kažko tikėdamasis stovėjau Purio stoties perone, prie manęs priėjo nepažįstamas žmogus.

– Girdėjai, kad tavo Mokytojo nebėra?

Ir pasišalino, daugiau netaręs nė žodžio. Taip ir neišsiaiškinau, kas

---

[9] Tą valandą (1936 m. kovo 9 d. septintą valandą popiet) mirė Šri Juktešvaras.

Paskutinės dienos su guru

jis toks buvo ir kaip sužinojo, kur mane rasti.

Priblokštas susverdėjau ir prisišliejau prie stoties sienos. Supratau, kad guru įvairiais būdais stengiasi man perteikti šią siaubingą žinią. Maištavau, mano siela kunkuliavo kaip ugnikalnis. Purio vienuolyną pasiekiau vos gyvas. O vidinis balsas švelniai kartojo: „Susitelk. Būk ramus."

Įėjau į ašramo kambarį, kuriame Mokytojo kūnas, neįsivaizduojamai panašus į gyvą, sėdėjo lotoso poza – tikras sveikatos ir grožio pavyzdys. Prieš mirtį guru buvo šiek tiek sukarščiavęs, bet dieną prieš tai, kai pakilo į Begalybę, jo kūnas visiškai pasveiko. Kad ir kiek daug kartų žvelgiau į jo brangų pavidalą, niekaip neįstengiau suvokti, kad gyvybė jį jau apleidusi. Oda buvo švelni ir lygi, veide palaimingos ramybės išraiška. Jis sąmoningai paliko savo kūną tą valandą, kai buvo mistiškai pašauktas.

– Bengalijos liūtas mirė! – sušukau apsvaigęs.

Kovo 10 dieną atlikau iškilmingas apeigas. Šri Juktešvaras buvo palaidotas[10] pagal senovines svamių apeigas Purio ašramo sode. Vėliau iš tolimų ir artimų kampelių pagerbti guru atminimo per pavasario lygiadienio apeigas suvažiavo jo mokiniai. Pagrindinis Kalkutos laikraštis *Amrita Bazar Patrika* išspausdino jo nuotrauką ir tokį pranešimą:

„Kovo 21 dieną Puryje įvyko *Bhandara* ceremonija Šrimato Svamio Juktešvaro Girio Maharadžo, nugyvenusio 81 metus, garbei. Į apeigas Puryje susirinko daug jo mokinių.

Svamis Maharadžas, vienas iš iškiliausių „Bhagavadgytos" aiškintojų, buvo didis Jogiradžo Šri Šjamos Čarano Lahirio Mahasajos iš Benareso mokinys. Indijoje jis įkūrė kelis *Yogoda Satsanga* (*Self-Realization Fellowship*) centrus, iš jo įkvėpimo sėmėsi jogos sąjūdis, kurį Vakarams perdavė svamis Jogananda, svarbiausias jo mokinys. Būtent Šri Juktešvaro pranašiškos galios ir gili įžvalga paskatino Svamį Joganandą perplaukti vandenynus ir paskleisti Amerikoje žinią apie Indijos mokytojus.

Šri Juktešvaro „Bhagavadgytos" ir kitų šventraščių komentarai liudija, kaip nuodugniai jis išmanė tiek Rytų, tiek Vakarų filosofiją; jie atskleidžia Rytų ir Vakarų vienybę. Šri Juktešvaras Maharadžas tikėjo visų religinių tikėjimų vienybe ir bendradarbiaudamas su įvairių sektų bei tikėjimų vadovais įkūrė *Sadhu Sabha* (Šventųjų draugiją), kurios tikslas yra religijoje

---

[10] Pagal hinduizmo laidojimo papročius kremuojami tik šeimos žmonės; svamiai ir kitų ordinų vienuoliai ne deginami, bet laidojami. (Kartais pasitaiko išimčių.) Manoma, kad vienuolių kūnai simboliškai sudega išminties liepsnose dar tada, kai jie priima vienuolystės įžadus.

Jogo autobiografija

ŠRI JUKTEŠVARO ATMINIMO ŠVENTYKLA
Purio ašramo sodelyje (žr. p. 399)

diegti mokslo dvasią. Prieš mirtį Svamį Joganandą jis paskyrė savo įpėdiniu – *Sadhu Sabha* prezidentu.

Šiandien Indija iš tiesų tapo skurdesnė, netekusi tokio didžio žmogaus. Tegu tie, kuriems teko laimė prie jo priartėti, skleidžia tikrąją Indijos kultūros ir *sadhanos* dvasią – ją įkūnijo jis pats."

Grįžau į Kalkutą. Į šventų prisiminimų pilną Šryrampuro vienuolyną vykti dar nedrįsau, todėl pasikviečiau iš ten Prafulą, mažąjį Šri Juktešvaro mokinį, ir susitariau, kad jis mokysis Rančio mokykloje.

– Rytą, kai jūs išvykote į Alahadabo *melą*, – papasakojo šis, – Mokytojas sunkiai susmuko ant kušetės. „Jogananda išvažiavo! – sušuko jis. – Jogananda išvažiavo!" Tada mįslingai pridūrė: „Teks jam pranešti

kaip nors kitaip." Paskui ilgas valandas sėdėjo tylėdamas.
Mano dienos buvo kupinos paskaitų, pamokų, interviu ir susitikimų su senais draugais. Tačiau nepabaigiami darbai ir nenuoširdi šypsena slėpė juodų minčių srautą, nuodijantį vidinę palaimos upę, kuri tiek metų vingiavo po mano sąmonės smėliu.

„Kur dingo dieviškasis išminčius?" – be garso šaukiau iš besikamuojančios sielos gelmių.

Atsakymo nesulaukiau.

„Tuo geriau, kad Mokytojas galiausiai susiliejo su Kosminiu Numylėtuoju, – bandė mane įtikinti protas. – Jis amžinai švytės nemirtingumo viešpatijoje."

„Bet tu jo niekada nebepamatysi senajame Šryrampuro dvare, – aimanavo širdis. – Niekada neatvesi draugų su juo susitikti, niekada išdidžiai netarsi: 'Štai sėdi Indijos *Džnanavatara!*'"

Ponas Raitas pasirūpino, kad birželio pradžioje galėtume iš Bombėjaus išplaukti į Vakarus. Gegužę dvi savaites praleidome Kalkutoje, tada po nesibaigiančių išleistuvių ir iškilmingų kalbų panelė Bleč, ponas Raitas ir aš sėdome į fordą ir išvažiavome į Bombėjų. Tačiau kai atvykome, laivo atstovai paprašė kelionę atšaukti, nes laive nebuvo vietos fordui, o mums Europoje jo vėl reikės.

– Nieko baisaus, – niūriai tariau ponui Raitui. – Noriu vėl grįžti į Purį, – ir tyliai pridūriau: – Kad dar kartą ašaromis aplaistyčiau savo guru kapą.

43 SKYRIUS

Šri Juktešvaro prisikėlimas

„Viešpats Krišna!"

Kai spindulingai švytėdamas pasirodė nuostabus avataros pavidalas, sėdėjau viešbučio *Regent* kambaryje Bombėjuje. Pažvelgęs pro didelį trečio aukšto langą, kitoje gatvės pusėje ant aukšto pastato stogo staiga išvydau neapsakomą reginį.

Dieviškasis pavidalas man pamojo, nusišypsojo ir sveikindamasis linktelėjo. Nesupratau, ką tiksliai man norėjo pasakyti Viešpats Krišna, o jis palaimino mane ranka ir atsisveikino. Pasijutau nepaprastai pakylėtas ir suvokiau, kad manęs laukia koks nors ypatingas dvasinis įvykis.

Mano kelionė į Vakarus buvo laikinai atšaukta. Turėjau Bombėjuje perskaityti kelias viešas paskaitas, paskui vykti į Bengaliją.

1936 metų birželio 19 dieną sėdėjau ant lovos Bombėjaus viešbutyje – po Krišnos regėjimo buvo praėjusi savaitė – ir staiga mano meditaciją nutraukė palaiminga šviesa. Išplėčiau akis ir nustebęs žiūrėjau, kaip visas kambarys virsta keistu pasauliu, kaip saulės šviesa persimaino į dievišką spindesį.

Tada priešais save išvydau Šri Juktešvarą iš kūno ir kraujo. Mane užliejo ekstazės banga!

– Mano sūnau! – švelniai kreipėsi Mokytojas, o jo veide švytėjo kerinti angeliška šypsena.

Pirmąsyk gyvenime sveikindamasis ne suklupau prie jo kojų, o tučtuojau stvėriau jį į glėbį. O, kokia didinga akimirka! Pastarųjų mėnesių sielvartas atrodė vieni niekai, palyginti su dabar plūstelėjusia palaimos liūtimi.

– Mano mokytojau, širdies numylėtini, kodėl mane apleidote? – padrikai vapėjau apimtas džiaugsmo. – Kodėl leidote man išvažiuoti į *kumbhamelą*? Kaip piktai save kaltinau, kad jus palikau!

– Nenorėjau griauti tavo džiaugsmingų lūkesčių – juk troškai pamatyti piligrimų lankomą vietą, kurioje pirmą kartą sutikau Babadži. Išsiskyrę buvome visai trumpai. Argi dabar nesu šalia?

Šri Juktešvaro prisikėlimas

– Bet ar tikrai tai *jūs*, Mokytojau, tas pats Viešpaties Liūtas? Ar esate apsigaubęs tokiu pat kūnu, kokį palaidojau negailestinguose Purio smėlynuose?

– Taip, mano vaike, tas pats. Tai kūnas ir kraujas. Nors aš jį regiu kaip eterinį, tau jis atrodo fizinis. Iš kosmoso atomų sukūriau visiškai naują kūną, lygiai tokį pat kaip anas kosminis iliuzinis fizinis kūnas, kurį savo iliuziniame pasaulyje tu palaidojai iliuziniuose Purio smėlynuose. Iš tiesų prisikėliau – ne Žemėje, bet astralinėje planetoje. Jos gyventojai geriau nei Žemės žmonės atitinka mano aukštus reikalavimus. Ir tu, ir tavo kilnieji numylėtiniai kada nors pas mane ateisite.

– Nemirtingasis guru, papasakokite dar!

Mokytojas trumpai, džiaugsmingai nusijuokė.

– Būk geras, mielasis, – paprašė jis, – gal galėtum taip nespausti?

– Tik truputėlį!

Laikiau jį tvirtai tarsi aštuonkojo čiuptuvais. Jutau tą patį silpną, malonų, natūralų kvapą, kuris anksčiau sklido nuo jo kūno. Net ir dabar prisiminęs anas nuostabias valandas rankomis ir delnais juntu jaudinamą jo dieviško kūno prisilietimą.

– Kaip pranašai siunčiami į šią Žemę, kad padėtų žmonėms atidirbti fizinę karmą, taip ir mane Dievas pasiuntė į astralinę planetą kaip gelbėtoją, – pradėjo aiškinti Šri Juktešvaras. – Ji vadinasi Hiranjaloka, arba Apšviestoji astralinė planeta. Joje padedu dvasiniu keliu toli nužengusioms būtybėms vaduotis iš astralinės karmos ir taip išsilaisvinti iš astralinio atgimimo. Hiranjalokos gyventojai yra labai ištobulinę dvasią. Kai paskutinį kartą buvo įsikūniję Žemėje, visi jie medituodami įgijo galią mirties valandą sąmoningai palikti savo kūną. Niekas nepatenka į Hiranjaloką, jei Žemėje nepakyla virš *savikalpa samadhio* būsenos ir nepasiekia aukštesnės pakopos – *nirvikalpa samadhio*[1].

Hiranjalokos gyventojai jau yra perėję įprastas astralines sritis, kurias po mirties tenka pereiti beveik visiems Žemės gyventojams; jose jie sunaikina daugybę karmos sėklų, subrandintų astraliniuose

---

[1] Žr. p. 229. Pasiekęs *savikalpa samadhio* būseną, Dievui atsidavęs žmogus patiria vienovę su Dvasia, bet kosminę sąmonę gali išlaikyti tik tada, kai nejudėdamas būna transe. Nuolat medituodamas jis pasiekia aukštesnę būseną, *nirvikalpa samadhį* – tada gali laisvai judėti pasaulyje ir drauge suvokti Dievą.

Pakilęs į *nirvikalpa samadhį*, jogas atsikrato paskutinių materialios, arba žemiškos, karmos likučių. Vis dėlto jis dar gali turėti nebaigtos astralinės ir priežastinės (kauzalinės) karmos, todėl įsikūnija astraliniu ir vėliau priežastiniu lygmeniu aukštesnių vibracijų sferose.

pasauliuose. Tik toliausiai nužengę Dievo ieškotojai astralinėse sferose gali imtis veiksmingo atpirkimo darbo [2]. Idant šių ieškotojų sielos būtų galutinai išvaduotos iš bet kokių astralinės karmos likučių, kosminis įstatymas patraukia jas atgimti naujais astraliniais kūnais Hiranjalokoje, astralinėje Saulėje, arba danguje, o aš ten esu, kad jiems padėčiau. Hiranjalokoje yra ir beveik tobulų būtybių, nusileidusių iš aukštesnio priežastinio (kauzalinio) pasaulio.

Mūsų protai dabar jau buvo taip susiderinę, kad guru šį vaizdingą pasakojimą perteikė ne tik žodžiais, bet ir mintimis – regėjau jo minčių greitai siunčiamus vaizdinius.

– Šventraščiuose esi skaitęs, – toliau kalbėjo Mokytojas, – kad Dievas žmogaus sielą apgyvendino trijuose vienas kitame esančiuose kūnuose – idėjų, arba priežastiniame (kauzaliniame), kūne, subtiliajame astraliniame kūne, kuriame įsikūrusi žmogaus psichinė ir emocinė prigimtis, ir tankiame fiziniame kūne. Žemėje žmogui suteikti fiziniai pojūčiai, juslės. Astralinė būtybė vadovaujasi sąmone ir jausmais, jos kūną sudaro gyvybės dalelės (angl. *lifetrons*) [3]. Priežastinis kūnas lieka palaimingoje idėjų srityje. Aš dirbu su tomis astralinėmis būtybėmis, kurios rengiasi patekti į priežastinį pasaulį.

– Puikusis Mokytojau, prašau daugiau papasakoti apie astralinį kosmosą.

Šri Juktešvaro paprašytas, aš lioviausi jį taip stipriai spaudęs, bet mano rankos vis dar laikė jį apkabinusios. Lobių lobis – mano guru nusijuokė mirčiai į veidą, kad aplankytų mane!

– Yra daug astralinių planetų, kuriose knibždėte knibžda astralinių būtybių, – tęsė Mokytojas. – Jų gyventojai iš vienos planetos į kitą keliauja astraliniais lėktuvais, arba šviesos pluoštais, ir daro tai greičiau, negu juda elektra ar radioaktyviosios energijos.

Astralinė visata, sudaryta iš subtiliausių šviesos ir spalvos virpesių, šimtus kartų didesnė už materialųjį kosmosą. Visa fizinė kūrinija it mažytė kieta pintinė kabo po milžinišku švytinčiu astralinės sferos

---

[2] Todėl, kad dauguma žmonių, džiaugdamiesi astralinių pasaulių grožiu, nebemano, jog būtina ir toliau įtemptai dvasiškai dirbti.

[3] Šri Juktešvaras vartojo žodį *prana*, aš jį išverčiau kaip „gyvybės dalelės". Hinduizmo šventraščiuose minimi ne tik *anu* („atomai") ir *paramanu* („tai, kas yra už atomų"), tai yra subtilesnė elektronų energija, bet ir *prana* („kūrybinė gyvybės jėga"). Atomai ir elektronai – aklos jėgos, o *pranai* būdinga sąmonė. Pavyzdžiui, gyvybinės pranos dalelės spermatozoide ir kiaušinėlyje nukreipia gemalo vystymąsi pagal karmos planą.

balionu. Kiek erdvėje esama fizinių saulių ir žvaigždžių, lygiai tiek pat yra ir astralinių saulių bei žvaigždžių sistemų. Jų planetos turi astralines saules ir mėnulius, dar puikesnius negu fiziniai dangaus kūnai. Astraliniai šviesuliai primena šiaurės pašvaistę – astralinė saulės aušra spindi skaisčiau nei tekantis mėnuo. Astralinė diena ir naktis ilgesnės nei žemiškos dienos ir naktys.

Astralinis pasaulis be galo gražus, tyras, švarus ir tvarkingas. Jame nėra negyvų planetų ar nederlingų žemių. Nėra ir žemės skaudulių – piktžolių, bakterijų, vabzdžių, gyvačių. Astralinėse planetose, kitaip nei žemėje, kur skiriasi įvairių vietų klimatas ir keičiasi metų laikai, visada pastovi amžino pavasario temperatūra, tik kartais iškrinta spindintis baltas sniegas ar įvairiaspalvių švieselių lietus. Astralinėse planetose gausu opalinių ežerų, ryškių jūrų, vaivorykštinių upių.

Paprastoje astralinėje visatoje – ne subtiliame Hiranjalokos rojuje – gyvena milijonai astralinių būtybių, seniau ar ne taip seniai atvykusių iš Žemės, taip pat begalė fėjų, undinių, žuvų, gyvūnų, goblinų, nykštukų, pusdievių ir dvasių; visi jie pagal savo karminės raidos pakopą gyvena skirtingose astralinėse planetose. Gerosioms ir piktosioms dvasioms skirti įvairūs sferiški rūmai, ar virpesių regionai. Gerosios dvasios gali klajoti laisvai, bet piktosios – tik ribotose zonose. Lygiai kaip žmonės gyvena žemės paviršiuje, kirminai – dirvoje, žuvys – vandenyje, paukščiai – ore, taip ir įvairių rangų astralinėms būtybėms yra skirti joms tinkami virpesių laukai.

Iš kitų pasaulių išvaryti puolę tamsos angelai kivirčijasi ir kariauja gyvybės dalelių bombomis ar psichiniais mantrų[4] virpesių spinduliais. Šios būtybės gyvena tamsos užlietuose žemesniojo astralinio kosmoso regionuose, kuriuose turi atidirbti savo blogąją karmą.

Neaprėpiamose erdvėse virš tamsaus astralinio kalėjimo – vien spindesys ir grožis. Astralinis kosmosas daug natūraliau už Žemę susiderinęs su dieviškąja valia ir tobulybės planu. Kiekvienas astralinis objektas pirmiausia yra Dievo valios išraiška ir iš dalies pasireiškia astralinių būtybių valia. Jos turi galią keisti ar gražinti viską, ką jau yra sukūręs Viešpats. Savo astraliniams vaikams Jis suteikė laisvę ir privilegiją keisti ar tobulinti astralinį kosmosą. Žemėje kietasis kūnas

---

[4] *Mantrų*, tai yra kartojamų garso sėklų, laidymas psichiniais koncentracijos ginklais. *Puranos* (senovinės *šastros*, arba traktatai) aprašo mantrų kovas tarp *devų* ir *asurų* (dievų ir demonų). Kartą vienas *asura* pamėgino nukauti *devą* galinga mantra, bet klaidingai ją ištarė, psichinė bomba suveikė kaip bumerangas ir nukovė patį demoną.

natūraliai arba vykstant cheminėms reakcijoms virsta skysčiu ar įgauna kitą būvį, o astrale kietieji kūnai virsta astraliniais skysčiais, dujomis ar energija vien tenykščiams gyventojams panorėjus.

Žemę temdo karai ir žudynės jūrose, sausumoje ir ore, – toliau kalbėjo mano guru, – o štai astralinėse erdvėse tvyro palaiminga darna ir lygybė. Astralinės būtybės panorėjusios gali materializuotis arba dematerializuotis. Gėlės, žuvys ar gyvūnai gali laikinai virsti astraliniais žmonėmis. Visos astralinės būtybės gali laisvai įgyti bet kokį pavidalą ir lengvai bendrauja vienos su kitomis. Jų nevaržo jokie sustabarėję, nustatyti, prigimtiniai įstatymai, pavyzdžiui, bet koks astralinis medis paprašytas gali nokinti astralinius mangus ar kitus norimus vaisius, sukrauti bet kokius žiedus ar iš tiesų užauginti bet kokį kitą derlių. Tam tikrų karminių suvaržymų esama, bet astraliniame pasaulyje nėra tokio pavidalo, kuris būtų pranašesnis už kitą. Visa vibruoja Dievo kūrybos šviesa.

Niekas negimsta iš moters; astralinės būtybės palikuonis materializuoja ir suteikia jiems tam tikrą astrališkai kondensuotą pavidalą sutelkusios savo kosminę valią. Neseniai fizinio kūno netekusi būtybė į astralinę šeimą atvyksta kviečiama, traukiama panašių psichikos ir dvasios polinkių.

Astralinis kūnas nejaučia nei šalčio, nei kaitros, nei kitų gamtos sąlygų. Jis turi astralines smegenis, arba tūkstantlapį šviesos lotosą, ir šešis pažadintus *sušumnos*, astralinės galvos ir stuburo smegenų ašies, centrus. Širdis kosminės energijos ir šviesos semiasi iš astralinių smegenų ir siunčia ją astraliniams nervams bei kūno ląstelėms, arba gyvybės dalelėms. Astralinės būtybės gali tikslingai keisti savo pavidalą gyvybės dalelių jėga ir šventais mantrų virpesiais.

Dažniausiai astralinis kūnas būna visiškai tapatus paskutiniam turėtam fiziniam kūnui. Astralinės būtybės veidas ir figūra primena žmogų jaunystėje, kai jis gyveno Žemėje. Tačiau kartais kai kurios būtybės, štai ir aš, nutaria pasilikti senatvės išvaizdą, – gryną jaunystės energiją skleidžiąs mokytojas linksmai nusijuokė, tada tęsė. – Astralinės sferos, kitaip negu erdvinis trijų matmenų fizinis pasaulis, kurį pažįstame tik penkiomis juslėmis, matomos visa apimančia šeštąja jusle – intuicija. Visos astralinės būtybės regi, girdi, užuodžia, junta skonį ir lyti vien intuityviai. Jos turi tris akis, dvi iš jų pusiau užmerktos. Trečioji ir svarbiausioji astralinė akis, vertikaliai įstatyta kaktos viduryje, yra atmerkta. Astralinės būtybės turi visus išorinius jutimo organus – ausis, akis, nosį, liežuvį, odą – bet naudojasi intuicija, kad pojūčius patirtų bet kuria kūno dalimi; jos gali matyti ausimi, nosimi ar oda. Gali girdėti akimis ar liežuviu, skonį justi ausimis arba oda ir taip toliau.⁵

Žmogaus fiziniam kūnui gresia daug pavojų, jį lengva sužaloti ar suluošinti, o eterinis astralinis kūnas, nors jį irgi kartais galima įpjauti ar sumušti, iškart išgyja vos panorėjęs.

– Gurudeva, ar visos astralinės būtybės gražios?

– Grožis astraliniame pasaulyje yra dvasinė kategorija, o ne išorinė apraiška, – atsakė Šri Juktešvaras. – Todėl astralinės būtybės nedaug dėmesio skiria veido bruožams. Bet panorėjusios jos gali apsitaisyti naujais, spalvingais astraliniu būdu materializuotais kūnais. Lygiai kaip Žemėje per įvairias šventes žmonės pasipuošia naujais apdarais, taip ir astralinės būtybės randa progų pasipuošti tam tyčia sukurtais pavidalais.

Aukštesnėse astralinėse planetose, tokiose kaip Hiranjaloka, džiaugsmingos šventės vyksta tada, kai kuri nors būtybė dvasiškai tobulėdama išsilaisvina iš astralinio pasaulio ir pasirengia žengti į priežastinį (kauzalinį) pasaulį. Tokiomis progomis Neregimasis Dangiškasis Tėvas ir su Juo susilieję šventieji materializuojasi pasirinktais pavidalais ir dalyvauja astralinėse šventėse. Norėdamas pradžiuginti Savo mylimą atsidavusį žmogų, Viešpats įgyja bet kokį trokštamą pavidalą. Jei žmogus Viešpatį garbino atsidavimu, jis regi Dievą kaip Dieviškąją Motiną. Jėzui už kitas Dievo sampratas patrauklausias atrodė Tėvo įvaizdis. Kūrėjas visus Savo kūrinius apdovanojo individualumu, tad ir pats turi būti įmanomai ir neįmanomai įvairiapusis!

Mudu su guru patenkinti nusijuokėme, paskui jis kalbėjo toliau:

– Kituose gyvenimuose sutikti draugai astraliniame pasaulyje lengvai atpažįsta vieni kitus, – Šri Juktešvaro balsas buvo malonus ir priminė fleitos melodiją. – Jie džiaugiasi neišblėsusia draugyste, suvokia, kad meilė nesunaikinama, nors žemiškame gyvenime dažnai tuo abejodavo ir liūdėdavo, kai jų keliai iliuziškai išsiskirdavo.

Astralinių būtybių intuicija prasiskverbia pro Žemę gaubiantį šydą ir jos regi, kaip čia gyvena žmonės, bet žmogus astralinio pasaulio nemato, jei neturi bent kiek ištobulinto šeštojo pojūčio. Vis dėlto tūkstančiams Žemės gyventojų yra tekę bent užmesti žvilgsnį į astralines būtybes ar jų pasaulį.⁶

---

⁵ Panašių atvejų pasitaiko ir žemėje, pavyzdžiui, tokiomis galiomis pasižymėjo akla ir kurčia Helena Keler (Helen Keller).

⁶ Tyraširdžiai vaikai kartais regi grakščius astralinius fėjų kūnus. Kvaišalais ar svaigalais, kuriuos vartoti draudžia visi šventieji raštai, žmogus gali sutrikdyti savo sąmonę ir išvysti

Hiranjalokoje toliau dvasiniu keliu nužengusios būtybės ilgą astralinę dieną ir naktį dažniausiai leidžia panirusios į ekstazę, padėdamos spręsti sudėtingus kosmoso valdymo ir vaikų paklydėlių – Žemėje gyvenančių sielų – gelbėjimo uždavinius. Kai Hiranjalokos gyventojai miega, kartais juos aplanko sapnus primenantys astraliniai regėjimai. Paprastai jų psichika sąmoningai nugrimzdusi į tobuliausią *nirvikalpos* palaimą.

Vis dėlto visuose astraliniuose pasauliuose gyvenančios būtybės kartais patiria dvasinę kančią. Tokiose planetose kaip Hiranjaloka gyvenančių aukštesniųjų būtybių jautrią psichiką labai žeidžia skausmas, kylantis dėl to, kad kuri nors iš būtybių suklydo ir blogai suvokė tiesą ar netinkamai ją perdavė. Šios tobulesnės būtybės stengiasi visada veikti ir mąstyti pagal tobulą dvasinį įstatymą.

Astralinių pasaulių gyventojai bendrauja tik astraline telepatija ir televizija; čia dėl parašytų ir pasakytų žodžių nekyla painiavos ir nesusipratimų, o štai Žemės gyventojams tai būdinga. Kai žiūrime į kino ekrane judančius šviesos paveikslėlius, mums atrodo, kad jie tikrai gyvi, kad juda ir veikia, bet iš tiesų jie nekvėpuoja. Taip ir astralinės būtybės vaikšto ir veikia kaip protingai vadovaujami ir koordinuojami šviesos vaizdiniai, joms nereikia iš deguonies semtis energijos. Kad žmogus išgyventų, jam būtina gauti tiršto maisto, skysčių, dujų ir energijos, o astralinių būtybių gyvybę daugiausia palaiko kosminė energija.

– Mokytojau, ar astralinės būtybės valgo?

Gerte gėriau jo stebuklingus pasakojimus visa savo esybe – protu, širdimi, siela. Aukštesniosios sąmonės tiesos suvokimas visada tikras ir nekintamas, o trumpalaikiai jusliniai išgyvenimai bei įspūdžiai būna tik laikini ar santykinai tikri, netrukus atmintyje jų ryškumas išblėsta. Guru žodžiai taip giliai įsispaudė mano esybės pergamente, kad bet kada pakilęs į aukštesniosios sąmonės būseną galiu šį dievišką išgyvenimą patirti iš naujo.

– Astralinėje dirvoje gausu švytinčių, į spindulius panašių daržovių, – atsakė jis. – Astralinės būtybės valgo daržoves ir geria nektarą, plūstantį iš didingų šviesos versmių ir astralinių upelių bei upių. Lygiai kaip Žemėje neregimi žmonių vaizdai išraukiami iš eterio, parodomi per televizorių ir paskui paleidžiami atgal į erdvę, taip ir Dievo sukurti nematomi astraliniai eteryje plūduriuojantys daržovių ir kitų augalų

---

klaikius astralinio pragaro gyventojus.

apmatai astralinėje planetoje nusėda jos gyventojų valia. Šių būtybių noru taip materializuojasi ištisi kvepiančių gėlių sodai, o vėliau jie vėl grįžta į eterį ir tampa nematomi. Nors tokių dangiškų planetų kaip Hiranjaloka gyventojai beveik išvaduoti iš būtinybės valgyti, dar aukščiau, priežastiniame pasaulyje, egzistuoja nieko nesąlygojamos beveik visiškai išsivadavusios sielos, jos apskritai nieko nevalgo, minta tik palaimos mana.

Iš Žemės išsilaisvinusi astralinė būtybė įvairiose astralinių valdų vietose vėl sutinka daugybę giminių, tėvų, motinų, žmonų, vyrų ir draugų – žmonių, kuriuos pažinojo per visus gyvenimus Žemėje[7]. Tada jai tampa sunku susivokti, ką mylėti labiausiai, ir ji išmoksta vienodai dieviškai mylėti visus, nes visi yra Dievo vaikai, individualizuotos Jo išraiškos. Nors mylimų žmonių išorė gali būti daugiau ar mažiau pasikeitusi dėl vėlesniuose gyvenimuose įgytų naujų savybių, astralinė būtybė pasitelkia neklystančią intuiciją ir atpažįsta visus, kadaise jai buvusius brangius kitose egzistencijos plotmėse, nuoširdžiai priima juos į savo naujuosius astralinius namus. Kadangi kiekvienas kūrinijos atomas turi nepanaikinamą jam duotą individualybę[8], astralinis draugas bus atpažintas, kad ir kokiais drabužiais jis vilkėtų, lygiai kaip Žemėje atidžiau įsižiūrėję mes atpažįstame aktoriaus tapatybę, nors jis ir apsimeta kuo nors kitu.

Astraliniame pasaulyje gyvenimo trukmė daug ilgesnė nei Žemėje. Normalios astralinės būtybės vidutinė gyvenimo trukmė yra nuo penkių šimtų iki tūkstančio metų, matuojant žemiškais laiko matais. Tačiau kaip Žemėje yra sekvojų, kurios gyvena tūkstančius metų ir pergyvena kitus medžius, arba jogų, gyvenančių po kelis šimtus metų, nors dauguma žmonių miršta nesulaukę šešiasdešimties, taip ir kai kurios astralinės būtybės gyvena daug ilgiau nei įprasta astraliniame pasaulyje. Astralinio pasaulio svečiai užsibūna jame ilgiau ar trumpiau – tai priklauso nuo jų fizinės karmos naštos, kuri po nustatyto laiko grąžina juos į Žemę.

Atėjus laikui nusimesti savo švytintį kūną, astralinėms būtybėms nereikia skausmingai išgyventi mirties. Vis dėlto daugelis jų truputį

---

[7] Viešpaties Budos kartą paklausė, kodėl žmogus turi visus mylėti vienodai. „Todėl, – atsakė didysis mokytojas, – kad per gausybę įvairių kiekvieno žmogaus gyvenimų visos kitos būtybės kada nors yra buvusios jam brangios."

[8] Aštuonios stichijų ypatybės, kurios reiškiasi visame sukurtame gyvajame pasaulyje nuo atomo iki žmogaus, yra žemė, vanduo, ugnis, oras, eteris, juslinis protas (*manas*), intelektas (*budhis*) ir individualybė, arba ego (*ahamkara*). Cituojama pagal „Bhagavadgyta", VII, 4.

nerimauja pagalvojusios, kad teks atsisakyti astralinio pavidalo ir įgyti subtilesnį, priežastinį. Astraliniame pasaulyje nėra nepageidaujamos mirties, ligų ir senatvės. Šios trys šmėklos – tai Žemės prakeiksmas, nes čia žmogus leido savo sąmonei beveik visai susitapatinti su trapiu fiziniu kūnu, kuriam, jei jis nori apskritai egzistuoti, nuolat reikia oro, maisto ir miego.

Ištikus fizinei mirčiai, išnyksta kvėpavimas ir kūno ląstelės pradeda irti. O astralinė mirtis yra gyvybės dalelių, arba energijos vienetų, išsisklaidymas. Kai įvyksta fizinė mirtis, žmogaus sąmonė liaujasi jausti materialų kūną ir ima suvokti savo subtilųjį kūną astraliniame pasaulyje. Atėjus laikui patirti astralinę mirtį, būtybė iš sąmonės, suvokiančios astralinį gimimą ir mirtį, pereina į sąmonę, kuri suvokia fizinį gimimą ir mirtį. Šie pasikartojantys astralinio ir fizinio įsikūnijimo ciklai yra neišvengiama visų nenušvitusių būtybių lemtis. Šventraščiuose pateikiami dangaus ir pragaro aprašymai kartais pažadina giliau nei pasąmonėje glūdinčius žmogaus prisiminimus apie daugybę potyrių palaimingame astraliniame ir nusivylimų kupiname žemiškame pasaulyje.

– Numylėtasis mokytojau, – paklausiau, – gal galėtumėte smulkiau papasakoti, kuo skiriasi atgimimas Žemėje nuo atgimimo astralinėje ir priežastinėje sferose?

– Žmogus, kaip individuali siela, iš esmės yra priežastinis (kauzalinis) kūnas, – pradėjo aiškinti guru. – Tas kūnas yra matrica, kurią sudaro trisdešimt penkios *idėjos*, Dievui reikalingos kaip pamatinės, arba priežastinės, jėgos iš kurių Jis sukuria subtilųjį astralinį devyniolikos elementų ir tankųjį fizinį šešiolikos elementų kūną.

Devyniolika astralinio kūno elementų yra mentaliniai, emociniai ir gyvybės dalelių (*lifetronic*). Tai intelektas, ego, jausmai, protas (pojūčių sąmonė), penki subtilūs *pažinimo* instrumentai – regos, klausos, uoslės, lytos ir skonio atitikmenys; penki *veiklos* instrumentai – psichiniai gebėjimo daugintis, šalinti, kalbėti, vaikščioti ir naudotis rankų įgūdžiais atitikmenys; ir penki *gyvybinės jėgos* instrumentai, suteikiantys galios atlikti kūno kristalizavimo, asimiliavimo, eliminavimo, medžiagų apykaitos ir kraujotakos funkcijas. Šis subtilus devyniolikos elementų astralinis apdaras išlieka mirus fiziniam kūnui, sudarytam iš šešiolikos tankių cheminių elementų.

Dievas išmąstė įvairių idėjų ir suprojektavo jas į sapną. Taip atsirado Kosminio Sapno Valdovė, pasipuošusi didžiule gausybe santykinumų.

Trisdešimt penkiomis priežastinio kūno idėjų kategorijomis Dievas ištobulino visus sudėtingus devyniolikos žmogaus astralinio kūno ir šešiolikos fizinio kūno atitikmenis. Kondensuodamas virpesių jėgas, iš pradžių subtilias, paskui tankias, Jis sukūrė astralinį žmogaus kūną ir galiausiai – jo fizinį pavidalą. Pagal reliatyvumo dėsnį, dėl kurio Pradinis Paprastumas virto stulbinama įvairove, priežastinis kosmosas ir priežastinis kūnas skiriasi nuo astralinio kosmoso ir astralinio kūno; lygiai taip pat fizinis kosmosas ir fizinis kūnas skiriasi nuo kitų kūrinijos formų.

Žemiškasis kūnas sukurtas iš apibrėžtų ir konkrečią formą įgijusių Kūrėjo sapnų. Žemėje neišvengiamai egzistuoja dvilypumas: liga ir sveikata, skausmas ir malonumas, nuostolis ir nauda. Trimatė materija žmones varžo, jie patiria jos pasipriešinimą. Kai žmogaus troškimą gyventi negailestingai supurto liga ar kitos priežastys, ateina mirtis ir sunkus kūno apsiaustas laikinai nusimetamas. Bet siela išlieka astraliniame ir priežastiniame kūnuose[9]. Jėga, jungianti draugėn visus tris kūnus, yra troškimas. Neišsipildžiusių troškimų galia – žmogaus vergijos pagrindas.

Fizinių troškimų šaknys – egotizmas ir jusliniai malonumai. Neįveikiamas potraukis jusliniams malonumams ar jų keliama pagunda stipresnė už astralinės prieraišos ar priežastinės įžvalgos žadinamus troškimus.

Astraliniai troškimai nukreipti į virpesių teikiamą pasitenkinimą. Astralinės būtybės mėgaujasi eterine sferų muzika, jas keri visos kūrinijos, kaip neišsenkančių kintančios šviesos apraiškų, reginys. Be to, astralinės būtybės užuodžia ir liečia šviesą, jaučia jos skonį. Taigi astraliniai troškimai susiję su astralinės būtybės gebėjimu visus daiktus ir potyrius suvokti kaip šviesos formas arba kaip koncentruotas mintis ar sapnus.

Priežastiniai troškimai tenkinami tik per suvokimą. Beveik išsilaisvinusios būtybės, dėvinčios tik priežastinį kūną, visą pasaulį regi kaip Dievo sapnų ir idėjų apraišką; jos viską, ką panorėjusios, gali materializuoti vien mintimis. Todėl mėgautis fiziniais pojūčiais ar astraliniais malonumais priežastinėms būtybėms atrodo nepadoru, jų jautrios ir subtilios sielos dūsta. Priežastinės būtybės troškimų atsikrato iškart juos

---

[9] „Kūnu" vadinamas bet koks sielos apdaras, nesvarbu, ar jis subtilus, ar tankus. Visi trys kūnai yra Rojaus Paukštės narveliai.

Jogo autobiografija

materializuodamos[10]. Tie, kuriuos gaubia tik plonytis priežastinio kūno šydas, gali kaip pats Kūrėjas materializuoti ištisas visatas. Kadangi visa kūrinija nuausta iš kosminio sapno, siela, vilkėdama ploną priežastinį apvalkalą, turi neaprėpiamų galių.

Iš prigimties neregima siela gali būti matoma tik savo kūne ar kūnuose. Jei yra kūnas, vadinasi, jo būtis tapo įmanoma dėl neišsipildžiusių troškimų.[11]

Kol žmogaus siela uždaryta viename, dviejuose ar trijuose kūnuose, neišmanymo ir troškimų kamščiais sandariai užkimštuose induose, tol žmogus negali įsilieti į Dvasios jūrą. Kai mirties kūjis sudaužo šiurkščią fizinę talpyklą, lieka kiti du apvalkalai – astralinis ir priežastinis, bet ir jie neleidžia sielai sąmoningai įsilieti į Visur Esančią Gyvastį. Kai išmintis nugali troškimus, jos galia išardo ir kitus du indus. Pagaliau mažytė žmogaus siela išsilaisvina ir tampa neatskiriama Neišmatuojamos Didybės dalimi.

Paprašiau dieviškojo mokytojo daugiau papasakoti apie pakylėtą ir paslaptingą priežastinį pasaulį.

– Priežastinis pasaulis neapsakomai subtilus, – atsakė jis. – Jei nori jį suprasti, tau reikia tokios didžiulės koncentracijos galios, kad užsimerkęs regėtum abu beribius – astralinį bei fizinį – kosmosus kaip švytintį balioną ir po juo kabantį krepšį, egzistuojančius tik kaip idėjas. Jei tokia antžmogiška koncentracija pavyks abu kosmosus paversti grynomis idėjomis, tada pasieksi priežastinį pasaulį ir atsistosi ant ribos, skiriančios dvasią nuo materijos. Čia visa, kas sukurta – kietieji kūnai, skysčiai, dujos, elektra, energija, visos būtybės, dievai, žmonės, gyvūnai, augalai, bakterijos, – atrodys kaip sąmonės pavidalai. Lygiai taip pat užsimerkęs žmogus suvokia, kad jis egzistuoja, nors fizinėmis akimis savo kūno nemato ir šis tėra tik kaip idėja.

Viską, ką žmogus geba įsivaizduoti, priežastinės būtybės gali realizuoti tikrovėje. Kolosalus lakios vaizduotės žmogaus protas gali mintimis nuo vieno kraštutinio sumanymo pereiti prie kito, iš vienos planetos peršokti į kitą arba be galo keliauti amžinybe, arba it raketa iškilti į

---

[10] Lygiai taip Babadži padėjo Lahiriui Mahasajai išsivaduoti iš kažkuriame buvusiame gyvenime puoselėto pasąmoningo troškimo turėti rūmus; tai aprašyta 34 skyriuje.

[11] „Jis atsakė: 'Kur bus lavonų, ten sulėks ir maitvanagiai.'" (Lk 17, 37). Kur yra siela, apsitaisiusi fiziniu, astraliniu ar priežastiniu kūnu, ten bus ir troškimų maitvanagių, mintančių žmogaus juslių silpnybėmis ir astraline ar priežastine prieraiša; jie sulekia ir įkalina sielą.

galaktikos skliautą, arba nelyginant prožektoriaus spindulys perskrosti Paukščių Taką ir žvaigždėtas erdves. Bet priežastinio pasaulio gyventojai turi daug didesnę laisvę, jų mintys be jokio vargo iškart virsta tikrove, be jokių materialių ar astralinių kliūčių ir karminių suvaržymų. Priežastinės būtybės supranta, kad fizinis kosmosas nėra pirmučiausia sudarytas iš elektronų, o astralinis kosmosas nėra iš esmės sudarytas iš gyvybės dalelių – iš tiesų abu jie sukurti iš smulkiausių Dievo minties fragmentų, susmulkintų ir išardytų *majos*, arba reliatyvumo dėsnio, kuris akivaizdžiai atskiria kūriniją nuo jos Kūrėjo.

Priežastiniame pasaulyje sielos atpažįsta viena kitą kaip individualizuotus džiugios Dvasios taškus, o vieninteliai jas supantys objektai yra jų mintys-daiktai. Priežastinės būtybės mato, kad skirtumas tarp jų kūnų ir minčių tėra tik idėja. Kaip žmogus užsimerkęs gali įsivaizduoti akinamą baltą šviesą arba blausią melsvą miglą, taip ir priežastinės būtybės geba vien mintimis regėti, girdėti, uosti, lytėti ir justi skonį; kosminio proto galia jos bet ką kuria ar sunaikina.

Ir mirtis, ir atgimimas priežastiniame pasaulyje vyksta mintyse. Priežastinio kūno būtybės minta tik amžinai naujo pažinimo ambrozija. Jos geria iš ramybės šaltinių, klaidžioja nepramintais suvokimo takais, plaukioja beribiame palaimos vandenyne. Ir štai – ryškūs minčių kūnai skrieja pro trilijonus Dvasios sukurtų planetų, gaivių visatos burbulų, išminties žvaigždžių, miglotų aukso ūkų sapnų dangiškame Begalybės glėbyje!

Daug būtybių priežastiniame kosmose lieka tūkstančius metų. Paskui, patirdama vis gilesnę ekstazę, išlaisvinta siela atsitraukia nuo savo mažo priežastinio kūno ir apsivelka priežastinio kosmoso platybes. Visi atskiri minčių sūkuriai, individualizuotos galios, meilės, valios, džiaugsmo, ramybės, intuicijos, tykumo, savitvardos ir koncentracijos bangos ištirpsta begalinio džiaugsmo Palaimos jūroje. Sielai nebereikia džiaugsmo patirti kaip individualios sąmonės bangos, ji susilieja su Vienu Kosminiu Vandenynu ir visomis jo bangomis – amžinu juoku, jauduliu ir gaudesiu.

Ištrūkusi iš trijų kūnų kokono, siela visiems laikams išsivaduoja iš reliatyvumo dėsnio ir tampa neapsakoma, Amžinai Esanti[12]. Pažvelk į Visur Esančią peteliškę, jos sparneliai išraižyti žvaigždėmis, mėnuliais

---

[12] „Nugalėtoją aš padarysiu šulu savo Dievo šventovėje, ir jis nebeišeis laukan... [t. y. daugiau neįsikūnysiu]. Nugalėtojui aš leisiu atsisėsti šalia savęs, savo soste, panašiai kaip aš nugalėjau ir atsisėdau šalia savo Tėvo jo soste." (Apr 3, 12. 21)

ir saulėmis! Iki Dvasios išsiplėtusi Siela lieka vien bešviesės šviesos, betamsės tamsos, bemintės minties valdose, svaiginama džiaugsmo, kurį teikia Dievo kosminės kūrinijos sapnas.
– Laisva siela! – ištariau su pagarbia baime.
– Kai siela galiausiai ištrūksta iš trijų kūniškos iliuzijos indų, – toliau kalbėjo Mokytojas, – ji tampa viena su Begalybe, bet nepraranda individualumo. Kristus šią galutinę laisvę laimėjo dar prieš gimdamas Jėzumi. Trimis savo praeities etapais, kuriuos žemiškame gyvenime simbolizuoja jo išgyventos trys mirties ir prisikėlimo dienos, jis įgijo galią visiškai pakilti Dvasioje.
Neišsivystęs žmogus privalo begalę kartų gimti žemišku, astraliniu ir priežastiniu kūnu, kad galiausiai ištrūktų iš savo trijų apvalkalų. Galutinę laisvę pasiekęs mokytojas gali pasirinkti grįžti į Žemę kaip pranašas, kad sugrąžintų prie Dievo kitus žmones. Arba kaip aš gali nuspręsti gyventi astraliniame kosmose. Ten išganytojas prisiima dalį gyventojų karmos naštos[13] – taip padeda jiems nutraukti persikūnijimo ciklą astraliniame kosmose ir visam laikui persikelti į priežastinę sferą. Arba išlaisvinta siela gali keliauti į priežastinį pasaulį padėti jo gyventojams sutrumpinti gyvenimą priežastiniame kūne ir pasiekti Visišką Laisvę.
– Prisikėlęs Mokytojau, noriu daugiau sužinoti apie karmą, kuri verčia kūnus grįžti į tris pasaulius.
Savo visažinio Mokytojo būčiau galėjęs klausytis amžinai. Kai jis gyveno žemiškąjį gyvenimą, vienu sykiu tiek daug jo išminties sugerti man nebuvo tekę. Dabar pirmąkart aiškiai supratau, kokia konkreti mįslė slypi tarp gyvenimo ir mirties šachmatų lentos langelių.
– Norėdamas ilgiau pasilikti astraliniame pasaulyje, žmogus turi visiškai išsivaduoti iš fizinių troškimų, arba karmos, – karštai aiškino guru. – Astralinėse sferose gyvena dviejų rūšių būtybės. Pirma, tai tos, kurioms dar reikia užbaigti žemiškąją karmą, todėl joms teks vėl apsigyventi tankiame fiziniame kūne, kad sumokėtų savo karmines skolas. Jas, čia atsidūrusias po fizinės mirties, galima laikyti veikiau laikinais astralinio pasaulio svečiais nei nuolatiniais gyventojais.
Būtybėms, kurių žemiškoji karma dar nebaigta, po astralinės mirties neleidžiama persikelti į aukštesnes priežastines kosminių idėjų

---

[13] Šri Juktėšvaras nori pasakyti, kad gyvendamas Žemėje jis kartais prisiimdavo mokinio ligos naštą, idant palengvintų jo karmą; taip ir astraliniame pasaulyje jo išganytojo misija leidžia jam prisiimti kai kurių Hiranjalokos gyventojų karmą ir pagreitinti jų perėjimą į aukštesnį priežastinį pasaulį.

sferas; jos privalo keliauti tik tarp fizinio ir astralinio pasaulių, suvokti tai fizinį šešiolikos tankių elementų, tai astralinį devyniolikos subtilių elementų kūną. Bet kas kartą netekusi fizinio kūno neišsivysčiusi Žemės būtybė beveik visą laiką išlieka giliai nugrimzdusi į mirties miegą ir vargiai tesuvokia astralinio pasaulio grožį. Po astralinio poilsio toks žmogus grįžta į materialiąją plotmę mokytis toliau ir taip keliaudamas pamažu pratinasi prie subtilios astralinės sandaros pasaulių.

Antra astralinio pasaulio būtybių rūšis yra nuolatiniai, arba ilgalaikiai, gyventojai. Jie visiems laikams išsivadavę iš materialių troškimų ir nebeprivalo grįžti į tankias Žemės vibracijas. Tokioms būtybėms reikia užbaigti tik astralinę ir priežastinę karmą. Po astralinės mirties šios būtybės pereina į neišmatuojamai subtilesnį ir tyresnį priežastinį pasaulį. Praėjus tam tikram kosminio įstatymo nustatytam laikui, šios labai evoliucionavusios būtybės grįžta į Hiranjaloką ar kitą panašią aukštai išsivysčiusią astralinę planetą ir atgimsta nauju astraliniu kūnu, kad galėtų baigti savo neatpirktą astralinę karmą.

Mano sūnau, – toliau kalbėjo Šri Juktešvaras, – dabar geriau suprasi, kad dieviškuoju įsakymu esu prikeltas padėti astraliniame pasaulyje atgimstančioms sieloms iš priežastinės sferos, o ne toms astralinėms būtybėms, kurios ateina iš Žemės. Iš Žemės atkeliaujančios sielos, jei dar turi materialios karmos likučių, nepakyla iki labai aukštų astralinių planetų, tokių kaip Hiranjaloka.

Kaip dauguma Žemės gyventojų nėra išmokę per meditaciją įgytu regėjimu įvertinti kilnesnių astralinio gyvenimo džiaugsmų ir teigiamybių ir todėl po mirties trokšta grįžti prie ribotų, netobulų materialių malonumų, taip ir daugelis astralinių būtybių, kai suyra jų kūnai, nepajėgia įsivaizduoti prakilnesnių dvasinių priežastinio pasaulio džiaugsmų ir užvaldytos minčių apie tankesnę, ryškesnę astralinę laimę trokšta vėl grįžti į astralinį rojų. Tokios būtybės turi atpirkti sunkią astralinę karmą ir tik tada po astralinės mirties galės nuolatos likti priežastiniame minčių pasaulyje, kurį nuo Kūrėjo skiria tik plonytė pertvara.

Tik tada, kai būtybė liaujasi troškusi patirti akiai malonų astralinį kosmosą ir jos nebegalima privilioti į jį grįžti, ji gali likti priežastiniame pasaulyje. Čia atpirkusi visą priežastinę karmą, ar ankstesnių troškimų užuomazgas, įkalintoji siela išstumia paskutinį iš trijų neišmanymo kamščių ir iškyla iš paskutinio priežastinio kūno indo susilieti su Amžinybe.

Ar dabar supranti? – žaviai nusišypsojo Mokytojas.

– Taip, per jūsų malonę. Iš dėkingumo ir džiaugsmo esu netekęs žado. Dar niekada jokia giesmė nei joks pasakojimas nebuvo man suteikę tokių įkvepiančių žinių. Nors hinduizmo šventraščiuose rašoma apie priežastinį ir astralinį pasaulius, apie tris žmogaus kūnus, kokie tolimi ir beprasmiai yra šie puslapiai, palyginti su šiltu prisikėlusio Mokytojo tikrumu! Jam iš tiesų nėra nė vienos „neištirtos šalies, iš kur negrįžta joksai keleivis"[14]!

– Persipynę trys žmogaus kūnai įvairiai atsiskleidžia jo trilypėje prigimtyje, – kalbėjo mano didysis guru. – Žemės žmogus budraudamas aiškiau ar ne taip aiškiai suvokia turįs tris įrankius. Kai naudojasi juslėmis – ragauja, uodžia, liečia, klausosi ar regi – daugiausia veikia jo fizinis kūnas. Kai ką nors įsivaizduoja ar ko nors trokšta, daugiausia veikia astralinis kūnas. Priežastinė jo esybės dalis pasireiškia tada, kai jis mąsto, stebi save ar medituoja. Žmogų, nuolat palaikantį ryšius su savo priežastiniu kūnu, lanko genialios kosminės mintys. Šiuo požiūriu individą iš esmės galima suskirstyti į „medžiaginį žmogų", „energinį žmogų" ir „intelektinį žmogų".

Apytikriai šešiolika valandų per parą žmogus tapatinasi su savo fiziniu įrankiu. Paskui užmiega. Jei sapnuoja, išlieka astraliniame kūne, be jokių pastangų kuria įvairius objektus, kaip tai daro astralinės būtybės. Jei žmogus miega kietu ir be sapnų miegu, pajėgia kelioms valandoms savo sąmonę, arba savojo Aš suvokimą, perkelti į priežastinį kūną; toks miegas labai atgaivina. Sapnuodamas žmogus susisiekia su astraliniu, ne su priežastiniu kūnu; toks miegas jėgas grąžina ne visiškai.

Su meile stebėjau Šri Juktešvarą, pasakojantį šiuos nuostabius dalykus.

– Angeliškasis guru, – tariau, – jūsų kūnas atrodo lygiai toks pats kaip ir tada, kai paskutinį kartą jį apraudojau Purio ašrame.

– Na, taip, mano naujasis kūnas – tobula senojo kopija. Šį pavidalą materializuoju ir dematerializuoju, kada tik panorėjęs, ir darau tai daug dažniau, nei gyvendamas Žemėje. Dematerializavęsis galiu šviesos ekspresu ypač sparčiai nukeliauti iš vienos planetos į kitą arba iš astralinio kosmoso į priežastinį ar fizinį, – nusišypsojo dieviškasis guru. – Nors pastaruoju metu nuolat važinėji, man nebuvo sunku tave surasti Bombėjuje!

– Ak, Mokytojau, aš taip sielojausi dėl jūsų mirties!

– Argi aš miriau? Ar neprieštarauji pats sau? – Šri Juktešvaro akyse

[14] „Hamletas" (III veiksmas, 1 paveikslas; A. Churgino vertimas).

spindėjo meilė ir linksmybė.
— Žemėje tik sapnavai. Ten, Žemėje, matei mano susapnuotą kūną, — toliau kalbėjo jis. — Vėliau šį sapnų vaizdinį palaidojai. Dabar mano tobulesnis žemiškasis kūnas — kurį matai ir net laikai gan tvirtai apglėbęs! — prisikėlė kitoje, subtilesnėje Dievo sapnų planetoje. Vieną gražią dieną tas subtilesnis sapnų kūnas ir subtilesnė sapnų planeta irgi išnyks — jie taip pat nėra amžini. Kai pabusime ir juos paliesime, visi sapnų burbulai turės galiausiai sprogti. Sūnau Jogananda, skirk sapnus nuo tikrovės!

Ši vedantinio[15] prisikėlimo idėja mane be galo nustebino. Susigėdau, kam gailėjausi Mokytojo matydamas Puryje jo kūną be gyvybės ženklų. Pagaliau supratau, kad mano guru visada buvo visiškai atbudęs Dieve, o savo žemišką gyvenimą ir mirtį, taip pat ir dabartinį prisikėlimą jis suvokia kaip dieviškųjų idėjų santykinumus kosminiame sapne.

— Štai, Jogananda, aš tau apsakiau savo gyvenimo, mirties ir prisikėlimo tiesas. Nesielvartauk dėl manęs, verčiau visiems skelbk mano prisikėlimo istoriją, persikėlimą iš vienos Dievo susapnuotos žmonių apgyvendintos žemės į kitą Dievo susapnuotą planetą, kurioje gyvena astraliniais kūnais vilkinčios sielos! Iš sielvarto pakvaišusių ir mirties bijančių šio pasaulio sapnuotojų širdyse įsižiebs nauja viltis.

— Taip, Mokytojau!

Kaip mielai pasidalysiu su kitais savo džiaugsmu dėl jo prisikėlimo!

— Žemėje mano reikalavimai buvo nepatogiai dideli, netinkami daugelio žmonių prigimčiai. Dažnai tave bardavau daugiau, negu būdavai nusipelnęs. Išlaikei mano išmėginimą. Tavo meilė spindėjo per visus priekaištų debesis, — tarė jis. — Šiandien atėjau pasakyti ir štai ką: mano žvilgsnis niekada nebebus griežtas ir smerkiamas. Daugiau tavęs nebarsiu.

Kaip buvau išsiilgęs griežtų savo didžiojo guru pastabų! Kiekvienas jo priekaištas man būdavo tarsi angelas sargas.

— Brangiausiasis Mokytojau! Priekaištaukite man milijoną kartų — išbarkite nors dabar!

— Tavęs nebebarsiu, — jo dieviškas balsas skambėjo rimtai, nors jame aidėjo tylus juokas. — Drauge šypsosimės, kol mudviejų pavidalai šiame Dievo sapne atrodys skirtingi. Galiausiai susiliesime su Kosminiu

---

[15] Gyvenimas ir mirtis tėra tik minties santykinumai. *Vedantoje* aiškinama, kad vienintelė Tikrovė yra Dievas; visa kūrinija ar atskira būtis tėra *maja*, arba iliuzija. Aiškiausiai ši monizmo filosofija atsiskleista Šankaros upanišadų komentaruose.

Numylėtuoju ir mūsų šypsenos virs Jo šypsena, mūsų vieninga džiaugsmo giesmė suvibruos amžinybėje ir ją išgirs su Dievu susiderinusios sielos!

Šri Juktešvaras dar paaiškino man kelis dalykus, kurių čia atskleisti negaliu. Per dvi valandas, kurias su manimi praleido Bombėjaus viešbučio kambaryje, jis atsakė į visus mano klausimus. Kai kurie tą 1936 metų birželio dieną išpranašauti pasaulio įvykiai jau nutiko.

– Dabar tave palieku, numylėtasai!

Sulig šiais žodžiais pajutau, kaip Mokytojas tirpsta mano glėbyje.

– Mano vaike, – nuaidėjo jo balsas visame mano sielos skliaute, – kada tik įžengsi pro *nirvikalpa samadhio* duris ir mane pašauksi, ateisiu pas tave su visu kūnu, lygiai kaip padariau šiandien.

Davęs šį dangišką pažadą, Šri Juktešvaras išnyko iš akių. It melodingas griaustinis iš debesų dar kartą sudundėjo balsas:

– Papasakok visiems! Visi, patyrę *nirvikalpą* ir suvokę, jog mūsų Žemė yra Dievo sapnas, galės atvykti į subtilesnę sapnų sukurtą Hiranjalokos planetą ir ten jie ras mane, prisikėlusį lygiai tokiu pačiu kūnu, koks buvo žemėje. Jogananda, papasakok visiems!

Išsiskyrimo sielvartas išblėso. Gailestis ir liūdesys, kamavę po jo mirties ir ilgam atėmę ramybę, gėdydamiesi pasitraukė. Palaima plūstelėjo tarsi versmė pro begalines ką tik atsivėrusias sielos poras. Jos, anksčiau užsikimšusios, nes aš jomis nesinaudojau, dabar, užplūdus ekstazės potvyniui, apsivalė ir išsiplėtė. Vidine akimi lyg kino filmą išvydau ankstesnius savo įsikūnijimus. Gera ir bloga praeities karma ištirpo kosminėje šviesoje, kurią aplink mane paskleidė apsilankęs dieviškasis Mokytojas.

Paklusęs guru priesakui, šiame autobiografijos skyriuje paskelbiau džiugiąją naujieną, nors ji glumina vėl niekuo nesidominčią kartą. Žmogus puikiai moka šliaužioti, jam nesvetima yra neviltis, bet visa tai – nukrypimai, o ne tikroji žmogaus lemtis. Vos panorėjęs, tą pačią dieną jis žengs išsilaisvinimo keliu. Jis per ilgai klausėsi patarėjų, pesimistiškai aiškinančių, esą jis „tėra dulkė", ir nepaisančių jo nenugalimos sielos.

Aš buvau ne vienintelis, turėjęs laimės pamatyti prisikėlusį guru.

Viena Šri Juktešvaro *čelų* buvo pagyvenusi moteris, meiliai vadinama *Ma* (Motina), jos namai stovėjo netoli Purio ašramo. Eidamas rytą pasivaikščioti, Mokytojas dažnai stabtelėdavo su ja pasišnekėti. 1936 m. kovo 16 dienos vakarą Ma atėjo į ašramą ir paprašė ją nuvesti pas guru.

– Juk Mokytojas prieš savaitę mirė! – liūdnai pažvelgė į ją Svamis

Sebananda, dabar vadovaujantis Purio ašramui.
– Negali būti! – šypsodamasi paprieštaravo ji.
– Tikrai, – Sebananda jai smulkiai papasakojo apie laidotuves. – Eime, – pakvietė jis, – nuvesiu tave prie jo kapo sode.
Ma papurtė galvą.
– Nėra jokio jo kapo! Šįryt dešimtą valandą jis, kaip visada, praėjo pro mano duris! Kelias minutes lauke dienos šviesoje su juo šnekėjausi. „Šį vakarą ateik į ašramą", – pasakė jis. Štai aš ir atėjau! Palaiminta ši vargšė žila galva! Nemirtingasis guru norėjo, kad suprasčiau, kokiu transcendentiniu kūnu jis aplankė mane šį rytą!
Apstulbęs Sebananda prieš ją atsiklaupė.
– Ma, – tarė jis, – kokią sielvarto naštą tu man nuėmei nuo širdies! Jis prisikėlė!

44 SKYRIUS
Su Mahatma Gandžiu Vardoje

„Sveiki atvykę į Vardą!" – šiais nuoširdžiais žodžiais panelę Bleč, poną Raitą ir mane pasveikino Mahadevas Desajus (Mahadev Desai), Mahatmos Gandžio sekretorius, dovanodamas mums *khaddar* (namuose verptos medvilnės) vainikus. Ankstų rugpjūčio rytą mūsų grupelė buvo tik ką atvykusi į Vardos stotį. Džiaugėmės išlipę iš kaitraus ir dulkėto traukinio. Sukrovę bagažą į jaučio traukiamą vežimą, drauge su ponu Desajumi ir jo bendrakeleiviais Babasahebu Dešmukhu (Deshmukh) bei daktaru Pingeilu (Pingale) sėdome į atvirą automobilį. Neilgai pavažiavę purvinais kaimo keliais, pasiekėme „Maganvadį", Indijos politiko ir šventojo ašramą.

Ponas Desajus mus iškart nuvedė į rašomąjį kambarį – jame sukryžiavęs kojas sėdėjo Mahatma Gandis. Vienoje rankoje rašiklis, kitoje popierius, veide plati, kerinti, geraširdiška šypsena!

„Sveiki atvykę!" – užrašė jis hindi kalba, mat kiekvieną savaitę pirmadieniais tylėdavo.

Nors susitikome pirmą kartą, vienas kitam draugiškai šypsojomės. 1925 metais Mahatma Gandis apsilankymu pagerbė Rančio mokyklą ir jos svečių knygoje įrašė malonius žodžius.

Smulkutis, apie šimtą svarų (penkiasdešimt kilogramų) tesveriantis šventasis trykšte tryško kūno, proto ir dvasios sveikata. Jo romios rudos akys spindėjo intelektu, nuoširdumu ir įžvalga. Šis valstybės vyras buvo kovojęs tūkstančiuose teisinių, socialinių ir politinių mūšių ir juos laimėjo. Joks kitas pasaulio vadovas nėra taip mylimas žmonių kaip Gandis – jis pavergė milijonų neraštingų indų širdis. Jų pagarba atsiskleidžia jam stichiškai suteiktu Mahatmos titulu, kuris reiškia „didžioji siela"[1]. Vien dėl jų Gandis rengiasi labai kukliai ir apsiriboja tik strėnjuoste. Toks jis vaizduojamas daugybėje šaržų ir tai simbolizuoja jo vienybę su

---

[1] Tikrasis jo vardas yra Mohandasas Karamčandas Gandis (Mohandas Karamchand Gandhi). Jis niekada savęs nevadino „Mahatma".

išnaudojamomis masėmis, neturinčiomis daugiau kuo apsirengti.

„Ašramo gyventojai jūsų paslaugoms, jei ko nors prireiks, kreipkitės į juos", –Mahatma pagarbiai, kaip būdinga tik jam, padavė man skubiai brūkštelėtą raštelį, o ponas Desajus palydėjo mus iš rašomojo kambario į svečių namus.

Sodais ir žydinčiais laukais jis vedė mus į čerpėmis dengtą namelį su pinučių langais. Priekiniame kieme iškastas septynių metrų skersmens šulinys, pasak pono Desajaus, buvo naudojamas gyvuliams girdyti; netoliese stovėjo sukamas cementinis ratas ryžiams kulti. Nedideliuose miegamuosiuose kiekvienas radome tik tai, kas būtiniausia – rankomis iš virvių nupintą lovą. Viename išbaltintos virtuvės kampe puikavosi vandens čiaupas, kitame – ugniakuras maistui gaminti. Iš kiemo sklido paprasti garsai – krankė varnos, čirškė žvirbliai, mykė galvijai, stuksėjo akmenis skaldantys kaltai.

Pamatęs pono Raito kelionių dienoraštį, ponas Desajus atsivertė jį ir viename puslapyje surašė *satjagrahos*[2] įžadus, kuriuos duoda visi uolūs Mahatmos sekėjai *(satjagrahai)*:

> „Nenaudoti prievartos; laikytis tiesos; nevogti; gyventi skaisčiai; neturėti nuosavybės; dirbti fizinį darbą; saikingai maitintis; atsižadėti baimės; vienodai gerbti visas religijas; *svadeši* (naudoti tik vietinius gaminius); išsivaduoti nuo neliečiamųjų kastos. Šių vienuolikos įžadų reikia klusniai laikytis."

(Kitą dieną Gandis pats pasirašė šiame puslapyje ir užrašė datą – 1935 m. rugpjūčio 27 d.)

Po dviejų valandų mano bendrakeleiviai ir aš buvome pakviesti pietauti. Mahatma jau sėdėjo ašramo verandoje po arkomis, kitoje vidinio kiemo pusėje nuo savo darbo kabineto. Čia prie žalvarinių puodelių ir lėkščių sėdėjo gal dvidešimt penki basi *satjagrahai*. Visi kartu sukalbėjome maldą, tada iš didelių žalvarinių puodų buvo dalijamas maistas: – *čapačiai* (neraugintų nesijotų kvietinių miltų papločiai), apšlakstyti lydytu sviestu *(ghi)*, *talsaris* (virtos ir kubeliais pjaustytos daržovės) ir citrinų džemas.

Mahatma valgė *čapačius*, virtus burokėlius, šiek tiek žalių daržovių ir apelsinų. Jo lėkštėje buvo nemenka krūvelė itin karčių nimbamedžio lapų – jie garsėja savybe valyti kraują. Šaukštu jis pakabino keletą lapų ir įdėjo man į lėkštę. Aš juos gausiai užgėriau vandeniu ir prisiminiau

---

[2] Pažodžiui iš sanskrito „tiesos laikymasis". *Satjagraha* – tai garsusis nesmurtinio pasipriešinimo sąjūdis, kuriam vadovavo Gandis.

vaikystę, kai mama versdavo gerti karčius vaistus, o Gandis trintus nimbamedžio lapus valgė po truputį nė kiek nesibjaurėdamas.

Iš šio menko epizodo padariau išvadą, kad panorėjęs Mahatma geba savo protą atskirti nuo juslių. Prisiminiau, kaip prieš kelerius metus buvo plačiai aprašyta jam atlikta apendikso pašalinimo operacija. Šventasis atsisakė narkozės ir per visą operaciją linksmai šnekėjosi su savo sekėjais; rami šypsena bylojo, kad skausmo jis nejaučia.

Po pietų pasitaikė proga pasišnekučiuoti su garsia Mahatmos mokine anglų admirolo dukterimi panele Madlena Sleid (Madeleine Slade), dabar vadinama Mira Behn [3]. Kai ji nepriekaištinga hindi kalba pasakojo

---

[3] Ji paskelbė nemažą pluoštą Mahatmos jai rašytų laiškų; juose guru nurodė, kaip ugdytis savidrausmę („Gandžio laiškai mokinei" – *Gandhi's Letters to a Disciple*; Harper & Bros., New York, 1950).

Kitoje knygoje „Dvasios piligrimystė" (*The Spirit's Pilgrimage*; Coward-McCann, N. Y., 1960) panelė Sleid mini daugybę žmonių, lankiusių Gandį Vardoje. Ji rašo: „Po tiek daug laiko jau daugelio neprisimenu, bet du įstrigo man į atmintį: Halide Edib Hanum, garsi Turkijos rašytoja, ir Svamis Jogananda, draugijos *Self-Realization Fellowship* Amerikoje

PIETŪS MAHATMOS GANDŽIO AŠRAME VARDOJE

Jogananda skaito Gandžio (*dešinėje*) ką tik parašytą raštelį (buvo pirmadienis, tądien Mahatma laikydavosi tylos). Kitą dieną, 1935 m. rugpjūčio 27 d., Gandžio prašymu Šri Jogananda inicijavo jį į *krijajogą*.

apie savo kasdienę veiklą, jos ryžtingas ramus veidas pakiliai švytėjo:
 - Kaimo atstatymo darbai teikia tiek džiaugsmo! Kas rytą penktą valandą grupė mūsiškių eina į gretimą kaimą tarnauti žmonėms, mokyti paprasčiausios higienos. Mūsų tikslas yra parodyti jiems, kad reikia valyti išvietes ir švariai laikyti šiaudais dengtas molio trobeles. Kaimo gyventojai neraštingi ir jų neįmanoma šviesti kitaip, kaip tik savo pavyzdžiu! – linksmai nusijuokė ji.

Gėrėjausi šia kilminga angle, tikrai krikščioniškai nuolankiai atliekančia juodžiausius darbus, kurie šiaip dažniausiai paliekami „neliečiamiesiems".

 – Į Indiją atvykau 1925 metais, – papasakojo ji. – Šioje šalyje jaučiuosi lyg grįžusi namo. Buvęs gyvenimas ir ankstesnieji interesai manęs nebetraukia.

Paskui šnektelėjome apie Ameriką.

 – Visad džiaugiuosi ir negaliu atsistebėti, – kalbėjo ji, – regėdama, kaip daugelis Indijoje besilankančių amerikiečių nuodugniai domisi dvasiniais dalykais.[4]

Netrukus Miros Behn rankose jau sukosi *čarka* (verpimo ratelis). Mahatmos pastangomis dabar visuose Indijos kaimuose galima pamatyti šį įrankį.

Gandis ragino atgaivinti kaimo amatus dėl ekonominių ir kultūrinių priežasčių, tačiau nepatarė fanatiškai atsisakyti visų šiuolaikinės pažangos apraiškų. Įvairūs mechanizmai, traukiniai, automobiliai ir telegrafas jo paties įspūdingame gyvenime atliko svarbų vaidmenį! Penkiasdešimt metų išdirbęs valstybės tarnyboje, kelis kartus atsidūręs kalėjime, kas dieną grumdamasis su šiurkščia politinio gyvenimo tikrove ir jos kasdieniais mažmožiais, jis įgijo dar daugiau dvasinės pusiausvyros, nešališkumo, sveiko proto ir išmoko su humoru vertinti žmonių keistybes.

Šeštą valandą visi trys maloniai pavakarieniavome pas Babasahebą Dešmukhą. Septintą valandą, prasidėjus maldai, sugrįžome į Maganvadžio ašramą ir užkopėme ant stogo, kur trisdešimt *satjagrahų* sėdėjo

---

įkūrėjas." (*leidėjo pastaba*).
[4] Panelė Sleid man priminė kitą garsią vakarietę, panelę Margaret Vudrou Vilson (Woodrow Wilson), vyriausią iškilaus Amerikos prezidento dukterį. Su ja susipažinau Niujorke; ji nepaprastai domėjosi Indija. Vėliau nuvyko į Pondišerį ir ten praleido paskutinius penkerius gyvenimo metus, džiaugsmingai eidama drausmės keliu prie savo nušvitusiojo mokytojo Šri Aurobindo Ghošo (Ghosh) kojų.

pusračiu aplink Gandį. Jis buvo įsitaisęs ant šiaudų demblio, prieš jį gulėjo senas kišeninis laikrodis. Pro palmes ir banjanus krito paskutiniai blėstančios saulės spinduliai; naktis jau spengė, čirškė svirpliai. Tvyrojo nepaprasta ramybė. Pasijutau pakerėtas.

Tada ponas Desajus sugiedojo iškilmingą giesmę, o grupė jam pritarė, paskui buvo skaitoma „Bhagavadgyta". Mahatma mostu pakvietė mane sukalbėti baigiamąją maldą. Kokia dieviška minties ir siekių vienovė! Meditacija Vardoje ant stogo po ką tik sužibusiomis žvaigždėmis mano atmintyje liks visiems laikams.

Lygiai aštuntą vakare Gandis nutraukė savo tylą. Herakliškas jo gyvenimo triūsas reikalavo laiką skirstyti minutės tikslumu.

– Sveikas atvykęs, Svamidži! – tarė.

Dabar Mahatma mane pasveikino jau nebe raštu. Buvome ką tik nulipę nuo stogo ir suėję į jo rašomąjį kambarį, išklotą paprastais kilimėliais (jokių kėdžių); dar čia stovėjo neaukštas rašomasis stalas su knygomis, popieriais ir keliais paprastais plunksnakočiais (ne parkeriais); kampe tiksėjo niekuo neišsiskiriantis laikrodis. Viskas persmelkta ramybės ir atsidavimo auros. Gandis apdovanojo mane kerinčia, gilia beveik bedantės burnos šypsena.

– Prieš daugybę metų, – paaiškino jis, – pradėjau kas savaitę vieną dieną laikytis tylos, kad netrukdomas perskaityčiau laiškus ir atsakyčiau į juos. Bet dabar šios dvidešimt keturios valandos virto gyvybiškai svarbiu dvasiniu poreikiu. Sprendimas retkarčiais patylėti teikia ne kančią, o palaimą.

Visa širdimi jam pritariau [5]. Tada Mahatma paklausinėjo manęs apie Ameriką ir Europą; pasikalbėjome apie Indiją ir padėtį pasaulyje.

– Mahadevai, – kreipėsi Gandis, kai į kambarį įėjo ponas Desajus, – būk geras, susitark rotušėje, kad Svamidžis rytoj vakare galėtų ten perskaityti paskaitą apie jogą.

Palinkėjau Mahatmai labos nakties, o šis, būdamas dėmesingas, padavė man buteliuką citrininių melisų aliejaus.

– Vardos uodai nieko neišmano apie *ahimsą*[6], Svamidži! – juokdamasis tarė jis.

---

[5] Amerikoje jau seniai kartkartėmis laikydavausi tylos, o lankytojai ir sekretoriai tuo stebėjosi.

[6] Nekenkimas gyvoms būtybėms, neprievarta – tai yra pamatinė Gandžio tikėjimo sąvoka. Jam didelę įtaką padarė džainizmas, kuriame *ahimsa* garbinama kaip svarbiausia dorybė. Džainizmą, hinduizmo atmainą, VI amžiuje prieš Kristų išpopuliarino Mahavyra, Budos amžininkas. Tegu Mahavyra („didis vyras") iš amžių glūdumos stebi savo didvyriškąjį sūnų Gandį!

Su Mahatma Gandžiu Vardoje

Anksti kitą rytą mūsų maža grupelė papusryčiavome – suvalgėme nesijotų kviečių košės su melasa ir pienu. Pusę vienuoliktos mus pakvietė į ašramo verandą papietauti su Gandžiu ir *satjagrahais*. Tądien valgiaraštyje buvo rudieji ryžiai, kitokios daržovės ir kardamonų sėklos.

Vidudienį pasitikau vaikštinėdamas po ašramo teritoriją, nuėjau iki ganyklų, kur ganėsi kelios romios karvės. Globoti karves – Gandžio aistra.

„Karvė man – tai ištisas mažųjų žmogaus brolių pasaulis, tai žmogaus gebėjimas atjausti ne tik savo rūšies atstovus, – aiškino Mahatma. – Globodamas karvę, žmogus priverstas suvokti savo tapatumą su viskuo, kas gyva. Man visiškai aišku, kodėl senovės rišiai pasirinko aukštinti karvę. Indijoje karvė labiausiai tiko šiam palyginimui, ji – gerovės šaltinis. Ji ne tik duoda pieną – dėl jos tapo įmanoma verstis žemės ūkiu. Karvė – tai gailestingumo poema. Žvelgdamas į šį romų gyvulį aiškiai supranti, kas yra atjauta. Milijonams žmonių karvė yra antroji motina. Globoti karves – tai saugoti visus nebylius Dievo kūrinius. Mūsų mažųjų brolių skundas dar įtaigesnis, nes jis bežadis."[7]

Hinduistai ortodoksai kas dieną privalo atlikti tam tikrus ritualus. Vienas jų – *bhūta jadžna*, maisto aukojimas gyvūnų karalystės atstovams. Ritualas simbolizuoja žmogaus žinojimą, kad jis turi pareigų menkiau išsivysčiusioms kūrinijos formoms, instinktyviai besitapatinančioms su kūnu (ši klaida nesvetima ir žmogui), bet neturinčioms tik žmonėms būdingo gebėjimo mąstyti, kuris padeda išsilaisvinti.

Taigi *bhūta jadžna* skatina žmogaus norą padėti silpnesniems už save, lygiai kaip žmogumi rūpinasi nesuskaičiuojama daugybė neregimų aukštesniųjų būtybių. Žmonija taip pat yra įsipareigojusi Gamtai už gyvastingas jos dovanas, dosniai teikiamas iš žemės, dangaus ir jūros. Evoliucijos sukurtą kliūtį, neleidžiančią Gamtai, gyvūnams, žmonėms ir astraliniams angelams bendrauti, įveikia kasdienės tylios meilės *jadžnos* (apeigos).

Dvi kitos kasdienės *jadžnos* yra *pitri* ir *nri*. *Pitri jadžna* – tai aukojimas protėviams, simboliškas pripažinimas, kad žmogus skolingas ankstesnėms kartoms, kurių sukaupta išmintis ir šiandien apšviečia žmoniją. *Nri jadžna* yra maisto aukojimas nepažįstamiems žmonėms ar

---

[7] Gandis labai gražiai rašė apie tūkstančius dalykų. Apie maldą jis pasakė taip: „Tai priminimas sau, kad be Dievo paramos esame bejėgiai. Pastangų nepakaks, jei nebus maldos, aiškaus pripažinimo, kad net tobuliausi žmogaus siekiai bus bergždi, jei jų nelaimins Dievas. Malda – tai kvietimas nusižeminti. Tai raginimas apsivalyti, atidžiai pažvelgti į save."

vargšams – dabartinės žmogaus atsakomybės, jo pareigos amžininkams simbolis.

Tuoj po pietų atlikau kaimynišką *nri jadžną* – apsilankiau Gandžio ašrame, skirtame mažoms mergaitėms. Į šį dešimties minučių kelią su manimi leidosi ir ponas Raitas. Maži, į gėles panašūs vaikiški veidukai virš spalvotus stiebus primenančių sarių! Man kieme bebaigiant trumpą paskaitą hindi kalba[8], staiga iš dangaus pasipylė liūtis. Juokdamiesi mudu su ponu Raitu sulipome į automobilį ir nuskubėjome atgal į Maganvadį; liūtis mus gaubė tarsi sidabro marška. Tikra tyškanti atogrąžų jėga!

Grįžusį į svečių namus mane vėl pribloškė visiškas paprastumas ir visur matomo pasiaukojimo ženklai. Sukūręs šeimą, Gandis netrukus davė neturto įžadą. Atsisakęs plačios teisininko praktikos, iš kurios per metus gaudavo per 20 000 dolerių pajamų, Mahatma visus savo turtus išdalijo vargšams.

Šri Juktešvaras mėgdavo švelniai pasišaipyti iš dažnai klaidingai suprantamo atsižadėjimo. „Elgeta negali atsižadėti turtų, – sakydavo Mokytojas. – Jei žmogus aimanuoja 'Mano verslas žlugo, žmona paliko, visko atsižadėsiu ir eisiu į vienuolyną' – apie kokį pasaulio atsižadėjimą jis kalba? Jis neatsižadėjo nei turtų, nei meilės – tai jie jo atsižadėjo!"

Tačiau tokie šventieji kaip Gandis paaukojo ne tik apčiuopiamas materialines vertybes, bet ir atsižadėjo sunkiau paliekamų dalykų – savanaudiškų motyvų ir asmeninių tikslų. Jis visa esybe susiliejo su žmonija.

Nuostabioji Mahatmos žmona Kasturbai nepriešaravo, kai jai ir jų vaikams jis nepaliko nė kiek savo turtų. Gandis vedė jaunas, susilaukę keturių sūnų juodu su žmona davė skaistybės įžadus[9]. Jų bendras gy-

---

[8] Hindi – indoarijų kalba, turinti sanskrito šaknis; tai dažniausiai vartojama šnekamoji kalba šiaurės Indijoje. Pagrindinė vakarų hindi tarmė yra hindustani, kuri rašoma ir *devanagari* (sanskrito), ir arabų rašmenimis. Jos protarmė – urdu – kalba musulmonai ir šiaurės Indijos hinduistai.

[9] Gandis savo gyvenimą nepaprastai atvirai aprašė knygoje „Mano tiesos eksperimentų istorija" (*The Story of My Experiments with Truth*, Ahmedabad: Navajivan Press, 1927–1928, 2 tomai). Šios autobiografijos santrauka yra knyga „Mahatma Gandis: jo istorija" (*Mahatma Gandhi, His Own Story*, red. Č. F. Andrusas (C. F. Andrews), pratarmę parašė Džonas Heinsas Holmsas (John Haynes Holmes), New York: Macmillan Co., 1930).

Labai dažnai autobiografijų autoriai prikiša į savo kūrinus daug garsių vardų ir aprašo daugybę spalvingų įvykių, tačiau beveik nepateikia vidinės analizės, nekalba apie savo asmeninės raidos etapus. Tokias knygas nepatenkintas skaitytojas padeda į šalį, lyg norėdamas pasakyti: „Štai žmogus, kuris pažinojo daug garsių asmenybių, bet taip ir

venimas buvo audringa drama, bet Kasturbai liko rami jos veikėja. Ji sekė paskui savo vyrą į kalėjimą, drauge su juo po tris savaites badaudavo ir iki galo nešė jai skirtą jo nesibaigiančių pareigų dalį. Gandžiui ji padėkojo taip:

> „Dėkoju tau, kad suteikei man garbę būti tavo gyvenimo palydove ir pagalbininke. Dėkoju už tobuliausią pasaulio santuoką, grįstą *brahmačarja* (susilaikymu), o ne seksu. Dėkoju, kad, skyręs savo gyvenimą dirbti Indijai, laikei mane sau lygia. Dėkoju, kad nesi iš tų vyrų, kurie per dienas lošia, laiką skiria žirgų lenktynėms, moterims, vynui ir dainoms, kuriems žmonos ir vaikai nusibosta taip pat greitai, kaip mažam berniukui pabosta vaikiški žaislai. Kokia aš dėkinga, kad nesi iš tų vyrų, kurie be paliovos stengiasi praturtėti, išnaudodami kitų žmonių darbą.
>
> Kokia aš dėkinga, kad Dievas ir tavo šalis tau svarbesni už kyšius, kad drąsiai gynei savo įsitikinimus, kad iki galo neabejodamas tikėjai Dievą. Kokia aš dėkinga už vyrą, kuriam jo šalis ir Dievas svarbesni už mane. Esu tau dėkinga už pakantumą man ir mano jaunystės trūkumams – juk aš niurzgėjau ir priešinausi tavo sumanytoms mūsų gyvenimo permainoms, kai turėjęs tiek daug nusprendei turėti tiek mažai.
>
> Tavo tėvų namuose apsigyvenau visai dar vaikas. Tavo motina buvo didi, gera moteris, ji mane išauklėjo, išmokė būti drąsia, narsia žmona, saugoti jos sūnaus, mano būsimo vyro, meilę ir pagarbą. Metams bėgant, tapai mylimiausiu Indijos vadovu, bet aš niekada nesibaiminau būti atstumta, kaip dažnai pasitaiko kitose šalyse, kai vyras pasiekia šlovės viršūnę. Žinojau, kad ir mirties valandą mudu tebebūsime vyras ir žmona.

Daug metų Kasturbai dirbo savo vyro viešųjų fondų iždininke. Fonduose žmonių garbinamas Mahatma sukaupė milijonus. Indų namuose pasakojama daug juokingų istorijų, esą vyrai nuogąstauja, kai žmonos eina į susitikimus su Gandžiu segėdamos ar mūvėdamos papuošalus, mat stebuklingas Mahatmos liežuvis, užtariantis engiamuosius, užburia aukso apyrankes bei deimantų vėrinius ir nuo turtingų moterų rankų bei kaklų brangenybės atsiduria aukų dėžutėje!

Vieną dieną viešojo iždo tvarkytoja Kasturbai negalėjo paaiškinti, kam išleistos keturios rupijos. Kaip ir derėjo, Gandis paskelbė audito ataskaitą, kurioje buvo nurodytas ir žmonos padarytas keturių rupijų trūkumas.

Dažnai pasakodavau šią istoriją savo mokiniams Amerikoje. Vieną

---

nepažino savęs." Gandžio autobiografijos poveikis kitoks; savo klaidas ir gudravimus jis atskleidžia objektyviai ir atvirai. Tokia ištikimybė tiesai reta bet kokio laikotarpio šaltiniuose.

vakarą salėje sėdinti moteris net aiktelėjo. „Mahatma jis ar ne Mahatma, – ėmė piktintis ji, – bet jei mano vyras taip be reikalo mane viešai įžeistų, tikrai pamuščiau jam akį!"

Geraširdiškai pajuokavome apie amerikietes ir hinduistes žmonas, paskui nutariau tai paaiškinti išsamiau. „Ponia Gandi laiko Mahatmą ne savo vyru, bet guru, kuris turi teisę ją drausminti net už menkiausias klaidas, – priminiau aš. – Kai Kasturbai buvo viešai papeikta, netrukus Gandį, apkaltinę politiniais nusikaltimais, nuteisė kalėti. Jis ramiai atsisveikino su žmona, o ši puolė prie jo kojų. 'Mokytojau, – nuolankiai tarė ji, – jei aš tave kada nors užgavau, meldžiu man atleisti.'"

Tą pačią popietę Vardoje, trečią valandą, iš anksto susitaręs nuėjau į rašomąjį kambarį pas šventąjį, kuriam pavyko savo žmoną padaryti bebaime mokine – retas stebuklas! Gandis pažvelgė į mane šypsodamasis savo nepamirštama šypsena.

– Mahatmadži, – tariau sėsdamas greta jo ant plono demblio, – prašau man paaiškinti, ką vadinate *ahimsa*.

– Nei mintimis, nei darbais nepakenkti jokiai gyvai būtybei.

– Koks gražus tikslas! Bet pasauliečiai būtinai paklaus: nejau negalima užmušti kobros, jei reikia apginti vaiką ar apsiginti pačiam?

– Negalėčiau užmušti kobros, nesulaužęs dviejų savo įžadų – nebijoti ir nežudyti. Verčiau siųsdamas meilės virpesius pasistengčiau gyvatę nuraminti mintimis. Negaliu savo principų taikyti prie aplinkybių ir taip juos menkinti, – ir su žaviu atvirumu pridūrė: – Bet turiu prisipažinti, kad negalėčiau taip ramiai apie tai šnekėti, jei į mus tikrai žvelgtų kobra!

Ant jo stalo pamačiau kelias neseniai išleistas vakarietiškas knygas apie mitybą.

– Taip, *satjagrahos* sąjūdžiui mityba labai svarbi – kaip ir visiems kitiems, – nusijuokė jis. – Kadangi *satjagrahams* rekomenduoju visišką susilaikymą, nuolatos stengiuosi išsiaiškinti, kokia mityba žmogui tinkamiausia, kai jis laikosi celibato. Pirmiausia žmogus turi įveikti savo skonio pojūčius ir tik tada jis suvaldys dauginimosi instinktą. Gyvenimas pusbadžiu ar nesubalansuota mityba – netinkamas atsakymas. Įveikęs vidinį maisto *godulį*, *satjagrahas* turi laikytis racionalios vegetariškos dietos, kuri parūpina visų reikalingų vitaminų, mineralų, kalorijų ir taip toliau. Jeigu *satjagrahas* valgo paisydamas vidinės ir išorinės išminties, jo seksualiniai syvai lengvai virsta viso kūno gyvybine energija.

Mudu su Mahatma palyginome savo žinias apie tinkamus mėsos pakaitalus.

– Puikiai tinka avokadai, – tariau aš. – Netoli mano centro Kalifornijoje gausu juos vedančių medžių giraičių.

Gandžio veidas nušvito, jį tai sudomino.

– Kažin ar jie augtų Vardoje? *Satjagrahai* tikrai padėkotų už naują maisto produktą.

– Būtinai iš Los Andželo į Vardą atsiųsiu šių medžių daigų, – pažadėjau ir pridūriau: – Kiaušiniuose daug baltymų, bet ar juos galima valgyti *satjagrahams*?

– Tik neapvaisintus, – kažką prisiminęs Mahatma nusijuokė. – Aš daug metų buvau prieš kiaušinius, net ir dabar pats jų nevalgau. Bet viena mano marti dėl prastos mitybos susirgo ir vos nenumirė, tada gydytojas primygtinai pareikalavo duoti jai kiaušinių. Aš priešinausi ir liepiau maitinti ją kokiais nors kiaušinių pakaitalais.

„Gandidži, – pasakė gydytojas, – neapvaisintuose kiaušiniuose nėra gyvybės syvų; juos valgant niekas nenužudomas." Tada mielai leidau savo marčiai valgyti kiaušinius ir ji netrukus pasveiko.

Išvakarėse Gandis buvo pareiškęs norą susipažinti su Lahirio Mahasajos *krijajoga*. Mane sujaudino plačios Mahatmos pažiūros ir noras tyrinėti naujoves. Ieškodamas Dievo, jis panašus į vaiką, būtent tokį tyrą vaikišką imlumą aukštino Jėzus sakydamas: „... jų yra dangaus karalystė."

Atėjo mano sutartos pamokos valanda. Į kambarį susirinko grupelė *satjagrahų* – ponas Desajus, daktaras Pingeilas ir keli kiti, panorę susipažinti su *krijos* technika.

Iš pradžių pamokiau juos fizinių *jogodos* pratimų. *Krijajogas* vizualizuoja, kad kūnas padalytas į dvidešimt dalių, ir valios pastangomis į kiekvieną dalį paeiliui nukreipia energiją. Netrukus visi žmonės prieš mane vibravo tarsi gyvi varikliai. Aiškiai mačiau, kaip per dvidešimt Gandžio kūno dalių vilnija bangelės, mat jis beveik visada būdavo menkai teprisidengęs! Nors ir labai liesas, jis neatrodė atgrasus – kūnas buvo glotnus, oda nesusiraukšlėjusi.[10]

Vėliau grupę supažindinau su *krijajogos* technika, kuri padeda žmogui išsilaisvinti.

Mahatma buvo pagarbiai išstudijavęs visas pasaulio religijas. Džainizmo šventraščiai, Naujasis Testamentas ir sociologiniai Tolstojaus

---

[10] Gandis kartais ilgiau ar trumpiau badaudavo. Jo sveikata buvo ypač gera. Jo knygas „Mityba ir mitybos reforma" (*Diet and Diet Reform*), „Natūralus gydymas" (*Nature Cure*) ir „Sveikatos raktas" (*Key to Health*) Indijoje išleido *Narajivan* leidykla Ahmedabade.

raštai yra trys pagrindiniai šaltiniai, suformavę Gandžio nesmurtinio pasipriešinimo įsitikinimus[11]. Jis šitaip išreiškė savo tikėjimą:

> „Tikiu, kad Biblija, Koranas ir Zendavesta[12] yra taip pat įkvėpti Dievo kaip ir vedos. Tikiu guru institutu, bet šiais laikais milijonai žmonių turi apsieiti be guru, nes tobulo tyrumo ir nepriekaištingos erudicijos derinys dabar yra retas dalykas. Bet tegu niekas nenusimena, kad nepažins savo religijos tiesų, nes hinduizmo, kaip ir kiekvienos didžios religijos, pagrindai yra nekintami ir lengvai suprantami.
>
> Aš, kaip ir kiekvienas hinduistas, tikiu Dievą ir Jo vienovę, atgimimą ir išganymą... Ką jaučiu hinduizmui, man aprašyti nė kiek ne lengviau nei jausmus žmonai. Ji mane jaudina taip, kaip nejaudina jokia kita pasaulio moteris. Tai nereiškia, kad ji neturi trūkumų – tikriausiai jų yra daugiau, negu įžiūriu aš. Bet mus sieja nenutraukiamas ryšys. Tą patį juntu ir hinduizmui su visais jo trūkumais ir ribotumu. Niekas manęs nedžiugina labiau nei „Gytos" ar Tulsydaso „Ramajanos" muzikalumas. Kai maniau, kad jau iškvepiu paskutinį kartą, paguodą man suteikė „Gyta".
>
> Hinduizmas nėra uždara religija. Jame pakanka vietos visiems pasaulio pranašams[13]. Tai ne misionierių religija įprasta šio žodžio prasme. Be abejo, ji į savo prieglobstį įtraukė daug genčių, bet įtraukė nejuntamai, evoliuciškai. Hinduizmas kiekvieną žmogų moko Dievą garbinti pagal savo tikėjimą, arba *dharmą*[14], todėl žmogus taikiai sugyvena su visomis religijomis."

Apie Kristų Gandis rašė: „Esu tikras, kad jei Jis dabar gyventų tarp žmonių, palaimintų daugelį tų, kurie gal niekada nėra girdėję Jo vardo... juk parašyta: „Ne kiekvienas, kuris man šaukia 'Viešpatie, Viešpatie!', įeis į dangaus karalystę, bet tik tas, kuris vykdo mano dangiškojo Tėvo valią."[15] Savo gyvenimu Jėzus atskleidė žmonijai didingą tikslą ir vienintelę tiesą, kurios visi turime siekti. Manau, Jis priklauso ne tik

---

[11] Kiti trys Vakarų rašytojai, kurių sociologinius tekstus Gandis atidžiai studijavo, buvo Toro (Thoreau), Raskinas (Ruskin) ir Madzinis (Mazzini).

[12] Šventoji knyga, apie 1000 m. pr. Kr. apreikšta Persijai per Zoroastrą (Zaratustrą).

[13] Hinduizmas nuo kitų pasaulio religijų skiriasi tuo, kad jo pradininkas yra ne vienas didingas kūrėjas, bet konkretaus autoriaus neturintys raštai – vedos. Taigi hinduizmas suteikia galimybę garbinti visus visų laikų ir visų kraštų pranašus. Vedų šventraščiai reglamentuoja ne tik religines praktikas, bet ir visus svarbius visuomenės papročius, taip stengdamiesi kiekvieno žmogaus veiksmus suderinti su dieviškaisiais įstatymais.

[14] Platus sanskrito žodis, skirtas įstatymui pavadinti; paklusimas įstatymui ar natūraliam teisingumui; pareiga, lemiama situacijų, kuriose žmogus atsiduria kiekvieną konkrečią akimirką. Šventraščiuose *dharma* apibrėžiama kaip „prigimtiniai visuotiniai dėsniai, kurių laikydamasis žmogus išsigelbsti nuo kančių ir pagedimo".

[15] Mt 7, 21.

krikščionybei, bet visam pasauliui, visiems kraštams ir visoms rasėms."
Paskutinį vakarą Vardoje kalbėjau susitikime, kurį ponas Desajus sušaukė miesto rotušėje. Salė buvo sausakimša, žmonės sėdėjo net ant palangių – bene 400 klausytojų atėjo išgirsti apie jogą. Iš pradžių kalbėjau hindi kalba, paskui – angliškai. Mūsų mažoji grupelė į ašramą grįžo kaip tik laiku – spėjome prieš miegą atsisveikinti su Mahatma, giliai panirusiu į ramybę ir laiškus.

Kai atsikėliau penktą ryto, dar tvyrojo naktis. Kaimas jau budo. Pro ašramo vartus pravažiavo jaučių traukiamas vežimas, paskui praėjo valstietis su didžiuliu ryšuliu, pavojingai svyruojančiu ant galvos. Po pusryčių susiradome Gandį – norėjome atsisveikindami nusilenkti prie jo kojų. Šventasis ryto maldai keliasi ketvirtą.

– Mahatmadži, sudie! – atsiklaupiau ir paliečiau jo pėdas. – Indija saugi jūsų rankose.

Nuo tos idilės Vardoje prabėgo daugybė metų. Žemę, vandenynus ir padangę užtemdė pasaulinis karas. Iš visų didžiųjų vadovų vienintelis Gandis pasiūlė praktišką nesmurtinę ginkluotos jėgos alternatyvą. Neteisybei pašalinti ir nuoskaudoms atlyginti Mahatma pasitelkdavo nesmurtines priemones, kurios ne kartą įrodė esančios veiksmingos. Savo mokymą jis nusako tokiais žodžiais:

> „Supratau, kad gyvenimas tęsiasi net tada, kai aplink visa griūva. Todėl turi būti dėsnis, viršesnis už tą, kuris lemia griovimą. Tik toks dėsnis užtikrina aiškią visuomenės tvarką ir daro gyvenimą vertą gyventi.
>
> Ir jei tai yra gyvenimo dėsnis, turime laikytis jo diena iš dienos. Visur, kur kyla karai, kur susiduriame su priešininkais, juos įveikime meile. Iš savo patirties galiu pasakyti, kad mano paties gyvenime tikras meilės dėsnis pasiteisino ne kartą, o griovimo dėsnis – niekada.
>
> Kuo plačiausiai prieš mūsų akis šis dėsnis atsiskleidė Indijoje. Nesakau, kad visi 360 000 000 Indijos gyventojų persiėmė nesmurtinio pasipriešinimo idėja, bet teigiu, kad per nepaprastai trumpą laiką ji įsismelkė į juos labiau nei kokia nors kita doktrina.
>
> Jei norime, kad galvoje nebekiltų smurtinių minčių, privalome gana atkakliai mokytis. Gyvenimas turi būti disciplinuotas kaip kareivio. Tobula būsena pasiekiama tik tada, kai protas, kūnas ir kalba tinkamai dera tarpusavyje. Kiekviena problema pati pateiks savo sprendimą, jei pasiryšime gyventi pagal tiesos ir neprievartos įstatymą."

Niūriai besiklostantys pasaulio politikos įvykiai negailestingai byloja tiesą, kad be dvasinės įžvalgos žmonės pražus. Mokslas, jei ne religija, pažadino miglotą žmonijos pojūtį, kad visa, kas materialu, yra nesaugu ir net netikra. Kurgi daugiau žmogui eiti, jei ne prie savo Šaltinio ir Ištakų, prie Dvasios savo viduje?

Patyrinėjus istoriją, galima pagrįstai tvirtinti, kad žmogus jokių problemų neišsprendė šiurkščia jėga. Pirmasis pasaulinis karas išjudino žemę stingdančią baisios karmos laviną, kuri paskui sustiprėjo ir subrandino Antrąjį pasaulinį karą. Tik brolybės šiluma ištirpdys dabartinę milžinišką kruvinos karmos sankaupą, antraip ji virs Trečiuoju pasauliniu karu. Nešventa XX amžiaus trejybė! Jei spręsdami ginčus naudosimės ne žmogaus protu, bet džiunglių logika, Žemė netrukus virs džiunglėmis. Jei gyvenime netapsime broliais, jais mus pavers smurtinė mirtis. Ne dėl tokios gėdos Dievas meilingai leido žmogui išlaisvinti atomo energiją!

Karas ir nusikaltimai visada nuostolingi. Už milijardus dolerių, kurie virto sprogimų dūmais, galima buvo sukurti naują pasaulį, kuriame būtų beveik išnykusios ligos ir visiškai nebelikę skurdo. Žemėje nebebūtų baimės, chaoso, bado, epidemijų, viso šio *danse macabre* – viešpatautų taika ir gerovė, žmonės gilintų savo žinias.

Gandžio balsas, kviečiantis priešintis be smurto, kreipiasi į aukščiausią žmogaus sąmonę. Tegu tautos sudaro sąjungą ne su mirtimi, bet su gyvenimu; užuot griovusios, tegu pasirenka statymą; užuot neapkentusios, tegu kuria meilės stebuklus.

„Būtina atleisti bet kokią skriaudą, – rašoma „Mahabharatoje". – Yra pasakyta, jog šios rūšies tęstinumą lemia žmogaus gebėjimas atleisti. Atlaidumas – tai šventumas, juo paremta visata. Atlaidumas – tai galingųjų galybė, pasiaukojimas, dvasios ramybė. Atlaidumas ir gerumas yra save suvaldžiusio žmogaus požymiai. Tai amžinosios vertybės."

Prievartos atsisakymas – natūralus atlaidumo ir meilės dėsnio padarinys. „Jei teisingame mūšyje būtina paaukoti gyvybę, – skelbia Gandis, – turime būti pasirengę pralieti savo, ne kitų kraują, kaip tą padarė Jėzus. Galiausiai pasaulyje kraujo ims lietis mažiau."

Kada nors apie Indijos *satjagrahus*, kurie neapykantai priešinosi meile, smurtui – neprievarta ir leidosi negailestingai žudomi, bet nesutiko imti ginklų, bus rašomi epai. Istorija žino ir tokių atvejų, kai priešai mesdavo ginklus ir susigėdę, iki širdies gelmių sukrėsti leisdavosi bėgti, nes prieš juos stovėdavo žmones, kurie kitų gyvybes brangino labiau nei savo.

„Jei reikės, lauksiu ištisus amžius, – sakė Gandis, – bet savo šalies laisvės nesieksiu kruvinomis priemonėmis." Biblija mus įspėja: „Visi, kurie griebiasi kalavijo, nuo kalavijo ir žus."[16] Mahatma rašė:

„Vadinu save nacionalistu, bet mano nacionalizmas platus kaip pasaulis. Jis apima visas Žemėje gyvenančias tautas[17]. Mano nacionalizmas rūpinasi viso pasaulio gerove. Nenoriu, kad manoji Indija kiltų ant kitų tautų pelenų. Nenoriu, kad Indija išnaudotų bent vieną žmogų. Noriu, kad Indija būtų stipri, kad užkrėstų ir kitas tautas savo stiprybe. Šiandien to nedaro nė viena Europos šalis; jos neteikia stiprybės kitoms šalims.

Prezidentas Vilsonas (Wilson) išvardijo keturiolika gražių punktų, bet pasakė: „Galiausiai jei šios mūsų pastangos pasiekti taiką žlugs, galėsime vėl griebtis ginklų." Aš noriu skelbti priešingai ir sakau: „Jau aišku, kad ginklais mums nieko nepavyko pasiekti. Paieškokime ko nors naujo, išbandykime meilės ir Dievo, kuris yra tiesa, galią." Kai tai įgysime, mums nieko daugiau nebereikės."

Parengęs tūkstančius ištikimų *satjagrahų* (davusių vienuolika griežtų įžadų, paminėtų skyriaus pradžioje), kurie savo ruožtu toliau skleidė šią žinią, kantriai auklėdamas Indijos žmones, kad šie suprastų dvasinius ir galiausiai materialius nesmurtinio priešinimosi pranašumus, apginklavęs savo žmones neprievartos ginklais – atsisakyti bendradarbiauti su neteisybe, ryžtis iškęsti žeminimą, kalėjimą, net mirtį, bet nesigriebti ginklų, įžiebęs pasaulio užuojautą nesuskaičiuojamais *satjagrahų* didvyriškos kankinystės pavyzdžiais, Gandis dramatiškai atskleidė praktinę nesmurtinio priešinimosi esmę, jo didingą galią ginčus išspręsti be karo.

Neprievartinėmis priemonėmis Gandis jau iškovojo savo šaliai daugiau politinių nuolaidų, nei jų buvo pavykę gauti kokiam kitam šalies vadovui, išskyrus tas, kurios buvo iškovotos kulkomis. Nesmurtiniai neteisybės ir blogio naikinimo metodai buvo taikomi ne vien politikos arenoje, bet ir sudėtingoje, subtilioje Indijos socialinių reformų srityje. Rezultatai – stulbinami. Gandis ir jo sekėjai išsklaidė įsisenėjusią hinduistų ir musulmonų nesantaiką ir dabar šimtai tūkstančių musulmonų laiko Mahatmą savo vadovu. Neliečiamiesiems jis tapo bebaimiu ir pergalingu kovotoju už jų teises. „Jei man dar tektų atgimti, – rašė Gandis, – norėčiau gimti žemiausiu tarp žemiausių, nes tada galėčiau

---

[16] Mt 26, 52. Tai viena iš daugelio Biblijos vietų, kurioje aiškiai kalbama apie žmogaus persikūnijimą (žr. išnašą p. 164). Daug sudėtingų gyvenimo dalykų galime paaiškinti tik supratę karminį teisingumo dėsnį.

[17] Tegu žmogus nesididžiuoja, kad myli savo šalį, tegu didžiuojasi, kad myli savo artimą (persų patarlė).

naudingiau jiems tarnauti."

Mahatma iš tiesų yra „didžioji siela", bet šį titulą jam suteikė milijonai neraštingų žmonių. Šis romus pranašas savo šalyje nepaprastai gerbiamas. Su jo mestu kilniu iššūkiu įstengė susidoroti net kuklūs valstiečiai. Mahatma visa širdimi tiki įgimtu žmogaus didžiadvasiškumu. Neišvengiamos nesėkmės niekada jo nenuvylė. „Net dvidešimt kartų apgautas priešininko, – rašė jis, – *satjagrahas* pasirengęs patikėti dvidešimt pirmą kartą, nes besąlygiškas tikėjimas žmogaus prigimtimi yra pati šių pažiūrų esmė."[18]

Kartą vienas kritikas paprieštaravo: „Mahatmadži, jūs išskirtinis žmogus. Nesitikėkite, kad visi pasaulio žmonės elgsis kaip jūs." Gandis atsakė: „Net įdomu, kaip mes save apgaudinėjame: įsivaizduojame, kad galime pasitobulinti kūną, bet netikime, kad įmanoma pažadinti slaptas sielos galias. Aš bandau įrodyti, kad net jei turiu šių galių, vis tiek esu trapus mirtingasis kaip kiekvienas iš mūsų. Aš niekada nepasižymėjau jokiomis išskirtinėmis savybėmis ir nepasižymiu jomis dabar. Esu paprastas žmogus ir galiu klysti, kaip klysta visi mirtingieji. Tiesa, turiu pakankamai nuolankumo pripažinti savo klaidas ir pradėti iš naujo. Prisipažįstu, kad tvirtai tikiu Dievą bei Jo gerumą ir jaučiu neblėstančią aistrą tiesai ir meilei. Bet juk tokį slaptą polinkį turi visi, tiesa? – ir pridūrė: – Reiškinių pasaulyje mes atrandame ir išrandame vis ką nors nauja, tad ar turime pasiduoti dvasinėje srityje? Ar neįmanoma išimčių skaičių didinti, kol jos virs taisykle? Ar būtinai žmogus pirmiausia turi būti gyvulys, o tik paskui žmogus, jei apskritai toks bus?[19]"

---

[18] „Tuomet priėjo Petras ir paklausė: 'Viešpatie, kiek kartų turiu atleisti savo broliui, kai jis man nusikalsta? Ar iki septynių kartų?' Jėzus jam atsakė: 'Aš nesakau tau – iki septynių, bet iki septyniasdešimt septynių kartų.'" (Mt 18, 21–22). Karštai meldžiausi, kad suprasčiau šį kompromisų nepripažįstantį atsakymą. „Viešpatie, – protestavau, – ar tai įmanoma?" Kai dieviškas balsas pagaliau atsiliepė, mane užliejo nuolankumą įkvepianti šviesa: „O kiek kartų, žmogau, Aš tau kas dieną atleidžiu?"

[19] Kartą ponas Rodžeris V. Babsonas (Roger W. Babson) paklausė Čarlzo P. Steinmeco (Charles P. Steinmetz), garsaus elektros inžinieriaus: „Kuri mokslinių tyrimų sritis, jūsų manymu, sparčiausiai plėtosis per ateinančius penkiasdešimt metų?" – „Manau, kad didžiausi atradimai vyks dvasinėje srityje, – atsakė Steinmecas. – Tai jėga, kuri, kaip istorija mums aiškiai rodo, labiausiai skatino žmogaus raidą. Bet mes iki šiol su ja tik žaidžiame, niekada rimtai netyrinėjome, kaip tiriame fizines jėgas. Kada nors žmonės supras, kad materialūs dalykai nesuteikia laimės ir mažai padeda vyrams ir moterims tapti kūrybiškiems bei galingiems. Tada pasaulio mokslininkai atvers savo laboratorijas Dievo paieškoms bei maldai ir ims tirti dvasios galias, kurios lig šiol beveik nepažintos. Kai ši diena ateis, pasaulis per vienos kartos gyvenimo tarpsnį pasieks daugiau pažangos, negu anksčiau pasiekdavo per keturių kartų gyvenimą."

> MAHATMOS GANDŽIO RANKA RAŠYTAS TEKSTAS
> HINDI KALBA
>
> इस संस्था ने मुझे प्रभावित मैं उम्मीद करता हूं इस संस्था
> का में मगर अच्छी पदाई. चलनेकीपुष्टिमें मैं आशा
> राजा ने अपनाऊंगी आशा रखता हूं
>
> २१ सप्ट १०   मोहनदासजीगांधी
>
> Rančyje, Indijoje, Mahatma Gandis aplankė *Jogoda Satsanga Brahmačarja Vidjalają* – vidurinę mokyklą, kurioje mokoma jogos. Svečių knygoje jis mielai įrašė kelias eilutes. Štai jos:
> „Ši įstaiga man padarė didelį įspūdį. Puoselėju daug vilčių, kad mokykla ir toliau skatins verpti rateliu."
> 1925 m. rugsėjo 17 d.   [pasirašė] Mohandasas Gandis

Amerikiečiai gali didžiuodamiesi prisiminti sėkmingą neprievartos taikymo eksperimentą, Viljamo Peno (William Penn) atliktą XVII amžiuje savo įkurtoje naujakurių kolonijoje, kuri vėliau tapo Pensilvanijos valstija. Kolonijoje nebuvo „nei fortų, nei kareivių, nei milicijos, net ginklų". Vykstant kruviniems pasienio susirėmimams ir žudynėms tarp naujakurių ir vietos indėnų, vieninteliai nepaliesti liko Pensilvanijos kvakeriai. „Vieni krito susirėmimuose, kiti buvo išžudyti, bet kvakeriai liko saugūs. Nebuvo užpulta nė viena kvakerių moteris, nenužudytas nė vienas jų vaikas, nenukankintas nė vienas vyras." Kai kvakeriai galiausiai buvo priversti valstijos valdymą perduoti kitiems, „prasidėjo karas, ir buvo nukautų Pensilvanijos gyventojų. Bet iš kvakerių žuvo tik trys – tie, kurie buvo taip nutolę nuo savo tikėjimo, kad nešiojosi savigynai skirtus ginklus."

„Didžiajame kare (Pirmajame pasauliniame) panaudota jėga neatnešė ramybės, – pabrėžė Franklinas D. Ruzveltas (Franklin D. Roosevelt). – Ir pergalė, ir pralaimėjimas buvo vienodai bevaisiai. Pasaulis turėjo išmokti tą pamoką."

„Kuo daugiau prievartos ginklų, tuo daugiau nelaimių žmonijai, – mokė Laodzi. – Prievartos pergalė baigiasi gedulo apeigomis."

„Aš kovoju už pasaulio taiką, – skelbė Gandis. – Jeigu Indijoje laimės nesmurtinis *satjagrahos* sąjūdis, patriotizmas įgis naują prasmę ir – jei kuo nuolankiausiai galiu taip pasakyti – suteiks naują prasmę pačiam gyvenimui."

Kol Vakarai Gandžio programos neatmetė kaip nepraktiškos svajonės, pirmiausia pamąstykime, kaip *satjagrahą* apibrėžė mokytojas iš Galilėjos:

„Jūs esate girdėję, jog buvo pasakyta: *Akis už akį ir dantis už dantį.* O aš jums sakau: nesipriešink piktam [žmogui], bet jei kas tave užgautų per dešinį skruostą, atsuk jam ir kitą."[20]

Kosmosas puikiai parinko laiką ir Gandžio epocha tebesitęsia šimtmetyje, kurį jau nusiaubė ir iškamavo du pasauliniai karai. Ant granitinės jo gyvenimo sienos išryškėjo dieviški rašmenys: įspėjimas liautis toliau lieti brolių kraują.

---

[20] Mt 5, 38–39.

IN MEMORIAM MAHATMA GANDHI

„Jis tikrai buvo tautos tėvas, o jį nužudė beprotis. Gedi milijonų milijonai, nes užgeso didi šviesa... Šioje žemėje spindėjusi šviesa nebuvo paprasta. Mūsų šalyje ji bus regima tūkstantį metų ir ją matys visas pasaulis." Taip kalbėjo Indijos ministras pirmininkas Džavaharlalas Neru (Jawaharlal Nehru) netrukus po to, kai 1948 m. sausio 30 d. Naujajame Delyje buvo nužudytas Mahatma Gandis.

Prieš penkis mėnesius Indija taikiai gavo nepriklausomybę. Septyniasdešimt aštuonerių sulaukusio Gandžio darbas buvo atliktas; jis suvokė, kad artinasi paskutinė valanda. „Abha, atnešk man svarbiausius dokumentus, – tragedijos rytą paliepė jis sūnėno dukrai. – Šiandien turiu parašyti atsakymą. Rytojus gali nebeišaušti." Daugelyje savo raštų Gandis yra užsiminęs apie savo likimą.

Mirštantis Mahatma su trimis kulkomis trapiame badavimo išsekintame kūne lėtai susmuko ant žemės, bet iškėlė suglaustas rankas, hinduistų papročiu sveikindamas ir nebyliai atleisdamas. Visą gyvenimą Gandis buvo tyras menininkas, bet mirties akimirką jis virto meistrų meistru. Visas nesavanaudiškai paaukotas gyvenimas įkvėpė paskutinį meilės kupiną judesį.

„Gali būti, kad ateities kartos, – rašė Albertas Einšteinas, pagerbdamas Mahatmą, – negalės patikėti, jog žeme iš tiesų vaikščiojo toks žmogus." Vatikano pranešime iš Romos rašoma: „Ši žmogžudystė mums sukėlė daug sielvarto. Gandžio gedime kaip krikščioniškų dorybių apaštalo."

Visų į šią žemę atėjusių ir teisingumo siekusių didžiųjų žmonių gyvenimai kupini simbolinės prasmės. Gandžio dramatiška žūtis už Indijos vienybę buvo žinia, patraukusi visų konfliktų draskomų pasaulio žemynų dėmesį. Štai pranašiški tos žinios žodžiai:

„Žmonės atsisakė smurtinių metodų, ir neprievarta gyvuos. Ji – pasaulio taikos pranašas."

45 SKYRIUS

Džiaugsmo Persmelktoji Motina iš Bengalijos

– Pone, labai prašau neišvykti iš Indijos, kol neaplankysite Nirmalos Devi. Jos šventumas nepaprastas, ją visi žino ir vadina Ananda Moji Ma (Ananda Moyi Ma –Džiaugsmo Persmelktoji Motina), – nuoširdžiai žvelgė į mane mano dukterėčia Amija Bos (Amiyo Bose).

– Be abejo! Labai noriu pamatyti tą šventąją moterį, – tariau. – Esu skaitęs apie jos pasiektą aukštą Dievo suvokimo būseną. Prieš kelerius metus žurnalas *East-West* apie ją paskelbė nedidelį straipsnį.

– Buvau su ja susitikusi, – toliau kalbėjo Amija. – Neseniai ji svečiavosi mūsų mažame miestelyje Džamšedpure. Vieno mokinio paprašyta, Ananda Moji Ma aplankė namuose mirštantį žmogų. Ji atsistojo prie ligonio patalo ir delnu palietė jo kaktą – priešmirtinis gargaliavimas liovėsi. Liga iškart pasitraukė, žmogus nudžiugo ir nustebo, pasijutęs visai sveikas.

Po kelių dienų išgirdau, kad Palaimingoji Motina svečiuojasi pas savo mokinį Kalkutoje, Bhovanipuro rajone. Mudu su ponu Raitu tuojau pat ten išsiruošėme iš mano tėvo namų Kalkutoje. Fordui artėjant prie namo Bhovanipure, aš ir mano bendrakeleivis išvydome neįprastą reginį.

Ananda Moji Ma stovėjo automobilyje atviru stogu ir laimino susirinkusią minią – gal šimtą mokinių. Buvo aišku, kad ji susiruošusi išvykti. Ponas Raitas pastatė fordą kiek atokiau ir pėsčiomis palydėjo mane prie nuščiuvusios minios. Šventoji žvilgtelėjo į mūsų pusę, tada išlipo iš automobilio ir priėjo.

– Tėve, atvykai! – karštai tarusi (bengalų kalba), ji ranka apsikabino mano kaklą ir padėjo galvą ant peties. Ponas Raitas, kuriam ką tik buvau sakęs, kad šventosios nepažįstu, baisiai patenkintas stebėjo šį nepaprastą pasisveikinimą. Šimto šiek tiek nustebusių *čelų* akys irgi buvo įsmeigtos į šią meilią sceną.

Džiaugsmo Persmelktoji Motina iš Bengalijos

Iškart supratau, kad šventoji pakylėta ir apimta *samadhio* būsenos. Pamiršusi, kad savo išore yra moteris, ji jautėsi kaip amžinoji siela ir iš šio lygmens džiaugsmingai sveikino kitą Dievui atsidavusį žmogų. Paėmusi mane už rankos, nusivedė prie savo automobilio.

– Ananda Moji Ma, aš trukdau tau iškeliauti! – pasipriešinau.

– Tėve, šiame gyvenime [1] po daugelio amžių matau tave pirmą kartą! – atsakė ji. – Labai prašau dar pabūti.

Mudu susėdome ant užpakalinės automobilio sėdynės. Netrukus Palaimingoji Motina sustingo apimta ekstazės. Jos gražios akys, nukreiptos į dangų, taip ir liko pusiau pramerktos, jos žvelgė į tolimą ir artimą vidinį Rojų. Mokiniai tyliai kartojo: „Šlovė Dieviškajai Motinai!"

Indijoje mačiau daug Dievą suvokusių žmonių, bet dar niekada nebuvau sutikęs tokios pakylėtos šventosios. Jos gerame veide spindėjo neapsakomas džiaugsmas – dėl to ji ir praminta Palaimingąja Motina. Galva buvo niekuo nepridengta, ilgi juodi plaukai bangavo palaidi ant nugaros. Raudonas santalo pastos taškelis kaktoje simbolizavo dvasinę akį, viduje visada atmerktą. Smulkus veidas, mažytės rankos ir pėdos – koks dvasios didybės kontrastas!

Kol Ananda Moji Ma sėdėjo apimta transo, šio to paklausinėjau arčiausiai stovinčią mokinę.

– Palaimingoji Motina keliauja po visą Indiją, daug kur ji turi šimtus mokinių, – pradėjo man pasakoti *čela*. – Jos narsiomis pastangomis įvyko daug socialinių pokyčių. Šventoji yra *brahmanų* kastos, bet kastų nepripažįsta. Mūsų grupė visada keliauja su ja, rūpinasi jos patogumu. Privalome motiniškai ją globoti, nes ji visai nekreipia dėmesio į savo kūną. Jei niekas nepaduotų valgyti, ji ir nevalgytų, net nepaprašytų. Net kai maistas padedamas priešais, ji jo neliečia. Nenorėdamos, kad ji iškeliautų į kitą pasaulį, mes, mokinės, valgydiname ją rankomis. Dažnai ji dienų dienas išbūna nugrimzdusi į dievišką transą, beveik nealsuoja, akys nemirkčioja. Vienas svarbiausių jos *čelų* – vyras Bholanathas. Prieš daugelį metų, neilgai trukus po to, kai jie susituokė, jis davė tylėjimo žadą.

Čela parodė man plačiapetį dailaus veido vyrą ilgais plaukais ir žila barzda. Jis tyliai stovėjo tarp susirinkusiųjų, kaip mokinys pagarbiai sudėjęs rankas.

Panirusi Begalybėn ir jos atgaivinta, dabar Ananda Moji Ma nukreipė dėmesį į išorinį pasaulį.

---

[1] Ananda Moji Ma gimė 1896 m. rytų Bengalijoje, Keoros kaime, Tripuros rajone.

Susitikimas su Ananda Moji Ma Kalkutoje. Šalia jos vyras Bholanathas ir Paramahansa Jogananda

Džiaugsmo Persmelktoji Motina iš Bengalijos

– Tėve, prašau pasakyti, kur apsistojai, – jos balsas skambėjo aiškiai ir melodingai.

– Šiuo metu būnu Kalkutoje arba Rančyje, bet netrukus grįšiu į Ameriką.

– Ameriką?

– Taip. Tenykščiai dvasiniai ieškotojai nuoširdžiai įvertintų indų šventąją. Gal norėtum ten nuvažiuoti?

– Važiuosiu, jei tėvas pasiims mane kartu.

Išgirdę šį atsakymą, arčiausiai stovintys mokiniai sunerimę krūptelėjo.

– Su Palaimingąja Motina visada keliauja dvidešimt ar daugiau mokinių, – tvirtai tarė vienas jų. – Mes be jos neištvertume. Kur keliauja ji, ten ir mes.

Nenoriai atsisakiau šio spontaniškai gimusio plano, nes jis buvo neįgyvendinamas.

– Labai prašau bent atvykti į Rančį su mokiniais, – paprašiau atsisveikindamas su šventąja. – Kadangi pati esi Dievo vaikas, tau patiks mano mokyklos mažieji.

– Mielai eisiu, kur mane ves tėvas.

Neilgai trukus Rančio *vidjalaja* ėmė iškilmingai ruoštis žadėtai šventosios viešnagei. Vaikai nekantriai laukė bet kokių švenčių – juk tada nebūna pamokų, valandų valandas groja muzika, o paskui dar puota iki valios!

„Valio! Ananda Moji Ma, *ki džei!*"

Štai toks dešimčių jaunų balsų karštai kartojamas sveikinimas pasitiko šventąją ir jos mokinius, žengiančius pro mokyklos vartus. Serenčių lietus, žvangantys cimbolai, garsiai pučiamos kriauklės ir mridangos dundesys! Palaimingoji Motina šypsodamasi ėjo per saulėtą *vidjalajos* teritoriją, širdyje visur nešdamasi savo rojų.

– Čia labai gražu, – maloniai tarė Ananda Moji Ma, atvesta į pagrindinį pastatą. Vaikiškai šypsodamasi, ji atsisėdo greta. Regėjos, kad ji yra artimiausia ir brangiausia draugė, bet kartu ją gaubė tokia aura, jog kilo įspūdis, kad ji yra toli nuo čia – taip paradoksaliai atrodo Visur Esantis žmogus.

– Prašom papasakoti mums apie savo gyvenimą.

– Tėvas viską žino, kam kartoti?

Buvo aišku, kad faktinė trumpo žmogaus įsikūnijimo istorija jai atrodo neverta dėmesio.

Nusijuokiau ir švelniau pakartojau klausimą.

– Tėve, nėra ko pasakoti, – ji grakščiai skėstelėjo rankomis. – Mano sąmonė niekada savęs nesiejo su šiuo laikinu kūnu. Prieš ateidama į Žemę, tėve, „aš[2] buvau tokia pati". Kai buvau maža, „aš buvau tokia pati". Kai išaugau į moterį, „aš buvau tokia pati". Kai šeima, kurioje gimiau, sutarė dėl šio kūno sutuoktuvių, „aš buvau tokia pati". Ir dabar, tėve, prieš jus „aš esu tokia pati". Ir visada vėliau, nors aplink mane amžinybės menėje ir keisis kūrinijos šokis, „aš būsiu tokia pati".

Ananda Moji Ma nugrimzdo į gilią meditaciją. Sustingo it statula, išskriejo į nuolatos ją kviečiančią karalystę. Tamsūs akių ežerai tapo stikliniai, be jokios gyvybės. Taip dažnai atrodo šventieji, kai jų sąmonė atsiskiria nuo fizinio kūno – tada kūnas būna tik besielis molio gabalas. Mes valandą sėdėjome apimti transo. Paskui ji sugrįžo į šį pasaulį ir linksmai nusijuokė.

– Ananda Moji Ma, eime kartu į sodą, – pakviečiau. – Ponas Raitas padarys keletą nuotraukų.

– Žinoma, tėve. Tavo noras – mano noras.

Kol ji pozavo, jos puikiose akyse nepaliaujamai švietė nesikeičiantis dieviškas spindesys.

Metas puotauti! Ananda Moji Ma atsisėdo ant patiestos antklodės, viena mokinė pritūpė greta, norėdama ją pamaitinti. Nelyginant kūdikis, šventoji klusniai rijo maisto kąsnelius, kuriuos *čela* kėlė jai prie lūpų. Buvo aišku, kad Palaimingajai Motinai tas pat, ar karis, ar saldėsiai!

Pradėjus temti, apiberta rožių žiedlapiais šventoji su palyda išvyko. Pakėlusi rankas ji palaimino mažuosius. Jų veiduose švytėjo meilė – ją be jokių ypatingų pastangų buvo sužadinusi Ananda Moji Ma.

„Mylėk Viešpatį savo Dievą visa širdimi, visa siela, visu protu ir visomis jėgomis", – sakė Kristus: tai ir yra pirmasis įsakymas.[3]

Atmetusi visas menkesnes prieraišas, Ananda Moji Ma savo ištikimybę buvo paaukojusi Viešpačiui. Ne pedantiškai moksliškai analizuodama, bet kliaudamasi patikima tikėjimo logika, ši į vaiką panaši šventoji išsprendė vienintelį žmogaus gyvenimo uždavinį – pasiekė

---

[2] Ananda Moji Ma nevadino savęs „aš"; ji vartojo kuklias perifrazes, tokias kaip „šis kūnas", „ši mergaitė" ar „tavo duktė". Be to, ji nė vieno žmogaus nevadino savo „mokiniu". Kupina objektyvios išminties, ji visiems žmonėms po lygiai dalijo dievišką Visuotinės Motinos meilę.

[3] Mk 12, 30.

Džiaugsmo Persmelktoji Motina iš Bengalijos

Paramahansa Jogananda ir jį lydintys asmenys Agroje prie Tadž Mahalo, „marmure įamžintos svajonės" 1936 m.

vienybę su Dievu.

Žmonės pamiršo, kaip tai paprasta, ir jų protus dabar temdo milijonas klausimų. Atsisakę monoteistinės meilės Kūrėjui, įvairių šalių žmonės mėgina savo neištikimybę pridengti išorine labdara. Tai dori humanitariniai darbai, nes bent trumpam atitraukia žmogaus dėmesį nuo savęs paties, bet neatleidžia nuo pagrindinės gyvenimo pareigos, kurią Jėzus vadino „pirmuoju įsakymu". Pakilią priedermę mylėti Dievą žmogus prisiima pirmąkart įkvėpdamas oro, jam dosniai dovanojamo Geradario.[4]

Vėliau turėjau dar vieną progą susitikti su Ananda Moji Ma. Po kelių mėnesių ji su savo palyda laukdama traukinio stovėjo Šryrampuro stoties perone.

– Tėve, važiuoju į Himalajus, – pasakė ji man. – Geri žmonės Dehra Duno mieste mums pastatė vienuolyną.

---

[4] „Daug kas jaučia poreikį kurti naują, geresnį pasaulį. Užuot mąstę apie tokius dalykus, verčiau pagalvokite, kokios kontempliacijos jums suteikia tobulos ramybės viltį. Žmogaus pareiga ieškoti Dievo, arba Tiesos." (Ananda Moji Ma)

Jogo autobiografija

Ji įlipo į traukinį, o aš nepalioviau žavėtis, kad visur – minioje, traukinyje, puotoje ar tyliai sėdėdama – ji visada žvelgia į Dievą.

Viduje tebegirdžiu aidintį ir neapsakomą saldybę skleidžiantį jos balsą: „Žiūrėk, dabar ir visados susiliejusi su Viešpačiu, aš visados tokia pati."

46 SKYRIUS

Nieko nevalganti jogė

– Pone, kur važiuojam šį rytą?
Ponas Raitas vairavo fordą. Jis valandėlei atitraukė žvilgsnį nuo kelio ir klausiamai pažvelgė į mane. Šiomis dienomis jis retai iš anksto žinodavo, kokią kitą Bengalijos dalį pamatys.

– Jei Dievas panorės, – pamaldžiai atsakiau, – aplankysime aštuntąjį pasaulio stebuklą – šventąją, mintančią vien oru!

– Stebuklai kartojasi – antra Teresė Noiman, – ponas Raitas nekantriai nusijuokė ir padidino automobilio greitį. Dar viena neįtikėtina istorija jo kelionių dienoraštyje! Ir nutikusi tikrai ne paprastam turistui!

Atsikėlėme dar saulei nepatekėjus. Mums už nugarų ką tik liko Rančio mokykla. Be manęs ir mano sekretoriaus, kartu važiavo trys draugai bengalai. Godžiai gėrėme gaivų orą, gamtos mums paruoštą ryto vyną. Vairuotojas atsargiai vinguriavo automobiliu tarp ankstyvų valstiečių ir dviračių vežimų, palengva traukiamų į jungus įkinkytų kuprotų jaučių – šie buvo pasiruošę pakovoti dėl kelio su signalizuojančiu įsibrovėliu.

– Pone, norėtume daugiau sužinoti apie badaujančią šventąją.

– Ji vardu Giri Bala, – atsakiau bendrakeleiviams. – Pirmą kartą apie ją išgirdau prieš daug metų iš labai mokyto pono, tokio Sthičio Lalo Nundžio (Sthiti Lal Nundy). Jis dažnai ateidavo į mūsų namus Garparo plente mokyti mano brolio Bišnaus.

„Aš gerai pažįstu Giri Balą, – papasakojo man Sthitis Babu. – Ji naudoja tam tikrą jogos techniką, dėl kurios gali gyventi nevalgydama. Navabgandže netoli Ičapuro [1] buvau jos artimas kaimynas. Nutariau atidžiai ją stebėti ir nė karto nepamačiau, kad ji būtų ką nors valgiusi ar gėrusi. Galiausiai mano susidomėjimas taip išaugo, kad kreipiausi į Burdvano maharadžą [2] ir paprašiau atlikti tyrimą. Apstulbintas mano

---

[1] Šiaurės Bengalijoje.
[2] Jo šviesybė seras Bidžajus Čandas Mahtabas (Bijay Chand Mahtab), dabar jau miręs. Neabejoju, kad jo šeimoje saugomi trijų maharadžos atliktų Giri Balos tyrimų užrašai.

pasakojimo, jis pasikvietė ją į rūmus. Ji sutiko atlikti bandymą ir du mėnesius gyveno užrakinta nedidelėje rūmų dalyje. Vėliau grįžo į rūmus ir viešėjo dar dvidešimt dienų; paskui, atlikdama trečią bandymą – penkiolika dienų. Pats maharadža sakė, kad po griežtų tyrimų visiškai įsitikino, jog moteris nieko nevalgo."

Šią Sthičio Babu istoriją saugau atmintyje dvidešimt penkerius metus, – baigiau pasakoti. – Kartais būdamas Amerikoje pagalvodavau, ar laiko upė nenusineš jogės[3] pirmiau, nei spėsiu su ja susitikti. Dabar ji turėtų būti jau garbaus amžiaus. Nenutuokiu, kur ji gyvena, nežinau, ar išvis dar gyva. Bet po kelių valandų privažiuosime Purulijos miestą, o ten yra jos brolio namai.

Pusę vienuoliktos jau šnekučiavomės su jos broliu Lambodaru Dejumi (Dey). Jis Purulijoje dirbo advokatu.

– Taip, mano sesuo gyva. Kartais paviešį čia, pas mane, bet šiuo metu yra mūsų gimtinėje Biure, – Lambodaras Babu dvejodamas dirstelėjo į fordą. – Svamidži, vargu ar lig šiol koks nors automobilis yra taip toli prasiskverbęs į žemyno gilumą iki pat Biuro. Gal verčiau apsieikite su jaučio traukiamu vežimu.

Bet mūsų draugija vienbalsiai prisiekė ištikimybę Detroito pasididžiavimui.

– Fordą atsigabenome iš Amerikos, – paaiškinau advokatui. – Būtų gaila atimti iš jo galimybę susipažinti su centriniais Bengalijos rajonais!

– Telydi jus Ganeša![4] – juokdamasis atsakė Lambodaras Babu. Ir mandagiai pridūrė: – Jei įstengsite ten nuvažiuoti, neabejoju, kad Giri Bala apsidžiaugs jus pamačiusi. Jai jau beveik septyniasdešimt, bet jos sveikata puiki.

– Sakykite, pone, ar tiesa, kad ji visiškai nevalgo? – pažvelgiau jam tiesiai į akis, į tikruosius sielos veidrodžius.

– Tiesa, – jo žvilgsnis buvo atviras ir garbingas. – Jau daugiau kaip penkiasdešimt metų nesu matęs jos valgant nė kąsnelio. Net jei sugriūtų pasaulis, pamatęs valgančią seserį nustebčiau labiau!

Visi nusijuokėme įsivaizduodami du šiuos neįmanomus kosminius įvykius.

– Giri Bala niekada nesistengė visiškai atsiskirti nuo žmonių, kad viena galėtų praktikuoti savo jogą, – toliau pasakojo Lambodaras

---

[3] Orig. *yogini*.
[4] „Kliūčių šalintojas", sėkmės dievas.

Nieko nevalganti jogė

Babu. – Ji nuolat gyvena tarp šeimos ir draugų. Dabar jau visi priprato prie jos keistos būsenos – jie apstulbtų, jei Giri Bala staiga sumanytų ką nors suvalgyti! Sesuo drovi, kaip ir dera našlei hinduistei, bet visas mūsų negausus ratas Purulijoje ir Biure žino, kad ji iš tiesų nepaprasta moteris. Brolis tikrai kalbėjo nuoširdžiai. Mes šiltai padėkojome ir pasiruošėme keliauti į Biurą. Dar stabtelėjome gatvės užeigoje užkąsti kario ir *lučių*, ir pulkas gatvės vaikigalių subėgo pažiūrėti, kaip ponas Raitas lyg paprastas indas[5] valgo pirštais. Jautėmės praalkę, tad gerai pasistiprinome prieš popietę, kuri – nors tuo metu ir nežinojome – laukė gana sunki.

Palei saulės iškepintus ryžių laukus kelias vingiavo į rytus, į Bengalijos dalį, vadinamą Burdvanu. Iš abiejų pusių žėlė tanki augmenija, nuo medžių didelėmis skėtį primenančiomis šakomis sklido mainų (Azijos varnėnų) ir dryžuotapilvių lakštingalų giesmės. Tai vienur, tai kitur sutikdavome jaučių traukiamų vežimų; jų ašys ir geležimi kaustyti ratai girgždėjo *rini rini mandžu mandžu* – didelis kontrastas, palyginti su mūsų automobilio padangomis, pratusiomis šiugždėti aristokratišku miestų gatvių asfaltu.

– Dikai, stok! – netikėtai šūktelėjęs priverčiau fordą krestelėti ir sustoti. – Anas gausiai vaisiais apkibęs mangas tiesiog šaukte šaukia prieiti!

Penkiese it vaikai puolėme prie mangais nusėtos žemės; medis dosniai metė prinokusius vaisius.

– Kiek daug saldžiųjų mangų noksta ir nubyra, – perfrazavau aš, – o kvapas dingsta akmenuotoj žemėj.

– Amerikoje nieko panašaus nėra, ar ne, Svamidži? – nusijuokė Sailešas Muzumdaras (Sailesh Muzumdar), vienas mano mokinys bengalas.

– Nėra, – pripažinau patenkintas ir iki soties prisikirtęs mangų. – Kaip man Vakaruose trūko šių vaisių! Hinduistas neįsivaizduoja rojaus be mangų!

Sviedęs akmenį, numušiau ant aukščiausios šakos išdidžiai kabantį dar vieną gražuolį vaisių.

– Dikai, – paklausiau kąsdamas atogrąžų saulės įkaitintą ambroziją, – ar fotoaparatai automobilyje?

---

[5] Šri Juktešvaras mėgo sakyti: „Viešpats mus apdovanojo gerosios žemės vaisiais. Mums patinka maistą matyti, uosti, justi jo skonį – o indai dar mėgsta jį ir liesti!" Galima jo netgi *klausytis*, jei tik valgai vienas!

– Taip, pone, bagažo skyriuje.
– Jei paaiškės, kad Giri Bala tikra šventoji, noriu ją aprašyti vakariečiams. Tokia įkvepianti jogė neturėtų gyventi ir mirti nežinoma – kaip dauguma šių mangų.
Praėjo pusvalandis, aš tebevaikštinėjau miško ramybėje.
– Pone, – kreipėsi į mane ponas Raitas, – pas Giri Balą reiktų nuvažiuoti iki saulėlydžio, kad pakaktų šviesos fotografuoti, – paskui šypsodamasis paaiškino: – Vakariečiai – skeptiški žmonės; nemanykime, kad patikės tokios moters egzistavimu, jei neparodysime nuotraukų!
Tai buvo nenuginčijamas išminties krislas. Nusigręžiau nuo pagundos ir sėdau į automobilį.
– Dikai, tu teisus, – atsidusau, kai vėl pajudėjome. – Mangų rojų aukoju ant Vakarų realizmo altoriaus. Mums būtinai reikia nuotraukų!
Kelias darėsi vis prastesnis, daugėjo provėžų raukšlių ir sukietėjusio molio skaudulių – liūdnų senatvinės negalios ženklų. Kartais išlipdavome, kad ponui Raitui būtų lengviau manevruoti, ir fordą stumdavome.
– Lambodaras Babu kalbėjo teisybę, – pripažino Sailešas. – Ne automobilis mus veža, bet mes nešame automobilį!
Taip ir važiavome tai iššokdami iš automobilio lauk, tai vėl susėsdami. Nuobodžią kelionę paįvairino nuolat pasirodantys kaimai – visi vaizdingi, žaviai paprasti.

„Kelias vingiavo ir sukiojosi per palmių giraites tarp senovinių laiko nepaliestų kaimų, glūdinčių miško paunksnėje, – 1936 metų gegužės 5 dieną kelionės dienoraštyje užrašė ponas Raitas. – Šios susispietusios drėbtinės trobelės palmių lapų stogais labai patrauklios; jų duris puošia vienas iš Dievo vardų, aplink jas nekaltai žaidžia daugybė mažų nuogų vaikų ir žaidimą jie nutraukia tik norėdami paspoksoti arba sprukti kiek kojos neša nuo didelio juodo vežimo, kuris it paklaikęs rieda per jų kaimą netraukiamas jokių jaučių. Moterys tik žvilgčioja iš paunksnių, vyrai tingiai drybso po pakelės medžiais, smalsumą slėpdami po abejingumu. Viename kaime visi gyventojai linksmai maudėsi dideliame baseine (su visais drabužiais, paskui persirengė sausais apdarais, o šlapius nusimetė). Matėme, kaip moterys didžiuliais variniais indais neša namo vandenį.
Linksmai riedėjome keliu, tai kylančiu į kalną, tai besileidžiančiu žemyn; šokčiojome ir kratėmės, taškydami vandenį kirtome siaurus upelius, aplenkėme nebaigtą pylimą, lėtai važiavome per smėlėtas

išdžiūvusių upių vagas ir galiausiai apie penktą valandą vakaro pasiekėme kelionės tikslą – Biurą. Šis nedidelis kaimelis yra Bankuros rajone. Jis saugiai pasislėpęs po tankia lapija ir, kaip mums papasakojo, per liūčių sezoną keliautojams yra nepasiekiamas – tada upeliai virsta įsisiautėjusiais srautais, o keliai it gyvatės ima spjaudyti dumblo nuodus.

Paskui sutikome pulkelį maldininkų. Pasimeldę nuošaliai lauke stovinčioje šventykloje jie ėjo namo. Paklausėme jų kelio ir mus apspito tuzinas menkai apsirengusių paauglių, jie apkibo automobilio šonus nekantraudami parodyti, kur gyvena Giri Bala.

Kelias įsuko į datulinių finikų giraitę, kurioje glaudėsi kelios iš molio drėbtos trobelės. Mūsų fordas, dar jų neprivažiavęs, staiga pavojingai pakrypo, šoktelėjo į viršų ir nusileido ant žemės. Siauras kelelis giliomis provėžomis vinguriavo tarp medžių ir pro vandens rezervuarus, per kalvas ir duobes. Vienoje vietoje automobilis užkliuvo už krūmų, paskui įstrigo ant kauburio ir teko iš po jo kasti žemės grumstus. Toliau važiavome lėtai ir atsargiai, tik staiga šis vežimams skirtas kelias baigėsi – jo viduryje buvo išsikerojęs didžiulis krūmas, taigi mums teko pasukti stačiu šlaitu į išdžiūvusį tvenkinį, iš kurio išsikapstyti pavyko tik tada, kai gerokai pasidarbavome kirvukais ir kastuvais. Vis atrodydavo, kad kelias jau visai neišvažiuojamas, bet piligrimams sustoti negalima. Kai vienoje vietoje vėl įstrigome, paslaugūs jaunuoliai atsinešė kastuvus ir pašalino kliūtis – su Ganešos pagalba! Visa tai stebėjo šimtai vaikų ir suaugusiųjų.

Netrukus kelionę tęsėme dviem labai senomis provėžomis. Iš savo trobelių išplėtusios akis mus stebėjo moterys, vyrai sekė mums iš paskos, paskui šią vilkstinę bėgo vaikai. Tikriausiai mūsų automobilis pirmasis važiavo šiais keliais. Matyt, čia viešpatavo „jaučiais traukiamų vežimų profsąjunga"! Mes buvome tikra sensacija – amerikiečio vedama grupė pirmą kartą prunkščiančiu automobiliu įriedėjo į šio kaimelio tvirtovę ir pažeidė nuo senovės saugomą jo nuošalumą bei šventumą!

Sustojome prie siauro tako už kelių dešimčių metrų nuo Giri Balos namų, kuriuos ji buvo paveldėjusi iš savo protėvių. Po ilgos kelionės ir ypač sunkios paskutinės atkarpos apėmė pasiekto tikslo jaudulys. Prisiartinome prie didelio dviaukščio tinkuoto plytų pastato, iškilusio virš aplink išsimėčiusių plūktinių trobelių. Namas buvo remontuojamas, apstatytas bambukiniais pastoliais, – kaip įprasta atogrąžų kraštuose.

Karštligiškai nerimaudami ir tramdydami džiaugsmą stovėjome priešais atviras duris, už kurių gyveno moteris, Viešpaties palaiminta nejusti alkio. Aplink būriavosi iš nuostabos išsižioję kaimiečiai – jauni ir seni, nuogi ir apsirengę; moterys stovėjo nuošaliau, bet irgi buvo labai smalsios, o vyrai ir vaikai nesidrovėdami lipo mums ant kulnų ir spoksojo į nematytą reginį.

Netrukus tarpduryje pasirodė neaukšta figūrėlė – Giri Bala! Ji buvo apsisiautusi pilkšvai auksinės spalvos šilko drabužiu. Kaip įprasta indėms, kukliai, neryžtingai išėjo į priekį ir pažvelgė į mus pro namuose austo drabužio (*svadeši*) klostę. Akys iš po galvos apdangalo žvilgėjo kaip anglys; mes iškart pamilome šį geraširdišką ir Savojo Aš suvokimo kupiną veidą, nesuteptą jokių žemiškų prieraišų.

Giri Bala romiai prisiartino ir tylėdama sutiko, kad ją nufotografuotume ir nufilmuotume kino kamera[6]. Ji kantriai ir droviai laukė, kol tvarkėme savo techniką ir derinome apšvietimą. Galiausiai būsimosioms kartoms įamžinome vienintelę pasaulyje moterį, kuri, kaip yra žinoma, penkiasdešimt metų gyvena visiškai nevalgydama ir negerdama. (Teresė Noiman nevalgė nuo 1923 metų.) Giri Bala stovėjo priešais ir jos išraiška atrodė itin motiniška – visa ji buvo įsisupusi į palaidą drabužį, taigi matėsi tik galva, nuleistos akys, rankos ir mažytės pėdos. Jos veidas buvo kaip reta ramus, nekaltas ir orus – plačios vaikiškos virpančios lūpos, moteriška nosis, siauros žiburiuojančios akys ir ilgesinga šypsena."

Man Giri Bala paliko panašų įspūdį kaip ir ponui Raitui. Dvasingumas ją buvo apgaubęs tarsi švelniai spindintis šydas. Ji nusilenkė prie mano kojų, kaip įprasta namų šeimininkei pasveikinti vienuolį. Paprastas žavesys ir tyli šypsena mums buvo mielesni už saldžią gražbylystę. Iškart pamiršome sunkią, dulkiną kelionę.

Nediduke šventoji atsisėdo verandoje, sukryžiavusi kojas. Nors laikas paliko savo randų, jos kūnas nebuvo išsekęs, tamsi oda tebebuvo skaisti ir sveika.

– Motin, – kreipiausi į ją bengališkai, – jau dvidešimt penkerius metus nekantriai laukiau šios šventos kelionės! Apie jūsų šventą gyvenimą sužinojau iš Sthičio Lalo Nundžio Babu.

Ji pritariamai linktelėjo.

– Taip, jis geras mano kaimynas Navabgandže.

– Per tuos metus plaukiojau per vandenynus, bet nepamiršau savo ketinimo kada nors jus aplankyti. Didi drama, kurią čia taip

---

[6] Ponas Raitas filmavo ir Šri Juktešvarą per jo paskutinę žiemos saulėgrįžos šventę Šryrampure.

nepastebimai atliekate, turėtų būti paskelbta visam pasauliui, seniai pamiršusiam vidinį dievišką maistą.
Šventoji valandėlei pakėlė akis ir ramiai susidomėjusi nusišypsojo.
– Baba (garbusis tėvas) geriau išmano, – nuolankiai atsakė ji.
Apsidžiaugiau, kad ji neįsižeidė, nes sunku nuspėti, kaip jogai ir jogės reaguos į sumanymą juos išgarsinti. Paprastai jie to vengia, trokšdami tyloje tęsti begalines sielos studijas. Bet atėjus tinkamam metui atvirai atskleisti savo gyvenimą, kad iš jų pasimokytų ieškantys protai, jiems suteikiamas vidinis leidimas.
– Motin, – toliau kalbėjau aš, – todėl atleiskite man, kad varginsiu daugybe klausimų. Malonėkite atsakyti tik į tuos, į kuriuos norėsite, o jei tylėsite, aš jus irgi suprasiu.
Ji maloningai skėstelėjo rankomis.
– Mielai atsakysiu, jei tinkamai atsakyti gali tokia nereikšminga būtybė kaip aš.
– Oi, ne, tik nesakykite, kad nereikšminga! – nuoširdžiai paprieštaravau. – Jūs didi siela.
– Aš nuolanki visų tarnaitė, – pasakė ji ir gražiai paaiškino: – Mėgstu gaminti maistą ir vaišinti kitus.
Keistas pomėgis, pamaniau – juk ši šventoji nieko nevalgo!
– Pasakykite, motin, savo pačios lūpomis: ar tikrai gyvenate be maisto?
– Taip, tikrai.
Ji kiek patylėjo, o iš kitos pastabos supratau, kad ji mintyse skaičiavo.
– Nuo dvylikos metų ir keturių mėnesių iki dabar, o man jau šešiasdešimt aštuoneri – taigi penkiasdešimt šešerius metus nieko nevalgau ir negeriu.
– Ar jums niekada nekyla pagunda užvalgyti?
– Jei užsimanyčiau maisto, tektų valgyti, – paprastai, bet didingai patvirtino ji šią įrodymų nereikalaujančią tiesą; juk puikiai žinome, kad pasaulis sukasi aplink triskart per dieną valgomą maistą!
– Bet vis tiek kuo nors mintate! – mano balse buvo girdėti prieštaravimas.
– Be abejo! – tučtuojau suprato ji ir nusišypsojo.
– Maistą gaunate iš subtiliausios oro ir saulės šviesos energijos[7] ir

---

[7] „Viskas, ką valgome, yra spinduliavimas; mūsų maistas – tai tam tikras energijos kiekis", –

iš kosminės galios, ji pakrauna jūsų kūną per *medulla oblongata*.
– Baba žino geriau, – vėl ramiai ir nieko nesureikšmindama pritarė ji.
– Motin, papasakokite apie savo jaunystę. Ji įdomi visiems Indijos gyventojams ir net mūsų užjūrio broliams bei sesėms.
Giri Bala nusimetė įprastą santūrumą, atsipalaidavo ir prabilo.
– Tebūnie, – tarė žemu ir tvirtu balsu. – Gimiau šiuose miškinguose kraštuose. Vaikystėje niekuo neišsiskyriau iš kitų, tik nepasotinamai norėjau valgyti. Sulaukusi devynerių, buvau pažadėta vyrui. „Vaike, – dažnai įspėdavo mane motina, – stenkis valdyti godulį. Kai apsigyvensi tarp svetimų, vyro šeimoje, ką jie apie tave manys, jei per dienas tik valgysi?"
Kaip motina pranašavo, taip ir atsitiko. Vos dvylikos apsigyvenau vyro šeimoje Navabgandže. Anyta nuo ryto iki vakaro gėdijo mane, kad esu apsirijėlė. Bet jos barimas išėjo į gera; jis pažadino mano snaudusį polinkį į dvasingumą. Vieną rytą anyta išsityčiojo itin negailestingai.
„Netrukus jums įrodysiu, – atsakiau įskaudinta iki širdies gelmių, – kad daugiau niekada kaip gyva nepaliesiu maisto." Anyta niekinamai nusijuokė. „Štai kaip! – tarė ji. – Kaipgi tu gyvensi nevalgiusi, jei negali ištverti nepersivalgiusi?"
Neturėjau ką atsakyti. Bet širdyje pajutau geležinį ryžtą. Nuošalioje vietelėje kreipiausi į savo Dangiškąjį Tėvą. „Viešpatie, – ėmiau nepaliaujamai melstis, – prašau atsiųsti man guru, kuris išmokytų mane gyventi Tavo šviesa be kitokio maisto."
Mane ištiko ekstazė. Apimta palaimos patraukiau į Navabgandžo ghatą prie Gangos. Pakeliui sutikau vyro šeimos dvasininką.

1933 m. gegužės 17 d. Memfyje susirinkusiems medicinos darbuotojams kalbėjo geologijos daktaras V. Krailas (W. Crile) iš Klivlando. Štai kelios jo kalbos ištraukos:

„Šią pačią svarbiausią spinduliuotę, kuri kūno elektros grandinėje – nervų sistemoje – sužadina elektros sroves, kaip maistą mums pateikia Saulė. Atomai yra kaip Saulės sistemos. Tai nešėjai, prisipildantys Saulės spindulių. Šiuos nesuskaičiuojamus energijos atomus valgome kaip maistą. Žmogaus kūne atomai perduoda energiją kūno protoplazmai; taip Saulė sukuria naują cheminę energiją, naujas elektros sroves. Jūsų kūnai sudaryti iš tokių atomų. Tai jūsų raumenys, smegenys ir jutimo organai, tokie kaip akys ir ausys."

Kada nors mokslininkai atras, kaip žmogus gali gyventi energiją gaudamas tiesiogiai iš Saulės. „Chlorofilas – vienintelė gamtoje žinoma medžiaga, galinti veikti kaip „šviesos gaudyklė", – rašė Viljamas L. Lorensas (William L. Laurence) laikraštyje *New York Times*. – Jis „gaudo" Saulės šviesos energiją ir kaupia ją augaluose. Be šito neegzistuotų gyvybė. Kūnui reikalingą energiją gauname iš Saulės energijos, sukauptos augaliniame maiste arba juo mitusių gyvulių mėsoje. Energija, kurią gauname iš anglies ar naftos, tai Saulės energija, chlorofilo sukaupta augaluose prieš milijonus metų. Tarpininkaujant chlorofilui, mes gyvename iš Saulės energijos."

GIRI BALA, NEVALGANTI ŠVENTOJI
Specialia jogos technika ji savo kūną pakrauna kosmine energija iš eterio, saulės ir oro. „Niekada nesirgau, – sakė šventoji. – Miegu labai mažai, nes miegoti ar budrauti – man tas pats."

„Garbusis pone, – patikliai kreipiausi, – būkit geras, pamokykit mane gyventi be maisto."

Jis nustebęs pažiūrėjo į mane ir nieko neatsakė. Pagaliau guodžiamai prabilo. „Vaike, – tarė jis, – ateik šį vakarą į šventyklą ir aš tau atliksiu ypatingas vedų apeigas."

Man reikėjo ne tokio migloto atsakymo, tad tęsiau kelionę į ghatą. Ryto saulė kiaurai švietė per vandenis. Apsiprausiau Gangoje, lyg ruošdamasi šventai iniciacijai. Kai įsisupusi į šlapią drabužį ėjau nuo upės, vidury spindinčios dienos prieš mane materializavosi mano mokytojas!

Jogo autobiografija

„Brangioji mažutėle, – tarė jis meilės ir atjautos kupinu balsu, – aš esu guru, kurį čia atsiuntė Dievas atsakydamas į tavo karštą maldą. Jos nepaprastumas Jį labai sujaudino! Nuo šios dienos tu gyvensi astraline šviesa; tavo kūno atomus įkraus begalinė srovė."

Giri Bala nutilo. Aš paėmiau pono Raito pieštuką ir bloknotą ir išverčiau jam į anglų kalbą kai kurias pasakojimo vietas.

Šventoji pasakojo toliau; jos švelnus balsas buvo vos girdimas.

– Ghate žmonių nebuvo, bet guru apsiautė mus apsaugine šviesos aura, kad nesutrukdytų jokie atsitiktiniai praeiviai. Jis mane supažindino su *krijos* technika, kuri išvaduoja kūną iš priklausomybės nuo tankaus mirtingųjų maisto. Reikalinga ir tam tikra *mantra*[8] bei kvėpavimo pratimai, jie sunkesni, nei įmanoma atlikti vidutiniam žmogui. Bet nereikia nei vaistų, nei burtų – pakanka *krijos*.

Perėmęs amerikiečių reporterių bendravimo manieras, klausinėjau Giri Balos daugybės dalykų, kurie, kaip man atrodė, galėjo būti įdomūs pasauliui. Ji žodis po žodžio suteikė man šią informaciją:

– Aš neturėjau vaikų; prieš daug metų tapau našle. Miegu labai mažai, nes miegoti ir budrauti – man tas pats. Naktimis medituoju, dieną šeimininkauju namie. Kai metų laikai keičiasi, šiek tiek jaučiu tuos pokyčius. Niekada nesu sirgusi jokia liga, nebuvau sunegalavusi. Atsitiktinai susižeidusi truputį jaučiu skausmą. Mano kūnas nieko nešalina. Galiu kontroliuoti savo širdies plakimą ir alsavimą. Regėjimuose dažnai matau savo guru ir kitas didžias sielas.

– Motin, – paklausiau, – kodėl šio būdo, kaip apsieiti be maisto, jūs nemokote kitų?

Tačiau mano viltys padėti milijonams pasaulio badaujančių žmonių netruko sužlugti.

– Ne, – papurtė galvą ji. – Guru griežtai uždraudė kitiems atskleisti šią paslaptį. Jis nenori kištis į Dievo kūrinijos dramą. Ūkininkai man nepadėkotų, jei daugybę žmonių išmokyčiau gyventi be maisto! Sultingi vaisiai be naudos gulėtų ant žemės. Matyt, skurdas, badas ir ligos – tai karmos bizūnai, galiausiai priverčiantys mus ieškoti tikrosios gyvenimo prasmės.

---

[8] Tai galingą vibraciją sukurianti malda. Pažodžiui išvertus iš sanskrito, *mantra* reiškia „minties įrankis". Tai „tobuli, negirdimi garsai, atitinkantys vieną iš kūrinijos aspektų; išreikšta skiemenimis, *mantra* tampa universalia terminija." („Vebsterio naujasis tarptautinių žodžių žodynas", antrasis leidimas) Begalinė garso galia kyla iš *Aum*, „Žodžio", arba kūrybinio Kosminio variklio gausmo.

Nieko nevalganti jogė

— Motin, — neskubėdamas paklausiau, — o kokia nauda iš to, kad buvote išrinkta gyventi be maisto?
— Įrodžiau, kad žmogus yra Dvasia, — jos veide nušvito išmintis. — Parodžiau, kad dieviškai tobulėdamas jis gali pamažu išmokti gyventi tik Amžinąja Šviesa ir nieko daugiau nevalgyti[9].
Šventoji paniro į gilią meditaciją. Jos žvilgsnis nukrypo vidun, švelnios, gilios akys prarado išraišką. Paskui ji ypatingu būdu atsiduso ir tai buvo ženklas, kad ją apima bežadė ekstazė. Ji pasitraukė į erdvę, kur nėra jokių klausimų, tik vidinis džiaugsmas.
Nusileido atogrąžų naktis. Žibalinės lempelės šviesa blykčiojo virš tyliai sėdinčių daugybės kaimiečių galvų. Tamsoje švysčiojantys jonvabaliai ir toli trobelėse degančios aliejinės lempelės audė aksominėje naktyje ryškius, baugius raštus. Atėjo skaudus laikas skirtis. Mūsų laukė lėta, nuobodi kelionė.
— Giri Bala, — kreipiausi, kai šventoji atsimerkė, — prašau man dovanoti ką nors atminimui — skiautelę kurio nors jūsų sario.
Netrukus ji grįžo, nešina gabalėliu Benareso šilko, ištiesė ranką ir staiga sukniubo man po kojomis.
— Motin, — pagarbiai tariau, — verčiau leiskite man palytėti jūsų palaimintas pėdas!

---

[9] Būsena, kuri leidžia žmogui apsieiti be maisto, yra jogų galia, minima Patandžalio „Jogasūtroje" (III, 31). Giri Bala daro tam tikrą kvėpavimo pratimą, kuris veikia *višudha čakrą*, stubure, kaklo srityje, esantį subtiliosios energijos centrą. *Višudha čakra* valdo penktąjį elementą *akašą*, arba eterį, kuris yra užpildęs fizinių ląstelių atomų vidinę erdvę. Susitelkęs į šią *čakrą*, („ratą"), jogas gali gyventi eterio energija.
Teresė Noiman taip pat nevalgo žemiško maisto, tačiau ji nesinaudoja moksline jogų nevalgymo technika. Tai yra nulemta asmeninės karmos. Teresė Noiman ir Giri Bala nugyveno daug Dievui skirtų gyvenimų, bet jų išorinė dieviškumo išraiška skirtinga. Iš krikščionių šventųjų, galėjusių gyventi be maisto (be to, jiems buvo atsivėrusios stigmos), galima paminėti šv. Lidviną iš Schidamo, palaimintąją Elzbietą iš Rento, šv. Kotryną Sienietę, Dominiką Lazari, palaimintąją Angelę iš Folinjo ir XIX a. gyvenusią Luizą Lato (Louise Lateau). Šv. Mikalojus iš Fliuės (Bruderis Klausas, XV a. atsiskyrėlis, kurio karštos maldos vienytis išgelbėjo Šveicarijos konfederaciją) maisto nevalgė dvidešimt metų.

47 SKYRIUS

Grįžtu į Vakarus

„Esu davęs daug jogos pamokų Indijoje ir Amerikoje, bet turiu prisipažinti, kad man, kaip Indijos atstovui, ypač malonu mokyti anglus."

Mano klausytojai Londone pritariamai nusijuokė. Jokie politiniai nesutarimai niekada nedrumstė mūsų jogiškos ramybės.

Indija man jau buvo tik brangus prisiminimas. Dabar ėjo 1936 metų rugsėjis, ir aš atvykau į Angliją tesėti prieš šešiolika mėnesių duoto pažado vėl skaityti paskaitas Londone.

Anglija irgi palankiai priėmė nesenstančią jogos žinią. Mano apartamentus viešbutyje *Grosvenor House* apgulė žurnalistai ir kino kronikų operatoriai. Rugsėjo 29-ąją Britų nacionalinė pasaulinės religijų draugijos taryba Vaitfildo parapijos bažnyčioje surengė susitikimą, jame klausytojams kalbėjau rimta tema: „Kaip tikėjimas žmonių bendryste gali išgelbėti civilizaciją". O aštuntos valandos paskaitos Kakstono salėje sutraukė tokias minias žmonių, kad du vakarus į ją nepatekusieji laukė manęs Vindzorų rūmų auditorijoje, kur pusę dešimtos skaičiau antrąją paskaitą. Per kelias kitas savaites į jogos užsiėmimus susirinkdavo tiek dalyvių, kad ponui Raitui teko tartis dėl kitos salės.

Anglų požiūris į dvasingumą puikiai parodo, kokie jie atkaklūs. Man išvykus, Londono jogos mokiniai patys susibūrė į draugijos *Self-Realization Fellowship* centrą ir per visus rūsčius karo metus kas savaitę rinkdavosi medituoti.

Nepamirštamos dienos Anglijoje: ekskursijos po Londoną, paskui – kelionės į gražias kaimo vietoves. Sėdę į ištikimąjį fordą, mudu su ponu Raitu lankėme didžių britų poetų ir istorijos didvyrių gimtąsias vietas bei kapus.

Spalio pabaigoje mūsų nedidelė grupelė laivu *Bremen* iš Sautamptono išplaukė į Ameriką. Kai įplaukę į Niujorko uostą išvydome stūksančią Laisvės statulą, mums gerklėse įstrigo džiaugsmo gumulas.

Fordas, kiek apdaužytas kelionėse po senąsias žemes, tebebuvo galingas ir nesunkiai įveikė kelią per visą žemyną į Kaliforniją. Ir štai 1936-ųjų pabaigoje –Vašingtono kalno centras!

Grįžtu į Vakarus

Čia kasmet gruodžio 24 dieną (per dvasines Kalėdas) švenčiamos metų pabaigos šventės. Tada visi kartu aštuonias valandas medituojame[1], o kitą dieną surengiame pokylį (Kalėdų šventę). Šiais metais šventėms dar daugiau džiaugsmo suteikė iš tolimų miestų atvykę mokiniai ir mieli draugai – jie norėjo pasveikinti tris namo grįžusius keliautojus po pasaulį.

Tarp kalėdinių vaišių buvo ir skanumynų, kuriuos šiai džiugiai progai gabenome penkiolika tūkstančių mylių: valgomųjų briedžiukų (*gucchi*) iš Kašmyro, rožių sirupe mirkytų konservuotų sūrio rutuliukų (*rasagulla*) su mangų tyre, sausainių *papar* ir Indijoje augančių kvapiųjų pandanų aliejaus ledams gardinti. Vakare susibūrėme prie didžiulės tviskančios kalėdinės eglės, o greta židinyje traškėjo kvapnios kiparisų malkos.

Atėjo metas teikti dovanas – lauktuves iš tolimiausių žemės kampelių: Palestinos, Egipto, Indijos, Anglijos, Prancūzijos, Italijos. Kaip stropiai kiekvieną kartą persėsdamas užsienio šalyje ponas Raitas skaičiuodavo lagaminus, norėdamas įsitikinti, kad jokie ilgapirščiai nepasiglemžė lobių, skirtų mūsų brangiems žmonėms Amerikoje! Pašventinto alyvmedžio lentelės iš Šventosios Žemės, subtilūs nėriniai ir siuvinėti rankdarbiai iš Belgijos ir Olandijos, persiški kilimai, kruopščiai nuaustos Kašmyro skaros, niekada aromato neprarandantys santalo padėklai iš Maisoro, Šivos „jaučio akies" akmenys iš Centrinių Provincijų, seniai pražuvusių Indijos dinastijų monetos, brangakmeniais nusagstytos vazos ir taurės, miniatiūros, gobelenai, šventyklų smilkalai ir aromatai, namuose austa marginta medvilnė, įvairūs lakuoti mediniai dirbiniai, Maisoro dramblio kaulo raižiniai, persiškos šlepetės smalsiomis ilgomis nosimis, nuostabūs seni spalvotais piešiniais išmarginti rankraščiai, aksomai, brokatai, Gandžio stiliaus kepuraitės, keramika, plytelės, žalvario dirbiniai, maldos kilimėliai, – trijų žemynų turtas!

Iš didžiulės krūvos po egle vieną po kitos dalijau ryškiai supakuotas dovanas.

– Seserie Gjanamata (Gyanamata)!

Šventai malonaus veido ir itin dvasiškai nušvitusiai amerikietei,

---

[1] Nuo 1950 m. ši visą dieną trunkanti meditacija perkelta į gruodžio 23 d. Visur pasaulyje draugijos *Self-Realization Fellowship* nariai taip švenčia Kalėdas savo namuose ir SRF šventyklose bei centruose: Kalėdų laikotarpiu viena diena skiriama giliai meditacijai ir maldai. Daugybė žmonių yra paliudiję, kokią didelę dvasinę pagalbą ir palaimą jiems suteikia šis kasmetis ritualas, pradėtas Paramahansos Joganandos.

Parahamansadži Vašingtono kalno centre dar įkūrė Maldos tarybą (pasaulinio *Self-Realization Fellowship* maldos ratelio branduolį), kurioje kasdien meldžiamasi už visus, prašančius pagalbos išspręsti ar įveikti juos kamuojančius sunkumus (*leidėjo pastaba*).

kuri man išvykus vadovavo Vašingtono kalno centrui, įteikiau pailgą dėžę. Ji iš popieriaus išvyniojo auksinio Benareso šilko sarį.

– Dėkui, pone, jis man primena Indijos grožį.

– Pone Dikinsonai (Dickinson)!

Kitame ryšelyje – dovana, nupirkta Kalkutos turguje. „Ponui Dikinsonui patiks", – pamaniau tada. Mylimas mokinys ponas E. E. Dikinsonas nuo pat Vašingtono kalno centro įkūrimo 1925 metais dalyvaudavo visose Kalėdų šventėse.

Per šią vienuoliktąją šventę jis stovėjo priešais mane ir atrišinėjo kaspinus, kuriais buvo surištas pailgas paketas.

– Sidabro taurė!

Susijaudinęs žvelgė į dovaną – aukštą gerti skirtą taurę. Atsisėdo atokiau aiškiai apstulbęs. Maloniai jam nusišypsojau ir toliau vaidinau Kalėdų Senelį.

Džiugių šūksnių vakaras baigėsi malda Didžiajam Dovanotojui. Paskui pradėjome giedoti kalėdines giesmes.

Po kiek laiko šnektelėjau su ponu Dikinsonu.

– Pone, – tarė jis, – leiskite jums padėkoti už sidabro taurę. Kalėdų vakarą neradau žodžių.

– Šią dovaną atvežiau specialiai jums.

– Tos sidabro taurės laukiau keturiasdešimt trejus metus! Tai ilga istorija, kurią lig šiol slėpiau savy, – droviai pažvelgė į mane ponas Dikinsonas. – Pradžia buvo dramatiška – aš skendau. Mažame Nebraskos miestelyje vyresnysis brolis žaisdamas įstūmė mane į penkiolikos pėdų gylio tvenkinį. Tada buvau penkerių. Kai jau antrą kartą buvau bepanyręs po vandeniu, prieš mane nušvito akinama įvairiaspalvė šviesa ir nutvieskė visą erdvę. Jos viduryje stovėjo figūra – vyras ramiomis akimis, jis man drąsinamai šypsojosi. Panirau trečią kartą, bet tada vienas brolio draugų žemai nulenkė aukštą liauną karklą ir aš žūtbūtinai įsikibau į jį rankomis. Berniukai ištraukė mane ant kranto ir sėkmingai suteikė pirmąją pagalbą.

Po dvylikos metų jau septyniolikmetis su motina nuvažiavau į Čikagą. Buvo 1893-iųjų rugsėjis, vyko didžiojo Pasaulio religijų parlamento sesija. Mudu su motina traukėme pagrindine gatve ir staiga aš vėl išvydau akinamą šviesos blyksnį. Už kelių žingsnių nuo manęs lėtai ėjo žmogus, kurį prieš daugel metų mačiau savo regėjime. Priėjęs prie didelės auditorijos, jis dingo už durų.

„Mama, – sušukau, – tai tas pats žmogus, kuris buvo pasirodęs, kai skendau!"

Grįžtu į Vakarus

Mudu nuskubėjome į pastatą. Tas žmogus sėdėjo ant scenos. Netrukus sužinojome, kad tai Svamis Vivekananda iš Indijos[2]. Jis pasakė kalbą, kuri palietė visų klausytojų sielas. Tada prie jo priėjau. Jis maloniai nusišypsojo, lyg pamatęs seną draugą. Buvau dar labai jaunas ir nežinojau, kaip išreikšti jausmus, bet širdyje vyliausi, kad jis pasisiūlys tapti mano mokytoju. Jis perskaitė mano mintis.

„Ne, sūnau, aš nesu tavo guru, – žvelgė gražiomis, veriančiomis akimis Vivekananda. – Tavo mokytojas pasirodys vėliau. Jis tau dovanos sidabro taurę, – patylėjęs šypsodamasis dar pasakė: – Mokytojas užlies tave tokia didele palaima, kokios dabar tu priimti neįstengtum."

– Po kelių dienų išvažiavau iš Čikagos, – toliau pasakojo ponas Dikinsonas, – ir daugiau niekada nemačiau didžiojo Vivekanandos. Bet kiekvienas jo ištartas žodis neišdildomai įsirėžė mano sąmonės gelmėse. Ėjo metai, o mokytojas vis nesirodė. Vieną 1925 metų naktį karštai meldžiausi, kad Viešpats atsiųstų man guru. Po kelių valandų mane pažadino švelni melodija. Prieš akis išvydau dangiškų būtybių orkestrą su fleitomis ir kitais instrumentais. Angelai pripildė erdvę nuostabios muzikos ir palengva išnyko.

Kitą vakarą pirmą kartą apsilankiau jūsų paskaitoje Los Andžele ir supratau, kad mano malda išklausyta.

Mudu tylėdami nusišypsojome vienas kitam.

– Jau vienuolika metų esu *krijajogos* mokinys, – toliau kalbėjo ponas Dikinsonas. – Kartais pagalvodavau apie sidabro taurę, bet jau buvau beveik save įtikinęs, kad Svamio Vivekanandos žodžiai tebuvo metafora. Tačiau Kalėdų vakarą, kai prie eglės įteikėte man dėželę, trečią kartą gyvenime išvydau tos akinamos šviesos blyksnį. Ir po minutės jau žvelgiau į savo guru dovaną, Vivekanandos išpranašautą prieš keturiasdešimt trejus metus[3] – sidabro taurę!

---

[2] Svarbiausias į Kristų panašaus mokytojo Ramakrišnos Paramahansos mokinys.

[3] Ponas Dikinsonas Svamį Vivekanandą sutiko 1893 m. rugsėjį – tais metais gimė Paramahansa Jogananda (sausio 5 d.). Vivekananda tikriausiai žinojo, kad Jogananda vėl įsikūnijo ir kad atvažiuos į Ameriką mokyti Indijos filosofijos.

1965 m., sulaukęs 89-erių, ponas Dikinsonas, vis dar sveikas ir veiklus, Los Andžele, draugijos *Self-Realization Fellowship* centre, gavo jogačarjos (jogos mokytojo) titulą. Jis dažnai ilgai medituodavo su garbiuoju Paramahansa ir niekada nepraleisdavo triskart per dieną vykstančių *krijajogos* pratybų.

Likus dvejiems metams iki mirties (1967 m. birželio 30 d.) jogačarja Dikinsonas skaitė paskaitą SRF vienuoliams. Jis papasakojo įdomią detalę, kurią buvo pamiršęs paminėti Paramahansai. Jogačarja Dikinsonas pasakė: „Kai Čikagoje priėjau prie pakylos, ant kurios sėdėjo Svamis Vivekananda, man dar nespėjus pasisveikinti jis tarė: „Jaunuoli, noriu, kad laikytumėtės atokiau nuo vandens!" (*leidėjo pastaba*).

48 SKYRIUS
Ensinitase, Kalifornijoje

– Pone, staigmena! Kol buvote užsienyje, pastatėme šį Ensinitaso vienuolyną. Tai jums dovana grįžimo proga! – Ponas Linas, sesuo Gjanamata, Durga Ma ir dar keli mokiniai šypsodamiesi nuvedė mane pro vartelius pavėsingu taku.

Išvydau pastatą, tarsi didžiulį baltą vandenyno lainerį išsikišusį virš jūros žydrynės. Iš pradžių be žado, paskui aikčiodamas ir žavėdamasis, galiausiai pasitelkęs visą ribotą žmogaus džiaugsmo ir dėkingumo žodyną, apžiūrėjau ašramą – šešiolika neįprastai didelių ir labai žavingai įrengtų kambarių.

Pro didžiulius įspūdingos pagrindinės salės langus, kurie siekė lubas, matėsi žolės, vandenyno ir dangaus altorius – tikra smaragdo, opalo ir safyro simfonija. Ant milžiniško židinio atbrailos puikavosi Kristaus, Babadži, Lahirio Mahasajos ir Šri Juktešvaro paveikslai. Pajutau, kaip jie laimina šį tykų vakarietišką ašramą.

Tiesiai po sale pačiame skardyje buvo įrengtos dvi meditacijos olos– tiesiai prieš į dangaus ir jūros begalybę. Visame sklype gausu saulėtų kampelių, grįsti takai veda į jaukias pavėsines, rožynus, eukaliptų giraitę ir vaismedžių sodą.

Virš vienų vienuolyno durų kabo užrašas su „Maldos už namus" žodžiais. Ši malda paimta iš Avestos, šventųjų zoroastrizmo tekstų rinkinio: „Tegu čia ateina gerosios ir herojiškos šventųjų sielos ir tegu žengia jos su mumis koja kojon, tesuteikia gydančių dorybių savo palaimintomis dovanomis, gausiomis kaip pati Žemė, kylančiomis iki dangaus!"

Šią didelę valdą Ensinitase, Kalifornijos valstijoje, draugijai *Self-Realization Fellowship* dovanojo ponas Džeimsas Linas, ištikimas *krijajogas* nuo pat savo iniciacijos 1932 metų sausį. Ponas Linas – amerikiečių verslininkas, turintis begalę pareigų (vadovauja didžiuliam naftos verslui ir yra didžiausios pasaulio draudimo nuo gaisrų savitarpio pagalbos draugijos prezidentas). Bet jis kas dieną randa laiko ilgai ir giliai *krijajogos* meditacijai. Gyvenandamas tokį subalansuotą gyvenimą, jis gavo

Paramahansa ir Fei Rait (Faye Wright), vėliau Šri Daja Mata (žr. nuotrauką p. 192), SRF Ensinitaso vienuolyne 1939 m. Kai 1931 m. ji atvyko į SRF ašramą, netrukus guru jai pasakė: „Tu mano turtas juodai dienai. Tau atėjus supratau, kad šiuo keliu patrauks daug nuoširdžiai Dievui atsidavusių žmonių." Kartą jis meiliai tarė: „Manoji Fei, kiek gero ji padarys!.. Žinau, galiu dirbti per ją, nes ji imli."

Paramahansa Jogananda ir Džeimsas Linas, vėliau gavęs Šri Radžarišio Džanakanandos vardą (žr. nuotrauką p. 192). Guru ir mokinys medituoja SRF-YSS tarptautinėje būstinėje Los Andžele 1933 m. „Kai kas sako, kad vakariečiai negali medituoti. Tai netiesa, – kalbėjo Jogananda. – Nuo tada, kai p. Linas priėmė *krijajogą*, jis nuolat viduje bendrauja su Dievu. Nemačiau jo kitokio."

Jogo autobiografija

samadhio teikiamą netrikdomos ramybės malonę.

Kol viešėjau Indijoje ir Europoje (nuo 1935 m. birželio iki 1936 m. spalio), ponas Linas[1] ir kiti mano draugai Kalifornijoje, su kuriais susirašinėjau, rūpestingai stengėsi, kad manęs nepasiektų nė žodelis apie Ensinitase statomą ašramą. Buvu apstulbęs ir sužavėtas!

Gyvendamas Amerikoje, iššukavau visą Kalifornijos pakrantę ieškodamas nedidelio sklypo pajūrio ašramui. Bet kai tik atrasdavau tinkamą vietą, man kelią nuolat pastodavo kokia nors kliūtis. Dabar žvelgdamas į saulės nutvieкstas Ensinitaso valdas nuolankiai supratau, kad išsipildė sena Šri Juktešvaro pranašystė apie „prieglobstį prie vandenyno".[2]

Po kelių mėnesių, per 1937 metų Velykas, naujojo ašramo pievelėje atlikau pirmąsias iš daugybės Velykų saulėtekio apeigų. Keli šimtai mokinių, visi pamaldūs ir apimti pagarbios baimės, tarsi senovės Rytų išminčiai stebėjo kasdienį stebuklą: saulės pabudimo apeigas ryto danguje. Vakaruose iškilmingai šlovindamas ošė Ramusis vandenynas, tolumoje bolavo mažytė burinė valtis ir sklandė vieniša žuvėdra. „Kristau, tu prisikėlei!" Ne tik su pavasario saule, bet ir amžinojoje Dvasios aušroje.

Praėjo daug laimingų mėnesių. Ensinitase tobulo grožio apsuptas užbaigiau seniai planuotą darbą – „Kosmines giesmes".[3] Daugeliui indiškų giesmių parašiau angliškus tekstus ir vakarietiškomis natomis užrašiau melodijas. Tarp jų buvo Šankaros giesmė „Nei gimimo, nei mirties", sanskritiška „Giesmė Brahmai", Tagorės „Kas mano šventykloje?" ir keletas mano paties kūrinių: „Visad būsiu tavo", „Mano svajonių šalyje", „Mano siela šaukiasi tavęs", „Ateik, paklausyk mano sielos giesmės" ir „Tylos šventykloje".

Šio giesmių rinkinio pratarmėje papasakojau apie savo pirmą ryškų įspūdį, kaip į Rytų giesmes reaguoja vakariečiai. Tai įvyko per vieną viešą paskaitą 1926 m. balandžio 18 d. Karnegio salėje Niujorke.

---

[1] Paramahansai mirus, ponas Linas (Radžarišis Džanakananda) tapo draugijos *Self-Realization Fellowship* ir Indijos *Yogoda Satsanga Society* prezidentu. Apie savo guru ponas Linas pasakė: „Kokia dieviška yra šventojo draugija! Iš visko, ką gavau gyvenime, labiausiai branginu garbiojo Paramahansos man suteiktą palaiminimą."
Ponas Linas įžengė į *mahasamadhį* 1955 m. (*leidėjo pastaba*).

[2] p. 112–113

[3] Išleido *Self-Realization Fellowship*. Kelios Paramahansos Joganandos giedamos „Kosminės giesmės" yra įrašytos. Įrašų galima įsigyti draugijoje *Self-Realization Fellowship* (*leidėjo pastaba*).

Self-Realization Fellowship vienuolynas Ramiojo vandenyno pakrantėje Ensinitase, Kalifornijoje. Aplink plačiai išsidėstę ašramo gyvenamieji pastatai ir Savojo Aš suvokimo rekolekcijų centras. Netoliese yra SRF šventykla.

Jogo autobiografija

Paramahansa Jogananda SRF Ensinitaso vienuolyne, įsikūrusiame ant status Ramiojo vandenyno kranto, 1940 m.

Balandžio 17 d. amerikiečiui mokiniui ponui Alvinui Hansikeriui (Alvin Hunsicker), patikėjau paslaptį:

– Ketinu paprašyti klausytojų sugiedoti seną hinduistišką giesmę „O, gražusis Dieve"[4].

Ponas Hansikeris paprieštaravo, esą rytiečių giesmes amerikiečiams suprasti nebus lengva.

– Muzika – universali kalba, – atsakiau aš. – Amerikiečiai tikrai pajus, kaip ši didinga giesmė pakylėja sielą.

Kitą vakarą atsidavimo kupina „O, gražusis Dieve" melodija ilgiau nei valandą sklido iš trijų tūkstančių burnų. Jūs jau nesate abejingi, mieli niujorkiečiai! Jūsų širdys kyla aukštyn drauge su paprasta džiaugsmą

---

[4] Šios Guru Nanako giesmės žodžiai yra tokie:
O gražusis Dieve, o gražusis Dieve!
Miškuose Tu žalias,
Kalnuose Tu aukštas,
Upėse Tu neramus,
Vandenyne rimtas.
Tarnaujantiems Tu – tarnystė,
Mylintiems Tu – meilė,
Sielvartaujantiems Tu – užuojauta,
Jogui Tu esi palaima.
O gražusis Dieve, o gražusis Dieve,
Lenkiuosi prie Tavo kojų!

Ensinitase, Kalifornijoje

šlovinančia giesme. Tą vakarą dieviškoji galia išgydė ne vieną Dievui atsidavusį žmogų, su meile giedojusį palaimintą Viešpaties vardą.

1941 metais apsilankiau draugijos *Self-Realization Fellowship* centre Bostone. Bostono centro vadovas dr. M. V. Luisas (M. W. Lewis) apgyvendino mane su menine išmone įrengtuose apartamentuose.

– Pone, – nusišypsojo dr. Luisas, – tik atvykęs į Ameriką šiame mieste gyvenote kambarėlyje, kuriame net nebuvo vonios. Norėjau, kad žinotumėte: Bostonas didžiuojasi turėdamas ir prabangių apartamentų!

Kalifornijoje bėgo laimingi ir veiklos kupini metai. Draugijos *Self-Realization Fellowship* kolonija[5] Ensinitase buvo įkurta 1937 metais. Įvairi kolonijos veikla leido visapusiškai rengti mokinius pagal draugijos *Self-Realization Fellowship* idealus. Čia auginami vaisiai ir daržovės Ensinitaso bei Los Andželo centrų gyventojams.

„Iš vienos šaknies jis išvedė visą žmonių giminę, kuri gyvena visoje žemėje."[6] „Pasaulio brolystė" – skambūs žodžiai, bet žmogus turi plėsti savo atjautos ribas ir pasijusti pasaulio piliečiu. Tam, kuris iš tiesų supranta, jog tai „mano Amerika, mano Indija, mano Filipinai, mano Europa, mano Afrika" ir taip toliau, niekada nepritrūks galimybių naudingai ir laimingai gyventi.

Nors Šri Juktešvaro kūnas niekada negyveno kitoje žemėje, tik Indijos, jis suprato šią brolybės tiesą:

„Mano gimtinė yra pasaulis."

---

[5] Dabar tai klestintis dvasinis centras, kurį sudaro senasis vienuolynas, vyrų bei moterų vienuolių ašramai, valgykla ir jaukus rekolekcijų centras nariams bei draugams. Erdvios teritorijos pakraštyje palei plentą rikiuojasi baltos kolonos, vainikuotos auksuotais lotosų žiedais. Indijos mene lotosas simbolizuoja smegenyse esantį Kosminės sąmonės centrą (*sahasrarą*) – „tūkstantlapį šviesos lotosą".

[6] Apd 17, 26

49 SKYRIUS

1940–1951 metai

„Mes iš tiesų patyrėme meditacijų vertę ir dabar žinome, kad niekas nesudrums mūsų vidinės ramybės. Pastarosiomis savaitėmis per susirinkimus girdėdavome ir oro pavojaus sireną, ir sprogstančias uždelsto veikimo bombas, bet mūsų mokiniai vis tiek renkasi ir nuoširdžiai džiaugiasi gražiomis apeigomis."

Šis drąsus pranešimas, kurį parašė draugijos *Self-Realization Fellowship* Londono centro vadovas Amerikai dar neįsitraukus į Antrąjį pasaulinį karą, buvo vienas iš daugelio laiškų, atsiųstų iš karo draskomos Anglijos ir Europos.

O londonietis dr. L. Kranmeris-Bingas (Cranmer-Byng), pagarsėjęs „Rytų išminties serijos" redaktorius, 1942 metais man parašė tokius žodžius:

„Skaitydamas žurnalą *East-West*[1] supratau, kokie mes atrodome tolimi, lyg gyventume skirtinguose pasauliuose. Iš Los Andželo į mane sklinda grožis, tvarka, tyla ir ramybė, visa tai plaukia į uostą tarytum laivas, prikrautas Šventojo Gralio gėrio ir paguodos dovanų apgultam miestui.

Lyg sapne matau jūsų palmių giraitę ir šventyklą Ensinitase, regiu nuo jos besiveriančias vandenyno platybes ir kalnų vaizdus, bet svarbiausia – dvasinių bendraminčių vyrų ir moterų bendruomenę, siejamą vienybės, įsitraukusią į kūrybinę veiklą ir gaivinamą kontempliacijos... Visiems draugijos nariams siunčiu eilinio kareivio sveikinimus, kuriuos jis užrašė stebėjimo bokšte laukdamas, kol prašvis."

1942 metais Holivude, Kalifornijoje, draugijos *Self-Realization Fellowship* darbuotojai pastatė ir pašventino Visų religijų bažnyčią. Po metų San Diege, Kalifornijoje, buvo įkurta antroji šventykla, o 1947 metais – dar viena Long Biče, Kalifornijoje[2].

---

[1] Dabar šis žurnalas vadinamas *Self-Realization*.
[2] 1967 m. koplyčia Long Biče tapo per ankšta ir tais metais bendruomenė persikėlė į erdvesnę *Self-Realization Fellowship* šventyklą Fulertone, Kalifornijoje (*leidėjo pastaba*).

PARMAHANSA JOGANANDA

Nufotografuotas 1950 m. rugpjūčio 20 d., kai buvo šventinama *Self-Realization Fellowship* Ežero šventykla Pasifik Paliseidse, Kalifornijoje

SELF-REALIZATION FELLOWSHIP EŽERO ŠVENTYKLA IR GANDŽIO PASAULIO TAIKOS MEMORIALAS

1950 m. rugpjūčio 20 d. Paramahansa Jogananda Pasifik Paliseidse, Los Andžele, Kalifornijoje, pašventino dešimties akrų Ežero šventyklą. Prižiūrėdamas augalų sodinimo ir statybos darbus 1949 m., Paramahansa kartais nakvodavo gyventi pritaikytame laivelyje, kuris matomas nuotraukoje kairėje. Kitoje nuotraukoje tarp vidurinių kolonų matomas raižytas sarkofagas, kuriame saugomas žiupsnelis Mahatmos Gandžio pelenų. Kitoje ežero pusėje matyti vandens malūne įrengta koplyčia (*nuotrauka kairėje*). Ežero šventykloje, kurią gali lankyti visi, kas savaitę vyksta draugijos *Self-Realization Fellowship* apeigos, meditacijos ir kursai.

1949 metais draugijai *Self-Realization Fellowship* buvo padovanotas vienas gražiausių pasaulio žemės plotų – gėlėmis nusėta stebuklų žemė Los Andželo Pasifik Paliseidso rajone. Dešimties akrų (4 ha) sklype yra savaime susiformavęs amfiteatras, apsuptas žaliuojančių kalvų. Didelis ežeras, mėlynas kalnų diademos brangakmenis, suteikė valdai pavadinimą – Ežero šventykla. Savitame į olandišką vėjo malūną panašiame pastate įrengėme ramią koplyčią. Netoliese plyti vandens sodas – jame didelis vandens ratas teškena lėtą melodiją. Sklypą puošia dvi marmurinės statulos iš Kinijos – Viešpaties Budos ir Guanino (tai kiniškas *Avalokitešvaros*, Dieviškosios Motinos, atitikmuo). Ant kalvos viršum krioklio stūkso natūralaus dydžio Kristaus statula; naktimis jo ramus veidas ir klostėmis krintantys drabužiai stulbinamai apšviesti.

1950 metais Ežero šventykloje buvo pašventintas Mahatmos Gandžio pasaulio taikos memorialas, tais pačiais metais Amerikoje mes šventėme ir trisdešimtąsias draugijos *Self-Realization Fellowship* įkūrimo metines[3]. Tūkstantmetis akmens sarkofagas priglaudė žiupsnelį iš Indijos atsiųstų Mahatmos pelenų.

1951 metais Holivude buvo įkurtas draugijos *Self-Realization Fellowship* Indijos centras[4]. Kartu su manimi pašventinimo apeigose dalyvavo ponas Gudvinas Dž. Naitas (Goodwin J. Knight), Kalifornijos vicegubernatorius, ir ponas M. R. Ahudža (Ahuja), Indijos generalinis konsulas. Tame pačiame sklype yra ir Indijos salė – 250 vietų auditorija.

Į įvairius centrus susirinkę naujokai dažnai nori daugiau sužinoti apie jogą. Kartais girdžiu tokį klausimą: „Ar tiesa, ką tvirtina kai kurios organizacijos, kad jogos nepavyks išmokti iš knygų, žmonės jos būtinai turi mokytis vadovaujami mokytojo?"

Šiame atomo amžiuje jogos reikėtų mokyti tokiais metodais, kokie išdėstyti vadovėlyje „Self-Realization Fellowship Lessons"[5], kitaip šis laisvės mokslas vėl bus prieinamas tik saujelei išrinktųjų. Iš tiesų būtų neįkainojama malonė, jei kiekvienas mokinys greta turėtų tobulos

---

[3] 1950 m. rugpjūčio 27 d. šios sukakties proga Los Andžele atlikau šventas apeigas, per jas į *krijajogą* buvo inicijuoti 500 mokinių.

[4] Jis ir greta esanti šventykla sudaro didelio ašramo centro branduolį, jį tvarko atsidavę žmonės, pasiryžę tarnauti žmonijai ir patys įgyvendinti Paramahansos Joganandos idealus (*leidėjo pastaba*).

[5] Šią išsamią namuose mokytis skirtų pamokų seriją galima įsigyti iš tarptautinės draugijos *Self-Realization Fellowship*, Paramahansos Joganandos įkurtos *krijajogos* meditacijos ir dvasinio gyvenimo mokslui skleisti. (žr. p. 490) (*leidėjo pastaba*).

P. Gudvinas Dž. Naitas, Kalifornijos vicegubernatorius (*viduryje*), su Jogananda ir p. A. B. Rouzas (Rose), kai buvo šventinamas draugijos *Self-Realization Fellowship* Indijos centras, įkurtas šalia SRF šventyklos (*nuotrauka apačioje*) Holivude, Kalifornijoje 1951 m. balandžio 8 d.

Self-Realization Fellowship šventykla (Visų religijų bažnyčia) Holivude

dieviškosios išminties guru, bet pasaulis sutvarkytas taip, kad „nusidėjėlių" jame daug, o šventųjų mažai. Kaip tada joga padės daugybei žmonių? Tai įmanoma, tik jei žmonės mokysis namie iš vadovėlių, kurių autoriai yra tikri jogai.

Žinoma, galima būtų nepaisyti „eilinio žmogaus" ir nesuteikti jam jokių jogos žinių. Bet Dievas šiam naujam amžiui paruošė kitokį planą. Babadži pažadėjo saugoti ir vesti visus į Tikslą keliaujančius nuoširdžius *krijajogus*[6]. Reikia ne dešimčių, bet šimtų tūkstančių *krijajogų*, kad pasaulyje įsivyrautų taika ir gerovė – visa tai įvyks, kai žmonės ims deramai stengtis vėl tapti Dieviškojo Tėvo sūnumis.

Draugijos *Self-Realization Fellowship* – „dvasinio medaus avilio" – įkūrimas Vakaruose buvo pareiga, kurią man pavedė atlikti Šri Juktešvaras ir Mahavatara Babadži. Vykdydamas šį šventą uždavinį, neišvengiau ir sunkumų.

– Sakykite atvirai, Paramahansadži, ar buvo verta stengtis? – šį lakonišką klausimą vieną vakarą man uždavė dr. Loidas Kenelas (Lloyd Kennell), San Diego šventyklos vadovas. Supratau, kad iš tiesų jis klausia štai ko: „Ar Amerikoje buvai laimingas? O ką pasakysi apie melagystes, skleidžiamas suklaidintų žmonių, trokštančių sutrukdyti jogai plisti? Arba apie nusivylimus, širdgėlą, centrų vadovus, nemokančius vadovauti, mokinius, kurių nesiseka išmokyti?"

– Palaimintas tas, kuriam Viešpats siunčia išbandymus! – atsakiau. – Jis nepamiršo retkarčiais uždėti naštos ir man.

Tada prisiminiau visus ištikimuosius, jų meilę, atsidavimą ir supratimą – štai kas apšviečia Amerikos širdį. Lėtai ir įtaigiai kalbėjau toliau:

– Vis dėlto mano atsakymas yra toks: taip, tūkstantį kartų taip! Buvo verta stengtis, kad pamatyčiau, kaip Rytai ir Vakarai suartėja labiau, nei drįsau svajoti. Rytus ir Vakarus susiejo vienintelis tvarus ryšys – dvasiniai saitai.

Vakarais domėjęsi didieji Indijos mokytojai puikiai numatė, kokios bus dabartinės aplinkybės. Jie žinojo, kad pasaulio padėtis taps geresnė tik tada, kai visos šalys priims ir Rytams, ir Vakarams būdingas dorybes. Du pusrutuliai turi perimti geriausius vienas kito pasiekimus.

---

[6] Dar savo mokiniams Rytuose ir Vakaruose Paramahansa Jogananda sakė, kad baigęs šį gyvenimą jis toliau stebės visų *krijabanų* (krijos iniciaciją gavusių SRF mokinių) dvasios pažangą (žr. išnašą p. 301). Šio gražaus pažado tikrumą jau įrodė daugelio *krijajogų* laiškai, gauti po Paramahansos Jogananados *mahasamadhio*; laiškuose patvirtinama, kad iš tiesų visur juntama jo globa (*leidėjo pastaba*).

Keliaudamas po pasaulį mačiau daug kančių. Tai liūdina.[7] Rytuose kančia dažniausiai būna materialinio, o Vakaruose – psichinio, ar dvasinio, pobūdžio. Pusiausvyrą praradusi civilizacija skausmingai paveikė visų šalių ir tautų gyvenimą. Indijai ir daugeliui kitų Rytų kraštų būtų labai naudinga išmokti elgtis praktiškiau ir materialius reikalus tvarkyti veiksmingiau, kaip tai daroma Vakaruose, pavyzdžiui, Amerikoje. Kita vertus, Vakarams derėtų geriau suprasti dvasinį gyvenimo pagrindą; ypač svarbu įvaldyti jogos mokslu grįstas žmogaus bendrystės su Dievu metodikas, sukurtas ir ištobulintas dar senovės Indijoje.

Visapusiškos civilizacijos idealas – ne fantazija. Ištisus tūkstantmečius Indija buvo ir dvasinės šviesos, ir materialaus klestėjimo šalis. Pastarųjų dviejų šimtmečių skurdas ilgoje Indijos istorijoje tėra tik laikinas karminis laikotarpis. Visame pasaulyje daug šimtmečių buvo kalbama apie „Indijos turtus"[8]. Turtai – materialūs ir dvasiniai – yra struktūrinė

---

[7] Girdžiu balsą lyg šėlstančias jūros bangas:

„Ar tavo žemė tikrai sužeista?
Ar tikrai sudraskyta kovos į šukes?
Žiūrėk! Nuo tavęs viskas tolsta,
Ir pats nuo Manęs tu pabėgęs!..
Iš tavęs daug ką paėmiau,
Bet ne tam, kad nuskriausčiau –
Kad visko ieškotum mano delnuos.
Tau kaip vaikui, kuris tariasi viską pametęs,
Aš sudėjau tuos daiktus namuos.
Tad kelkis, įsikibk man į ranką ir eime!"

– Frensis Tompsonas, „Dangaus skalikas" (Francis Thompson, *The Hound of Heaven*).

[8] Istorijos šaltiniuose Indija iki pat XVIII a. vaizduojama kaip turtingiausia pasaulio šalis. Beje, niekas nei hinduizmo literatūroje, nei tradicijose nepatvirtina šiuo metu Vakaruose paplitusios teorijos, neva Indiją „užgrobė" senovės arijai, atvykę iš kurios nors kitos Azijos dalies ar Europos. Suprantama, mokslininkai neįstengia nustatyti šios įsivaizduojamos kelionės pradžios datos. Vedose randami įrodymai byloja, kad indai savo šalyje Indijoje gyvena nuo neatmenamų laikų; tai aprašyta neįprastoje, bet labai lengvai skaitomoje Abinaso Čandros Daso (Abinas Chandra Das) knygoje „Rigvedos Indija" (*Rig-Vedic India*), kurią 1921 m. išleido Kalkutos universitetas. Profesorius Dasas tvirtina, kad išeiviai iš Indijos įsikūrė įvairiose Europos ir Azijos dalyse ir ten paskleidė arijų kalbą bei folklorą. Pavyzdžiui, lietuvių kalba daugeliu požiūrių neitikėtinai panaši į sanskritą. Filosofas Kantas, nieko nežinojęs apie sanskritą, buvo apstulbintas lietuvių kalbos mokslinės struktūros. „Joje glūdi raktas, – sakė jis, – atrakinsiąs visas paslaptis – ne tik filologijos, bet ir istorijos."

Indijos lobiai minimi ir Biblijoje, pavyzdžiui, rašoma (2 Kr 9, 21, 10), kaip „Taršišo laivai" atgabendavo karaliui Saliamonui „aukso, sidabro, dramblio kaulo, beždžionių ir povų" bei „aukso iš Ofyro, pargabeno taip pat algumo [santalo] medžio ir brangakmenių" (Ofyras – tai Sopara Bombėjaus pakrantėje). Išsamų Indijos klestėjimo aprašymą mums paliko Megastenas, Graikijos pasiuntinys (IV a. pr. Kr.). O Plinijus (I a.) pasakoja, kad romėnai kasmet išleidžia penkiasdešimt milijonų sestercijų (5 000 000 JAV dolerių) prekėms iš

ritos, kosminio dėsnio, arba prigimtinio teisingumo, išraiška. Dievas nešykštus, nešykšti ir Jo reiškinių deivė dosnioji Gamta.

Hinduistų šventraščiuose sakoma, kad žmogų ši Žemė pritraukia mokytis ir sulig kiekvienu nauju gyvenimu vis geriau suprasti nesuskaičiuojamus būdus, kaip materialiomis sąlygomis reiškiasi Dvasia ir kaip ji valdo

---

Indijos, kuri tuo metu buvo galinga jūrų valstybė.
Turtingą Indijos civilizaciją vaizdingai aprašė kinų keliautojai, jie kalbėjo apie plačiai pasklidusį mokslą ir puikų valdymą. Kinų dvasininkas Fasianas (V a.) pasakoja, kad Indijos gyventojai laimingi, sąžiningi ir turtingi. Žr. Samuelio Bilo (Beal) „Budisto užrašai apie Vakarų pasaulį" (*Buddhist Records of the Western World*) (Indija kinams buvo „Vakarų pasaulis"!), Trubner, London; ir Tomo Voterso (Thomas Watters) knygą „Apie Siuandzango keliones Indijoje 629–645 m." (*On Yuan Chwang's Travels in India, A. D. 629–645*), Royal Asiatic Society.
Kolumbas, XV a. atradęs Naująjį Pasaulį, iš tikrųjų ieškojo trumpesnio prekybos kelio į Indiją. Šimtus metų Europa noriai pirko Indijos prekes: šilką, plonyčius audinius (tokius perregimus, kad jie ne veltui buvo vadinami „austu oru" ar „neregima migla"), margintą medvilnę, brokatą, siuvinėtus dirbinius, kilimus, stalo įrankius, ginklus, drambio kaulą ir dirbinius iš jo, kvepalus, smilkalus, santalą, keramiką, vaistus ir gydomuosius tepalus, indigo dažus, ryžius, prieskonius, koralus, auksą, sidabrą, perlus, rubinus, smaragdus ir deimantus.
Portugalų ir italų pirkliai aprašė nuostabą, kurią jiems sukėlė pasakiška Vidžajanagaro imperijos (1336–1565) didybė. Apie jos puikią sostinę arabų pasiuntinys Razakas (Razzak) pasakė: „Ji tokia, kokios akys niekada neregėjo ir apie kokią ausys negirdėjo, kuriai niekas neprilygsta visame pasaulyje."
XVI a. visą Indiją pirmą kartą per jos ilgą istoriją ėmė valdyti ne indai. Tiurkas Babūras 1524 m. įsiveržė į šalį ir pradėjo musulmonų valdovų dinastiją. Įsikūrę senoje šalyje, naujieji monarchai neišeikvojo jos turtų. Bet virtinė vidinių nesutarimų nualino turtingą šalį ir XVII a. ji lengvai tapo kelių Europos valstybių grobiu; galiausiai valdžią įgijo Anglija. Indija taikiu būdu atgavo nepriklausomybę 1947 m. rugpjūčio 15 d.
Aš, kaip daugelis indų, ta tema irgi turiu ką pasakyti. Kai vyko Pirmasis pasaulinis karas, prie manęs priėjo grupė jaunuolių, pažįstamų nuo koledžo laikų, ir ėmė raginti vadovauti revoliuciniam sąjūdžiui. Aš atsisakiau šiais žodžiais: „Žudydami savo brolius anglus, nepadarysime Indijai nieko gero. Laisvę ji atgaus ne kulkomis, bet dvasios jėga." Paskui perspėjau draugus, kad vokiečių laivus su ginklais, į kuriuos jie dėjo daug vilčių, britai perims Bengalijoje, Deimantų uoste. Tačiau jaunuoliai neatsisakė savo planų ir šie sužlugo, kaip ir buvau numatęs. Po kelerių metų mano draugus išleido iš kalėjimo. Keli iš jų liovėsi tikėję smurtu ir įsitraukė į tobulą Gandžio politinį sąjūdį. Galiausiai jie pamatė, kaip Indija laimi „karą" taikiomis priemonėmis.
Liūdną šalies padalijimą į Indiją ir Pakistaną bei trumpą, bet kruviną laikotarpį kai kuriose šalies dalyse lėmė ekonominiai veiksniai, o ne religinis fanatizmas (tai buvo šalutinė priežastis, dažnai klaidingai pateikiama kaip pagrindinė). Dabar, kaip ir anksčiau, nesuskaičiuojama daugybė hinduistų ir musulmonų draugiškai gyvena vieni šalia kitų. Daugybė abiejų tikėjimų vyrų tapo „tikėjimo neišpažįstančio" mokytojo Kabyro (1450–1518) mokiniais, jis lig šiol turi milijonus sekėjų (*Kabir-panthi*). Valdant musulmonui Akbarui Didžiajam, visoje Indijoje kuo plačiausiai buvo užtikrinta tikėjimo laisvė. Ir dabar 95 procentai paprastų žmonių gyvena be jokių rimtų religinių nesutarimų. Tačiau tikrosios Indijos, galinčios suprasti Mahatmą Gandį ir juo sekti, dideliuose nerimastinguose miestuose nerasite. Ieškokite Indijos ramiuose kaimeliuose, kurių yra 700 000 ir kuriuose nuo neatmenamų laikų viešpatauja paprasta ir teisinga *pančajat* (vietos tarybų) savivalda.
Problemas, dabar kankinančias neseniai išsilaisvinusią Indiją, ilgainiui tikrai išspręs sumanūs žmonės, kurių šioje šalyje niekada netrūko.

materiją. Rytai ir Vakarai prie šios didingos tiesos artėja skirtingais keliais, tad turėtų mielai dalytis tarpusavyje savo atradimais. Be abejo, Viešpačiui malonu, kad Jo vaikai Žemėje stengiasi sukurti civilizaciją be skurdo, ligų ir dvasinės tamsos. Pagrindinė visų kančių priežastis yra ta, kad žmogus pamiršta savo dieviškuosius išteklius, nes piktnaudžiauja laisva valia [9].

Dabar blogis yra priskiriamas antropomorfinei abstrakcijai, kurią vadiname „visuomene", bet blogio savyje turėtų paieškoti kiekvienas žmogus [10]. Utopija pirmiausia turi prasidėti žmogaus krūtinėje, tik tada ji pražys pilietinėmis dorybėmis, o vidiniai pokyčiai savaime paskatins išorinius. Pasikeitęs žmogus įstengs pakeisti tūkstančius kitų.

Visi laiko patikrinti šventraščiai iš esmės byloja tą patį, įkvepia žmogų leistis į vidinę kelionę. Vieną laimingiausių savo gyvenimo tarpsnių praleidau diktuodamas žurnalui *Self-Realization* savo Naujojo Testamento aiškinimą [11]. Karštai meldžiau Kristų man vadovauti, kad atskleisčiau tikrąją jo žodžių reikšmę; daugelis jų jau dvidešimt šimtmečių suprantami klaidingai.

Vieną naktį, kai tyliai meldžiausi, mano kambarys Ensinitaso vienuolyne prisipildė blausiai melsvos šviesos. Išvydau švytintį palaimintojo Viešpaties Jėzaus pavidalą. Jis atrodė jaunas, kokių dvidešimt penkerių, su reta barzdele ir ūsais, o virš ilgų per vidurį perskirtų juodų plaukų tviskėjo auksinė aureolė.

Jo akys buvo tikras stebuklas – žvelgiau į jas, o jos be paliovos mainėsi. Kiekvieną kartą joms dieviškai įgavus kitą išraišką, intuityviai suprasdavau perteikiamą išmintį. Nuostabiame Jėzaus žvilgsnyje jutau

---

[9] „Laisvai tarnaujame
Ir mylime laisvai, nes leidžia mums laisva valia
Mylėti arba ne, nupulti arba likti čia.
Tad kai kurie nupuolė nepaklusę
Iš pat dangaus į pragaro gelmes –
Iš aukštumų į sielvarto žemes.

– Miltonas, „Prarastasis rojus"

[10] Dieviškosios *lylos,* arba „linksmo žaidimo", kuriuo buvo sukurtas reiškinių pasaulis, planas yra kūrinio ir Kūrėjo tarpusavio sąveika. Vienintelė dovana, kurią žmogus gali dovanoti Dievui, yra meilė; jos pakanka Jo begaliniam dosnumui pažadinti. „Prakeikimą esate užsitraukę, nes mane apsukate – visa jūsų gentis! Atneškite visą dešimtinę į sandėlį, kad būtų maisto mano Namuose, ir taip mane išmėginkite, – kalbėjo Galybių Viešpats. Aš tikrai atidarysiu jums dangaus langus ir pilte apipilsiu jus visokeriopa palaima." (Mal 3, 9–10)

[11] Išsamias Paramahansos Joganandos keturių Evangelijų interpretacijas *Self-Realization Fellowship* išleido atskira knyga pavadinimu „Antrasis Kristaus atėjimas: Kristaus prisikėlimas tavyje" (*The Second Coming of Christ: The Resurrection of the Christ Within You*) (*leidėjo pastaba*).

Paramahansa Jogananda SRF vienuolyne Ensinitase, Kalifornijoje 1950 m. liepą

galią, laikančią begalę pasaulių. Prie jo burnos atsirado Šventasis Gralis, paskui Gralis priartėjo prie mano lūpų, tada vėl grįžo prie Jėzaus. Po kelių akimirkų Jėzus ištarė nuostabius žodžius, tokius asmeniškus, kad įsidėjau juos sau į širdį.

1950 ir 1951 metais daug laiko praleidau tyliame prieglobstyje prie Mohavių dykumos Kalifornijoje. Ten verčiau „Bhagavadgytą" ir rašiau išsamius komentarus [12] apie įvairius jogos kelius.

„Bhagavadgytoje" dukart [13] aiškiai paminėta ta pati jogos technika (vienintelė, minima „Bhagavadgytoje", ir ta pati, kurią Babadži paprastai pavadino *krijajoga*) moko ir praktinio elgesio, ir dorovės. Mūsų sapnų pasaulio vandenyne kvėpavimas yra ypatinga iliuzijų audra, kurianti atskirų bangų sąmonę – žmonių ir visų kitų materialių objektų pavidalus. Žinodamas, jog vien filosofinių ir etinių žinių nepakanka, kad žmogus nubustų iš skausmingo sapno, esą jis gyvuoja atskirai, Viešpats Krišna nurodė šventą mokslą, kuris leidžia jogui suvaldyti savo kūną ir valios jėga paversti jį grynąja energija. Šį jogų gebėjimą teoriškai supranta šiuolaikiniai mokslininkai, atomo amžiaus pradininkai. Įrodyta, kad visa materija gali būti redukuota į energiją.

Hinduizmo šventraščiuose aukštinamas jogos mokslas, nes jis gali pasitarnauti visai žmonijai. Tiesa, yra buvę, kad žmonės atskleisdavo kvėpavimo paslaptis ir be jogos technikų. Taip nutiko kai kuriems nehinduistų mistikams, turėjusiems transcendentinių atsidavimo Viešpačiui galių. Tokius krikščionių, musulmonų ir kitų religijų šventuosius žmonės ne kartą matė nekvėpuojančius ir nejudančius, apimtus transo (*savikalpa samadhio*) [14], be kurio jokiam žmogui nėra pavykę pasiekti pirmųjų Dievo suvokimo pakopų. (Bet kai šventasis pasiekia aukščiausiąją pakopą – *nirvikalpa samadhį*, jis jau negrįžtamai įsikuria Viešpatyje – nesvarbu, kvėpuoja ar nekvėpuoja, juda ar nejuda.)

---

[12] „Dievas kalba Ardžunai: „Bhagavadgyta" – karališkas Dievo suvokimo mokslas" (*God Talks With Arjuna: The Bhagavad Gita – Royal Science of God-Realization*), išleido Self-Realization Fellowship. „Bhagavadgyta" – mėgstamiausias Indijos šventraštis. Tai Viešpaties Krišnos (simbolizuojančio Dvasią) ir jo mokinio Ardžunos (simbolizuojančio tobulo tikinčiojo sielą) dialogas – dvasiniai patarimai, tinkantys visų laikų tiesos ieškotojams. Pagrindinė „Gytos" mintis yra ta, kad žmogų gali išlaisvinti meilė Dievui, išmintis ir tinkami veiksmai bei neprieraiša.

[13] „Bhagavadgyta", IV, 29 ir V, 27–28.

[14] Žr. 26 skyrių. Iš krikščionių mistikų, pasiekusių *savikalpa samadhį*, galima paminėti Teresę Avilietę, kurios kūnas taip sustingdavo, kad apstulbusios vienuolės negalėdavo nei pakeisti jo padėties, nei pažadinti šventosios.

Brolis Laurynas, XVII amžiaus krikščionių mistikas, kalbėjo, kad pirmą kartą miglotai suvokė Dievą stebėdamas medį. Beveik visi pasaulio žmonės yra matę medį, bet tik labai nedaugelis įžvelgė medžio Kūrėją. Dauguma žmonių nė iš tolo nepajėgia sutelkti tokios neatremiamos atsidavimo galios, kurią lengvai pasiekia saujelė *ekantinų* – tai nuoširdžiai Dievo ieškantys šventieji, kurių esama visuose ir Rytų, ir Vakarų religiniuose keliuose. Bet tai nereiškia, kad paprastas žmogus[15] neturi jokių galimybių siekti bendrystės su Dievu. Kad siela atsigautų, žmogui tereikia *krijajogos* technikos, kasdien laikytis dorovės normų ir gebėti nuoširdžiai sušukti: „Viešpatie, trokštu Tave pažinti!"

Tad joga patraukli visiems, nes leidžia kasdien artėti prie Dievo pasitelkus mokslinį metodą, o ne vien religinį įkarštį, kurio paprastas žmogaus emociškai išgyventi neįstengia.

Daugelis puikių Indijos džainizmo mokytojų buvo vadinami *tyrthankaromis* („brastos tiesėjais"), nes rodė kelią, kaip sutrikusiai žmonijai persikelti per audringas *samsaros* (karminio rato, pasikartojančių gimimų ir mirčių ciklo) jūras. *Samsara* (pažodžiui „plaukti su" reiškinių srovė) verčia žmogų rinktis mažiausio pasipriešinimo kelią. „Argi nežinote, kad draugystė su pasauliu priešinga draugystei su Dievu? Taigi kas nori būti pasaulio bičiulis, tas tampa Dievo priešininku."[16] Norėdamas susibičiuliauti su Dievu, žmogus turi įveikti savo velnius, savo blogą karmą, kuri ragina jį silpnavališkai paklusti pasaulio *majos* iliuzijai. Pažinęs geležinį karmos dėsnį, atkaklus ieškotojas ras būdą visam laikui ištrūkti iš jos gniaužtų. Kadangi karminė žmonių vergija įsišaknijusi *majos* temdomo proto troškimuose, jogams svarbu valdyti protą[17].

---

[15] „Paprastas žmogus" turi nuo ko nors pradėti savo dvasios kelionę. „Tūkstančio mylių kelionė prasideda nuo pirmo žingsnio", – sakė Laodzi. Panašiai kalbėjo ir Viešpats Buda: „Tegu niekas nesumenkina gėrio, širdyje sakydamas 'Jis nepriartės prie manęs'." Puodą pripildo lašas po lašo varvantis vanduo; išmintingas žmogus prisipildo gėrio, net jei renka jį po kruopelę."

[16] Jok 4, 4.

[17] „Kai sutramdęs sąmonę jogas
kaupia jėgą jogos pratybom,
panašus jis į žvakės liepsną,
nesuvirpančią vietoj bevėjėj.
Kur mintis, suvaldyta jogos,
nesiblaško išvis, apmiršta,
kur suranda Atmane džiaugsmą
tas, kas atmanu Atmaną regi, –
tenai patiria jis palaimą –
ji anapus juslių, vien tik protas

Nuplėšęs įvairias karminio neišmanymo skraistes, žmogus išvysta save, savo prigimtinę esmę.

Gyvenimo ir mirties paslaptis, kurią įminti – vienintelis žemiškosios žmogaus kelionės tikslas, glaudžiai susijusi su kvėpavimu. Nekvėpuoti – tai įveikti mirtį. Suvokę šią tiesą, senovės Indijos rišiai tvirtai suėmė į rankas vienintelį paslapties raktą – kvėpavimą – ir sukūrė racionalų, tikslų mokslą, kaip kvėpavimą sustabdyti.

Net jei Indija neturėtų daugiau nieko pasiūlyti pasauliui, vien *krijajoga* būtų karališka dovana.

Biblijoje atskleidžiama, kad žydų pranašai puikiai žinojo, jog kurdamas Dievas kūną su siela subtiliai sujungė kvėpavimu. Pradžios knygoje rašoma: „Tuomet Viešpats Dievas padarė žmogų iš žemės dulkių ir įkvėpė jam į nosį gyvybės alsavimą. Taip žmogus tapo gyva būtybe."[18] Žmogaus kūną sudaro cheminės substancijos, taip pat ir metalai, jų randama ir „žemės dulkėse". Jei ne gyvybės srovės, kurias siela perduoda kūnui per kvėpavimą (dujine energija), nenušvitusio žmogaus kūnas neįstengtų atlikti jokio veiksmo. Gyvybės srovės, žmogaus kūne veikiančios kaip penkių rūšių *prana*, arba subtilioji gyvybinė energija, yra amžinosios sielos *Aum* virpesio išraiška.

Kūno ląstelės atspindi gyvybės šviesą, kuri sklinda iš sielos šaltinio, ir tai sudaro kūno tikroviškumo įspūdį. Tai vienintelė priežastis, dėl kurios žmogus prisiriša prie savo kūno. Akivaizdu, kad molio gabalu jis taip nesirūpintų. Žmogus klaidingai tapatinasi su savo fiziniu pavidalu, nes gyvybės srovė iš sielos per kvėpavimą taip stipriai perduodama kūnui, kad žmogus pasekmę laiko priežastimi ir tarsi stabmeldys įsivaizduoja, jog jo kūnas turi savo gyvybę.

Būdamas sąmoningas, žmogus suvokia savo kūną ir kvėpavimą. O

---

tepasiekia – joje, begalinėj,
nenukrypsta jisai nuo teisybės, –
tenai būnančio niekas netrikdo,
netgi sielvartas, bėdos nelemtos:
juk pasiekęs šį tikslą nemano,
kad galėtų būt laimė didesnė.
Šitas būvis joga vadinas,
jinai pertraukia liūdesio pančius;
jogos nuolat sieki pratybom, –
būk ryžtingas, širdy bebaimis!"

– „Bhagavadgyta", VI, 19–23 (A. Bukonto vertimas)

[18] Pr 2, 7.

miegodamas žmogus būna pasąmoningos būsenos – tai reiškia, kad jo protas nuo kūno ir kvėpavimo yra laikinai atsiskyręs. Aukštesniosios sąmonės būsena yra išsivadavimas iš iliuzijos, esą "būtis" priklauso nuo kūno ir kvėpavimo[19]. Dievas gyvena nekvėpuodamas. Siela, kurią Jis yra sukūręs pagal savo atvaizdą, pirmą kartą suvokia save tik apimta būsenos, kuri kyla tada, kai liaujasi kvėpavimas.

Kai evoliucinė karma nutraukia sielą ir kūną jungiantį kvėpavimo ryšį, įvyksta staigus perėjimas, vadinamas "mirtimi", ir fizinės ląstelės vėl tampa bejėgės. Bet *krijajogas* kvėpavimo ryšį nutraukia savo noru, pasitelkęs mokslinę jogos išmintį, o ne šiurkščiai įsikišus karminei būtinybei. Jogas iš savo sukauptos patirties žino, kad iš esmės jis nėra kūniška būtybė, todėl jam nereikia aiškios Mirties užuominos, jog tapatintis su fiziniu kūnu yra klaida.

Gyvenimas po gyvenimo žmogus artėja (kiekvienas savo greičiu, kad ir labai vingiuotai) prie savo apoteozės. Mirtis nenutraukia šio kilimo viršun, tik pasiūlo žmogui palankesnę astralinio pasaulio aplinką apsivalyti nuo menkaverčių dalykų. "Tegul neišsigąsta jūsų širdys!.. Mano Tėvo namuose daug buveinių."[20] Iš tiesų sunku patikėti, kad Dievas savo išmonę būtų išeikvojęs vien šiam pasauliui sukurti arba kad kitame pasaulyje Jis nepasiūlys mums nieko įdomesnio už skambančias arfas.

Mirtis nesunaikina būties, tai ne galutinis pabėgimas nuo gyvenimo. Mirtis nėra ir durys į nemirtingumą. Tas, kuris bėgo nuo Savojo Aš mėgaudamasis žemiškais malonumais, nesusigrąžins savo tikrosios Esybės ir skaidriame astralinio pasaulio žavesyje. Ten jis tik sukaups subtilesnių įžvalgų ir išmoks jautriau atsiliepti į grožį ir gėrį, kurie yra viena. Ant šios šiurkščios žemės priekalo kovojantis žmogus turi kalti nepranykstantį dvasinės tapatybės auksą. Nešdamasis rankose sunkiai laimėtą aukso lobį – vienintelę dovaną, kurią priima godžioji Mirtis, žmogus galutinai išsilaisvina iš fizinio įsikūnijimo ciklų.

---

[19] „Tu niekaip negalėsi tinkamai džiaugtis pasauliu, kol tavo gyslomis nepradės tekėti pati jūra, kol neapsisiausi debesimis, nebūsi vainikuotas žvaigždėmis ir nesuprasi, kad esi vienintelis viso pasaulio paveldėtojas, ir ne tik tu, nes jame esama žmonių, kurie irgi yra vieninteliai paveldėtojai. Negalėsi tinkamai džiaugtis pasauliu, kol nemokėsi dainuoti, šokti ir džiaugtis Dievu, kaip šykštuoliai džiaugiasi auksu, o karaliai – skeptrais... kol visų amžių Dievo keliai tau nebus tokie pažįstami, kaip tavo takas prie namų ir stalas, kol artimai nepažinsi viso migloto nieko, iš kurio buvo sukurtas pasaulis."
– Tomas Trahernas, „Meditacijų šimtmečiai" (Thomas Traherne, *Centuries of Meditations*).

[20] Jn 14, 1–2.

Indijos ambasadorius Jungtinėse Valstijose p. Binajus Randžanas Senas su Šri Jogananda draugijos *Self-Realization Fellowship* tarptautinėje būstinėje Los Andžele 1952 m. kovo 4 d., likus trims dienoms iki didžiojo jogo mirties.

Kalbėdamas laidotuvėse kovo 11 d. ambasadorius Senas pasakė: „Jei šiandien Jungtinėse Tautose turėtume tokį žmogų kaip Paramahansa Jogananda, tikriausiai pasaulis būtų geresnis nei yra. Mano žiniomis, niekas daugiau nenuveikė ir daugiau nepasiaukojo, stengdamasis sujungti Indijos ir Amerikos žmones."

Kelerius metus Ensinitase ir Los Andžele skaičiau paskaitas apie Patandžalio „Jogasūtrą" ir kitus esminius hinduizmo filosofijos veikalus.

„Kodėl Dievas apskritai sujungė sielą su kūnu? – kartą po paskaitos paklausė vienas mokinys. – Kokį Jis turėjo tikslą pradėdamas šią evoliucinę kūrinijos dramą?"

Panašiai klausia nesuskaičiuojama daugybė kitų žmonių, bet filosofų pastangos rasti galutinį atsakymą į šiuos klausimus yra bevaisės.

„Palikime nors keletą paslapčių patyrinėti Amžinybėje, – šypsodamasis sakydavo Šri Juktešvaras. – Kaip gali ribotas žmogaus mąstymas suprasti nesuvokiamus Nesukurtojo Absoliuto[21] motyvus? Žmogaus

---

[21] „Nes mano mintys – ne jūsų mintys, o mano keliai – ne jūsų keliai", – Viešpaties žodis.

gebėjimas mąstyti, varžomas reiškinių pasaulyje veikiančio priežasties ir pasekmės principo, sutrinka susidūręs su Dievo – Be Pradžios, Be Priežasties – paslaptimi. Ir vis dėlto nors žmogaus protas negali perprasti kūrinijos mįslių, atsidavusiam žmogui galų gale visas paslaptis atskleis Pats Dievas."

Tas, kuris nuoširdžiai trokšta išminties, pradžioje pasitenkina išmokęs paprastą dieviškosios schemos abėcėlę ir jam anksčiau laiko sudėtingų einšteiniškų gyvybės lygčių nereikia.

„*Dievo niekas niekada* (joks mirtingasis, įkliuvęs laike, arba *majos* reliatyvume*[22]*, negali suvokti Amžinybės) *nėra matęs, tiktai viengimis Sūnus – Dievas, Tėvo* (atsispindėtos Kristaus Sąmonės, arba išorėn nukreipto Tobulo Intelekto, kuris, *Aum* virpesiu valdydamas visus struktūrinius reiškinius, yra kilęs iš Nesukurtosios Dievybės krūtinės, arba gelmių, idant išreikštų Vienovės įvairovę) *prieglobstyje esantis, mums jį atskleidė* (suteikė jam pavidalą, arba išraišką)."[23]

„Iš tiesų, iš tiesų sakau jums: Sūnus nieko negali daryti iš savęs, o vien tai, ką mato darant Tėvą; nes ką jisai daro, lygiai daro ir Sūnus."[24]

Trilypę Dievo prigimtį, kurią Jis atskleidžia reiškinių pasaulyje, hinduizmo šventraščiuose simbolizuoja Brahma Kūrėjas, Višnus Sergėtojas ir Šiva Naikintojas bei Atnaujintojas. Jų triasmenė veikla be paliovos reiškiasi kuriančiaisiais virpesiais. Pamaldus hinduistas garbina Absoliutą, nepasiekiamą žmogaus supratimo galioms, įsikūnijusį kaip

---

„Kaip aukštas dangus viršum žemės, taip mano keliai viršija jūsų kelius ir mano mintys – jūsų mintis." (Iz 55, 8–9)
O Dantė „Dieviškojoje komedijoje" liudija:

Ligi šviesiausių dangiškų sričių
Buvau pakilęs, kur regėt man teko
Tai, ką sunku išreikšti, aš jaučiu.
Jei geismas gėrio sieloj neišseko,
Tokion gelmėn pasineria jinai,
Jog atmintis tarnaut jai atsisako.
Bet stebuklus, man atskleistus tenai,
Kurių paveikslas dvasioj neišnyko,
Aš noriu apgiedoti būtinai.
(A. Churgino vertimas)

[22] Žemės paros ciklas, šviesa ir tamsa, žmogui nuolatos primena, kad kūriniją gaubia *maja*, arba priešybės. (Todėl meditacijai tinkamiausi yra tarpiniai, arba subalansuoti, dienos laikotarpiai – aušra ir sutemos.) Nutraukęs dvigubą *majos* skraistę, jogas išvysta transcendentinę Vienovę.

[23] Jn 1, 18.

[24] Jn 5, 19.

didinga Trejybė²⁵.

Vis dėlto universalus Dievo, kaip Kūrėjo-Sergėtojo-Naikintojo, aspektas nėra Jo galutinė ar net esminė prigimtis (nes kosmoso kūrimas yra tik Jo *lyla*, kūrybinis žaidimas)²⁶. Jo esmės neįmanoma suvokti net perpratus visas Trejybės paslaptis, nes Jo išorinė prigimtis, pasireiškianti dėsningu atomų judėjimu, Jį tik išreiškia, bet neatskleidžia. Galutinė Viešpaties prigimtis pažįstama tik tada, kai Sūnus „keliauja pas Tėvą"²⁷. Išlaisvintas žmogus pereina virpesių valdas ir patenka pas Virpesių Kūrėją.

Visi didieji pranašai, paprašyti atskleisti šią didžiausią paslaptį, tylėdavo. Kai Pilotas paklausė „Kas yra tiesa?"²⁸, Kristus neatsakė. Skambūs parodomieji intelektualų, kaip Pilotas, klausimai retai kyla iš ieškojimu degančios dvasios. Tokie žmonės dažniau klausia skatinami tuščios puikybės – jie mano, kad įsitikinimų ir dvasinių dorybių²⁹ stoka rodo jų „plačias pažiūras".

„Aš tam esu gimęs ir atėjęs į pasaulį, kad liudyčiau tiesą. Kas tik brangina tiesą, klauso mano balso."³⁰ Šie keli Kristaus žodžiai verti ištisų tomų. Dievo vaikas liudija *savo gyvenimu*. Kristus įkūnija tiesą, o jei jis ją dar ir aiškina, tai tik iš dosnumo.

Tiesa – tai ne teorija, ne mąstymo ar filosofijos sistema, ne intelekto įžvalga. Tiesa – tikslus tikrovės atitikmuo. Žmogui tiesa yra nepajudinamas savo tikrosios prigimties, Savojo Aš, kaip sielos, pažinimas. Jėzus visais savo žodžiais, visais gyvenimo poelgiais įrodė, kad jis žinojęs savo esybės *tiesą* – savo šaltinį Dieve. Visiškai susitapatinęs su visur esančia Kristaus Sąmone, jis galėjo paprasčiausiai pasakyti: „Kas

---

[25] Kitokia Trejybės tikrovės samprata – tai *Sat, Tat, Aum*, arba Tėvas, Sūnus, Šventoji Dvasia. Brahma-Višnus-Šiva simbolizuoja triasmenę Dievo išraišką *Tat*, arba Sūnaus, aspektu, Kristaus Sąmonę, imanentinę vibracijų kūrinijai. *Šaktės* (Trejybės energijos, arba „palydovės",) yra *Aum* (arba Šventosios dvasios) simboliai, vienintelė priežastinė jėga, kuri virpesiais palaiko kosmosą (žr. išnašas p. 139 ir 185).

[26] Vertas esi, mūsų Viešpatie ir Dieve, priimti šlovę, pagarbą ir galybę, nes tu visa sukūrei – tavo valia visa yra ir buvo sukurta." (Apr 4, 11)

[27] Jn 14, 12.

[28] Jn 18, 38.

[29] „Mylėk Dorybę, nes tik ji
Tave išmokys kopt viršun
Aukščiau nei sferų skambesys.
O jei Dorybė bus silpna,
Jos link dangus vis tiek palinks."

– Miltonas, „Comus"

[30] Jn 18, 37.

tik brangina tiesą, klauso mano balso."

Buda irgi atsisakė aiškinti svarbiausias metafizines tiesas, tik sausai nurodė, kad žmogus jam skirtas kelias akimirkas Žemėje geriausia praleis tobulindamas dorovinę savo prigimtį. O kinų mistikas Laodzi labai taikliai pasakė: „Tas, kuris žino, nekalba. Tas, kuris kalba, nežino." Galutinės Dievo paslaptys nėra „aptariamos". Jo slaptojo kodo iššifravimas – tai menas, kurio vienas žmogus negali perduoti kitam ir čia Mokytoju gali būti tik pats Viešpats.

„Taikykitės ir žinokite, kad aš esu Dievas."[31] Viešpats niekada nesididžiuoja savo buvimu visur ir Jis yra girdimas tik visiškoje tyloje. Aidėdamas visatoje kaip kuriantysis *Aum* virpesys, Pirminis Garsas iškart virsta suprantamais žodžiais tam, kuris yra prie Garso prisiderinęs ir atsidavęs Dievui.

Dieviškasis kūrimo tikslas, kiek žmogaus protas pajėgia jį suprasti, yra išdėstytas vedose. Rišiai mokė, kad kiekvienas žmogus buvo Dievo sukurtas kaip siela, kuri prieš grįždama į Absoliučią Tapatybę išreikš kokį nors vienintelį, unikalų Begalybės požymį. Taigi visi žmonės yra apdovanoti sava Dieviškosios Individualybės dalele ir visi jie Dievui vienodai brangūs.

Indijos, vyriausiosios tautų sesers, sukaupta išmintis yra visos žmonijos paveldas. Vedų tiesa, kaip ir kiekviena kita, priklauso Viešpačiui, o ne Indijai. Rišiai, kurių tyri protai priėmė saugoti gelmingą vedų išmintį, buvo žmonių giminės atstovai, atėję į šią Žemę – ne į kurią kitą planetą– tarnauti visai žmonijai. Tiesos karalystėje beprasmiška skirstyti žmones į rases ar tautas – čia vertinamas tik dvasinis pasirengimas priimti tiesą.

Dievas yra Meilė. Ir tik meilė gali palaikyti Jo kūrinijos planą. Ar ši paprasta mintis neguodžia žmogaus širdies labiau nei moksliniai samprotavimai? Kiekvienas šventasis, prasiskverbęs iki Tikrovės šerdies, liudijo, kad egzistuoja dieviškasis visuotinis planas, kad jis gražus ir kupinas džiaugsmo.

Pranašui Izaijui Dievas savo ketinimus atskleidė tokiais žodžiais:

> „Taip ir žodis, išeinantis iš mano burnos (kuriantysis *Aum*): jisai nesugrįš pas mane bergždžias, bet įvykdys, ko trokštu, ir atliks, ko siųstas. Taip! Kupina džiaugsmo širdimi išeisite ir būsite saugiai vedami į namus. Kalnai ir kalvos, jus išvydę, pratrūks džiaugsmo giesme, visi medžiai laukuose jums ims ploti." (Iz 55, 11–12)

---

[31] Ps 46, 10. Jogos mokslo tikslas – įgyti reikiamos vidinės ramybės, kad būtų galima iš tiesų „pažinti Dievą".

PARAMAHANSA JOGANANDA – „PASKUTINIS ŠYPSNYS"

Nuotrauka padaryta valandą prieš jo *mahasamadhį* (paskutinį jogo sąmoningą išėjimą iš kūno) per kviestinius pietus Indijos ambasadoriaus Binajaus R. Seno garbei 1952 m. kovo 7 d. Los Andžele, Kalifornijoje.

Fotografui pavyko įamžinti meilės kupiną šypsnį, kuris milijonams mokytojo draugų, mokinių ir sekėjų tapo atsisveikinimo palaiminimu. Jo akys, jau žvelgiančios į amžinybę, dar kupinos žmogiškos šilumos ir supratimo.

Ardomoji mirties galia nepaveikė šio neprilygstamo Dievo sekėjo, jo kūnas pasirodė neįtikėtinai atsparus. (Žr. p. 487)

„Kupina džiaugsmo širdimi išeisite ir būsite saugiai vedami į namus." Sunkiame ir įtemptame XX amžiuje gyvenantys žmonės ilgesingai klausosi šio nuostabaus pažado. Jame slypinčią tiesą gali suvokti kiekvienas, kas yra atsidavęs Dievui ir siekia susigrąžinti savo dieviškąjį paveldą.

Palaimintas *krijajogos* vaidmuo Rytuose ir Vakaruose dar tik prasideda. Te visi žmonės sužino, kad yra aiški ir jogos mokslu pagrįsta Savojo Aš suvokimo technika, skirta visoms žmonių kančioms įveikti!

Siųsdamas meilės kupinų minčių virpesius tūkstančiams *krijajogų*, kurie it spindintys brangakmeniai yra pabirę po visą Žemę, dažnai dėkingas pagalvoju: „Viešpatie, šiam vienuoliui Tu dovanojai didelę šeimą!"

PARAMAHANSA JOGANANDA: JOGAS IR GYVAS, IR MIRĘS

Paramahansa Jogananda įžengė į *mahasamadhį* (galutinai sąmoningai paliko kūną) Los Andžele, Kalifornijoje, 1952 m. kovo 7 d., pasakęs kalbą per kviestinius pietus Jo ekscelencijos Indijos ambasadoriaus Binajaus R. Seno garbei.

Didysis pasaulio mokytojas jogos (mokslinių Dievo suvokimo metodų) vertę įrodė ne tik savo gyvenimu, bet ir mirtimi. Kai Paramahansa Jogananda paliko kūną, dar kelias savaites jo nepasikeitęs negendantis veidas švytėjo dieviška šviesa.

Los Andželo laidojimo namų *Forest Lawn Memorial-Park*, kuriuose laikinai buvo saugomas didžiojo mokytojo kūnas, direktorius ponas Haris Rouvas (Harry T. Rowe) atsiuntė draugijai *Self-Realization Fellowship* notaro patvirtintą raštą; žemiau pateikiamos jo ištraukos:

„Nematyti jokių mirusio Paramahansos Jogananados kūno gedimo požymių. Tai nepaprastas ir išskirtinis atvejis mūsų praktikoje... Net praėjus dvidešimčiai dienų po mirties, nepastebėta fizinio kūno irimo požymių... Ant odos nematyti pelėsių pėdsakų, nevyksta regima kūno audinių desikacija (džiūvimas). Toks visiškas kūno užsikonservavimas, kiek mums žinoma iš laidojimo registrų, yra neeilinis įvykis... Kai buvo atgabentas Jogananados kūnas, laidojimo namų darbuotojai tikėjosi pro stiklinį karsto dangtį stebėti įprastus ryškėjančius kūno irimo požymius. Laikui bėgant, mūsų nuostaba tik didėjo, nes stebimas kūnas nė kiek nesikeitė. Atrodo, jog Joganandos kūnas fenomenaliai nekinta...

Jo kūnas niekada nesklėidė jokio irimui būdingo kvapo... Kovo 27 d., prieš uždengiant karstą bronziniu dangčiu, Joganandos palaikų išvaizda buvo lygiai tokia pati kaip kovo 7 d. Kovo 27 d. jis atrodė toks pat skaistaus veido ir nesubjaurotas irimo kaip ir mirties dieną. Kovo 27 d. nebuvo pagrindo teigti, kad kūnas apimtas kokio nors matomo irimo proceso. Dėl šių priežasčių dar kartą tvirtiname, kad Paramahansos Jogananados atvejis mūsų patirtyje yra unikalus."

1977 metais, per dvidešimt penktąją Paramahansos Jogananados *mahasamadhio* sukaktį, Indijos vyriausybė išleido atminimo pašto ženklą. Drauge su ženklu buvo išleistas informacinis lapelis, kuriame, be kita ko, rašoma:

> Paramahansa Jogananda savo gyvenimu visiškai atskleidė Dievo meilės ir tarnystės žmonijai idealą... Nors didžiąją gyvenimo dalį Paramahansa Jogananda praleido už Indijos ribų, vis dėlto jis – vienas didžių mūsų šventųjų. Jo darbai toliau plinta, vis ryškiau spindi ir traukia viso pasaulio žmones į Dvasios piligrimystės kelią.

PAPILDOMI PARAMAHANSOS JOGANANDOS KRIJAJOGOS MOKYMO ŠALTINIAI

Draugija *Self-Realization Fellowship* pasiruošusi nemokamai padėti viso pasaulio tiesos ieškotojams. Informacija apie mūsų kasmet rengiamus viešų paskaitų ir kursų ciklus, meditaciją ir apeigas šventyklose bei kitų pasaulio šalių centruose, taip pat rekolekcijų bei kitų renginių tvarkaraščiai skelbiami mūsų interneto svetainėje arba mūsų Tarptautiniame centre:

www.yogananda-srf.org

Self-Realization Fellowship
3880 San Rafael Avenue
Los Angeles, CA 90065
(323) 225-2471

SELF-REALIZATION FELLOWSHIP PAMOKOS

Asmeniniai Paramahansos Joganandos nurodymai ir instrukcijos apie jogos meditaciją ir dvasinio gyvenimo principus

Jei jus traukia „Jogo Autobiografijoje" aprašytos dvasinės tiesos, kviečiame įsigyti *Self-Realization Fellowship Lessons* anglų, ispanų ir vokiečių kalbomis.

Šias pamokas Paramahansa Jogananda paruošė nuoširdiems tiesos ieškotojams, kad jie galėtų namie mokytis knygoje pristatytos senovinės jogos meditavimo technikos, taip pat susipažinti su *krijajogos* mokslu. *Lessons* – tai ir praktiniai Paramahansos Joganandos patarimai, kaip pasiekti harmoningą fizinę, psichinę ir dvasinę gerovę.

Leidinį *Self-Realization Fellowship Lessons* galima įsigyti už minimalią kainą (leidybos ir siuntimo išlaidoms padengti). Visiems mokiniams suteikiama nemokama asmeninė *Self-Realization Fellowship* vienuolių konsultacija.

Daugiau informacijos ...

Išsamią informaciją apie leidinį *Self-Realization Fellowship Lessons* rasite nemokamoje brošiūroje *Undreamed-of Possibilities* (anglų, ispanų ir vokiečių kalbomis). Norėdami gauti šią brošiūrą ir paraiškos formą, prašome aplankyti mūsų interneto svetainę arba susisiekti su mūsų Tarptautine būstine.

PARAMAHANSOS JOGANANDOS KNYGOS ANGLŲ KALBA

Galima įsigyti knygynuose arba tiesiai iš leidėjo:
Self-Realization Fellowship
3880 San Rafael Avenue • Los Angeles, California 90065-3219
Tel. (323) 225-2471 • Faksas (323) 225-5088
www.yogananda-srf.org

Autobiography of a Yogi

The Second Coming of Christ:
The Resurrection of the Christ Within You
Naujas prasmes atveriantys autentiško Jėzaus mokymo komentarai.

God Talks with Arjuna;
The Bhagavad Gita
Naujas vertimas su komentarais.

Man's Eternal Quest
Paramahansos Joganandos paskaitos ir neformalūs pokalbiai, I tomas.

The Divine Romance
Paramahansos Joganandos paskaitos, neformalūs pokalbiai ir esė, II tomas.

Journey to Self-Realization
Paramahansos Joganandos paskaitos ir neformalūs pokalbiai, III tomas.

Wine of the Mystic:
The Rubaiyat of Omar Khayyam — A Spiritual Interpretation
Įkvepiantys komentarai, atskleidžiantys mistišką bendrystės su Dievu mokslą, slypintį už mįslingų rubajatų vaizdinių.

Where There Is Light:
Insight and Inspiration for Meeting Life's Challenges

Whispers from Eternity
Paramahansos Joganandos maldų ir per meditacijas patirtų dieviškų būsenų aprašymų rinkinys.

The Science of Religion

The Yoga of the Bhagavad Gita:
An Introduction to India's Universal Science of God-Realization

The Yoga of Jesus:
Understanding the Hidden Teachings of the Gospels

In the Sanctuary of the Soul:
A Guide to Effective Prayer

Inner Peace:
How to Be Calmly Active and Actively Calm

To Be Victorious in Life

Why God Permits Evil and How to Rise Above It

Living Fearlessly:
Bringing Out Your Inner Soul Strength

How You Can Talk With God

Metaphysical Meditations
Per 300 dvasią pakylėjančių meditacijų, maldų ir savitaigos formulių.

Scientific Healing Affirmations
Paramahansa Jogananda išsamiai aiškina savitaigos metodą.

Sayings of Paramahansa Yogananda
Posakių ir išmintingų patarimų rinkinys, atviri ir su meile duoti Paramahansos Joganandos atsakymai jo patarimo prašiusiems žmonėms.

Songs of the Soul
Mistinė Paramahansos Joganandos poezija.

The Law of Success
Aiškinami dinaminiai principai, kuriais žmogus gali siekti gyvenimo tikslų.

Cosmic Chants
Šešiasdešimties atsidavimo giesmių žodžiai (anglų kalba) ir muzika, taip pat įvadas, kuriame aiškinama, kaip dvasinis giedojimas padeda siekti bendrystės su Dievu.

PARAMAHANSOS JOGANANDOS GARSO ĮRAŠAI

Beholding the One in All

The Great Light of God

Songs of My Heart

To Make Heaven on Earth

Removing All Sorrow and Suffering

Follow the Path of Christ, Krishna, and the Masters

Awake in the Cosmic Dream

Be a Smile Millionaire

One Life Versus Reincarnation

In the Glory of the Spirit

Self-Realization: The Inner and the Outer Path

KITI SELF-REALIZATION FELLOWSHIP LEIDINIAI

Galima užsisakyti visų Savęs realizavimo draugijos leidinių ir garso/vaizdo įrašų katalogą.

The Holy Science
Swami Sri Yukteswar

Only Love:
Living the Spiritual Life in a Changing World
Sri Daya Mata

Finding the Joy Within You:
Personal Counsel for God-Centered Living
Sri Daya Mata

God Alone:
The Life and Letters of a Saint
Sri Gyanamata

"Mejda":
The Family and the Early Life of Paramahansa Yogananda
Sananda Lal Ghosh

Self-Realization
Ketvirtinis žurnalas, įsteigtas Paramahansos Jogananados 1925 m.

GURU PERDAVIMO LINIJA

Indijos mokytojų, prisiimančių atsakomybę už visų sąžiningai *krijajogą* praktikuojančių *Self-Realization Fellowship* ir Indijos *Yogoda Satsanga Society* narių dvasios gerovę, perdavimo linijoje viršiausias guru yra Mahavatara Babadži. „Žemėje gyvensiu, – pažadėjo jis, – iki šio pasaulio ciklo pabaigos". (Žr. 33 ir 37 skyrius).

1920 m. Mahavatara Babadži Paramahansai Joganandai pasakė: „Tave pasirinkau skleisti *krijajogos* mokymą Vakaruose... Mokslinis Dievo suvokimo būdas ilgainiui pasklis visose šalyse ir, kai žmogus asmeniškai ir transcendentiškai suvoks Amžinąjį Tėvą, padės pasiekti tarp tautų darną."

Mahavatara reiškia „Didysis įsikūnijimas" arba „Dieviškasis įsikūnijimas"; *Jogavatara* – „Jogo įsikūnijimas"; *Džnanavatara* – „Išminties įsikūnijimas".

Premavatara reiškia „Meilės įsikūnijimas" – šį vardą Paramahansai Joganandai 1953 m. suteikė jo didis mokinys Radžarišis Džanakananda (James J. Lynn.) (Žr. išnašą p. 315).

DRAUGIJOS *SELF-REALIZATION FELLOWSHIP* TIKSLAI IR IDEALAI

Kaip juos išdėstė įkūrėjas Paramahansa Jogananda
Šri Mrinalini Mata, prezidentė

Skleisti tautoms žinią apie aiškius mokslinius būdus, kaip tiesiogiai asmeniškai patirti Dievą.

Mokyti, kad gyvenimo tikslas yra savo pastangomis ribotą mirtingo žmogaus sąmonę išplėsti iki Dievo Sąmonės; visame pasaulyje kurti bendrystei su Dievu skirtas *Self-Realization Fellowship* šventyklas ir skatinti individualių Dievo šventyklų kūrimą žmonių namuose bei širdyse.

Atskleisti autentiškosios Jėzus Kristus skelbtos krikščionybės ir autentiškosios jogos, kurios mokė Bhagavanas Krišna, visišką dermę ir pamatinę vienovę; parodyti, kad šie tiesos principai yra bendras mokslinis visų tikrųjų religijų pamatas.

Parodyti vieną dievišką kelią, į kurį galiausiai atveda visi tikrųjų religijų keliai: tai yra kasdienis mokslinis Dievui skirtas meditacijos kelias.

Išvaduoti žmogų nuo trejopų kančių: fizinių ligų, išderintos psichikos ir dvasinio tamsumo.

Skatinti „gyventi paprastai ir mąstyti kilniai"; skleisti visų tautų brolybės dvasią, mokyti žmones, kad amžinosios bendrystės pamatas yra jų giminystė su Dievu.

Parodyti, kad protas viršesnis už kūną, siela – už protą.

Blogį įveikti gėriu, sielvartą – džiaugsmu, žiaurumą – gerumu, neišmanymą – išmintimi.

Suvokti esminių mokslo ir religijos principų bendrumą ir taip sujungti šias dvi sritis.

Skatinti Rytų ir Vakarų kultūrinį bei dvasinį tarpusavio supratimą ir keistis geriausiais šių kultūrų ypatumais.

Tarnauti žmonijai kaip platesniam Savajam Aš.

www.ingramcontent.com/pod-product-compliance
Lightning Source LLC
Chambersburg PA
CBHW071308150426
43191CB00007B/546